Stephan Zandt
Die Kultivierung des Geschmacks

Undisziplinierte Bücher

Gegenwartsdiagnosen und ihre historischen
Genealogien

Herausgegeben von
Iris Därmann, Andreas Gehrlach und Thomas Macho

Wissenschaftlicher Beirat
Andreas Bähr · Kathrin Busch · Philipp Felsch
Dorothee Kimmich · Morten Paul · Jan Söffner

Band 1

Stephan Zandt

Die Kultivierung des Geschmacks

Eine Transformationsgeschichte
der kulinarischen Sinnlichkeit

DE GRUYTER

Gedruckt mit freundlicher Unterstützung der Deutschen Forschungsgemeinschaft (DFG).

ISBN 978-3-11-076382-9
e-ISBN (PDF) 978-3-11-064034-2
e-ISBN (EPUB) 978-3-11-063830-1
ISSN 2626-9244

Library of Congress Control Number: 2019942970

Bibliografische Information der Deutschen Nationalbibliothek
Die Deutsche Nationalbibliothek verzeichnet diese Publikation in der Deutschen
Nationalbibliografie; detaillierte bibliografische Angaben sind im Internet über
http://dnb.dnb.de abrufbar.

Satz: Integra Software Services Pvt. Ltd.
Druck und Bindung: CPI books GmbH, Leck
Coverabbildung: Bertall, „Les Aliments", aus: Jean-Anthelme
Brillat-Savarin, Physiologie du goût. Illustrée par Bertall,
Paris 1848

www.degruyter.com

Dank

Das Schreiben von Büchern ähnelt in mindestens einer Hinsicht den kulinarischen Geschmacksübungen, von denen im Folgenden die Rede sein wird: Man vollzieht es nie alleine oder schöpft die Ideen zu ihnen gar aus sich selbst heraus. Kontinuierlich verleibt man sich die Früchte fremder Arbeit ein, kocht mit fremden Zutaten und mit der Zeit sind es manchmal gerade die am weitesten hergeholten Leckerbissen, die vor allen anderen jene entscheidenden eigenen Gedanken anregen, provozieren und hervorlocken, die das Buch am Ende auszeichnen. So sehr das Bücherschreiben eine einsame Angelegenheit zu sein scheint, ohne die Runde all derer, die einen bei den eigenen – manchmal guten, manchmal verqueren – Ideen begleiten, entsteht kein einziges Buch. Während dem Schreiben habe ich mir diese Runde mehr als einmal als eine große Tischgesellschaft vorgestellt; eine Tafelrunde aus all jenen, die mich bestärkt haben weiterzumachen, die da waren an den Hoch- und Tiefpunkten des Schreibens, diejenigen, die das Thema bei Kaffee, Essen oder einem Bier plötzlich zu Anlass genommen haben, unseren Alltag zu befragen, aber auch diejenigen, die manchmal gelacht haben, wenn das Thema allzu sehr in eine akademische Gymnastiübung auszuarten drohte. Zu guter Letzt gehören aber auch diejenigen in die Runde, die mir immer wieder verlockende Fluchtmöglichkeit boten und mir erlaubt haben, dem *horror vacui* der leeren und sich nicht füllen wollenden Seiten zu entkommen. Ihnen allen ist dieses Buch gewidmet, oder besser: Ihr aller Werk ist dieses Buch und ich kann es ihnen – dem Mythos des Autors geschuldet – nur auf diese Weise zurückerstatten.

Mein erster Dank gilt Iris Därmann, die meine Ideen und mein Denken mit unendlicher Geduld, Freundschaft, Hingabe und Begeisterung von Anfang an begleitet und gefördert hat. Ich möchte ihr für das Glück und die Freude danken, seit nunmehr beinahe zehn Jahren mit ihr zusammenarbeiten zu dürfen; nicht zuletzt in unserem gemeinsamen Teilprojekt „Natur/Kultur. Transformationen einer mythischen Grenzziehung" im SFB 644 *Transformationen der Antike*, in dessen Rahmen die vorliegende Arbeit entstanden ist. Ich danke den Mitgliedern und dem Vorstand des SFB und nicht zuletzt Stefan Schlelein für die Unterstützung meines Projektes, ebenso wie der Deutschen Forschungsgemeinschaft für die Finanzierung. Den Mitgliedern des Graduiertenkollegs des SFB und insbesondere Bernd Roling danke ich für ihre hilfreichen Kommentare und die grandiosen Sommer in Schmöckwitz. Für seine klugen und unentwegten Hinweise und Ideen, für seine Freundschaft, Unterstützung und die Verfassung des zweiten Gutachtens möchte ich ausdrücklich Thomas Macho danken. Marcus Böhm und Stella Diedrich schulde ich Dank für die gute Zusammenarbeit bei der Veröffentlichung dieses Buches im De Gruyter Verlag.

https://doi.org/10.1515/9783110640342-201

Mein größter Dank geht an Sandra Steinitz, die mehr als irgendjemand sonst alle Höhen und Tiefen meiner Arbeit mitgetragen hat und die immer da war, wenn mir der Atem auszugehen drohte. Ihr danke ich für die Fluchtrouten nach Grönland, das Inlandeis, *Mattak*, Whiskey und den Robbeneintopf. Tanja Salzmann möchte ich für ihre unendliche Freundschaft danken, für ihre immer offene Tür, Sterni und Punk. Meinen Eltern danke ich für ihre Geduld und ihren Rückhalt sowie den Willen, gegen jedes bessere Wissen, diesen Weg zu gehen. Besonderer Dank geht an Isabel Fischer und ihre literaturwissenschaftliche Expertise. Ihre Anmerkungen und Korrekturen unersetzlich zu nennen, wäre eine Untertreibung. Andreas Gehrlach danke ich für die endlosen Gespräche über Gott und die Welt, die morgendliche Frage nach dem Kant-Kapitel und die Botschaft an die Eisbären in Hvalsø. Antonio Lucci für die Übernachtung in Wien und den Austausch über die Asketen. Ohne Kerstin Weich wäre die Frage nach dem mündigen Geschmack nie gestellt worden. Ein herzlicher Dank für die vielen Gespräche und Anregungen sowie das Wissen, im undisziplinierten Denken nie obdachlos zu sein, geht auch an die Teilnehmer*innen des Forschungskolloquiums von Iris Därmann und Thomas Macho sowie meinen Kolleg*innen am Institut für Kulturwissenschaft. Für ihre jeweils ganz eigene Unterstützung und Hilfe, so gering sie ihnen auch zum Teil vorkommen mag, möchte ich herzlich Stefan Bauhaus, Anna Echterhölter, Philipp Felsch, Silke Förschler, Nina Franz, Philipp Gries, Waldemar Isak, Nora Kauffeldt, Alexander Kling, Katja Kynast, Matthias Preuss, Denise Reimann, Sebastian Schönbeck, Martin Siegler, Mareike Vennen und Maria Zandt danken.

Berlin, im April 2019

Inhalt

Teil II: **Das süße Leben**

Teil III: **Geschmacksirritationen**

Einführung

Ich erinnere mich noch an das erste Glas Wein, das ich mit meinem Vater getrunken habe. Ich war vielleicht 13 Jahre alt und die Szenerie steht mir noch so klar vor Augen, als sei es erst gestern gewesen. Aber so sehr ich mich auch bemühe, so stellt sich im Rückblick doch keiner jener Geschmackseindrücke ein, „die uns aus dem Halbdunkel unserer Geschichte"[1] entgegen branden, und von denen der Volkskundler Andreas Hartmann so treffend schreibt, dass sie uns untrüglich bezeugen, „daß wir einst von den Früchten des Paradieses gekostet haben, aber auch, daß wir in der Hölle schmorten."[2] Obwohl also die sinnliche Anregung der Zunge im Rückblick meiner Erinnerung eine Leerstelle bleibt, so bildet die Szenerie für mich doch bis heute eine Urszene des Geschmacks. Ich erinnere mich an das großvolumige Glas, an die dunkle und schwere Flüssigkeit, das Spiel ihrer farblichen Reflexe, an den herben Geruch, der sich zwischen ihr und meiner Nase entfaltete und an die erwartungsvolle Stimmung, ja, Spannung, in der ich mich befand; alles an dieser Szene hatte für mich den ominösen magischen Charakter eines Initiationsritus. Wein gehörte für mich zur sinnlichen Welt der Erwachsenen, die mir bis dahin verschlossen war und die wenigen Schlucke, die sich in dem zerbrechlichen Glas auf dem weißen Tischtuch befanden, versprachen die sinnliche Eroberung eines fremden Kontinents. Die geradezu religiöse Gestik, mit der mein Vater den rätselhaften sinnlichen Versprechen huldigte, die kreisenden Bewegungen der Flüssigkeit im Glas, das seine Hand gegen das Licht erhob, der konzentrierte Ausdruck auf seinem Gesicht, wenn er den würzigen Duft einsog und anschließend das Glas ansetzte, um unter Schlürfen den ersten Schluck die Lippen passieren zu lassen, gefolgt von den genüsslichen Bewegungen des Mundes: hinter all dem musste eine geheimnisvolle Welt verborgen liegen. Allein der selige Ausdruck auf seinem Gesicht, wenn der Schluck die Kehle passiert hatte, sich die vormalig konzentrierte Anspannung löste und das Geschmackserlebnis seine abschließende Beurteilung erfuhr, kündete von diesem Versprechen. Und ich war nur allzu bereit, den Regeln der Zeremonie zu folgen.

Wenn ich mich heute nicht mehr an das sinnliche Ergebnis dieser imitierenden Übung erinnere, dann ist dies womöglich nicht nur jener verdrängten geschmacklichen Enttäuschung all der Versprechen geschuldet, die für mich mit der magischen Flüssigkeit verbunden waren – wie hätten sie sich auch erfüllen

---

1 Andreas Hartmann, *Zungenglück und Gaumenqualen. Geschmackserinnerungen*, München 1994, S. 5.
2 Ebd.

https://doi.org/10.1515/9783110640342-001

sollen –, sondern gleichermaßen jener ausgearbeiteten und orthodoxen Ritualistik, die bereits zu Beginn des 19. Jahrhunderts Jean-Anthelme Brillat-Savarin in seiner Analyse der Geschmacksempfindung empfiehlt und die die sinnliche Faszination des geschmacklichen Erlebnisses in diesem Moment deutlich überlagerte. Der wahre Kenner, so Brillat-Savarin, trinkt den Wein in kleinen Schlucken, schlürft ihn und hält nach jedem Schluck inne, um die Lust auf der Zunge auszuweiten und zu verlängern.[3] Die Kenner nehmen dabei, „ohne es zu merken, [. . .] eine geeignete Stellung an und mit vorgestrecktem Halse, die Nase im Winde, verkünden sie ihr Urtheil."[4] Mehr als der Geschmack selbst fasziniert mich bis heute die angestrengte sinnliche Aufmerksamkeit, das Ritual des Schmeckens, die Hingabe, mit der mein Vater versuchte, mir die Exerzitien der gustatorischen Genüsse zu entdecken. Der Geschmack bildete bei ihm eine ganze Gymnastik des Körpers und insbesondere der Zunge – wie sie der Gastrosoph des 19. Jahrhunderts in seinem wissenschaftlichen Anspruch als Spikation, Rotation und Verrition bezeichnet: das Spitzen der Zunge, das Rotieren und zum Schluss das „Kehren" oder Biegen der Zunge nach oben und unten, um noch die letzten Reste des Geschmacksträgers zwischen Zahnfleisch und Zähnen auszubeuten.[5] Eine gymnastische Übung, die eine geradezu subjektivierende Wirkung entfaltete und die sich gleichermaßen auf den Tee erstreckte, der jeden Morgen ein ganzes Laboratorium von Kannen, Filtern und Sieben erforderte, ganz zu schweigen von den vielfältigen, stets exakt ausgeübten Manipulationen, die mein Vater an ihnen vollführte. Das Teeglas, in dem sich im wohldosierten Verhältnis Kandis, Tee und Milch auf klar voneinander getrennten Ebenen überlagerten, glich stets einem Kunstwerk, das darauf wartete, einer Kostprobe unterzogen zu werden.

Überhaupt hatte sich mein Vater nach der Wende von 1989 zu einem wahren und kenntnisreichen Gourmet entwickelt. Im Keller des Bauernhauses, das wir bewohnten, seit ich 10 Jahre alt war, wurden in einem steinernen Kühlschrank aus grauer Vorzeit Weinregale installiert, in denen die guten Tropfen aufgereiht lagen, die meine Eltern vom lokalen Weinhändler oder von diversen Ausflügen in die Weinregionen von Rhein bis Mosel nach Hause brachten. Im Vergleich zu jenem zwar vorhandenen aber doch beschränkten Angebot in der ehemaligen DDR eröffnete die neue Vielfalt der gustatorischen Nuancen einen neuen Horizont. Hinter der überwundenen Mauer öffnete sich eine neue Welt

---

3 Jean Anthelme Brillat-Savarin, *Physiologie des Geschmacks. Oder Physiologische Anleitung zum Studium der Tafelgenüsse.* Übers. und mit Anm. versehen v. Carl Vogt, Leipzig 1983, S. 56 f.
4 Ebd., S. 59.
5 Ebd., S. 61.

der sinnlichen Möglichkeiten, und die in vielfacher Weise enttäuschten Versprechen der neuen Freiheit erfüllten sich bei meinen Eltern zumindest in geschmacklicher Hinsicht nachhaltig. Selbst im Haushalt meiner konservativen Großeltern wurden nun neben der bürgerlichen deutschen Küche Punkt 12 Uhr die Genüsse der norditalienischen Kochkunst in Form von Risotto zelebriert. Neben der französischen Küche avancierte letztere seit den 80er Jahren in Westdeutschland zum Inbegriff einer neuen bürgerlichen Kulinarik, die sich den fremden Küchen jenseits der nationalen Grenzen öffnete und gegen die Deutschtümelei einen neuen aufgeklärten Kosmopolitismus feierte. Möglich wurde dieser neue bürgerliche Genuss nicht zuletzt durch einen gastronomischer Paradigmenwechsel in der Bundesrepublik, in der man jenseits der proletarischen Spaghetti die ländliche Gutshofküche der Toskana entdeckte und in ihr die Grundlagen einer neuen bürgerlichen ‚Essthetik' fand.[6]

Vor den Bücherregalen mit den Klassikern der Weltliteratur und der regalfüllenden Sammlung von „Insel-Bändchen" bereicherte sich das weiße Tischtuch unserer „neubürgerlichen" Familientafel zu festlichen Anlässen also durch allerhand neue, wenn nicht gar exotische Genüsse. Das Essen und die oben geschilderten Übungen des Geschmacks gestalteten sich hier als eine tagesfüllende Veranstaltung und die Pausen zwischen Mittagsmahl, Kaffee und Abendessen wurden mit nicht enden wollenden Gesprächen gefüllt, deren vermeintlicher Formalismus meinen späteren Freund*innen,[7] die die zwiespältige Freude hatten an ihnen teilzunehmen, sprichwörtlich die Schweißtropfen auf die Stirn treten ließen. In dieser Hinsicht war die Übung des Schmeckens, die mein Vater sich zu zelebrieren angewöhnt hatte und die ich in imitierender Weise nachvollzog, gerahmt von einer aufholenden Form der Subjektivierung. Meine Eltern

---

6 Vgl. Peter Peter, *Cucina e Cultura. Kulturgeschichte der italienischen Küche*, München 2008.

7 Der Versuch des Gebrauchs einer geschlechtergerechten Sprache ist in dieser Arbeit eine gewollte Setzung im Sinne des Projekts einer Selbstkritik, stößt jedoch in einem kulturhistorischen Projekt oft an ihre Grenzen: So viele gute philosophische und politische Gründe es für ihren Gebrauch gibt, so darf sie doch gleichermaßen nicht dazu führen, die tatsächlichen historischen und ethnographischen Strukturen und gar die politischen und philosophischen Probleme, die mit ihnen einhergehen, zu verdecken. Wenn der Sprachgebrauch der Arbeit in dieser Hinsicht zu Teilen den Eindruck einer Uneinheitlichkeit vermitteln mag, so ist dies dem Umstand geschuldet, dass ich mich bemüht habe, diesen Problemen Rechnung zu tragen. Die Verwendung einer geschlechtergerechten Sprache soll hierbei in der vorliegenden Arbeit vor allem jene Punkte markieren, in denen der bis zum 20. Jahrhundert fast durchgängig männlich und nicht selten unter misogynen Vorzeichen geführte Diskurs über den Geschmack Anlass zu einer demokratischeren Sicht auf die Geschlechterverhältnisse zulässt. Darüber hinaus findet sie dort Verwendung, wo die eigene Forschungsperspektive zum Tragen kommt.

suchten in ihren rituellen Akten Anschluss an das Ideal eines gebildeten, kosmopolitischen Bürgertums, das ihnen die Verhältnisse ihrer Jugend allzu oft verwehrt hatten. Dabei pflegten sie einen Modus der kompensierenden Übererfüllung, die stets noch ihre Distanz sowohl gegenüber der kleinbürgerlichen Welt ihres sozialen Umfeldes als auch gegenüber den gehobenen bürgerlichen Schichten verriet. Der verfeinerte Geschmack und seine Übung gerieten hierin zum spiegelbildlichen Pendant des Genusses der literarischen Bildung, deren Silhouette sich stets als Bühnenprospekt der Familientafel in den Regalen hinter den Stuhllehnen abzeichnete und die in gleicher Weise einen Ausweg aus den herrschenden Verhältnissen versprach.

Wenn ich mich hier so ausführlich jener kindlichen Urszene des Geschmacks und ihrer magischen und beschwörenden Ritualistik erinnere, dann nicht so sehr wegen meiner persönlichen Erinnerung oder demjenigen, was man als eine subjektive Geschmacksbiographie bezeichnen könnte, sondern weil sie jenseits dieser individuellen und privaten, ja privativen Bedeutung geradezu eine Urszene und Deskription des Geschmacks überhaupt abgibt; eine Übung des Schmeckens, die uns heute in ihrer Alltäglichkeit kaum mehr ein Staunen abnötigt. Ebenso wie jenes situative Versprechen einer Initiation in eine andere, geheimnisvolle Welt der Sinnlichkeit, die mit ihr verbunden war, für mich allzu schnell an Bedeutung verlor. Zu selbstverständlich sind im Milieu der Gebildeten bis in die Schichten eines metropolitanen, gehobenen Kleinbürgertums inzwischen die vielfältigen Geschmäcker aus aller Welt geworden, die mit den sogenannten „Ethno"-Restaurants von den Metropolen bis in die provinziellen Kleinstädte vorgedrungen sind, und in der Vielfalt ihrer Gerichte von einer Globalisierung unserer Esskultur künden. Die Kochbuchregale in den Buchläden versprechen den Konsument*innen eine kulinarische Reise um den ganzen Erdball, für die sie ihre eigene gewohnte Umgebung und die Wände der eigenen Küche nicht mehr verlassen müssen. Längst haben die Lebensmittelmärkte die Sehnsucht nach den fremden Geschmäckern antizipiert und es ist ein Leichtes, die Zutaten für all die exotischen Gerichte von Curry bis Wot, Chili und Sushi zu erstehen und sei es über das Internet. Das Nachdenken über jene Exotik des Alltäglichen, um die es mir mit der Schilderung der kindlichen Erinnerung zu tun ist, eröffnet demgegenüber eine gewisse Befremdung des Selbst, eine Irritation des Geschmacks, dessen Selbstverständlichkeit nur allzu leicht seine historische Neuheit und seine sinnengeschichtliche Genese verdeckt. Ausgehend von den oben erinnerten Ess- und Trinkszenen mit ihrer merkwürdigen Ritualistik und Sinnesgymnastik, lässt sich fragen, seit wann mit der schmeckenden Übung der Zunge, mit der kulinarischen Lust am Neuen und Fremden das Versprechen einer Freiheit und die Bildung einer kosmopolitischen Persönlichkeit verbunden ist. Seit wann und inwiefern verknüpft sich die literarische und intellektuelle

Bildung und das, was man als ein Weltwissen oder eine Weltkenntis bezeichnen kann, mit dem exzeptionellen und kundigen Geschmack und seiner Übung? Und in welchem Zusammenhang steht dabei der Konsum eines Buchwissens, ja einer kulinarischen Lust am Text – nicht ohne Grund fragt man ganz selbstverständlich nach dem literarischen Geschmack, wie nach dem Kunstgeschmack –, mit jenen als exotisch wahrgenommenen Kulinaria, die mehr und mehr die Tafeln der westlichen Welt bereichern? Vor allem aber stellt sich die Frage, in welcher Beziehung die oben geschilderte, neue, exotisch-sinnliche Welt zur Übung des Schmeckens und zu jener Form der kosmopolitischen Subjektivierung steht, die sich mit ihr verschränken?

Der Gastroethnologe Marin Trenk hat jüngst die Geschichte der Globalisierung unserer Esskultur nachgezeichnet und dabei drei Wellen der kulinarischen Globalisierung unterschieden: Die erste Welle der kulinarischen Globalisierung sei mit dem Kolumbianischen Austausch identisch, der vor allem den Transfer und die Diffusion von rohen und unverarbeiteten Anbaufrüchten betroffen habe, ohne jedoch zu einem Austausch von Rezepten und zubereiteten Speisen zu führen. Dieser Austausch sei vielmehr Ergebnis der kolonialen Situation seit dem 18. und vor allem dem 19. Jahrhundert. Erst im Zeitalter der Migration, das heißt seit dem ausgehenden 19. und vermehrt mit dem 20. Jahrhundert, insbesondere aber im Kontext der Dekolonialisierung sei es zu einem Austausch ganzer Esskulturen gekommen, was mit dem Ende des 20. Jahrhunderts jenen Boom von Ethnofood zur Folge gehabt habe, der unsere Gegenwart prägt.[8] So sehr Trenk dabei zu Recht darauf hinweist, dass es „noch gar nicht lange her [sei], dass fremde Speisen und Küchen bei uns allesamt in Bausch und Bogen auf Ablehnung" stießen,[9] so lässt sich doch gleichermaßen konstatieren, dass die gehobene, europäische Küche kulturhistorisch durchgängig eine exogene Orientierung aufweist. Vor diesem Hintergrund muss das Verhältnis des europäischen Kosmopolitismus zu den fremden Welten des Geschmacks als grundlegendes Spannungsverhältnis beschrieben werden, das sich nur schwer auflösen lässt.[10] Denn bei aller Ablehnung der Küchen der Fremden war die

---

8 Marin Trenk, *Döner Hawaii. Unser globalisiertes Essen*, Stuttgart 2015. Vgl. etwa auch David Inglis/Debra Gimlin, „Food Globalizations. Ironies and Ambivalences of Food, Cuisine and Globality", in: dies. (Hrsg.), *The Globalization of Food*, London u. a. 2009, S. 3–42, hier S. 10–13.

9 Trenk, *Döner Hawaii*, S. 11.

10 Claude Fischler hat dieses Spannungsverhältnis zwischen Neophobie und Neophilie in anthropologischer Stoßrichtung als Omnivore-Paradox beschrieben. Vgl. Claude Fischler, „Food, Self and Identity", in: *Social Science Information* 27, 2 (1988), S. 275–292; ders., *L'Homnivore. Le goût, la cuisine et le corps*, Paris 1990.

kulinarische Sucht nach dem Prestige des Exotischen nicht nur eng mit den expansiven Bestrebungen der Europäer*innen verknüpft – Kolumbus und Magellans Fahrten, die jene erste Welle der kulinarischen Globalisierung auslösten, dienten primär dazu, kürzere und einträglichere Wege zu den mythischen Gewürzinseln am anderen Ende der Welt zu entdecken –, sondern ebenso eng mit der Herausbildung einer kosmopolitischen, gebildeten Elite, die sich seit der Neuzeit mehr und mehr als Weltbürgertum verstand.

Seit dem 17. Jahrhundert geriet dabei der Geschmack und seine Übung nicht nur in der Ästhetik und Literaturkritik zu einem Leitbegriff des neuen kosmopolitischen Bürgertums, sondern auch im Bereich des Kulinarischen selbst. Diese Entwicklung war eng mit den ersten beiden Wellen der kulinarischen Globalisierung und den durch sie erlangten neuen und fremden Genussmitteln wie Tee, Kaffee, Zucker, Tabak und Schokolade verknüpft, mit denen nicht zuletzt der Begriff des Genusses eine Umwertung erfuhr und fortan nicht mehr die bloße „Nutznießung" bezeichnete, sondern ganz im Gegenteil den Genuss als lustvolle und sinnliche Erfahrung betonte. Dass der Geschmack, die Frage nach der Mündigkeit und die neuen Genussmittel aufs engste miteinander zusammenhängen, macht auch der bürgerliche „Strukturwandel der Öffentlichkeit"[11] deutlich, der in den Salons und Kaffeehäusern und von den Konversationen der Tischgesellschaften seinen Ausgang nahm, das heißt, von jenen Orten, die eminent durch den Konsum jener Genussmittel geprägt waren. Von den neuen kosmopolitischen Tafeln ging nicht nur der gebildete Diskurs der Aufklärung aus, sondern ebenso ein sinnlicher Diskurs und eine im wahrsten Sinne des Wortes schwelgerische Literatur, die die Esslust, die lange Zeit und insbesondere unter christlichen Vorzeichen mehr als problematisch und despektierlich erschien, zu einer wahren Wissenschaft und Kunstform erklärte.

In der vorliegenden Arbeit soll es vor dem Hintergrund dieser Beobachtungen darum gehen, den Zusammenhang zwischen der kulinarischen Globalisierung, den Tischgesellschaften der Neuzeit und der Genese des modernen kosmopolitischen Subjekts und seiner spezifischen, mündigen Sinnlichkeit nachzuvollziehen. Insofern ordnet sich die Arbeit in die seit den 1980er Jahren vermehrt in der Kulturwissenschaft und Ethnologie unternommenen Studien zu einer Anthropologie der Sinne ein. Mir geht es dabei darum, den gegenwärtigen Trend der kulinarischen Globalisierung mit einer kulturhistorischen Tiefendimension zu versehen, die weniger eine eminente Geschichte des Essens, als vielmehr eine Kultur- und Transformationsgeschichte des kulinarischen Geschmacks

---

11 Jürgen Habermas, *Strukturwandel der Öffentlichkeit. Untersuchungen zu einer Kategorie der bürgerlichen Gesellschaft*, Frankfurt am Main [14]2015.

sowie die Art und Weise in den Blick nimmt, in der durch die europäische Geschichte hindurch die Esslust und das Essen in sinnlicher Hinsicht einer Problematisierung unterzogen wurde. Ausgehend von den Tafeln und Tischgesellschaften der europäischen Oberschichten soll der Rahmen jenes spezifisch mündigen Geschmacks und seiner Übung abgesteckt werden, der bis heute unsere alltägliche Sinnlichkeit bestimmt.

Mit dem Geschmack ist, so lautet die sinnengeschichtliche These dieser Arbeit, gleichermaßen ein kulturhistorisches *a priori* des Mundraumes verbunden, das in dieser Ausrichtung völlig neu erscheint. Nicht nur im ästhetischen Urteil herrscht seit der Neuzeit das Ideal einer mündigen Praxis, die von den Notwendigkeiten und Interessen des Individuums absieht, sondern auch im Bereich des Kulinarischen selbst wurde der Genuss als sinnliche Erfahrung im Mundraum konzentriert und von den Notwendigkeiten des Magens abgekoppelt. Die Kultivierung des Appetits und die Aufwertung des Essaktes zu einer mündigen Freiheitspraxis ging, folgt man etwa den Thesen Stephen Mennells und anderer, mit einer Distanzierung von den Notwendigkeiten des Magens einher.[12] Die Übung des Schmeckens steht in dieser Hinsicht, wie die vorliegende Arbeit zeigen möchte, in einer Traditionslinie, die seit der Antike die Esslust kontinuierlich im Rahmen einer Sorge um sich behandelt hatte und unterschiedliche Formen einer Ethik des Selbst ausbildete, die dem Subjekt in der Regulierung der eigenen Esslust eine entschiedene Souveränität über sich selbst zu verleihen versprach. Dabei ist jedoch bemerkenswert, dass, entgegen der Aufwertung des Geschmacks in der Neuzeit und seiner scheinbaren Frontstellung gegenüber den Lüsten des Magens, der Geschmack seit der Antike weniger einen Teil der Lösung als vielmehr selbst einen Teil des Problems der unregulierten Esslust darstellte.

Der Geschmack an der avancierten Küche gab etwa in den moralischen Texten der späten römischen Republik und der frühen Kaiserzeit als Reiz einer Gier des Magens einen kontinuierlichen Anlass zur Sorge. Die exotischen, luxuriösen Speisen, die das Imperium auf immer weiteren Handelswegen nach Rom überführte, reizten, glaubt man den zeitgenössischen moralischen Autoritäten, den Magen zur kontinuierlichen Überfüllung. Sie entfernten den Menschen von der einfachen Lebensweise und den römischen Tugenden der Ahnen und stürzten die Bürgerschaft in ein Sitten- und Identitätsproblem. Die Philosophen-Schulen seien leer, klagt etwa Seneca, während die Küchen der kulinarischen Liebhaber sich mit der vom neuen Luxus begeisterten römischen Jugend

---

12 Stephen Mennell, *Die Kultivierung des Appetits. Geschichte des Essens vom Mittelalter bis Heute*. Übers. v. Rainer von Savigny, Frankfurt am Main 1988.

füllten.[13] Die Frage nach dem Maß und der idealen Fülle des Magens, sind, so lässt sich bereits bei Hesiod lesen, die grundlegenden Probleme des Irdischen. Und die antike Ethik war, wie Gerhard Baudy belegt, unentwegt mit einer gastronomischen Regulierung des Magens beschäftigt.[14] Durch ethische Übungen der Mäßigung und der inneren Selbstbeherrschung sollte dem Problem der Gastrimargie begegnet werden.

Auch für den christlichen Klostergründer Johannes Cassian stellte die *Gastrimargie* – das heißt die Gier des Magens – den Urgrund aller Sünden dar, gegen die er mit der *discretio* der Klostervorsteher und der kontinuierlichen Überwachung der Mönche ein Bollwerk zu errichten trachtete. Am Problem der Gastrimargie und an der klösterlichen Tafel entwickelte sich, wie man in Anschluss an Michel Foucault herausstellen kann,[15] eine spezifische Form der Asketik und der Beherrschung des Selbst, die jedoch gleichermaßen auch eine explizite Tisch- und Sinnenordnung hervorbrachte, die es kontinuierlich zu reglementieren galt. Die ganze Klostertheologie des Mittelalters war geradezu besessen vom Problem der Esslust, die durch die Kräftigung des Körpers alle anderen weltlichen Sünden begünstigte. Gerade deshalb musste der Körper der Mönche und Nonnen durch Fasten und asketische Praktiken an der Grenze seines irdischen Verschwindens entlanggeführt werden.

Erst die Moralisten des 17. Jahrhunderts, allen voran der spanische Jesuit Baltasar Gracián, sollten den Geschmack als Leitkategorie einer weltlichen Weisheit herausstellen und als ethisch-ästhetische Kategorie von den Anhaftungen des Magens und der Gastrimargie zu reinigen suchen. Unter Rückbezug auf die Traditionen der Mystik, die spätestens seit Bernhard von Clairvaux gegen die irdische Aisthetik eine überirdische Ästhetik zu begründen und die „Süße des Herrn" gegen die weltlichen Verführungen der Sinne auszuspielen versuchten, und unter dem Einfluss Ignatius' von Loyola, der seine Anhänger lehrte, ihre eigenen Sinne als Werkzeuge der Unterscheidung zwischen Gut und Böse anzuwenden, erklärte Gracián den Geschmack und seine Übung zur Grundlage einer neuen Weisheits- und Morallehre.

Der erste Teil der vorliegenden Arbeit widmet sich dementsprechend ausgehend von den Schriften Graciáns der Frage nach der Genese des Geschmacks

---

13 Seneca, *Epist.* 95, 23.

14 Gerhard J. Baudy, „Metaphorik der Erfüllung. Nahrung als Hintergrundmodell in der griechischen Ethik bis Epikur", in: *Archiv für Begriffsgeschichte* XXV (1981), S. 7–68.

15 Vgl. etwa Michel Foucault, *Die Regierung der Lebenden. Vorlesungen am Collège de France 1979–1980.* Übers. v. Andrea Hemminger, Berlin 2014 sowie ders., „Der Kampf um die Keuschheit", in: *Schriften in vier Bänden. Dits et Ecrits*, hrsg. v. Daniel Defert/ François Ewald, Bd. 4, Frankfurt am Main 2005, S. 353–368.

und seiner kulinarischen und wortwörtlich ‚gastro-nomischen' wie ‚gastro-logi-schen' Dimensionen. Hierbei geht es um die bisher kaum bearbeitete Frage, wie aus einer Tradition der härtesten Frontstellung gegen die Esslust ein sinnlich-intellektuelles Dispositiv des mündig genießenden Geschmacks erwachsen und wie sich gleichermaßen aus dem weltabgewanden Leben in den monatrischen Philosophenschulen die Figur eines, beziehungsweise einer sinnlichen, der Welt zugewandten Kosmopolit*in entwickeln konnte. Welchen transformatorischen Lektüren mussten die antiken und christlichen Texte unterzogen werden, um ihre Strategien zur Regulierung des Magens mit Hilfe des guten Geschmacks zu überblenden? Welche kulinarischen Praktiken, welche Tisch- und Sinnenordnung verbanden sich mit der neuen ästhetisch-intellektuellen Praxis des Schmeckens? Welche Rolle spielten dabei die neuen exotischen Genussmittel wie Kaffee, Tee, Schokolade, Zucker und Tabak, die mit der ersten kulinarischen Globalisierungswelle nach Europa gelangten und in den Kaffeehäusern und Salons beileibe nicht dazu dienten, den Magen zu füllen? Welche Bedeutung kam dabei der eminenten Fremderfahrung zu, die mit den exotischen Genüssen und einem neuen weltgewandten und neu-gierigen Habitus verbunden war?

Im zweiten Teil geht es unter dem Titel *Das süße Leben* darum, die anthropologischen Dimensionen des Geschmacks auszuloten, die sich in den Entwürfen einer Geschichte der Menschheit etwa von Jean-Jacques Rousseau, Immanuel Kant oder Georg Forster abzeichnen. Mit der Untersuchung dieser Texte, in denen die bis heute nachwirkenden Ideen eines Kosmopolitismus Gestalt annehmen, verknüpft sich die Frage, in welchem Verhältnis die anthropologischen Erzählungen des 18. Jahrhunderts zu dem moralischen Problem der Esslust, spezifischen Kulinaria und Entwürfen wie globalen Politiken einer sinnlich freien, humanen Tischgesellschaft und eines neuen weltbürgerlichen Lebensstils stehen. Wie formuliert sich hier, nicht zuletzt vor dem Hintergrund der intensiven Rezeption der zeitgenössischen Reiseberichte, jenes oben genannte Spannungsverhältnis zwischen einer exogen orientierten Küche und Esslust und der Ablehnung der kulinarischen Erzeugnisse anderer Kulturen unter den Vorzeichen ihrer vermeintlich defizitären Geschmacksfähigkeiten aus? Wie wird hier jeweils die Grenze zwischen Mund und Magen, Notwendigkeit und Geschmack, zwischen Fremdem und Eigenem, Wilden und Zivilisierten gezogen und dramatisiert? Und in welcher Weise transformiert diese Grenzziehung im Rückbezug auf antike und christliche Gastromythen ihren Referenzbereich?

Der letzte Teil der Arbeit widmet sich abschließend dem Feld der Gastronomie mit Blick auf die Moderne, insbesondere aber der Frage, wie sich die Sinnlichkeit des Geschmacks zu möglichen anderen, außereuropäischen Sinnlichkeiten verhält. Parallel zur Entwicklung einer neuen Wertschätzung für fremde Küchen unter den Avantgardist*innen seit den 20er und 30er Jahren begann auch im Feld der Kultur- und Sozialwissenschaften die vermehrte gastroethnologische Auseinandersetzung mit den fremden Küchen an den Grenzen der westlichen Welt und dem eigenen kosmopolitischen, geschmacklichen Selbstverständnis. Besonders die Studien der Ethnologin und Malinowski-Schülerin Audrey Richards bildeten hierin den Ausgangspunkt für eine Universalisierung und Demokratisierung des mündigen Geschmacks, der sich bis dato grundlegend in der Absetzung von der vermeintlich „primitiven" Sinnlichkeit anderer Kulturen herausgebildet hatte und als Signum der westlichen Oberschichten erschien. Die hierin geleistete Anerkennung unterschiedlicher Geschmackskulturen begleitete und reflektierte – so die These der vorliegenden Arbeit – die zeitgenössische Wertschätzung der fremden Küchen und ebnete den Weg für jene Entwicklungen, die unsere gegenwärtige kosmopolitane Esskultur entschieden prägen. Vor diesem Hintergrund gilt es einerseits, den erneuten Wandel des Geschmacks und seine Universalisierung nachzuverfolgen, und andererseits, nach den möglichen Irritationen zu fragen, die mit der Untersuchung der fremden Esskulturen einhergingen. Inwieweit war mit der Erforschung der Sinnlichkeit derjenigen, die nur zu oft als vermeintlich „geschmacklose" Kontrastfolie für die europäischen Mund- und Magenprobleme herhalten mussten, eine grundlegende Infragestellung des westlichen Sinnenmodells und mit ihm des kosmopolitischen Status der westlichen Subjektivität verbunden?

Nicht zuletzt stellt sich vor dem Hintergrund unserer heutigen globalen Welt des Essens und ihrer post-kolonialen Verhältnisse die Frage, ob es nicht an der Zeit ist, eine neue und zeitgenössische Problematisierung der westlichen Esslust anzustoßen, in der der Geschmack und die mit ihm verbundene Subjektivierung vor dem Hintergrund ihrer kolonialen und exkludierenden Geschichte zur Disposition stehen und möglicherweise einer erneuten und historisch notwendigen Transformation unterzogen werden sollten. Ganz im Sinne einer Körper- und Sinnengeschichte des Kosmopolitischen, wie sie in den letzten Jahren immer wieder diskutiert worden ist, lässt sich fragen, ob es nicht darum gehen müsste, andere sinnliche Verkörperungen zu erfinden, die den Geschmack und die Verknüpfung von Essen und kosmopolitischer Subjektivierung neu konfigurieren. Nicht zuletzt in dieser Hinsicht soll es im Folgenden darum gehen, die Kultur- und Transformationsgeschichte der kulinarischen Sinnlichkeit und der Übung des Geschmacks in ihren globalen Verwicklungen zu entfalten und hierin kulturwissenschaftlich über die Problematik der Esslust und die Selbstverständlichkeiten unserer alltäglichen Sinnlichkeit nachzudenken.

Teil I: **Geschmack**

„Weißt du nicht, dass von allen Künsten insgesamt am meisten die Kochkunst zur Frömmigkeit beigetragen hat?"

(Athenion, *fr. 1*)

1 Kosmopolitane Sinnlichkeit

Die Auswirkungen der Globalisierung werden vielleicht nirgendwo so augenscheinlich wie in unser gegenwärtigen Esskultur.[1] Insbesondere die Migrationsbewegungen der Moderne und der Spätmoderne haben eine globale Vermischung von Ess- und Küchenstilen zur Folge, die auf der einen Seite mehr und mehr hybriden und diasporischen Identitäten Ausdruck verleihen und auf der anderen Seite einen kosmopolitanen Konsumstil befördern. Im Rahmen des eigenen *Self-Fashioning* wird den als exotisch und fremdkulturell wahrgenommenen Küchen ein neuer exklusiver Wert verliehen. Die Vielfalt der Küchen und Ingredienzien lässt heute einerseits den Konsum des Globalen in Form eines Tableaus der kulinarischen und geschmacklichen Differenzen möglich erscheinen und verleiht andererseits einem omnipräsenten Begehren nach neuen Geschmackserfahrungen, ja einer Gier und Unersättlichkeit hinsichtlich des Konsums der Vielfalt als solcher Ausdruck, für die die Kultursoziologie seit den 1990er Jahren den Begriff des „omnivoren Geschmacks" geprägt hat. Ausgehend von Pierre Bourdieus Studien zu den Verknüpfungen von Habitus und sozialer Distinktion[2] hat eine Reihe von wissenschaftlichen Arbeiten den Wandel der Konsumkultur der westlichen, gebildeten Oberschichten seit den 60er und vermehrt seit den 80er Jahren herausgearbeitet. Demnach werde der vormals verfolgte „snobberish elitism", der seine distinkten Konsumpräferenzen in den exklusiven Gegenständen und Erzeugnissen der Hochkultur auslebte und damit einen impliziten Ethnozentrismus propagierte, in der Spätmoderne durch einen auf den ersten Blick demokratischeren Geschmack für die Vielfalt der Lebenstile und einen immanenten „cultural relativism" ersetzt.[3] Wenn die neue

---

1 Aus der großen Fülle der Literatur zur Globalisierung der Esskultur seien stellvertretend nur folgende Sammelbände herausgegriffen: Helen R. Haines/Care A. Sammells (Hrsg.), *Adventures in Eating. Anthropological Experiences in Dining from Around the World*, Boulder 2010; David Inglis/Debra Gimlin (Hrsg.), *The Globalization of Food*, London u. a. 2009; David Howes (Hrsg.), *Cross-Cultural Consumption. Global Markets, Local Realities*, London und New York 1996.
2 Pierre Bourdieu, *Die feinen Unterschiede. Kritik der gesellschaftlichen Urteilskraft*. Übers. v. Bernd Schwibs und Achim Russer, Frankfurt am Main 1987.
3 Richard A. Peterson/Roger M. Kern, „Changing Highbrow Taste. From Snob to Omnivore", in: *American Sociological Review* 61, 5 (1996), S. 900–907; Richard A. Peterson, „The Rise and Fall of Highbrow Snobbery as a Status Marker", in: *Poetics* 1997, S. 75–92. Zu einer Ausdifferenzierung der These vgl. Joana Pellerano/Viviane Riegel, „Food and Cultural Omnivorism. A Reflexive Discussion on Otherness, Interculturality and Cosmopolitanism", in: *International Review of Social Research* 7, 1 (2017), S. 13–21; Jessica Paddock, „Positioning Food Cultures. ‚Alternative Food' as Distinctive Consumer Culture", in: *Sociology* 50, 6 (2016), S. 1039–1055; Alan Warde/David Wright/Modesto Gayo-Cal, „Understanding Cultural Omnivorousness. Or,

https://doi.org/10.1515/9783110640342-002

omnivore Haltung als Ausdruck des guten Geschmacks auch nicht heißt, dass alles geschmacklich unterschiedslos behandelt würde, so zeichnet sich diese doch durch eine potentielle Offenheit der intellektuellen Wertschätzung für die gesamte Breite des kulturellen Angebots aus, die im Gegensatz zu den exklusiven Regeln des vormaligen Habitus steht.[4] Die gebildete Oberschicht kultiviert hierin, so lautet die These der Autor*innen, eine inklusive Haltung, die vor dem Hintergrund einer sich mehr und mehr globalisierenden Konsumwelt die Verbindung von kulturellem Kapital und sozialen Grenzen, zwischen sozialer Stratifikation und dem Konsum des kulturell Fremden neu ausbuchstabiert und die die Autor*innen als Ausdruck eines neuen kosmopolitischen Lebenstils lesen. Der Habitus der Kosmopolit*innen zeichnet sich, folgt man etwa Ulf Hannerz, durch eine Orientierung und einen Willen aus, sich mit dem Anderen einzulassen. Und es ist erst diese Haltung, die dem kosmopolitischen Subjekt und *Food Adventurer*[5] die Übung und Kompetenz verschafft, sich mehr oder weniger kundig in einem spezifischen fremdkulturellen Bedeutungssystem zu bewegen oder doch zumindest diese Fähigkeit gegenüber sich selbst und der eigenen *Peer-Group* zu demonstrieren und zu verkörpern: „[Cosmopolitanism] is an intellectual and aesthetic stance of openness towards divergent cultural experiences, a search for contrasts rather than uniformity."[6]

Auf kulinarischer Ebene lässt sich der habituelle Wandel (eines bestimmten Teils) der westlichen Eliten hin zu einer mehr und mehr omnivoren und kosmopolitanen Haltung etwa im Bedeutungsverlust der französischen *Haute Cuisine* nachvollziehen, die sich seit dem 18. Jahrhundert als Ausdruck einer westlichen Hochkultur etabliert hat und heute von einer dilettierenden Experimentierfreude hinsichtlich kulinarischer Genüsse diverser kultureller Herkünfte abgelöst wird.[7] Entgegen der ethnozentrischen Fixierung auf die französische Küche als Goldstandard der westlichen Küchenkunst und als *non plus ultra* des guten Geschmacks und der Zivilisierung, als die sie schon von den französischen Autoren des

the Myth of the Cultural Omnivore", in: *Cultural Sociology* 1, 2 (2007), S. 143–164; Oriel Sullivan/Tally Katz-Gerro, „The Omnivore Thesis Revisited. Voracious Cultural Consumers", in: *European Sociological Review* 23, 2 (2007), S. 123–137.
4 Peterson/Kern, „Changing Highbrow Taste", S. 904.
5 Zur Figur des *Food Adventurers* und seinem Anschluss an eine Performanz des Kosmopolitischen vgl. Lisa M. Heldke, *Exotic Appetites. Ruminations of a Food Adventurer*, New York und London 2003.
6 Ulf Hannerz, „Cosmopolitans and Locals in World Culture", in: *Theory, Culture and Society* 1990, S. 237–251, hier S. 239.
7 Patric Kuh, *The Last Days of Haute Cuisine*, New York 2001. Vgl. auch Josée Johnston/ Shyon Baumann, „Democracy versus Distinction. A Study of Omnivorousness in Gourmet Food Writing", in: *American Journal of Sociology* 113, 1 (2007), S. 165–204, hier vor allem S. 174–176.

17. Jahrhunderts propagiert wurde,[8] institutionalisieren die vielfältigen sogenannten „Ethno"-Restaurants, die seit Mitte der 1990er Jahre immer mehr die hippen
Viertel der globalisierten Städte prägen, die materiellen und symbolischen Dimensionen einer „Cosmoscape",[9] in der sich jenes Phantasma „der ganzen Welt auf
einem Teller" konkretisiert, das bereits die kosmopolitanen Gourmets des 19. Jahrhunderts umgetrieben hatte.[10] Mehr denn je misst sich die Feinschmeckerei
heute – wenn auch in neuer, ausdifferenzierter Weise – jene Aufgabe zu, die
schon der französische Gastrosoph Jean-Anthelme Brillat-Savarin in seiner *Physiologie du Goût* von 1826 der *Gourmandise* abverlangt hatte: „[A]lles Kennenswerthe
von einem Land zum Anderen zu bringen, so dass ein geordnetes Mahl gleichsam
ein Abriss der ganzen Welt ist, wo jedes Land in vorteilhaftester Weise repräsentiert wird."[11] Mit den „Ethno"-Restaurants verbindet sich heute ganz konkret
das Versprechen, kulinarisch die ganze Welt bereisen zu können ohne die
eigene lokale Weltgegend verlassen zu müssen. Food-Festivals mit regionalen
Schwerpunkten – teils von migrantischen *Communities* organisiert – versuchen Interesse für die eigenen Esskulturen zu wecken und suggerieren, mit dem Geschmack des lokal „Fremden" auch einen sinnlichen Kontakt zwischen den
Kulturen zu ermöglichen. Dabei entwerfen sie eine eigene, als „authentisch" gela-
belte, kulinarische Identität, mit der sie sich von der Mehrheitsgesellschaft differenzieren, um im gleichen Zuge diese Differenz im konkreten wie übertragene

---

8 Paradigmatisch kann man hier etwa François Massialots *Cuisinier royal und bourgeois* von
1691 anführen, bei dem es heißt: „Nur in Europa regieren Reinlichkeit, der gute Geschmack
und Geschick beim Würzen des Fleisches [...], und nur hier wird man gleichzeitig der besten
Gaben gerecht, die wir der glücklichen Lage anderer Klimazonen zu danken haben; und man
darf wohl vor allem in Frankreich stolz darauf sein, in diesem Punkte alle anderen Nationen
ebenso zu überflügeln, wie es betrefflich der Höflichkeit und tausend anderer, sattsam be-
kannter Vorzüge der Fall ist" (zit. n. Jean-Louis Flandrin, „Der gute Geschmack und die soziale
Hierarchie", in: Philippe Ariès/Georges Duby/Roger Chartier (Hrsg.), *Geschichte des privaten
Lebens. 3. Bd.: Von der Renaissance zur Aufklärung*, Frankfurt am Main 21991, S. 269–311, hier
S. 300).
9 Zum Begriff der *Cosmoscape* vgl. Vincenzo Cicchelli/Sylvie Octobre/Viviane Riegel, „After
the Omnivore, the Cosmopolitan Amateur. Reflections about Aesthetic Cosmopolitanism", in:
The Global Studies Journal 9, 1 (2016), S. 55–77, hier S. 55; Zlatko Skrbiš/Ian Woodward, *Cosmopolitanism. Uses of the Idea*, London 2013.
10 Vgl. hierzu auch Rebecca L. Spang, „All the World's a Restaurant. On the Global Gastronomics of Tourism and Travel", in: Raymond Grew (Hrsg.), *Food in Global History*, Boulder und
Oxford 1999, S. 79–91
11 Jean Anthelme Brillat-Savarin, *Physiologie des Geschmacks. Oder Physiologische Anleitung
zum Studium der Tafelgenüsse*. Übers. und mit Anm. versehen v. Carl Vogt, Leipzig 1983, S. 70.

Sinne den Angehörigen der letzteren vermeintlich zum Konsum anzubieten:[12] Auch und gerade auf dem Feld des Kulinarischen gilt, was bell hooks bereits Anfang der 1990er Jahre unter dem Titel *Eating the Other* betont hat: „Race and Ethnicity become commodified as recources for pleasure."[13] Und die als exotisch wahrgenommen Küchen nehmen hierin für eine spezifische Schicht kosmopolitischer Gourmets die Rolle einer Würze, „that can liven up the dull dish that is mainstream white culture".[14] So lässt sich etwa heute, vor dem Hintergrund einer globalen ökonomischen Restrukturierung und im Rahmen von City-Branding-Kampagnen, die kulturelle Vielfalt der Essangebote in Großstädten wie Berlin, London oder Toronto als Ausweis einer urbanen Weltoffenheit in Anspruch nehmen, um sie als eminenten Standortvorteil auszuspielen.[15] In ähnlicher Weise wie

---

12 Zur Problematik des „Authentischen" vgl. etwa Tammi Jonas, „Eating the Vernacular, Being Cosmopolitan", in: *Cultural Studies Review* 19, 1 (2013), S. 117–137. Dass sich die vermeintliche Komplizenschaft der Migrant*innen mit dem Geschmack der Kosmopolit*innen ebenso wie deren Anerkennung als Bürger*innen durchaus ambivalenter und konfliktreicher gestaltet, hat jüngst noch einmal Krishnendu Ray eindrücklich deutlich gemacht: Krishnendu Ray, *The Ethnic Restaurateur*, London 2016. Vgl. auch Néstor García Canclini, *Consumers and Citizens. Globalization and Multicultural Conflicts*. Trans. and with an Introduction by George Yúdice, Minneapolis und London 2001.

13 bell hooks, *Black Looks. Race and Representation*, Boston 1992, S. 23.

14 Ebd., S. 21. Mit Claude Fischler lässt sich dieses Begehren nach der „authentischen" Identität der fremden Küchen und der Aufstieg des omnivoren Geschmack an der Vielfalt der exotisch-kulinarischen Konsumangebote nicht zuletzt mit dem Verlust der Identifikationsfunktion der eigenen Küche in den industrialisierten Gesellschaften in Zusammenhang bringen. Durch Fertiggerichte, industriell hergestellte Geschmacksstoffe und -träger etc., die das Essen zu kaum noch identifizierbaren Angelegenheit formen ebenso wie durch die Entkopplung des jeweiligen Gerichts von seiner Historie, Regionalität oder sozialen Markern hat ein entscheidender Teil der alltäglichen Ernährung sein identifikatorisches Potential eingebüßt. Als Ausdruck dieser Krise lässt sich nicht nur ein neues eminentes Interesse an der Kunst des Kochens verzeichnen, sondern auch neue Formen des rigiden „food secterianism" und der Konversion zu individuellen Essdizipilierungen. Und gerade im Kontrast zu der als fade empfundenen und unmarkierten, alltäglichen Ernährung müssen die vermeintliche „Traditionalität", „Authetizität" wenn nicht „Ethnizität" der migrantischen Küchen als begehrenswerter Ausdruck einer authetischen kulturellen Identität erscheinen. Vgl. hierzu Claude Fischler, „Food, Self and Identity", in: *Social Science Information* 27, 2 (1988), S. 275–292, sowie ders., *L'Homnivore. Le goût, la cuisine et le corps*, Paris 1990. Zur Anschlußfähigkeit von Fischlers Begriff des „Omnivoren" an denjenigen der Kultursoziologie vgl. etwa Pellerano/Riegel, „Food and Cultural Omnivorism".

15 Vgl. hierzu exemplarisch und mit Blick auf die migrantischen *Communities* selbst: Antonie Schmiz, „Staging a ‚Chinatown' in Berlin. The Role of City Branding in the Urban Governance of Ethnic Diversity", in: *European Urban and Regional Studies* 24, 3 (2017),S. 290–303, sowie ihr Forschungsprojekt „Selling (off) Diversity: The Governance of Ethnic Business Districts in Transatlantic Comparison".Während im Kontext solcher City-Branding Kampagnen einerseits die

die bürgerlichen Restaurants des 19. Jahrhunderts und ihre Menukarten die regionalen Küchen und teils exotischen Ingredienzien als nationale Küche rekomponierten und hierin die Idee des Nationalen kulinarisch vermittelten und konsumierbar machten, repräsentieren die sogenannten „Ethno"-Restaurants heute die deterritorialisierten „Ethnosites" postkolonialer Gesellschaften, in denen es möglich erscheint die Idee des Globalen und des interkulturellen Austauschs zu verwirklichen und sich gleichermaßen einzuverleiben.[16] Unter den Vorzeichen eines kulinarischen Tourismus werden als exotisch geltende, und als geographisch wie kulturell distinkt wahrgenommene Küchen und Speisen für eine weiße, westliche „Performanz des Kosmopolitischen" in Anspruch genommen, in der es nicht notwendigerweise darum geht, durch den Geschmack der Speisen einen „Geschmack" und damit eine mögliche Kenntnis der anderen Kultur zu erlangen, sondern vielmehr darum, das Kosten des fremden Essens zu nutzen „to perform a sense of adventure, curiosity, adaptability, and openness to *any* other culture".[17]

Ist mit dem fremden Geschmack also nicht notwendig die eingehende Kenntnis einer spezifischen anderen Kultur verbunden, so dient die Einverleibung des als fremd konnotierten Essens und die Erfahrung seines Geschmacks doch dazu, die Differenzen zwischen den je unterschiedlichen fremden Geschmäckern zu kategorisieren und bietet hierin die Möglichkeit durch den Konsum der kulinarischen Differenzen und bietet ihrer wortwörtlichen Einverleibung eine aisthetische Kenntnis des Globalen zu verkörpern.[18] Das Globale und dessen Kenntnis konkretisieren sich im Bereich des Kulinarischen als eine eminent sinnliche Ordnung in den Sphären des Geschmacks. Erst dessen Übung und die durch sie erfolgende Erweiterung des Repertoires an kulinarischer Erfahrung bilden die Grundlage der Kennerschaft und kommunikativen Kompetenz der Kosmopolit*innen, die es erlaubt, die eigene sinnlich-globale Expertise in den

---

vielfältigen migrantischen Nachbarschaften und ihre Kulinarika für die Attraktivitätssteigerung und als gewisse „exotische" Würze für den *Life-Style* einer meist weißen, gebildeten, globalen Elite ausgebeutet werden, lässt sich doch andererseits zeigen, dass die gegenwärtige *Foodie-Culture* und ihre Suche nach ebenso wie ihre Demonstration und Reflektion von kulinarischen „Fremd- und Eigenerfahrungen" nicht auf die Sphären einer globalen, weißen, mittelständigen Elite beschränkt bleibt. Vgl. hierzu etwa Merin Oleschuk, „Foodies of Color. Authenticity and Exotism im Omnivorous Food Culture", in: *Cultural Sociology* 11, 2 (2017), S. 217–233; Meredith E. Abarca, „Authentic or Not, It's Original", in: *Food & Foodways* 12, 1 (2004), S. 1–25.

16 Vgl. Laurien Turgeon/Madeleine Patinelli, „‚Eat the World'. Postcolonial Encounters in Quebec Citxy's Ethnic Restaurants", in: *The Journal of American Folklore* 115, 456 (2002), S. 247–268.

17 Jennie Germann Molz, „Eating Difference. The Cosmopolitan Mobilities of Culinary Tourism", in: *Space and Culture* 10, 1 (2007), S. 77–93, hier S. 79.

18 Ebd.

entsprechenden Kreisen in einem Akt der Selbstversicherung als kulturelles Kapital und Distinktionsmarker auszuspielen.[19]

Dabei ist es bemerkenswert, dass die sinnliche Grundlage dieser körperlichen wie intellektuellen Kennerschaft des Globalen und der „Performanz des Kosmopolitischen" bisher – trotz einiger Ansätze, die in diese Richtung weisen – kaum einer eingehenden Reflektion unterzogen worden sind. Dabei haben David Bell und Gill Valentine bereits früh herausgestellt, „[that] food is obviously good to ‚think global' with".[20] Sarah Cappeliez und Josée Johnston gehen noch einen Schritt weiter, wenn sie darauf verweisen, dass das Essen das ideale „Vehikel" darstellt, um der Bedeutung des Kosmopolitischen im alltäglichen Leben nachzugehen, insofern das Essen jenen für jede*n Einzelne*n entscheidenden Kreuzungpunkt zwischen alltäglicher körperlicher Ernährung und den symbolischen Dimensionen der kulturellen Identität markiert[21] ebenso wie zwischen dem Körper der oder des Einzelnen und der Welt als ganzer. Eine Infragestellung der hierin implizierten, vermeintlich universellen kosmopolitane Sinnlichkeit ist dabei jedoch analytisch ausgespart geblieben. Selbst Jennie Germann Molz, die gegen die Reduktion des kosmopolitischen Weltbezugs auf eine „intellektuelle und ästhetische" Haltung[22] entschieden deren alltägliche Verkörperung und explizit deren sinnliche Dimensionen hervorhebt,[23] hat es unterlassen die konkrete Sinnlichkeit des Geschmacks als vermeintlich kulturell-neutrale Grundlage einer solchen Verkörperung in Frage zu stellen. Und auch die Frage nach der eminenten kulturhistorischen Verbindung, die die Ideengeschichte des westlichen Kosmopolitismus und seine Verkörperung in Form eines „omnivorous cultural taste" zur Sinnlichkeit des Geschmacks als solcher kulturhistorisch aufrechterhalten, bleibt merkwürdig unterbelichtet. Dies ist umso verwunderlicher, als sich in der gegenwärtigen Esskultur ebenso wie im Diskurs über sie der sinnliche Geschmack und der kulturelle „Geschmack" der kosmopolitanen *Food Adventurer* kontinuierlich begrifflich überschneiden und verkreuzen. Ein Umstand, der die Frage

19 Vgl. Alan Warde/Lydia Martens/Wendy Olsen, „Consumption and the Problem of Variety. Cultural Omnivorousness, Social Distinction and Dining Out", in: *Sociology* 33, 1 (1999), S. 105–127; Sarah Cappeliez/Josée Johnston, „From Meat and Potatoes to ‚Real-Deal' Rotis. Exploring Everyday Culinary Cosmopolitanism", in: *Poetics* 2013, S. 433–455.
20 David Bell/Valentine Gill, *Consuming Geographies. We Are What We Eat*, London 1997, S. 185.
21 Cappeliez/Johnston, „From Meat and Potatoes to ‚Real-Deal' Rotis", S. 435.
22 Hannerz, „Cosmopolitans and Locals in World Culture", S. 239.
23 Germann Molz, „Eating Difference", S. 84 f. Vgl. hierzu auch dies., „Cosmopolitan Bodies. Fit to Travel and Travelling to Fit", in: *Body & Society* 12, 3 (2006), S. 1–21.

nach dem Zusammenhang zwischen beiden Sphären und ihrer historischen Verwicklung mit den Fragen des Globalen sowie dem Konsum von Ess- und Genussmitteln mehr als naheliegend erscheinen lässt. Denn wie bereits oben deutlich geworden ist, stellt der sinnliche Geschmack – beziehungsweise die körperliche Übung des Schmeckens – für den kosmopolitischen *Food Adventurer* jene notwendig vorausgesetzte und vermeintlich kulturell neutrale, unmarkierte sinnliche Ebene dar, auf der sich die kulinarischen Unterschiede der Kulturen überhaupt erst als diffenzierte, klassifizierbare und vergleichbare Entitäten abzeichnen und verteilen. Und erst die als Geschmackserfahrungen angeeignete und einverleibte Summe dieser ihrer Differenzen ermöglicht eine (vermeintliche) sinnliche Erfahrung und Kenntnis des Globalen als verkörpertem und habitualisierten, kosmopolitanen ‚Geschmack‘.

Gerade wenn man den Fokus der Untersuchung des Kosmopolitismus von den Fragen der Ideengeschichte hin auf konkrete und alltägliche Formen des Kosmopolitischen verschiebt und betont, dass die Frage des Kosmopolitischen unter den Vorzeichen einer heute faktischen „internal globalization" als Frage nach den materiellen wie verkörperten kosmopolitischen Gefügen, Räumen und Haltungen eines „banal cosmopolitanism" gestellt werden muss,[24] lässt sich die Zentralität des sinnlich-kulinarischen Geschmacks für den kosmopolitischen Habitus ebenso wie die Modellfunktion des einen für den anderen, nicht mehr als bloße metaphorische Rede marginalisieren. So haben etwa George Lakoff und Mark Johnson eindringlich auf die Bedeutung hingewiesen, die insbesondere sinnliche und körperliche Erfahrungen und deren Konzeptualisierung in Metaphern für die Philosophie und das Denken spielen.[25] Und auch der Literatur- und Medientheoretiker Walter J. Ong hat bereits früh die Diversität betont, mit der in unterschiedlichen Kulturen die Sinne im Rahmen eines konzeptuellen Denkens in Anschlag gebracht werden und hierbei insbesondere die Bedeutung des Geschmacks für die Kultur des 18. Jahrhunderts hervorgehoben. Die im 18. Jahrhundert im Kontext der Ästhetik geleistete analogisierende Ausdehnung des kulinarischen Geschmacks auf die Bereiche der Literatur, der Kunst, des Stils und der Lebensweise ist, so Ong und im Anschluss an ihn auch

---

24 Ulrich Beck, „The Cosmopolitan Society and its Enemies", in: *Theory, Culture and Society* 19, 1–2 (2002), S. 17–44. Vgl. auch Magdalena Nowicka/Maria Rovisco (Hrsg.), *Cosmopolitanism in Practice*, Farnham 2009.

25 Vgl. George Lakoff/Mark Johnson, *Leben in Metaphern. Konstruktion und Gebrauch von Sprachbildern*, Heidelberg ⁴2004. In ähnlicher Weise ist vor ihnen auch Claude Lévi-Strauss in „Das wilde Denken" für eine „Wissenschaft des Konkreten" eingetreten, auch wenn er diese in scheinbarer Opposition zu den „konkreten" Wissenschaften zu entwickeln sucht. Vgl. Claude Lévi-Strauss, *Das Wilde Denken*. Übers. v. Hans Naumann, Frankfurt am Main 1968.

David Howes und Marc Lalonde, keineswegs beliebig, sondern der ästhetische Geschmack unterhält stattdessen „real connections with the sense of taste".[26] Im Anschluss daran und ganz im Sinne einer Körper- und Sinnengeschichte des Globalen und der Kosmopolitik, wie sie oben bereits skizziert wurde, gilt es also einerseits ganz konkret nach der Rolle zu fragen, die der sinnlich-kulinarische Geschmack für die Frage des Kosmopolitischen spielt und dabei andererseits die kulturhistorischen Möglichkeitsbedingungen und Konstellationen, die Praktiken und Erfahrungsräume nicht aus dem Blick zu verlieren, die die enge Beziehung zwischen dem im kosmopolitanen Habitus verkörperten „guten Geschmack", als Summe einer Weltkenntnis, einer ästhetischen Expertise und Befähigung zur gebildeter Konversation, und der kulinarisch-sinnlichen Geschmackserfahrung überhaupt plausibilisieren. Wenn heute, in einer Zeit der gewachsenen Mobilität von Menschen und Waren, die kulturelle Diversität des Essens und deren Konsum symptomatisch für die Haltung einer kosmopolitanen Weltoffenheit einsteht, so gilt es im Sinne einer „historischen Dekonstruktion",[27] aber auch und gerade im Sinne einer Kritik, die gegen eine elitäre Konzeption des Kosmopolitischen, als Signum der Kultur weißer (und oftmals männlicher) Mittelschicht-Reisender,[28] die diskrepanten, abweichenden und widerstreitenden Formen des Kosmopolitismus hervorhebt,[29] diese Verknüpfungen zu hinterfragen. Welche historischen Verbindungen lassen sich zwischen der Ideengeschichte des Kosmopolitismus, die im Zuge der westlichen Aufklärung ihren Durchbruch erlebte, und jenen Prozessen der globalen Transformation und „Delokalisierung" der kulinarischen Systeme[30] nachzeichnen und in welchem Verhältnis stehen sie zu den mit ihnen einhergehenden, von diesen bedingten und sie bedingenden Identitäten und Sinnlichkeiten?

---

26 Walter J. Ong, *The Presence of the Word. Prolegomena for Cultural and Religious History*, New Haven und London 1967, S. 4 f. Vgl. David Howes/Marc Lalonde, „The History of Sensibilities. Of The Standard of Taste in the Mid-Eighteenth Century England and the Circulation of Smells in Post-Revolutionary France", in: *Dialectical Anthropology* 16 (1991), S. 125–135.

27 Für die Anregungen, Gespräche und Diskussionen zu einem solchen Ansatz möchte ich Iris Därmann danken.

28 Hannerz, „Cosmopolitans and Locals in World Culture".

29 Vgl. etwa James Clifford, „Travelling Cultures", in: Lawrence Grossberg/Cary Nelson/Paula Treichler (Hrsg.), *Cultural Studies*, New York 1992, S. 96–112; Pnima Werbner (Hrsg.), *Anthropology and the New Cosmopolitanism. Rooted, Feminist and Venacular Perspectives*, Oxford und New York 2008, sowie Craig Calhoun, „The Class Consciousness of Frequent Travelers. Toward a Critique of Actual Existing Cosmopolitanism", in: *South Atlantic Quarterly* 101, 4 (2002), S. 869–897.

30 Gretel H. Pelto/Pertti J. Pelto, „Diet and Delocalization. Dietary Changes since 1750", in: *Journal of Interdisciplinary History* 14, 2 (1983), S. 507–528.

Entgegen den Tendenzen, den Geschmack als eine universelle und damit kulturell neutrale Sinnlichkeit vorauszusetzen, geht es mir ausgehend von der Frage nach dem kosmopolitanen Geschmack und seinen subjektivierenden Effekten in der folgenden Arbeit darum, eine historisch-genealogische Perspektive einzunehmen. Ich begreife die körperlich-geistige Konjunktur von gustativem Genuss und Diskurs, mündigem Schmecken und Habitus sowie der Suche nach sinnlichen Reizen und einer entsprechenden weltbürgerlichen Subjektivierung als eine spezifische kulturhistorische – metaphorische wie reale – Signatur, die einerseits durchaus weiter zurückreicht, als dies der Diskurs über die aktuelle Phase der Globalisierung suggeriert, die sich aber andererseits mit vagen Vorläufern erst im 17. Jahrhundert und vermehrt mit dem 18. Jahrhundert einstellt und hierin das begründet, was man überhaupt als eine Kultur des mündigen Geschmack bezeichnen kann. Ihrer Genealogie gilt es in den folgenden Kapiteln nachzugehen. Ich möchte hierin die aktuellen Forschungen zur Frage des Kosmopolitischen zum einen mit einer kulturhistorischen Tiefendimension ausstatten und zum anderen an das Forschungsfeld einer Anthropologie der Sinne anschließen.[31] In einer kulturhistorischen Stoßrichtung ist es mir darum zu tun, entgegen einer „dünnen", entkörperlichten und entweltlichten Bedeutung des Kosmopolitischen[32] die Perspektive einer „dichten Beschreibung" seiner Verkörperungen, seiner Gefüge und Umstände einzunehmen.[33] Jene Texte, in denen sich die Ideengeschichte des Kosmopolitischen und der Weltkenntnis mit ästhetischen und kulinarischen Geschmackssfragen überkreuzt und denen meine

---

31 Zur neueren Anthropologie der Sinne beziehungsweise sinnlichen Anthropologie vergleiche insbesondere die Arbeiten von Paul Stoller, Constance Classen, David Howes, Sarah Pink, aber auch Tim Ingold: Constance Classen, *Worlds of Sense. Exploring the Senses in History and Across Cultures*, London und New York 1993; dies., „Foundations for an Anthropology of the Senses", in: *International Social Science Journal* 49, 153 (1997), S. 401–412; David Howes, *Sensual Relations. Engaging the Senses in Culture and Social Theory*, Ann Arbor 2003; Paul Stoller, *The Taste of Ethnographic Things. The Senses in Anthropology*, Philadelphia 1989; ders., *Sensuous Scholarship*, Philadelphia 1997; Sarah Pink, „The Future of Sensory Anthropology/The Anthropology of the Senses", in: *Social Anthropology/Anthropologie Sociale* 18, 3 (2010), S. 331–340; Tim Ingold, „Stop, Look and Listen! Vision, Hearing and Human Movement", in: *The Perception of the Environment. Essays on Livelihood, Dwelling and Skill*, London und New York 2000, S. 243–287.
32 Zum Begriff des „thin cosmopolitanism" vgl. etwa Toni Erskine, „‚Citizen of Nowhere' Or ‚the point where circles intersect'? Impartialist and Embedded Cosmopolitanisms", in: *Review of International Studies* 2002, S. 457–478; Michael Walzer, *Thick and Thin. Moral Arguments at Home and Abroad*, Notre Dame 1994.
33 Clifford Geertz, *Dichte Beschreibung. Beiträge zum Verstehen kultureller Systeme*. Übers. v. Brigitte Luchesi und Rolf Bindemann, Frankfurt am Main 1987. Zu einer sinnlichen Wendung dieses Konzepts vgl. Stoller, *The Taste of Ethnographic Things*.

Untersuchung gilt, sollen dementsprechend einer kulturwissenschaftlichen Lektüre unterzogen werden, die versucht die jeweilige Theoriebildung „in den Kontext ihrer eigenen Alltäglichkeit"[34] zu stellen, und ihre sinnlichen, intellektuellen wie materiellen Grundlagen im Allgemeinen und den Rahmen ihrer jeweiligen Tisch-Gesellschaften im Besonderen offen zu legen und verständlich zu machen. Anstatt „kulturelle Formen als Texte" und „als aus sozialem Material geschaffene Phantasiebildungen" zu verstehen, wie Clifford Geertz dies im Anschluss an die Hermeneutik Paul Ricoeurs und der älteren Traditionen einer *interpretatio naturae* tut, geht es mir umgekehrt methodisch darum, die theoretischen Texte über den Geschmack als kulturelle Formen zu rekonstruieren und hierbei insbesondere die sinnlichen Dimensionen herauszustellen, mit denen sie umgehen, die sie thematisieren, ja, in ihrem je spezifischen Schreib- und Lektürekontext praktizieren, ein- und ausüben.[35]

1.1 Der mündige Geschmack

Im Bezug auf den Diskurs der Ästhetik gehört es zu den Allgemeinplätzen der europäischen Geistesgeschichte, dass sich der Geschmack als dessen entschiedene Kategorie erst im 17. und verstärkt mit dem 18. Jahrhundert durchsetzt und hierin eng mit den Schriften der barocken Moralisten und den Fragen eines höfischen Lebensstils verknüpft ist.[36] Dabei wird dieser Wandel

---

34 Clifford Geertz, „Dichte Beschreibung. Bemerkungen zu einer deutenden Theorie von Kultur", in: *Dichte Beschreibung. Beiträge zum Verstehen kultureller Systeme.* Übers. v. Brigitte Luchesi und Rolf Bindemann, Frankfurt am Main 1987, S. 7–43, hier S. 21.
35 Zur einer Kritik an Clifford Geertz Modell des „Textes" aus Sicht einer Ethnographie der Sinne vgl. Howes, *Sensual Relations*, S. 17–28. Howes schießt dabei aber deutlich übers Ziel hinaus, wenn er mit seiner Kritik der Schrift meint, die Hermeneutik als solche verabschieden zu müssen. Allein kulturhistorisch sind die Methoden des Erklärens, der Auslegung und Übersetzung, etwa als Kunst die Sprache der Götter zu erhellen und deren Zeichen zu deuten, wahrscheinlich deutlich älter als ihre Anwendung auf die Auslegung der Schrift. Dass darüber hinaus das Lesen von Texten nicht schon immer allein im Rückgriff auf den Sehsinn begriffen wurde, sondern historisch in ganz unterschiedlicher Weise mit anderen Formen der Sinnlichkeit verknüpft war, zeigt nicht zuletzt der Geschmacksdiskurs seit der Neuzeit ebenso wie seine antiken und christlichen Vorläufer. In einem ähnlichen Sinne argumentieren auch Paul Stoller und Cheryl Olkes (Paul Stoller/Cheryl Olkes, „Thick Sauce. Remarks on the Social Relations of the Songhay", in: Carolyn Korsmeyer (Hrsg.), *The Taste Culture Reader. Experiencing Food and Drink*, New York 2007, S. 131–141, hier S. 134).
36 Vgl. etwa Franz Schümmer, „Die Entwicklung des Geschmacksbegriffs in der Philosophie des 17. und 18. Jahrhunderts", in: Erich Rothacker (Hrsg.), *Archiv für Begriffsgeschichte. Bausteine zu einem historischen Wörterbuch der Philosophie.* Bd. 1, Bonn 1955, S. 120–141.

immer wieder maßgeblich mit dem Jesuiten Baltasar Gracián verbunden, auch wenn es sicherlich falsch wäre, diesen Prozess, der einer ungemein komplexen und vielschichtigen Dynamik unterliegt, ausschließlich auf dessen Schriften zurückzuführen. Trotzdem bleibt festzuhalten, dass Gracián einer der prominentesten Denker ist, die im 17. Jahrhundert den Geschmack zu einem systematischen und ernsten Thema der philosophischen Debatte machen; und man sollte, bei aller berechtigten Skepsis gegenüber der Wirkung der Schriften eines einzelnen Autors, die Ausstrahlungskraft nicht unterschätzen, die seine Schriften in den folgenden Geschmacksdebatten von Frankreich über England bis nach Deutschland entfalteten.[37]

Die Literatur, die Gracián als Ausgangs- und Umschlagpunkt einer Geschichte und Vorgeschichte des ästhetischen Geschmacks behandelt, ist entsprechend vielfältig. Umso mehr überrascht es, dass die systematische Beziehung, die Gracián zwischen dem Feld des Gustatorischen und den ästhetischen und epistemologischen Dimensionen des Diskurses, oder gar des gesellschaftlichen Verhaltens stiftet, selten befragt worden ist. So gut wie allen Studien ist gemein, dass sie die kulinarische Dimension des Gracián'schen Diskurses entweder übersehen, oder diese auf ein sprachlich-metaphorisches Problem reduzieren. Fast allen gilt der Sinnengeschmack als die natürliche Voraussetzung seiner übertragenen Bedeutung und theoretischen Ausweitung. Stets wird der sinnliche Geschmack als natürlich und immer schon gegeben vorausgesetzt und damit einer historischen Perspektive entzogen, während, mit dem Fokus auf die Entdeckung einer kulturellen und geistig-sinnlichen Ästhetik des Schönen, die Relevanz der körperlich-sinnlichen Dimension des Schmeckens bei Seite geschoben werden kann.[38] Dabei

---

37 Vgl. zur Kritik dieser allzu einfachen Lesart im Bezug auf Gracián insbesondere Hans-Jürgen Gabler, *Geschmack und Gesellschaft. Rhetorische und sozialgeschichtliche Aspekte der frühaufklärerischen Geschmackskategorie*, Frankfurt am Main und Bern 1982; Ute Frackowiak, *Der gute Geschmack. Studien zur Entwicklung des Geschmacksbegriffs*, München 1994, aber auch Reinhard Brandt, „Marginalie zur Herkunft des Geschmacksbegriffs in der neuzeitlichen Ästhetik (Baltasar Gracián)", in: *Archiv für Geschichte der Philosophie* 60, 2 (1978), S. 168–174.

38 Hierin folgen die Interpret*innen uneingestanden und auf nicht unproblematische Weise den Prämissen ihres Gegenstandes. Auch die Theoretiker des Geschmacks des 18. Jahrhunderts waren oftmals bemüht, – so sehr sie auch immer wieder argumentativ auf den sinnlichen Geschmack als natürlicher Grundlage der ästhetischen Urteilskraft zurückgriffen –, die Verknüpfungen des Geistig-Ästhetischen mit dem Physisch-Sinnlichen, wenn nicht zu nivellieren, so doch kontinuierlich zu problematisieren. Auf die tendenzielle Entsomatisierung und Vergeistigung des Geschmacks in den ästhetischen Diskussionen des späten 18. Jahrhunderts hat etwa Thomas Kleinspehn aufmerksam gemacht und gegen diese die Bedeutung des Kulinarischen hervorgehoben (Thomas Kleinspehn, *Warum sind wir so unersättlich? Über den Bedeutungswandel des Essens*, Frankfurt am Main 1987). In philosophischer Hinsicht lässt sich gleichermaßen auf die Arbeit von Carolyn Korsmeyer verweisen: Carolyn Korsmeyer, *Making Sense of Taste*.

ist diese Verknüpfung von sinnlich-kulinarischem und ästhetischem Geschmack bei Gracián mitnichten eine beiläufige metaphorische Ausschmückung, sondern hat entschieden Methode. So hat Hellmut Jansen in seiner Untersuchung der *Grundbegriffe des Baltasar Gracián* zu Recht darauf hingewiesen, dass es für diesen charakteristisch sei, den *Gusto* „mit dem Bereich der Küche" in Verbindung zu bringen, ebenso wie mit Begriffen „aus dem Gebiet der Speisen und Gewürze".[39] Der kulinarisch-sinnliche Geschmack bildet bei Gracián geradezu das Modell des guten Geschmacks als solchem.

Aber nicht nur im Hinblick auf die Frage der Verbindung zwischen kulinarischem und ästhetischem Geschmack sind Graciáns Schriften bemerkenswert, sondern gleichermaßen auch im Hinblick auf die Frage nach dem Zusammenhang zwischen Sinnlichkeit und der in Frage stehenden kosmopolitischen Haltung beziehungsweise der mit ihr verbundenen Weltkenntnis. Denn es ist immer wieder das Bankett, das bei Gracián als Lehr-und Lernort der kenntnisreichen Bildung schlechthin erscheint: „Die kenntnisreiche Bildung ist ein köstliches Banquet der Verständigen", heißt es etwa in seinem 1646 erschienenem Buch *El Discreto*,[40] in dem Gracián eine ganze Philosophie jener „Orakel der Neugier" entwickelt, denen es überall gelingt mit ihrem Wissen zu glänzen, die jede Neuigkeit der Welt kennen und die die Worte der anderen in allen Lebenslagen zu würdigen wissen und selbst um kein Bonmot verlegen sind. Und es sind nach Gracián die „Meister der Wissenschaft des guten Geschmacks", die geistreich die Kunst der Konversation beherrschen und in jeder Situation und jedem Gespräch ihre weiten Kenntnisse zur Unterhaltung aller anzubringen wissen. In einer explizit sinnlichen Wendung erklärt Gracián die Versammlungsorte der „Discreción", die den *Discreto* als solchen auszeichnet, zum geschmackvollen Gastmahl, bei dem die Bildung als Speise genossen wird. Die

---

Food and Philosophy, Ithaca, N.Y. 1999. Vor allem aber in der kulturwissenschaftlich orientierten Literaturwissenschaft vollzieht sich in den letzten Jahren hier ein Paradigmenwechsel wie etwa die Studien Christine Otts und Denise Gigantes zeigen: Christine Ott, *Feinschmecker und Bücherfresser. Esskultur und literarische Einverleibung als Mythen der Moderne*, München 2011; Denise Gigante, *Taste. A Literary History*, New Haven 2005; dies., „Romanticism and Taste", in: *Literature Compass* 4, 2 (2007), S. 407–419. Vgl. auch die Beiträge in dem von Denise Gigante herausgegebenen Online-Sammelband *Romantic Gastronomy*: dies. (Hrsg.), *Romantic Gastronomies. Romantic Circles*, Januar 2007, url: http://www.rc.umd.edu/praxis/gastronomy/ (besucht am 10. 04. 2019). Zur Engführung von ästhetischem und kulinarischem Geschmack vgl. auch Flandrin, „Der gute Geschmack und die soziale Hierarchie".

39 Hellmut Jansen, *Die Grundbegriffe des Baltasar Gracian*, Genf und Paris 1958, S. 66.

40 Baltasar Gracián, *Der Kluge Weltmann (El Discreto)*. Zum ersten Mal aus dem spanischen Original von 1646 ins Deutsche übertragen und mit einem Anhang versehen v. Sebastian Neumeister, Frankfurt am Main 1996, S. 39.

Weisheit, die den Meister dieser Wissenschaft als geschmackvolles Subjekt zur Koryphäe des Hofes werden lässt, ist bei Gracián eine „köstliche unterhaltende Bildung". Sie macht ihn begehrt und lässt ihn zum Objekt einer allgemeinen Neugier werden, denn man erwartet, dass er seinem Gegenüber nicht nur einen schmackhaften Genuss bereitet, sondern es gar an einer Unterweisung in dieser Kunst des guten Geschmacks Teil haben lässt:

> In einigen leuchtet also eine Art höfischer Weisheit, eine köstlich unterhaltende Bildung, die sie überall gern gesehen und sogar von der aufmerksamen Neugier gesucht sein lässt. Eine Art der Wissenschaft ist dies, die nicht in den Büchern steht und die man nicht in der Schule lernt; man bekommt sie in den Theatern des guten Geschmacks gelehrt und an den Versammlungsorten der ‚Discretión'.[41]

Versucht man den guten – kulinarischen wie geistigen – Geschmack zu charakterisieren, den Gracián hier als Ziel einer solchen Weisheit und Wissenschaft ausgibt, so lassen sich einige eigentümliche Merkmale herausstellen: Offensichtlich ist der gute Geschmack bei Gracián erst einmal keine natürliche Begabung oder gar ein Talent, das einem zufällt und das man nur ausspielen müsste. Man hat nicht einfach guten Geschmack, wie man eine schöne Nase hat. Der gute Geschmack ist vielmehr das Resultat eines Lernprozesses, das heißt eine Fähigkeit, die sich im gesellschaftlichen Umgang einüben lässt und eingeübt werden muss. Weit davon entfernt ein individuelles Vermögen zu sein, das sich in der solipsistischen Abschließung des Individuums feststellen ließe, ist der Geschmack bei Gracián grundlegend sozial verfasst. Ohne Beziehungen, die das Subjekt über sich hinaustreiben, ist der Geschmack weder lern- noch demonstrierbar. Im Rahmen der *Ciencia del buen gusto* verwandelt sich die Gesellschaft geradezu in ein „Theater[] des guten Geschmacks", auf dem die Kunst des Schmeckens ihre Auftritte feiert, ebenso wie sie sich als Schule und praktischer Lernort dieser Kunst anbietet. In ihr konstituiert sich ein wechselseitiges Verhältnis von Meistern und Schülern, das auf der einen wie auf der anderen Seite, in der Kostprobe der höfischen Weisheit wie in ihrem neugierigen Genuss, geschmackvolle Subjekte hervorbringt.

Die Wissenschaft des guten Geschmacks wird von Gracián demnach als eine gesellige Weisheitslehre entworfen, eine spezifische Art und Weise ein Geschmacks-Wissen zu erlangen, über ein solches zu verfügen, ebenso wie es zu

---

41 Ebd., S. 34, leicht abgeändert: „Luce, pues, en algunos una cierta sabiduría cortesana, una conversable sabrosa erudición, que los hace bien recibidos en todas partes, y aun buscados de la atenta curiosidad. Un modo de ciencia es éste que no lo enseñan los libros ni se aprende en las escuelas; cúrsase en los teatros del buen gusto y en el general tan singular de la discreción" (ders., *Obras Completas, Bd. II. El Héroe. El Político. El Discreto. Oráculo manual y arte de prudentia. Agudeza y arte de ingenio. El Comulgatorio. Escritos menores*, Madrid 1993, S. 115).

äußern: es handelt sich also um eine Wissenschaft, die es erlaubt, den Geschmack zu üben und auszuüben und die in entschiedener Opposition zu den üblichen Institutionen des Lehren und Lernens steht – den Schulen und Kollegien etwa, das heißt jenen disziplinierten Anstalten des lustlosen und schalen Repetierens und der faden Lehrbücher. Gegen diese führt die Wissenschaft des guten Geschmacks ihre unterhaltende und gesellige, vor allem aber ihre genüssliche Form ins Feld. Ein Genuss, der als konstitutives Signum dieser Bildung durchgängig gustatorisch konnotiert ist: Was der Weise erwirbt und über was er verfügt, ist eine „köstlich unterhaltende Bildung". Im 17. und frühen 18. Jahrhundert kann der Geschmack, wie Thomas Kleinspehn betont hat, neben seiner viel diskutierten ästhetischen Bedeutung – und auf gleicher Ebene – auch als natürlicher Sinn des Menschen zur Beurteilung der Güte der Speisen dienen, ebenso wie er geradezu umgekehrt eine kulturelle Überformung der menschlichen Natur auszudrücken vermag. Gerade mit Verweis auf Gracián betont Kleinspehn, dass „im 17. Jahrhundert der Geschmack der Zunge sowie der metaphorische oder ästhetische Geschmack als Einheit behandelt" werden. „Ausgangspunkt allerdings – und das sollte unterstrichen werden – ist die körperlich-sinnliche Erfahrung des Mundes, die als Modell für andere geschmackliche Erfahrungen dient."[42]

Ohne an dieser Stelle weiter ins Detail zu gehen, kann man vorläufig festhalten, dass der Begriff des Geschmacks im Kontext einer höfischen Weisheitslehre, die Gracián erklärtermaßen entwickelt, keine einfache sprachliche Transposition eines natürlichen Sinnes auf das Feld einer ästhetisch konnotierten Bildung darstellt. Der Geschmack bildet vielmehr ein komplexes und

---

[42] Kleinspehn, *Warum sind wir so unersättlich?*, S. 164. Entschieden hat auch Paolo D'Angelos dafür plädiert, bei der Betrachtung des Geschmacks die Verwobenheit und das Spannungsverhältnis zwischen kulinarischem und ästhetischem Geschmack stets im Blick zu behalten: Paolo D'Angelo, „Vom Geschmack des Gaumens zum Ästhetischen Geschmack. Über den Ursprung des Begriffs in Italien und Spanien", in: Irene Schütze/Jürgen Blume (Hrsg.), *Über Geschmack lässt sich doch streiten. Zutaten aus Küche, Kunst und Wissenschaft*, Berlin 2011, S. 89–104. Im Anschluss an Gadamer hebt auch Harald Lemke die Verbindung zwischen dem *Gusto* und der Feinschmeckerei hervor. Graciáns Einsatz des *Gusto* werde hierbei nicht nur metaphorisch, sondern vielmehr synekdochisch eingesetzt, „um analoge Fragen der praktischen Anforderungen einer weltklugen Lebenskunst zu reflektieren" (Harald Lemke, *Ethik des Essens. Eine Einführung in die Gastrosophie*, Berlin 2007, S. 350). Allerdings verfolgt Lemke diese Spur nicht weiter, sondern kommt im Gegenteil zu dem irritierenden Schluss, Gracián expliziere seine Ethik „nicht am ästhetischen Beispiel des kulinarischen Geschmacks und der Kunst des guten Essens" (ebd.). Zu den Verwicklungen von Kulinarik, Moralistik und Ästhetik bei Gracián vgl. dagegen Ott, *Feinschmecker und Bücherfresser*, S. 46. Vgl. auch jüngst: Luca Vercelloni, *The Invention of Taste. A Cultural Account of Desire, Delight and Disgust in Fashion, Food and Art*. Übers. v. Kate Singleton, London u. a. 2017.

gleichermaßen konkretes sinnlich-abstraktes Beziehungsgeflecht, das zwischen den Ordnungen und Praktiken des Wissens und der Erkenntnis, der Ästhetik, der Konversation und dem Feld des Kulinarischen gestiftet und entwickelt wird; ein Beziehungsgeflecht, welches sich mit einem kulturhistorischen Datum versehen lässt und in der Folge eine nicht zu unterschätzende Wirkung entfaltet hat. Von jenem „Banquet der Verständigen", das Gracián in seiner „Wissenschaft des guten Geschmacks" zum Thema macht, lässt sich eine ganze Traditionslinie der praktischen Anleitungen zur Tischgesellschaft ausmachen, in der stets dem Geschmack seine Rolle zukommt. Noch Immanuel Kants Tischgesellschaft ist jener „köstlich unterhaltenden Bildung" verpflichtet, die Gracián im Kontext seines „Banquets der Verständigen" im Sinn hat.[43] Immer wieder lässt sich bemerken, dass die neuzeitlichen und modernen Thematisierungen der Tafel ihren Fokus auf den Geschmack legen und ihm im Bezug auf die Epistemologie, ebenso wie in der Charakterisierung des Gastmahls als solchem, eine eminente Bedeutung zusprechen. Der Geschmackssinn der Zunge bildet die unhintergehbare Grundlage des Gastmahls in allen seinen Dimensionen, sei es im Bereich der Speisen oder des geselligen Gesprächs.

Dass sich, entgegen der landläufigen Naturalisierung des mündigen Schmeckens, die omnipräsente Betonung des sinnlichen Geschmacks und der geschmackvollen Dimension des Diskurses kulturhistorisch nicht von selbst versteht, wird deutlich, wenn man einen Blick auf das antike Symposion wirft, das etwa Michel Serres in seinem Buch über *Die fünf Sinne* zu einem der Ausgangspunkte einer Philosophie des Geschmacks wählt:[44] Im Gegensatz zu Serres eingängiger Lesart bildet der Geschmack der Zunge hier keineswegs den Horizont des Gastmahls und des sinnlichen Genusses. Aristoteles etwa begreift den Geschmackssinn zwar als einen Sinn, über den im besonderen Maße die Köche, im Bezug auf ihre Würzkunst, ebenso wie die Weinvorkoster, zur Unterscheidung der Sorten, verfügen müssten, trennt diesen Sinn jedoch gleichermaßen vom sinnlichen Genuss der Speisen. Der Genuss liege – zumindest bei den meisten – nicht im Prüfen selbst, sondern in der Füllung des Schlundes und in der Schwelgerei des Verzehrs, weshalb sich der vermeintliche Feinschmecker auch keineswegs eine sensiblere Zunge, als vielmehr, wie Aristoteles ausführt, einen Schlund wünscht, „länger [...] als der des Kranichs".[45] Schon gar nicht lobt Aristoteles, wie dies seit dem 17. und 18. Jahrhunderts der Fall sein wird,

---

43 Vgl. Kap. 6: *Anthropologie und „akroamatische" Geselligkeit in Königsberg*.

44 Vgl. Michel Serres, Die fünf Sinne. Eine Philosophie der Gemenge und Gemische, Frankfurt am Main 1998, S. 203–314.

45 Vgl. Aristoteles, *Nikomachische Ethik III*, 1118a. Auf den Umstand, dass die Antike weniger den Zungengeschmack als vielmehr die Prozesse der Einverleibung und Verdauung in den

den Geschmack etwaiger kenntnisreicher Äußerungen oder begreift das Symposion als „köstliche" Gesprächsrunde. Und auch über Aristoteles hinaus lässt
sich feststellen, dass der Geschmack als mündiger Geschmack bis zur Neuzeit
nur eine untergeordnete Rolle spielt.[46] Noch weniger wird er zum Gegenstand
einer Übung der Sinne oder Subjektivierung, wie sie uns noch im Falle der
Selbstkultur der heutigen kosmopolitanen *Food Adventurer* begegnet. Das soll
nicht heißen, dass die Menschen in der Antike oder im Mittelalter taube Zungen
hatten – schon Aristoteles Bestimmung des Geschmackssinns als besondere Fähigkeit der Köche und Weinkenner spricht dagegen –, aber es bedeutet doch,
dass der Geschmack im Kontext des Essens und des Gastmahls, aber auch im
Bezug auf die Wahrnehmung der Kunst oder die Aneignung eines Wissens, nur
entfernt von dem erfasst wird, was wir heute mit diesem bezeichnen, oder vor-
sichtiger formuliert: dass er zumindest nicht in der gleichen Weise problematisiert wurde oder gar Anlass zu einer Entwicklung und Kultivierung gab.

Ausgehend von solchen sinnlichen Differenzen, hat Constance Classen für
eine Untersuchung kulturell unterschiedlicher „sensory models" plädiert, in
denen bestimmten Sinnen bestimmte Werte und Bedeutungen zugemessen werden und durch die der Welt ein spezifischer Sinn geben, beziehungsweise sinnliche Wahrnehmungen und Konzepte in eine spezifische ‚Weltsicht' übersetzt
werden.[47] Insofern soziale und kulturelle Ordnungen stets sinnliche Ordnungen
beinhalten und voraussetzen, kann man die Frage stellen, welche spezifischen
und partikularen sinnlichen Ordnungen und Regime diese oder jene kulturelle
und soziale Formation ermöglicht. Im Anschluss an die praxeologischen Ansätze
Pierre Bourdieus und Richard Garfinkels hat Andreas Reckwitz darüberhinausge-
hend eine Praxeologie der sinnlichen Wahrnehmung vorgeschlagen, die diskursive wie praxeologische Dimensionen der sinnlichen Weltbezüge in ein
komplexes Modell sensorischer Erfahrung integriert.[48] In dieser Stoßrichtung
geht es nicht mehr nur um die Frage nach dem, was jeweils wahrgenommen wird
und den entsprechenden Interpretationsschemata, die dabei zur Anwendung

---

Vordergrund stellt, weisen bereits David Howes und Marc Lalonde hin: Howes/ Lalonde, „The
History of Sensibilities", S. 128.
46 Noch für Montaigne lässt sich dies feststellen, bei dem der Geschmack nie von den Fragen
der Magenfülle getrennt werden kann. Vgl. Victoria Kahn, „The Sense of Taste in Montaigne's
Essais", in: *Modern Language Notes* 95 (1980), S. 1269–1291.
47 Vgl. Classen, „Foundations for an Anthropology of the Senses", S. 402.
48 Vgl. Andreas Reckwitz, „Sinne und Praktiken. Die sinnliche Organisation des Sozialen",
in: Hanna Katharina Göbel/Sophia Prinz (Hrsg.), *Die Sinnlichkeit des Sozialen. Wahrnehmung
und materielle Kultur*, Bielefeld 2015, S. 432–440, hier insbesondere: S. 446–450. Aus einer praxeologischen Auffassung der sinnlichen Weltbezüge heraus argumentiert auch Ingold, „Stop,
Look and Listen!".

kommen, sondern ebenso darum, wie etwas wahrgenommen wird: „wird prü-
fend beobachtet oder genussvoll geschaut, verstohlen ein Blick geworfen oder
panoramisch beobachtet?"[49] Lässt man sich die Dinge auf der Zunge zergehen,
kann man den Hals nicht voll genug bekommen, rinnt das Getränk genussvoll
die Kehle hinunter oder dreht es einem den Magen um? Auch die mit der Wahrnehmung verbundenen Affekte, die mit ihr einhergehen, geraten aus dieser Perspektive in den Blick: Ist die Wahrnehmung innerhalb einer spezifischen Aktivität
mit Genuss oder mit Ekel verbunden, löst sie Lust oder Angst aus? Wahrnehmungen sind demnach immer in ein Gefüge aus menschlichen Körpern, Dingen und
Lebewesen eingebettet ohne die diese oder jene besondere Wahrnehmung und
ihre Affekte nicht gedacht werden können. Umgekehrt lässt sich die Wahrnehmung als eine sozial vermittelte Aktivität innerhalb solcher Gefüge auffassen, in
der die Sinnesorgane auf eine bestimmte Art und Weise eingesetzt und in diesem
Einsatz umgekehrt in bestimmter Weise strukturiert werden. Eine solche Perspektive verkompliziert das Problemfeld des Geschmacks immens. Spätestens in einer
kulturhistorischen Perspektive stellt sich die Frage, was, wann und wie mit welchen Effekten eigentlich geschmeckt wurde und welche Wissens- und Sinnenordnungen, ja, ‚Weltsichten' mit dem Geschmack von diesem oder jenem in
Verbindung standen. Wie wurden diese wiederum – insofern sie überhaupt
einen medialen Niederschlag gefunden haben – historisch aufgegriffen und reg-
ten den eigenen Geschmack an oder stießen ihn ab? Denn es muss gleichermaßen betont werden, dass der Geschmack, oder vielleicht besser: eine spezifische
Art und Weise des Schmeckens – des Schmeckens der Speisen und Getränke,
aber auch der Bücher, der Kunstwerke, der Musik und der Moden, der Gespräche
und Personen – so sehr man sie als kulturhistorisch spezifisch begreifen muss,
doch keineswegs eine Neuentdeckung oder -erfindung in einem absoluten Sinne
darstellt. Die eine Form der Sinnlichkeit steht vielmehr in einem transformatorischen Verhältnis zu älteren sinnlichen Gefügen: Ältere Praktiken und Institutionen gehen in die neuen Gefüge ein und zum Teilen in ihnen auf. Und doch
erfahren jene im gleichen Maße eine Umwertung und Transformation, indem sie
in die neue Ordnung integriert werden und hier eine andere Art und Weise der
Wahrnehmung ermöglichen. Der mündige Geschmack ist in diesem Sinne mit Michel Foucault als neues Dispositiv zu begreifen, als ein neuer Horizont, unter
dem die Dinge und die Perspektive auf diese, eine neue sinnliche und diskursive
Ordnung und Anordnung erfahren.[50]

---

49 Reckwitz, „Sinne und Praktiken", S. 448.
50 Ich schließe hier an das Transformationskonzept einer wechselseitigen Hervorbringung
(*Allelopoiese*) von Referenz- und Aufnahmebereich an, wie sie im SFB 644 „Transformationen

1.2 Das geschmackvolle Bankett

Es ist dabei nicht unerheblich, dass der Geschmack und das Schmecken, die in Graciáns Philosophie zum ersten Mal in dieser systematischen Form das Feld der geselligen Konversation bestimmen und strukturieren, einer analogen Zäsur im Feld des Kulinarischen unterliegen: Auch hier entwickelt sich im 17. Jahrhundert die Kategorie des Geschmacks ebenso wie die Übung und Ausbildung desselben zu einer grundlegenden Anforderungen an die Konsument*innen. Ja, Konversationsund Speisegeschmack verweisen im Rahmen des „Banquets der Verständigen" wechselseitig aufeinander und statten hierin das antike Symposion, das hierbei immer wieder als Vorbild fungiert, mit einer explizit mündigen Sinnlichkeit aus. Ein Umstand, der auch von einer Vervielfältigung der Geschmackseindrücke auf den Tafeln begleitet und getragen wurde. Neue Zubereitungsarten und Servierformen, insbesondere aber all die neuen exotischen Genussmittel und Ingredienzien, die sich als Beute, koloniale Erzeugnisse oder Handelswaren den globalen Explorationen und Eroberungen verdankten und im Verlauf der Neuzeit die Küchen und Tische Europas eroberten, hatten eine Ausdifferenzierung der Geschmackserfahrungen zu Folge. Aber auch das Umgekehrte ist der Fall: Die Lust am Schmecken und die Gier nach neuen Sensationen vervielfältigte ebenso die Bestrebungen die Liste der bekannten Geschmacksträger zu erweitern. Dem entsprach eine neue Wahrnehmung der Köche, die keineswegs mehr als niederes Gesinde der Küche in Erscheinung traten, sondern als Knappen und Junker deutlich in der Hierarchie der Hofränge stiegen, wie Piero Camporesi betont hat.[51] François Pierre de La Varenne, ein Zeitgenosse Graciáns und Autor eines der Gründungsmanifeste der neuen französischen Kochkunst, dem *Le Cuisinier Français* (1651), das den natürlichen Geschmack der Ingredienzien betonte und hierin unter den zentralen Begriffen, *le goût naturel'* und, *le vrai goût'* eine neue Kunst des Würzens begründete, bezeichnete sich als „Escuyer de cuisine" und beerbte hierin den Schildknappen, dessen Existenz sich in Folge der militärischen Entwicklung überlebt hatte: „le Sieur de la Varenne, Escuyer de cuisine de Monsieur le Marquis d'Uxelles".[52] Von nun an unterstützte der Koch seinen Herrn auf dem neuen Kampffeld der Salons, den Diners und Empfängen der hohen Gesellschaft,

---

der Antike" entwickelt wurde (vgl. insbesondere Hartmut Böhme u. a. (Hrsg.), *Transformation. Ein Konzept zur Erforschung kulturellen Wandels*, München 2011).

51 Vgl. Piero Camporesi, *Der feine Geschmack. Luxus und Moden im 18. Jahrhundert*. Übers. v. Karl F. Hauber, Frankfurt am Main und New York 1992, S. 36–45.

52 Vgl. La Varenne, François Pierre de, *Le Cuisinier François. Textes présentés par Jean-Louis Flandrin, Philip et Mary Hyman*, Paris 1983, S. 109 (Titelblatt).

auf denen es den Ruf und Ruhm eines guten und exzeptionellen Geschmacks zu erobern galt.

Wie Susan Pinkard am Beispiel des absolutistischen Frankreichs gezeigt hat, entwickelte sich der Aufschwung dieser neuen Küche und ihrer Helden gerade in jenen Kreisen, die durch ein gewandeltes aristokratisches Selbstverständnis geprägt wurden. Insbesondere fand die neue Küche aber da ihre Anhänger*innen, wo sich die Eliten, jenseits der fürstlichen Tafeln, die seit dem Mittelalter ihr Prestige durch Opulenz, Quantität und repräsentative Gestaltung organisierten, unter Gleichen begegneten: Das Gastmahl und die Tischgesellschaft wurden zum gesellschaftlichen Treffpunkt jenseits des Hofzeremoniells und zur Bühne einer spezifischen *Honnêteté*, als deren entscheidende Begriffe der Geschmack und die Delikatesse firmierten. Bei den Banketten der neuen städtischen Eliten – der bürgerlichen wie der aristokratischen – bildete sich eine neue Geschmackskultur heraus, die bald auch von den Fürsten selbst adaptiert werden sollte. Während Ludwig der XIV. noch eine opulente Küche der Quantität gepflegt hatte, sollte Ludwig XV. den avancierten geschmacklichen Errungenschaften, den kleinen delikaten Gerichten Hofwürden verleihen. „Im letzten Jahrhundert servierte man gewöhnlich Riesenstücke Fleisch, die man zu Pyramiden auftürmte", schreibt Louis-Sébastien Mercier 1783 in seinem *Tableau de Paris*. „Diese kleinen Gerichte, die zehnmal soviel kosten wie jene großen, waren noch nicht bekannt. [...] Die delikate Küche der Regierung Ludwigs XV. war noch Ludwig XIV. unbekannt."[53]

Wenn Hans-Georg Gadamer zu Recht bemerkt hat, dass die Geschichte des Geschmacks der Geschichte und Verbreitung der absolutistischen Höfe folgt,[54] dann weniger, wie Norbert Elias und Stephen Mennell vermutet haben, weil die neue Kunst des Geschmacks von den höfischen Tafeln in einem Prozess der kulturellen Imitation bis in die bürgerlichen Schichten durchschlug, sondern gerade umgekehrt:[55] Jenseits der fürstlichen Tafeln begegneten sich die städtischen Eliten im Umkreis der Höfe und erklärten das Bankett und den Salon zum

---

53 Louis-Sébastien Mercier, *Le Tableau de Paris*, Amsterdam 1783, V, S. 597 f., zit. n. Stephen Mennell, *Die Kultivierung des Appetits. Geschichte des Essens vom Mittelalter bis Heute*. Übers. v. Rainer von Savigny, Frankfurt am Main 1988, S. 57. Zur üppigen Tafel Ludwig XIV. vgl. auch Johannes Kunisch, „Die Einsamkeit des Königs an der Tafel. Das öffentliche Herrschermahl Ludwig XIV." In: Uwe Schultz (Hrsg.), *Speisen Schlemmen Fasten. Eine Kulturgeschichte des Essens*, Frankfurt am Main 1993, S. 219–230.
54 Hans-Georg Gadamer, *Hermeneutik I. Wahrheit und Methode. Grundzüge einer philosophische Hermeneutik*, Tübingen [6]1990, S. 41.
55 Vgl. Norbert Elias, *Über den Prozess der Zivilisation. Soziogenetische und psychgenetische Untersuchungen*, 2 Bde., Frankfurt am Main [2]1977; Mennell, *Die Kultivierung des Appetits*; dagegen Susan Pinkard, *A Revolution in Taste. The Rise of French Cuisine, 1650–1800*, Cambridge

Austragungsort eines Prestigekampfes, der sich jenseits und geradezu gegen die fürstliche Autorität entfaltete.[56] Dass dieser Kampf sich in den Details eines avancierten Lebensstils ausdrückte, hatte nicht zuletzt damit zu tun, dass sich die Differenzen zwischen den Familien der militärischen Aristokratie und den neuen bürgerlichen Eliten im Verlauf des späten 16. und bis zur Mitte des 17. Jahrhunderts zunehmend nivelliert hatten. Die Gründe hierfür waren sicherlich vielfältig, lassen sich aber nicht zuletzt auf die Dezimierung der alten Adelsgeschlechter durch Dekaden der Religions- und Bürgerkriege, den Rückgang der Einnahmen des Landbesitzes ebenso wie auf die Konzentrierung des Reichtums und der Karrierechancen im Umkreis der Höfe zurückführen. Jenseits der kriegerischen Fertigkeiten erforderten die neuen Karrieren als Juristen, Magistrate und Offiziere am Hofe nun vor allem den Erwerb von Sprachen, das Studium der Wissenschaften und Künste ebenso wie diplomatische Fähigkeiten, die an den Universitäten, vor allem aber an den Kollegien der Jesuiten und Oratorianer unterrichtet wurden. Hier kreuzten sich die Lebensläufe der männlichen, bürgerlichen Eliten und der Aristokraten. Die Herkunft und das Heldentum auf dem Schlachtfeld wichen dem Prestige innerhalb der Gesellschaft, das durch Karriere und Rang erworben werden konnte. Neben dem Rang entwickelte jedoch der Erwerb von Wissen, die Liebe zu den schönen Künsten und die Kultivierung der Sitten einen Eigenwert, mit dem man auch jenseits der üblichen Karriere in den Kreisen der großen Welt glänzen konnte. Begünstigt wurde diese Entwicklung nicht zuletzt durch die Rezeption moralistischer Schriften wie Castigliones *Hofmann* – in der französischen Übersetzung ein Bestseller, im gleichem Maße übrigens wie auch Graciáns Schriften, die in Frankreich eine immense Rezeption erlebten –, ebenso wie durch die Lehren der Jesuiten und Oratorianer, die in konfessioneller Sprache ein ähnliches Ideal der spirituellen und intellektuellen Entwicklung ihrer Schüler forcierten.

Der Salon entwickelte sich vor diesem Hintergrund zu einem intimen Treffpunkt des neuen aristokratischen Milieus, in dem die *Honnêteté* und das Gespräch über Literatur, Philosophie, Wissenschaft und Kunst ins Zentrum rückten. Auf der Seite des Kulinarischen wurde durch die Institution der Tischgesellschaft gleichermaßen eine neue Form der Bankett-Kultur etabliert, die das Charakteristikum des Salons als einem nicht durch Stand hierarchisierten Begegnungsraum unter Gleichen fortsetzte; eine Tafelkultur, die die Praktiken und Vorlieben der Küche maßgeblich transformierte. Nach dem Vorbild der

und New York 2009, insbesondere: S. 78–94, deren Thesen sich das Folgende zu großen Teilen verdankt.
56 Zur Bedeutung der Stadt im Kontext der Entwicklung dieser neuen kulturellen Innovationen vgl. auch Orest A. Ranum, *Paris in the Age of Absolutism*, Bloomington 1979.

humanistisch-gelehrten Kreise der Renaissance, die nicht nur in Italien intime Tischrunden gepflegt hatten, speisten auch die Anhänger*innen der neuen Küche in Frankreich nun, ganz entgegen den höfischen Geflogenheiten, indem die einzelnen Speisen der Gänge auf großen Platten in der Mitte des Tisches aufgetragen wurden, so dass es jedem Gast frei stand zwischen ihnen zu wählen. War das Essen einmal auf dem Tisch, so konnten sich die Teilnehmer*innen ungestört von etwaigen Diener*innen sich selbst und den anderen zuwenden. Kein Zeremoniell und keine institutionellen oder repräsentativen Zwänge sollten bei diesen Essen unter Gleichen vom Genuss der Speisen und den Köstlichkeiten der Konversation ablenken. Eine Zielsetzung, die im gleichen Maße durch die überschaubare Größe dieser intimen Zirkel wie durch die ovalen oder runden Tische begünstigt wurde, welche sich in diesem Rahmen bis Ende des 17. Jahrhunderts endgültig gegen die bis dato verwendeten langen und schmalen Tafeln durchgesetzt hatten. Die neuen Tafelrunden kannten keinen Kopf und privilegierten Platz, kein ‚oben‘ und ‚unten‘ im mittelalterlich-hierarchischen Sinne, und stifteten stattdessen eine gewisse Intimität zwischen den Gästen, die eine individuellen Entfaltung der Person jenseits von offiziellem Amt und Rang begünstigte.[57]

Auch die Küche erfuhr vor diesem Hintergrund einen Wandel: Befreit von den Zwängen der zeremoniellen Repräsentation verlor die seit Jahrhunderten etablierte Konzentration auf die überraschenden visuellen Effekte der Inszenierung an Bedeutung. Stattdessen rückte der individuelle Geschmack der einzelnen Speisen in den Vordergrund. Vom Feld der Speisezubereitung übertrug sich die ästhetische und repräsentative Dimension nun stattdessen auf die Behälter, die Platten und das Geschirr, auf und in denen das Essen präsentiert wurde. All das teure und exotisch anmutende Porzellan, das wertvolle Silberbesteck und die verzierten Tafelaufsätze ermöglichten damit einerseits die Speisen ganz dem Paradigma des Geschmacks zu unterstellen und anderseits selbst noch in ästhetischer Hinsicht als Ausdrucksmittel des guten Geschmacks des oder der Gastgeber*in zu dienen. Hierzu passt, dass der Ausstattung des Speiseraums selbst mit Kunstgegenständen und Gemälden ein eminenter Wert zugemessen wurde. Die Werke dienten in diesem Kontext nicht mehr allein der Repräsentation, sondern sollten neben der Ausstellung des Bildungshorizonts und eines spezifischen *savoir vivre* der Gastgeber*innen die Konversation

---

57 Dabei kann die Intimität dieser Mahlzeiten als Liebesmahl eine geradezu erotische Konnotation annehmen. Diese Dimension wird im Folgenden jedoch ausgeblendet. Die Kultur- und Transformationsgeschichte der Verknüpfung zwischen Erotik und Essen bleibt einer anderen, noch zu schreibenden Arbeit vorbehalten.

anregen, wie Claudia Goldenstein ausgehend von der humanistischen Bankett-Kultur der Renaissance gezeigt hat.[58]

Anhand der Gegenüberstellung zweier Stiche des Kupferstechers und Radierers Abraham Bosse (1602–1676), seines Zeichens Gründungsmitglied der Académie Royale de Peinture et de Sculpture unter Kardinal Mazarin, wird der fundamentale Unterschied zwischen dieser Form der Mahlgemeinschaft und jener herkömmlichen höfischen Tafelkultur deutlich, wie sie sich weiterhin an den Höfen, in den Speisesälen der Kollegien und Schulen, im zeremoniellen Kontext öffentlicher Feiern oder im Protokoll politischer, diplomatischer oder ökonomischer Empfänge behauptete.

Das Bankett der *Chevaliers de Saint-Esprit*, das am 14. Mai 1633 im Ballsaal des Chateau de Fontainebleau von Ludwig XIII. ausgerichtet wurde und das Bosse in einem Stich verewigt hat, entspricht ganz dem traditionellen Zeremoniell der Tafel. (Abb. 1.1) Der König, als Großmeister des Ordens weit von den übrigen Rittern entfernt und im Fluchtpunkt der Tafelordnung, speist, umringt von seinen Dienern, wie auf einer theatralischen Bühne, deren Publikum die übrigen Ritter bilden. Diese sitzen in Reih und Glied, hierarchisch nach Rang geordnet und im entsprechend angemessenen Abstand zum König an zwei gegenüberliegenden langen Tafeln, die vollständig von der Fülle der Speisen bedeckt sind. Zwischen diesen kommt den Dienern, die in langer Prozession auf den König zuschreiten, die Aufgabe zu, jede Speise des Zeremoniells zu präsentieren. Die Unterhaltungen zwischen den Teilnehmern des Banketts beschränken sich dabei, wenn sie überhaupt stattfinden, auf ihre direkten Tischnachbarn. Eine Kommunikation darüber hinaus lässt die Topographie der Tafel nicht zu. Sie ist offensichtlich auch nicht erwünscht, denn im Mittelpunkt steht der König und die Fülle der Speisen, die Ordnung des Zeremoniells und der Aufwand der Repräsentation.[59]

Ganz anders gestaltet sich dagegen die Form der Tafel, die Bosse zur Verbildlichung für die biblische Geschichte der Wiederkehr des verlorenen Sohnes wählt. Wenn die Geschichte, unter den Vorzeichen der Heimkehr des verlorenen und schwarzen Schafs in den Schoß der Familie, die Rang- und Erbfolge der beiden Söhne, des tugendhaften Erstgeborenen und des gefallenen

---

58 Claudia Goldstein, *Pieter Bruegel and the Culture of the Early Modern Dinner Party*, Burlington 2013.

59 Ebensolches lässt sich auch von der Tafelkultur am Hofe Ludwig XIV. sagen. Vgl. etwa Barbara Ketcham Wheaton, *Savouring the Past. The French Kitchen and Table from 1300 to 1789*, London 1983, S. 129–148. Zum verordneten Schweigen bei den Mahlzeiten des Königs vgl. außerdem Kunisch, „Die Einsamkeit des Königs an der Tafel", S. 227.

Abb. 1.1: Abraham Bosse, *Le Festin des chevaliers du Saint-Esprit*, 1633–1634, Radierung, 27,8 × 34,5 cm, New York: Metropolitan Museum of Art.

Nachgeborenen, ignoriert, ja systematisch überschreitet, so entspricht dieser Endhierarchisierung der Ordnung eine Tafel, die von jeglicher familiären Rangfolge absieht. Bosse gruppiert seine Protagonist*innen folgerichtig und ganz im Stil der neuen Bankett-Kultur um einen runden Tisch und verneint dabei jegliches Zeremoniell. (Abb. 1.2). Die Sitzordnung stellt die Bedeutung der Zusammenkunft entschieden über die Fragen der Hierarchie und für die zeremonielle Präsentation der Speisen bleibt kein Raum. Wo sollte dieser auch sein, wenn die Diener, statt zwischen den Tischen im Blickfeld der Speisenden zu erscheinen, an den Rand der Tafel, ja, an den Rand des Raumes gedrängt, nurmehr hinter ihrem Rücken und unbeachtet von der Tafelrunde ihrer Arbeit nachgehen? Ins Gespräch vertieft, steht die Gesellschaft, die sich da um den runden Tisch gruppiert, selbst im Zentrum, ebenso wie der Genuss der Speisen, nach denen zwischen dem freudigen kommunikativen Austausch, nur gegriffen werden muss.

Was sich bei Bosse als Bildstrategie ankündigt – die Durchkreuzung der herkömmlichen familiären Hierarchie und Erbfolge mithilfe der Tischordnung

Abb. 1.2: Abraham Bosse, *La Festin du retour*, 1636, Radierung, 25,4 × 32,1 cm, New York: Metropolitan Museum of Art.

zu thematisieren –, wird spätestens in der zweiten Hälfte des 17. Jahrhunderts zum allgemeinen Format intimer und privativer Mahlzeiten der städtischen Eliten, bei denen der Geschmack der Speisen ebenso im Vordergrund steht wie die „köstliche unterhaltende Bildung" der Konversation. Der kulinarische wie der geistige Geschmack sind hierin gleich ursprünglich und nicht voneinander zu trennen. Mit der Aufhebung des überdeterminierenden Zeremoniells entsteht ein Freiraum, der den Verständigen an den gehobenen Tafeln die Münder öffnet, die Unterhaltung aufleben lässt und dem individuellen Schmecken das Feld bereitet.

Diese Entwicklung beschränkt sich dabei nicht auf Frankreich allein, so sehr stets die neue französische Küche für ihre Entdeckung des Geschmacks gefeiert wird. Denn die Herausbildung einer neuen Bankett-Kultur war nicht zwangsläufig mit einer neuen Gemüse- und Kräuterküche verknüpft, die sich im Verdikt des „goût naturel" ausdrückte. Sie konnte stattdessen auch eine Neuanordnung der mittelalterlichen Küche vornehmen, die weiterhin auf exotische Gewürze und kunstvolle Verfeinerungen der Speisen setzte, nun aber entschieden auf den

Geschmack der Speisen abstellte. Dass die Entwicklung des Geschmacks nicht zwangsläufig auf eine Veränderung der Küche zurückging, sondern umgekehrt diese bedingen oder auch nur begleiten konnte, lässt sich gerade im Falle Graciáns beobachten. So sehr Gracián in den französischen Kreisen der *Honnêteté* und im Umkreis der neuen französischen Küche auch zum gefeierten Autor avancierte, und so sehr sich seine Philosophie des Schmeckens offensichtlich in den Rahmen der neuen geschmackvollen Banquet-Kultur integrieren ließ, ihr Ursprung lässt sich nicht zwischen den Schüsseln der neuen französischen Kochkunst verorten. Die Affinität, die beide offensichtlich aufrechterhalten, liegt stattdessen zum einen in der grundsätzlichen Frontstellung begründet, die beide gegenüber dem Zeremoniell der höfischen Tafel teilen, und zum anderen in jener neuen Betonung der qualitativen Sinnlichkeit des Kulinarischen. Hält man sich die Tischregularien des spanischen Zeremoniells am Hof Karl V., das bis zum Sturz der Bourbonen Bestand hatte, vor Augen, so wird deutlich, dass sich eine Philosophie, die den kulinarischen Geschmack und seine Kultivierung zum Modell einer Kultivierung des Selbst erklärt, in Spanien in einem vielleicht noch größeren Maße als in Frankreich in deutlicher Frontstellung zum höfischen Zeremoniell befinden musste. So war das öffentliche Speisen der Habsburger, wie Christina Hofmann-Randall betont hat, „zu einer ans Religiöse grenzenden Kulthandlung gestaltet",[60] die sich insbesondere durch ein zeremonielles Schweigen auszeichnete, in dem der Herrscher nurmehr durch Zeichen seinen Willen bekundete, wenn er nicht ganz allein speiste. Eine Praxis, die etwa der Nachfolger Karl V., Philipp II., präferierte. Der Ritus erlangt hier eine geradezu klösterliche Dimension und inszeniert den Herrscher, vollkommen distanziert von seinen Untertan*innen, im tiefen Gefühl seiner Verantwortung vor Gott. Dazu passt, dass die Küche Philipps II. als sparsam und frugal galt und hierin all zumal die Mäßigkeit des Herrschers inszenierte.[61] Wenn der kulinarische Geschmack unter diesen Vorzeichen zum Modell einer genussvollen Weltkenntnis geraten konnte, dann nur fernab des höfischen Zeremoniells, in den vertrauten Runden unter gelehrten Freunden, wie sie im Umkreis Graciáns etwa bei seinem Gönner Vincencio Juan de Lastanosa stattfanden, der nicht nur über eine umfangreiche Kunstsammlung und Bibliothek verfügte, sondern gleichermaßen auch einen Kreis von Intellektuellen, Schriftstellern, Künstlern und Gelehrten bei Tisch versammelte. Und gerade hier, im Rahmen jener gelehrten Tischgesellschaften, verkreuzten sich, glaubt man den Schriften Graciáns, die Sphären von intellektueller

---

60 Christina Hofmann-Randall, *Das spanische Hofzeremoniell 1500–1700*, Berlin 2012, S. 76.
61 Ken Albala, *Food in Early Modern Europe*, Westport, CT und London 2003, S. 144.

Weltkenntis, konversativem Austausch und sinnlichem Genuss. Vor ihrem Hintergrund wird der Zusammenhang zwischen dem Diskurs einer Kultivierung des
Selbst und dem kulinarischen Genuss, den Graciáns Geschmacksphilosophie nur
andeutet und den es im Folgenden zu entfalten gilt, konkret: „Die kenntnisreiche
Bildung ist ein köstliches Banquet der Verständigen."[62]

---

62 Gracián, *Der Kluge Weltmann*, S. 39.

2 Schmecken üben

Wie im Falle der gegenwärtigen *Food-Adventurer*, so ist auch bei Gracián die Bildung eng an die Tafel gebunden. Das Gastmahl gibt dabei bereits im 17. Jahrhundert den Ort einer doppelten, in sich und miteinander verschränkten Übung des Geschmacks ab: einerseits der Ein- und Ausübung einer eminenten und als „geschmackvoll" apostrophierten Weltkenntnis und andererseits der Übung, der Bildung und Kultivierung des sinnlichen Geschmacks überhaupt. Denn wie Gracián deutlich macht, wird der Geschmack, weit davon entfernt eine natürliche Fähigkeit des Menschen zu sein, erst in einem komplexen Prozess des geselligen und selbstkultivierenden Lernens erworben. Ein Lernprozess, in dem sich das Subjekt als Geschmackssubjekt, das heißt als Verkörperung eines sinnlichen Vermögens, überhaupt erst konstituiert. Antoine Hennion hat diesen Umstand jüngst noch einmal hervorgehoben:

> Taste is produced, not given; it is a ‚tentative‘, ‚to be made‘ through what happens [...]. It is necessary to get together [...], to train one's faculties and perceptions [...], to learn tricks and ways of doing things, to have a repertory, classifications, and techniques that reveal the differences between objects; to become aware of the body that makes itself receptive to these differences and that not only learns about itself but also invents and shapes itself during the experience.[1]

Um den sinnlichen Geschmack zu entwickeln, braucht es – analog zu dem, was Howard S. Becker im Bezug auf Marihuana-Konsument*innen bemerkt hat[2] – eine Einübung der Techniken des richtigen Konsums, die Aneignung einer Aufmerksamkeit für die diskreten Wahrnehmungsschwellen, aber auch eine Aneignung von Kenntnissen über sie, die es erlauben die sinnlichen Wirkungen einschätzen, bewerten und unterscheiden zu können. Ebenso muss man im sozialen Austausch mit anderen lernen, die sinnlichen Erfahrungen als Genuss zu empfinden. Die Aneignung einer komplexen Kunst des Konsums ist ebenso notwendig wie die Vervielfältigung der Erfahrungen und die Entwicklung einer Sprachkompetenz, um sich in Gesellschaft als Kenner erweisen zu können.

---

1 Antoine Hennion, „Pragmatics of Taste", in: Mark D. Jacobs/Nancy Weiss Hanrahan (Hrsg.), *The Blackwell Companion to the Sociology of Culture*, Oxford 2004, S. 131–144, hier S. 141.
2 Vgl. Howard S. Becker, *Außenseiter. Zur Soziologie abweichenden Verhaltens*. Übers. v. Norbert Schultze, Frankfurt am Main 1981, S. 36–52. Zum Übertrag von Beckers Thesen auf das Feld des Geschmacks vgl. auch Stephen Mennell, *Die Kultivierung des Appetits. Geschichte des Essens vom Mittelalter bis Heute*. Übers. v. Rainer von Savigny, Frankfurt am Main 1988, S. 15–17.

https://doi.org/10.1515/9783110640342-003

Der Geschmack konkretisiert sich hierbei als eine Praxis des genießenden Schmeckens, die in Beziehung zu ihrem Gegenstand kontinuierlich fortgetrieben werden will. Unentwegt gilt es, die eigenen Wahrnehmungen zu prüfen, nach neuen Ausschau zu halten und sich der bereits gemachten zu vergewissern. Die Geschmacksfähigkeit vervollkommnet sich „durch unaufhörliche Wiederholung und Uebung" der Empfindungen, bemerkte auch Jean-Anthelme Brillat-Savarin in seiner *Physiologie du goût* von 1826.[3] Nur im Verlauf eines komplexen Einübungsprozesses einer spezifische Weise des Konsums und im Austausch über diesen konstituiert sich das Subjekt als rezeptiver und genießender Geschmackskörper, der sich bildet, indem er sich erfährt. Der Geschmack ist hierin weniger eine soziale Kategorie, ein abstrakter Gemeinsinn oder ein geistig-sinnliches Vermögen der allgemeinen Urteilskraft, sondern vielmehr eine Praxis und Übung, die eine spezifische reflexive „form of presence in the world" auszeichnet.[4]

Versteht man in diesem Sinne die Übung und Kultivierung des Geschmacks als eine sinnliche Subjektivierungspraxis, die eng mit einer Erlangung und Erweiterung der eigenen Weltkenntnis sowie deren Kommunikation und Verkörperung verbunden scheint, so lässt sich die kulturhistorische Frage nach der Kultivierung des Geschmacks an jene genealogischen Fragen anschließen, die Michel Foucault in seinem Spätwerk unter dem Stichwort einer „Ästhetik der Existenz" oder Lebenskunst entwickelt hat. Ausgehend von der antiken Thematik der Sorge um sich, der *epimeleteia heautou*, steht auch bei Foucault die Übung im Zentrum der Bestimmung des Verhältnisses, das das Subjekt zu sich selbst und zu den Anderen zu unterhalten vermag. Vor dem Hintergrund der Frage, wie das Subjekt sich in den Praktiken, die es auf sich selbst richtet, als Subjekt konstituiert, fasst Foucault die Askese der Antike weniger als Praxis des Verzichts, sondern in einem weiteren Sinne als „Übungen eines selbst durch sich selbst"[5]– Übungen also, die es erlauben, sich selbst zu führen und eine gewisse Form der Macht über sich auszuüben. Mit der *technê tou biou* verbindet Foucault solche spezifischen gewussten und gewollten Praktiken und Selbsttechnologien, „mit denen sich die Menschen nicht nur die Regeln ihres Verhaltens festlegen, sondern sich selber zu transformieren, sich in ihrem besonderen

---

3 Jean Anthelme Brillat-Savarin, *Physiologie des Geschmacks. Oder Physiologische Anleitung zum Studium der Tafelgenüsse*. Übers. und mit Anm. versehen v. Carl Vogt, Leipzig 1983, S. 63
4 Hennion, „Pragmatics of Taste", S. 141.
5 Vgl. Michel Foucault, „Die Ethik der Sorge um sich als Praxis der Freiheit (1984)", in: *Schriften in vier Bänden. Dits et Ecrits*, hrsg. v. Daniel Defert/François Ewald, Bd. 4, Frankfurt am Main 2005, S. 875–902, hier S. 876.

Sein zu modifizieren und aus ihrem Leben ein Werk zu machen suchen, das gewisse ästhetische Werte trägt und gewissen Stilkriterien entspricht".[6]

Dabei lässt sich mit Foucault bereits für die Antike das Maß herausstellen, in dem die Diät als „Lebensregel" und „als Lebensweise, eine fundamentale Kategorie" darstellt: in der die menschliche Lebensführung gedacht werden kann".[7] Gerade die Regulierung der Esslust spielte in den asketischen Praktiken der Antike eine entscheidende, wenn nicht *die* modellbildende Rolle, wie Foucault in einige Randbemerkungen im zweiten Band seiner Geschichte der Sexualität deutlich macht.[8] Und mehr noch: In einem späten Gespräch mit Hubert Dreyfus und Paul Rabinow hat Foucault gar die Frage der Ernährung und die Problematisierung der Esslust geradewegs ins Zentrum der griechischen Ethik des Selbst gestellt und im gleichen Maße ihre Rolle zu Beginn des christlichen Zeitalters betont: „Bei den Regeln des mönchischen Lebens zum Beispiel galt die Sorge der Ernährung, der Ernährung und nochmal der Ernährung."[9] Wenn das Essen also bereits in der Antike und weit über diese hinaus eng mit der Frage nach der Art und Weise verbunden war, „in der man seine Existenz führt", und die Diät damit nach Foucault „eine ganze Lebenskunst"[10] darstellte, in der sich das Individuum „als ein Subjekt konstituierte, das um seinen Körper die rechte, notwendige und ausreichende Sorge trägt",[11] so lässt sich die

---

6 Michel Foucault, *Der Gebrauch der Lüste. Sexualität und Wahrheit 2.* Übers. v. Ulrich Raulff und Walter Seitter, Frankfurt am Main 31993, S. 18.
7 Ebd., S. 131.
8 Vgl. ebd., S. 147 f.
9 Ders., „Zur Genealogie der Ethik. Ein Überblick über die laufende Arbeit (1984)", in: *Schriften in vier Bänden. Dits et Ecrits*, hrsg. v. Daniel Defert/François Ewald, Bd. 4, Frankfurt am Main 2005, S. 747–776. Hier S. 748. Man muss Foucault hierbei nicht zwangsläufig folgen, wenn er betont, dass sich seit dem Mittelalter ein langsamer Wandel hin zur Sexualität vollzogen hätte, der spätestens nach dem 17. Jahrhundert die Sexualität als vornehmliches Feld einer Sorge etabliert habe. Bei Gracián zumindest scheint die Frage der Ernährung immer noch entscheidend und bis zu den Autoren des 18. Jahrhunderts, wie Rousseau, Voltaire und selbst Kant, spielt die Frage der Ernährung und der Diät in der ‚Sorge um sich' eine nicht zu unterschätzende Rolle. Auch Thomas Macho hat gegen die Fokussierung auf die Sexualität im Kontext der Askese die Bedeutung der Regulierung der Ernährung stark gemacht und die Verschiebung auf die Sorge um die sexuellen Lüste erst in der Moderne und insbesondere im 19. und 20. Jahrhundert ausgemacht (vgl. Thomas Macho, „Neue Askese? Zur Frage nach der Aktualität des Verzichts", in: Wilhelm Schmid (Hrsg.), *Leben und Lebenskunst am Beginn des 21. Jahrhunderts*, München 2005, S. 39–53). Die Frage nach dem jeweiligen Verhältnis der Problematisierung der sexuellen Lüste und demjenigen der Ernährung würde jedoch den Rahmen dieser Arbeit sprengen und muss deshalb notwendigerweise ausgeklammert bleiben.
10 Foucault, *Der Gebrauch der Lüste*, S. 131.
11 Ebd., S. 140.

neuzeitlichen Kultivierung des Geschmacks in eine Geschichte der „ess-ethischen" Problematisierung des Subjekts eintragen. Wie ausgeprägt dabei die Analogien sind, die die Kultivierung des Geschmacks zu den antiken und christlichen Subjektivierungsweisen unterhält, wird allein schon räumlich deutlich: Wie die neuzeitlichen Geschmacksübungen, so finden auch die Subjektivierungspraktiken der Antike ihren Ort an der Tafel, wie sich nicht nur mit Bezug auf Platons *Nomoi*, sondern für einen Großteil der Symposions-Literatur zeigen lässt.[12] Subjektivierung, Selbstübung und -reflexion, Konversation und Esspraxis stehen auch hier in engem Zusammenhang, wenn sie auch nicht – wie zu zeigen sein wird – die Sensibilisierung eines kosmopolitanen Geschmacks rahmen, sondern stattdessen andere Sinnen- und Subjektivierungsmodelle konturieren.

Ein Anschluss der Geschichte der Übung des Geschmacks an Foucaults Geschichte der Selbstproblematisierungen erscheint aber noch aus einem anderen Grund naheliegend, der eng mit den moralistischen Traktaten der Neuzeit und nicht zuletzt denjenigen Graciáns zusammenhängt: Denn erklärtermaßen schließt Foucault mit seinen späten Schriften zur „Ästhetik der Existenz" an die These Jacob Burckhardts zur Individualisierung des Subjekts in der Renaissance an, nach der sich das neuzeitliche (männliche und elitäre) Subjekt nicht mehr wie zuvor über seine Abkunft konstituiere, sondern vor allem über seinen gesellschaftlichen Ruhm. Um als Held zu erscheinen, sei es von nun an und mehr als zuvor dazu angehalten, aus seinem Leben in einem Akt des „Self-Fashioning"[13] ein Kunstwerk zu machen.[14]

> Je weniger […] die Unterschiede der Geburt einen bestimmten Vorzug verliehen, desto mehr war das Individuum als solches aufgefordert, all seine Vorteile geltend zu machen; desto mehr mußte auch die Geselligkeit sich aus eigener Kraft beschränken und veredeln. Das Auftreten des einzelnen und die höhere Form der Geselligkeit werden ein freies, bewußtes Kunstwerk.[15]

Diese neue „Ästhetisierung der Existenz", um deren Schilderung es Burckhardt zu tun ist, erscheint auch für Gracián als maßgeblich und wird von ihm aisthetisch auf den Geschmack bezogen: Der Meister des guten Geschmacks ist derjenige, „der überall gern gesehen und sogar von der aufmerksamen Neugier

---

12 Vgl. ebd., S. 100; Platon, *Nomoi I*, 647e–648 c.
13 Stephen Greenblatt, *Renaissance Self-Fashioning. From More to Shakespeare*, Chicago 1980.
14 Vgl. Foucault, *Der Gebrauch der Lüste*, S. 18 f.; ders., „Zur Genealogie der Ethik", S. 774.
15 Jacob Burckhardt, *Die Kultur der Renaissance in Italien. Ein Versuch*, hrsg. v. Konrad Hoffmann, Stuttgart [11]1988, S. 267.

gesucht [wird].“[16] Und es ist diese Beliebtheit, die dessen ganzen Ruhm begründet, der im besten Falle über den Tod hinausreicht. Derjenige, der ein vollkommenes und das heißt ein geschmackvolles Leben führt, ist es wert, als Vorbild erinnert zu werden. Ganz in diesem Sinne sind Graciáns Schriften seit Hugo Friedrich kontinuierlich und kanonisch in den Kontext der höfischen Verhaltenstraktate eingeordnet worden,[17] die im Umkreis der großen Höfe die „Kunst der Menschenbeobachtung“[18] und die „Kunst der Menschenbehandlung“[19] zu ihrem Thema machten. Gerade Norbert Elias hat im Kontext seiner Studien zum Zivilisationsprozess Graciáns *Oráculo manual* als „erste[s] Handbuch der höfischen Psychologie“[20] bezeichnet und in ihm einen der Stichwortgeber für jenen Prozess der Rationalisierung des gesellschaftlichen Zusammenlebens unter den Vorzeichen einer sich verstärkenden sozialen Abhängigkeit gesehen, in dem das neuzeitliche Individuum immer mehr „einem gesellschaftliche[n] Zwang zum Selbstzwang“ unterworfen werde.[21] Wenn man auch die grundlegend repressive Auffassung des behaupteten Zivilisationsprozesses bei Elias in Zweifel ziehen muss, nach der sich die Individualisierung der Subjekte seit dem Mittelalter in einer unilinear zunehmenden Rationalisierung vollzogen und in der Verinnerlichung äußerer Gebote und einer damit einhergehenden Selbstkontrolle Ausdruck gefunden hätte,[22] so lässt sich doch gleichermaßen mit Elias hervorheben, dass das neuzeitliche Subjekt einen spezifischen neuen Wahrnehmungs- und Affekthaushalt ausbildet. Ein Dispositiv der Wahrnehmung, das sich grundlegend von anderen Gesellschaften unterscheidet. Dabei hat zwar Elias selbst dem Konsum

---

16 Baltasar Gracián, *Der Kluge Weltmann (El Discreto)*. Zum ersten Mal aus dem spanischen Original von 1646 ins Deutsche übertragen und mit einem Anhang versehen v. Sebastian Neumeister, Frankfurt am Main 1996, S. 34.
17 So hat auch Hans-Georg Gadamer die Vorgeschichte des ästhetischen Geschmacks in der Moralistik verortet und und über diese hinaus sogar bis in den Kontext der antiken Ethik verlängert, vgl. Hans-Georg Gadamer, *Hermeneutik I. Wahrheit und Methode. Grundzüge einer philosophische Hermeneutik*, Tübingen ⁶1990, S. 45 f.
18 Norbert Elias, *Die höfische Gesellschaft. Untersuchungen zur Soziologie des Königtums und der höfischen Aristokratie*. Mit einer Einleitung: Soziologie und Geschichtswissenschaft, Frankfurt am Main 1983, S. 159 ff.
19 Ebd., S. 162 ff.
20 Ders., *Über den Prozess der Zivilisation. Soziogenetische und psychgenetische Untersuchungen*, 2 Bde., Frankfurt am Main 21977, Bd. 2, S. 479–481 (Anm. 134).
21 Ebd., Bd. 1, S. 312–341. Zur Einordnung Graciáns in den Kontext der moralistischen Literatur und deren Bedeutung für die Breitenwirkung der *Civilité* vergleiche auch ebd., Bd. 2, S. 350 f.
22 So sehr Elias immer wieder einen allzu linearen Verlauf des Zivilisationsprozesses zu differenzieren versucht, (ebd., Bd. 2, S. 378 f.) grundlegend bleibt, dass sich die Geschichte von der freien Auslebung der natürlichen Affekte und Leidenschaften hin zu einer Unterwerfung dieser unter eine zivilisierende Selbstkontrolle entwickelt.

des Essens keine sonderlich ausgeprägte Aufmerksamkeit gewidmet,[23] im Anschlus an ihn hat jedoch Stephen Mennell auf die seit der Renaissance zunehmende Selbstkontrolle beim Essen aufmerksam gemacht und mit der Herausbildung eines eminenten kulinarischen Geschmacks verbunden. Ganz im Sinne der Elias'schen These der Affektkontrolle ist der Geschmack bei Mennell, neben den Distinktionsbestrebungen der Oberschicht, vor allem das Resultat einer Zivilisierung und Mäßigung der Esslust. Im Zuge der Ausweitung des Handels, der zunehmenden Arbeitsteilung, der Staatenbildung und der damit einhergehenden inneren Befriedung verbesserte sich die Lebensmittelversorgung zumindest der oberen Schichten dramatisch, so dass die Angst vor dem Hunger als kontinuierliche Bedrohung, die etwa das Mittelalter nachhaltig geprägt hatte, ebenso an Einfluss auf den Affekthaushalt verloren habe, wie die damit einhergehende Fixierung auf die Quantität des Essens, die sich etwa im Kontext der Höfe durch eine entschiedene Fresslust ausgeprägte. Die Fülle der Speisen und die zunehmende Verlässlichkeit und Kontinuität ihrer Bereitstellung habe den harten Kontrast von Hunger und Überfülle in eine Ausdifferenzierung der Qualität der Speisen und den ostentativen Genuss in einen kultivierten und an der Qualität der Speisen orientierten Konsum überführt. Diese Entwicklung habe auf der einen Seite immer größere Anforderungen an die Köche gestellt, auf der anderen Seite jedoch eine Verfeinerung und Ausbildung des Geschmacks bewirkt.[24] Wenn man auch bemerken muss, dass die Kategorie der Quantität bis heute nie ganz aus dem Diskurs des Kulinarischen verschwunden ist, so betonen die gastronomischen Autoren doch von nun an „die Notwendigkeit der feinen Zunge" und setzen sie von einer als vulgär verstandenen Fresserei ab.[25]

So aufschlussreich die von Elias und Mennell vorgenomme Vernüpfung der neuzeitlichen Subjektivierung mit der Herausbildung einer neuen kulinarischen Sinnlichkeit erscheint, so wird die hierin geleistete Regulierung des Selbst doch von beiden im Kontext der zunehmenden Zentralisierung der Macht und der wachsenden Abhängigkeiten im Absolutismus als eine mehr oder weniger einseitige Selbstunterwerfung des Subjekts unter die gesellschaftlichen Codes begriffen. Eine These, die kaum zu jener oben gemachten Beobachtung passt, nach der sich die neuen Tischgesellschaften und mit ihnen der Geschmack gerade gegen die repräsentativen Mahlzeiten des absolutistischen

---

23 Sieht man von einigen kurzen Bemerkung ab, die sich in *Über den Prozeß der Zivilisation* im Kapitel *Über das Verhalten beim Essen* finden.

24 Vgl. Mennell, *Die Kultivierung des Appetits*, S. 57.

25 Ebd. Zur Kontinuität des Wertes der Quantität der Speisen vgl. auch Massimo Montanari, *Der Hunger und der Überfluß. Kulturgeschichte der Ernährung in Europa.* Übers. v. Matthias Rawert, München 1999.

Zeremoniells abzusetzen trachteten und sich hierin eher der zentralen Machtausübung des Königs entzogen, als diese zu exekutieren. Die Praktiken der Selbstzivilisierung und der ihnen inheränten Selbstbemächtigung scheinen nur schwerlich in einer unilineare Geschichte der Unterwerfung des Subjekts aufzugehen und man kann die Frage stellen, ob sich die Herausbildung von Techniken der Selbstkontrolle im Umkreis der absolutistischen Höfe auf eine Selbstunterwerfung unter einen bestimmten moralischen Code beschränken lässt. Sind diese Techniken nur repressiv zu verstehen oder lassen sie sich nicht umgekehrt, ganz in der Tradition der antiken Sorge um sich, als Freiheitspraktiken des Selbst lesen? Foucault hat sich in dieser Frage explizit gegen eine universelle und globale Geschichte der Rationalisierung ausgesprochen, wie sie Elias und Mennell vertreten, und stattdessen die Untersuchung konkreter Rationalisierungen vorgeschlagen, in denen sich eine je spezifische Ökonomie der Macht innerhalb spezifischer zwischenmenschlicher Beziehungen herausbildet.[26] Entgegen einer Geschichte der Moral, die von den Institutionen und Vorschriften ausgeht, die sie an das Individuum richten, das heißt von einem „Moralcode" und den entsprechenden Verhältnissen des Gehorchens oder der Verweigerung, die das Subjekt gegenüber diesen ausbilden kann, ist Foucault an einer Geschichte der Selbstproblematisierungen gelegen: eine „Geschichte der Ethik und der Asketik".[27] Jenseits der Frage nach dem präskriptiven Code und seiner Erfüllung, geht es um die „Art und Weise, wie man sich führen und halten, das heißt, wie man sich selber als Moralsubjekt konstituieren soll, das in Bezug auf die den Code konstituierenden Vorschriften handelt."[28] Dabei bezieht sich Foucault auf die griechisch-antike Bedeutung der Ethik, als Bezugnahme auf einen *êthos*, als eine spezifische „Weise zu sein und sich zu verhalten", „eine Seinsweise des Subjekts und eine bestimmte, für die anderen sichtbare Weise des Handels", die sich etwa in der Art der Kleidung, der Bewegung, einer Art zu gehen oder in einer Haltung auf Ereignisse zu reagieren ausdrückt. Die in dieser Weise verstandene Ethik stelle, so Foucault, eine konkrete Form der Freiheit dar, ebenso wie sie eine spezifische Art und Weise sei, die eigene Freiheit zu problematisieren.[29] Entscheidend ist bei all dem die Implikation eines spezifischen Selbstverhältnisses, in dem das Subjekt auf sich selbst einwirkt, sich zum Gegenstand einer moralischen Übung macht, sich erkennt,

---

26 Michel Foucault, „Subjekt und Macht (1982)", in: *Schriften in vier Bänden. Dits et Ecrits*, hrsg. v. Daniel Defert/François Ewald, Bd. 4, Frankfurt am Main 2005, S. 269–294, hier S. 272 f.
27 Ders., *Der Gebrauch der Lüste*, S. 41.
28 Ebd., S. 37.
29 Ders., „Die Ethik der Sorge um sich", S. 882.

sich kontrolliert, sich erprobt, sich vervollkommnetet und transformiert.[30] In diesem Sinne lässt sich die Geschichte des Geschmacks, wie sie etwa Mennell entwirft, nicht auf eine Geschichte der (Selbst-)Unterwerfung des Subjekts unter die moralischen Zwänge der Gesellschaft reduzieren. Die ästhetischen und aisthetischen Subjektivierungsweisen der Neuzeit stellen dagegen vielmehr eine historische Form des Selbstverhältnises dar, in dem sich das Individuum mittels spezifischer Praktiken und Techniken und hinsichtlich der Problematisierung seiner Esslust „als moralisches Subjekt seiner eigenen Handlungen konstituier[t]".[31] Im Folgenden wird es also darum gehen, ausgehend von den Schriften Baltasar Graciáns, die Übung und Kultivierung des Geschmacks in eine Transformationsgeschichte der kulinarischen Sinnlichkeit und ihrer subjektivierenden Effekte einzutragen, um nicht zuletzt die Frage zu klären, in welchem Verhältnis die Kultivierung des Geschmacks zu jener Sorge um die Ernährung steht, wie sie sich in den asketischen Praktiken der Antike und in den monastischen Regulierungen ausdrückt. Vor diesem Hintergrund möchte ich die Frage nach dem Geschmack einerseits als eine genealogische Frage nach der Geschichte der Problematisierung der Esslust und des Essens selbst aufwerfen und anderseits nach der Genealogie der Subjektivierungsweisen fragen, die mit ihr verbunden waren: Wie konnte die Übung des Schmeckens seit dem 17. Jahrhundert zu einer der dominierenden Praktiken der Subjektivierung im Kontext der Elitekultur werden? Wie und in welchem Kontext wurde das Schmecken, das Kosten und Probieren zu einer erstrebenswerten und lustvollen Tätigkeit,

---

30 Ders., *Der Gebrauch der Lüste*, S. 40.

31 Ders., „Zur Genealogie der Ethik", S. 759. Im gleichem Maße gilt jedoch auch – und hier lässt sich Foucault in gewisser Weise an Elias anschließen – , dass das Subjekt, sofern es sich auf aktive Weise in Übungen und Praktiken des Selbst konstituiert, gleichermaßen gewissen kulturellen Schemata unterworfen ist. Denn es erfindet die Praktiken nicht, die es ausübt, sondern eignet sich diese im Kontext einer Kultur, einer Gesellschaft oder Gruppe an (ders., „Die Ethik der Sorge um sich", S. 889). Trotz dieses Umstandes muss man, so betont Foucault in seinen späten Schriften, zwischen beiden Subjektivierungsweisen unterscheiden, insofern sich in ihnen unterschiedliche Weisen ausmachen lassen, sich auf sich selbst und die anderen zu beziehen. Während die moralischen Bestrebungen der Antike ebenso auf eine Freiheit des Selbst wie auf eine Lebensform gerichtet waren, „in der man sich anerkennen und von den anderen anerkannt werden konnte", hat das Christentum eine Moral hervorgebracht, die sich vor allem und vornehmlich „als Gehorsam gegenüber einem System von Regeln" herausbildet (ders., „Eine Ästhetik der Existenz (1984)", in: *Schriften in vier Bänden. Dits et Ecrits*, hrsg. v. Daniel Defert/François Ewald, Bd. 4, Frankfurt am Main 2005, S. 902–909, hier S. 904 f.). Wenig später fasst er zusammen: „Ich denke [...], dass das Subjekt durch Praktiken der Unterwerfung oder, auf autonomere Weise, durch Praktiken der Befreiung, der Freiheit konstituiert wird, wie in der Antike, selbstverständlich ausgehend von einer gewissen Anzahl von Regeln, Stilen, Konventionen, die man im kulturellen Milieu findet" (ebd., S. 906).

in deren kunstvoller Ausübung sich ein Subjekt als weise zeigt und beglaubigt? Wenn Gracián entscheidend für die Etablierung des Begriffs des Geschmacks in den philosophischen und ästhetischen Debatten war, so lassen sich seine Schriften vor dem Hintergrund dieser Fragestellung möglicherweise weniger als Gründungsmanifeste der heraufkommenden Ästhetik lesen, sondern vielmehr als Indiz und Signatur einer Transformation von Subjektivierungsweisen, denen Gracián wie kein zweiter in systematischer und symptomatischer Weise Ausdruck verliehen hat. Bei Gracián wird die Praktik und Kunst des Schmeckens, – und das ist die These, die ich im Folgenden plausibilisieren möchte –, zum Inhalt und Ziel der Einübung einer neue Form von Subjektivität, die sich durch eine sinnliche Erkenntnis- und Wahrheitspraxis auszeichnet. Er erfindet nicht den Geschmack, aber er erfindet im Umkreis der neuzeitlichen Tafeln eine ‚Wissenschaft des Geschmacks‘, die den Geschmack ins Zentrum einer Kultivierung und Bildung des Selbst stellt und ihn zum Medium der Konstitution einer Subjektivität erklärt. Im Folgenden soll es nun darum gehen, Graciáns *Ciencia del buen Gusto* und die mit ihr verbundene Übung des Schmeckens ebenso wie das „Banquet der Verständigen" in ihrer Wechselwirkung von geschmackvoller Subjektivierung und Wahrheitspraxis, kulinarischem Genuss und Konversation näher zu untersuchen. Wurde oben bereits, anhand der neuen Tischkultur des 17. Jahrhunderts, der enge kulturhistorische Zusammenhang zwischen dem Speisen- und dem Konversationsgeschmack herausgestellt, so zeigt sich dieses Wechselspiel auch und gerade in Graciáns Entwurf einer Wissenschaft des guten Geschmacks, in der sich kulinarischer Genuss und Wissenserwerb immer wieder überkreuzen. Gerade in dieser Hinsicht ist es mir darum zu tun, anhand der Schriften Graciáns, den theoretischen und ästhetischen Begriff des guten Geschmacks, der seit dem Ende des 17. Jahrhunderts die Leitkategorie einer spezifischen weltläufigen Subjektivität fungiert, an die Aisthetik der Tafelkultur der Neuzeit zurückzubinden. In ihrem Rahmen konstituierte sich eine neue Form der urbanen, weltbürgerlichen Geselligkeit ebenso wie die Lust auf Sensationen im Sinne der Diskussion von Neuigkeiten aus aller Welt und das Glänzen durch Weltkenntis mit den Sensationen neuer, exquisiter und exotischer Leckereien einherging.

2.1 La Ciencia del buen Gusto

Mit seiner Wissenschaft vom guten Geschmack lotet Gracián als einer der ersten systematisch die Charakteristiken der neuzeitlichen und modernen Übung des Schmeckens aus und verdichtet diese zu einer Philosophie und Weisheitslehre des guten Geschmacks, deren Kernbestand bis heute das Ideal des Gourmets bestimmt. Dabei stilisiert sich Gracián selbst in seinen Schriften als Mann von Geschmack und bietet seinen explizit männlichen Lesern in der Lektüre seiner Texte eine lustvolle und konversative Übung in der Kunst des Schmeckens, in deren Vollzug sie sich als mündige und geschmackvolle Subjekte hervorbringen und erweisen können und sollen. Man muss bei Gracián geradezu von einer kulinarischen „Lust am Text"[32] und der Lektüre sprechen oder besser: eine unbändige Lust daran, im geselligen Austausch mit den Großen der Wissenschaften zusammenzutreffen – und sei es in ihrem schriftlichen Nachleben, das sich in ihren Schriften verkörpert. Die Wissenschaft des guten Geschmacks und der Entwurf eines entsprechenden Lebens lassen sich dementsprechend in zwei Richtungen entfalten, die eng miteinander verschränkt sind: Zum einen betont Gracián den geselligen und dialogischen Charakter der Weisheit, der die Wissenschaft des guten Geschmacks auszeichnet, zum anderen hebt er immer wieder die Bedeutung des Lustvollen in den Äußerungen der Unterhaltung hervor. Die kulinarische Lust und die Konversation bilden bei Gracián hierin einen strukturelles Paradigma, das im Verlauf des Lebens in unterschiedlichen Lernbeziehungen seinen Ausdruck findet. Den ersten Abschnitt des Lebens soll der angehende Meister des guten Geschmacks der Lektüre, das heißt dem Gespräch mit den Toten widmen, den zweiten Abschnitt des Lebens soll er auf Reisen verbringen und in der Konversation mit den Lebenden die Welt kennenlernen: „er stelle also das ganze Universum auf den Kopf" und bereise „alle seine Provinzen"[33]. Den dritten und letzten Akt des schönen Lebens, den größten und besten, soll man aber der Kontemplation über die vorangehenden Gespräche, das heißt dem Gespräch mit sich selbst, widmen. Das Lernen des guten Geschmacks gestaltet sich hierin als eine unterhaltende und köstliche, eine gesprächige und lustvolle, ja gar eine nomadisierende Tätigkeit, in der das Subjekt aufgerufen ist, sich mit sich selbst und der Welt zu beschäftigen; eine Tätigkeit, die vor allem aber auf das Subjekt selbst zielt, und in ihrer kontinuierlichen Ausübung dem Leben eine Ästhetik und Schönheit verleiht. Das

---

32 Eine Tradition, auf die sich noch Roland Barthes stützen kann, wenn er sie gegen das Primat der Hermeneutik eine Lust am Textes in Anschlag bringt, die jedoch anders als bei Gracián nicht kulinarisch, sondern erotisch konnotiert wird. Vgl. Roland Barthes, *Die Lust am Text*. Übers. v. Traugott König, Frankfurt am Main 1974. Vgl. dagegen Walter Benjamins Überlegungen zur Romanlektüre, die die Lust am Text explizit in kulinarischer Hinsicht ausbuchstabieren: Walter Benjamin, „Kleine-Kunststücke", in: *Gesammelte Schriften. Bd. IV/1: Kleine Prosa, Baudelaire-Übertragungen.* Hrsg. v. Tillman Rexroth, Frankfurt am Main 1991, S. 435–438, hier S. 436.
33 Gracián, *Der Kluge Weltmann*, S. 147.

ideale Leben des *Discreto*, dessen Bildungsweg Gracián entwirft, ist dementsprechend als eine unterhaltsame, ja vergnügliche Aufführung in Dialogform
zu verstehen.[34]

Ununterbrochen wird dabei die kulinarische Lust betont, die all diese Le-
bensabschnitte und die jeweilige Wissensaneignung kennzeichnen soll. Das
Leben des *Discreto* ist untrennbar mit der Neugier auf neue anregende Genüsse
und exotische Sensationen verknüpft, ja, der aktiven Suche nach ihnen, ihrer
Verkostung und Einverleibung ebenso wie mit der Ausstellung und dem Austauschs des durch sie erworbenen Wissens. Die Lektüre desjenigen, der sich im
guten Geschmack übt, sei „mehr Vergnügen als Beschäftigung",[35] er soll reisen,
um sich in fremdartigen Geschmäckern zu üben, „denn wer die Dinge nicht
sieht, genießt sie nicht ganz".[36] Und auch der Gipfel der Klugheit, die Kunst des
Philosophierens, besteht vor allem darin, aus allem, was man gesammelt hat,
wie die Biene „den Honig des schmackhaften Vorteils zu ziehen".[37] Der *Discreto*
liest die Bücher nicht, er „verschlingt" sie: „Speise der Seele, Köstlichkeit des
Geistes".[38] Dass sich dabei das Lesevergnügen des *Discreto* weit von der faden
und reizlosen scholastischen Repetition entfernt, hat bereits früh Karl Borinski
hervorgehoben, wenn auch mit wortgewandter Ablehnung: Gracián sei „der
Vater des Zeitalter des Curiösen, der Verächter aller Schulfüchserein in Folio,
der Duodezsammler des klassischen Klatsches und der naturwissenschaftlichen
Piquanterieen". Nicht zuletzt sei er der Wegbereiter des „weibischen" Salon-
Charakters der neuen Bildung, schreibt Borinski über den selbst an Frauenfeind-
lichkeit kaum zu überbietenden Gracián und das in einer Zeit, in der sich die
weibliche Salonkultur unter misogynen Vorzeichen zu sogenannten Kaffee-
kränzchen herabgewürdigt sah.[39] Blendet man einmal Borinskis maskulinisti-
schen Furor angesichts der vorgeblichen Entmännlichung der Wissenschaften
aus, so erweist sich seine Lesart in kultur- und wissensgeschichtlicher
Hinsicht als durchaus hellsichtig. Denn Gracián trägt nicht nur die weltlichen,
geselligen und unterhaltsamen Themen auf einer Ebene mit den überkommenen
Wissenschaften ein, sondern die Wissenschaften erhalten insgesamt eine

---

34 Ebd., S. 143. Nicht umsonst spricht Gracián auch an anderer Stelle von den Theatern des
guten Geschmacks als einer Schule der *Ciencia del buen Gusto* (ebd., S. 34)
35 Gracián, *Der Kluge Weltmann*, S. 143.
36 Ebd., S. 146.
37 Ebd., S. 148.
38 Ebd., S. 143, leicht abgeändert: „pasto de alma, delicias de espíritu" (ders., *Obras Completas, Bd. II. El Héroe. El Político. El Discreto. Oráculo manual y arte de prudencia. Agudeza y arte
de ingenio. El Comulgatorio. Escritos menores*, Madrid 1993, S. 180).
39 Karl Borinski, *Baltasar Gracian und die Hofliteratur in Deutschland*, Halle 1894, S. 26.

sinnlich-kulinarische Wendung und werden als Genussmittel in den Dienst des Geschmacks gestellt. Wie die „cortesía" den Besitz schmückt, führt Gracián aus, so erweist sich die Wissenschaft des guten Geschmacks als eine Ästhetik und Aisthetik des Wissens und hierin als ihr Gipfel. Die Kenntnisse, die die Lektüre vermittelt, sind wichtig, entscheidend ist aber das Vergnügen und der Genuss, die die Lektüre und die Erkenntnis zu einer anregenden sinnlichen Erfahrung werden lassen.

Die Umwertung der Nützlichkeit der Wissenschaften in ihren lustvollen Genuss vollzieht sich dabei gegen Ende des 17. Jahrhunderts vor dem Hintergrund einer allgemeineren Bedeutungsverschiebung, in der der Genuss, jenseits der Nutznießung – dass heißt dem ‚Nießen' des Nutzens –, nunmehr als ein lustvolles Genießen begriffen wird.[40] Die Mittel, mit denen ein solcher Genuss, jenseits der Befriedigung der Notwendigkeit, und mit ihm die Anregung und das Stimulieren der Sinne, des Körpers und des Geistes hervorgerufen werden, heißen dementsprechend Genussmittel, *Stimulants, Estimulante, Excitants et Stimulants* und sie verbreiten sich als kulinarische Luxusartikel spätestens seit dem 17. Jahrhundert über ganz Europa: Schokolade, Tee, Kaffee, Tabak, Mate, Scherbet und wie all die exotischen Getränke und Leckereien heißen, die eine neue Sinnlichkeit in den gehobenen Schichten Europas anregten und das Erbe der Gewürze antreten, die seit der Antike von den exotischen Lüsten Indiens, von den vergangenen göttergleichen Zeiten der jungen Menschheit oder von den Genüssen des Paradieses kündeten.[41] Auch die Lektüre wird zum Gegenstand einer neuen Wissenschaft, die ihren Horizont gleichermaßen in der entsprechenden sinnlichen Praxisform findet: dem mündigen Geschmack und seiner Ein- und Ausübung. Entsprechend konsequent werden in Graciáns Bildungsplan, der im fünften Kapitel des *Discreto* als „Akademische Überlegung"[42] entwickelt wird, die notwendigen Kenntnisse und Studien für die gesellige Wissenschaft des Geschmacks nach dem Grad ihrer Schmackhaftigkeit hierarchisiert:

---

40 Vgl. das Lemmata ‚genieszen' in: *Deutsches Wörterbuch von Jakob und Wilhelm Grimm*, 16 Bde., Leipzig 1854–1961, Bd. 5, Sp. 3455–3467.
41 Zur Bedeutung der Gewürze im Mittelalter vgl. etwa Paul Freedman, *Out of the East. Spices and the Medieval Imagination*, New Haven und London 2008; ders., „Spices and Late-Medieval European Ideas of Scarcity and Value", in: *Speculum* 80, 4 (2005), S. 1209–1277; Andrew Dalby, *Dangerous Tastes. The Story of Spices*, London 2000. Zur Ablösung des Prestiges der Gewürze durch die neuen, exotischen Getränke vgl. auch Wolfgang Schivelbusch, *Das Paradies, der Geschmack und die Vernunft. Eine Geschichte der Genussmittel*, Frankfurt am Main 1995.
42 Gracián, *Der Kluge Weltmann*, S. 34.

Der erste und schmackhafteste [*gustosa*] Teil dieser Bildung ist „eine umfassende Kenntnis dessen, was in der Welt geschieht [...], der Wirkungen wie der Ursachen".[43] Es sind dies Kenntnisse, die man aus der Beobachtung der großen Taten der Fürsten, der herausragenden Ereignisse, der Prodigien der Natur und der Ungeheuerlichkeiten gewinnt, die das Schicksal den irdischen Menschen zumutet. Darüber hinaus genießt derjenige, der sich bildet, „die zartesten Früchte" (*goza de los suvísimos frutos*) des Studiums. Er registriert „das Ingeniöse" (*ingenioso*) der Bücher, „das Kuriose" (*curioso*) in den Nachrichten, er erfasst „die Urteile und die Umsicht" (*juicio*) in den Reden ebenso, wie „das Pikante" (*picante*) in den Satiren und entwickelt schließlich „ein abgewogenes Verständnis" (*juiciosa comprención*) der Personen und eine Kenntnis der Hauptpersonen der aktuellen Tragikomödie des Universums.[44] Nur so kann es gelingen, die „moralische Anatomie der Menschen" zu durchschauen, ein *concepto* von den Dingen zu erstellen und der Wahrheit Kredit zu verschaffen.

Wer in der Wissenschaft des guten Geschmacks Fortschritte erzielt, lernt nach und nach, jedem seinen Platz zuzuweisen, seine Vorzüge zu erkennen und so den jeweiligen Wert zu bestimmen.[45] Nicht zuletzt verfügt der *Discreto* als Meister der Wissenschaft des guten Geschmacks über eine „reife", „schmackhafte" (*sazonado*) und ausgefallene Sammlung „aller guten Aussprüche, heldenhafter Taten, der Sentenzen der Klugen, [der] Bosheiten der Kritiker, [der] Witze der Höflinge, der Pikanterien, des Esprits und der Galanterien, die es ermöglicht in jeder Situation und Konversation zu glänzen".[46] Alles dies sei, so Gracián, „feinste Munition [...], um den Geschmack zu erobern".[47]

Wenn bereits die Aufzählung der notwendigen Kenntnisse immer wieder die geschmacklich-sinnliche Dimension der Wissensaneignung betont, indem sie die Köstlichkeiten hervorhebt, die der *Discreto* sich in der Verfolgung des Weltgeschehens, der Menschenbeobachtung und der Lektüre der Bücher anzueignen weiß, so entfaltet Gracián in dem Versuch, den Aneignungsprozess all dieser Kenntnisse genauer zu fassen, eine ganze Philosophie des Schmeckens. Gerade hier wird deutlich, dass sich der Geschmack bei Gracián durchaus nicht auf die Urteilskraft (*juicio*) im herkömmlichen Sinne beschränken lässt, wie dies ausgehend von den späteren ästhetischen Wendung des Geschmacks behauptet worden ist. Weit davon entfernt, ein Vermögen darzustellen, das rein ästhetisch, das heißt unter Absehung von den eigenen Interessen ein Urteil

---

43 Ebd., S. 35.
44 Gracián, *Der Kluge Weltmann*, S. 35 bzw. ders., *Obras Completas*, Bd. *II*, S. 115.
45 Ders., *Der Kluge Weltmann*, S. 36.
46 Vgl. ebd
47 Ebd.

fällt, und damit „das Besondere als enthalten unter dem Allgemeinen zu denken"[48] oder umgekehrt das Allgemeine zu einem gegebenen Besonderen zu finden, erklärt Gracián den guten Geschmack vielmehr zur Leitkategorie einer Weltweisheit und einer Ethik des Selbst. In dieser geht es gerade nicht um eine „Abstandnahme von sich selbst und den privaten Vorlieben" oder den privaten Neigungen des Einzelnen im Namen „einer Allgemeinheit, die er meint und vertritt".[49] Der gute Geschmack bezeichnet gerade keine „überempirische Norm".[50] Stattdessen muss man den guten Geschmack bei Gracián als ein sinnliches Konzept verstehen, vor allem aber als eine Praxis und eine Übung. Konsequent betont Gracián, noch bevor er seine Bedeutung für das Verständnis der Dinge, der Menschen, der Ursachen, Effekte und Affekte herausstellt, die *„deliciosa"* – die „Köstlichkeit" – des guten Geschmacks, ebenso wie seinen Charakter als eine praktische Kunst der Lebensführung.[51]

2.2 Neugier und Staunen

Aller Geschmack fängt, so führt Gracián aus, mit einem Moment der Neugier an: Der Mensch begehrt Anderes und sucht stets das Neue. Diese Neugier, kann zwar durch das Eigeninteresse oder die Eitelkeit getrieben sein, im Falle der Wissenschaft des guten Geschmacks werde sie jedoch durch „die Köstlichkeit des Wissens" (*gustosa por lo agradable del saber*) und das „Appetitanregende" (*apetitoso*) des Wahrnehmens angeregt. Die Verführungen der Wissens-Speisen reichen jedoch nicht aus, um sich die Welt-Kenntnisse anzueignen. Neben der Neugier ist eine Befähigung zum Geschmack unerlässlich, ohne die sich nicht viel Wert aus den Beobachtungen ziehen lässt. Denn der „lehrreiche Nektar", den der *Discreto* wie die wählerische Biene aus den höchsten und besten Blütenständen saugt, ist keine Ambrosia für den Geschmack der Törichten, die als „Barbaren" durchs Leben gehen. Ebenso wenig gelangen die vielen gewöhnlichen Menschen zur Wahl des Besten, wie Gracián bemerkt, weil bei diesen weder Geschmack noch Kenntnis den eigenen Winkel je verlässt oder gar „einen Schritt über das hinaus[geht], was es vor Augen hat".[52]

---

48 Immanuel Kant, „Kritik der Urteilskraft", in: *Kant's Gesammelte Schriften. ‚Akademieausgabe'*, hrsg. v. Königlich Preußische Akademie der Wissenschaften, Bd. 5, Berlin 1900 ff. S. 179.
49 Gadamer, *Wahrheit und Methode*, S. 32.
50 Ebd., S. 40.
51 Vgl. Gracián, *Der Kluge Weltmann*, S. 117
52 Ebd., S. 38

Die Wissenschaft des guten Geschmacks lässt sich hierin als eine Epistemologie im Modus der Sensation begreifen, wenn man die doppelte Konnotation der Sensation als außergewöhnliche Neuigkeit, aufsehenerregendes Ereignis und sinnliche Erfahrung in Rechnung stellt. Getrieben durch den Wohlgeschmack und das Appetitanregende des Neuen sowie durch den stets kulinarisch konnotierten Genuss, den das Wissens und die Wahrnehmung versprechen, macht der Mensch Beobachtungen, die durch die günstigen Anlagen des Geschmacks zu sich immer mehr erweiternden Kenntnissen führen und den *Discreto* vervollkommnen. „Die Wissbegierde ist die Würze des Wissens, Anreiz des fruchtbaren und gewandten Geistes. Und ohne sie läuft ein Mann Gefahr, sich mit den Ungebildeten zu verwechseln",[53] heißt es im Widmungsschreiben des *Héroe*. Es gilt das Ungewohnte und das Ungewöhnliche aufzusuchen, und es ist gerade jener borniierte *sensus communis* als gesunder Menschenverstand, der bei Gracián den großen Feind des guten Geschmacks ausmacht: Das Gewohnte verstellt den Blick und der Bornierte verlässt nie den eigenen Winkel, sondern begnügt sich stets mit dem Gewöhnlichen.

„Oh wie beneide ich dich, [...] in den Stand zu gelangen, mit neuen Augen und Bewusstsein [...] zu sehen", ruft der erfahrene Critilo im *Criticón* aus, als ihm sein neuer Kompagnon, das Naturkind Andrenio, von seinen ersten Eindrücken in der Welt berichtet:

> Uns geht gemeinhin das Staunen ab, da uns die Neuheit abgeht, und damit das Bewusstsein dafür. Wir alle treten in die Welt und haben die Augen des Geistes geschlossen. Tun wir sie auf zur Erkenntnis, so lässt alsbald die Gewöhnung an den Anblick der Dinge, und seien sie noch so wundersam, dem Staunen keinen Raum mehr. Daher haben die Weisen sich stets der Reflexion bedient und sich vorgestellt, sie kämen erneut zur Welt, würden ihre Wunder – denn das ist ja ein jedes Ding – gewahren, ihre Vollkommenheit bestaunen und einfallsreich darüber philosophieren.[54]

Wenige Zeilen später wird im Gespräch zwischen Andrenio und Critilo geradezu eine Logik des Entzugs und der Enthaltsamkeit ausformuliert, die der Gefahr der Abnutzung des Staunens und die neuartigen Wahrnehmung der Dinge entgegenarbeiten soll: „Die größten Wunder verlieren ihren Wert, wenn sie leicht zugänglich sind und jedem Wunsch erreichbar", führt Critilo aus. „Ungehinderter Gebrauch benimmt dem Vorzüglichsten sein Ansehen."[55] In diesem Sinne

---

53 Baltasar Gracián, *Der Held*. Übers. v. Elena Carvajal Díaz und Hannes Böhringer, Berlin 1996, S. 8, leicht abgeändert: „Es la curiosidad sainete del saber, acicate del ingenio, y sin ella un varón corre equivocación con los brutos" (ders., *Obras Completas, Bd. II*, S. 5).
54 Ders., *Das Kritikon*. Übers. und komm. v. Hartmut Köhler, Frankfurt am Main 2004, S. 28.
55 Ebd., S. 29.

sei die entbehrungsreiche Gefangenschaft in der Höhle der wilden Tiere, in der Andrenio wie in Platons Höhle aufgewachsen war und die ihm die ganze Welt vorenthalten hatte, ein großer Vorteil und geradezu ein Glück gewesen. Critilo kann dies umso mehr behaupten, als er selbst von einer analogen Gefangenschaft zu erzählen weiß, in der er jedoch nicht wie Andrenio die Wunder der Natur bestaunt und von Hunger und Neugier getrieben im Genuss unbekannter Früchte wortwörtlich auf den Geschmack gekommen war. Ganz entgegengesetzt zum Naturkind Andrenio eignet sich der unter den Menschen ins Straucheln gekommene Critilo im Gefängnis von Goa die Kenntnisse der Künste, der Wissenschaften und vor allem der Moralphilosophie an, „dieser Grundnahrung aller Urteilskraft" (*pasto del juicio*).[56] Eine Erzählung, die – mit umgekehrten Vorzeichen und aus der Perspektive des ‚civilen' Menschen[57]–auf jene Lebenserzählung Andrenios antwortet und einmal mehr den Wissenserwerb mit den kulinarische Genüssen eng führt. Abseits von der Welt der gewöhnlichen Menschen, in einer geradezu mönchischen Existenz und unter den Vorzeichen der eigenen Reform nimmt Critilo Zuflucht zu den toten Freunden, den Büchern und „füllt sich die Seele mit wichtigen Einsichten und Erkenntnissen", wodurch er Wissen und *virtutes* erlangt. Erst die Entfernung vom Gewohnten und vom „tierischen" Leben führt zur Aufklärung der Irrtümer und der Wahnbehaftetheit, der *desengaño* und damit zu einer Erkenntnis der Wahrheit: dem „Heil für Körper und Seele".[58] Gracián entwickelt hier eine Logik des Begehrens und der Sensation, die schlussendlich ihr konkretes Modell in den Verführungskräften des Appetits und der unentwegten Praktik des Kostens und Probierens finden:

> Die delikateste Speise verliert beim zweiten Mal viel von ihrem Wohlgeschmack, beim dritten Mal schmeckt sie schon langweilig. Besser wäre es, sich den ersten Eindruck des Geschmacks zu bewahren, der Lust auf mehr erzeugt. Und wenn das bei den materiellen Speisen so ist, wie viel mehr noch bei den wahren Speisen der Seele, den Delikatessen des Verstandes und des Geschmacks![59]

---

56 Ebd., S. 66 bzw. ders., *El Criticón*, 2 Bde., Hildesheim und New York 1978, Bd. 1, S. 162.
57 Hartmut Köhler verweist in seiner Übertragung auf den wichtigen Umstand, dass ‚civil' im Spanischen des 17. Jahrhunderts noch eine Doppeldeutigkeit von zivil, gemein, niedrig, schäbig und ehrlos beinhaltet. Vgl. ders., *Das Kritikon*, S. 65.
58 Ebd., S. 66 f.
59 Ders., *Der Kluge Weltmann*, S. 66, leicht abgeändert: „El manjar más delicioso, a la segunda vez pierde mucho de aquel primer agrado; a tres veces ya enfada; mejor fuera conservarse en las primicias del gusto, solicitando el deseo. Y si esto pasa en lo material ¡cuánto más en el verdadero pasto del alma, delicias del entendimiento y del gusto!" (ders., *Obras Completas*, Bd. II, S. 134).

Die Vervollkommnung der Kenntnisse und des Geschmacks kann nur in der Auseinandersetzung mit dem Außergewöhnlichen, dem Anderen der gewohnten und gewöhnlichen Wahrnehmung, dem Neuen oder neu Wahrgenommenen gelingen; nur im Verlassen des Gewohnten liegt die Möglichkeit neue Kenntnisse zu erlangen und damit die Bildung des Geschmacks und die fortgesetzte Kultivierung des Selbst voranzutreiben.

In dieser Einschätzung und Betonung der Neugier als entscheidende Kategorie der Wissensgewinnung ebenso wie in der Präferenz für das Exzeptionelle und Wundersame war Gracián im 17. Jahrhundert nicht alleine. Ein ganzer Zweig der Naturphilosophie wendete sich gegen die zeitgenössische Scholastik mit ihrem von Aristoteles geerbten Verfahren, von den Einzelbeobachtungen auf universelle Prinzipien zu schließen und ihrem entsprechenden, vornehmlichen Interesse an Regelfällen. Stattdessen ging es fortan um die Untersuchung des Einzelnen, des Neuen, des Außergewöhnlichen und Erstaunlichen, wie Loraine Daston und Katharina Park eindrücklich gezeigt haben.[60] Gegen die Vorurteile der überlieferten Verallgemeinerungen, die durch die Scholastik den Zeitgenossen eingeimpft worden seien, galt es, sich der Natur selbst und ihren einzelnen Erscheinungen zuzuwenden, wie Francis Bacon 1620 in seinem Entwurf einer neuen Naturphilosophie betont hatte. Das Staunen sollte hierbei, wie auch bei Gracián, ein notwendiges Korrektiv zu den bornierten Vorurteilen und Schnellschüssen des Verstandes abgeben. Der neue Wille zum Wissen, so könnte man sagen, war eine Übung im Staunen, die einerseits den Gefahren der Vorurteile und der Verallgemeinerung begegnen sollte und andererseits die Langeweile auszuschalten half, die die mühselige Betrachtung der unzähligen Einzeldinge ab einem gewissen Punkt begleitete.

Bei dem Jesuiten Gracián nimmt diese Übung bezogen aufs Schmecken eine betont lustvolle Konnotation an, die Bacon in seiner geradezu puritanischen Disziplin des Staunens grundlegend abging. Bacon lehnte entschieden das Amüsement bei der Betrachtung der Natur ab und verurteilte diejenigen, die die Wunderdinge nur der Fremdartigkeit und des Vergnügen wegen suchten. Die Methode Graciáns zielt dabei aber gerade nicht auf eine systematische Reinigung des Geistes, die jegliches Vorurteil auszuschließen im Stande wäre. Das Allgemeine, dessen Erkenntnis auch bei Bacon stets noch das Ziel bildete, so sehr er auch dieses in der systematischen Untersuchung der Einzeldinge zu finden hoffte, rückt bei Gracián an den Rand und stellt stattdessen die Erfahrung

---

60 Vgl. Lorraine Daston/Katharine Park, *Wunder und die Ordnung der Natur 1150–1750*, Frankfurt am Main 1998, sowie Lorraine Daston, „Die Lust an der Neugier in der neuzeitlichen Wissenschaft", in: Klaus Krüger (Hrsg.), *Curiositas. Welterfahrung und ästhetische Neugierde in Mittelalter und früher Neuzeit*, Göttingen 2002, S. 147–175.

des Einzeldinges konsequent in den Vordergrund. Die Neugier und das Staunen ermöglichen, selbst noch das Gewöhnlichste als Wunder und Delikatesse zu erfahren und zu einer ursprünglichen Geschmackserfahrung desselben zurückzukehren, in der sich das Einzelne, unbeeinflusst von der Borniertheit der Gewöhnung, die durch die Wiederholung eintritt, und im Staunen über seine Vollkommenheit, als das erweist, was es ist und hierin Anlass gibt, in kunstvoller Weise darüber zu philosophieren. Unter der Maßgabe des Geschmacks wird bei Gracián die *Curiositas*, die den christlichen Moralisten bis zu Erasmus von Rotterdam stets als Sünde galt, rehabilitiert. Mehr noch als die Vertreter der neuen experimentellen Wissenschaft, die die Neugier wie auch schon die mittelalterliche Tradition seit Augustinus mit dem Gesichtssinn verbanden,[61] verknüpft Gracián das demütige Staunen vor der göttlichen Schöpfung, das der weltlichen Neugier stets entgegengesetzt worden war, mit der niederen weltlichen Sinnlichkeit der Mundhöhle: In der Neugier und der unablässigen Suche nach Neuem und Anderem, das einer Kostprobe harrt, liegt bei Gracián paradoxerweise die entschiedene Möglichkeit, sich von den allzumenschlichen, den tierischen Gewohnheiten zu lösen und ein Staunen über die Wunder der Schöpfung zu lernen.

So sehr aber auch die Ausrichtung der Gracián'schen *Ciencia del buen Gusto* sich von jener neuen experimentellen Naturphilosophie Bacons, Newtons und anderer unterscheidet, sie alle teilten eine neue ‚Psychologie' der wissenschaftlichen Forschung, die mit einer Übung der Selbstbefremdung verbunden war und maßgeblich eine Kultivierung von Neugier und Staunen zum Ziel hatte: „Wir müssen unsere Einbildungskraft täuschen, um unsere Geister aufzuwecken und wir müssen uns den Gegenstand, über den wir nachdenken wollen, auf eine neue Weise vorstellen, so daß in uns eine Bewegung des Staunens ausgelöst wird",[62] heißt es 1675 bei Nicolas Malebranche in *De la recherche de la verité* und 1672 schreibt Isaak Newton: „[E]in Beobachter sollte sich vornehmen, auf Experimente und Beobachtungen, die gewöhnlicher sind, und mit denen er vertrauter ist, so zu schauen, als ob sie die größte Seltenheit wären, und sich vorstellen, er sei jemand aus einem anderen Land oder einem anderen

---

61 Vgl. Klaus Krüger, „Einleitung", in: ders. (Hrsg.), *Curiositas. Welterfahrung und ästhetische Neugierde in Mittelalter und früher Neuzeit*, Göttingen 2002, S. 7–18, hier: S. 12 f.
62 Nicolas Malebranche, „De la recherche de la verité [1674–75, 6. Aufl. 1712]", in: Oeuvres de Malebranche, hg. von Geneviéve Rodis-Lewis, 20 Bde., Paris 1962–67, V. 8, Bd. 2, S. 204– 207, zit. n. Lorraine Daston, Eine kurze Geschichte der wissenschaftlichen Aufmerksamkeit, München 2001, S. 22f.

Beruf, der nie zuvor Ähnliches gesehen oder gehört hätte."[63] Gut 20 Jahre zuvor entwirft Baltasar Graciáns im ersten Band von *El Criticón* diese Übung der Selbstbefremdung als eine geistige Meditation und Rückkehr zum sinnlichen Nullpunkt der Welterfahrung: Der Weise stelle sich vor, er käme erneut zur Welt und würde wie zum ersten Mal ihre Wunder wahrnehmen „ihre Vollkommenheit bestaunen und einfallsreich darüber philosophieren".[64]

2.3 Reisen

Im Kontext der staunenden Neugier und der Übung einer spezifischen Selbstbefremdung steht dementsprechend auch das Reisen, dessen Bedeutung und Notwendigkeit Gracián hinsichtlich der Erfahrungswissenschaft des Geschmacks allenthalben hervorhebt: Der geschmackvolle Weise „stell[]e das ganze Universum auf den Kopf und bereis[]e alle seine Provinzen: das reiche Spanien, das dichtbevölkerte Frankreich, das schöne England, das kunstreiche Deutschland, das tapfere Polen, das liebliche Rußland und alles zusammen in Italien".[65] Man bewundere „die berühmtesten Handelsplätze", man frage „in jeder Stadt nach den Sehenswürdigkeiten, ob alt, ob modern", nach der Erhabenheit der Kirchen, der Pracht ihrer Bauwerke, der Klugheit ihrer Regierung, dem Verstand ihrer Bürger, dem Glanz ihres Adels, der Gelehrsamkeit ihrer Schulen und dem Niveau ihres Umgangs". Man besuche die Höfe der größten Fürsten, um „in den Genuß aller Arten von Wunderwerken der Natur und der Kunst auf Gemälden, an Statuen, auf Tapisserien, in Bibliotheken, an Schmuckstücken und Waffen, in Gärten und Museen" zu kommen. Man verkehre überall mit den berühmtesten Männern. All dies gilt es, mit Hilfe einer ausgefeilten Wahrnehmung und Neugier schmeckend wahrzunehmen, zu bewerten, zu vergleichen und einzuschätzen.[66]

Ähnlich wie Gracián wird ein Jahrhundert später, zu Beginn der zweiten Hälfte des 18. Jahrhunderts, Laurence Sterne in seiner Predigt über *The Prodigal Son* die Neugier und die Liebe zur Vielfalt der Erfahrung in die Natur des Menschen verpflanzen und aus ihr den Reisedrang seiner Zeit zu erklären suchen:

---

63 Isaak Newton, „New Theory about Light and Colours", in: *Philosophical Transactions of the Royal Society* 7 (1672), S. 61–62, zit. n. Daston: *Eine kurze Geschichte der wissenschaftlichen Aufmerksamkeit.* S. 24 f.
64 Gracián, *Das Kritikon*, S. 28.
65 Gracián, *Der Kluge Weltmann*, S. 147.
66 Ebd.

The love of variety, or curiosity of seeing new things, which is the same, or at least a sister passion to it, – seems wove into the frame of every son and daughter of Adam; we usually speak of it as one of nature's levities, tho' planted within us for the solid purposes of carrying forwards the mind to fresh inquiry and knowledge [...].

It is to this spur, which is ever in our sides, that we owe the impatience of this desire for travelling: the passion is no way bad, [...] order it rightly, the advantages are worth the pursuit; the chief of which are – to learn the languages, the laws and customs, and understand the government and interest of other nations, – to aquire an urbanity and confidence of behaviour, and fit the mind more easily for conversation and discourse; – to take us out of the company of our aunts and grandmothers, and from the track of nursery mistakes; and by shewing us new objects, or old ones in new lights, to reform our judgements – by tasting perpetually the varieties of nature, to know what 'is good' [Herv. i. O.] – by observing the adress and arts of men, to conceive what 'is sincere' [Herv. i. O.]; – and, by seeing the difference of so many various humours and manners, – to look into ourselves, and form our own.[67]

„[B]y tasting perpetually the varieties of Nature, to know what is 'good'": Auch bei Sterne ist die Wissenschaft des guten Geschmacks noch eine moralische Übung, die es erlaubt, in der Erfahrung der Vielfalt und unter der Maßgabe der experimentellen Neugier sich selbst zu erkennen und sich selbst zu formen.[68] Und auch bei Sterne kommt dem Reisen im Kontext der Bildung und Reform des Charakters eine entscheidende Rolle zu. Nicht umsonst steht die *Grand Tour* im Zentrum des *Tristram Shandy* wie auch später in seiner ironischen *Sentimental Journey*. Die Reise und der extravagante kulinarische Lebensstil des

---

67 Laurence Sterne, „Sermon 20. The Prodigal Son", in: *The Sermons of Laurence Sterne. The Text*, hrsg. v. Melvyn New (The Florida Edition of the Works of Laurence Sterne. 8 Bde., hrsg. v. W. G. Day u. a. 4), Gainesville u. a. 1996, S. 186–194, hier S. 192

68 Dass die Praxis des Kostens fremder Küchen im Kontext der Bildungsreise keine bloße metaphorische Umschreibung ist, kann man in Francis Bacons Essay *Of Travel* von 1612 nachlesen. Unter Bacon Empfehlungen für die Bildungsform des Reisen findet sich auch jene, die Tafeln der Landsleute zu meiden und jene der Einheimischen aufzusuchen: „Er muss sich von der Gesellschaft seiner Landsleute fernhalten und an solchen Plätzen speisen, wo die gute Gesellschaft der Gastnation verkehrt" (Fracis Bacon, „Über das Reisen", in: *Essays. Oder praktische und moralische Ratschläge*. Übers. v. Elisabeth Schücking, hrsg. v. Levin L. Schücking, Nachwort v. Jürgen Klein, Stuttgart 2005, S. 59–61, hier S. 61). Auch bei Laurence Sterne wird der welterfahrene Tutor darauf verpflichtet, den Zögling in die besten lokalen „Inns" zu führen und ihn zu instruieren, wo man die besten Weine günstig erstehen könne (Sterne, „Sermon 20", S. 193). Und Montaigne bedauerte gar bereits gut zwei Jahrhunderte zuvor, auf seiner Reise nach Italien und angesichts der deutschen Küche, keinen Koch mit auf Reisen genommen zu haben, um die Rezepte der Gerichte aufzunehmen, die er an den fremden Tafeln genossen hatte (vgl. Michel de Montaigne, *Tagebuch der Reise nach Italien über die Schweiz und Deutschland von 1580 bis 1581*. Übers. und mit einem Essay versehen v. Hans Stilett, Frankfurt am Main 2002, S. 76)

Sohnes – „The feasts and banquets which he gave to whole cities in the east, – the costs of Asiatick [sic!] rarities, – and of Asiatick cooks to dress them"[69] – führt ihn auf seiner Reise in eine moralische und ökonomische Krise und lässt ihn den größten „terror of nature" fallen: in den drohenden Hungertod, der ihn als gescheiterte Figur an die Tafel der väterlichen Familie zurücktreibt. Und doch lastet Sterne in seiner Interpretation des biblischen Gleichnisses – das im Übrigen geradezu regelhaft seine Auslegung im Kontext der neuen Geschmackskultur erfährt und eine eingehende Untersuchung verdienen würde –, nicht der Neugier und dem Reisedrang als solchen an.[70] Das Reisen, wie gefährlich auch immer, ist für die Selbsterkenntnis und Ausbildung des Charakters notwendig. Nur darf der Sohn nicht sich selbst überlassen werden: Ohne Karte und Kompass ist man den Verführungen und Anfechtungen der fremden Welt unausweichlich ausgesetzt. Der Sohn bedarf der Begleitung und Eskortierung durch einen Tutor, einen Gelehrten und Weisen mit Weltkenntnissen und Erfahrung, der verhindert, dass er auf Abwege gerät.[71] Und auch Francis Bacon legt in seinem Essay *Of Travel* von 1612 die Begleitung durch „ein[en] Hofmeister oder Erzieher" nahe;[72] eine Praxis, die sich bei den Ausbildungsreisen der höheren Schichten konsequent durchsetzt und die sich auch in Graciáns Schriften wiederfindet. Die Begleitung durch einen Weisen wird auch hier als nützlich und notwendig angesehen, so sehr die Selbstführung des geschmackvollen Subjekts betont und die Führung durch einen übergeordneten Lehrer abgelehnt wird.[73]

---

69 Sterne, „Sermon 20", S. 189.

70 Im Gegensatz etwa etwa zu den mittelalterlichen Moralisten, die die *mobilitas* der *stabilitas*, das heißt der ursprünglichen Ordnung der Schöpfung, entgegengesetzt und in ihr die Gefahr einer Abkehr von Gott ausgemacht hatten. Vgl. hierzu Justin Stagl, *A History of Curiosity. The Theory of Travel 1550–1800*, London und New York 2004, S. 48.

71 Sterne, „Sermon 20", S. 193.

72 Bacon, „Über das Reisen", S. 60.

73 Antje Stannek hat in diesem Zusammenhang auf die komplizierte Position dieser Tutoren zwischen Vater und Sohn hingewiesen. Zwar handelte der Tutor im Auftrag des Vaters und hatte nominell dessen Vollmacht inne, faktisch verfügte er jedoch über keine Autorität. Er musste den Zögling ab dem 10. Lebensjahr mit Titel ansprechen, was der Autorität abträglich sein musste, und verschaffte er sich doch Respekt, so geriet er in Konflikt mit der Übertretung von Standesgrenzen, die als Anmaßung gegenüber der Obrigkeit auslegbar waren. Hinzu kam die Distanz, die der Tutor zu den anderen Dienern zu halten hatte, mit denen er sich nicht gemein machen sollte. „Ohne Anschluß an die Familie und vom Hofpersonal ausgeschlossen, war dieser Tutor nicht mehr als ein Dienstbote" (Antje Stannek, *Telemachs Brüder. Die höfische Bildungsreise des 17. Jahrhunderts*, Frankfurt am Main und New York 2001, S. 202).

Festzuhalten gilt, dass es einen engen Konnex zwischen der Geschichte der Neugier, der Aneignung von Erfahrung und Weltkenntnis und jenem Aufschwung der *Grand Tour*, der Kavaliers- und Bildungsreise im Zuge der Ausbildung der adligen und gehobenen Zöglinge seit dem 17. Jahrhundert gibt, wie Justin Stagl überzeugend herausgearbeitet hat.[74] Eine Verbindung, die auch Attilio Brilli hervorhebt, wenn er konstatiert, dass der Reisende des 17. Jahrhunderts angetrieben von der Neugier „durch die Reise zu einer vollendeten ‚Erfahrung' zu gelangen" suchte.[75] Die Ausbildung der vornehmlich männlichen Eliten nimmt im Kontext der wachsenden Bedeutung von Neugier und Erfahrung im Feld der Wissenschaften in Teilen eine Reiseform an, die, wie Matthias Leibetseder bemerkt,

> den Besuch von Ritterakademien, Universitäten, Höfen und kulturellen Monumenten aller Art in eine zeitlich-räumliche Ordnung zusammen[fasste] und […] ihr einen bestimmten Abschnitt im Leben des jungen adligen Mannes zu[wies], nämlich die Zeitspanne nach dem Unterricht durch den Hauslehrer im Elternhaus und vor der mit Amtsträgerschaft und Eheschließung verbundenen eigenständigen Lebensführung.[76]

Die *Grand Tour* geriet hierin geradezu zum obligatorischen Abschluss einer spezifischen Bildungslaufbahn, die auf das Leben und die Karrieren im Umkreis des Hofes vorbereiten sollten.

Im Kontext der Renaissance und eines neuen mit ihr einhergehenden Bildungsideals, galten höfliches Auftreten, Selbstdisziplin und Gelehrsamkeit als Verhaltensmaximen eines Lebensstils, der obligatorisch für jeden Kavalier und Hofmann werden sollte. Unter den humanistischen Gebildeten galt der Ungebildete ebenso als ‚Esel' wie umgekehrt der reine Büchergelehrte ohne Weltwissen und Erfahrung als ‚Pedant' in Verruf geriet.[77] Wissenschaft und Erfahrung wurden zum Paradigma einer Eliteausbildung, die neben die ritterlichen Exerzitien des Waffenhandwerks trat. Hierin vermischte sich die mittelalterliche Ritterreise unauflöslich mit jenen Reiseformen, die jenseits der Höfe für die Kreise der Gelehrten, der Scholaren und Künstler eine entschiedene Rolle spielten. Mit den Chancen, die die neuen Karrieren an den Höfen und in den Verwaltungen

---

74 Stagl, *A History of Curiosity*.

75 Attilio Brilli, *Als Reisen eine Kunst war. Vom Beginn des modernen Tourismus: Die ‚Grand Tour'*, Berlin 1997, S. 19 f.

76 Mathis Leibetseder, *Kavalierstour – Bildungsreise – Grand Tour. Reisen, Bildung und Wissenserwerb in der Frühen Neuzeit*, Mainz, 14. Aug. 2013, url: http://www.iegego.eu/leibetsederm-2013-de (besucht am 10. 04. 2019), Abschn. 2.

77 Zur Polemik gegen den Pedanten als Anti-Ideal des Hofmannes vgl. etwa Wilhelm Kühlmann, *Gelehrtenrepublik und Fürstenstaat. Entwicklung und Kritik des deutschen Späthumanismus in der Literatur des Barockzeitalters*, Tübingen 1982, S. 313–319.

der Städte versprachen, wurde die Bildungsreise nicht nur für die männlichen Angehörigen der adligen Schichten, sondern auch für diejenigen des aufstrebendes Bürgertum zum Mittel der Wahl, wenn es darum ging, seine Stellung zu verbessern oder seinen Status innerhalb der Gesellschaft zu festigen.

In Graciáns Stilisierung der Reise zum entscheidenden Medium der Ausbildung der Persönlichkeit und des Menschen überhaupt schwingt jedoch noch eine weitere Konnotation des Reisens mit, die bereits die Pilgereisen des Mittelalters geprägt hatte und die sich auch im 17. Jahrhundert unter transformierten Vorzeichen weiterhin behauptet: Die Reise im geographischen Sinne konnte auch als eine Reise zwischen den Orten des Erdenlebens in einem religiös-moralischen Sinne aufgefasst werden: als Bewegung zwischen Erde und Himmel.[78] Das menschliche Leben erschien hierin als eine doppelte Reisebewegung, die auf der Karte „religiöser und moralischer Systeme, aber ebenso im geographischen Raum verortet" wurde. Die Geographie erwies sich, wie Lotman betont hat, „ihrem Wesen nach [als] utopisch, und jede Reise nahm den Charakter einer Pilgerfahrt an".[79] Diese geographisch-moralische Doppelbedeutung der Kavaliersreise findet sich auch in Graciáns allegorisch-philosophischen Reiseroman *El Criticón*, in dem die beiden ‚Lebenspilger' Andrenio und Critilo auf der Suche nach der Glückseligkeit Europa in Richtung Rom durchwandern, immer in der Absicht, die Frage zu beantworten, wie man zu einer Person wird, oder, wie es am Ende des Handorakels im 300. Aphorismus heißt: „Ein Heiliger".[80] Der Bildungsweg des geschmackvollen Subjekts ist eine geographische Reise, er ist aber auch eine Reise, auf der sich das Subjekt in moralischer Hinsicht zu bewähren hat und, insofern es die Versuchungen der Welt meistert, an ihrem Ende jene heilige Stadt erreicht, die die größte Nähe zum Himmelreich aufweist.

So sehr jedoch Gracián auf das alte Modell der christlichen Lebensreise zurückgreift, so ist doch zu Recht dessen radikal weltliche Umwertung bemerkt worden.[81] Gracián folgt einer Tendenz, die sich schon seit der Renaissance abzuzeichnen beginnt: Die Delegitimierung einer Reise, die der eigenen

---

78 Jurij M. Lotman, *Die Innenwelt des Denkens. Eine semiotische Theorie der Kultur*. Übers. v. Gabriele Leupold und Olga Radetzkaja, hrsg. und mit einem Nachwort v. Susi K. Frank, Cornelia Ruhe und Alexander Schmitz, Berlin 2010, S. 234–258.
79 Lotman, *Die Innenwelt des Denkens*, S. 236.
80 Baltasar Gracián, *Handorakel und Kunst der Weltklugheit*. Übers. v. Arthur Schopenhauer, mit einer Einleitung v. Karl Vößler und einer Nachbemerkung v. Sebastian Neumeister, Stuttgart 1992, S. 125.
81 Hugo Friedrich, „Zum Verständnis des Werkes", in: *Criticón. oder Über die allgemeinen Laster des Menschen*. Übers. v. Hanns Studniczka, Hamburg 1957, S. 212–226, hier S. 225 f.

Pietas gelten sollte, aber zumeist doch, wenn man den Pilgerkritiken glauben schenkt, eher der *curiositas* diente. Eine nicht unerhebliche Zahl von reisenden Humanisten begannen vor diesem Hintergrund und nicht zuletzt unter dem Einfluss antiker Ethiken die mit der *Pietas* verbundene Selbstreform nun ganz weltlich auszulegen.[82] Auch die Reise der Lebenspilger bei Gracián endet keinesfalls im Himmelreich, sondern vielmehr auf der Insel der Seligen, deren Seligkeit jedoch allein in ihrem fortdauernden, literarischen und weltlichen Nachruhm begründet liegt. Dieser ist das Höchste, was der Mensch auf Erden erreichen kann.[83] Wenn Andrenio und Critilo zwar in Rom feststellen, dass die Glückseligkeit nicht auf Erden gefunden werden kann, sondern allein im Himmelreich, so werden doch die Bedingungen zum Eintritt in dieses konsequent aus den Fragen der irdischen Moral ausgeklammert. Hierzu passt, dass auch das Rom, das Gracián präsentiert, in aller Ambivalenz zwischen dem Irdischen und Himmlischen verbleibt: Sicherlich schildert auch der Jesuit Gracián Rom als „Zielort des Irdischen und katholische Pforte des Himmels", „das non plus ultra der Erde und Äquivalent des Himmels".[84] Trotz allem aber bleibt Rom eine irdische Stadt, voll von Altertümern und Neuheiten, eine Sammelstätte des Wunderbaren und des Besten aus aller Welt. Rom erscheint hier vor allem als Ziel der Kavalierstouren, als Schmiede der großen Männer, in der der Geist geschärft und Menschen zu Personen geschliffen werden.[85] Im allegorischen Sinne verkörpert Rom das Leben überhaupt: „jene ungewöhnliche Garküche, wo mit Kunst und Erfahrung fünfzig oder sechzig Herbste lang die großen Gestalten zubereitet werden".[86] Das gegenwärtige Rom stellt den Inbegriff des Weltlichen dar und erscheint gar – der Geographie der Seligkeit geradewegs entgegengesetzt – als Sammelbecken der Laster, als Sündenpfuhl, Palast der Eitelkeit und der Faulheit; eine Stadt „voll mit toten Heiligen und lebenden Dämonen".[87]

---

82 Vgl. Stagl, *A History of Curiosity*, S. 47–49.
83 Zur Bedeutung des literarischen Ruhms als Ziel der Lebenskunst vgl. Burckhardt, *Die Kultur der Renaissance in Italien*, S. 106–114.
84 Gracián, *Das Kritikon*, S. 828.
85 Ebd., S. 828 f.
86 Ebd., S. 769.
87 Ebd., S. 846. Es ist vor allem diese radikal weltliche Schilderung Roms, mit der Gracián wohl den Bogen der Geduld seiner Ordens-Vorgesetzten überstrapazierte und auch in Rom war man, vor dem Hintergrund der jansenistischen Angriffe, über solche Provokationen aus den jesuitischen Reihen ‚not amused'. Dabei konnte sich Gracián in seinem Versuch einer moralischen Menschenbildung unter experimenteller Ausblendung jeglicher religiöser Dimension auf Ignatius von Loyola selbst berufen, dessen Direktive Gracián im berühmten *251. Aphorismus* des *Oraculo manual* wiedergibt: „Man wende die menschlichen Mittel an, als ob es keine

Jenseits dieser seinerzeit nicht unproblematischen Transformation und irdischen Wendung, die Gracián der Pilgerreise verleiht, ist bisher jedoch eine weitere Besonderheit der Gracián'schen Bildungsreise übersehen worden. Nicht nur spielt die Theologie in Graciáns Bildungslaufbahn eine untergeordnete Rolle, auch das akademische Studium, insbesondere jenes der Rechte, dem die meisten der Adels- und Patrizierssprösslinge an den ausländischen Akademien ganz im Hinblick auf eine zukünftige Karriere nachgingen, taucht bei Gracián an keiner Stelle auf. Zwar soll man neben anderem auch nach der Kunst der Regierung in den jeweiligen Ländern fragen, ein systematisches Studium wird hier jedoch nicht angesetzt und unter den Wissenschaften, mit denen sich der *Discreto* beschäftigen soll, fehlt die Juristerei vollständig. Graciáns Reiseziel ist damit der Kritik, die etwa John Boyle, 5th Earl of Cork and Orrery, um die Mitte des 18. Jahrhunderts an den Ausschweifungen und Ablenkungen des Reisen äußert, diametral entgegengesetzt:

> Man unternimmt eine Reisen nicht, um die Moden, sondern um die Staaten zu begutachten, nicht um von Weinen, sondern um von verschiedenen Regierungsformen zu kosten, nicht um Samtstoffe und Spitzen, sondern um Gesetze und politische Systeme zu vergleichen.[88]

Das Eine schließt bei Gracián das Andere nicht aus. Man soll die politischen Systeme und die Regierungskunst „kosten", aber auch die Weine, die Moden und weltlichen Kuriositäten. Das heißt nicht, dass Gracián die Gefahren dieser Neugier und Genusssucht nicht ebenfalls problematisieren würde, aber sie haben bei ihm doch einen ambivalenteren Status in Bezug auf ihre Nützlichkeit. Zwar sind es auch im *Criticón* die Gasthäuser, die Schenken und Tafeln, die sich als wahre Sündenpfuhle und Räume des moralischen Falls erweisen. Gerade als Sammelorte des Lasters stellen sie jedoch umgekehrt die prädestinierten Orte dar, an denen eine Auseinandersetzung mit der Welt und eine Erkenntnis des Selbst möglich erscheint, indem man nämlich gerade die Täuschungen, die sie bereithalten meistert. In diesem Sinne sind die Tafeln der Fremde, wie gefahrvoll auch immer, die herausragenden Bildungsorte und Prüfungsräume, die dem Subjekt Anlass bieten sich als geschmackvoll zu erweisen. Verfügt man über eine gute Beobachtungsgabe, die Fähigkeit die rechte

---

göttlichen, und die göttlichen, als ob es keine menschlichen gäbe" (ders., *Handorakel und Kunst der Weltklugheit*, S. 106). Allerdings musste die Anwendung dieser Regel auf Rom selbst und die daraus resultierende Beschreibung der heiligen Stadt als Sündenpfuhl, ebenso wie das reine Lob des weltlichen und antiken Roms unter Ausblendung des Vatikans, einem Angriff auf die Grundfesten der katholischen Ideologie gleichkommen.

88 John Boyle, *Letters from Italy*, zit. n. Brilli, *Als Reisen eine Kunst war*, S. 15.

Wahl zu treffen und eine entsprechende Selbst- und Weltkenntnis, oder hat man zumindest das Glück eines kundigen Begleiters, so kann man die Gefahren, die die weltlichen Genüsse bereithalten, meistern. Nur jene Neugierigen, die über solches nicht verfügen, gehen in der Wahl des Rechten stets fehl und kehren, wenn überhaupt, nur mit wenigen Kenntnissen und der Perpetuierung ihres „schlechten" Geschmacks aus der Welt zurück:

> Ein schlechter Geschmack [...] verdirbt alles und verfehlt wegen seiner unglücklichen Veranlagung sogar noch Dinge, die durch ihre Vollkommenheit ausgezeichnet sind. Und es gibt so fremdartige Geschmäcker, daß sie immer das schlechteste wählen, so daß es den Anschein hat, als legten sie es geradezu darauf an zu irren. [...] Bewundernswert ist die Wahl der Biene und wie schlecht doch der Geschmack einer Fliege, denn jene sucht im selben Garten den Wohlgeruch und diese den Gestank.[89]

Es braucht das Staunen als Modus der Aufmerksamkeit, vor allem bedarf es aber des Geschmacks als einer Kunst der Auswahl, um den Wert, die Güte und Schmackhaftigkeit der Dinge zu bestimmen und um die erlesenen Speisen einschätzen und eine rechte Wahl treffen zu können.

2.4 Der unersättliche Appetit und die Reziprozität des Schmeckens

Bei Gracián ist aber nicht nur die Erkenntnis des Guten als solches entscheidend, sondern auch die Frage, wie man sich die wohl schmeckenden Genussmittel aneignet: Was beginnt man mit den Dingen und Kenntnissen, die die Welt für den Feinschmecker bereithält? Denn immer wieder gibt es solche, die sich die Kenntnisse bloß einverleiben, heißt es bei Gracián. Sie bleiben bei der äußeren Erfahrung der Einverleibung stehen. Sie genießen die Leckereien und „vermuten ihr Glück in ihrem Bauch, sie nehmen vom Leben nur das Essen, was das Niedrigste ist."[90] Die Neugier, die bei Gracián die Grundlage des Geschmacks

---

89 Gracián, *Der Kluge Weltmann*, S. 60 f., leicht abgeändert: „[U]n mal gusto todo lo desazona, y las mismas cosas excelentes por su perfección las malogra por su mala disposición; y haylos tan exóticos, que siempre escogen lo peor, que parece que hacen estudio el el errar. [...] Extremada elección la de la abeja, y qué mal gusto el de una mosca, pues en un mismo jardín solicita aquélla la fragancia y ésta la hediondez" (ders., *Obras Completas, Bd. II*, S. 131). Auch im *Oráculo manual y arte de prudentia* wird in der *51. Maxime* die Bedeutung des guten Geschmacks für die Kunst der guten Wahl betont, vgl. ebd., S. 211.
90 Ders., *Der Kluge Weltmann*, S. 38, leicht abgeändert: „ponen su felicidad en su vientre, sólo toman de la vida el comer, que es lo más vil" (ders., *Obras Completas, Bd. II*, S. 117).

überhaupt bildet, wird hier als eine Gier im körperlichen Sinn ausbuchstabiert und problematisiert, die allein danach strebt sich das Neue einzuverleiben, um es dabei bewenden zu lassen. Die Einverleibung als solche erscheint problematisch und Gracián begründet gegen sie und im Namen des Geschmacks eine geistige Fastenpraxis, in der der kulinarische Genuss aufgeschoben und sublimiert werden soll, ohne sich jedoch – und das ist entscheidend – seiner selbst zu enthalten. Der Geschmack ist hierin deutlich mit jener Geschichte der Problematisierung der Esslust verbunden, von der oben bereits die Rede war.

War die Neugier bereits im Mittelalter mit der leiblichen Unmäßigkeit verbunden, so erlebt sie doch vor allem in der Neuzeit eine Ausarbeitung in dieser Richtung.[91] Die Neugier erscheint nicht nur bei Graciáns Zeitgenossen Thomas Hobbes als ein unstillbares Begehren, als ein unmäßiger Hunger und eine Gier, die jedoch keineswegs auf ihre Befriedigung, sondern vielmehr auf ihre Verlängerung zielen.[92] „An allen anderen Vergnügungen sehen wir, daß Sättigung eintritt, und sobald sie aufgebraucht sind, welkt ihr frisches Grün dahin [...]. Bei der Erkenntnis aber gibt es keine Sättigung, sondern Befriedigung und Appetit bleiben auf immer austauschbar",[93] heißt es bei Fracis Bacon. Und man kann das Charakteristikum der Neugierde im Kontext der Wissenschaft des guten Geschmacks vielleicht nicht besser ausdrücken, als Daston und Park, wenn sie schreiben: „Die Rhythmen der Neugier waren die der Sucht oder des Konsums um ihrer Selbst willen, losgelöst vom Bedürfnis und Befriedigung."[94] Zu Recht werden die Gegenstände der Neugier von ihnen in die Nähe der *luxuria* gerückt, und die Neugier als eine „hochverfeinerte Form des Konsumismus" beschrieben, der nicht getrennt werden kann von jenen seltenen, neuartigen und extravaganten Genussmitteln, die für das tägliche Leben entbehrlich erscheinen, aber gerade hierin den Status des Exzeptionellen erlangen. Wenn etwa Marin Mersenne die Objekte der Neugier mit jenen Dingen vergleicht, mit denen sich ein König feiner ernährt als seine Untertanen, so firmieren diese als Genussmittel, die

---

91 Lorraine Daston und Katharine Park betonen in ihrer Studie zur Neugier, dass die Neugier im Mittelalter mehr mit der Wollust als mit der Magengier verbunden war (vgl. Daston/Park, *Wunder und die Ordnung der Natur*, S. 358–365), dass die Neugier jedoch ebenfalls im Register der Gastrimargie verhandelt wurde zeigt etwa die Kritik der fremden Speisen und Gewürze, die etwa bei Bernhard von Clairvaux. Vgl. hierzu in dieser Arbeit Kap. 4.4: *Diskrete Sinne II: „Kostet und seht, wie süß der Herr ist" (Ps 33,9)*
92 Thomas Hobbes, *Leviathan. Oder Stoff, Form und Gewalt eines kirchlichen und bürgerlichen Staates.* Übers. v. Walter Euchner, hrsg. v. Iring Fetcher, Frankfurt am Main 1966, S. 43 f.
93 Francis Bacon, „Advancement of Learning", in: *The Works of Francis Bacon*, hrsg. von J. Spedding, Robert L. Ellis und Douglas D. Heath, 14 Bd., London 1857–74, Bd. 3, S. 317, zit. n. Daston/Park, *Wunder und die Ordnung der Natur*, S. 361.
94 Ebd.

den notwendigen Bedürfnissen entgegengesetzt, auf das reine Vergnügen an ihrer gustativen Sinnlichkeit zielen. Eine Charakterisierung, die nicht zuletzt ihre Parallele in der zeitgleich stattfindenden moralischen Rehabilitierung des Luxus hat, in dem jene neuen kulinarischen Genuss- und Geschmackserzeuger eine nicht zu unterschätzende Rolle spielten.[95] Hierauf wird im zweiten Teil der vorliegenden Arbeit zurückzukommen sein. Entscheidend ist an dieser Stelle jedoch der Zusammenhang zwischen der Neugier und der Problematisierung der Esslust, der bei Daston und Park nicht weiter verfolgt wird, aber ein erhellendes Licht auf Graciáns Geschmacksphilosophie zu werfen vermag. Denn auch bei Gracián geht es gerade nicht darum, die Esslust im Sinne der christlichen Ablehnung der irdischen Sinnlichkeit zu negieren und das Kulinarische aus moralischen Gründen zu verdammen. Die Gefahr der bloßen Einverleibung liegt stattdessen vor allem darin, dass sie die Sucht und die Neugier in ihrer Befriedigung enden lässt und damit auch die Übung des Geschmackes. Gegen die Befriedigung der Lust gilt es dementsprechend das Begehren und hierin die Neugier und den Wissensdrang ebenso wie die Selbstreflexivität und den Austausch über das Wissen und den Geschmack aufrecht zu erhalten. In Graciáns Kritik der bloßen Einverleibung und Sättigung an den Gegenständen der Neugier findet sich jenes Bacon'sche Bemühen wieder, Befriedigung und Appetit der Neugier stets austauschbar zu halten. Und in der 299. Maxime des *Oráculo manual* formuliert Gracián dieses Bemühen unter dem Titel *Hunger zurücklassen* explizit als Fastenpraxis:

> [S]elbst den Nektar muß man den Lippen entreißen. Das Begehren ist das Maß der Wertschätzung. Sogar bei dem leiblichen Durst ist es eine Feinheit, ihn zu beschwichtigen, aber nicht ganz zu löschen. Das Gute, wenn wenig, ist doppelt gut. [...] Sättigung mit dem, was gefällt, ist gefährlich und kann der unsterblichen Vortrefflichkeit Geringschätzung zuziehen.[96]

Gracián greift hier die Tradition der christlichen Fastenregeln auf, invertiert aber dabei ihre Wirkungsrichtung. Diente das asketische Fasten insbesondere dazu, die Esslust zu ordnen und hierin das weltliche Fleisch abzutöten, so zielt die Direktive Graciáns, von den feinen Speisen nur wenig zu sich zu nehmen – die sich im Übrigen noch auf den jesuitischen Ordensgründer Ignatius von Loyola berufen konnte[97] – gerade nicht darauf, sich die Lust zu versagen oder gar

---

95 Vgl. etwa hierzu die klassische Studie von Werner Sombart, *Liebe, Luxus und Kapitalismus. Über die Entstehung der modernen Welt aus dem Geist der Verschwendung*, Berlin 1996
96 Gracián, *Handorakel und Kunst der Weltklugheit*, S. 298
97 Vgl. Ignacio de Loyola, *Die Exerzitien / Aus dem Tagebuch*. Übers. v. Ferdinand Weinhandl, mit Zeichnungen von Federico Barocci und einer Dokumentation, München 1978, S. 135.

den Körper zur Ordnung zu rufen, sondern im Gegenteil: Es gilt, die Befriedigung aufzuschieben, den Appetit wach zu halten, die Lüste anzuregen und die Neugier und mit ihr das Staunen auf Dauer zu stellen. Der Körper muss in den Zustand einer kontinuierlichen Gier und einem unermesslichen Begehren nach Sensationen versetzt werden. Die Sättigung geht zu schnell mit einem Überdruss und einer Gewöhnung einher, die den Status des Exzeptionellen gefährden, insofern sich dieser durch seine Neuheit qualifiziert. Appetit und Befriedigung müssen sich die Waage halten, will man nicht in seinem Urteil über die Güte der Dinge fehlgehen, denn, wie es oben heißt: „das Begehren ist das Maß der Wertschätzung."

Die Sättigung des Magens ist aber nicht nur in dieser Hinsicht problematisch, sondern auch im Hinblick auf die Verarbeitung und den Nutzen, den man aus den Geschmackserfahrungen ziehen kann. Das Problem dieser Herren ist, schreibt Gracián gegen die Orientierung an den Fragen des Magens, dass ihre höheren Potentiale und Fähigkeiten ungenutzt bleiben. Gegen die Befriedigung des Bauches setzt Gracián gar eine Reversibilität des Essvorgangs, die erneut die Tätigkeiten des Mundraums in Bewegung setzt und die Erfahrung des Schmeckens als solche reflektiert: „Wie großartig [...] all das ein zweites Mal vorzunehmen, was beim ersten Mal halb gekaut in den Magen wandert, all das gemächlich zerkleinern, was man in Eile verschlang."[98] Das Wiederkäuen, um das der Mensch die Tiere beneidet, muss doch „dem Geschmack und der Bekömmlichkeit zuträglich sein".[99] Und wenn auch der Mensch auf dem Feld der materiellen Speisen nicht über die Fähigkeit verfügt, so doch im Bezug auf die geistigen Speisen, die die Seele nähren. Man hole „aus dem Schoße des Gedenkens die Dinge [...] hervor und [führe] sie dem Verstand zu [...]." Man kaue gründlich wieder, was man „bedenkenlos und ohne Prüfung geschluckt [...]. Durchdenken, meditieren, ergründen, vertiefen, abwägen: [...] ein ums andere Mal [gehe der Mensch] die Dinge in Gedanken durch", werde „sich klar darüber [...], was er zu sagen, noch viel mehr was er zu tun habe."[100] Anstatt den übrigen Anwesenden nur sinnliche Magengenüsse anzubieten, was das Niedrigste des Lebens darstellt – „so arm an Verstand wie reich an armseligen Gütern,"[101] kaue man und bedenke man die Worte wieder, die man von sich gebe: „vom Noch-und-nochmals lebe man in Überlegtheit und Vernunft".[102]

---

98 Gracián, *Das Kritikon*, S. 735.
99 Ebd., S. 735 f.
100 Ebd.
101 Ders., *Der Kluge Weltmann*, S. 38 f.
102 Ders., *Das Kritikon*, S. 736. Auch im *Discreto* hat Gracián dem Wiederkäuen eine entsprechende Stellung im Bildungsprozess des Weisen eingeräumt: „Er wägt ab, beurteilt, überlegt,

Mit dem Unvermögen die Geschmackserfahrung zu reflektieren und dem hierin unterbleibenden Lerneffekten in dem, was man sagen und tun soll, bleibt eine dritte Problematik nicht aus, die auf die soziale Verfasstheit der Wissenschaft des guten Geschmacks zielt: Diejenigen, die stets nur an der Füllung des Magens orientiert sind, nehmen, so Gracián, nur untätig am Bankett teil und disqualifizieren sich für jenen konstitutiven Austausch der geschmackvollen Subjekte, der überhaupt erst eine Geschmacksbildung ermöglicht. Aus dem Akt des Schmeckens folgt – in der Ausschaltung aller geistigen Fähigkeiten – keine Erweiterung des Geschmacks und man hat, so sehr man selbst die Neuheit der Erfahrung genießt, selbst nichts Neues zu bieten.

Wenn der Mensch als Barbar geboren wird und nur die Kultivierung ihn von dieser Bestialität befreit, dann gilt gleichermaßen, dass die Aneignung des rohen Wissens als solche noch keine Kultivierung darstellt. Die bloße Ansammlung von Wissen gilt Gracián als gewöhnlich (*grosero*) und steht im Gegensatz zu den gewählten, den kultivierten und köstlichen Kenntnissen; denn ein solches Wissen kommt nicht kultiviert, sondern ungepflegt (*desaliñado*) daher. Der Mensch muss, um Mensch im vollen Sinne zu werden, sich selbst vervollkommnen und zwar in körperlicher und geistiger Hinsicht. Eine Vervollkommnung, die am besten im Rahmen der Konversation an den Tafeln der Verständigen betrieben werden kann und die als vervollkommnete auf diese zurückwirkt. Denn der Geschmack des Subjekts bestimmt sich nicht nur in der rezeptiven Fähigkeit, der Neugier, des Staunens, der rechten Wahl und Erkenntnis der Dinge, sondern auch im Vermögen als geschmackvolle Person die eigene Erfahrung erneut in den Kreis der Konversation einzuspeisen. Die Geschmack als eine Kunst der geselligen Runde ist idealerweise wechselseitig. Nicht umsonst spricht Gracián von einer „ciencia usual", von einer Gebrauchswissenschaft und grenzt die *Ciencia del buen Gusto* als Philosophie klar vom Wissen der Pedanten und Grammatiker ab:[103] „Denn das Wissen von den Dingen ohne Anwendung kennzeichnet nicht den Philosophen, sondern den Grammatiker."[104]

Und doch gibt es nur wenige und seltene Ereignisse, die eine solchen wechseleitigen Austausch ermöglichen, in denen ein Mensch auf andere trifft, die ihm in *genio* und *ingenio* gleichen und einer den anderen als eine

---

zieht Schlüsse und gewinnt daraus die Quintessenz der Wahrheit. Er schluckt zuerst beim Lesen und verschlingt beim Sehen, käut dann beim Nachdenken wieder, zerkleinert die Gegenstände und untersucht die Dinge auf ihre Wahrheit hin, und der Geist nährt sich vom wirklichen Wissen" (ders., *Der Kluge Weltmann*, S. 148).

103 Vgl. ebd., S. 36 f.

104 Ebd., S. 128, leicht abgeändert: „Que el saber las cosas y no obrarlas, no es ser filósofo, sino gramático" (ders., *Obras Completas, Bd. II*, S. 171).

außergewöhnliche, geschmackvolle Seltenheit erfährt. Und es gleicht dementsprechend einer Kunst solche Begegnungen zu suchen, die richtigen Vertrauten zu erkennen und mehr noch die Freundschaft mit ihnen zu erhalten.[105] „Ihr sollt mich nicht fragen, was ich heute essen will, sondern mit wem, denn ‚convite‘, Gastmahl, leitet sich nun einmal her von ‚convivir‘, zusammensein", so zitiert im *Criticón* der dreileibige Geryon, als Verkörperung der Freundschaft, Francesco Carafa e Gonzaga, den Herzog von Noscera und Vizekönig von Navarra und Aragón. An solchen Gastmählern der Freunde wird im Falle Francesco Carafa e Gonzagas auch Gracián teilgenommen haben, war er doch ein Jahr lang dessen Beichtvater gewesen, hatte ihm 1640 seinen *Político* gewidmet und war ihm auch darüber hinaus in Freundschaft verbunden.[106] Das Gastmahl unter Gleichen und zumal unter Freunden, das im Übrigen für Gracián die einzige Situation darstellt, in der sich der Weise uneingeschränkt dem Diskurs und Geschmack der Wahrheit öffnen kann, ist ein Rahmen, in dem analog und geradezu als Steigerung des Geschmacks der Leckereien auf dem Tisch, das Gespräch selbst zum Ereignis eines Festmahls der Sensationen werden kann: „Die kenntnisreiche Bildung ist ein köstliches Banquet der Verständigen".[107]

2.5 Das Banquet der Verständigen

Das „Banquet der Verständigen" und die neuzeitliche Tischgesellschaft bilden den Dreh- und Angelpunkt der neuen Bedeutung, die der Geschmack im 17. Jahrhundert annimmt. Ohne die Tischgesellschaft der geschmackvollen und kultivierten Freunde und ohne ihr ineinander verschränktes, reziprokes Spiel von kulinarischem Genuss und Konversation, in dem sich die Einzelnen und die Gesellschaft in der Ausübung ihrer Wissenschaft wechselseitig als geschmackvoll beweisen, erkennen und anerkennen, ist die Übung des Geschmacks schlechterdings nicht zu denken. Und auch in Graciáns Wissenschaft vom guten Geschmack ist neben der sinnlichen Lust die Geselligkeit und die Konversation mit den Meistern des guten Geschmacks unabdingbar, in der die Geschmackserfahrungen und Erzeugnisse lustvoll ausgetauscht und weitergegeben werden. Nur in den Runden der anderen Meister kann man selbst zum Meister werden und jenen unabschließbaren Weg der Verfeinerung antreten, den das Ideal des *Discreto* verkörpert. Erst in ihrem Kontext erwacht der unstillbare und beständig

---

105 Vgl. etwa ders., *Der Kluge Weltmann*, S. 14 f.
106 Ders., *Das Kritikon*, S. 353.
107 Gracián, *Der Kluge Weltmann*, S. 39.

aufrechtzuerhaltende Appetit auf immer neue Sensationen und Anregung der Sinne und Lüste und werden die metonymischen und metaphorischen Übertragungen des Geschmacks plausibel, die seitdem den ästhetischen Diskurs bestimmen. Denn unter den gebildeten und kultivierten Teilnehmer*innen lässt man sich nicht nur die neuen exotischen Stimulanzen genüsslich schmecken, sondern ebenso die die Erzeugnisse der Kunst und Literatur, der Musik und der Moden, der Wissenschaften, der Reiseberichte und individuellen Pikanterien, die jenseits des bloßen kulinarischen Genusses die Konversation bei Tisch bestimmen und anregen sollen. Dabei ist der Genuss und der Gewinn, die eine solche Tafel in kulinarischer, ästhetischer und intellektueller Hinsicht für den Einzelnen bereithalten, entschieden von der Auswahl derjenigen abhängig, die zu einer solchen geschmackvollen Runde zugelassen werden. Es gilt also auch hier eine Auswahl zu treffen und es ist kaum überraschend, dass sich Gracián auch in dieser Frage ganz auf den Geschmack verlässt:

Die bewundernswerte Besonderheit der Perser ist es, ihre Söhne aufgrund ihrer Unvollkommenheit vor dem siebenten Lebensjahr nicht sehen und damit nicht zum Gespräch zulassen zu wollen, so führt Gracián in einem literarischen Gespräch mit seinem Freund Don Manuel Salinas y Lizana aus, dem Vetter seines Gönners Lastanosa und seines Zeichens Kanonikus der Heiligen Kirche in Huesca. Und sein Freund pflichtet ihm bei: Mehr noch als die persischen Väter kann man jene verstehen, denen es unerträglich ist, einen fremden Dummkopf zu ertragen und die ihn deshalb von ihrem kultivierten und vertraulichen Umgang auszuschließen. Man muss eine bestimmte Vollkommenheit, eine Reife des Geistes, des Geschmacks und Umgangs mitbringen, um als Person gelten zu können, die wert ist, an einer solchen Konversation teilzunehmen. Ohne diese Reife kann man nur als ungenießbar gelten und Gracián entwickelt im Dialog mit seinem Freund ein *Concepto* dieser Reifung, das den *„Hombre en se punto"*, den Menschen auf seinem Höhepunkt in Analogie zu einem Wein auf dem Höhepunkt seiner Reife bringt:

> Genauso, würde ich sagen, wie der edle Rebensaft, der gut ist (und noch besser, wenn die Sorte gut ist), am Beginn der Lagerung eine unangenehme Süße, eine unerfreuliche Strenge hat, weil er noch nicht fertig ist. Doch wenn er zu gären anfängt, beginnt er sich zu klären, verliert mit der Zeit seine ursprüngliche Herbheit, korrigiert jene lästige Süße und bekommt eine sanfte Blume, die noch mit ihrer Farbe schmeichelt und mit ihrem Duft anzieht, und endlich voll ausgereift, ist er ein Getränk für Männer, ja ein gepriesener Nektar.[108]

---

[108] Ebd., S. 100.

Der Mensch vervollkommnet sich von Tag zu Tag, körperlich ebenso wie geistig. Ist die Kindheit von langweiliger Süße, und die Jugend von unerfreulicher Rohheit – die Angewohnheit sich zu vergnügen, unernst zu sein, sich mit Kindereien und Frivolitäten zu beschäftigen, oder gar im unreifen Alter schon reif zu sein – so entwickelt sich mit dem Alter der Geschmack, reinigt sich die „*Ingenio*", reift und würzt sich das Urteil („*sazónase*"), scheidet der Wille seine Verunreinigungen aus („*defécase*"), und endlich ist er als Mann auf seinem Höhepunkt („*varón en su punto*"): „angenehm, schmackhaft und begehrt im Umgang mit den Verständigen".[109]

Und doch werden nicht alle ganz reif; sie bleiben unfertig und unvollkommen, weil ihnen entweder der Geschmack oder die Urteilsfähigkeit abgehen oder weil die Umstände – etwa die des Standes oder der Beschäftigung – dieser Kultivierung des Selbst entgegenstehen. Dem nicht genug, ist der Punkt der Reife, selbst wenn er erreicht wird, ebenso unsicher wie der ganze Prozess der Selbstbildung überhaupt, denn, so erklärt der Kanonikus melancholisch dem fragenden Gracián: Es ist das Elend der menschlichen Unbeständigkeit, dass es auf Erden kein Glück gibt, keinen stabilen Zustand, „nur fortlaufende Veränderbarkeit in allem".[110] Man steigt ebenso auf, wie man im nächsten Augenblick fällt, alles in der Welt ist wie ein Fiebertraum. Im Alter verlässt den Menschen nicht nur der Körper, sondern auch der Geist und das Erreichte schwinden so schnell, wie man sie erlangt hat. So müssen auch die beiden Lebenspilger Andrenio und Critilo, die die über 1000 Seiten des *Criticón* auf der Suche nach der begehrten Felisinda durchqueren, am Ende beim Symposion im Haus des spanischen Botschafters in Rom desillusioniert ihr Scheitern einsehen: Auf Erden ist das Glück nicht zu finden, das ist die Erkenntnis eines seltenen und außergewöhnlichen Narren, der wie Alkibiades das Gespräch der Gelehrten dem Ende zuführt. „Bald im Wachsen, bald im Schwinden, ist der Mond der große Vorsitzende der sublunaren Versammlung", so lautet das Schlusswort Agostino Mascardis, einer jener herausragenden Gelehrten, die an dem literarischen Symposium über die Frage des Glücks teilnehmen, und Andrenio und Critilo können ihm nur beipflichten.[111] Und Manuel Salinas y Lizana

---

109 Vgl. ebd., S. 101, abgeändert: „agradable y aun apetecible al comercio de los entendidos" (ders., *Obras Completas*, Bd. *II*, S. 155).

110 Ders., *Der Kluge Weltmann*, S. 103.

111 Gracián, *Das Kritikon*, S. 842. Agostino Mascardi hatte 1562 die Schrift *Pinax* des griechische Autors Kebes aus dem 1. bzw. 2. Jahrhunderts ins Italienische übersetzt, die 1599 in den Lehrplan der Jesuiten aufgenommen werden sollte. Die sogenannte Kebes-Tafel, die eine vielfache vor allem bildliche Rezeption erfuhr, schildert dabei den Lebensweg des Menschen zur *Eudaimonia* als ein aufsteigender Weg durch konzentrische Mauerringe, deren erstes Tor

formuliert es in Graciáns literarischem Gespräch auf ganz ähnliche Weise: Diesseits des Mondes gibt es keinen Fixstern.[112] Die irdischen Seelen, durch ein ständiges Auf und Ab hin und her geworfen, vermögen nicht vollkommen zu werden, „denn sie stimmen nicht mit dem Himmel überein."[113]

Die grundlegende Vergänglichkeit des Irdischen führt jedoch bei Gracián nicht zur Abwendung vom irdischen Verhängnis, wie jene lange Tradition, die mit stetem Blick auf das Himmelreich die Verdammung und Abwertung der Sinne betrieben hatte. Im Gegenteil: Gerade weil die Welt vergänglich ist, sich wandelt und nichts von Dauer ist, wird der Geschmack zur wichtigsten Fähigkeit des Menschen, die Höhepunkte des Lebens und der weltlichen Dinge zu erkennen. Es gilt den Verstand und das Wissen im Zustand ihrer Reife und Würze zu nutzen, denn nur mit dem rechten Urteil und Geschmack kann es gelingen die Dinge an ihrem Höhepunkt zu genießen. Der Geschmack ist die Fähigkeit im steten Werden und Vergehen der Vollkommenheit des Augenblicks gerecht zu werden und wenn schon nicht das Glück schlechthin, so doch einige Splitter desselben zu erhaschen.

Dass es gerade die Kunst der Weinverkostung ist, die es erlaubt dem Geschmack diese Fähigkeiten zuzusprechen, ist dabei nicht willkürlich, sondern lässt sich mit einem genauen kulturhistorischen Datum versehen. Denn die Kunst der Lagerung und die hierdurch erlangte Veredelung des Weines ist zu Zeiten Graciáns eine durchaus neue Erscheinung. Noch der Winzer Michel de Montaigne, auf dessen ehemaligen Weinbergen ab dem 17. Jahrhundert der bis heute unter den Gourmets geschätzte Yquem produziert werden wird, sieht den Wein vornehmlich als Alltagsgetränk. Zwar registriert Montaigne den unterschiedlichen Gebrauch, den Geschmack und die Mischungsverhältnisse und erstellt auf seiner Italienreise eine ganze Kartographie der besten Weine,[114] die man geradezu als Vorläufer des *Guide Michelin* lesen kann, aber Montaigne ist entgegen dem gut einem halben Jahrhundert später schreibenden Gracián kein Apologet der seltenen Tropfen. Nicht zuletzt deshalb, weil der Wein zur Zeit Montaignes stets nur lokal gekeltert und jung getrunken wurde, war die Gefahr des Umschlagens und Verderbens stets gegeben. Erst der Aufschwung des Fernhandels, die Lagerung des Weins in Flaschen, die durch die Entwicklung stärkerer Glasflaschen und neuer Verschlussmethoden möglich geworden waren, machten die Kelterei zu einer Kunst, in der die Reifungszeit

---

durch einen *Daimon* bewacht wird, der dem Durchschreitenden rät, allen Glücksgütern zu misstrauen. Vgl. hierzu die Anmerkung von Hartmut Köhler in ebd., S. 710.
112 Vgl. ders., *Der Kluge Weltmann*, S. 103.
113 Ebd., S. 42: „que no dicen con el Cielo" (ders., *Obras Completas, Bd. II*, S. 120).
114 Montaigne, *Tagebuch der Reise nach Italien*, passim.

eine entscheidende Rolle spielen konnte, ebenso wie sie die lokale und temporale Hierarchie der edlen Weine zu steigern vermochte.[115] Und doch bleibt die Kelterei und die Weinkenntnis eine Kunst, in der es schwierig ist den rechten Augenblick der Vollkommenheit zu erkennen. Noch im 18. Jahrhundert kann man sich darüber wundern, dass bei den Römern das Alter des Weines zum Qualitätsmerkmal erhoben wurde, während in Frankreich noch die haltbarsten Sorten nach vier bis fünf Jahren als verdorben gelten.[116]

In noch höherem Maße als im 18. Jahrhundert ist der edle Wein zu Graciáns Zeiten eine Seltenheit und die Herausforderung, den Wein auf dem höchsten Stand der Vollkommenheit zu erkennen und zu genießen, kommt nur demjenigen zu, der über einen herausragenden Geschmack und eine nicht unbedeutende Kenntnis verfügt, das heißt eine Erfahrung, die sich nur im kontinuierlichen Umgang mit den entsprechenden Weinen, der Aneignung eines Wissens über ihre Herkunft, ihre Produktions- und Lagerungsverhältnisse etc. herausbildet: Gleiches gilt für die Beurteilung der vollkommenen Männer.[117] Es gibt bei Gracián tatsächlich kein Gefälle in der Erkenntnisweise; die Menschen werden im gleichen Maße durch die Praktik des Schmeckens und Probierens erforscht, erkannt und beurteilt wie die Dinge, mehr noch: Die Kenntnis der Menschen folgt dem Schmecken der Dinge und dem Verkosten des Weines als ihrem Modell nach. Stets erweisen sich die diskreten Teilnehmer der Konversationen, die Gracián in seinen Schriften inszeniert, als bewanderte Experten in der Kunst des Schmeckens und als Kenner kulinarischer Genüsse, als wahre Geschmackskreateure und Köche.

---

115 Vgl. James I. Newman, „Wine", in: Kenneth F. Kiple/Kriemhild Coneè Ornelas (Hrsg.), *The Cambridge History of Food*, 2 Bde., Bd. 1, Cambridge 2000, S. 730–737. Bemerkenswert ist in diesem Zusammenhang, dass erst in den 1660er Jahren der erste Wein auf dem Londoner Markt als Gutswein benannt und vermarktet wird: der ‚Haut Brion' aus Bordeaux. Vgl. Rod Phillips, „Wine from Classical Times to the Nineteenth Century", in: Solomon H. Katz/William Woys Weaver (Hrsg.), *Encyclopaedia of Food and Culture*, 3 Bde., Bd. 3, New York u. a. 2002, S. 553–557, hier S. 556.
116 Vgl. Fernand Braudel, *Sozialgeschichte des 15.–18. Jahrhunderts. Der Alltag*. Übers. v. Siglinde Summerer, Gerda Kurz und Günter Seib, München 1985, S. 246 f.
117 Vgl. Gracián, *Der Kluge Weltmann*, S. 103. Auch wenn Gracián an einigen Stellen durchaus die Möglichkeit in Betracht zieht, dass auch Frauen zu vollkommenen Menschen werden können (vgl. etwa ebd., S. 25) – und seine Philosophie widerspräche an keiner Stelle einer solchen Möglichkeit –, so muss doch auf der anderen Seite betont werden, dass die Gracián'schen Schriften und insbesondere das *Criticón* eine mehr als eindeutige, misogyne Haltung vertreten. Vgl. hierzu auch Ulrich Schulz-Buschhaus, „Balthasar Gracián - El Criticón", in: Volker Roloff/Harald Wentzlaff-Eggebert (Hrsg.), *Der Spanische Roman. Vom Mittelalter bis zur Gegenwart*, Stuttgart und Weimar ²1995, S. 135–156.

2.6 Die Kunst des Würzens und der wahre Geschmack der Dinge

Das Lehren und Lernen der Wissenschaft des guten Geschmacks ist, wie wir gesehen haben, wechselseitig: Es gilt nicht nur die Äußerungen des Anderen mit Geschmack aufzunehmen, zu verkosten und zu beurteilen, sondern der Geschmack zeigt sich umgekehrt auch in der Wahl der Mittel, mit denen die eigenen Äußerungen entwickelt werden. Erst ihnen zeigt sich der Mann von Geschmack als geschmacklich reif und wird als solcher von den anderen goutiert. Der Eindruck, den der Einzelne bei den anderen hinterlässt, ist dementsprechend abhängig von einer ganzen Kunst der geschmackvollen Zu- und Aufbereitung der eigenen kenntnisreichen Äußerungen, Bemerkungen und Bonmots, für die bei Gracián erneut die Kochkunst, vor allem aber die Kunst des Würzens Pate steht. Dabei gilt es, entsprechend dem Vorhaben, den Genuss der anderen zu bereichern, die Kenntnisse der Wahrheit nicht allein nach dem eigenen Geschmack zuzubereiten, sondern insbesondere nach demjenigen der Gäste. Lieber wolle er bei einem Gastmahl die Gäste erfreuen als die Köche, hatte schon Martial in einem Epigramm bemerkt,[118] und Gracián zitiert ihn im *Discreto* als „den größten Feinschmecker unseres Vaterlandes und [Meister; erg. S.Z.] der Kunst der Auswahl".[119] Dabei geht es bei der Wahl der Gewürze erneut vor allem darum, die Aufmerksamkeit und die Neugier der Gäste durch die Erweckung neuer und ungewohnter Sensationen zu fesseln und bei ihnen Staunen zu erregen. Wenn auch im Falle von Auserwähltem und Erlesenen die Wiederholung keine Gewöhnung und Ermüdung verursacht, wie Gracián betont, so ruft sie doch immerhin kein Staunen mehr hervor.

> Man muss es anders *aufkochen*, um die Aufmerksamkeit zu erregen. Neuheit ist eine Schmeichelei, sie zieht den Geschmack in ihren Bann, und schon durch das Variieren der Würze/*Sainete*[120] erneuern sie die Dinge: Das ist die große Kunst zu gefallen.[121]

---

118 Vgl. Martial, *spect.*, 9, 81.
119 Gracián, *Der Kluge Weltmann*, S. 60.
120 Entscheidend ist hier die Doppelbedeutung, denn das „*Sainete*' konnte im 17. Jahrhundert in Spanien über die herkömmliche Bedeutung als Würze und Leckerbissen hinaus als Bezeichnung für einen schwankhaften und heiteren Einakter verstanden werden, der von Musik und Tanz begleitet wurde und von geistreichen Wortspielen lebte.
121 Vgl. ebd., S. 130, leicht abgeändert: „[Y] wa menester guisarlas de otra manera para que soliciten la atención; es lisonjera la novedad, hechiza el gusto, y con sólo variar de sainete se renuevan los objetos, que es gran arte de agradar" (ders., *Obras Completas, Bd. II*, S. 172).

Zwar räumt Gracián ein, dass die Würzkunst die Gefahr bereithält, Vulgärem und Ordinärem den Anschein des Exzellenten zu geben und damit etwas als geschmackvoll und bewundernswert anzupreisen, dem kein Platz an den Tafeln der Kenner zukomme; aber es gilt auch umgekehrt, so Gracián, dass das Erlesene ohne diese Würze den Geschmack nicht durch Schärfe reizen (*„picar el gusto"*) und dementsprechend keinen Anklang finden würde. Die Wahrheit der Erkenntnis und der rohe Geschmack selbst der exzeptionellen Leckereien reicht nicht aus, um dauerhaft an ihnen Genuss zu verspüren, es braucht den Reiz des Neuen, Exotischen– sei es durch das tatsächlich Neue oder durch eine Verkleidung, die eine ungewohnte Verbindung oder einen neuen pikanten Geschmack bereithält –, um auf neue Art und Weise bei den Übrigen ein Staunen und eine Bewunderung zu provozieren. Neben der Kunst der guten Wahl umfasst die Wissenschaft des guten Geschmacks damit eine ingeniöse, eine innovative und kreative Dimension. Der ausgezeichnete *Discreto* verfügt über eine Erfindungsgabe, die eine ausgesprochene *ingenio* voraussetzt und es ihm ermöglicht, mit dem Prädikat des Neuen dem Guten einen doppelten Glanz zu verleihen. Im Hinblick auf die Wahrheit der Dinge und der geäußerten Erkenntnisse erweist sich die Würzkunst jedoch gleichermaßen als doppeldeutig: Denn so sehr der geschmackvolle Diskurs auf die exotische Würze und das Moment der Überraschung und der Sensation angewiesen ist, die Würzkunst droht doch gleichermaßen die Dinge, die Wahrheiten und Genussmittel einer Umbildung und Transformation zu unterziehen, wenn sie sie mit einem neuen Geschmack ausstattet. Nicht nur in der *Cuisine moderne*, die sich zu Graciáns Lebzeiten in Frankreich einer wachsenden Beliebtheit an den Tafeln erfreute, wurde gerade aus diesem Grund gegen die übermäßigen Würzen zu Feld gezogen, die den wahren Eigengeschmacks der Kulinaria – ihren *vrai goût* – bedrohten. Auch Gracián betont die Gefahren der grundlegenden Transformation und Verfälschung durch die Phantasie der Erfindung. Dem Würz- und Wortspiel und damit der Neuheit ist nicht uneingeschränkt zu trauen, denn in der Sphäre des Urteils und der *Juicio* birgt die Neuheit die Gefahr des Paradoxen, der Täuschung und des Wahnsinns.[122] Der Geschmack der Dinge ist trügerisch und sowohl das Urteil des Geschmacks als auch die Würzkunst selbst sind beständig durch die Neuerungssucht bedroht. Die Erfindung und das *Concepto* wie auch die Kunst der Köche müssen den Dingen angemessen sein, sie dürfen ihren Wert nicht in ihrer Exotik selbst erschöpfen. Manchen, so Gracián, hat die

---

122 Vgl. Gracián, *Handorakel und Kunst der Weltklugheit*, S. 119. Vgl. hierzu auch die Werkstatt der Verzuckerer in Graciáns *Criticón*, in der unschmackhafte Früchte mit Zuckerguss kandiert werden, um über ihren Charakter hinwegzutäuschen (ders., *Das Kritikon*, S. 696 f.).

Natur die *Ingenio* und den *Gusto* umgekehrt „angezogen": Sie sind stets darauf bedacht, bloß nicht als gewöhnlich zu erscheinen. „Exotisch im Nachdenken, widersinnig im Schmecken und abnorm im Ganzen. Denn das größte affektierte Gebaren ist ohne Zweifel dasjenige des Verstandes [...]."[123] Es sind verkehrte Menschen und Gracián hat sie im *Criticón* in der Tradition der grotesken Gestalten Hieronymus Boschs und Breughels zu zeichnen verstanden: verzerrte Körper, verrückte Narren, Missgeburten und lächerliche Gestalten, die zwar als Menschen erscheinen, aber keine sind; innerlich verdreht und missgestaltet: „Gebilde ohne Hand und Fuß".[124] Dabei ist jedoch, wie bereits oben deutlich geworden ist, die Phantasie und die Gier nach Neuem bei Gracián keine Einbahnstraße, sondern sie können, tendieren sie nicht ins Extreme, sondern halten sie die ausgewogene Mitte zwischen *Juicio* und *Ingenio* und versuchen sie den Dingen gerecht zu werden, geradezu gegen die Welt der Täuschungen ins Feld geführt werden und vermögen der Wahrheit Kredit zu verschaffen. Die Würzkunst fungiert hierin als eine ärztliche Kunst für die Seele, wenn es ihr gelingt die Wahrheit schmackhaft zu machen und das Wesentliche einer Sache zu enthüllen. Mehr noch: Die Kunst des Süßens und Zuckerns vermag selbst die bitteren Wahrheiten angenehm zu gestalten. Die Kunst, die Wahrheit zu versüßen, wird dabei von Gracián ganz wortwörtlich mit der Praxis des Süßens von Speisen und insbesondere von exotischen Getränken in Verbindung gebracht:

Als die Weltleute die Wahrheit aus der Welt vertrieben hatten, so berichtet ein Narr den beiden Protagonisten des *Criticón*, und es nurmehr Betrug auf Erden gab und sich keiner dem anderen verständlich machen konnte, entschloss sich das höchste Tribunal, die Wahrheit mit Hilfe von Unmengen an Zucker und mythischem Ambra wieder schmackhaft und ihre Bitterkeit erträglich zu machen. In einer goldenen Schale wurde den unterschiedlichen Ständen und Gesellschaftsgruppen die Wahrheit als gesüßtes, seltenes und exotisches Getränk angeboten, das selbst den Tscha aus China, die Chocolatl aus Südamerika und das Scherbet aus Persien übertroffen habe. Wenn auch die Wahrheit, selbst als Modegetränk auf den Markt gebracht, die Fürsten, die Weisen, die Handwerker, die Hofleute, Kaufleute und alle anderen Stände nicht überzeugen konnte, dann ist dieser Effekt dem mangelnden Geschmack der Massen und der Verkehrung der Welt zuzuschreiben und nicht der Würzkunst der diskreten Diener der Wahrheit. Denn als einzige genossen die Toren und Kinder aus Unwissenheit um ihre Bitterkeit den Trank, während die Weltmenschen, die den Trug

---

123 Ders., *Der Kluge Weltmann*, S. 97, leicht abgeändert: „Exóticos en el discurrir, paradojos en el gustar y anómalos en todo, que le mayor figurería es sin duda la del entendimiento" (ders., *Obras Completas, Bd. II,* S. 152).
124 Ders., *Das Kritikon*, S. 668.

der Süße durchschauten und sich vom Genuss der Wahrheit übergeben mussten, sich weigerten, sie zu sich zu nehmen, oder sie nur theoretisch erörtern wollten. Was auf den ersten Blick als Trug erscheint, der dazu dient, den Menschen die Wahrheit als Modegetränk schmackhaft zu machen, enthüllt sich wenige Zeilen später als sein Gegenteil, denn der Geschmack der Wahrheit stellt sich tatsächlich als gleichermaßen süß und bitter heraus, wenn der Narr, der in der verkehrten Welt des Trugs, neben den Kindern, als einziger die Wahrheit verlauten lässt. Weil er der Einzige ist, der auf die Geschmackserfahrung der Wahrheit zurückgreifen kann, insofern er sie genossen hat, ist er in der Lage den Disput zwischen Andrenio und Critilo, ob die Wahrheit süß oder bitter schmecke, postwendend zu beenden: „Macht euch klar: Im Mund ist die Wahrheit süß, im Ohr ist sie bitter. Gesprochen ist sie Zucker, gehört Galle."[125]

Die bitteren exotischen Getränke, die mit Zucker gesüßt von der Mitte des 17. Jahrhunderts an einen unvergleichlichen Aufstieg in der Wertschätzung der europäischen Gesellschaften erfuhren, fungieren bei Gracián nicht nur als Stimulanzen der Lust, die den konzeptuellen Rahmen für den schmackhaften Genuss der Lektüre und des Wissenserwerbs abgeben, sondern sie sind in Graciáns *Concepto* gleichermaßen die Träger der realen Korrespondenzen, die im Akt des Schmeckens den Meistern des Geschmacks die Wahrheit der Welt eröffnen. An ihnen und mit ihnen erweist sich die Kunst des Würzens und Versüßens als eine geschmackvolle Kunst der Offenbarung, die die wahren Eigenschaften der Dinge enthüllt. Und Gracián wiederholt und variiert dieses Thema immer wieder in seinem *Criticón*. Die Relation zwischen der Wahrheit und ihrem kulinarischen Ausdruck ist im Falle der närrischen Berichts ebenso wie in demjenigen der Geschmacksphilosophie Graciáns selbst – denn diese steht hier in ihrer unentwegten Verknüpfung von gelehrtem Diskurs und Genussmitteln ebenso auf dem Spiel – gerade nicht willkürlich, wie im Falle der schnöden, taktischen Täuschung, die darauf zielt, ihre eigene Wahrheit unters Volk zu bringen. Signifikat und Signifikant sind im Falle der wohl-gewürzten, süß-bitteren Leckereien keinesfalls arbiträr, sondern sie stehen in einer analogischen Relation, in der sich die beiden Ebenen Punkt für Punkt entsprechen und zwar aufgrund der Vorsehung der Schöpfung.[126] Wenn Gracián eine Analogie zwischen den neuen fremdländischen Getränken und dem Diskurs der Wahrheit herstellt, dann, im Verweis auf den übereinstimmenden Geschmack, der die Relation der Beziehungen zwischen beiden Ebenen sicherstellt. Der Geschmack fungiert

---

125 Ebd., S. 677.
126 Vgl. hierzu etwa Gracián, *Das Kritikon*, S. 172.

hier geradezu als eine Signatur, in jenem Sinne, den Giorgio Agamben ihr im Kontext des neuzeitlichen Denkens zugewiesen hat.[127] Die Kunst die Korrespondenzen der Dinge zu erfassen, fußt, wie Agamben betont hat, auf einem immateriellen und analogischen Modell,[128] das die unterschiedliche Ebenen der Korrespondenz in Bezug zueinander setzt, sich überlappen und ineinander übergehen lässt; im Falle der Korrespondenz zwischen den exotischen Getränken und der Wahrheit: das Sprechen mit einem spezifischen Wahrheitsgehalt, die Zubereitungs-Praktiken der Küche, einen charakteristischen Geschmack, der die Signatur dieser Relationen bildet, eine Wirkungsweise dieses Geschmacks und umgekehrt die geschmacklichen Vermögen der Konsumenten. Hinzu kommt der- oder dasjenige, was die Korrespondenzen signiert, was sie als solche einschreibt und verbürgt. Woher bezieht aber dieses System der Korrespondenzen zwischen der Wahrheit der Dinge und ihrer Würze, das der ingeniöse Geist findet und zum Ausdruck bringt, seine Beglaubigung? Woher weiß man, dass die Würze und Zubereitung adäquat ist und dass das *Concepto* nicht täuscht, die ausgewogene Mitte zwischen *Juicio* und *Ingenio* verfehlt und die Würzkunst den wahren Geschmack der Dinge verfälscht, verdreht und verunstaltet? Oder auf die Schriften Graciáns gewendet: Was garantiert schlussendlich die notwendige und nicht einfach willkürliche Beziehung zwischen den beiden Ebenen von Diskurs und Küche und die Adäquation zwischen *Concepto* und Wirklichkeit, die der *Discreto* und in diesem Fall der Philosoph Gracián selbst herstellt?

Die Antwort, die Gracián auf diese Fragen gibt, stellt einmal mehr die Tischgesellschaft ins Zentrum seiner Philosophie des Geschmacks. Denn es ist gerade das „Banquet der Verständigen" und der an ihm herrschende gute Geschmack selbst, die am Ende für die Absicherung des Wahrheitshaltes der Korrespondenzen einstehen. Will man den Erfindungsreichtum der *Ingenio* und

---

127 Giorgio Agamben, *Signatura rerum. Zur Methode.* Übers. v. Anton Schütz, Frankfurt am Main 2009. Gestützt wird eine solche Lesart, wenn man Graciáns Verständnis des *Concepto* als einem ingeniösen Ausdruck der konkreten, weltlichen Korrespondenzen zu Grunde legt, wie es Emilio Hidalgo-Serna anhand von Graciáns *Agudeza y Arte de Ingenio* herausgearbeitet hat. Vgl. Emilio Hidalgo-Serna, *Das ingeniöse Denken bei Baltasar Gracián*, München 1985. In eine ähnliche Richtung wie Hidalgo-Serna argumentiert Karl Sand, *Die moralische Anatomie des Menschen. Zur Körpermetaphorik im „Criticón" des B. Gracián.* Magisterarb. Berlin 1997). Es handele sich dabei um eine Vorstellung, in der die Wahrheit in den Korrespondenzen der Welt aufscheint, insofern eine subtile Intuition, ein scharfer Blick und Geschmack die Ähnlichkeiten und Differenzen erfasst und anschließend in einem *Concepto* in Worte fasst. Eine Vorstellung, die deutliche Parallelen zu dem aufweist, was Agamben als eine Theorie der Signaturen herausstellt.
128 Vgl. Agamben, *Signatura rerum*, S. 46.

mit ihr die Würzkunst in ihre Schranken weisen, so muss der *Discreto* die Probe machen, ob das *Concepto* auch dem Geschmack der anderen Meister Stand halten kann. Die *Juicio* des Einzelnen, die sich aus der Sammlung der geschmackvollen Weltkenntnis speist, die man sich im Laufe seines Lebens aneignet, läuft, aller Erfahrung zum Trotz, stets Gefahr sich in der Lust am Neuen zu verlieren und hierin paradox zu werden. Und so zeigt sich die Reife des eigenen Geschmackes, die sich im *Concepto* ausdrückt und verwirklicht, in aller Sicherheit erst unter dem Beifall der anderen *Discretos*, nach deren Geschmack es die Dinge zuzubereiten gilt. Nicht zuletzt deshalb ist das „Banquet der Verständigen" der Ort der geschmacklichen Diskretion schlechthin: Nur durch die dauernde Selbsterprobung und die Überprüfung des eigenen Geschmacks kann die Selbstkultivierung der *Persona* in einem kontinuierlichen und nie enden wollenden Prozess der Übung des Schmeckens voranschreiten. Denn, so heißt es es bei Gracián: „Es gibt keinen Meister, der nicht noch Schüler sein [...] könnte".[129]

Die Überprüfung des *Concepto* und die damit einhergehende Prüfung des Selbst, ist dabei jedoch nicht auf die Gegenwart der zeitgenössischen Meister des Geschmacks beschränkt, sondern vollzieht sich auch im Modus des Lesens, das heißt im Gespräch mit den Toten, dem Gracián die erste Hälfte des Lebens reserviert hat. Ja, die Konversation mit den alten Meistern ist hierbei geradezu die Voraussetzung und die Grundlage des Gesprächs mit den anderen, das seine Zeit in der zweiten Phase des Lebens findet, und des Gesprächs mit sich selbst und der Kontemplation, die die Beschäftigung der dritten Phase ausmachen.[130] Denn das, was sich über Jahrhunderte unter den Weisen als diskret, wahr und köstlich erwiesen hat, ist am ehesten geeignet die Grundlage eines guten Geschmacks zu bilden, der in der Lage ist, den Verlockungen und Verfälschungen der bloßen Neugier um des Exotischen willen zu entgehen. Man prüfe seinen Geschmack an demjenigen der Alten, denn im Vergleich mit den großen Meistern der Wissenschaft des guten Geschmacks und in der Korrespondenz zwischen alt und neu scheint die *Adaequatio* des *Concepto* auf. Die Neuheit ist die eine Bedingung des *Concepto*, ihre Bestätigung durch die Überlieferung die andere.

Dieses Verhältnis von ingeniöser Erfindung und Probe am tradierten Schatz der menschlichen Weisheit findet sich auch im Falle des Geschmacks als Signatur der Korrespondenzen zwischen den exotischen Getränken und dem Diskurs

---

129 Gracián, *Das Kritikon*, S. 735: „No ay maestro que no pueda ser discípulo" (ders., *Obras Completas. El Criticón*, 2 Bde., Madrid 1993, S. 175).
130 Vgl. ders., *Der Kluge Weltmann*, S. 143.

der Wahrheit selbst. Wenn Gracián sich im *Heroé* selbst zum Schüler der Kunst des guten Geschmacks erklärt, so praktiziert er in seinen eigenen Texten gerade jene Kunst, die er ingeniös zu begründen sucht. Die Wahrheit muss in ein neues *Concepto* gefasst werden, um ihr Kredit zu verleihen und Gracián macht, was er sagt, wenn er die neuen exotischen, bitter-süßen Getränke, unter der Signatur des Geschmacks, mit der Frage der Wahrheit ins Verhältnis setzt: Die Wahrheit schmeckt bitter-süß, das beweist nicht nur die Erfahrung und Weltkenntnis, die eine der beiden Grundlagen der *Juicio* bildet, und die der Narr in der verkehrten Welt des *Criticón* wiedergibt – das Aussprechen der Wahrheit ist süß, das Empfangen derselben ist bitter –sondern es beweist auch das Buch der Bücher schlechthin, dessen guter Geschmack für den Jesuiten Gracián außer Zweifel steht. In der *Johannes-Offenbarung* ebenso wie im *Alten Testament* findet sich eines der Urbilder des köstlichen Lesens, auf das auch Gracián in seiner ingeniösen Erfindung unausgesprochen zurückgreift:

> Und ich ging hin zu dem Engel und sprach zu ihm: Gib mir das Büchlein! Und er sprach zu mir: Nimm und verschling's! Und es wird bitter im Magen sein, aber in deinem Mund wird's süß sein wie Honig. Und ich nahm das Büchlein aus der Hand des Engel's und verschlangs. Und es war süß in meinem Mund wie Honig, und als ich's gegessen hatte, war es mir bitter im Magen.[131]

Stillsgschweigend verweist die Rede des Narren auf diese einflussreichen biblischen Zeilen, die hierbei jedoch unter den Vorzeichen der Würzkunst und des mündigen Genusses einen deutlich anderen Beigeschmack erhalten. Und gerade, weil der Text die starke Korrespondenz zu den Worten aus der *Heiligen Schrift* nicht ausspricht, sondern wohlweislich und diskret verschweigt, kann das *Concepto* seine *Adaequatio* nur in der Kenntnis des geschmackvollen Lesers finden. Denn allein der kenntnisreiche Leser ist in der Lage, das *Concepto* Graciáns in die Tradition der christlichen Bibliophagie zu stellen, die nicht nur das Lesen und Essen von jeher aneinander gebunden hat, sondern die im 17. Jahrhundert unter den „Orakeln der Neugier" als Quelle des guten Geschmacks gelesen werden kann. Graciáns Gönner, Vincencio Juan de Lastanosa, hat im Vorwort zum *Discreto* genau dieses diskrete Verhältnis zwischen Autor und Leser programmatisch zu bestimmen gesucht:

---

131 *Offenbarung* 10, 9–10. Vgl. auch *Hesekiel* 3, 1–3.: „Und er sprach zu mir: Du Menschenkind, iß, was du vor dir hast! Iß diese Schriftrolle und geh hin und rede zum Haus Israel! Da tat ich meinen Mund auf und er gab mir die Rolle zu essen und sprach zu mir: Du Menschenkind, du mußt die Schriftrolle, die ich dir gebe, in dich hineinessen und deinen Leib damit füllen. Da aß ich sie und sie war in meinem Mund so süß wie Honig.

Ich sage also, daß man nicht für jedermann schreibt, und deshalb ist es so, daß die Dunkelheit des Stils, die Verehrung für das Sublime des Gegenstandes steigert, da es den Dingen mehr Verehrung einbringt, wenn man in geheimnisvoller Weise von ihnen spricht. [...] Mögen, o diskreter Leser (entweder weil du es bist oder damit du es seist), diese Kunst der Verständigen, diese Aphorismen der Weltklugheit dir Anlaß zum genüsslichen Schmecken und zum Vorteil bieten.[132]

Was Lastanosa und Gracián hier entwerfen, ist die privative und esoterische Konzeption eines Wahrheitsdiskurses, in dem die Wahrheit sich nur demjenigen enthüllt, der die Kunst der Verständigen beherrscht oder zu beherrschen trachtet, die Gracián als Wissenschaft des guten Geschmacks entwirft. In der Übereinstimmung des Geschmacks zwischen dem diskreten Autor und dem diskreten Leser, in ihrem ein- und ausgeübten ganz konkreten sinnlichen *sensus communis* scheinen nicht nur die wahren Korrespondenzen der Welt in der Weisheit und Köstlichkeit des *Concepto* auf, sondern ebenso jene seltenen Korrespondenzen und Übereinstimmungen zwischen den Personen, zwischen *Genio* und *Ingenio*, die das Verhältnis der Vertrauten, ja der Freunde auszeichnen und die konstitutiv für das „Banquet der Verständigen" sind: Es ist die geschmackvolle Tischgesellschaft der *Discretos*, ihre wechselseitige schmeckende Konversation und Korrespondenz, in der sich die Wahrheit offenbart und offenbart werden kann. Spätestens hier wendet sich die Philosophie des Geschmacks bei Gracián auf sich selbst zurück und begründet ein unabschließbares Spiel der Korrespondenzen, das nurmehr ästhetisch und aisthetisch im Modus des guten Geschmacks eingeholt werden kann. Die Lektüre seiner Schriften und seiner *Ciencia del buen Gusto*, in der die Übung des Selbst, die geschmackvolle Tischgesellschaft und der Diskurs der Wahrheit wechselseitig und untrennbar mit dem Genuss der neuen und exotischen süß-bitteren Genussmitteln verknüpft sind, werden selbst zum Stimulans jener Übung des Schmeckens, in der sich das geschmackvolle Subjekt immer wieder aufs neue seines eigenen Geschmacks und der Reife seiner Person versichert.

---

132 Gracián, *Der Kluge Weltmann*, S. 9 f.; leicht abgeändert: „Digo, pues, que no se escribe para todos, y por eso es de modo que la arcanidad del estilo aumente veneración a la sublimidad de la materia, haciendo más veneradas las cosas el misterioso modo del decirlas. [...] Merezca, lector discreto, o porque lo eres o para que lo seas, tener vez este arte de Entendidos, estos aforismos de prudentia, en tu gusto y tu provecho" (ders., *Obras Completas*, Bd. *II*, S. 98).

3 Transformationen I: Gastro-Logik

Die *Ciencia del buen Gusto,* die Gracián in seinen Schriften entfaltet, gestaltet sich als ein komplexes und geradezu hermetisches Spiel, in dessen Zentrum jene Übung des Schmeckens steht, die das Subjekt in einen Meister des Geschmacks verwandeln soll. Dabei ist mehr als deutlich geworden, wie sehr diese Übung des Selbst im Rahmen der neuzeitlichen Bankettkultur verankert ist und umgekehrt diese als geschmackvolle Runde überhaupt erst begründet. Im Geschmack konstituiert sich eine Runde der (männlichen) Connaisseurs und der Weisen, in deren reziproken Austausch sich das einzelne Subjekt seiner geschmackvollen Äußerungen ebenso wie umgekehrt seines schmeckenden Urteils versichern kann. Mehr noch: Im praktischen Vollzug dieser wechselseitigen Übung und Probe bringt sich der Einzelne überhaupt erst als geschmackvolles Subjekt hervor.

Die Subjektivierung im Geschmack ist hierin eine sinnlich-geistige Übung, die ihr Modell im Konsum der neuen exotischen Genussmittel findet, die vom Zucker über den Tee, bis zu Schokolade und Kaffee die Tische der neuzeitlichen Oberschichten bereicherten. Immer wieder verweist Graciáns *Ciencia de buen Gusto* auf ihren kuriosen, neuen, ungewöhnlichen und befremdlichen Charakter, der die gewohnte Alltäglichkeit und die Borniertheit des gewöhnlichen Geschmacks unterbricht. Die neuen Genussmittel sind damit der ideale Ausgangspunkt für eine Kultivierung des guten Geschmacks, denn dieser fußt nach seinem neuzeitlichen Verständnis auf einer Haltung der Neugier und der sinnlichen Wissbegierde, ebenso wie er sie umgekehrt befördert. Mit den neuen Genussmitteln ist dementsprechend nicht nur eine kulinarische Lust und ein Genuss verbunden, die gegen die bloße Einverleibung gerichtet sind und die – in einer Geste der Abwehr gegen die unteren Gefilde des Körpers – nunmehr vor allem den Mundraum beschäftigen. Um eine gustatorische Reflexion über die Dinge anzuregen und die Übung des Geschmacks voranzutreiben, gilt es immer neue Stimulanzen zu kosten oder umgekehrt diese in einer kreativen Zubereitung und Würzung, auf neue Weise wahrzunehmen, so als erlebe man sie zum ersten Mal. Eine Haltung, die bei Gracián mit drei unterschiedlichen Praktiken verbunden ist: Da sind zum einen die Praktiken der Mäßigung und des Entzugs, die darauf zielen, der Gewohnheit entgegenzuarbeiten und die Erregung des Sensationellen auch in Zukunft sicherzustellen. Es gilt, die Befriedigung und den Appetit stets austauschbar zu halten. Da ist zum anderen aber auch die Praktik des Reisens, die den Horizont erweitert, der Erfahrung stets Neues und Ungewohntes zuführt und dem Subjekt durch ihre Aneignung vielfältiger Kenntnisse und Erfahrungen ein Weltwissen verschafft, mit dem es die immer neuen

https://doi.org/10.1515/9783110640342-004

Eindrücke vergleichen und in ihrer Wertigkeit bestimmen kann. Und da ist abschließend die Kochkunst und insbesondere die Kunst des Würzens, mit der das bereits Bekannte einen neuen Geschmack erhält und aufs Neue in die Lage versetzt wird, Staunen und Beifall zu erregen.

All diese Praktiken nimmt Gracián in seinem Entwurf einer Wissenschaft des guten Geschmacks auf und überträgt sie hierin auf das Feld des Wissenserwerbs überhaupt. Oder, wie man es in Graciáns eigenem, barocken wie hermetischen Verständnis ausdrücken müsste, wollte man ihm für einen Augenblick folgen: Die Philosophie des Geschmacks enthüllt im Modus des Schmeckens und im Rahmen der neuzeitlichen Tischgesellschaften jene ursprünglich in der Schöpfung angelegten und deshalb notwendig wahren Analogien und Korrespondenzen zwischen dem Diskurs der Wahrheit, der Einübung des Subjekts in eine weise Praxis der Selbstführung und dem kulinarischen Genuss, durch die sich das eine im anderen erkennt, spiegelt und reflektiert. Der Geschmack und die Übung des Schmeckens bilden in den Schriften Graciáns einen unabschließbaren *circulus vitiosus* der analogischen Verweise, die am Ende unaufhaltsam in ein wechselseitiges, selbstreferentielles, ja, tautologisches Spiel des mündigen Geschmacks gezogen werden: Eine Signaturenlehre des Geschmacks, die sich für Gracián letztlich nicht rational, sondern wiederum nur sinnlich-ästhetisch, das heißt schmeckend, verstehen und begründen lässt.

Es gibt in Graciáns Diskurs kein Außen des Geschmacks, das nicht gleichermaßen von der Logik des Geschmacks erfasst würde. Der Geschmack wird bei Gracián mit einem Ewigkeitswert ausgestattet, unter dem die kulturhistorische Neuheit dessen, was er begründet, nämlich den neuzeitlichen Diskurs des mündigen Geschmacks und seiner Übung selbst, geradezu verschwindet. Unter dem schmeckenden Lektüreverfahren Graciáns erweisen sich nicht nur die Heiligen Schriften als Träger jener Weisheit des Geschmacks, die er mit ihnen zu begründen sucht, sondern im gleichen Maße auch die Schriften der antiken Autoren. In Graciáns Ideal der geschmackvollen *Persona*, als einem in sich ruhenden und über den Dingen stehenden, souveränen Individuum, das die ganze Welt durchlaufen, alles geprüft und den wahren Wert der Dinge erkannt hat, lassen sich deutliche Bezüge zur antiken Ethik des Selbst nachweisen. Schon im *Discreto* verweist Gracián wiederholt auf Seneca als idealen Lehrer des Mannes von Geschmack: Der *Discreto* „war ein wahrer Schüler von Seneca, so daß er Lucilius sein könnte", heißt es dort etwa vom Studium der Moralphilosophie, jener „Nahrung wahrer Menschen".[1]

---

1 Baltasar Gracián, *Der Kluge Weltmann (El Discreto)*. Zum ersten Mal aus dem spanischen Original von 1646 ins Deutsche übertragen und mit einem Anhang versehen v. Sebastian

Insbesondere Gerhart Schröder hat die Bedeutung Senecas für die Schriften Graciáns und insbesondere das *Criticón* herausgestellt.[2] Während der *Politico*, der *Discreto* und das *Oraculo manual* noch an einer machiavellischen Taktik gegenüber der Welt orientiert seien, verschiebe das *Criticón* den Entwurf des Weisen und seines Verhältnisses zur Welt entschieden. Die frühen Schriften zielten demnach auf eine nach außen gerichtete Taktik der Macht und der Regierung der Anderen und ihrer Meinung, das heißt auf eine individualistisch gekehrte staatsmännische Klugheit, wohingegen das *Criticón* von der skeptischen Betrachtung der Dinge geprägt sei und damit von einem Kampf um die Befreiung des Geistes gelte und entgegen den früheren Schriften mehr auf eine Regierung des Selbst ziele. Eine Verschiebung, die Schröder vor allem auf den Einfluss der Seneca'schen Schriften zurückführt. Man kann fragen – nicht zuletzt mit Verweis auf die Bezüge zu Seneca, die sich bereits im *Discreto* finden – , ob hier tatsächlich ein Bruch oder eine eindeutige Entwicklung vorliegt oder ob hier nicht vielmehr nur eine Dimension der „Wissenschaft des guten Geschmacks" expliziert und herausgestellt wird, die davor bereits vorhanden, aber von Gracián nicht in diesem Maße vertieft worden ist. Wie es sich damit verhält, soll hier nicht weiter erörtert werden. Entscheidend ist der enge Bezug Graciáns zu den Schriften Senecas, wenn es darum geht, auf der einen Seite eine Sicherung des Weisen gegen die Gefahren der Mitmenschen und des Einflusses der Dinge zu betreiben und auf der anderen Seite hinter diesem taktischen Schutzwall den Kampf des Menschen um seine innere Freiheit zu praktizieren. Gracián liest dabei – ganz im Gegensatz zur systematischen Moralphilosophie aristotelisch-scholastischer Provenienz – die Schriften Senecas weniger als stoische Werke, sondern vielmehr als eine therapeutisch-praktische Philosophie, an die er selbst anzuschließen trachtet. Schon Seneca hatte von der Philosophie als einer Medizin für den Geist und einer „artifex vitae" gesprochen.[3] Eine Medizin,

---

Neumeister, Frankfurt am Main 1996, S. 145. Neben Seneca, der stets an erster Stelle genannt wird, werden im *Discreto* explizit Platon, Epiktet, Plutarch und Äsop als zu lesende Autoren angeführt. Vgl. auch ders., *Das Kritikon*. Übers. und komm. v. Hartmut Köhler, Frankfurt am Main 2004, S. 66 f., sowie S. 395–399, ebenso den 100. Aphorismus des Handorakels: ders., *Handorakel und Kunst der Weltklugheit*. Übers. v. Arthur Schopenhauer, mit einer Einleitung v. Karl Vößler und einer Nachbemerkung v. Sebastian Neumeister, Stuttgart 1992, S. 51.

2 Gerhart Schröder, *Baltasar Graciáns ‚Criticon'. Eine Untersuchung zur Beziehung zwischen Manierismus und Moralistik*, München 1966, vor allem S. 118–122. Vgl. auch den Kommentar von Hartmut Köhler in: Gracián, *Das Kritikon*, S. 395, Fn. 63. Zur Bedeutung Senecas für Spanien insgesamt Karl Alfred Blüher, *Seneca in Spanien. Untersuchungen zur Geschichte der Seneca-Rezeption in Spanien vom 13. bis zum 17. Jahrhundert*, München 1969.

3 Seneca, *Epist* 90, 27. Vgl. auch *Epist* 16, 3.

die bei Gracián nun jedoch, wie alle Lektüre, geschmacklich bestimmt wird: bitter, aber dafür heilsam.[4]

Indem Gracián die antike Ethik des Selbst zur Lehrschule des guten Geschmacks erklärt, erscheint diese in einem überraschend neuen Licht, ja, sie wird wortwörtlich mit einem neuen Geschmack ausgestattet. Graciáns Lektüre, in der Seneca als idealer zeitgenössischer *Discreto* vereinnahmt wird, muss als ein Transformationsakt gelesen werden. Die vormaligen Texte werden unter den Vorzeichen eines neuen kulturellen Rahmens und aus einer sinnlichen Perspektive gelesen, die nicht derjenigen entspricht, unter der sie entstanden waren; sie werden ganz im Sinne jener Kunst des Würzens, die Gracián dem *Discreto* anempfiehlt, neu aufgekocht und mit einer neuen Würze versehen, unter der der gute Geschmack der Alten Meister auf einmal mit dem eigenen Geschmack korrespondiert. Gerade diesem Umstand soll im Folgenden Rechnung getragen werden. Denn nimmt man Graciáns eigenes Lektüreverfahren als eine Kunst des Würzens ernst und stellt man die mit ihr verbundene Gratwanderung heraus, in der die geschmackliche Enthüllung der Wahrheit stets mit einer unvermeidbaren Täuschung einhergeht, so lässt sie sich als eine kulinarische Transformationstheorie und - praxis lesen, die die Texte, die sie erfasst, ebenso wie denjenigen, der sie erfasst, einem komplexen Wandlungsprozess unterwirft, den man als allelopoietisch charakterisieren kann. „[Der] Begriff Allelopoiese – abgeleitet aus griechisch *allelon* (gegenseitig) und *poiesis* (Herstellung, Erzeugung) – bezeichnet" hierin das Moment einer Wechselwirkung, in der sich „im Akt der Aneignung nicht nur die Aufnahmekultur modifiziert, sondern insbesondere auch die Referenzkultur konstruiert wird."[5]

Im diesem Sinne lässt sich auch das Verhältnis der *Ciencia del buen Gusto* zu den christlichen und antiken Formen einer Ethik des Selbst verstehen, die sich Gracián erklärtermaßen unter transformatorischen Vorzeichen aneignet: Das Aufkommen des Geschmacks und seiner Übung wird hierin als ein allelopoietischer Wandlungsprozess beschreibbar, in dem das Sinnengefüge des Aufnahmebereichs dasjenige des Referenzbereichs nicht nur aufnimmt, sondern gleichermaßen transformiert und sich hierin selbst, im Verweis auf seine antiken Vorläufer, als neues-altes Sinnengefüge konstituiert. Diesem Ansatz möchte ich folgen und ausgehend von den Lektüren der antiken Texte, denen

---

4 Gracián, *Das Kritikon*, S. 395. Vgl. zur heilsamen Kräuterküche der Moralphilosophie aus dem Garten des Seneca, dem Rhabarber Epiktets, dem lukianischen Salat etc. und deren vortrefflichen Geschmack ebd., S. 395–399.
5 Lutz Bergemann u. a., „Transformation. Ein Konzept zur Erforschung kulturellen Wandels", in: Hartmut Böhme u. a. (Hrsg.), *Transformation. Ein Konzept zur Erforschung kulturellen Wandels*, München 2011, S. 39–53, hier S. 39.

sich Gracián zuwendet, jenen kulturellen und sinnlichen Wandel symptomatisch nachvollziehen und skizzieren, der dem mündigen Geschmack der Neuzeit und Moderne den Weg bereitet hat. Wie verhält es sich im Falle Senecas selbst mit dem Geschmack, den Gracián in dessen Schriften zu finden meint? Und was heißt es umgekehrt genau, sich dessen Schriften im Modus des Geschmackes anzueignen? In welcher Weise werden hier und dort der Geschmack, die Esslust und die Lektüre, die Erkenntnis sowie die Übung des Selbst problematisiert und zueinander ins Verhältnis gesetzt? Kurz: Welche Transformationen lassen sich zwischen der antiken Sorge um sich, wie sie sich in den Schriften Senecas ausdrückt, und ihrer neuzeitlichen Aneignung ausmachen?

3.1 Schmecken und Verdauen

Im *84. Brief an Lucilius* behandelt Seneca das gelehrte Lesen und Schreiben und die rechte Aneignung des Wissens, indem er sie mit dem Geschmack beziehungsweise der Leckerei (*sapor*) des Honigs und den Fragen der rechten Ernährung in Beziehung setzt. Und auch bei Gracián findet sich an jener entscheidenden Stelle, die die Kunst des Philosophierens als Gipfel der Klugheit zu bestimmen sucht, die Leckerei des Honigs. Es gilt aus all den neuen, fremdartigen und seltenen Erfahrungen und Lektüren, aus allem, was man gesammelt hat, wie die Biene „den Honig des schmackhaften Vorteils zu ziehen".[6]

So ähnlich dieser Vergleich scheint, der bei Gracián wie bei Seneca im Bezug auf den Geschmack ins Spiel gebracht wird, so klafft doch bereits an dieser Stelle ein grundlegender Abgrund zwischen dem antiken Autor und seinem neuzeitlichen Leser. Wie also eignet sich der Weise bei Seneca das Wissen an und welche Rolle spielt das Fremde in diesem Zusammenhang, das sich in Graciáns Geschmacksphilosophie als konstitutiv für die Erregung der Neugier und des Staunens des Geschmacks erweist und hierin entschieden die Frage der rechten Wissensaneignung ebenso wie die Frage der Einverleibung betrifft?

Seneca vertritt, entgegen anderer antiker Meinungen zur Honigproduktion, die These, die Bienen sammelten den Honig nicht fix und fertig ein, sondern mischten stattdessen eine Eigenschaft ihres eigenen Atems darunter (*proprietas spiritus sui*), die als eine Art von Gärmittel (*fermentum*) fungiere, durch das die verschiedenen Elemente zu einer Einheit zusammengefügt würden. Entgegen dem süßen und dickflüssigen indischen Honig, der sich bedingt durch „den Tau

---

6 Gracián, *Der Kluge Weltmann*, S. 148.

jenes Klimas oder durch den Saft des Bambusrohrs"[7] fix und fertig in dessen Blättern finde, sei dies bei den mediterranen Pflanzen nicht in gleicher Weise der Fall. Stattdessen müssten die Bienen ihn verdichten oder gar in der oben geschilderten Weise zubereiten. Gleichviel der Honig nun nur verdichtet oder fermentiert werden muss, entscheidend ist die Arbeit der Bienen, die ihren gesammelten Ertrag erst in den Waben separieren und in einen einzigen Geschmack (*sapor*) beziehungsweise eine einzige Leckerei (*sapor*) zusammenführen. Denn diese Arbeit entspricht nach Seneca genau jener, mit der der Gelehrte beim Lesen und Schreiben vorgehen soll. Das Wissen, das der Lernende sich aneignet und im Akt des Schreibens als eigenes Wissen (ent)äußert, darf nicht nur erinnert und als fremdes reproduziert werden, sondern es muss vollständig angeeignet werden und damit eine Transformation vom Fremden hin zum Eigenen durchlaufen. Wenn auch im Falle des Schreibens die unterschiedlichen Quellen sichtbar bleiben, so wird gleichermaßen deutlich, dass das Resultat in der rechten Aneignung nicht dasselbe geblieben ist, was es vorher war.[8] An dieser Stelle bringt Seneca zur Verdeutlichung des Transformationsvorganges und in direkter Analogie zur Gär-, Misch- und Verdichtungskunst der Bienen den Verdauungsvorgang ins Spiel:

> Lebensmittel, die wir zu uns genommen haben, sind, solange sie in ihrer ursprünglichen Beschaffenheit verharren und unverdaut im Magen schwimmen, eine Belastung; hingegen wenn sie sich von dem ursprünglichen Zustand weg verwandelt haben, dann erst gehen sie in Kräfte und Blut über. Dasselbe wollen wir bei dem leisten, womit unser Geist genährt wird – was immer wir aufgenommen haben, nicht unverändert zu lassen, damit es nicht fremd bleibt. Verdauen wir es: sonst geht es in unser Gedächtnis über, nicht in unser Wesen.[9]

Die Herstellung der Leckerei und des süßen Geschmacks, die Verdauung und der mentale Prozess der Wissensaneignung, in Form des Lesens und Schreibens, sowie die damit verbundene Urteilskraft sind bei Seneca in direkter Analogie miteinander verschränkt. Dabei unterscheidet er gerade nicht zwischen dem Zungengeschmack und der Verdauung des Magens, der Verkostung des Feinschmeckers und der plumpen Esslust, wie dies Gracián später tun wird. Mehr noch, die Zuschnitte der jeweiligen Geschmackskonfigurationen bei Seneca und Gracián scheinen geradewegs invers zueinander zu verlaufen: Während Gracián

---

7 Seneca, *Epist.* 85, 4.
8 Vgl. Seneca. *Epist.* 3–5. Die Analogie zwischen dem Sammeln des Honigs und dem Lesen von Texten wird im Lateinischen nicht zuletzt durch die Doppelbedeutung von *legere* als sammeln, pflücken, ernten und lesen plausibel.
9 Seneca, *Epist.* 85, 6 f.

in seiner Philosophie des Geschmacks die auf der Zunge gründende Weisheit des guten Geschmacks von jenen Prozessen der Magenfüllung distanziert und damit den Geschmack als Reflexionsgeschmack zu begründen sucht, wird der Geschmack bei Seneca von den Logiken und Prozessen des Körpers, der Verdauung und des Magens geradezu überdeterminiert oder doch zumindest in die konsequente Analogie von Verdauung, Wissensaneignung und Küche beziehungsweise Honig- und Geschmacksproduktion hineingezogen. Wenn Seneca die Kunst, die mit dem Geschmack und den Leckereien verbunden ist, als einen körperlichen und geistigen Transformationsprozess zu sehen gewillt ist, der in der Aneignung, Gärung und Verdauung fremder Elemente die Kunst der Zunge so gut wie vollständig marginalisiert, so bestimmt sich spätestens seit Gracián die Frage des Geschmacks geradewegs als eben jene analytische Praxis, die in der Lage ist, diese Verschränkung aufzulösen und zu differenzieren: als eine mündige, schmeckende Kennerschaft, als eine Analytik des Angenehmen und Schönen und eine habituelle Kunst der Differenzierung und der Distinktion, die stets darum bemüht ist, die befremdlichen und konfusen transformativen Prozesse einer Einverleibung des Fremden zu marginalisieren. Gert Mattenklott hat diese Grenzziehung der europäisch-neuzeitlichen „Kultur des Geschmacks" hellsichtig auf den Punkt gebracht: „Stellen wir uns den Körper als ein parzelliertes Universum vor, so ist das Schmecken auf einer einzigen Parzelle regionalisiert, dem Mundgebiet".[10] Und weiter: „Für den Geschmackssinn ist der Hunger nicht mehr als ein Inzitament, das eher gepflegt als beruhigt sein will. Eine eigene Kultur des Geschmackssinnes und damit seine Geschichte beginnt erst, wenn er Gelegenheit erhält, sich von Hunger und der Notwendigkeit der Ernährung zu emanzipieren."[11] Die Nobilitierung des ästhetischen Geschmacks sei nicht zuletzt die „ausgleichende Kompensation der Tendenz zum animalisch-vegetabilischen Verwildern durch metaphysische Vergeistigung", die jedoch weiterhin „ans Essen und Trinken gebunden" bleibe.[12]

Jenseits des Gegensatzes von Mund und Magen, Hunger und unersättlichem Appetit lässt sich die Diskrepanz zwischen Gracián und Seneca auch im Bezug auf den Umgang mit dem Fremden auffächern: Die Transformation des Subjekts vollzieht sich bei Seneca im Akt der Verdauung, die das Fremde aneignet und in Eigenes überführt. Die Seele soll sich „von allem Äußerlichen [abgezogen] auf sich selbst konzentrieren: auf sich selbst verlasse sie sich, an sich selber freue

---

10 Gert Mattenklott, „Geschmackssachen. Über den Zusammenhang von sinnlicher und geistiger Ernährung", in: Dietmar Kamper/Christoph Wulf (Hrsg.), *Das Schwinden der Sinne*, Frankfurt am Main 1984, S. 179–190, hier S. 181.
11 Ebd., S. 183.
12 Ebd.

sie sich, das Eigene achte sie, zurückziehen sollte sie sich, soweit möglich, von Fremden",[13] heißt es in *De vita beata*. Ein Verhältnis zum Fremden, das geradezu umgekehrt zu jenem funktioniert, das Gracián in der Neugier des Feinschmeckers entwirft. Resultiert für Seneca aus Unstetigkeit und Vielgestaltigkeit der Welt eine permanente Bedrohung der Seelenruhe des Weisen und geht es ihm in seiner stoischen Lebenskunst darum, gerade diesen Zustand der *aegritudo*, der Krankheit der Seele, zu überwinden, so ist sie bei Gracián eine Gegebenheit, deren Überwindung mit fundamentaler Skepsis begegnet wird, wie Gerhart Schröder hervorgehoben hat. „Der Senecasche Weise weiß sich eins mit dem Kosmos, oder er bemüht sich darum und sucht die geistigen Glücksmomente der Kontemplation. An der Stelle der stoischen Kontemplation steht bei Gracián die illusionslose, scharfsichtige Beobachtung der menschlichen Wirklichkeit [...]."[14] Wenn auch das Ideal der souveränen Freiheit des Geistes von den Anfechtungen der wahnbehafteten Welt aufrechterhalten wird, kann sie doch, wenn überhaupt, nur in der konsequenten Auseinandersetzung mit ihr erreicht werden. Nur wer alles probiert und gekostet hat, kann den wahren Wert der Dinge erkennen. Man muss sich dem Fremden öffnen, ohne sich jedoch an ihm zu (über)sättigen. Allein die Erfahrung des Fremden ist geeignet, den Menschen über sich selbst und seine gewohnte irdische und tierliche Existenz hinauszutreiben. Die sinnliche Indienstnahme von Mund und Magen zielen somit bei Seneca und Gracián auf einen grundlegend anderen Umgang mit dem Fremden.

Aber dem nicht genug, betreibt Seneca eine fundamentale Kritik des fremden Geschmacks, in der der unersättliche Appetit des Geschmacks zum Gegenbild des rechten Umgangs mit dem Wissen und dem Kulinarischen wird. Denn die Lust an der Vielfalt des Geschmacks ist geradewegs der Ursprung jenes Zustands der *aegritudo*, den es für den Weisen zu überwinden gilt. Eine Einschätzung, die auch und vor allem mit jenem engen Bezug der Neugier des Geschmacks zur unersättlichen Gier zusammenhängt, die im 17. Jahrhundert nicht zuletzt bei Gracián herausgestellt und in der Verknüpfung von Geschmack und Verdauung in ganz anderer Konsequenz ausformuliert werden wird.

So kritisiert Seneca in seinem *2. Brief an Lucilius* explizit die Ausdifferenzierung der Geschmacksreize. Weit davon entfernt, in ihnen die Möglichkeitsbedingung eines autonomen Geschmacksurteils zu sehen, begreift er den Genuss der komplexen Küche als bloße Verunreinigung des Magens und knüpft damit

---

13 Seneca, *de tranqu.*, 14.
14 Schröder, *Baltasar Graciáns ‚Criticon'*, S. 122.

an die Direktiven des *84. Briefes* an: „Eines verwöhnten Magens Art ist es, vieles zu kosten *(degustare)*; sobald es vielfältig und verschieden ist, verunreinigt, nicht nährt es."[15] Wer die Dinge nicht verdaut, sondern nur in vielfältiger Weise schmeckt und kostet, sei es beim Essen oder bei der Lektüre, der vermag sich die Dinge nicht anzueignen: „Nicht nützt die Speise, noch kann der Körper verwerten, die sofort nach der Aufnahme wieder ausgebrochen wird; nichts behindert in gleicher Weise die Gesundheit wie häufiger Wechsel der Heilmittel."[16]

Der Geschmack ist in der Konzeption Senecas offenbar untrennbar mit der falschen Ernährung und der Krankheit des Körpers verknüpft, und wenn die römischen Feinschmecker*innen, nicht zuletzt vermittelt durch die griechische Tafelkultur und den Import von Rezepten und Ingredienzien aus den Provinzen des Imperiums, zu einer ausdifferenzierten Küche gefunden haben, dann liegt dies aus seiner Sicht weniger an ihrem guten Geschmack, als vielmehr an einer Degenerationserscheinung des Magens wie der Seele, der es entgegenzuarbeiten gelte. Im *95. Brief* vergleicht Seneca in seiner Auseinandersetzung mit Poseidonios dahingehend die einfache Heilkunde der Alten mit der ausufernden zeitgenössischen Medizin, um eine desaströse Bilanz zu ziehen. Die Heilkunst der Alten war einer vormals einfachen und zuträglichen Lebensweise angemessen, ebenso wie einer Ernährung, die „bekömmlich und nicht durch Kunst und Genußsucht verdorben" gewesen sei:

> Nachdem man die Genußsucht zu suchen begonnen hatte, nicht nur um den Hunger zu stillen [ad tollendam famen], sondern auch den Appetit zu reizen [wörtl. Hunger; Anm. S.Z.: ad inritandam famen], und erfunden worden waren tausend Zubereitungen, die die Eßlust hervorkitzeln, ist das, was Hungernden Ernährung war, eine Belastung den Übersättigten.[17]
>
> Aus einer einfachen Ursache entstand einfache Krankheit: viele Krankheiten brachten die vielen Gänge mit sich. Sie, wie viele Dinge, auf daß sie durch eine einzige Gurgel gehen, zusammengemischt hat die Verschwendungssucht, der Lande und des Meeres Verwüsterin. Notwendig können daher untereinander so verschiedene Genüße sich nicht vertragen, heruntergeschlungen, werden sie schlecht verdaut, weil einer dem anderen widerstrebt. Kein Wunder, daß veränderliche und verschiedenartige Krankheit aus unverträglicher Ernährung herrührt und jene aus grundsätzlichen Bestandteilen an einer Stelle zusammengedrängte Masse wieder emporsprudelt.[18]

Entsprechend dieser Kritik der sittlichen Zerrüttung, die die gustatorischen Reize bewirkten, müsse man nur die Köche zählen, um auf die Zahl der Krankheiten zu

---

15 Seneca, *Epist.* 2, 4.
16 Seneca, *Epist.* 2, 3.
17 Seneca, *Epist.* 95, 15.
18 Seneca, *Epist.* 95, 19.

kommen, unter denen die römische Gesellschaft leide. Die Philosophenschulen, in denen die Weisheit einer angemessenen Lebensführung gelehrt werde, seien gähnend leer, während die Garküchen und die Herde der Connaisseurs fleißig von der Jugend frequentiert würden.[19] Und in der *Trostschrift an die Mutter Helvia*, die Seneca aus dem korsischen Exil schreibt, findet sich im gleichen Duktus eine Anklage gegen Apicius, jenen römischen Erzfeinschmecker, der als Paradigma eines solchen Connaisseurs gelten kann: Apicius habe „die Wissenschaft der Kochkunst zum Beruf gemacht und mit seiner Lehre unser Zeitalter angesteckt".[20] Ein Beruf, der nicht nur 100 Millionen Sesterzen, zahllose Geschenke des Kaisers und die ungeheuren Steuern des Kapitols in Gelagen verschlungen habe, sondern der ihn, als er die Summe seiner Schulden überschlug und sah, dass er nurmehr 10 Millionen Sesterzen übrig gehabt habe, aus Angst vor Armut und Hunger den Giftbecher habe nehmen lassen. Ein Trunk, der bei solch „verkehrter Sinnesart"[21] wohl der heilsamste gewesen sei. „Gute Götter, wieviel Menschen bringt ein einziger Bauch in Bewegung!", ruft Seneca im Angesicht der Menge an römischen Kellnern und Bäckern aus, während er die gehobene Küche aus Pilzen, Austern, Garum und jenen kurzgerösteten Fleischstücken, die man heute wohl *raw* oder *bleu* nennen würde, nur mit angeekeltem Blick auf die Magenbeschwerden betrachten kann: Das Genossene verfaule eher im Magen, als dass es verdaut werde. Mehr noch: die Küche selbst produziere eine Mischung der Speisen, die die (scheiternde) Verdauung bereits vorwegnehme:

> Ich erinnere mich, einmal ist im Gespräch gewesen eine berühmte Schüssel, in die eine eilfertige Garküche alles, was bei Genießern den Tag zu füllen pflegt, zu ihrem Schaden zusammengemanscht hatte: Venusmuscheln und Austern, soweit ausgelöst wie eßbar, dazwischen liegende Krammetsvögel trennten sie. Seeigel und entgrätete Meerbarben filets bedeckten das Ganze. Verdrießlich ist bereits, daß Speisen einzeln erscheinen: zu Eintopf werden zusammengezwungen die verschiedenen Geschmacksrichtungen. Bei Tisch geschieht, was im Magen vor sich gehen müßte: ich rechne schon damit, daß man die Speisen vorgekaut serviert. Wie wenig ist man nämlich davon entfernt, wenn man die Schalen ausnimmt und Knochen und der Koch die Arbeit der Zähne übernimmt? ‚Eine schwere Aufgabe ist es, sich hindurchzuschlemmen durch lauter einzelne Gänge: alles soll man auf einmal und in denselben Geschmack verwandelt servieren. Warum soll ich die Hand zu einem einzigen Gericht ausstrecken? Mehrere Gänge sollen zugleich kommen, vieler Gerichte Vorzüge sollen sich vereinigen und einander durchdringen. [...] Einheitlich sei, was man einzeln vorzulegen pflegt, mit *einer* Soße übergossen; keinen

---

19 Seneca, *Epist.* 95, 23.
20 Seneca, *Ad Helviam*, X, 8.
21 Vgl. Seneca, *Ad Helviam*, X, 9 f.

Unterschied darf es geben: Austern, Seeigel, Muscheln, Meerbarbenmüssen vermengt und zusammengekocht serviert werden.' Nicht wäre eine schlimmere Mischung Gekotztes.[22]

Die Mischung der unterschiedlichsten Geschmäcker ist dabei weniger eine Verstoß gegen den guten Geschmack als vielmehr Ausdruck einer degenerierten Verdauung und unmäßigen Gier. Dabei gab das in der neronischen Zeit unter Kenner*innen geschätzte Gericht aus Venusmuscheln, ausgelösten Austern, entgräteten Meerbarben, Krammetsvögeln und Seeigeln, das diverse Aromen vermischte, schon für den älteren Plinius Anlass zu einer Kritik, die die Aufhebung jeglicher geographischer und klimatischer Ordnung beklagte: Man kombiniere Delikatessen „verschiedener Landstriche und Himmelsrichtungen" und erlange dadurch bloß den Effekt, dass eine Speise nur „durch eine andere" munde.[23] Diese Gier und Genusssucht sowie der mit ihr verbundene Ehrgeiz bilden dann auch bei Seneca den Ursprung der komplizierten zeitgenössischen Krankheiten: eine widernatürliche Gier, die uns „einen derart unersättlichen Bauch" verleiht, „daß wir der wildesten und gefräßigsten Tiere Gier übertreffen".[24] Die „dem Bauch Gehorchenden" möchte Seneca mit Sallust dementsprechend weniger unter die Menschen als unter die Tiere rechnen, wenn nicht, in ihrer Nutzlosigkeit und Schädlichkeit für die Anderen, unter die Toten, leben sie doch „so in ihrem Haus wie in einem Grab".[25] Eine Einschätzung, der Seneca im *114. Brief* erneut eine explizite politische Wendung gibt: „Die Verschwendung bei Gastmählern", heißt es da, „ist Anzeichen für die Erkrankung der Bürgerschaft."[26]

3.2 Fülle und Überfülle

Die Feinschmeckerei ist ein vom Hunger und der Verdauung abgekoppeltes maßloses Begehren, das weniger aus der Notdurft, als aus der Hitze der Eingeweide resultiere. Eine Einschätzung, die Senecas Stoizismus mit jener Kritik der unbegrenzten Genusssucht konform gehen lässt, die bereits Aristoteles in seiner Kritik der Chrematistik in Anschlag gebracht hatte und die über diesen

---

22 Seneca, *Epist.* 95, 26 f.
23 Plinius, *Nat. hist.* 15, 105.
24 Seneca, *Epist.* 60, 3.
25 Seneca, *Epist.* 60, 4.
26 Seneca, *Epist.* 114, 11. Zum Dekadenzdiskurs der Nerozeit vgl. Elke Stein-Hölkeskamp, *Das römische Gastmahl. Eine Kulturgeschichte*, München 22010, S. 211–219.

hinaus auf ein weit älteres Modell der Problematisierung der Esslust verweist, dessen Reichweite es im Folgenden zu skizzieren gilt.

Aristoteles lässt in der *Politiká* die jeweilige Lebensform der Tiere wie der Menschen aus ihrer naturgemäßen Subsistenz hervorgehen: „Es gibt eine Vielzahl von Arten der Ernährung", heißt es dort, „und daher eine Vielzahl an Lebensformen bei Menschen und Tieren; denn ohne Nahrung ist das Leben unmöglich. So haben die Unterschiede in der Nahrung die Unterschiede in den Lebensformen der Lebewesen hervorgebracht"[27] Ist die Nahrung die Lebensbedingung schlechthin, so ist gleichermaßen ihr Umfang, der zur Führung eines vollkommen Lebens nötig ist, begrenzt, insofern sie naturgemäß ist. Wenn auch zur Erlangung des naturgemäßen Maßes durchaus ein begrenzter Naturalientausch notwendig erscheint, so hat doch der vermehrte Handel, der „in immer weitere Ferne vorstieß" und hierfür das Münzgeld einführte, eine gewinnsüchtige Erwerbskunst und Handeltätigkeit zur Folge, die in ihrem Zweck der Vermehrung des Besitzes grenzenlos erscheinen.[28]

> Diese Einstellung ist darin begründet, daß die Menschen mit ihrem ganzen Eifer dem bloßen Leben dienen, aber nicht dem vollkommenen Leben. Da dieser Lebenshunger keine Begrenzung kennt, sucht man auch die Mittel, die dazu verhelfen, ihn zu stillen ohne jede Grenze. Diejenigen, die aber das vollkommene Leben anstreben, suchen das Leben körperlicher Genüsse. Und da auch deren Befriedigung durch den Besitz ermöglicht zu werden scheint, richtet sich ihr ganzes Tun und Trachten auf gewinnbringende Tätigkeit, und daraus entstand diese zweite Form der Erwerbskunst. Denn da ausschweifender Genuß in der Übersteigerung besteht, sucht man die Mittel, die die Übersteigerung ausschweifenden Genießens ermöglichen.[29]

Die Übersteigerung der notwendigen Subsistenz und in ihrer Folge die Ausweitung des Handels ist in Aristoteles Ursprungserzählung der Beginn jeglicher Form der widernatürlichen Maßlosigkeit, die ihre emblematische Form in der

---

27 Aristoteles, *Politik I*, 1256 a19 ff. Dementsprechend werden auch in der antiken Geographie die Charakterisierung der Völker vor allem anhand ihrer Ernährungsgewohnheiten vorgenommen (Vgl. etwa Oddone Longo, „The Food of Others", in: Jean-Louis Flandrin/ Massimo Montanari/Albert Sonnenfeld (Hrsg.), *Food. Culinary History from Antiquity to the Present.* Übers. v. Clarissa Botsford u. Arthur Goldhammer, New York 1999, S. 153–162, Brent D. Shaw, „,,Eaters of Flesh, Drinkers of Milk'. The Ancient Mediterranean Ideology of the Pastoral Nomad", in: *Ancient society* 1982, S. 5–32 sowie Werner Tietz, *Dilectus ciborum. Essen im Diskurs der römischen Antike*, Göttingen 2013, S. 237–254). Sehr früh macht bereits Ludwig Feuerbach auf diesen Umstand aufmerksam: Vgl. Ludwig Feuerbach, „Das Geheimnis des Opfers oder Der Mensch ist, was er ißt", in: *Gesammelte Werke*, hrsg. v. Werner Schuffenhauer, Bd. 11, Berlin 1971 ff. S. 26–52.
28 Vgl. Aristoteles, *Politik I*, 1275 a30 ff.
29 Aristoteles, *Politik I*, 1275 b40–1278 a10.

Figur des phrygischen Königs Midas findet.[30] Der Reichtum des mythischen Midas, dessen Hauptstadt nicht zufällig Kelainai gewesen sein soll, von der Strabon berichtet, sie sei neben Ephesos der größte Markt Kleinasiens, hatte diesen dem Mythos nach an Hunger zugrunde gehen lassen, weil er sich von Dionysos gewünscht hatte, alles, was er anfasse, solle sich in Gold verwandeln. „Wegen der Unersättlichkeit seines Wunsches" wurde alles, „was ihm vorgesetzt wurde[,] [...] zu Gold",[31] heißt es bei Aristoteles. Und ganz in diesem Sinne betont auch Seneca mit Epikur die Unersättlichkeit als eigentliche und grundlegende Armut.[32] Die sittliche Tüchtigkeit ist bei Seneca wie bei Aristoteles „die Mitte zwischen zwei falschen Zuständen [...], nämlich zwischen dem des Übermaßes und dem der Unzulänglichkeit", wobei die „Zügellosigkeit" als Übermaß die größere Abweichung und Gefahr für die Sittlichkeit darstelle, treibe doch ein „natürlicher Hang" den Menschen zum „Erlebnis der Lust".[33] Wenn sich die Zuchtlosigkeit insbesondere in den allergewöhnlichsten Sinnesempfindungen offenbart, an denen alle Lebewesen Anteil haben und die sich insofern „als knechtisch und animalisch erweisen", dann sind hier vor allem der Geschmacks- und der Tastsinn gemeint. Zwar differenziert Aristoteles in der *Nikomachischen Ethik*, entgegen Seneca, den Geschmacks- und Tastsinn, um die Überfüllung des Magens weniger am Geschmacks- als am Tastsinn festzumachen insbesondere deshalb, weil der eigentliche Genuss nicht durch ersteren, sondern vielmehr durch letzteren vermittelt werde – , doch bleibt der Geschmack als spezifische Unterscheidungs- und Würzkunst im Bereich einer *techné* auch bei Aristoteles merkwürdig randständig:

> Der Geschmackssinn dient ja zur Prüfung der Geschmacksunterschiede, man denke an die Prüfer der Weinsorten und an die Würzkunst des Oberkochs. Aber der eigentliche Genuß liegt doch nicht in diesem Prüfen – zum mindesten nicht für die Zuchtlosen, sondern er liegt im verweilenden Schwelgen. Dies aber wird sowohl beim Essen als auch beim Trinken [...] ganz durch den Tastsinn vermittelt. Daher hat sich einmal ein Feinschmecker inständig gewünscht, es möchte ihm sein Schlund länger werden als der des Kranichs: womit er zu verstehen gab, daß es beim Genießen gerade auf den Tastsinn ankomme.[34]

---

30 Rainer Bernhardt weist auf den Topos der verweichlichten und weibischen Phrygier in der griechischen Luxuskritik hin, deren Einfluss als Vermittler orientalischer Luxusartikel, die seit etwa dem 5. Jahrhundert v.u.Z. negativ bewertet wurden (vgl. Rainer Bernhardt, *Luxuskritik und Aufwandsbeschränkungen in der griechischen Welt*, Stuttgart 2003, S. 121–124).
31 Aristoteles, *Politik I*, 1257 b15 ff.
32 Vgl. Seneca, *Epist.* 2, 6.
33 Aristoteles, *Nikomachische Ethik III*, 1109a.
34 Ebd. 1118a.

Die Gefahr der Zuchtlosigkeit ist in der Ernährung stets das widernatürliche Übermaß, denn „wahllos essen und trinken bis zur Übersättigung bedeutet ja, das natürliche Bedürfnis mengenmäßig zu überschreiten [...]. Daher werden solche Leute Freßbäuche *[gastrimargoi]* genannt, weil sie ihren Bauch über Gebühr auffüllen.“[35]

Wenn sowohl Aristoteles, als auch Seneca, das Problem der Chrematistik, des Luxus und der Entartung der Lebensform an dem Problem der rechten Magenfülle festmachen, so bestätigen sie eine Tendenz, die Gerhard Baudy für die griechische Ethik bis zu Epikur herausgearbeitet hat. Gerade mit Verweis auf Aristoteles *Nikomachische Ethik* macht Baudy darauf aufmerksam, dass in der Konzeption der griechischen Ethik insgesamt das Ideal des erfüllten Lebens untrennbar mit jener Idee des gefüllten Magens verknüpft ist: „Der mit Nahrung gefüllte bzw. sich füllende Magen – die wohl alltäglichste Art, Lust zu gewinnen – erscheint als Urbild von Lust überhaupt, ja eines im Sinne der Erfüllung sich vollendenden Lebens.“[36] Dabei gehe, wie Baudy ausführt, jene Konzeption der Fülle des Magens auf das grundlegende ethische Problem der Verteilung der Nahrung zurück, die kulturgeschichtlich mit der Verteilung der Jagdbeute einen „Urtypus sozialer Distribution“ darstelle.

---

35 Ebd. 1118b. Harald Lemke hat zu Recht bei Aristoteles eine verachtende Haltung gegenüber der Kochkunst beobachtet, die die Vielfraße im gleichen Atemzug mit den „‚Leckermäulern‘ und ‚Weinschlemmern‘“ tadelt (Harald Lemke, *Ethik des Essens. Eine Einführung in die Gastrosophie*, Berlin 2007, S. 40). Zu fragen bleibt allerdings, ob sich hierin vielleicht weniger eine „antigastrosophische“ Diätmoral und Essvergessenheit zeigt, wie Lemke Aristoteles vorwirft, als vielmehr eine fremdkulturelle Einschätzung des Kulinarischen und der Ess-Ethik, die die Mündigkeit zu Gunsten des Magens marginalisiert. Müsste man nicht gerade bei Aristoteles von einer wortwörtlichen ‚Gastro-sophie‘ sprechen? Hartmut Böhme hat diesem Gedanken in Bezug auf Aristoteles Ausdruck verliehen, wenn er die Stoffwechselchemie der Aristotelischen Elementenlehre an die „leibnahen Prozesse der Nahrungszubereitung, -aufnahme und -verdauung“ rückbindet. Die Qualitäten der antiken Elemente feucht/trocken und kalt/warm, die bei Aristoteles vom Tastsinn her begriffen werden, erklären sich in der analogen Charakterisierung der Nahrung durch eben jene Qualitäten: „[U]nser Körper, der selbst durch die Qualitätenpaare gebildet und in Hunger und Durst nach Feuchtem und Trockenem, Warmen und Kalten getrieben wird, erspürt an den Dingen und Stoffen dasjenige, was ihm mangelt (De anima II 414b11)“ (Hartmut Böhme, „Elemente. Feuer Wasser Erde Luft“, in: Christoph Wulf (Hrsg.), *Vom Menschen. Handbuch Historische Anthropologie*, Weinheim und Basel 1997, S. 17–46, hier S. 25). Die Aristotelische Chemie sei hierin „die Lehre von der auf dem Tastsinn fundierten, zur Kunst entwickelten Fähigkeit zur zuträglichen Ernährung des Körpers aus der Welt der Stoffe“ und damit „im weitesten Sinne“ eine „Gastrosophie“ (ebd.).
36 Gerhard J. Baudy, „Metaphorik der Erfüllung. Nahrung als Hintergrundmodell in der griechischen Ethik bis Epikur“, in: *Archiv für Begriffsgeschichte* XXV (1981), S. 7–68, hier S. 8.

Das, was der Mensch ist, sein Status, sein Schicksal, definiert die Moira, der beim gemeinsamen Mahl empfangene Fleischanteil. Νέμειν, das die autoritative Zuteilung bezeichnende Verb, wird zum Synonym königlicher Herrschaft, das von ihm abgeleitete Substantiv Nomos bedeutet die beim öffentlichen Opfer zeremoniell bekräftigte Verteilungsordnung, die mit Gesetz und Verfassung ursprünglich identisch ist. Wer seine im Fleischanteil sich manifestierenden Anspruchsgrenzen überschreitet, riskiert ὑπέρ μόρου, über den ihm zugemessenen Anteil hinaus, Unglück zu erleiden. Mythisch gesprochen, mobilisieren Verstöße gegen die Eunomia, die ‚gute Zuteilung', die Nemesis, den zur Gottheit hypostasierten Vergeltungswunsch der Geschädigten, welche das Zuviel mit einem strafenden Zuwenig ausbalanciert. Hybris bedeutet, sich auf Kosten anderer zu überfüllen.[37]

Wenn die griechische Ethik im 6. Jahrhundert v.u.Z. die Problematik des rechten Maßes nicht mehr einer politischen und kosmologischen Ordnung, sondern von nun an den Individuen selbst überantwortet, so sei dies eine Reaktion auf die Schwäche der bis dato bestehenden feudalen Strukturen und einer damit verbundenen sozialen Mobilität, die nicht mehr über die Durchsetzungskraft verfügten, dem Einzelnen sein Schicksal verbindlich zuzuweisen.[38] Symptom hierfür ist, nach Baudy, der im 5. Jahrhundert aufkommende *Eudaimonie*-Begriff:

Εὐδαιμονία bedeutet hier nichts anderes, als daß der einzelne – die Rolle des δαίμων verinnerlichend – sich seine Moira nunmehr selbst ‚gut zuteilt', die ihm bisher von außen zugeteilt wurde. So wird die Eudaimonie zum terminologischen Ausdruck einer, neuen, von gesellschaftlichen Rahmenbedingungen abstrahierenden, die individuelle Selbstregulation suchenden Psychotechnik.[39]

Wenn vordem das Leben des Einzelnen von der *Moira* bestimmt wurde, die ein *Daimon* ihm zusprach – das heißt eine Entsprechung zu demjenigen Ranghöchsten, der die soziale Verteilung des Fleisches vornahm –, „versuchen ärztliche Praxis und philosophische Lebensweisheit und -praktik das Individuum von äußeren Schicksalsfaktoren unabhängig zu machen bzw. dazu zu befähigen, externe Schwankungen innerlich auszugleichen."[40] Derjenige, der sich unersättlich jenseits der *Moira* bewegt, wird nicht mehr vom Zorn und der Missgunst der Götter, sondern von selbst verschuldeten Krankheiten geschlagen, wie noch Senecas oben zitierte Auseinandersetzung mit Poseidonios zeigt.

Der Aufschwung der attischen Demokratien und ihrer Expansionen, insbesondere in den ostmediterranen und orientalischen Raum, war mit einer

---

37 Ebd., S. 17.
38 Vgl. ebd., S. 21.
39 Ebd.
40 Ebd., S. 20.

beständigen Zunahme des fremden Luxus in der griechischen Oberschicht verbunden und stellte eine Entwicklung dar, die von einer zunehmenden Kritik
des Luxus im Zeichen des Magens begleitet wurde. Wenn sich die Sorge um den
Magen mit den attischen Demokratien mehr und mehr individualisierte, dann
nicht zuletzt deshalb, weil eine disziplinierende Aufwandsbeschränkung, wie
sie noch im 6. und 5. Jahrhundert v.u.Z. etwa in den Gesetzen Solons forciert
wurde und die in der spartanischen Lebensführung ihr Ideal fand, sich schwer
mit dem Gedanken der Freiheit der (männlichen) Bürger in Einklang bringen
ließ. Hierin wird eine Transformation der Luxuskritik deutlich, die sich nicht
nur in ihren Begriffen und der Frage ihrer moralischen Durchsetzung ausdrückte, sondern ebenso im Hinblick auf die Genres und Medien, über die sie
betrieben und verbreitet wurde. Die Komödien und Tragödien ebenso wie die
philosophischen und medizinischen Traktate lassen sich nun als Literaturen
einer Luxuskritik fassen, deren Programm weniger ein legislatives als ein
pädagogisches und ethisches darstellte. Ohne hier auf die vielfältigen
pythagoreischen, kynischen, platonischen, epikureischen oder stoischen Aus-
formulierungen dieses Programms eingehen zu können, bleibt doch die Zentralität des Magens und seiner auf Dauer gestellten Fülle als Inbegriff einer
idealen autarken *Eudaimonie* in all diesen Richtungen bemerkenswert. Nicht
zuletzt folgte auch die Geschichtsschreibung der eigenen wie der fremden Völker mit der *Persika* des Ktesias sowie den Werken des Theopomp und Ephoros
dem Leitfaden jener Kritik der *Hybris*, wie Rainer Bernhardt betont hat.[41] Der
Diskurs der Luxuskritik und die Frage des erfüllten Lebens entfaltet sich damit
nicht nur in der *Moira* des Einzelnen, sondern ebenso in derjenigen der jeweiligen Gesellschaft.

Wenn die Philosophie und Medizin die soziale und kosmologische Dimension der zeremoniellen Verteilungsordnung auch auf die in ihrem Zuschnitt
und ihrer Tendenz individuelle Problematik des Hungers und des Überfressens
reduzieren und jene Selbstproblematisierung des Subjekts im Bezug auf seine
Esslust forcieren, die Foucault als „Sorge um sich" und als „Techniken des
Selbst" beschreibt, so muss doch mit Baudy betont werden, dass jene wortwörtlichen Gastrosophien weiterhin in einem engen und transformativen Verhältnis
zu einer Tradition sehr viel älterer Gastro-Mythen stehen, die, wie etwa Hesiods
Theogonie oder die *Werke und Tage*, vom Ursprung des Magens, der Fülle und
des Mangels erzählen: Indem Prometheus die gemeinsame Tischordnung
zwischen Göttern und Menschen verlässt, und damit das glückliche Zeitalter
der Fülle und Unsterblichkeit ohne jegliches Übel, Krankheit, Alter und Tod

---

41 Vgl. Bernhardt, *Luxuskritik und Aufwandsbeschränkungen in der griechischen Welt*, S. 324.

beendet, beginnt bei Hesiod die Geschichte des mit der notwendigen Füllung des Magens verbundenen Mühsals, ebenso wie der *Hybris*, der Gier und der Überschreitung der ihm zugewiesenen Anspruchsgrenze. Nachdem Zeus zum Herrscher über die Götter aufgestiegen war und diesen ihre Ämter und Funktionen zugewiesen hatte, beauftragte er Prometheus, den Göttern wie den Menschen ihren jeweiligen Anteil zuzuweisen. Und Prometheus kam dieser Aufforderung nach, indem er einen mächtigen Stier „wohlerfahren" zerteilte und mit der listigen und gleichermaßen ungleichen Verteilung des tierlichen Körpers eine Demarkationslinie zwischen Menschen und Göttern einzog, die, wie Jean-Pierre Vernant gezeigt hat, im zentralen religiösen Opfer der *Thysia* rituell wiederholt und gefestigt wurde. Prometheus habe, so erzählt es Hesiod in seinem Ursprungsmythos, auf der einen Seite das Fleisch und die fetten Eingeweide unter der Rindshaut und dem Magen versteckt, während er auf der anderen Seite die Knochen aufbaute und mit einer Schicht glänzendem Fett bedeckte. Zeus, der den Betrug durchschaute, wählte zwar die Knochen und das Fett, sann jedoch auf Rache an dem Betrüger:

„Seither", so heißt es bei Hesiod, „verbrennen die Völker der Menschen auf Erden den Unsterblichen weiße Knochen auf duftumwölkten Altären."[42]

Mit seiner List, die zwischen dem Genuss des Opferfleischs und demjenigen der Gerüche und Düfte eine Grenzlinie zieht, besiegelt Prometheus das Schicksal der Menschen, die von nun an dem Gesetz jenes animalischen Magens unterworfen sind, unter dem er das Fleisch versteckt hatte. Während die Götter von Düften und Gerüchen leben können und damit deutlich machen, dass sie einem anderen Geschlecht angehören, dessen Natur den Verdauungsvorgängen der Menschen nicht unterworfen ist, stehen die Menschen wie die Tiere im Dienst des Magens und des immer wieder auflebenden Hungers, der danach verlangt, dasjenige, was sich verbraucht und erschöpft, immer wieder nachzufüllen.[43] Durch die Wahl der Fülle des Fleisches und im Betrug an den Göttern wird der Magen als Organ zum *Signum* des Menschen. Aber erst die rachsüchtige, die umgekehrte und falsche Gegengabe der Götter beendet die kontinuierliche Füllung dieses Magens und gilt hierin als Ursprung jenes diskontinuierlichen Zyklus von Überfülle und Mangel. Pandora, „das schöne Übel", wie es bei Hesiod heißt, und das Geschlecht der Frauen überhaupt, sind für die Menschen, so lautet die misogyne Erzählung des Mythographen, was die Drohnen für die Bienen sind:

---

42 Hesiod, *Theog.* 555.
43 Vgl. Hesiod, *Theog.* 535–616, sowie Jean-Pierre Vernant, *Mythos und Religion im alten Griechenland*, Frankfurt am Main und New York 1995, S. 72f.

Ein unendlich gieriger Bauch, der sich von fremder Mühe speist.[44] „Als ‚gastēr‘
[…], unersättlicher Bauch, der den ‚bios‘ verschlingt, den Lebensunterhalt, den
die Männer sich durch Arbeit verschaffen" steht Pandora, wie Jean-Pierre Vernant
betont hat, in enger Verbindung zum Anteil des Opfertiere, der den Menschen zu-
gefallen war, und stellt geradezu dessen Pendant dar:

> Der genießbare Teil des Rinds, den Prometheus für die Menschen bestimmt hat, ist nun
> aber nach außen hin in den ‚gastēr‘ des Tiers eingehüllt. Zusätzlich zu der Bedeutung
> eines Behälters, eines Gefäßes um Nahrung darin zu kochen […], hat das Wort ‚gastēr‘
> noch einen anderen semantischen Wert: weil beim Trug des Prometheus alle eßbaren
> Teile des Tiers im ‚gastēr‘ versteckt worden sind, ist die menschliche Gattung dazu ver-
> dammt, nicht mehr leben zu können, ohne zu essen, ohne diesen ‚Wanst‘ zu füllen, die-
> sen ‚Pansen‘, der dazu gedient hat, ihren Nahrungsanteil zu verbergen. Von nun an sind
> die Menschen Sklaven des ‚gastēr‘ (dieses widerwärtigen, verfluchten, bösartigen ‚gastēr‘,
> von dem alle Leiden, alle Sorgen herrühren, wie es in der Odyssee heißt […]), sie laufen
> Gefahr selbst ‚wie Bäuche‘ zu werden γαστέρες οἶου […].[45]

Mit der Gier des Magens endet die Tischgesellschaft zwischen Menschen und
Göttern, ebenso wie die dauernde Fülle des goldenen Zeitalters und mit diesem
Bruch halten die Gebrechlichkeit und die Krankheiten Einzug. Der Mensch ist
von jetzt an dazu verdammt, mit der Magenfülle zu rechnen, ein Umstand der
bei Hesiod die Problematik des Zyklus zwischen Überfülle und Mangel eng mit
jenem Zyklus des agrarischen Jahres verbindet.

> Arbeite […] auf dass der Hunger dich hasse, Demeter aber liebe, die schönbekränzte,
> hehre, und deine Scheuer mit Nahrung fülle. Hunger ist ja dem Faulen durchaus ein
> treuer Gefährte. Dem aber zürnen die Götter und Menschen, der faul dahinlebt nach Art
> der stachellosen Drohnen, die faule Prasser sind und den mühsam geernteten Honig der
> Bienen verfressen.[46]

---

44 Vgl. Hesiod, *Theog.* 599. Dass sowohl Hesiod als auch Seneca stets auf den Honig und die
Bienen zu sprechen kommen, wenn es um die glückselige Ernährung geht, hängt mit der
engen Verbindung zusammen, in der der Honig mit der Götterspeise Ambrosia steht. Ganz in
diesem Sinne bezeichnet Ibykos in Athenaios *Deipnosophistai* (Athenaios 2,39) Ambrosia als
neunmal so süß wie Honig, während der Honig bei Homer neben Ambrosia, Nektar und anderen idealisierten Süßspeisen direkt als Götterspeise gehandelt wird. Der Honig liegt als roh genossene Süßigkeit jenseits der Küche, wie Claude Lévi-Strauss betont hat, und geht damit
jenem Feuerraub des Prometheus voraus (vgl. Claude Lévi-Strauss, *Mythologica II. Vom Honig
zur Asche*. Übers. von Eva Moldenhauer, Frankfurt am Main 1976, S. 13 f.).
45 Jean-Pierre Vernant, *Mythos und Gesellschaft im alten Griechenland*, Frankfurt am Main
1987, S. 180 f.
46 Hesiod, *Werke und Tage*, 297–305.

Das Verlassen eines Zustands der homöostatischen Fülle verlangt ebenso eine Umsicht im Umgang mit den gespeicherten Speisen wie eine notwendige Weisheit im Umgang mit dem Magen, der sich stets mit dem nach Tag und Arbeit bemessenen Anteil begnügen sollte. Und es ist kein Wunder, wenn das Ideal und der Jenseitsraum der Orphik und des Pythagoreismus im 6. Jahrhundert v.u.Z. gerade einen von klimatischen Bedingungen unabhängigen *Locus Amoenus* ersinnt, der mit jenen duftenden Gerüchen und Speisen versehen ist, die in der ursprünglich geteilten Tischordnung mit den Göttern bereitstanden.[47]

Wirft man von hier aus den Blick zurück auf die gastro-logische Rahmung der Kritik der Feinschmecker der römischen Kaiserzeit, wie sie uns bei Seneca begegnet, so ergibt sich ein Netz von Bezügen zwischen diesen Texten, bei denen es sicherlich nicht zu hoch gegriffen ist, im Falle der antiken griechischen und römischen Gesellschaften von einer geteilten Gastro-Logik zu sprechen, die den gesellschaftlichen und individuellen Diskurs der gerechten Verteilung und des erfüllten Lebens sowie die eigene Subjektivierung im Zeichen einer Sorge um sich, stets im Register des Magens, der Fülle, der Überfülle und des Mangels verhandelt. Diese Verknüpfung von gesellschaftlicher Kritik, Ethik und Moralistik, Kulinaristik und Magenfülle bildet einen kontinuierlichen geteilten Horizont, wenn auch dessen Wandlungen und Transformationen nicht außer acht gelassen werden dürfen.[48]

Konkret lässt sich eine solche Transformation gerade im Hinblick auf den Übergang von der griechischen zur römischen Kultur nachzeichnen. Andrew Hadrill-Wallace hat in *Rome's Cultural Revolution* dem maßgeblichen Einfluss

---

47 Eine Vorstellung, die bereits bei Homer greifbar ist, insofern der Olymp in seiner Charakteristik kaum vom *Elysion* zu unterscheiden ist. „Das Symposion als Dauerzustand im Jenseits erfüllt die Bedürfnisse nach materieller Sicherung und sozialer Kommunikation" (Burkhard Gladigow, „Jenseitsvorstellungen und Kulturkritik", in: *Zeitschrift für Religions- und Geistesgeschichte* 26, 4 (1974), S. 289–309, hier S. 305), und wenn die Pythagoräer*innen und Orphiker*innen in ihrer Verweigerung der Fleischnahrung und der *Thysia* die Stellung des Menschen zwischen den Göttern und den Tieren ebenso in Zweifel ziehen, wie die bestehende politische und kosmologische Ordnung, dann ist dies nicht zuletzt der Versuch einer Rückkehr zu jener kontinuierlichen Fülle einer ungeteilten Tischordnung, die jenseits der Trennung zwischen Sterblichen und Unsterblichen und des unabwendbaren Zyklus von Überfluss und Mangel liegt (vgl. Vernant, *Mythos und Religion im alten Griechenland*, S. 76 f.).
48 So sehr die Gastro-Logik der jeweiligen Mythen und Philosophien konstant erscheint, verbindet sie sich doch stets mit zeitlich und räumlich ganz unterschiedlichen Inhalten, Konflikten und Kontexten. Aber auch umgekehrt gilt: Gerade, weil diese Logik sich in vielfältigen und variablen historischen Applikationen, Verknüpfungen und Verschiebungen Geltung verschafft und ihre Produktivität in unterschiedlichsten Kontexten erweist, erlangt sie jene, nur aus dem historischen Abstand bemerkbare Stabilität, die sie als eine spezifisch antike Gastro-Logik auszeichnet.

jener griechischen Ideen, der Luxusgüter und der mit ihnen verbundenen Praktiken wie auch deren Kritik im Kontext des Hellenismus einen ausführlichen Kommentar gewidmet.[49] Die Angehörigen der römischen Oberschicht hätten die Griechen im Kontext des Hellenismus demnach nicht nur in der Praxis der Luxusentfaltung beerbt, sondern sie lernten ebenso das Konzept des Luxus und der *Hybris* selbst aus Griechenland. Und es ist erst diese konkrete – und das muss betont werden – in beide Richtungen, sowohl auf die römische wie auch auf die griechische Kultur, rückwirkende, transformative Aneignung, die es erlaubt den Stellenwert, den Kontext und den Einsatz der gastrosophischen Kritik eines Autors zu beleuchten, der in der Kaiserzeit deutlich von jenen Hesiodschen, Pythagoreischen und Aristotelischen Philosophien des Magens entfernt ist. Kehren wir hier also noch einmal zur Gastro-Logik des jüngeren Senecas zurück, die aus der Perspektive einer *longue durée* im 1. Jahrhundert einen recht späten Punkt dieser antiken Transformationsgeschichte markiert. Im Folgenden soll es also darum gehen, jene griechisch-römische Transformation der Gastrosophien und -mythen zu skizzieren, die für das Verständnis Senecas und damit für eine Transformationsgeschichte des Geschmacks entscheidend ist. Wie eigneten sich die Römer*innen den fremden griechischen Tafelluxus, die gastrosophischen Literaturen und Mythen und die mit ihnen verbundenen Formen der Problematisierung der Esslust an? Vor allem aber: Welche Transformationen gingen mit dieser Aneignung einher?

3.3 Die Einverleibung des attischen Honigs

Werfen wir vor dem Hintergrund der Frage nach der Transformation der griechischen Gastrosophien noch einmal einen Blick auf jenen *84. Brief* Senecas, von dem wir ausgegangen waren. Denn das Verhältnis, das Seneca in diesem Brief zwischen der Produktion des Honigs und dem Lesen und der Aneignung von Literatur und Wissen stiftet, präfiguriert bereits mit dem Modell der Arbeit der Verdauung eine von den Essvorgängen ausgehende, eigenständige Transformationstheorie und -praxis, die im engen Zusammenhang mit der hier verhandelten Problematik steht: Man soll, so formuliert es Seneca deutlich, dasjenige, was man aufgenommen hat, nicht unverändert lassen, „damit es nicht fremd bleibt." Und er fährt mit jener Aufforderung an Lucilius fort, die das Lesen und Schreiben in den Kontext der antiken Gastrosophie stellt:

---

49 Vgl. hierzu das Kapitel „Luxury and the Consumer Revolution", in: Andrew Wallace-Hadrill, *Rome's Cultural Revolution*, Cambridge 2008, S. 315–355.

„Verdauen wir es."[50] Die Aneigung der fremden Kulturgüter gleicht der Verdauung, in der, folgt man Aristoteles, „Ungleiches durch Angleichung, durch Assimilation, in Gleiches verwandelt" wird.[51] Ein Vorgang, in dem jedoch, wie man mit Bernhard Waldenfels kritisch anmerken muss, in der Aneignung auch das Eigene nicht unbeeinflusst bleiben kann. Denn angesichts des Transformationsmodells der Verdauung lässt sich durchaus die Frage stellen, „ob die Assimilation nicht stets Momente einer nicht zu assimilierenden Fremdheit behält, da angeglichen wird, was nicht gleich ist, und da etwas genießbar wird, was nicht einfach genießbar ist."[52] Ja, die Frage nach der rechten Aneignung des Fremden, die Seneca beschäftigt, stellt sich überhaupt erst angesichts der Gefahren der „Entfremdung des Selbst" und damit der potentiellen Wechselseitigkeit der Transformation im Prozess der Aneignung. Und es wird zu zeigen sein, dass gerade dies in der Rezeption und Einverleibung der griechischen Kulturgüter im Zuge des Hellenismus eines der eminenten Probleme darstellte, das nach Lösungsansätzen verlangte.

Dabei betraf die Problematik der Aneigung des griechischen Luxus nicht nur die materiellen Luxusgüter und die exotischen Speisen und Genüsse aus dem Osten, sondern gleichermaßen wie Senecas Ausführungen und Problematisierungen deutlich machen auch die griechischen Bildungsgüter, Literaturen und Philosopheme.

Dass beide – die Problematik der Lektüre ebenso wie diejenige der Fremdspeisen – bei Seneca nachdrücklich mit der seit Hesiod wohleingeführten gastrologischen Figur der Biene verknüpft werden, ist dabei bereits Bestand der hellenistischen Transformationen der griechischen Diskursbestände. War die Biene für die griechischen Autoren von Anfang an mit der Feldarbeit verknüpft, so erweiterte sich im römischen Kontext ihr Assoziationsraum. Mit der Doppelbedeutung von *legere*, das sowohl als *lesen* im Sinne von sammeln, pflücken und ernten verstanden werden konnte als auch als *lesen* im Sinne der Lektüre, setzte Seneca auf eine Verknüpfung zwischen Agrar- und Geistesarbeit, die den Anschluss von Fragen der rechten Lektüre an jenen Komplex der griechischen Gastromythen und Ess-Ethiken erst möglich macht. Mit diesem Übertrag verband sich im Kontext des Hellenismus eine Kultur des Selbst, die mit dem Begriff der *cultura animi* bruchlos an die *cultura agri* anschloß und die griechische Bildungslandschaft mit der römischen Agrarideologie zu versöhnen suchte. Das römische Landleben verdichtete sich nicht nur in den Schriften Senecas zum

---

50 Seneca, *Epist.* 84,6 f.
51 Vgl. Aristoteles, *De anima II*, 3.
52 Bernhard Waldenfels, *Sinne und Künste im Wechselspiel. Modi ästhetischer Erfahrung*, Berlin 2010, S. 313.

idealisierten Bild eines gebildeten, römischen Ackerbauern, der vom Morgen-
spaziergang bis zur *cena* auf seinem Landgut den Geist wie den Boden kultivierte. Cicero hatte in seinen *Gesprächen in Tusculum*, einem jener Landgüter in
Latium, den Satz von der Philosophie als einer Kultivierung des Geistes geprägt – „cultura animi philosophia est"[53] – und damit den Weg gewiesen, der
den Menschen von einem wilden und rustikalen Leben zu einer menschlichen
und zivilen beziehungsweise zivilisierten Kultivierung führen sollte.[54] Die
Römer, so findet man es bei Vergil, seien vormals ein wildes Volk gewesen, das
durch Saturn vereinigt und mit Gesetzen zu einer ersten Gesellschaft geformt
worden sei.[55] Der Begriff des *cultus* wurde dabei in Rom durchgehend durch
den Wert der *mos* ergänzt, der eine implizit überlegene Verhaltensform bezeichnete, eine spezifische Lebensführung, eine komplexen Struktur aus Traditionen, die das Vertrauen in die Gesetze ebenso wie deren Einhaltung forderte.[56]
Wenn die griechische Identität vor allem auf der *paideia*, das heißt der Bildung
des (männlichen) griechischen Bürgers und seinem dadurch erlangten Anteil
am *logos* beruhte, so waren für die römische Identität die *mores* die entscheidendere Kategorie. In den *Tusculae Disputationes* erkennt Cicero zwar die Überlegenheit der griechischen Literatur an, die es durchaus anzueignen lohne, mit
Verweis auf die römischen *mores* könne den Griechen aber insgesamt keine
überlegene Position zugesprochen werden. Mit der Idee einer Kultivierung des
Geistes, die schlicht an die Agrarideologie der römischen *mos maiorum* an-
schloss, verband sich im Hellenismus somit die Integration der griechischen
paideaia in die römische Tugendlehre. Diese fand ihren gemeinsamen Horizont
in der *humanitas*, einem Begriff der zu Zeiten Ciceros aufkam und gerade jenen
doppelten Identitätsmarker der Pflege der Sitten und des Geistes bezeichnete,
die den (männlichen) Römer vor den Barbaren auszeichnete. Nur in der Aneignung einer römischen Lebensart *und* der Bildung, insbesondere der Rhetorik,
konnte der Barbar *humanitas* erlangen.

In dem Maße, in dem die griechische *paideia* auf der einen Seite in das
Konzept der römischen *humanitas* einging und in ihrer spezifischen Transformation gerade gegen den griechischen *Hellenismos* in Stellung gebracht werden
konnte, in dem Maße war auf der anderen Seite die Aneignung griechischer
Kultur- und Bildungsgüter problematisch, insofern diese als fremdländischer

---

53 Cicero, *Tusculae disputationes* 2, 13. Vgl. auch ders., *De finibus* 5, 54 f.
54 Cicero, *De Oratore* 1,33: „Homines a fera agrestique vita ad humanum cultum civilemque
deducere."
55 Vgl. Vergil, *Aeneis* 8, 316.
56 Zum Gegensatz zwischen den römischen und griechischen Identitätsentwürfen vgl. Wallace-Hadrill, *Rome's Cultural Revolution*, S. 28–35.

Luxus konnotiert waren und, so die moralische Kritik, innerhalb der Zerstreuung zu einer Verweichlichung und damit zu einer Entfremdung von den *mos maiores* führten. Auch und gerade die Aneignung der griechischen Literatur, die von Anfang an an dem Raum der römischen Villa und ihrer *otium*-Kultur geknüpft ist, setzt das römische Subjekt dieser Gefahr aus, wie nicht zuletzt Seneca betont, wenn er davor warnt, zu vieles und zu verschiedenes auf einmal zu lesen. Die problematische Stellung des fremden griechischen Luxus zeigt sich dabei jedoch nicht nur auf der Ebene der *cultura animi* und der *paideia*, sondern gleichermaßen auch auf der Seite der *cultura agri*, wie sich im Hinblick auf den auch für Seneca so wichtigen Honig zeigen lässt: Zwar ist der Honig in der römischen Darstellung, wie auch in den griechischen Gastromythen, das Grundnahrungsmittel des Saturnalischen Zeitalters schlechthin und kann, mit Rückbezug auf die moralische Orientierung an jenem verflossenen, glücklichen Zeitalter, bei Seneca die integere Aneignung des Fremden ebenso versinnbildlichen, wie bei Vergil die autarke und selbstgenügsame Lebensweise des ‚Corycischen Greises‘,[57] aber es scheint doch gleichermaßen so, als ob der Honig zumindest ab der Kaiserzeit ebenfalls einen griechischen Luxusimport darstellte. In Griechenland, von wo die römische Gesellschaft vergleichsweise früh die Bienenzucht übernahm, zählte die Imkerei, wie bereits deutlich geworden ist, zu den grundlegenden Bereichen der Agrarwirtschaft und der attische Honig war im gesamten Mittelmeerraum berühmt. Ein Umstand, der diesen Honig zu einem begehrten und herausragenden Genussmittel werden ließ, das sein Prestige in Rom vornehmlich aus seiner fremden Herkunft zog.[58] Senecas Zeitgenosse Petronius hat dabei dem Widerspruch zwischen der Rückbindung des römischen Honigs an das Saturnalische Zeitalter und die Tugenden der *maiores* und seiner gleichzeitigen Semantik des griechischen und fremden Luxus in seinem *Satyricon* eine humoreske Pointe verliehen[59]: Denn die Anstrengungen des neureichen Freigelassenen, Trimalchio, den Sitten der Vorfahren zu entsprechen und gleichzeitig ein kosmopolitisches Luxusleben zu entfalten, erlangt ihre ganze Komik in dem Umstand, dass Trimalchio von den Luxusspeisen an seiner berühmten Tafel behaupten konnte, er habe sie

---

57 Vergil, *Georgica* 4, 139–140.
58 In diesem Zusammenhang sollte nicht außer Acht gelassen werden, dass bei Seneca selbst, wenn auch nicht der griechische, so doch der indische Honig als der reinere Honig gilt, insofern er nur gesammelt und von den Bienen nicht weiter verarbeitet werden muss. Vgl. Seneca, *Epist.* 84, 3–5.
59 Zum Verhältnis von römischem Moraldiskurs und Satire im Hinblick auf die Problematisierung der Esslust vgl. Nicola A. Hudson, „Food in Roman Satire", in: Susan H. Braund (Hrsg.), *Satire and Society in Ancient Rome*, Exeter 1989, S. 67–89.

allesamt auf seinem eigenen Grund und Boden angebaut. Insbesondere der Honig gerät hier neben Champignons und anderen exotischen Importen zum Paradigma: „Damit attischer Honig auf seinem eigenen Grund gedeihen sollte, hat er Bienen von Athen herkommen lassen."[60] Die importierten Bienen aus dem Hymettos-Massiv in Attika geraten an Trimalchios Tafel in eine seltsame Spannung zwischen dem behaupteten fremden Prestige und einer Aneignung im Modus der römischen Tradition. Denn, wenn dieser auch die fremden Bienen in Italien ansiedelt, so produzieren sie dort doch ebenso wie alle anderen Bienen italischen Honig und eben keinen attischen. Auf dem eigenen Boden kultiviert, verlieren die exotischen Genussmittel einen Gutteil ihres Prestiges, das maßgeblich von der Qualität des Luxuriösen, des Aufwendigen und Fremdländischen zehrt. Aber auch im Hinblick auf das Leben und die Tugenden der Vorfahren kann die überbordende Tafel des Trimalchio nur grotesk erscheinen, insofern diese, wie man bei Seneca sehen kann, stets mit einem einfachen, selbstgenügsamen und maßvollen Leben assoziiert waren. Die als römisch geltende Tradition der *maiores* wird hierin mit einem Überschuss ausgestattet, mit einem Zu-Viel und einer Überfülle, die diese in ihr Gegenteil verkehrt und sich selbst entfremdet.

Petronius Komödie liefert damit in der Person des Neureichen Trimalchio und seinem Gastmahl eine komödiantische Reflexion auf die immense Luxusentfaltung, die die römischen Villen, wie sie vermehrt im 2. Jahrhundert v.u.Z. außerhalb von Rom, insbesondere in Kampanien und am Golf von Neapel errichtet wurden, durch die Expansion des römischen Reiches, vor allem in den ostmediterranen Raum, und dem damit einhergehenden Handel erlebten.[61] Und wie

---

60 Petronius, *Sat.* 38,3.

61 Rom war schon allein deshalb an diesem Außenhandel interessiert, weil die wachsende Stadt zu ihrer Grundversorgung massiv auf Getreideimporte angewiesen war. Ein Umstand, der, in einer geradezu dialektischen Rückkopplung, auch darin begründet lag, dass jene heimischen luxuriösen Villen mehr und mehr mit der Erzeugung von Lebensmitteln befasst waren, die fast ausschließlich dem Luxussegment zuzuordnen waren. Die Zucht von Puten, die Anlage von Wildgehegen, der Anbau von bisher als exotisch geltenden Lebensmitteln wie Kirschen und nicht zuletzt die sprichwörtlichen Fischzuchtanlagen, die den luxusversessenen *Pisciniis* am Golf von Neapel ihren Namen verliehen, dienten weniger den Notwendigkeiten einer Grundversorgung als vielmehr dem sich vergrößernden Absatzmarkt eines prestigeträchtigen Lebensstils. Vgl. Katja Schneider, *Villa und Natur. Eine Studie zur römische Oberschichtkultur im letzten vor- und ersten nachchristlichen Jahrhundert*, München 1995, S. 13, sowie Harald Mielsch, *Die römische Villa. Architektur und Lebensform*, München 1987. Abgesehen von der Umstrukturierung der Landwirtschaft bleibt zu betonen, dass die Villen und der Landbesitz weiterhin die wirtschaftliche (und politische) Grundlage der römischen Oberschichten bildeten. Vgl. Otto E. Schmidt, „Ciceros Villen", in: Fridolin Reutti (Hrsg.), *Die römische Villa*,

nicht zuletzt bei Petronius deutlich wird, spielten die unter dem Einfluss der griechischen Symposien-Kultur stehenden Gastmähler eine entscheidende Rolle bei der Ausgestaltung und Repräsentation dieses Lebensstils. Hier etablierte sich eine fremdländische Esskultur und ein entsprechendes Wissen. Dabei ging es nicht nur um das private Vergnügen jenseits der senatorischen *officiis*, sondern das Gastmahl bekam mehr und mehr einen politische Bedeutung. Es wurden Neuigkeiten ausgetauscht, politische Bündnisse geschlossen, Macht ausgestellt und Einfluss ausgeübt, kurz: Die Villegiatur und ihre Gastmähler dienten mehr und mehr dazu, das gesellschaftliche und politische Leben Roms unter anderen Vorzeichen fortzusetzen.[62] Mit den Landvillen etablierten die reichen Patrizierfamilien einen zweiten Lebensrahmen neben der öffentlichen Sphäre, eine Sphäre des *otium*, das heißt der Muße sowie einer graecophilen Kultivierung des Selbst, deren Lebensstil sich markant von der Alltagskultur Roms unterschied. Man orientierte sich an griechischen Herrscherpalästen und einem als griechisch verstandenen Lebensstil und errichtete ganze „hellenistische Bildungslandschaften",[63] indem man Kunstsammlungen anlegte, Bibliotheken und Gymnasien einrichtete sowie Architektur, mythologisches Arsenal und entsprechende Bildnisse übernahm.

Dieser Aufschwung der Villegiatur war dabei einerseits der zunehmenden Desintegration der Eliten in der späten Republik und deren zunehmenden Machtverlust in der Kaiserzeit geschuldet und andererseits einer wachsenden Faszination für die griechische Kultur, die jedoch nur jenseits der öffentlichen Sphäre Roms und der dort notwendigen Repräsentation eines Lebensstils im Sinne der römischen Tradition ausgelebt werden konnte. War in Griechenland die Luxuskritik mit der Ablehnung des Einflusses orientalischer und persischer Erzeugnisse und kultureller Übernahmen verbunden gewesen, so übertrug der römische Moraldiskurs diese Kritik im Namen der vormaligen italischen *mos maiorum* auf Griechenland selbst. Denn es war vor allem der griechische Einfluss, der für die zunehmende Entfernung von den Idealen der einfachen

---

Darmstadt 1990, S. 13–40. Hier S. 15f., sowie Guido A. Mansuelli, „Die Villen der römischen Welt", in: Fridolin Reutti (Hrsg.), *Die römische Villa*, Darmstadt 1990, S. 322–364, hier S. 323.
62 Vgl. Schneider, *Villa und Natur*, S. 23 Zur Bedeutung des römischen Gastmahls vgl. außerdem Katherine M. D. Dunbabin, *The Roman Banquet. Images of Convivility*, Cambridge 2003; Charles Feldman, *Ancient Roman Dining. Food Transformation, Status and Performance*, Saarbrücken 2009; Stein-Hölkeskamp, *Das römische Gastmahl. Eine Kulturgeschichte* sowie Tietz, *Dilectus ciborum*. Entscheidend hierfür ist nicht zuletzt, dass sich die Eliten Roms in den Villen Kampaniens den Verpflichtungen gegenüber ihren Klienten entziehen und so unter ihresgleichen bleiben konnten.
63 Vgl. Mielsch, *Die römische Villa*, S. 94–96.

agrarischen Lebensführung der frühen römischen Republik und die „Verweichlichung"der römischen *virtus* verantwortlich gemacht wurde.[64] Die Zwiespältig-
keit dieser Identität zwischen Tradition und Expansion trat insbesondere dort
offen zu Tage, wo der Diskurs des einfachen Lebens mit den Erfolgen der militärischen Expansionspolitik eng geführt wurde. Folgte das Bild der *mos maiorum* den Werten der Schlichtheit, ja, Ärmlichkeit und propagierte das Ideal
eines auf die bloßen physischen Bedürfnisse zurückgeworfenen kargen Lebens,
so diente diese Bedürfnislosigkeit und die Gewöhnung an die harten Lebensbedingungen auf der Seite als Argument, die militärische Überlegenheit und die
Erfolge der römischen Expansion plausibel zu machen, die wiederum jedoch
gerade die Möglichkeitsbedingung für das Ausgreifen des Luxus in Rom bildeten.[65] Die griechischen Einflüsse wurden einerseits verdammt und andererseits
leidenschaftlich angeeignet. Eine Ambivalenz die gerade die Villen grundlegend auszeichnete und die sich, wie etwa Wallace-Hadrill am Beispiel der *Villa
dei misterii* bei Pompeji gezeigt hat, auch architektonisch und funktionell in
deren Anlage niederschlug. Die römischen Villen der republikanischen Zeit bildeten konsequent eine Opposition zwischen dem Land- und Stadtleben, dem
Luxus und der *virtus* der Vorfahren sowie zwischen den Sphären der Produktivität und des Konsums heraus. Nach außen repräsentierte die Stadtvilla, mit
den *Imagines* der Vorfahren im Atrium, die patronale Macht gegenüber den
Klienten und den Anschluss an die *mos maiorum*, während sich in den inneren
Räumen eine Gartenanlage entfaltete, die den griechischen Luxus antizipierte.
Umgekehrt stellte die ländliche Villa nach außen die agrarische Wirtschaftlich-
keit aus, während der reich ausgestattete Wohnbereich mit griechisch-
dionysischen Wandszenen aufwartete.[66] Vor diesem Hintergrund wird auch die
Kopplung von *cultura agri* und *cultura animi* als Kompromiss lesbar, der die
ambivalente Struktur der Villa in ihrer Doppelfunktion als helenophile Bildungslandschaft und agrarischen Betrieb aufnimmt und philosophisch zu wenden versucht. Wenn der Raum des *Tricliniums* jenen Ort markierte, in dem,
zwischen den *pars rustica* und den *pars urbana* ebenso wie zwischen römischer
Rustikalität und griechischem Luxus und in deren Überblendung, die Früchte
der Feldarbeit und diejenigen der geistigen Arbeit versammelt wurden, wird
schließlich auch die zentrale Bedeutung verständlich, die dem Gastmahl sowohl in kulinarischer als auch in intellektueller Hinsicht im römischen
Moraldiskurs und in den entsprechenden Selbstpraktiken zukommen musste.

---

64 Vgl. Schneider, *Villa und Natur*, S. 15–22; Mielsch, *Die römische Villa*, S. 95, sowie im
Bezug auf die Kulinaria: Tietz, *Dilectus ciborum*, S. 36–97.
65 Vgl. hierzu etwa Athenaios 6, 273 d–274 b.
66 Vgl. Wallace-Hadrill, *Rome's Cultural Revolution*, S. 204.

Denn es war gerade die Zweideutigkeit der doppelten Konstituierung des (männlichen) römisch-patrizischen Subjekts, als Nachfahre der *maiores* ebenso wie als erfolgreicher Eroberer eines fremden Luxus, die die Quelle der symbolischen und habituellen Macht darstellte.

Die zeitgenössische Problematik der Transformation der Identität der römischen Eliten spiegelt sich in den moralischen Texten der ersten beiden Jahrhunderte, in denen sich eine „Intensivierung des Selbstbezugs" findet,[67] die vor allem im Falle der Stoiker die Kultivierung des Selbst mit der Erfüllung der Pflichten gegenüber den Mitbürgern und der Gesellschaft verband[68] und geradezu ein „Goldenes Zeitalter in der Kultur seiner selbst" begründete, die weit über die engen Kreise der Philosophen hinausging. Die Gewissheit der eigenen zeitgenössischen Distanz zu den *mos maiores* machte ein ethische Anstrengung zur Umkehr und Selbstreform nötig. Und doch hieß dies eindeutig nicht, dass das vormalige einfache Leben und die Rückkehr zu den kargen Lebensbedingungen der Frühzeit als ernsthafte oder gar reale Option gehandelt wurde, der man sich uneingeschränkt zu unterwerfen gehabt hätte. Die Führung eines maßvollen und erfüllten Lebens war im römischen Kontext keineswegs mit dem Anspruch einer Rückkehr zum Goldenen oder Saturnalischen Zeitalter verbunden, sondern hieß, die je aktuelle römische Identität in eine Übereinstimmung mit den *mos maiorum* zu bringen.[69] Gerade hier boten die griechischen Ethiken des Selbst einen bemerkenswerten Kompromiss an, der es nicht nur ermöglichte, die Beherrschung seiner Selbst zu etablieren, sondern darüber hinaus die Kultivierung des Geistes, des Ackers und der Seele auszubalancieren.

Sie erlaubten es, den fremden Luxus anzueignen ohne die Haltung und Tugend der Anspruchslosigkeit und Genügsamkeit aufzugeben und sich hierin von den *mos maiores* zu entfernen. Weit davon entfernt, den Verzicht um seiner

---

67 Michel Foucault, *Die Sorge um sich. Sexualität und Wahrheit 3*. Übers. v. Ulrich Raulff und Walter Seitter, Frankfurt am Main 1989, S. 57.

68 Ebd., S. 58.

69 Werner Tietz hat jüngst hervorgehoben, dass gerade die Ausgestaltung der frührömischen Ernährungsweise, die einen der wichtigsten Identitätsmarker darstellte, nicht vor dem 2. Jahrhundert v.u.Z. vorgenommen wurde, einer Zeit also, die über keinen unmittelbaren Erfahrungshorizont einer solchen Ernährung mehr verfügte. Erst im Angesicht der luxuriösen Fremdspeisen, die die Expansionspolitik des römischen Reiches auf die italischen Tafeln brachte, konnte das *Triclinium* zum Austragungsort von Identitätspolitiken werden (vgl. Tietz, *Dilectus ciborum*). Zur Wahrnehmung der Speisen als Codes der Beziehungen der Römer zu ihrer Vergangenheit und der Wahrnehmung historischen Wandels durch die Veränderung der Ernährungsweisen vgl. auch Nicolas Purcell, „The Way We Used to Eat. Diet, Community, and History at Rome", in: *American Journal of Philology* 124, 3 (2003), S. 329–358.

selbst willen zu praktizieren und tatsächlich arm und elend zu leben, sollte man allein „in den Stand versetzt werden, auf das Überflüssige zu verzichten, indem man eine Souveränität über sich selbst gewinnt",[70] unabhängig davon, ob man den Luxus real konsumierte oder nicht. Es ging gerade nicht um eine Einübung des dauerhaften Verzichts, wie dies später von den christlichen Asket*innen betrieben werden sollte, sondern um eine Probe der eigenen Unabhängigkeit gegenüber den überflüssigen und luxuriösen Dingen und der Bestätigung, dass man jederzeit auf diesen verzichten könnte. Der Anschluss an die einfache Lebensweise drückte sich in einer Charakterfestigkeit aus, einer inneren Haltung der Bedürfnislosigkeit und nicht in einer *Imitatio* der äußeren Lebensweise als solcher. So ging es im Kontext der stoischen Lehren, die eine immense Verbreitung erlebten, darum, sich auf mögliche Entbehrungen vorzu bereiten und sich davon zu überzeugen, dass jedes Bangen vor diesen überflüssig sei. Im Gegenzug dazu wollte die epikureische Ethik in der Probe des Verzichts der Überzeugung Nachdruck verleihen, dass man in der Befriedigung der elementarsten Bedürfnisse eine größere Lust erfahren könne, als durch überbordenden Luxus. In beiden Fällen war die Haltung und die eigene Verfassung entscheidend, nicht der reale Lebensstil als solcher. Beispielhaft hierfür ist etwa jene Probe von der Plutarch in *De genio Socratis* berichtet: Zunächst rege man durch sportliche Übungen den Hunger an, um sich dann an den Tisch mit einem üppigen Mahl von fremdartigen und luxuriösen Speisen zu setzen. Nachdem man sich in den Anblick vertieft habe, überlasse man den Überfluss den Sklav*innen und begnüge sich selbst umgekehrt mit deren Nahrung.[71] Seneca schlägt wiederum kleine Proben fiktiver Armut vor, in denen man drei Tage lang Brot von schlechter Qualität zu sich nehmen solle. Man machte sich hierin, wie Foucault schreibt, „mit dem Minimum" vertraut, ohne es tatsächlich real antizipieren zu müssen.[72] Im *18. Brief an Lucilius* wird die Kompromissformel deutlich, die sich in diesen Selbstpraktiken herausbildete und in der das Ideal der *mos maiorum* mit dem Genuss der fremden Güter versöhnt werden sollte: Im Kontext der Saturnalien des Jahres 62 konstatiert Seneca den ausschweifenden und krankheitserregenden Charakter dieser luxuriösen Festivitäten. Es wäre naheliegend, sich von diesen fernzuhalten, wolle man den eigenen Körper und die Seele nicht in Gefahr bringen, und doch betont Seneca, dass man mit noch größerer moralischer Strenge handele, wenn man sich gerade nicht absondere, sondern „ohne sich mit aller Welt gemein

---

70 Foucault, *Die Sorge um sich*, S. 81.
71 Vgl. Plutarch, *De genio Socr.* 585a.
72 Foucault, *Die Sorge um sich*, S. 83.

zu machen– dasselbe, aber nicht auf diesselbe Weise" tue.[73] Durch Abstinenzübungen und Proben gebildet und gefestigt, könne man an den Feierlichkeiten teilnehmen, ohne in *luxuriam* zu verfallen, man könne zwischen dem Überreichtum Gleichmut bewahren und den Reizen der Lüste und der Leidenschaften widerstehen.

Der Verzicht auf den Luxus wird hierin zur Übung, die dem Subjekt eine Souveränität über sich selbst verleihen soll, die es immunisieren soll gegen die Lüste der Kehle und des Magens, die zur Überfülle und damit, wie wir gesehen haben, zur Krankheit des Körpers wie der Seele führen. Das Subjekt muss lernen das eigene Maß der Notwendigkeit zu bestimmen und auf alles andere verzichten zu können. Es ist dabei ein Verzichten-Können, aber kein notwendiger realer Verzicht, denn es geht mehr um die Etablierung einer Haltung der Kargheit als um eine reale Kargheit. In dieser Weise kann man den Luxus inkorporieren, aber man verfällt ihm nicht, man eignet ihn sich an, ohne sich dabei von sich selbst zu entfremden. Es geht darum, den Luxus zu verdauen ohne den Magen dabei zu überladen und gleiches gilt für die Lektüre und die gesamte Aneignung der fremden griechischen Güter. So sehr sich aber Seneca und der gesamte römische Diskurs des Hellenismus bemühen, die Problematik der Fremdheit zu bannen, einzukapseln[74] und durch Prozesse der rechtlich und ethisch regulierten Aneignung zu unterlaufen, im Spagat zwischen der Identifizierung mit den *mos maiores* und der gleichzeitigen Kultivierung eines kosmopolitischen Luxuslebens spannt sich doch stets aufs Neue und unhintergehbar das Problem einer überschießenden Fremdheit im Eigenen auf.

Wenn Gracián Jahrhunderte später das Bankett zum Ort einer kontinuierlichen Prüfung seiner Selbst erklärt, an dem der Geschmack des *Discreto* gebildet, erprobt und bestätigt wird, so erweist sich auch bei Seneca und seinen Zeitgenossen die *Mensa* als Ort, an dem sich das Subjekt durch seinen Selbstbezug hervorbringt und einer Prüfung seiner Selbst unterzieht. Allerdings nimmt die Praxis der Selbstprüfung hier eine entschieden andere Form an, denn es geht gerade nicht darum, der Exzeptionalität der seltenen Genüsse – gebend und nehmend – seine Wertschätzung entgegenzubringen, oder gar die Sinne durch das Versagen der augenblicklichen Lust zu noch größerem Genuss zu führen und sich hierin als weltgewandter Weiser auszuweisen, sondern es gilt gerade umgekehrt im Genuss der *Luxuria* ihrem Geschmack und der damit einhergehenden Anregung der Lüste zu widerstehen. Entscheidend ist hier

---

73 Seneca, *Epist.* 18, 4.
74 Zum Transformationstypus der Einkapselung, vgl. Bergemann u. a., „Transformation", S. 49 f.

nicht der Geschmack, sondern das rechte Maß der Einverleibung. Man begegnet der Fremdheit und Neuheit der Speisen nicht im Zeichen der Neugier und des sinnlichen Genusses. Insofern sie stets durch die Problematik der Gier, der Unbeherrschtheit und Überfülle überdeterminiert sind, können die fremden Importe nur unter ambivalenten Vorzeichen genossen werden. So sehr auch die Entdeckung neuer Speisen, Gerichte und Leckerbissen mit Prestige verbunden war, die Gourmandise ist nicht von der Völlerei zu trennen und ihre Wertschätzung kann dementsprechend nur negativ zum Ausdruck kommen. Ja man kann sagen, dass sich die gesamte Gastro-Logik der Antike geradewegs gegen eine Kultivierung des Geschmacks richtet, wie sie die Neuzeit hervorgebracht hat.

Diese Anti-Gustatorik wird bei niemandem so deutlich wie bei Petronius, der im *Gastmahl des Trimalchio* an anderer Stelle mit und gegen Seneca erneut auf das Thema der Bienen und des Honigs zurückkommt: Nachdem Trimalchio eine Abhandlung über die moralischen Gefahren des fremden Luxus in Rom zum Besten gegeben und hierbei vor allem die vortrefflichen Sprachkünste hervorgehoben hat, die darin zum Einsatz kommen, folgt eine Charakterisierung der Bienen, die den moralischen Diskurs in komischer Absicht *ad absurdum* führt: „Die Bienen halte ich für geniale Tiere", sagt da der Neureiche Trimalchio, „weil sie Honig erbrechen, obschon man sagt, dass sie ihn von Jupiter holen; stechen tun sie aber darum, weil man überall, wo Süßes ist, auch Scharfes antreffen kann."[75] Trimalchio, der sich den Honig, das heißt die fremden Güter, ohne Maß einverleibt und wie die Bienen eine Süße erbricht, sieht die Folgen, die den Luxus begleiten, weniger in der Moral, im Schmerz und der daraus resultierenden Krankheiten, als in einer bloßen Ausdifferenzierung und Mischung der Geschmäcker im Mund. Diese nimmt im Modus der puren Satire jenen Ausweis des süßen und bitteren Geschmacks der Wahrheit vorweg, dem wir bei Graciáns „Banquet der Verständigen" begegnet sind. Nur sind die Teilnehmer des trimalchischen Gastmahls keine Verständigen oder Weisen, sondern Neureiche und sogenannte „Sklavennaturen", die stets und überall gegen jegliche Ess-Ethik handeln. So sehr Petronius die Ess-Ethik im Kontext des Honigs, wie sie sich bei Seneca findet, invertiert, so ist doch die Umkehrung dem Modus der Satire geschuldet und stützt in ihrer Komik einmal mehr die Gastro-Logik der antiken Ethiken. Denn, was Trimalchio gerade nicht kennt, ist das rechte Maß, die rechte Fülle des Magens und die damit verbundene Lust und so führt die Schmackhaftigkeit der Speisen zur Überfüllung und zum Erbrechen und die Ignoranz, mit der die Folgen übersehen werden, zu einem perversen Genießen des mündigen Geschmacks und des Schmerzes. Der Schmerz und die

---

75 Petronius, *Sat.* 56,6.

Krankheit werden von Trimalchio zwar im Geschmack des Süßen und Scharfen als Varianz von mündigen Sensationen wahrgenommen, mit ihnen kann jedoch keinerlei Selbsterkenntnis oder -kultivierung verbunden sein. Anstatt sich im Modus der Neugier auf den Genuss des Fremden zu beziehen und in der Erfahrung des Schmeckens sich selbst zu bilden und zu vervollkommnen, zieht der fremde Luxus den antiken Weisen von sich selbst ab, zerstreut ihn und reibt ihn in „Vielgeschäfterei" auf, deren emblematischer Ausdruck bei Seneca just jenes Reisen ist, das in der Übung des Schmeckens eine zentrale Bedeutung erlangen wird und das auch bei Seneca bereits im engen Verbund mit dem Geschmack und der Genusssucht steht. Der Reisende ist der Unstete schlechthin, ein rechter homerischer Achilles, hin und her geworfen, Personifikation einer Krankheit, gegen die nur die Veränderung als Heilmittel erscheint, ein Heilmittel, das den Teufelskreis der Selbstentfremdung vollendet, anstatt diesen zu heilen. Unstet unternimmt man Reisen und schifft die Meeresküsten entlang, schreibt Seneca:

> und bald mit dem Wasser, bald mit dem Lande versucht sich die stets dem Gegenwärtigen feindliche Unbeständigkeit: ,Jetzt wollen wir nach Kampanien.' Bald bereitet Verfeinertes Verdruß [iam delicate fastidio sunt]: ,Urwüchsiges werde betrachtet, in Bruttien und Lukanien wollen wir Waldtäler durchwandern.' Etwas Lieblichkeit dennoch sucht man in der Einöde, daran verwöhnte Augen von der langweiligen Unwirtlichkeit rauher Gegenden sich erholen können: ,Tarent sei das Ziel und der gelobte Hafen [...] Augenblicklich wollen wir den Kurs auf Rom lenken [.] [...] Eine Reise wird nach der anderen unternommen und Schauspiele wechseln mit Schauspielen ab. So sagt Lucretius: Auf diese Weise flieht vor sich selber ein jeder stets. [...] Das hat mache in den Tod getrieben: weil sie durch häufigen Wechsel ihrer Absichten auf dasselbe zurückkamen [...], begann ihnen überdrüssig zu werden das Leben und die Welt selber, und es stellte sich die Frage innerlich faulen Genußlebens ein: ,Wie lange noch dasselbe?'[76]

Weit davon entfernt im Kontext einer Kunst der Selbstkultivierung zu stehen ist das Reisen und die Neugier, die den Menschen seit dem 16. Jahrhundert konstitutiv in die Welt hinaustreibt, ein eminenter Ausdruck der Genusssucht, des unstillbaren Hungers und der Überfülle, die zum Ekel und zum Erbrechen führt, anstatt eine angemessene Lebensform zu etablieren, oder gar einen guten Geschmack und hierin ein „weltmännisches", weises Subjekt zu konstituieren.

---

76 Seneca, *de tranq.*, 2, 13–15. Einen Überblick über das Reisen in der Antike, gegen das Seneca anschreibt, gibt Marion Giebel, *Reisen in der Antike*, Düsseldorf 1999.

3.4 Magen, Geist und Mundraum

So sehr sich Gracián auf jene antiken Gewährmänner bezieht und den *Discreto* als Schüler Senecas begreift, so muss doch die grundlegende Distanz zwischen der Gastro-Logik der Antike und der gustatorischen Philosophie der Neuzeit konstatiert werden, die eine transformatorische Arbeit nötig macht, um die antiken Bestände aufnehmen zu können. Was in der schmackhaften Lektüre der antiken Autoren geschieht, ist jedoch mehr als eine bloße Appropriation, das heißt eine einfache Eingliederung der antiken Bestände in die Aufnahmekultur. Die transformatorischen Bezüge gleichen eher einer Assimilation, einer Aneignung des Fremden, die dieses in die eigenen Zusammenhänge integriert, wenn nicht umdeutet oder gar invertiert.[77]

Wenn der Geschmack seit dem 17. Jahrhundert zu einem der zentralen Begriffe der Problematisierung der Esslust aufsteigt, dann löst er, wie wir gesehen haben, die Problematisierung der Überfülle des Magens durch eine hedonistisch-asketische Genussform ab. Der Hellenismus hatte den fremden Luxus und die griechischen Selbsttechniken nur integrieren können, insofern sie sie in den Rahmen des Eigenen, der Tradition der Vorfahren und deren Esssitten, disjunktiv aufzunehmen versuchte und gleichzeitig den unauflöslichen Rest der Fremdheit einkapselte.[78] Der Geschmack der Neuzeit löst nun das Problem der überbordenden Esslust in ganz anderer Weise. Indem er der Fremdheit ihren Wert als Fremdheit zuerkennt, jedoch gleichermaßen einer asketische Verweigerung der Fülle das Wort redet und darauf zielt, den Genuss des Luxus und des Übermaßes auf den Mundraum zu beschränken, versucht er statt einer Einkapselung des Fremden eine Grenze zwischen der Neugier der Zunge, die es erlaubt das Fremde als sinnlich-geistige Erfahrung anzueignen, und dem Magen zu ziehen. Das Fremde darf gerade nicht vom Magen angeeignet werden, darf nicht assimiliert werden, sondern muss im Moment seiner Verdauung von neuem hochgewürgt und wiedergekäut werden, um den Genuss auf den Mundraum einzuschränken. Die Problematisierung der Esslust bildet hierin ganz unterschiedliche Topologien des Körpers und seiner Vorgänge heraus, die jedoch, wie sich zeigen lässt, in einem engen transformatorischen Verhältnis zueinander stehen. Gracián genießt, wie er schreibt, die Schriften der antiken Autoren, er probiert sie, er schmeckt ihnen nach, lässt sie sich auf der Zunge zergehen, er kaut sie wieder und bereitet aus ihnen ein neues Mahl, das Neugier und

---

77 Zu den Transformationstypen der Appropriation, Assimilation, Umdeutung bzw. Inversion vgl. Bergemann u. a., „Transformation", S. 48 f., sowie 53 f.
78 Zu den Verfahren der Disjunktion und Einkapselung vgl. ebd., S. 49 f.

Staunen erregen soll und das er ganz dem guten Geschmack seiner Leser überantwortet. Eine Transformation im Zeichen des Geschmacks, die gerade jene
Texte ergreift, die sich auch die römischen Autoren schon einverleibt, verdaut
und angeeignet hatten, und die nun aufs Neue einer Leseübung oder genauer
einer Geschmacksprobe unterzogen werden. Denn auch bei Gracián findet sich
eine Version jenes hesiodschen Gastromythos, der den Wechsel zwischen Fülle
und Mangel zu begründen sucht:

> Die Alten erzählen, bei der Erschaffung der Menschen habe Gott sämtliche Übel in einer
> tiefen Höhle auf einer weit entfernten Insel eingeschlossen, und sie fügten gerne hinzu,
> die Insel habe daher den Namen Insel der Unseligen („Islas Fortunadas") erhalten. Dort
> schloss er Verfehlung und Strafe ein, Schuld und Sühne, Krieg, Hunger, Seuchen,
> Schändlichkeit, Schwermut, Schmerzen, ja den Tod selbst, all aufs schärfste in Ketten
> gelegt.[79]

Es wurden diamantene Türen mit stählernen Schlössern angebracht, deren
Schlüssel dem Willen des Menschen, seiner freien Wahl und Eigenverantwort-
lichkeit überantwortet wurde. Über die Welt dagegen verteilte Gott das Glück,
die Tugenden und das Gute. Der Mensch lebte glücklich, bis „des Menschen
Weib, getrieben von seiner Neugier und Leichtfertigkeit, sich zur Unheilshöhle
aufmachte. Sie stahl das Herz des Menschen und den Schlüssel und ohne weiter nachzudenken, öffnete sie das Schloss, worauf das Weltall erbebte und die
Übel sich über die Welt und ihre Nationen verteilten."[80] Es folgt eine ganze
Weltkarte der Sünden, die neben dem Ursprung der Übel der Welt moralisch-
anthropologischer Hinsicht eine ganze Nationaltypologie zu erstellen sucht:
Der Hochmut findet seinen Platz in Spanien, die Habgier in Frankreich, der Betrug in Italien, der Jähzorn in Afrika, Gefräßigkeit und Trunksucht in Deutschland, die Unbeständigkeit legt in England an, die Einfalt in Polen, Untreue in
Griechenland, Barbarei in der Türkei, Genusssucht in Persien, Feigheit in
China, Tollkühnheit in Japan und nicht zuletzt die Faulheit, die wie immer zu
spät komme, bei den „Indios" in Amerika. Einzig die Wollust verteilt sich, nicht
zuletzt mit der Frau, die alle Übel in sich vereinigt habe – „mit Bosheit vollge-
trichtert von Kopf bis Fuß"[81] – , sei sie doch als erste von diesen getroffen worden, über alle Länder zugleich, so lautet die durchgängig misogyne Weltsicht
des Jesuiten Gracián, die jedoch in mehrfacher Hinsicht aufschlussreich ist.

---

79 Gracián, *Das Kritikon*, S. 248.
80 Ebd.
81 Ebd., S. 251.

So sehr auch die Wollust als schlimmste Sünde gelten kann, die durch ihre Verführung den Anfang aller Sünde bildet und mit dem Motiv der Verführung durch Pandora schon in der antiken Version angelegt ist, entscheidender ist doch bei Gracián die Gier und insbesondere die Neugier, die die Frau zum Öffnen der Höhle treibt, in der Gott die Übel eingeschlossen hatte. Eine Höhle, die nicht zufällig auf den kanarischen Inseln zu finden sei, die bereits Pomponius Mela und Plinius der Ältere „Insulae fortunatae" getauft hatten[82] und die nach 1492 eine entscheidende Rolle nicht nur für den Handel mit Afrika, sondern ebenso als Ausgangs- und Transitort für die Entdeckungs- und Eroberungsfahrten in die neue Welt dienten. Die Verknüpfung der Gier und der Neugier mit jenen Inseln bekommt hierin noch eine zusätzliche Dimension, wenn Gracián deren satirische Doppelbedeutung ausspielt. Die „insulae fortunatae" sind nicht nur die Inseln der Glückseligen, sondern auch die Inseln der Fortuna, das heißt des Schicksals, und bestimmen somit nicht nur die Vergangenheit, sondern auch die Gegenwart der menschlichen Existenz.[83] Gracián schafft in *El Criticón* einen weltlichen, chronotopologischen Mythos, dessen Koordinaten den Handels-, Expansions- und Reisewegen der sich globalisierenden Welt des 17. Jahrhunderts folgen und noch einmal das unterstreichen, was bereits im Bezug auf die nomadische Tendenz innerhalb der Selbsttechniken des Geschmacks deutlich geworden ist: Das menschliche Leben erscheint als eine Reisebewegung, die auf der Karte religiöser, mythischer und moralischer Systeme, aber ebenso im geographischen Raum stattfindet und hierin die antike Ethik des Selbst und ihre Gastromythologie mit einer neuen Bedeutsamkeit des Reisens verbindet, ebenso wie sie die Ambivalenz zwischen Gier und Neugier neu ausbuchstabiert.

Zur Konturierung des problematischen Verhältnisses zwischen Gier und Neugier, das bereits die Antike prägte und das uns nun bei Gracián auf neue Weise begegnet, kann man eine weitere mythische Erzählung Graciáns heranziehen, die sich in der zweiten *Crisis* des ersten Buchs des *Criticón* findet:

Als der Große Werkmeister das *theatrum mundi* geschaffen und vollendet hatte, ging er daran jedem Lebewesen seine Bleibe zuzuteilen und sie ihren

---

82 Curt Theodor Fischer, „Fortunatae insulae", in: Georg Wissowa u. a. (Hrsg.), *Paulys Realencyclopädie der classischen Altertumswissenschaft. Neue Bearbeitung*, Bd. 7.1, Stuttgart 1893–1980, Sp. 42–43.
83 Gleiches gilt für die beiden Protagonisten des *Criticón*: Wenn sich der schiffbrüchige Critilo auf der Suche nach seiner Braut Felisinda mit Andrenio von Sankt Helena erneut in Richtung des Alten Europas einschifft und der *Eintritt in die Welt* und das Babel der Menschen in der fünften Krisis mit der Landung in Spanien verbunden wird, so müssen sie auf ihrer Seereise gerade jene kanarischen Inseln passieren, in denen die Übel sich über die Welt ergossen haben und nun analog das ungleiche Paar konfrontieren.

Lebensraum im Kosmos wählen zu lassen. Während die Tiere jeweils ihren Ort zu wählen wussten – der Elefant den Wald, das Pferd die Wiese, der Schwan den Teich und der Frosch den Pfuhl –, kam als letzter der Mensch an die Reihe und konnte sich durchaus nicht mit einer einzigen Lokalität zufrieden geben. Als er gefragt wurde, welchen Ort er bewohnen wolle, antwortete er: mit weniger als dem Weltall könne er sich nicht begnügen und selbst dieses erschiene ihm noch wenig. Unter den Umstehenden brach daraufhin große Bestürzung aus und es entspann sich ein Streit über die Gründe solcher Maßlosigkeit. Während die einen, die Schmeichler, meinten, eine solche Idee müsse dem großartigen Geist des Menschen entspringen, waren die anderen überzeugt, sie sei vielmehr das Resultat des armseligen Körpers, der dem Menschen zu eigen sei. Denn die Habsucht, der Hochmut, die Gier und die Eitelkeit trieben den Menschen dazu, nicht nur die Erde auszuhöhlen und die Meere zu durchqueren, sondern gar den Himmel mit seinen hoch aufragenden Bauten zu bedrängen. Und es sei insbesondere die Esslust, mit der er alle Elemente nötige, ihm ihre Schätze darzubringen: „die Luft ihre Vögel, das Meer seine Fische, die Erde ihr Wild, das Feuer den Wohlgeschmack [*sazon*], zur Reizung – nicht etwa zur Befriedigung – seiner Esslust [*gula*]."[84] Die Gier des menschlichen Magens sei unersättlich, so sagten die Scharfsinnigen.

Während die Kritiker*innen und die Schmeichler*innen des Menschen stritten, gab jedoch der Schöpfer dem Wunsch des Menschen statt: Der Mensch, so verkündet der Schöpfer, solle die Herrschaft über das Ganze antreten, denn dazu sei er geschaffen worden, aber „höre o Mensch" – und hier folgen die mahnenden Worte, die den Menschen und die maßlose Fresslust, die „gula", in direkter Weise problematisieren: Du sollst König über die Welt sein

> mit dem *mente*, nicht mit dem *vientre*, mit dem Geist, nicht mit dem Bauch; als Person, nicht als Tier. Herr sollst du sein über alle erschaffenen Dinge, nicht aber ihr Sklave; folgen sollen sie dir, nicht aber dich fortreißen. Alles sollst du dir nehmen, mit deiner Erkenntnis und mit meiner Anerkenntnis, dass heißt in allen Wundern der Schöpfung die göttliche Vollkommenheit erkennend und von den Geschöpfen aufsteigend zu ihrem Schöpfer.[85]

Die Rede des Weltenschöpfers stimmt weder den Kritiker*innen, noch den Schmeichler*innen zu, sie positioniert sich zwischen und jenseits ihrer Positionen. Es stimmt, der Mensch ist zum Herrscher über die Welt berufen und mit vollem Recht fordert er sie als Wohnsitz ein, so wird gesagt, aber es stimmt

---

84 Gracián, *Das Kritikon*, S. 26.
85 Ebd.

ebenso: Der Wunsch nach der Welt ist aus der unmäßigen Gier des Magens geboren und er ist damit offensichtlich nicht ein Ausdruck der Größe des menschlichen Geistes, wie die Schmeichler*innen vermuten. Ganz im Gegenteil ist der vom Magen getriebene Mensch ein Tier unter Tieren, mehr noch: er ist das gierigste Tier. Und doch muss deshalb der Wunsch nicht abgewiesen werden, wie seine Gegner*innen glauben. Der Einsatz der göttlichen Rede steckt dementsprechend in der zweifachen Adressierung. Gegenüber den anderen Tieren wird die Vorrangstellung und Herrschaftsposition des Menschen bestätigt, indem seinem Leib- und Magenwunsch stattgegeben wird. Eine Erfüllung, die jedoch mit der Ermahnung, mit der sich der Werkmeister direkt an den Menschen wendet, sofort zurückgenommen und umgebogen wird: Die Erfüllung des Wunsches ist mit einem Verzicht verbunden, die die Gier des Menschen nur erfüllt, insofern er seinem Magen keine Füllung verschafft. Nur, wenn er seinen Magen dem Geist unterwirft und hierin Herr über sich wird, kann er Herr über die Welt werden. Der Mensch muss erst erlangen, was die Schmeichler ihm von Anfang an unterstellen: einen großartigen Geist, denn nur dieser legitimiert eine Herrschaft über das Universum. Als Person soll er herrschen, nicht als Tier, aus dessen Magen der unstillbare Hunger auf die Welt erwachsen war.

Wenn das biblische Thema der *Genesis* im Motiv des Kostens vom Baum der Erkenntnis bereits die Gier und die Erkenntnis aufs engste miteinander verschränkt, so variiert Gracián dieses Thema auf ganz eigene Weise und zieht durchaus völlig neue Schlüsse aus dieser Erzählung, die die negative Anthropologie der Sünde und des Verstoßes in eine ambivalente, aber durchaus liberale Anthropologie transformieren: So fatal die Gier des Magens nach immer Neuem erscheint, als Neu-Gier ist sie, wie wir gesehen haben, ebenso die notwendige Bedingung eines Staunens über die Welt wie der Ursprung des guten Geschmacks. So sehr Gracián mit der Stilisierung der Magengier zum Begründungsmoment seiner Anthropologie an antike wie christliche Vorläufer einer Gastro-Logik anschließt, spätestens bei der Frage der Regulierung der Esslust weicht Gracián massiv von diesen ab. Anstatt eine Philosophie des rechten Maßes und einer einfachen Kost zu vertreten, geht es ihm vielmehr um eine Antizipation der Gier und um ein Umbiegen derselben auf den Geist; eine Sublimierung, die die irdischen Gelüste ablenkt und deren Energien als bloße Neugier, als Erkenntnisdrang und Wille zum Wissen auf den Geist verpflichtet. Diese Logik lässt sich bereits in seiner Charakterisierung des Geschmacks finden.[86] Der Geschmack entwickelt sich im Umgang mit den irdischen Dingen und ist deshalb fundamental auf eine sinnliche Beschäftigung mit ihnen

---

86 Vgl. Kapitel 2.4: *Unersättlicher Appetit und wechselseitiges Schmecken.*

angewiesen. Er darf jedoch nicht bei dieser stehen bleiben. Entgegen jenen niedrigen Gestalten, die sich an die Sinnlichkeit der Welt verlieren, soll der Blick des Menschen nach oben gerichtet sein, auf die geistigen Gefilde und damit auf die Erkenntnis der Wahrheit und diejenige Gottes. Folgt der Mensch allein den Gelüsten seines Magens, so verfehlt er nicht nur den Geschmack, sondern sein ureigenes Sein und reduziert sich auf ein bloß sinnliches Lebewesen, dem jegliches „höhere Sein" im Sinne der Rationalität abgeht.[87] Und doch sind die Mittel, die der Mensch „zur Wahrung und Mehrung seines Seins" bei Gracián braucht, gerade sinnlicher Art. Jedes Geschöpf sei, so führt Critilo aus, mit diesen Mitteln ausgestattet,

> in Sonderheit die empfindungsbegabten Wesen als die bedeutendsten und vollkommensten. Indem sie [die Vorsehung; Anm. S.Z.] einem jedem seinen natürlichen Instinkt verlieh, um das Gute und das Böse zu erkennen, das eine zu suchen und das andere zu meiden, wobei die ausnehmende Fähigkeit zur Verlockung bei den einen und die Fähigkeit zur Vermeidung der Verlockung bei den anderen kaum erwähnt, nur bestaunt werden muss.[88]

Der Instinkt Gutes und Böses zu unterscheiden – aber auch diese Fähigkeit täuschend in Anschlag zu bringen – ist keineswegs eine Frage des Verstandes oder der Gelehrsamkeit, sondern Teil der sinnlichen Grundausstattung des Menschen, die im Geschmack und im Umgang mit den Leidenschaften des Magens ihren Ausdruck und Prüfstein findet. Der Magen, heißt es bei Gracián – und hierin folgt er erneut den Gastrologen der Antike –, ist das in allen Lebensaltern am schwersten zu beherrschende Organ, „er ist der Genralbass, der gemeine Brummton [der] menschlichen Konsonanz", dessen Variationen alle Lebensalter durchherrschen:

„In der Kindheit die Naschhaftigkeit, in der Jugend die Lüsternheit, im Mannesalter die Gefräßigkeit, im Alter die Trunksucht.".[89] Dabei sind die Verlockung des Hungers und die Vermeidung dieser Verlockung Ausdruck einer

---

87 In Anlehnung an Aristoteles Differenzierung der drei Seelenanteile, die dieser in *De anima* entwickelt, gliedern sich in der Darstellung Gracians die Lebewesen nach dem Grad ihrer Vollkommenheit in eine ideale Hierarchie von Dienen und Herrschen: Die vegetativen dienen den sensitiven Lebewesen, das heißt den Tieren, als Nahrung; diese wiederum dienen den Menschen, denen neben Wachstum und Empfindung auch das Vermögen zu Denken, Sprechen und Verstehen zukommt. Der Mensch dagegen ist auf Gott hin gerichtet: „ihn liebt er, ihm dient er" (ebd., S. 41f.).
88 Gracián, *Das Kritikon*, S. 42.
89 Ebd., S. 625.

Logik, die die ganze Welt durchzieht. Alles hat seinen Widerpart und liegt im Streit, sowohl im Natürlichen als auch im Moralischen. Und auch der Mensch ist als Teil der Welt im Inneren von Antagonismen durchzogen: Nicht nur finde ein andauerndes Gefecht der Körpersäfte statt, sondern ebenso werfe ständig „der untere Teil finstere Blicke nach dem oberen, der Appetit legt sich mit der Vernunft an und wirft sie oft genug aus der Bahn."[90] Selbst das Unsterbliche ist vor dieser Zwietracht nicht gefeit:

> Geist und Gemüt, bleibt von dieser allgemeinen Zwietracht nicht verschont, liefern sich doch die Leidenschaften heftige Kämpfe in ihm [...] bald obsiegen die Laster, bald triumphieren die Tugenden, alles ist Waffe und alles ist Kampf. So ist das Leben des Menschen nichts anderes als Kriegsdienst auf Erden.[91]

Der Kampf zwischen *ratio* und Leidenschaft ist ein Krieg, der sich zwischen den Menschen und gleichermaßen im Inneren des Menschen abspielt. Mehr noch: Die Dichotomie der Welt resultiert geradezu aus diesem inneren menschlichen Kampf und der schlechten Wahl, die der Mensch immer wieder aufs Neue aus der Gier des Magens heraus trifft. „Die Natur wusste gut, was sie gab, und schlecht der Mensch, was er nahm."[92] Es ist der Mensch, der die Verwirrung in die Welt gebracht und das Unterste zuoberst gekehrt hat.[93] Eine Inversion, die auch die Topologie des Körpers erfasst, ja geradewegs von dieser ausgeht: Die Gelüste der unteren Körperhälfte, die Leidenschaften des Magens triumphieren über die oberen Gefilde des Geistes. Die Tragödie des menschlichen Lebens resultiert aus jener fatalen Entscheidung für die Gier und die materielle Einverleibung der Welt.

3.5 Das Anti-Gastmahl, oder: Philosophia Cortesana

Die Inversion der Schöpfung, die die Topologie des Körpers in Unordnung bringt und den Menschen durch seine Wahl auf eine bloß tierische Existenz reduziert, erfasst im gleichen Maße die Topologie der Welt und nicht zuletzt diejenige des Gastmahls. Denn Gracián zeichnet jene verkehrte Welt immer wieder in imaginären Gegenbildern zum „Banquet der Verständigen", das durch die wechselseitigen Austauschverhältnisse des guten Geschmacks charakterisiert ist. Wenn Lastanosa

---

90 Ebd., S. 44 f.; leicht verändert: „Le parte inferior está siempre de ceño con la superior, y la razón se le atreve el apetito y tal vez la atropella" (ders., *Obras Completas. El Criticón*, 2 Bde., Madrid 1993, Bd. 1, S. 138).
91 Ders., *Das Kritikon*, S. 44 f.
92 Ebd., S. 72.
93 Vgl. ebd., S. 73.

im Haus der Artemia den bedeutenden Männern ihre Plätze anweist, Salastano den beiden Lebenspilgern die seltenen Wunder und Köstlichkeiten der Natur und Kunst enthüllt und in der Bibliothek des Palastes der Sophisbella „Guter Geschmack" und „Guter Genius" ein ganzes Buffet der literarischen Leckereien auftischen, dann stehen diesen geistigen Gastmählern im *Criticón* diejenigen des allzu weltlichen Lebens gegenüber. In den Allegorien des „Jammertheaters", der „Weltschänke", des „Fresshauses des guten Geschmacks", des „Palastes der Fröhlichkeit", dem „Weltwirtshaus", dem „Hof des Cacus" oder der „Herberge des Lebens" zeichnet Gracián förmliche Anti-Gastmähler, die auf je unterschiedliche Weise der „Wissenschaft des guten Geschmacks" entgegengesetzt werden können. Nicht nur der ideale Lebensweg des *Discreto* wird im Kontext des Gastmahls entworfen, auch der Lauf und das Verhängnis des sinnlichen Lebens werden im Modus der Esslust problematisiert. Frau Tod, Angehörige des Stamms der Trogloditen, Tochter eines grimmigen Menschenfressers und Barbarin mit furchterregenden Essgelüsten, ist die Wirtin der Herberge zum Leben. Ihr brutaler Hofstaat besteht aus lauter Mahlzeiten: „rundbäckiger Schlemmerfraß", „Riesenschmaus", „Gabelfrühstück", „Mittagsfestmahl", „Zwischenjause" und „Nachtgelage". Die Todeshäscher erscheinen damit in der Gegenwart keineswegs mehr als grausam und wild, sondern im Gegenteil, als täuschend harmlose und sinnlich-gustative Verführungen: „[D]ie meisten Sterblichen sterben nun für das, was ihnen den Tod bringt, sie verzehren sich nach dem, was sie verzehrt"[94]: Sie sterben etwa an Mandelmilch. Und auch die aus Zucker, erlesenen Weinen und Keksen erbaute „Taberna mundi", in die die im Vergnügen befangenen Lebenspilger des *Criticón* geführt werden, ist beim Eintritt das Haus des „gusto" und beim Austritt das Haus des „gasto": erst Lusthaus und dann Lasthaus. Ganz zu schweigen von jenen deutschen Palästen der Trunksucht, in denen sich die „Seeligen nach menschlicher Art", angetan mit Pilgermänteln aus Weinschläuchen in elysischen Gefilden wähnen, während sie sich im „Morast der Laster" suhlen.[95] Die verrückte und verkehrte Gegenwelt, die sich um die Tafeln versammelt, wiederholt die moralische Dichotomie des Körpers zwischen Geist und Magen, oben und unten als weltliche Topologie: Die Orte der weltlichen Gelüste finden sich dabei stets am Boden, im Staub, weit unten und auf Augenhöhe mit den Tieren: Die „Schaubühne der Abartigkeiten" „grenzt an den

---

94 Gracián, *Das Kritikon*, S. 886.
95 Das Gasthaus als Allegorie des Lebens steht in einer Tradition, die sich bis in die Antike zurückverfolgen lässt und die auch in der Bibel ihren Niederschlag gefunden hat, ebenso wie sie in der zeitgenössischen *desengaño*-Literatur eine weite Verbreitung erlebte (vgl. Hansgerd Schulte, *El Desengaño. Wort und Thema in der spanischen Literatur des goldenen Zeitalters*, München 1969, S. 134–136).

Höllenschlund" und wird als Viehstall geschildert.[96] Gracián folgt hier einer Stoßrichtung der christlichen Kritik des Irdischen, die unabhängig von der Konfession
auf ein reiches europäisches Repertoire an Bildern zurückgreifen konnte, die ihre
Kritik der Sinnlichkeit an eine Kritik der Volkskultur und der Lebensweise des „Pöbels" koppelten. Im Bezug auf den Geschmack lässt sich hierin ein systematischer
Einsatz ausmachen, den Thomas Kleinspehn als „Kampf gegen die Grobheit" bezeichnet und als allgemeine kulinarische Tendenz für das 17. Jahrhundert hervorgehoben hat: „der Versuch der Verfeinerung des Essens, die Abwehr des
Tierischen und, damit verbunden, die Ausgrenzung gegenüber den unteren Klassen."[97] Wenn Kleinspehn mit Norbert Elias Gracián in den Kontext einer Genealogie der Zivilisierung der Esskunst stellt, die die Grobheit des Tierischen mit dem
untersten Stand identifiziert, so lässt sich dem jedoch nur bedingt folgen. Denn
Gracián macht jene Grobheit gerade nicht in den unteren Schichten aus, wie es die
Vertreter der Zivilisationstheorie behaupten,[98] sondern in den „zierlichsten und
anmutigsten Leib[ern]": dort, „wo am meisten Schönheit und Adel ist".[99]

So sehr Gracián immer wieder die Tradition einer Kritik der unteren Stände
aufruft, er wendet sie in geradezu invertierter Weise an. Statt auf deren Sündhaftigkeit zu zielen, dient ihm das mythische Bildrepertoire dieser Kritik – ganz
im Sinne der Theorie der verkehrten Welt – dazu, gerade jene vorzuführen, die
sich weit entfernt von den vulgären, geschmacklosen und barbarischen Kirmes-
gänger*innen wähnen: „[D]enn es gibt kein Wesen ohne Makel und keinen
Menschen ohne Fehl."[100] Man könnte sagen, dass gerade weil, wie Kleinspehn
ausführt, die höfische Kochkunst des Barocks auf die Opulenz, die Augenlust
und die Ästhetik der Speisen setzt und dahinter „das tierische Moment des Essens verschwinde[n]" lässt,[101] die Kritik an den Grobheiten eine vermeintliche

---

96 Gracián, *Das Kritikon*, S. 494 f.
97 Thomas Kleinspehn, *Warum sind wir so unersättlich? Über den Bedeutungswandel des Essens*, Frankfurt am Main 1987, S. 158.
98 Vgl. in gleicher Stoßrichtung auch Stephen Mennell, *Die Kultivierung des Appetits. Geschichte des Essens vom Mittelalter bis Heute*. Übers. v. Rainer von Savigny, Frankfurt am Main
1988. Dass sich bei Gracián nichtsdestotrotz oftmals eine Verachtung des „Pöbels" Bahn
bricht, soll damit nicht in Frage gestellt werden, nur wird diese programmatisch auf die gesamte Menschheit ausgedehnt (vgl. hierzu Werner Krauss, *Graciáns Lebenslehre*, Frankfurt am
Main 1947, S. 92–96).
99 Gracián, *Das Kritikon*, S. 495.
100 Ebd., S. 506.
101 Kleinspehn, *Warum sind wir so unersättlich?*, S. 155. Vgl. ebenso Mennell, *Die Kultivierung
des Appetits*.

Tugendhaftigkeit der höheren Stände bekräftigen soll, deren trügerische Fassade Gracián nicht müde wird bloßzustellen. In dieser Hinsicht ist es bemerkenswert, dass sich bei Gracián im Namen des tugendhaften Lebens und einer Kritik der Oberschichten immer wieder Ansätze zur Aufwertung des dritten Standes finden. Wenn er etwa eindringlich ausmalt, wie der Hang zum Bösen durch die in Kindertagen erweckte Naschhaftigkeit hervorgerufen wird, dann sind es am ehesten die Reichen,

> die Kinder der Herren und Fürsten, bei denen das Aufwachsen in mehr Luxus auch Gelegenheit zu mehr Laster schafft. Die hingegen in Not und Enge aufwachsen, vielleicht auch unter einer harten Stiefmutter, die kommen besser davon und erdrosseln, wie Herkules die Schlangen, ihre Leidenschaften schon in der Wiege.[102]

Stets schlingt „der Vielfraß" bei Gracián „exquisite Speisen in sich hinein und schlürft teure Weine",[103] anstatt sich an der einfachen Kost der Bauern und Bäuer*innen zu überfressen. Und nicht zuletzt die kontinuierliche Semantik des Zuckers, der mit dem Trug, aber auch der Sündhaftigkeit, den Leidenschaften und der verkehrten Welt als solcher verbunden wird, macht die soziale Schichtung der Gracián'schen Tugendlehre deutlich. Wenn Gracián kontinuierlich das Reich des Scheins und der Täuschung an die im 17. Jahrhundert mehr als kostbare Substanz des Süßen schlechthin zurückbindet, dann weil der zeremonielle und repräsentative Wert des Zuckers in Form von kunstvollem Zuckerwerk und Marzipanfiguren zu seiner Zeit mindestens ebenso wichtig war, wie dessen geschmackliche und sozial-distinktiven Qualitäten.[104] Weit entfernt davon die Völlerei der unteren Stände zu geißeln – die im Spanien des 17. Jahrhunderts im Übrigen mehr als je zuvor unter dem Hunger und der Entbehrung der durch die unaufhörlichen Kriege Spaniens bedingten wirtschaftlichen Stagnation zu leiden hatten –, entwickelt Gracián seine kulinarische Kritik an den adligen und klerikalen Kreisen, die von den Steuern ausgenommen, im „goldenen Zeitalter" des spanischen Absolutismus einen opulenten Lebensstil entfalteten. Pflegte die höfische Küche unter der Herrschaft Philipp II. bis zum Ende des

---

[102] Gracián, *Das Kritikon*, S. 79. An anderer Stelle wird diese Kritik des Luxuslebens geradezu in eine Sozialkritik gekehrt: „Da presst der reiche Protz dem armen Schlucker das letzte Blut aus, doch wie heftig er würgt, wenn er es wieder von sich geben muss, davon weiß die Mutter des Milans!" (Ebd., S. 211 f.).
[103] Ebd., S. 212.
[104] Vgl. hierzu die inzwischen klassische Studie von Sidney Mintz, *Die süße Macht. Kulturgeschichte des Zuckers*. Übers. v. Hanne Herkommer, mit einem aktuellen Nachwort des Autors, Frankfurt am Main und New York ²2007.

16. Jahrhunderts einen einfachen und frugalen Stil, so erlebte sie unter der absolutistischen Herrschaft seiner Nachfolger einen kulinarischen Aufschwung, der in der Aneignung italienischer Einflüsse Spanien an die vorderste Front einer überbordenden Tafelkultur beförderte.[105]

In diesem Kontext erklärt das *Criticón* – als eine „philosophia cortesana" – den Hof zum universalen Modell der Welt. Gerade hier entfaltet sich die Welt des Trügerischen, der Kosmos der Intrigen und das Universum des Neides und der Missgunst. Eine falsche Welt, an deren reich gedeckten Tafeln eine Kultivierung des Selbst vermittels der Kontrolle des Körpers und der Zurückhaltung der Sinnlichkeit, wie sie die humanistischen Lehren eines Baldassare Castigliones oder Giovanni Della Casas oder gar eines Erasmus' im Sinn hatten, in eine Krise geraten. Statt eine Tugendlehre des Hofmannes empfiehlt Gracián dementsprechend eine invertierte Lektüre dieser Schriften, die dem Zustand dieser Welt durchaus angemessener seien. Mehr noch: Statt Castigliones *Cortegiano* oder Della Casas *Galateo* gelte es Homers *Odyssee* als Ratgeber heranzuziehen, lehre Homer doch im Gegensatz zu diesen, wie es gelingen könne, der zauberkundigen Circe, die Menschen in Tiere verwandele, ebenso wie den bösartigen Zyklopen und verführerischen Sirenen des Hofes zu entkommen. Von Odysseus könne man lernen, in den gefährlichen Strömungen von Skylla und Charybdis zu navigieren.[106]

Der Hof bildet damit die invertierte Gegenwelt zu jenem „Banquet der Verständigen" im Palast Lastanosas, der nicht nur in seinen Sammlungen einen Mikrokosmos der rechten Welt-Ordnung verkörpert, sondern in dem sich darüber hinaus die humanistische Tradition einer Kultivierung des Selbst weiterhin behauptet. Hier bestätigt sich auch bei Gracián das Charakteristikum der neuen Tafelkultur des 17. Jahrhunderts, deren intime Runden sich in Abgrenzung von den Sphären des sich immer mehr verfeinernden, theatralen Zeremoniells der absolutistischen Höfe entwickelten. Auch und gerade Gracián begründet zwischen beiden ein geradezu spiegelbildliches Verhältnis, in dem das eine sich

---

105 Zur gastronomischen Geschichte Spaniens vgl. Ken Albala, *Food in Early Modern Europe*, Westport, CT und London 2003, S. 141–151.

106 Vgl. Gracián, *Das Kritikon*, S. 214–225. Zur humanistischen Tradition der höfischen Tugendlehre und ihren Bezügen zur Bankett-Kultur der Neuzeit vgl. neben Norbert Elias, *Über den Prozess der Zivilisation. Soziogenetische und psychgenetische Untersuchungen*, 2 Bde., Frankfurt am Main 21977, vor allem Michel Jeanneret, *A Feast of Words. Banquets and Table Talk in the Renaissance*, Chicago 1987, insbesondere S. 39–61. Dass die antiken Reisegestalten mit ihren Abenteuern in den fremden, invertierten und verdrehten Zonen der Welt zum Paradigma der Moralistik und Fürstenerziehung werden, lässt sich nicht zuletzt auch an François Fénelons berühmten *Les Aventures de Télémaque, fils d'Ulysse* (1699) ablesen.

als verkehrte Form des anderen zu erkennen gibt. Und doch scheint gleichzeitig gerade in dieser Spiegelbildlichkeit eine problematische Nähe zwischen beiden auf. Bedenkt man etwa die Konsumvorlieben des „Vielfraßes", so gerät dieser in unmittelbare und gefährliche Nachbarschaft zum *Discreto*, seinem guten Geschmack und dem „Banquet der Verständigen", dessen Gegenbild sein verkommenes Mahl doch abgeben sollte: Denn hier wie da werden edle Weine genossen, hier wie da spielt der süße Geschmack des Zuckers seine Rolle, hier wie da werden exquisite Speisen kredenzt. Wie und worin unterscheiden sich dann aber die trügerischen Tafeln des Hofes von jenem Gastmahl der Freunde? Wie soll man den sündigen Schlemmer vom tugendhaften *Discreto* absetzen und in welchem Register? Die Frage ist grundlegend für Gracián und sie stellt sich, ganz im Sinne einer Analogie von Makro- und Mikrokosmos, auf der Ebene der Welt ebenso und wie auf der Ebene des Körpers und der seelischen Vermögen des Individuums als Frage nach dem Verhältnis von den niederen Leidenschaften zu den höheren Vermögen des Menschen.

3.6 Täuschung und Diskretion

Was mit der Welt des Hofes als Inbegriff der verkehrten Welt, in der die weltlichen Lüste über die Vermögen des Geistes triumphieren, anklingt, ist die Problematik der Täuschung, der wir bereits früher begegnet sind.[107] Denn ebenso fatal, wenn nicht gar schlimmer als die blanke Gier, ist die Täuschung und insbesondere die Selbsttäuschung, denn auch sie verursacht eine Verkehrung der natürlichen wie korporalen Ordnung.[108]

In der siebten *Crisis* des *Criticón*, die den *Quell der Täuschungen* behandelt, entwirft Gracián mit der Stadt des Falismundo, ihrer „Straße der Heuchelei", dem „Boulevard der Prachtentfaltung" und der „Blendwerkgasse" das Paradigma der verkehrten Welt des Hofes schlechthin. Auf der „Plaza Mayor" – „Platz des Palastes" und ausgewiesener Mittelpunkt der Stadt – findet im Rahmen eines Volksfestes das „Allerweltstheater" eines Anti-Gastmahls statt, dessen Teilnehmer*innen bereits mit dem Verweis auf ihr Gesumme als Fliegenschwarm ausgewiesen werden, deren schlechter Geschmack bei Gracián stets mit dem guten Geschmack der Bienen konkurriert.[109] Sie sind diejenigen, die sich auf dem Unrat der Sitten niederlassen „und sich am Faulen und

---

107 Vgl. Kapitel 2.6: *Die Kunst des Würzens.*
108 Vgl. Gracián, *Das Kritikon*, S. 113 f.
109 Vgl. ebd., S. 129.

Eklen mästen".[110] Im dämmrigen Licht wohnen sie der Inszenierung eines opulenten Gastmahls bei, dessen Geschmackswidrigkeit schon eingangs „unüberhörbar" ist: „Anstelle der Musik – kleiner Salat, Appetitanreger, Vorgericht für den Geschmack – gab es Blechnapfgeschepper zu hören: Alltagssuppenfleisch mit sauren Mienen."[111]

Was als Zumutung für den guten Geschmack beginnt, setzt sich im Folgenden fort: Das Haus des *Cortesano* enthält „mehr ‚trompe-l'oeil' als Realitäten", wenn dort ein fremder, weinender Jüngling unter vielen Freundschaftsversprechen Aufnahme findet und mit Kleidern und Schmuck überhäuft wird, nur um dann sein Ende im prächtigen Gewand eines Bartuches zu finden. Und auch die Tafel eines zweiten Schmeichlers entpuppt sich als falsche und täuschende Karikatur eines „Banquets der Verständigen": „Er schien guten Geschmack zu haben und ermunterte den kleinen Fremden, sich doch auf den seinen einzulassen", so beginnt die Schilderung des trügerischen Gastgebers.

> In der Tat ließ er das Mahl von demjenigen bestreiten, über den sich bekanntlich nicht streiten lässt. Man trug viele ‚platos', Gerichte auf, obwohl die meisten ja ‚simplatos' essen, tellerlose Gerichte der Simplen; man trug Stühle herzu, und in dem Augenblick, da der Gast sich auf einen setzen wollte [...], bog der sich unter ihm aufs schönste; der Mann glitt zu Boden, und das Publikum fuhr in die Höhe vor Lachen. Mitleidig eilte eine andere, jugendkräftige Frau herbei, half ihm auf und ihn sich auf seinen rundlichen Arm stützen; so hätte er sich ans Essen machen können, wären nicht auch die Speisen falsch gewesen, denn als er die Bescherung aufdeckte, fand sich nurmehr Echo darin, den Braten konnte er raten, dem Schinken gerade noch winken; die Rebhühner waren Windhühner, ganz roh und nichts daran. Beim Stürzen hatte er den Salzstreuer zerbrochen, so war es nichts mehr mit Würzen, nur die Bestürzung blieb zurück. Was aus Blütenmehl schien, das Brot, war Brett, kaum ein wenig Kleie fand sich darin. Die Früchte aus Sodom, fruchteten nichts. Man reichte ihm einen Krug, doch durch die enge Tülle schlürfte er mehr Wind als Wein. Neckereien ersetzten die Leckereien.
>
> Als das Bankett im schönsten Gange war, erschlaffte die falsche Stütze oder ließ sich erschlaffen (es war eben ein Weib, weich und wendig), ließ ihn fallen und zählte, während er hinabrollte, sämtliche Stufen, und zwar rückwärts, bis er unten ankam und im Schmutz lag.[112]

---

110 Ebd.

111 Ebd., S. 131.

112 Ebd., S. 132f., leicht geändert: „Parecía de buen gusto, y assí le dixo tratasse de emplearlo. Mandó parar la mesa a quien ninca para. Sacaron muchos platos, aunque los más comen simplato, arrastraron sillas, y al punto que el combidado fué a sentarse en una [...]. falseóle a lo mejor; a al caer él, se levantó la risa en todo el teatro. Acurdió compassiva una muger, y por lo joven muy robusta, y ayudándole a levantar, le dixo se afirmasse en su rollizo braço; con esto pudo proseguir, si no hallara falsificada la vinada, porque el descoronar la empanada hallava sólo el eco y del pernil el ‚nihil'. Las aves sólo tenián el nombre de perdiganas. Todo

Am Ende ist es eine weißhaarige Alte, die ihm aufhilft, nur um ihn, so falsch wie alle anderen, in eine unter Blumen und Grün versteckte Falle stürzen zu lassen.

Wenn Critilo, der stets mit dem *mente*, dem Geist, assoziiert wird, anders als Andrenio und der übrige Fliegenschwarm des Publikums, nicht über jene mechanische und vulgäre Schaubühne lachen kann, dann, weil er sich nicht über den Charakter der Aufführung täuscht. Unter den Prämissen einer „Wissenschaft des guten Geschmacks" invertieren sich die verdrehten Verhältnisse. Statt eine Komödie über allerlei Späße zu sein, die sich mit einem etwas törichten Fremden erlaubt werden, erscheint das Schaustück unter der schmeckenden Lektüre Critilos als ein *concepto* der Welt-Tragödie: Der unselige Jüngling, so Critilo, ist keineswegs ein Fremder, sondern im Gegenteil: er ist jedermann. Er tritt nackt im Jammertheater auf und tritt ab, wie er gekommen ist. Der erste Täuscher sei die Welt gewesen, die viel verspricht, aber nichts hält und am Ende nimmt, was sie gibt. Der trügerische Gastgeber sei *El Gusto*, der Geschmack und das Vergnügen, „ebenso unstet im Genuss wie unausweichlich im Verdruss; seine Speise ist ohne Nährstoff, sein Trank ist betörendes Gift. Im besten Augenblick fehlt das Fundament der Wahrheit und alles geht zu Boden."[113]

Wird der Mensch auch von *El Gusto* zum Gastmahl geladen – zum Schmecken und Vergnügen – so sind doch die Speisen, die nur des bloß sinnlichen Geschmacks wegen genossen werden, ohne Substanz. Ohne das Fundament der Wahrheit bleibt der Geschmack ein willkürliches Gaukelspiel. Im Kreis der Diskreten sind die geistigen Mahlzeiten immer eine Mischung aus Nutzen und Genuss. Indem der Geschmack sich dort stets am süß-bitteren Genuss der Wahrheit orientiert, erhebt sich der Mensch durch die Erfahrung des guten Geschmacks zur geschmackvollen Person, während er hier, verführt vom sinnlichen Geschmack und Vergnügen ohne Geist, in die Niederungen der irdischen Existenz sinkt. Die irdischen und körperlichen Genüsse täuschen, das ist die

---

crudo y sin sustancia. Al caer, se quebró el salero, con que faltó la sazón, y el agüero no. El pan, que parecía de flor, era con piedras, que aun no tenía salvado. Las frutas, de Sodoma, sin fruto. Sirviéronle la copa de todas maneras penada, y tanto, que más fué papar viento que beber vino que fué. En vez de música, era la vaya que le davan. A lo ejor del vanquete, cansóse o quiso cansarse el falso arrimo (al fin, por lo femenil, flaco y falso) dexóle caer, y contó al rebés todas las gradas hasta llegar a tierra y ponerse del lodo" (ders., *El Criticón*, 2 Bde., Hildesheim und New York 1978, Bd. I, S. 238–40).

113 Gracián, *Das Kritikon*, S. 134., leicht geändert: „tan falso en sus deleites quan cierto en sus pesares; su comida es sin sustancia, y su bebida venenos. A lo mejor, falta el fundamento de la Verdad, y da con todo en tierra" (ders., *El Criticón*, Bd. I, S. 241).

Botschaft, die das Gastmahl vermitteln soll: Die Gesundheit, die verspricht den Menschen zu stützen, entpuppt sich in ihrer Endlichkeit als trügerisch; die Lacher sind stets die Krankheiten, die Gebrechen und Schmerzen, dicht gefolgt von der ‚Zeit‘, die den Menschen am Ende ins Grab befördert, „wo er allein bleibt, tot, nackt und vergessen".[114]

Der Mensch betritt blind die Welt und es scheint, als wäre sie eine Welt der Seligkeit. Aber die Welt, zugerichtet durch die täuschende Kunst des Menschen, ist eine Trugwelt und ein Kerker des Elends. „Glücklich du, der du unter Raubtieren, und beklagenswert ich, der ich unter Menschen aufwuchs", bekundet Critilo die Differenz zwischen natürlicher und ziviler Welt gegenüber Andrenio, „denn da ist doch ein jeder dem andern ein Wolf, wenn nicht Schlimmeres".[115] Als Mensch unter Menschen ist man unter Feinden, warnt er Andrenio, als am Horizont Schiffe auftauchen und die unschuldige Insel des Robinson *avant la lettre* betreten. „Nimm dich in Acht beim Sehen, beim Hören und noch viel mehr beim Reden; höre allen zu und vertraue keinem; du wirst sie alle zu Freunden haben, doch vor allen dich hüten müssen wie vor Feinden."[116]

Im Kontext der Täuschung, die die Menschen innerlich und äußerlich kultivieren, kippt das Programm der Diskretion in eine Taktik des Kampfes und der Verteidigung gegen die Welt der Täuschungen und der Missgunst, die Welt der Intrigen, der Gier und des Neids, was den machiavellischen Zug der Gracián'schen Schriften erklärt, den seine Interpret*innen nur zu oft betont haben und die die gesamte Moralistik Graciáns grundiert. Unter den Bedingungen der Gegenwart ist für all diejenigen, die die Verkehrtheit der Welt durchschauen, in der die Tugenden verfolgt und die Laster verherrlicht werden, nur ein Leben an den Rändern der Öffentlichkeit möglich. „Wie machen sie es, dass sie leben können, obwohl sie so klug sind?", lässt Gracián die Protagonisten seines *Criticón* im Angesicht der verkehrten Welt fragen und der Zentaur Chiron, der schon die Homerischen Helden unterwiesen hatte, antwortet: Sie „[s]ehen, hören und schweigen".[117] Das Programm der Diskretion stellt sich unter der Maßgabe der Täuschungen der Welt nicht nur eine Sorge um sich, sondern gleichermaßen auch eine Überlebensstrategie dar, die sich in zwei Richtungen ausbuchstabieren lässt:

Zum einen erweist sich das „Banquet der Verständigen", bei dem der *Discreto* in seinem Element ist, unter den Vorzeichen der Täuschung und in seinem

---

114 Ders., *Das Kritikon*, S. 134.
115 Ebd., S. 53.
116 Ebd., S. 56.
117 Ebd., S. 111.

esoterischen, privativen und elitären Zuschnitt, als eine Strategie der Herausnahme aus der Welt der Gegenwart und damit als ein Flucht- und Überlebensraum. Erst hierin erlangt die stoische Enthaltsamkeit gegenüber der Welt, die Gracián predigt und als ein Mittel und Ziel der Diskretion ausgibt, ihre Bedeutung als eine nach außen gekehrte Strategie, die den Bedingungen der verworfenen Welt der Gegenwart zu trotzen versucht. Weit entfernt vom Ideal einer inneren Gelassenheit und Seelenruhe, die die antike Stoa als Weg zur Weisheit ausgewiesen hatte und die auch in der Aneignung des Luxus ihre entscheiden Rolle spielte, zeichnet sich die Diskretion gegenüber der Welt durch eine konstitutive Brüchigkeit aus und bleibt grundlegend ein Feld der leidenschaftlichen Anfechtung.[118] Wenn Andrenio, der gegenüber der kritischen Verstandeskraft Critilos den sinnlichen und intuitiven Part des Menschen verkörpert, mit Entsetzen auf die verkehrte Welt antwortet, dann ganz entgegen einem stoischen Programm der ausgeprägten Affektkontrolle, der *apatheia*, Autarkie und Ataraxie, in einem Modus einer verzweifelten Regression, die für seine tugendhafte Fremdheit in der verkehrten Welt einsteht: „Sehen, hören und zerspringen",[119] das ist seine intuitive Reaktion auf die Welt der Lüge und Verleumdung, aus der er sich die Höhle des Nichts zurückgewünscht, in der er abseits von den Menschen unter den Tieren aufgewachsen war.

Wenn auch der regressive und melancholische Wunsch der verworfenen Welt den Rücken zu kehren für Gracián keine tatsächlich mögliche Option darstellt, insofern der Mensch gezwungen ist mit der irdischen Welt umzugehen, so ist doch jenes Mahl der Diskreten nicht frei vom Gedanken und Begehren einer Weltflucht. Man muss das „Banquet der Verständigen" in diesem Sinne auch als einen realen wie imaginären, geradezu heterotopischen Fluchtort begreifen; als eine Vergesellschaftung gegen den und jenseits des „Allerweltskäfigs", wie Gracián es nennt, ein Ort der Umkehr, der Inversion, ein Raum, in dem die Dinge und Verhältnisse gewendet sind und in dem es dem diskreten Weisen möglich ist, sich jenseits der Lüge, der Täuschung und Verstellung zu offenbaren.[120] Die diskrete Tischgesellschaft ist ein Ort der Ent-Täuschung, der

---

118 Zur Distanz Graciáns zu den stoischen Ideen der Ataraxie und einer Regulierung der Affekte, vgl. Krauss, *Graciáns Lebenslehre*, S. 86.
119 Gracián, *Das Kritikon*, S. 111.
120 Auch wenn am Ende Michel Foucaults Begriff der ‚Heterotopie' durch die Diversität von Orten und Räumen, die er zu beschreiben sucht, diffus bleibt, lässt sich das „Banquet der Verständigen" doch recht deutlich mit jenem Moment identifizieren, das Foucault als das „eigentliche Wesen der Heterotopien" hervorgehoben hat: Heterotopien „stellen alle anderen Räume in Frage, [...] indem sie eine Illusion schaffen, welche die gesamte übrige Realität als Illusion entlarvt, oder indem sie ganz real einen anderen realen Raum schaffen, der im Gegensatz zur wirren Unordnung unseres Raumes eine vollkommene Ordnung aufweist" (Michel Foucault,

desengaño, in dem es möglich ist, in der Kontemplation unter Gleichen, im Schmecken und Verkosten des geteilten Wissens und der Welterfahrung die Wahrheit zu erkennen und zu äußern. Und erst hierin wird das Bankett zum Ort der eigenen Aufklärung, der Selbsterkenntnis und der Selbstreform.

Zum anderen lässt sich die Diskretion in ihrer Verwandtschaft zu den politischen Strategien Machiavellis als eine Strategie der defensiven Täuschung ausbuchstabieren. So sehr Gracián dessen Propagierung einer (aktiven) Politik der Täuschung und List explizit ablehnt, als Verteidigungsstrategie gegen die Anfeindungen der verkehrten Welt entkommt der *Discreto* doch nicht ihrer Notwendigkeit, will er sein ruhmvolles Überleben in der Welt sicherstellen. Ganz auf der Linie des jesuitischen Probabilismus macht Gracián gegen Machiavelli jene Differenz von Mittel und Zweck im Bezug auf die Täuschung stark, mit deren Hilfe schon der jesuitische Ordensgründer Ignatius von Loyola agumentiert hatte, dass die Anwendung der Mittel des Teufel zu dessen Bekämpfung durchaus legitim seien. Und Gracián argumentiert ganz in dessen Sinne für die Legitimität dieses äußersten Mittels im Dienste der Wahrheit gegenüber der Täuschung als Selbstzweck, die den Menschen auf Abwege geraten lasse.[121] Die Nähe zwischen dem *Discreto* Graciáns und dem Politiker Machiavellis wird im *Criticón* nicht zuletzt in einem Denkmal in Gestalt des Taschenspielers emblematisch, das Gracián Machiavelli auf dem Volkstheater des Falismundo setzt. Dieser Taschenspieler steckt der versammelten Menge allerlei Zuckerzeug in den Mund, um im Anschluss jenen, die alles hinunterschlucken, hernach unter dem Gelächter der Umstehenden fürchterlichen Unrat und widerliche Dinge zu verabreichen.[122] Vergleicht man diese Szene unter gustatorischen Gesichtspunkten mit der Würzkunst der diskreten Diener der Wahrheit, von der bereits die Rede war,[123] so wird deutlich, in welche im wahrsten Sinne des Wortes ‚täuschende‘ Nähe der *Discreto* zu den intriganten Hofschausteller*innen gerät, gegen die er sich vehement abzugrenzen sucht. Unter dem Trug der Süße ist der Unterschied zwischen dem bitteren Geschmack der Wahrheit und jenem unangenehmen Geschmack der Lüge nur schwer auszumachen. Die Einübung in ein geschmackvolles Selbst ist nur schwer von der der äußeren Stilisierung eines nur vorgeblichen Geschmacks zu unterscheiden. Der Grat zwischen

---

Die Heterotopien. Der utopische Körper. Zwei Radiovorträge. Zweisprachige Ausgabe, übers. v. Michael Bischoff, mit einem Nachwort v. Daniel Defert, Berlin ²2014, S. 19 f.).

121 Vgl. Gracián, *Das Kritikon*, S. 180. Zu den Einflüssen Machiavellis und des Probabilismus bei Gracián vgl. auch Krauss, *Graciáns Lebenslehre*, S. 72–74.

122 Vgl. Gracián, *Das Kritikon*, S. 130.

123 Vgl. Kapitel 2.6: *Die Kunst des Würzens.*

beiden bleibt schmal.[124] Aber auch jenseits der Frage, ob Graciáns Abgrenzung zu Machiavelli überzeugen kann, macht die Nähe zwischen dem *Discreto* und seinen Gegenspieler*innen die Schwierigkeiten deutlich, die sich auftun, wenn es um die Beantwortung der Frage geht, wie es gelingen kann als Individuum unter den Bedingungen der verworfenen Welt ein vollkommenes, das heißt ein tugendsames Leben zu führen. Wie kann es gelingen dem Trug zu entgehen und der Wahrheit Kredit zu verschaffen? Wie soll man gegen alle Anfechtungen des sinnlichen Körpers zu einer Person werden, die souverän über sich und die Welt verfügt? Worin kann man Grund finden in einer Welt, von der gesagt wird, dass man sich weder auf etwas in ihr stützen noch einen grundsätzlichen Ausweg aus ihr finden kann?

Graciáns Philosophie des Geschmacks forciert als Antwort hierauf eine Verschiebung, die bereits in den mythischen Worten des Weltenschöpfers anklingt: „Herr sollst du sein über alle erschaffenen Dinge, nicht aber ihr Sklave; folgen sollen sie dir, nicht aber dich fortreißen."[125] In der Unmöglichkeit den irdischen Dingen und den mit ihnen verbundenen sinnlichen Gelüsten zu entsagen, ohne das Streben nach der eigenen Vervollkommnung auf Erden gleichermaßen mit ihnen abzuschreiben, gilt es ein neues – wenn auch stets prekäres – souveränes Verhältnis gegenüber den Dingen und Menschen zu entwickeln; und das heißt gleichermaßen gegenüber sich selbst. Statt einer Mäßigung des Schlundes wie des Geistes zu betreiben, die eine Unabhängigkeit von der Welt verspräche, wie dies die antike Sorge um sich vorgesehen hatte, geht es, unter den Vorzeichen der irdischen Täuschungen, um eine schwierige Gratwanderung der Beherrschung und Erregung der Sinne sowie ihre gleichzeitige Sublimierung. Es gilt einen Mittelweg zwischen der körperlich-sinnlichen Bedingtheit der menschlichen Existenz und seinem Status als Vernunftwesen zu finden; einen Kompromiss, der jene trügerische Nähe zu den Lüsten hervorbringt, aber auch eine Distanz zu ihnen zu etablieren sucht. Und Gracián gibt präzise den Ort an, an dem dieser stets gefährdete und anfechtbare Mittelweg gefunden werden kann. Wenn die mündige Praxis des Schmeckens eine solche Bedeutung innerhalb

---

124 Ein Umstand, den sich nicht zuletzt die Jansenisten in ihren Angriffen auf die Spitzfindigkeiten des jesuitischen Probabilismus zunutze gemacht haben, die 1657, also just im Jahr des Erscheinens des letzten Bandes des *Criticón,* mit den *Lettres Provinciales* von Pascal einen ihrer Höhepunkte erlebten. Wenn mit diesen Angriffen der Vorwurf verbunden war, eine solche Argumentation rechtfertige Sünden und moralischen Verfall, so musste dieser insbesondere einen weltlich orientierten Ordensbruder wie Gracián treffen, der wohl nicht zuletzt unter dem Druck, der in diesem Kontext auf dem Orden lastete, seine Ämter verlor und unter Schreibverbot und Straffasten in die Pyrenäen verbannt wurde.
125 Ebd., S. 26.

von Graciáns Schriften erlangt, dann deshalb, weil der Mund jenen Vermitt-
lungsraum markiert, an dem – zwischen *mente* und *viendre* gelegen – die Entscheidung zwischen gut und böse, selig und sündig, menschlich und tierisch
immer wieder aufs Neue prozessiert wird. Der Geschmack als Kunst der guten
und rechten Wahl hat hier seinen Platz ebenso wie jene nach außen gerichtete
Würzkunst, die eine Vermittlungsrolle zwischen der Welt der Täuschung und
jener rechten Ordnung der Wahrheit einnimmt.

Der Mundraum und insbesondere die Zunge als Organ des Geschmacks
stellen eine unentschiedene Begegnungszone dar, die das Beste und das
Schlechteste des Menschen vereinen. Der Mund ist gleichermaßen das Organ
des Sprechens wie des Essens. Dieser Zusammenhang wird in der 9. Krisis des
ersten Buches des *Criticón* aufgegriffen, die die moralische Anatomie des Menschen zum Thema hat: „Was hat das eine Geschäft mit dem anderen zu tun?",
fragt Andrenio irritiert. „Das eine ist eine niedere Verrichtung, findet sich auch
bei den Tieren; das andere etwas Erhabenes, einzig für Personen. Zudem hat
hier auch erhebliche Unzuträglichkeit ihren Ursprung [...]. Stünde sie nicht
besser für sich, als reines Orakel des Geistes?"[126] Und wenn Critilo auch geneigt
ist, dieser Entkoppelung von sinnlichem schmecken und *ratio* zuzustimmen, so
verweist er doch auf die Vollkommenheit der Vorsehung, die in jener unent-
schiedenen Zone beide aneinander bindet. Wie der Geschmack die Nahrung
prüfe, so prüfe er auch die Worte, bevor er sie ausspreche; „kauen sollte er sie
jedes mal, und kosten, ob sie auch nahrhaft sind; und merkt er, dass sie bitter
schmecken, so mag er sie getrost versüßen."[127] Auch jenseits einer bloß modell-
bildenden Funktion gerät das Essen in der Argumentation Critilos gar zum
neutralisierenden Supplement des Diskurses, wenn es um die Gefahren des unmäßigen Sprechens geht. Wie die unmäßige Einverleibung der Speisen die
Maßlosigkeit und Gier des Menschen verkörpert, so stellt auf der Seite des Geistes die unmäßige Rede und die unaufhörliche Entäußerung der Worte eine
Maßlosigkeit dar, die in der Gier nach Anerkennung auf den gleichen Ursprung
verweist wie jene. Die Diskretion erfordert demgegenüber ein Absehen von den
Extremen und den mit ihnen einhergehenden Täuschungen: „Die Wirklichkeit
genügt sich selbst", heißt es im *Discreto*, „sie braucht nicht den Beifall, der
durch Äußerlichkeiten verführten."[128] Die Zunge solle sich nur immer mit dem
Essen beschäftigen, „damit sie nicht ganz und gar im Reden aufgeht".[129]

---

126 Gracián, *Das Kritikon*, S. 172.
127 Ebd.
128 Ders., *Der Kluge Weltmann*, S. 77 f.
129 Ders., *Das Kritikon*, S. 173.

Weit entfernt von einer Austarierung der Magenfülle, die die antiken Ethiken des Essens und des Lesens beherrschten, gelingt bei Gracián die Hervorbringung und Verkörperung der *Persona*, nur im kontinuierlich gustatorisch praktizierten und damit gleichermaßen immer wieder aufs Neue prekären Versuch des harmonischen Ausgleichs zwischen den spannungsreichen Polen von Sprechen und Speisen, geistigen und sinnlichen Anlagen, Denken und Genießen, die sich im Raum des Mundes überschneiden. Es ist jene kunstvolle Zurichtung der eigenen Anlagen, das heißt der Punkt der Vollkommenheit des Selbst, der durch den guten Geschmack markiert wird und der ermöglicht, das zu werden, was dem Menschen bestimmt ist zu sein oder besser zu werden: ein souveränes Subjekt, dass in der Unterwerfung seiner Selbst durch sich selbst seine tugendhafte Freiheit erlangt. Eine Freiheit, die im Namen des guten Geschmacks die Forderung nach Mündigkeit, die ein Jahrhundert später etwa Immanuel Kant stellen wird, geradezu wortwörtlich vorwegnimmt.[130] Der schmeckende Mundraum ebenso wie das „Banquet der Verständigen" werden hierin zum realen wie imaginären Ort einer Emanzipation, in der der Mensch mit dem rechten Maß und in der klugen Wahl zwischen Geist und Magen zu sich selbst findet und damit auf der mikrokosmischen Ebene jene natürliche und göttlich angemahnte Ordnung verwirklicht, die die verkehrte Welt der Gegenwart durch ihre Verfehlungen aufs Spiel setzt. Dabei ist es ihm keineswegs um eine Revolution der Welt zu tun, die die herrschenden Verhältnisse und die Verfasstheit der Welt als solche korrigieren und richtig rücken würde. Ganz im Gegenteil wendet sich Gracián sogar mehrfach gegen die Idee einer solchen Neuordnung der Welt mit menschlichen Mitteln. Wenn für den Menschen und damit für die Welt die Ambivalenz zwischen Tugend und Laster konstitutiv ist, dann kann es keine menschliche Ordnung geben, die jenseits dieses Schwankens Fuß fassen könnte.

Statt auf die Welt und die Anderen zielt die universale Reform auf eine Reform des Selbst, die die Person mit den Mitteln der „Wissenschaft des guten Geschmacks" als souveränes Subjekt seiner selbst hervorbringen soll. Gegen das Verhängnis der Welt und gegen die Fremdregierung der Lüste, der Dinge und Menschen findet Gracián im Individualismus und Probabilismus der Jesuiten ebenso wie in den Tugendlehren der Antike und der Renaissance den Keim einer fundamentalen Unabhängigkeit, die er in ganz eigener Weise gegen die omnipräsenten Zwänge und Abhängigkeiten seiner Zeit ins Feld zu führen versucht. Wenn Gracián am Ende auch – nicht zuletzt unter dem Einfluss der christlichen Verwerfung der irdischen Welt –, die Unmöglichkeit einer vollkommenen

---

130 Vgl. Kap. 6: *Anthropologie und „akroamatische" Geselligkeit in Königsberg.*

Existenz des Menschen auf Erden eingestehen muss, die kontinuierliche Anstrengung ein tugendhaftes Leben unter den Widrigkeiten und Anfechtungen der irdischen Existenz zu führen, ermöglicht doch einen (wenn auch unabschließbaren) Prozess der Vermenschlichung und des Person-Werdens, in dem der Mensch seine Potentiale zu verwirklichen weiß: Wenn es eine Vervollkommnung des Menschen auf Erden geben kann, dann nur unter den Vorzeichen der geschmackvollen Tugend, die das eigentliche Gut des Menschen darstellt und eine Ästhetik der Existenz ganz im Foucaultschen Sinne begründet. Sie besitzt einen Ewigkeitswert, der über die irdischen Vergänglichkeit hinausweist und nur sie verspricht am Ende eine unangefochtene ruhmvolle Existenz, die den Anfechtungen der verkehrten Welt zu trotzen vermag:

> Ohne sie ist alles nichts, und sie ist alles [...]. Sie ist die Seele der Seele, Leben des Lebens, Gipfel aller Gaben, Krone der Vollkommenheit und Abschluss allen Daseins; ist Mitte jeden Glücks, Thron des Ansehens, Vollgenuss des Lebens, Erquickung des Gewissens, Atem der Seele, Banquet der Vermögen, Trinkschale der Zufriedenheit, Quelle der Freude.[131]

---

131 Gracián, *Das Kritikon*, S. 448; leicht verändert: „Todo es nada sin ella, y ella lo es todo [...]. Es alma de la alma, vida de la vida, realce de todas las prendas, corona de las perfecciones y perfección de todo el ser; centro de la felicidad, trono de la honra, gozo de la vida, satifación de la conciencia, respiración del alma, banquete de las potencias, fuente del contento, manantial de la alegría" (ders., *Obras Completas*, Bd. 1, S. 225).

4 Transformationen II: Discretio

Der gute Geschmack – als Resultat einer sensuellen Übung und empirisch-kasuistischen Praxis – wird bei Gracián in seinem ambivalenten Status zwischen sinnlichem Genuss und geistiger Befähigung zu einer der entscheidenden Kategorien, um die niederen Gelüste von den höheren Geistesgaben zu trennen, die für Gracián den Menschen von den Tieren unterscheiden. Der gute Geschmack bietet Orientierung in der Welt des irdischen Trugs; er verbürgt die Wahrheit im Spiel des Schmeckens und der Konversation an der Tafel der Verständigen genauso wie er den Menschen, in der Bestimmung des rechten Maßes, auf den Weg der gottgewollten Tugend führt. Dass der Geschmack als Unterscheidungsvermögen zwischen gut und schlecht, zuträglich und schädlich fungiert und gar als Garant des rechten Maßes gilt, ist dabei ein Phänomen der Neuzeit. In der Antike hatte der Geschmack noch eine ganze andere, geradezu gegenteilige Konfiguration, drohte er doch die Zuchtlosigkeit, die Gier und Maßlosigkeit zu befördern, die Sittlichkeit zu unterminieren und den Menschen zu einer knechtischen und animalischen Existenz zu verdammen. Gerade weil der Geschmack die Lust anregte, war er eine Gefahr für die Erkenntnis des rechten Maßes und die Führung eines tugendsamen Leben.

Will man die massive Verschiebung verstehen, die im Bezug auf den Geschmack spätestens gegen Ende des 17. Jahrhunderts stattfindet und die Frage beantworten, wie es gelingen konnte, die lustvolle *techné* des Schmeckens zu einer Unterscheidungskategorie zu erklären, die geradezu gegen die Gier des Magens gerichtet sei, so gilt es jene Traditionslinie des Kampfes gegen die Magenlust weiterzuverfolgen, die, wie wir gesehen haben, in den antiken Moralistiken ihren Ausgang nimmt und ihren Einfluss bis in die Schriften des Jesuiten Gracián ausdehnt. Insbesondere im monastischen Schrifttum und den Selbstpraktiken des Mönchs- und Nonnentums hat der Kampf gegen die Gastrimargie und die *gula*, das heißt die Lust des Schlundes, die Gefräßigkeit, die Zügellosigkeit und Tollheit des Magens seine massive Fortsetzung erfahren. Die Klöster übernahmen die Prinzipien des philosophischen Lebens der antiken Philosophenschulen und transformierten sie in entscheidender Weise. Hatten die antiken Autoren gegen die Gastrimargie eine Ethik der Mäßigung begründet, die, wie Michel Foucault betont hat, auf eine Beherrschung, Regierung und Zügelung der Begierden hinauslief und eher einer Harmonisierung des Körpers und der Seele diente, als einer Auslöschung der Lüste,[1] so radikalisierte sich diese bei den ägyptischen

---

1 Vgl. Michel Foucault, *Der Gebrauch der Lüste. Sexualität und Wahrheit 2.* Übers. v. Ulrich Raulff und Walter Seitter, Frankfurt am Main 31993, S. 93.

https://doi.org/10.1515/9783110640342-005

Wüstenasket*innen in folgenreicher Weise zu einem wahren Krieg gegen die Lüste des Fleisches. Die Übungen der Mäßigung, die auf das Ideal einer konstanten Fülle hin ausgerichtet waren, transformierten sich, unter den Vorzeichen einer Ausrichtung des Lebens auf ein jenseitiges Himmelreich und eine damit einhergehende Verneinung des irdischen Diesseits, in eine wahre Kunst und einen Heroismus des Hungers, dem es darum zu tun war, „in der bittersten Not das Paradies eines aufgehobenen und erlösten Begehrens" zu finden.[2]

Das Problem, das rechte Maß zwischen dem radikalen Hunger und der Befriedigung der Bedürfnisse des Magens zu finden, stellte sich auch für das westliche Zönobitentum, das sich am ägyptischen Mönchs- und Nonnentum orientierte und dieses nachzuahmen suchte. Gerade in diesem Kontext führte Johannes Cassian, einer der in der Folge wichtigsten Theoretiker des gallischen Mönch- und Nonnentums, einen Begriff ein, der „als Mutter aller Tugend" zum Schlüsselbegriff der Führungstechnik der Klöster und damit einer neuen „Technik des philosophischen Lebens" werden sollte: Die Rede ist von der *discretio*, die gerade jene Fähigkeit zur Bestimmung des rechten Maßes bezeichnet, die es erlaubt die Grenze zwischen Übermaß und Laxheit zu ziehen, jene Tätigkeit also, „die erlaubt zu urteilen: indem man den Platz der Mitte einnimmt, zu sehen, was zu viel ist oder was nicht genug ist."[3] Ganz in diesem Sinne ist die *discretio* bei Benedikt von Nursia, der sich hier erklärtermaßen auf Cassian stützt, die entscheidende Tugend für den Dienst des Abtes, hat er doch als Hausverwalter Gottes die Aufgabe, die Gemeinschaft auf den rechten Weg zu führen und deren Mitglieder zu befähigen, die Reife der Gottes- und Nächstenliebe zu erreichen. Die *discretio* ist eine Tugend und Haltung, die es erlaubt – unter der Berücksichtigung der Situation, der Orts- und Zeitumstände, der Schwächen und Stärken –, vorausschauend, klug und besonnen das richtige Maß im geistlichen und weltlichen Handeln zu finden.[4] Vor allem aber ist die *discretio* eine Kunst zur Unterscheidung zwischen dem guten und bösen Geist, zwischen dem, was auf dem Weg zu Gott nutzt, und dem, was geeignet ist, um von diesem abzulenken. Nur durch sie vermögen die Mönche und Nonnen zwischen den Offenbarungen Gottes, den Einflüsterungen des Teufels und den eigenen subjektiven Gedanken zu unterscheiden.

---

2 Thomas Macho, „Neue Askese? Zur Frage nach der Aktualität des Verzichts", in: Wilhelm Schmid (Hrsg.), *Leben und Lebenskunst am Beginn des 21. Jahrhunderts*, München 2005, S. 39–53, hier S. 46.
3 Michel Foucault, *Die Regierung der Lebenden. Vorlesungen am Collège de France 1979–1980*. Übers. v. Andrea Hemminger, Berlin 2014, S. 386.
4 *Die Benediktusregel. lateinisch/deutsch*. hrsg. im Auftrag der Salzburger Äbtekonferenz, Beuron [3]2001, S. 222–227 (RB 64).

All das, was die Tugend der *discretio* in der monastischen Tradition auszeichnet, wird bei Gracián auf die sensuelle Übung des guten Geschmacks übergehen. Und nicht nur das: Auch der Begriff der *discretio* findet sich in der Bezeichnung jener Figur wieder, die sich durch die Meisterschaft in der *Ciencia del buen Gusto* auszeichnet: der *Discreto*. Wenn wir auch heute die Diskretion vornehmlich als eine Tugend der Verschwiegenheit gegenüber der Welt verstehen, als eine Maßhaltung in den eigenen Äußerungen, die als politische und strategische Praxis im Kontext der absolutistischen Höfe des 17. Jahrhunderts eine fundamentale Bedeutung erlangt und die auch Gracián dem Weisen als Haltung gegenüber der korrupten und verworfenen Welt empfiehlt, so geht doch die Bedeutung der Diskretion bei Gracián darüber hinaus. Die Diskretion bezeichnet eine Maßhaltung der Lebensweise im Allgemeinen und analog zur Maßhaltung und Zurückhaltung in seinen Äußerungen eine ebensolche bei den Speisen. Der gute Geschmack und das gekonnte Schmecken als zentrale Fähigkeiten des *Discreto* stehen hierin für eine Kunst der rechten Haltung gegenüber den Speisen ein, die ihre Bezüge zur monastischen Tradition der Regulierung der Gastrimargie kaum verleugnen kann.

Dass sich in der unmissverständlich auf das weltliche Leben ausgerichteten Geschmacksphilosophie Graciáns Berührungspunkte mit den klösterlichen „Techniken des philosophischen Lebens" ausmachen lassen, ist dabei nicht sonderlich verwunderlich, wenn man bedenkt, dass Gracián, bei allen Auseinandersetzungen mit der Zensur der Kirche, seine Schriften nicht nur als höfischer Intellektueller verfasste. Als Prediger, Professors der Theologie und Rektor der jesuitischen Kollegiums zu Tarragona konnte Gracián seit seinem Eintritt in den Orden auf eine nicht unerhebliche Karriere in der Societas Jesu zurückblicken. Schon aufgrund dieser Tatsache führt eine direkte Verbindung von Gracián zu den Schriften jenes Autors und Ordensgründers, bei dem die Tugend der *discretio* im 16. Jahrhundert eine neue eminente Bedeutung erlangt hatte: Ignatius von Loyola. Nachdem der Begriff der *discretio* in der mittelalterlichen Scholastik und vor dem Hintergrund die Auseinanderentwicklung von spiritueller Erfahrung und wissenschaftlicher Reflexion nur wenig Resonanz erfahren hatte – ganz im Gegensatz im Übrigen zu den Diskursen der Mystiker*innen –, behauptet er sich erneut in der Spiritualität der Jesuiten. Vor allem im Spätwerk Graciáns ist der Einfluss der *Exerzitien* des Ignatius von Loyola deutlich nachweisbar. Frédéric Conrod etwa hat die einzelnen Krisen des *Criticón* in die Tradition der ignatianischen Meditationen gestellt.[5]

Insbesondere die für die ignatianischen Meditationen so wichtige Technik der „compositión viendo el lugar", das heißt die imaginative Herstellung

---

5 Vgl. Frédéric Conrod, *Loyola's Greater Narrative. The Architecture of the Spiritual Exercises in Golden Age and Enlightenment Literature*, New York 2008.

sinnlich-mentaler Orte, spielt bei Gracián eine entscheidende Rolle. Eine Technik, die grundlegend auf einer die vorangehenden differenzierenden, gliedernden und ordnenden Unterscheidung ihres Stoffes beruht, wie Roland Barthes eindrücklich nachgewiesen hat, und für die Loyola exakt den Begriff der *discretio* verwendet.[6] Nicht zufällig sind die Kapitel und Imaginationen des *Criticón* durch den Begriff der *Crisis* geordnet, die beide auf den Begriff der *discretio* zurückverweisen, ebenso wie der Name eines seiner maßgeblichen Protagonisten: Critilo. Und noch ein weiterer Umstand macht nachdrücklich den Einfluss der Exerzitien auf Gracián deutlich: 1655, zwischen dem Erscheinen des zweiten und dritten Bandes des *Criticón*, erscheint das einzige Werk Graciáns, das er unter seinem eigenen Namen veröffentlicht und von dem er in der Zueignung an den Leser von seinem einzigen legitimen Werk spricht.[7] *El Comulgatorio* lautet der Titel dieses Bändchens, das ein Meditationshandbuch ganz im Stile der ignatischen *Exerzitien* darstellt und dessen 50 Meditationen der Vorbereitung auf die Heilige Kommunion dienen sollen.

Im Folgenden soll also der Transformationsgeschichte des Kampfes gegen die Gastrimargie nachgegangen werden und nach der spezifischen Rolle der Kunst und Tugend der *discretio* und des Geschmacks gefragt werden. Wie konnte aus einem der radikalsten Kämpfe gegen die Sündhaftigkeit des sinnlichen Körpers, wie er in der monastischen Tradition des Christentums geführt wurde, eine sinnliche Philosophie des Schmeckens hervorgehen, die gerade dem Geschmack die Fähigkeit zur Grenzziehung zwischen den Niederungen der Gier des Magens und der Erkenntnis der Wahrheit der göttlichen Schöpfung zutraut?

4.1 Gastrimargia

In seiner Schrift *De institutis coenobiorum* stellt Johannes Cassian, nachdem er die Regularien zur Kleidung, für die nächtlichen Gebete und das Singen der Psalmen, die Offizien des Tages sowie die Regeln für die Novizen dargelegt

---

6 Roland Barthes, *Sade, Fourier, Loyola*. Übers. v. Maren Sell und Jürgen Hoch, Frankfurt am Main 1986, S. 63–67. Vgl. hierzu auch Fernando Rodríguez de la Flor, „El Comulgatorio de Baltasar Gracián y la tradición jesuítica de la compositio loci", in: *Revista de Literatura* XLIV, 85 (1981), S. 5–18.
7 „Entre varios libros que se me han prohijado, éste sólo reconozco por mío, digo legitimo [...]" (Baltasar Gracián, *Obras Completas, Bd. II. El Héroe. El Político. El Discreto. Oráculo manual y arte de prudencia. Agudeza y arte de ingenio. El Comulgatorio. Escritos menores*, Madrid 1993, S. 769).

hat,[8] eine Liste von acht Kämpfen gegen die acht Hauptsünden auf. Nach orientalischem Vorbild umfassen diese die Unkeuschheit, die *Philargyrie* – das heißt die Habsucht und die Liebe zum Geld –, den Zorn, die Traurigkeit, die *Acedie* – die Beängstigung und den inneren Überdruss –, die Ruhmsucht sowie den Stolz. An erster Stelle und an der Spitze des Tableaus der Sünden steht jedoch die Gastrimargie: die Sünde des ungezügelten, des tollen Magens, der den Mönch und die Nonne zur Völlerei verleitet. Wenn es gilt, die Sünden zu erforschen, die Ursachen zu finden und die Heilmittel anzugeben, die zu ihrer Überwindung führen, so konzentriert sich Cassian in besonderer Weise auf diesen Kampf, dem in seinen Schriften ein systematischer Wert zukommt: Der „Kampfe gegen den Bauch" ist die Grundlage aller Kämpfe.[9]

Cassian begreift im Anschluss an paulinisches Gedankengut die Existenz der Mönche oder Nonnen als „geistlichen Kriegsdienst",[10] dessen erster Kampf sich gegen das Begehren des Fleisches richtet.[11] Der Körper als irdisches Gefängnis der Seele, die von Gott geschaffen, diesem von Natur aus zustrebt, ist, wenn auch nicht selbst als solcher sündig, so doch der Sitz des weltlichen Begehrens und der Sünde. Keiner wird sich der Kontemplation Gottes hingeben können, „in welchem noch Etwas von den fleischlichen Affekten lebt, [...] nemlich [sic!] dieser Welt und den irdischen Leidenschaften".[12]

---

8 Wenn Cassians Schriften größtenteils nur von den männlichen Mönchen handeln, so wird durch die durch ihn vorgenommenen Klostergründungen deutlich, dass sich seine Überlegungen im gleichen Maße auch an Nonnen richten. Denn neben dem Möchskloster Abbaye Saint Victor de Marseille gründet er im Jahre 415 auch das Nonnenkloster Abbaye Saint-Sauveur. Entsprechend ist im folgenden Kapitel, soweit sich die Texte nicht explizit auf die Organisation und Kritik spezifischer Möchsklöster beziehen, durchgängig von Mönchen und Nonnen die Rede.

9 Johannes Cassianus, „Zwölf Bücher von der Einrichtung der Klöster", in: *Sämmtliche Schriften des ehrwürdigen Johannes Cassianus*. Aus dem Urtexte übersetzt v. Antonius Abt, 2 Bde., Bd. 1, Kempten 1877, S. 5–274, hier S. 114 (*Inst.* 5, 19). Vgl. zum Kampf gegen die Gastrimargie bei Cassian auch Richard J. Goodrich, *Contextualizing Cassian. Aristocrats, Asceticism, and Reformation in Fifth Century Gaul*, Oxford 2007, S. 40–45.

10 Johannes Cassianus, „Vierundzwanzig Unterredungen mit den Vätern", in: *Sämmtliche Schriften des ehrwürdigen Johannes Cassianus*. Aus dem Urtexte übersetzt v. Antonius Abt, 2 Bde., Kempten 1877, S. 275–602, hier S. 288 (Col. 1, 1).

11 Schon Paulus wettert in diesem Kontext gegen die Lust des Bauches, wenn er etwa im Brief an die Philipper schreibt: „Viele, von denen ich oft zu euch gesprochen habe [...] leben als Feinde des Kreuzes Christi, ihr Ende ist das Verderben, ihr Gott ist der Bauch" (Phil 3, 18–19). Und auch bei Augustinus, einem Zeitgenossen Cassians, wird der Kampf gegen die Gastrimargie zu einem der entscheidenden Konfliktfelder der asketischen Existenz. Vgl. hierzu Harald Lemke, *Ethik des Essens. Eine Einführung in die Gastrosophie*, Berlin 2007, S. 132–159, hier besonders: S. 132–137.

12 Cassianus, „Vierundzwanzig Unterredungen mit den Vätern", S. 309 f. (Col. 1, 15).

Dass der Kampf gegen die Gastrimargie eine solch herausragende Bedeutung gewinnt, liegt an einem Verhängnis dieser Leidenschaft, das sie vor allen anderen auszeichnet. Cassian sieht einen Kausalnexus zwischen den Sünden, eine wechselseitige Abhängigkeit und Verwandtschaft, Verstärkung und Produktion zwischen ihnen, deren Ausgangspunkt und erste Ursache die Magenlust darstellt: Die Völlerei ist gewissermaßen „der Zündstoff zu den übrigen Hauptsünden",[13] durch sie wird der Körper gestärkt und die Unzucht entfacht. Die Gier des Magens und die Unzucht münden in die Gier nach irdischen Gütern; diese führt zu Rivalitäten, zu Streit und Zorn. Es folgen Kraftlosigkeit und Trübsal und am Ende der Überdruss an der gesamten Existenz als Mönch oder Nonne.[14]

Wenn Cassian den Kampf, der solchermaßen gegen sich selbst geführt wird, mit den olympischen und pythischen Wettkämpfen vergleicht, so entspricht der Kampf gegen die Gastrimargie der ersten Kraftprobe, nämlich jener, die darüber entscheidet, ob man überhaupt zu den Wettkämpfen zugelassen werden kann. Der asketische Kämpfer und die entsprechende Kämpferin hat die eigene Freiheit nachzuweisen und in der Unterwerfung des Fleisches zu beweisen, keine Sklav*in des Körpers zu sein und gegen die Begehrlichkeiten des Fleisches und der Leidenschaften bestehen zu können.

Wie die Unzucht so gründet auch die Gastrimargie im Körper. Sie ist ein angeborenes, ein natürliches Laster, von dem sich der Mensch nur schwer befreien kann. Mehr noch: beide können ihr *telos* nur mit Hilfe des Körpers und durch ihn verwirklichen; Unzucht und Gastrimargie stehen in der Hierarchie zwischen Körper und Geist klar auf Seiten der Niederungen des Fleisches. Wenn die Unzucht auch die schändlichste der Sünden sei, die den Mönch und die Nonne bedrohen, so ist doch die Gastrimargie, nicht nur für Cassian, die problematischere und folgenreichere, auf die man die meiste Aufmerksamkeit zu richten habe. Denn, so sehr auch die anderen Sünden den Menschen verführen und so schwer sie auszuschalten sind, der Mensch kann sich zumindest theoretisch vollständig von ihnen befreien. Nicht so im Falle der Gastrimargie: Man kann nicht auf jegliche Nahrung verzichten, so sehr auch der Magen den Mönch und die Nonne an das irdische Dasein bindet und sie kontinuierlich von der reinen Kontemplation des Geistes abzieht, indem der Geist, „von der Last der Speisen gehemmt", das Steuer der Vernunft nicht mehr zu führen vermag.[15] Denn lässt man die „nothwendige Sorge für das Leben" fahren, läuft man umgekehrt und im gleichen Maße Gefahr

---

13 Cassianus, „Zwölf Bücher von der Einrichtung der Klöster", S. 104 (Inst. 5, 11).

14 Vgl. zu diesen Zusammenhängen auch Michel Foucault, „Der Kampf um die Keuschheit", in: *Schriften in vier Bänden. Dits et Ecrits*, hrsg. v. Daniel Defert/François Ewald, Bd. 4, Frankfurt am Main 2005, S. 353–368, hier S. 354 f.

15 Cassianus, „Zwölf Bücher von der Einrichtung der Klöster", S. 100 (Inst. 5, 6).

„den Leib zu schwächen und zur Verrichtung der nothwendigen geistigen Thätigkeiten untauglich zu machen" und damit dem Kampf gegen Fleisch und Geist erst recht jegliche Grundlage zu entziehen.[16]

Der Kampf gegen den Magen hat also, anders als die Kämpfe gegen die anderen Sünden, mit zwei Spezifika umzugehen: erstens mit der grundlegenden Unabschließbarkeit des Kampfes – selbst die größten Heiligen werden diesen Kampf unablässig zu bestehen haben, wie Cassian betont[17] – und zweitens mit dem Umstand, dass es der einzige Kampf ist, der in Maßen geführt werden muss, will man der völligen Erschöpfung des Körpers und damit der Gefahr, den irdischen Gelüsten zu erliegen, entgehen. Der Kampf gegen den Magen kann sich hierin nicht nur auf die allgemeine Praxis des Verzichts und und die Bestimmung der Esstabus beschränken, sondern er erfordert das jahrelange Erlernen einer Tugend des rechten Maßes, die genau jene *discretio* bezeichnet – *moderationis generatrix*, „Mutter aller Maßhaltung"[18] – , durch die man überhaupt erst in die Lage versetzt wird, immer wieder aufs Neue die Linie zwischen Laxheit und Übertreibung zu ziehen. Mit dieser Logik des rechten Maßes schließt Cassian deutlich an die griechisch-römischen Gastrosophien an, um diese jedoch in zwei entscheidenden Punkten zu transformieren, ja geradezu zu negieren:

Zum einen ist da die Zielsetzung: Ging es in der griechischen und römischen Ess-Ethik darum, dem Magen eine ideale Fülle zu verschaffen, die, jenseits der Extreme des Mangels und der Überfülle, Geist und Körper in einen ausgeglichenen und gesunden Zustand der Ruhe versetzt, für den der Begriff der *Eudämonie* entscheidend war, so geht es im christlichen Kampf gegen die *gula* um eine Abtötung des Körpers und der Lüste als solcher. Die Fülle und das erfüllte Leben, die noch das Ideal der Antike abgeben, werden vollständig dem Himmelreich überschrieben und weichen im Bereich des Irdischen einer geistig-jenseitigen Existenz, in der der Körper nur noch notgedrungen als gebrechliche Stütze dient. Cassian unterscheidet klar zwischen „der Erhaltung des Leibes" und der „Sättigung".[19] Selbst noch das Notwendige muss als Last angesehen werden, die den Geist an das Irdische bindet, denn „jede beliebige Speise, die der Magen aufnimmt, kann den Samen der Schwelgerei erzeugen".[20] Die Lust der Gurgel an den Speisen soll nicht mehr durch die Freude an einem Selbst ersetzt werden, das sich *qua* eigener Vernunft in einem harmonischen Verhältnis zum Kosmos hält. Die Liebe zur Tugend und Schönheit in der göttlichen Betrachtung,

---

16 Ebd., S. 102f. (Inst. 5, 8).
17 Vgl. etwa ebd., S. 114 (Inst. 5, 19).
18 Ders., „Vierundzwanzig Unterredungen mit den Vätern", S. 321 (Col. 1, 23).
19 Ebd., S. 349 (Col. 2, 22).
20 Ders., „Zwölf Bücher von der Einrichtung der Klöster", S. 100 (Inst. 5, 6).

die das Reich Gottes im Herzen des Menschen gründen soll, fußt stattdessen auf einer Verachtung der Welt, die sich insbesondere gegen den Körper richtet, der in einem unablässigen Prozess der Abtötung an der Grenze der Schwachheit und Gebrechlichkeit entlanggeführt werden muss.

Zum anderen orientiert sich der Kampf gegen die Gastrimargie bei Cassian keineswegs mehr an jenem Maß zwischen dem Zuviel und Zuwenig, das der Mensch in sich selbst findet, in seinem *logos*, und mit dem er den Umständen entsprechend und unter der Bedingung, dass er nicht durch die Leidenschaften getrübt ist, zu urteilen weiß. Die christlichen Mönche und Nonnen verfügen nicht mehr über ihr eigenes Maß. An seine Stelle treten die Klosterregeln, die im Bezug auf das Essen in den Monasterien über Jahrhunderte strittig sein werden, die es aber unter allen Umständen mit Gehorsam zu erfüllen gilt.[21] Sie regeln das richtige Maß der Enthaltsamkeit, das zwischen der Laxheit gegenüber dem Körper und seiner Begierden und der Übertreibung des Fastens liegt. Man muss eine Kost wählen, die die Begierlichkeit nicht erregt, sondern zweckmäßig und nahrhaft ist, die einfach zu bereiten ist und der gemeinsamen Lebensweise der Mönche und Nonnen entspricht. Denn „[d]reifach ist die Natur der *gastrimargia*":

> erstens dringt sie darauf, der bestimmten Essensstunde vorzugreifen; zweitens findet sie nur Lust an dem Vollpfropfen des Magens und an der Uebersättigung mit jedweder Speise; drittens setzt sie ihr Vergnügen in feinere und schmackhaftere Mahlzeiten.[22]

Entsprechend umfassen die Regeln und Überwachungen des Essens drei Parameter, die entscheidend sind: erstens, die Festsetzung der rechten Zeit des Essens, das vom Fasten erlöst; zweitens, die Aussetzung der Sättigung und drittens, die Festsetzung geringer und möglichst geschmackloser Speisen. Das Brot bildet hierbei die Grundlage und das Maß und selbst das Hinzufügen von Obst und Gemüse gilt Cassian als Überschreitung der Regel.[23] Auch soll man

---

21 Zur Transformation der Frage des richtigen Maßes zwischen Antike und Christentum vgl. insbesondere die Ausführungen Michel Foucaults, der gerade hier den Übergang zwischen den Moralen des Gesetzes und der Unterwerfung und den antiken Ethiken des Selbst und der Freiheit ansetzt: Foucault, *Die Regierung der Lebenden*, S. 390 ff.
22 Cassianus, „Zwölf Bücher von der Einrichtung der Klöster", S. 118; leicht verändert. (Inst. 5, 23).
23 Ganz im Gegensatz übrigens zur späteren *Regula Benedicti*, vgl. *Die Benediktusregel*, S. 168 f. (RB 39, 4). Dabei betont Cassian, dass bereits bei den Alten die Frage der richtigen Diät strittig war, diese seien aber schließlich zur Festlegung einer Brotdiät gelangt, „[deren] Maß zwei Zwieback seien, deren Gewicht kaum ein Pfund sei d. h. zwölf Unzen" (Cassianus, „Vierundzwanzig Unterredungen mit den Vätern", S. 349 [Col. 2, 19]). Zur Bedeutung der *discretio* im Kontext der Fastenpraxis bei Cassian vgl. auch Gerd Summa, *Geistliche Unterscheidung bei Johannes Cassian*, Würzburg 1992, S. 143–154.

nicht mehr oder weniger essen als die anderen. Entscheidend ist die Regel, nicht das individuelle, subjektiv empfundene und selbstbestimmte Bedürfnis.[24]

Dass Cassian die Regulierung des klösterlichen Lebens und insbesondere die Frage der Ernährung der Mönche und Nonnen solchermaßen ins Zentrum seiner Gründungsschrift einer europäischen monastischen Tradition stellt, hat dabei neben den systematischen auch historische Gründe, die eng mit der Lebensweise und dem Personal der gallischen Monastrien zusammenhängen, für die seine Schriften bestimmt waren. Bedingt durch die vermehrten Einfälle gotischer Stämme ins Römische Reich seit der zweiten Hälfte des 4. Jahrhunderts, die ihren Gipfel in der Invasion Italiens und der Eroberung Roms finden sollten, und im Kontext des wirtschaftlichen, politischen und kulturellen Zerfalls des westlichen römischen Reiches, wurde die Gegend um Marseille zum Zufluchtsort für Geflüchtete. Unter ihnen befanden sich viele Angehörige der christlich romanischen Oberschicht, die Neuorientierung suchten. War Südgallien von jeher ein Zentrum des Senatorenadels gewesen, so bildete sich hier der Nährboden für einen Aufschwung der monastischen Gemeinschaften, die sich unter den Vorzeichen einer Transformation der römischen *otium*-Kultur vermehrt am Ideal des orientalischen Mönch- und Nonnentums ausrichteten.[25]

Wenn Johannes Cassian in der Folge einen entscheidenden Einfluss auf die Formierung dieser neuen monastischen Bewegung ausüben konnte, dann weil er die Spiritualität des ägyptischen Mönch- und Nonnentums aus erster Hand kannte, hatte er doch mindestens 12 Jahre unter den Mönchsvätern in der sketischen Wüste gelebt und ihre Lehren aufgenommen. In Südgallien nun sollte er eine Schrift *Über die Einrichtung der Klöster* verfassen, die die Ordnung der entstehenden Klostergemeinschaften und die Führung eines geistlichen Lebens anleiten sollte; ergänzt durch die sogenannten *Collationes Patrum, Vierundzwanzig*

---

24 So sehr Cassian auch individuelle Unterschiede als Ausnahmen und Abweichungen zulässt, sofern sie dem Geist der Tradition nicht zuwiderlaufen. Vgl. hierzu etwa Cassianus, „Zwölf Bücher von der Einrichtung der Klöster", S. 99f. (Inst. 5, 5). Obwohl Cassian – ebensowenig wie im Übrigen auch Augustinus – aus Rücksicht auf die individuellen Bedürfnisse keine allgemeinen Essensregeln fixiert hat, wie dies die Benediktusregel im 6. Jahrhundert tun wird, so geschah dies doch unter dem Vertrauen auf die Führungskraft und Traditionstreue des Abtes, dessen Regeln und Anweisungen absoluten Gehorsam in Demut forderten.
25 Vgl. hierzu Karl S. Frank, *Geschichte des christlichen Mönchtums*, Darmstadt 51993, S. 47. Zum historischen Kontext der Schriften Cassians vgl. auch Maria-Elisabeth Brunert, *Das Ideal der Wüstenaskese und seine Rezeption in Gallien bis zum Ende des 6. Jahrhunderts*, Münster 1994; Goodrich, *Contextualizing Cassian*; Clemens M. Kasper, *Theologie und Askese. Die Spiritualität des Inselmönchtums von Lérins im 5. Jahrhundert*, Münster 1991, sowie Martin Krön, *Das Mönchtum und die kulturelle Tradition des lateinischen Westens. Formen der Askese, Autorität, und Organisation im frühen westlichen Zönobitentum*, München 1997.

Unterredungen mit den Wüstenvätern, in denen er, Jahre nach seinen ägyptischen Erfahrungen, die Lehren der Wüstenmönche in fingierten Gesprächen zu übermitteln suchte.

Allerdings unterschied sich Cassians Lehre von denjenigen anderer Theoretiker dieser Bewegung, wie etwa Sulpicius Severus oder Honoratius, die versuchten ihrer Leserschaft eine neue christliche Version jener antiken Sorge um sich anzubieten, die bereits vorher die elitäre römische Lebensform geprägt hatte, deren Legitimation jedoch unter den zeitgenössischen historischen Bedingungen brüchig geworden war. Diese schloss an die römische *otium*-Kultur an und bot neue Karriereaussichten im Dienste des Christentums. Die christlichen Lehren wurden in die Tradition des Studiums der *philosophia* als *otium ruris* integriert und sollten erneut, durch die Ausübung einer philosophischen Lebenskunst, die Noblesse der Eliten sicherstellen und sie unter christlichen Vorzeichen zum Teil einer heiligen Aristokratie werden lassen.[26] Und es war gerade diese Frage der Legitimation einer Regierung der anderen, die Cassian mit der Formulierung eines unbedingten Gehorsams gegenüber der Tradition und den Regeln anzugreifen trachtete. Denn der Anspruch auf Führung zog in Gallien immer wieder die Gründung neuer Gemeinschaften durch selbsternannte Äbte nach sich, wie das Beispiel des Sulpicius Severus deutlich macht, der etwa als Bewunderer Martin von Tours gerade nicht in dessen Kloster eintrat, um dort die eigene Askese und den Gehorsam zu üben, sondern stattdessen auf seinem Gut Primuliacum eine eigene Gemeinschaft gründete.[27] Diese individualistischen Gemeinschaftsgründungen führten zu einer Diversität der asketischen Lehren in Gallien, die es für Cassian unter der Maßgabe der altehrwürdigen Tradition des ägyptischen Mönch- und Nonnentums einzudämmen galt. Hatten die gallischen Mönche und Nonnen gemeint, sich die asketischen und mönchischen Tugenden ohne lange Jahre im Klosters aneignen zu können, so bestand Cassian auf der Notwendigkeit einer Klosterausbildung, die die Lehren verbindlich machen würde.[28]

---

26 Vgl. Goodrich, *Contextualizing Cassian*, S. 151–157. Vgl. hierzu Verena Epp, „Discretio Unterscheidung – Abgeschiedenheit. Zur Cassian-Rezeption in den ‚Reden der Unterscheidung' Meister Eckharts", in: *Frühmittelalterliche Studien* 45, 1 (2011), S. 99–114, hier S. 104, die jedoch die Frontstellung Cassians gegen diese Lebensform übersieht. Zum gallischen Mönch- und Nonnentum der Spätantike vgl. auch Arnold Angenendt, *Das Früh- mittelalter. Die abendländische Christenheit von 400 bis 900*, Stuttgart 32001, S. 98–103; Frank, *Geschichte des christlichen Mönchtums*, S. 47 f.
27 Ähnliches lässt sich auch am Beispiel anderer zeitgenössischer Glaubensführer wie Jerome oder Paulinus zeigen, wie Richard Goodrich unterstrichen hat (Vgl. Goodrich, *Contextualizing Cassian*, S. 51 f.)
28 Vgl. Cassianus, „Zwölf Bücher von der Einrichtung der Klöster", S. 98 (Inst. 5, 4).

Vor allem aber forcierten Cassians Schriften einen entschiedenen Bruch mit dem vormals weltlichen und luxuriösen Leben der Eliten, als einem Signum und Inszenierung von Macht, der sich ebenso auch in seiner Kritik des Tafelluxus niederschlug.[29] Entgegen Augustinus oder Paulinus, die der *Nobilitas* im Orden zumindestens einen minimalen Luxus zugestanden hatten, weil diese die rohe Nahrung der niedrigeren Schichten nicht vertrügen,[30] plädierte Cassian für eine radikale Gleichheit beim Essen, die den Regeln der ärmlichsten Ernährung folgte und nur eingeschränkte individuelle Ausnahmen vorsah.[31]

Cassian versuchte jedoch nicht nur den Tafelluxus einzudämmen, sondern ebenso sein Gegenteil: die übersteigerte und nach eigenen Regeln betriebene Askese. Denn die Attraktivität des orientalischen Mönch- und Nonnentums im Umkreis der neuen Klostergemeinschaften lag gerade in der Radikalität jener asketischen Höchstleistungen begründet, die als unerhörte Gnadenwirkungen Gottes gelesen werden konnten und damit die Hungerkünstler*innen zu wahren Wundergestalten stilisierten. Schon zu Beginn der *Collationes* macht Cassian seine entschiedene Frontstellung gegen diese explizit, wenn er betont, dass er von ihnen gerade nicht sprechen möchte, wenn es um die Lehren des vollkommenen Lebens geht, ja er sondert seine Lehren nachdrücklich von diesen ab.[32] Und er geht noch eine Schritt weiter, wenn er die Wundertaten ägyptischer Mönche fast ausschließlich als Beispiele des Scheiterns jenes Lebens anführt. Immer wieder sind es die Nichteinhaltung der Regeln und der Mangel an *discretio*, die die

---

29 Vgl. Goodrich, *Contextualizing Cassian*, S. 188.

30 Vgl. hierzu etwa Augustinus von Hippo, *Regel für die Gemeinschaft*. Mit Einführung und Kommentar v. Tarsicius J. van Bavel, übers. v. Lutger Horstkötter, Würzburg 1990, S. 21f. (Reg. 3, 3, sowie: 3, 4). Augustinus sieht sogar Fastenerleichterungen für die vor, die die Zeit bis zur Hauptmahlzeit nicht durchhalten, diese dürfen zur Mittagszeit bereits etwas essen und trinken (Vgl. ebd., S. 21 [Reg. 3, 1]). Augustinus richtet hierin konsequent gegen die Härten der orientalischen Askese, deren Übertreibungen Schranken aufzuerlegen seien, insofern sie das menschliche Maß überschreiten (Vgl. Adolar Zumkeller, *Das Mönchtum des Heiligen Augustinus*, Würzburg 21968, S. 275).

31 Zwar betont Cassian zu Beginn seiner Schriften, dass die Lebensart der ägyptischen Wüstenväter hier und da gelockert werden müsse, wo sie für die neuen Gemeinschaften in Gallien zu schwierig, zu hart oder gar unmöglich zu leben sei, aber diese Zugeständnisse richten sich keineswegs an dem Geschmack und den früheren Lebensgewohnheiten der Oberschichten aus, sondern allein an den Notwendigkeiten des individuellen gebrechlichen Körpers. Vgl. Goodrich, *Contextualizing Cassian*, S. 189f.

32 "[I]ch will Alles übergehen, was nur zur Erregung der Verwunderung, nicht aber zum Unterricht im vollkommenen Leben beiträgt, denn ich habe nicht vor, von den Wunderwerken Gottes, sondern von der Besserung unserer Sitten und der vollständigen Durchführung eines vollkommenen Lebens Einiges auseinanderzusetzen" (Cassianus, „Vierundzwanzig Unterredungen mit den Vätern", S. 283 [Col. praef.]).

Asketen ins Verderben führen. Man nehme nur das ausführliche Beispiel des greisen Hero, dessen Name für sich spricht: 55 Jahre fastet der Hungerkünstler mit solcher Strenge in der Einsamkeit der Wüste und seiner Zelle, dass er an keinem Mahl mit den Brüdern oder gar der Feier des Osterfestes teilnimmt, um nicht durch die Annahme von ein wenig Gemüse, den Eindruck zu erwecken, er habe in seiner Askese nachgelassen. Dieser Held der Entbehrung fällt durch seinen Eigensinn. Von diesem betrogen, glaubt er den Versprechungen eines Engels, der ihm prophezeit, er werde aufgrund seiner Verdienste, Entbehrungen und Tugenden keiner Gefahr mehr ausgesetzt sein. Überzeugt von der Wahrheit und mit der Absicht seine Heiligkeit zu demonstrieren springt er, ohne Zweifel daran, heil wieder aus diesem herauszusteigen, in einen Brunnen. Die Probe aufs Exempel scheitert tragisch. Aber dem nicht genug: als die Brüder ihn halbtot aus dem Brunnen bergen, leugnet er selbst im Angesicht des Todes noch die Möglichkeit vom Teufel verführt worden zu sein.[33]

Da ist aber auch die Gefräßigkeit des Bruders Benjamin, der nicht das tägliche Fasten praktiziert, sondern zwei Tage fastet, um am dritten das doppelte Maß essen zu können und satt zu werden. Auch er stellt seinen eigenen *logos* über die Regeln der Vorfahren, anstatt sich strikt an diese zu halten. Am Ende verlässt er die Wüste „und verwickelt sich wieder in die leere Weisheit dieser Welt und die Eitelkeiten des Zeitlichen".[34]

Die rigorose und übersteigerte ebenso wie die unregulierte Askese führen nicht zu Gott, sondern ins Reich des Verderbens, das ist die zentrale Botschaft, die Cassian den neuen gallischen Asketen und Asket*innen vermitteln möchte: „Niemand [wird] auf seine Entscheidungen und sein eigenes Urteil vertrauend die Höhe der Vollkommenheit irgend einmal ersteigen oder auch nur den verderblichen Täuschungen des Teufels entgehen können".[35] Gegen das Primat der asketischen Wundertaten ebenso wie gegen die individualistische Auslegung der Askese erklärt Cassian die innere Haltung des Mönches und der Nonne zur Grundlage seiner Berufung. Statt weiter den irdischen Vergnügungen anzuhängen oder gar seine

---

33 Cassianus, „Vierundzwanzig Unterredungen mit den Vätern", S. 329 ff. (Col. 2, 5).
34 Ebd., S. 351 (Col. 2, 24).
35 ebd. (Col. 2, 24). Vgl. auch ebd., S. 326 (Col. 2, 2): „Denn man entdeckte keine andere Ursache ihres Falles, als daß sie, von den Vätern nicht unterrichtet, durchaus nicht im Stande waren, die Weise der Klugheit [*discretio*; Anm. S.Z.] zu erlangen, welche jede Übertreibung unterlassend den Mönch immer auf königlichem Wege einherschreiten lehrt [...]". An anderer Stelle betont er gar, dass die „zu nachsichtige Sättigung" im Hinblick auf ihre Verheerung, durch „die ungeordnete Enthaltsamkeit" bei weitem übertroffen wird. Denn, wenn auch beide auf das Treiben des Feindes zurückgeführt werden können, so könne man doch der einen noch durch heilsame Zerknirschung begegnen, der anderen jedoch nicht mehr (Vgl. ebd., S. 347 f. [Col. 2, 17]).

Leistungen im Fasten auszustellen – ein Zeichen der Ruhmsucht und damit ein Schritt ins Reich der Sünde, wie Cassian an anderer Stelle bemerkt[36] –, sollen die Mönche und Nonnen sich vielmehr um eine vollständige Reinigung des Herzens bemühen. Die Reinheit des Herzens bildet damit das Zentrum, um das der ganze Entwurf des asketischen Lebens bei Cassian kreist: „Das Endziel unseres Standes ist [...] das Reich Gottes oder das Himmelreich; aber unser nächstes Ziel ist die Reinheit des Herzens, ohne welche es unmöglich ist, daß einer zu diesem Endziel gelange."[37] Ihr kommt, wie Gerd Summa ausführt, eine dreifache Bedeutung zu: „Sie stellt das ‚Nahziel' des Lebens dar, erscheint damit als ‚Ausrichtung' auf die Vollendung und schon als (anfanghafte) ‚Vorwegnahme des Endgültigen'."[38] Ohne die Leitung des mittelbaren und endgültigen Zieles droht alles fehl zu gehen. Das Herz oder die Seele sind der eigentlich bestimmende Teil des Menschen. Sie gilt es von allen weltlichen Belangen zu reinigen und auf das Himmelreich auszurichten. In ihrem Namen gilt es, einen beständigen Kampf gegen sich selbst zu führen und den eigenen Körper zu seinem Sklaven zu machen „durch Schläge der Enthaltsamkeit, die ihn züchtigen und durch die Riemen des Fastens, durch die er tüchtig gepeitscht wird".[39] „Denn das Reich Gottes ist nicht Essen und Trinken, sondern Gerechtigkeit und Friede und Freunde im hl. Geist", wie Cassian im Anschluss an Paulus betont.[40] Es gilt nach dem Vorbild der ägyptischen Wüstenmönche dem „irdischen Wandel abgestorben und [...] durch keine Verpflichtung zu weltlichen Handlungen gebunden" zu sein.[41] Aber entgegen dem Ziel der asketischen Höchstleistungen bilden die Übungen bei Cassian nur ein Mittel zum Zweck. Sie sind allein ein Instrumentarium, um die Unruhe und die Anfechtungen der Welt fernzuhalten und ein inneres Bollwerk zu errichten, das es erlaubt, sich ganz der Kontemplation Gottes hinzugeben. Entscheidend ist, eine innere Haltung zu etablieren, in der alle alltäglichen Ereignisse zu Gelegenheiten werden, sich in der Liebe zu beweisen, in der das Innere geordnet ist und offen wird für die „Schau Gottes". Auch die Tugendübungen und die

---

36 Vgl. ders., „Zwölf Bücher von der Einrichtung der Klöster", S. 119 (Inst. 5, 23). Die Bedeutung einer Kritik des Stolzes und der Ruhmsucht, die bei Cassian in einem besonderen dialektischen Verhältnis zu jenen anderen Sünden der Begehrlichkeit stehen und immer wieder als entschiedene Gefahren der asketischen Existenz herausgestellt werden, hat auch Foucault unterstrichen. Beide resultieren nicht so sehr aus dem Unterliegen im Kampf gegen die Begehrlichkeit, sondern umgekehrt, aus dem Sieg über sie. Der Stolz resultiere aus dem Glauben, dass man den Fortschritt sich selbst zu verdanken habe, während die Ruhmsucht die eigenen Leistungen zur Schau stelle. Vgl. Foucault, „Der Kampf um die Keuschheit", S. 354 f.
37 Cassianus, „Vierundzwanzig Unterredungen mit den Vätern", S. 291 (Col. 1, 4).
38 Summa, *Geistliche Unterscheidung bei Johannes Cassian*, S. 16.
39 Cassianus, „Zwölf Bücher von der Einrichtung der Klöster", S. 113 (Inst. 5, 18).
40 Ders., „Vierundzwanzig Unterredungen mit den Vätern", S.302 (Col. 1, 13). Vgl. *Röm* 14, 17.
41 Ebd., S. 286 (Col. praef.).

Askese erscheinen unter diesen Vorzeichen, und trotz ihrer Verdienste, als bloße Zugeständnisse an die irdische Welt und deren Unvollkommenheit.[42] Und doch sind sie in dieser Welt notwendig,[43] ja, die Beherrschung der kulinarischen Enthaltsamkeit wird von Cassian umgekehrt geradezu zum *Signum* der Reinheit des Herzens erklärt: „Die Reinheit des inneren Menschen erkennt man an der vollkommenen Uebung dieser Tugend."[44]

4.2 Täuschungen

Wenn Cassian solchermaßen an zwei Fronten kämpft, gegen die übersteigerte und individuell betriebene Askese ebenso wie gegen den Tafelluxus der Eliten, und hierin den Kampf gegen die Gastrimargie ins Zentrum einer Neuordnung der gallischen Monasterien stellt, so ist die Regulierung der Leidenschaften des Magens doch nur ein Teil der monastrischen Existenz. So tragisch die Ablenkungen durch die Leidenschaften des Körpers sind, die gefährlicheren Ablenkungen lauern in der Welt des Geistes und der heimlichen, der falschen und täuschenden Gedanken, die ihrerseits in der Lage sind die Leidenschaften erneut anzustacheln. Aber auch hier spielt der Kampf gegen die Gastrimargie eine entscheidende Rolle. Wird er als das Übungsfeld für alle anderen Kämpfe entworfen, so ist er gleichermaßen auch das Modell, nach dem sich die Kämpfe des Geistes ordnen. Die Enthaltsamkeit der Speisen wird ausdrücklich zum Vorbild für die „Fastenanstrengungen" und die Läuterungen des Geistes, die diese begleiten müssen:

> Denn auch er [der Geist; Anm. S.Z.] hat seine schädlichen Speisen, und ist er durch diese fett geworden, so rollt er, auch ohne Überfluß an Speisen, an den Abgrund der Üppigkeit. ‚Zerstreuung' ist feine Speise, und zwar eine sehr angenehme, ‚Zorn' ist auch eine Speise für ihn, wenn auch keine sehr leichte, der jedoch zu Zeiten ihm einen höchst verhängnißvolle Ernährung bereitet, und deren Genuß ihn ebenfalls tödtlich trifft. ‚Neid' ist eine Speise für den Geist, der ihn mit giftigen Säften verdirbt und nicht abläßt, ihn durch das Glück und den Erfolg des Nächsten fortwährend qualvoll zu martern. Cenodoxie d. i. eitle ‚Ruhmsucht', ist ihm eine Speise, deren ergötzlicher Genuß ihn eine Zeit lang beruhigt, dann aber entblößt, aller Tugenden beraubt und nackt macht und ihn jeglicher geistigen Frucht bar entläßt. [...] ‚Alle Begierlichkeit' und alles unstäte [sic!] Herumschweifen des Geistes ist eine Nahrung der Seele, welche sie mit schädlichen Speisen nährt, aber den, der das Himmelbrod und eine gediegene Speise nicht kostet, nachmals verläßt.[45]

---

42 Summa, *Geistliche Unterscheidung bei Johannes Cassian*, S. 18 f.
43 Vgl. Cassianus, „Vierundzwanzig Unterredungen mit den Vätern", S. 299 f. (Col. 1, 10).
44 Ders., „Zwölf Bücher von der Einrichtung der Klöster", S. 105 (Inst. 5, 11).
45 Ebd., S. 115 f. (Inst. 5, 21).

Wie der Kampf gegen den Magen, so ist auch der Kampf gegen die Gedanken und insbesondere gegen die Einflüsterungen des Teufels unabschließbar und fordert eine beständige Anstrengung und Askese. Man muss die körperlichen Übungen betreiben, um den Gelüsten und Leidenschaften des Körpers und des Magens Einhalt zu gebieten, aber man muss ebenso, ja noch in viel stärkerem Maße, die Übungen des Geistes vollziehen und seine Gedanken und deren ‚Nahrung' unablässig prüfen. Hatten die antiken Ethiken vor allem eine Regulierung der Leidenschaften betrieben, so spielt diese zwar bei Cassian immer noch eine entscheidende Rolle, indem er jedoch zwischen dem Laster als Möglichkeit der menschlichen Handlung und jenem Andringen des Feindes *(impulsus inimici)* unterscheidet, das durch Einflüsterungen und Täuschung verderbliche Geisteshaltungen erzeugt, erlangt die Regulierung der Gedanken eine entschiedene Bedeutung und wird für die christliche Askese prägend werden.[46] Wenn Bernhard von Clairvaux einige Jahrhunderte später in seiner *Apologie an den Abt Wilhelm* den Begriff der *discretio* Cassians wiederaufnimmt und seine Kritik am luxuriösen Lebensstil der Benediktiner von Cluny an das Instrumentarium des Kampfs gegen die Gastrimargie knüpft, stellt er die Übungen des Geistes entschieden über die Vorschriften für den Körper: „In dem Maß nämlich, in dem der Geist kostbarer ist, als der Körper, ist auch die geistige Übung ersprießlicher als die körperliche."[47]

Mönche und Nonnen haben hinsichtlich der Welt der Gedanken eine diffizile Beobachtungs- und Analysetechnik zu erlernen, sind die „eigenen" Gedanken doch die Einbruchstelle des Feindes, der durch Lug und Trug, durch List und Täuschung Einfluss zu nehmen trachtet. Diese Fähigkeit und Gabe der geistlichen Unterscheidung ist nun genau die *discretio* und sie wird uns noch bei Gracián im Kontext des Geschmacks als die Fähigkeit der *desengaño*, das heißt als Kunst der Unterscheidung zwischen Sein und Schein, begegnen.

Wenn es auch unmöglich ist, nicht von überflüssigen Gedanken gestört zu werden, so steht es doch in der Macht eines jeden, sie anzunehmen oder zu verwerfen. Man kann lernen sie abzuwehren, sie zu unterscheiden und sich zu bessern: „daß entweder die heiligen und geistigen in unserm Herzen wachsen oder die irdischen und fleischlichen."[48] Das Leben als Mönch oder Nonne erfordert

---

46 Vgl. ders., „Vierundzwanzig Unterredungen mit den Vätern", S. 408 f. (Col. 24, 17). Vgl. auch Summa, *Geistliche Unterscheidung bei Johannes Cassian*, S. 108 f., sowie Foucault, *Die Regierung der Lebenden*, S. 395.

47 Bernhard von Clairvaux, „Apologia Ad Guillelmum Abbatem/Apologie an den Abt Wilhelm", in: *Sämtliche Werke. Lateinisch/deutsch*, hrsg. v. Gerhard B. Winkler, 10 Bde., Bd. 2, Innsbruck 1992, S. 137–204, hier S. 170 f. (VII, 13).

48 Cassianus, „Vierundzwanzig Unterredungen mit den Vätern", S. 310 (Col. 1, 17).

eine unablässige Wachsamkeit und ein Misstrauen gegen sich selbst und gegen
die eigene Seele, die ihren Ausdruck in der Praktik der Gewissensforschung finden. Diese wurde bereits von den Philosophenschulen der Antike betrieben und
im Kontext der monastischen Gründungen im 4. Jahrhundert vom Christentum
übernommen, wenn auch mit entscheidenden Transformationen, wie Michel
Foucault nachdrücklich betont hat.[49] Mit Hilfe der *discretio* sollen die Entstehung
der Gedanken, ihre Urheber *(auctores)* und Ursachen *(causae)*, die Eigenschaften
und Gefährdungen ebenso wie ihre Folgen geprüft werden. Die mönchische Existenz und Subjektivierung ist hierin grundlegend mit einem Erkenntnisprozess
über sich selbst und einer spezifischen Wahrheitspraxis verbunden.[50]

Dabei unterscheidet Cassian drei Quellen und Ursprünge der Gedanken
und der Einflüsse, die auf den Mönch einwirken und von diesem beachtet
werden müssen: Die Gedanken können *erstens* von Gott selbst stammen, oder
sie können *zweitens* vom Subjekt ausgehen.[51] Gefährlich und entscheidend sind
jedoch – *drittens* – jene, die der Geist des Bösen der Seele eingibt, indem er sich
der Seele zugesellt, den Körper ergreift und beherrscht: Der Teufel versucht
durch den Reiz des Lasters den Menschen zu stürzen und er bedient sich hierzu
insbesondere des Körpers und seiner Leidenschaften, die er ergreift, beherrscht
und gegen den Geist aufstachelt. Die außerordentliche Gefahr des Feindes liegt
dabei in den Strategien der Täuschung. Der Teufel versteckt sich, so dass die Gedanken als eigene wahrgenommen werden, oder gar von Gott zu kommen scheinen. Er weißt das Übel als gut aus und täuscht hierin in gefährlicher Weise das
Eigenmaß. Die Allgegenwart des Teufels, die sich in ihren Anfechtungen niemals vollständig abwenden lässt, trägt sich als Kampf innerhalb des Menschen
zu. Es gibt kein Eindringen des Feindes, keine Besessenheit, sondern der Teufel
bemächtigt sich der Seele, insofern sie beide gleicher Natur sind. Es gibt, wie
Foucault hervorgehoben hat, eine Co-Existenz und Co-Besessenheit der Seele
und des bösen Geistes im Körper, der sich als Sitz beider erweist. „Sie sind Verwandte, und diese Ähnlichkeit, diese Analogie, diese nahe Verwandtschaft erlaubt dem Geist des Bösen, sich an die Seite der menschlichen Seele zu
gesellen, den Körper zu ergreifen, ihn zu beherrschen, ihm Befehle zu erteilen,
ihn zu schütteln, ihn durchzurütteln."[52] Diese Verwandtschaft der (Schadens-)

---

49 Vgl. Foucault, *Die Regierung der Lebenden*, S. 332–382. Vgl. zu den Kontinuitäten zwischen
den antiken philosophischen Lebensformen und denjenigen der christlichen Monasterien Pierre Hadot, *Philosophie als Lebensform. Geistige Übungen in der Antike*. Übers. v. Ilsetraut
Hadot und Christiane Marsch, Berlin 1991, S. 48–65.
50 Foucault, „Der Kampf um die Keuschheit", S. 367.
51 Cassianus, „Vierundzwanzig Unterredungen mit den Vätern", S. 312 f. (Col. 1, 19).
52 Foucault, *Die Regierung der Lebenden*, S. 393.

Geister mit der menschlichen Seele und jene täuschenden Angriffe des Teufels bedingen, „daß ohne die Hilfe Gottes fast nicht zwischen den Antrieben des Teufels und den Dämonen auf der einen sowie dem eigenen Willen auf der anderen Seite als Urheber unterschieden werden kann."[53] Gerade hierin liegt das Problem des Vertrauens in den eigenen *logos* und das eigene Maß, denn man kann nicht sicher sein, dass das eigene Urteil nicht auf einer Täuschung des Teufels beruht, wie sich etwa bei dem Abt Johannes von Lykopolis, einem durch seine Heiligkeit berühmten Anachoreten, zeigt: Er hat zu viel gefastet und mit erschöpftem Körper das Essen aufgeschoben, am Ende erscheint ihm der Teufel und offenbart ihm, dass die Plage von ihm stammt. Im Zeichen der Abtötung des Körpers und im Kampf gegen die Gastrimargie hat der Teufel dem Abt nicht nur eine Ermattung des Körpers, sondern auch des Geistes auferlegt.[54]

Der Teufel versucht zu verführen, indem er zum Eifer für die frommen Übungen mahnt, die jedoch unter dem Vorwand der Tugend zum Laster führen. „Er verführt uns zu einem schändlichen Ende, indem er uns mit unmäßigem, ungehörigen Fasten oder mit zu langen Nachtwachen oder mit ungeordneten Gebeten und unangemessener Lesung täuscht."[55] Er täuscht, indem er zu frommem Besuch einlädt und dadurch den Mönch in den Dunstkreis des Weltlichen zieht oder er führt den Mönch gar mittels der Sorge um verlassene Frauen in noch gefährlichere Fahrwasser.[56] Kurzum: Gerade, weil die Gedanken stets und überall der potentiellen Täuschung unterliegen, kann man sich seiner selbst nie sicher sein und noch der größte Heilige, wie etwa der Abt Johannes, ist nicht in der Lage sich selbst zu führen, so sehr er auch alle anderen zu beraten weiß.[57] Die *discretio* ist damit eine Gabe, die man – permanent bedroht durch die Einflüsterungen des Teufels und das eigene Fehlurteil – nicht aus sich selbst schöpft; das Individuum muss sie außerhalb der Gemeinschaft des Klosters, der Anleitung und Führung durch die Väter und jenseits ihres strengen Reglements verfehlen. Denn die *discretio* verdankt sich allein der Gnade Gottes und sie wird als „wahre Klugheit [. . .] nur durch wahre Demuth erlangt."[58] Insofern man sich selbst nie trauen kann, muss man sich dem Urteil anderer unterwerfen:

---

53 Summa, *Geistliche Unterscheidung bei Johannes Cassian*, S. 63.
54 Vgl. Cassianus, „Vierundzwanzig Unterredungen mit den Vätern", S. 317 f. (Col. 2, 21).
55 Ebd., S. 316 (Col. 2, 20).
56 Ebd.
57 Vgl. Foucault, *Die Regierung der Lebenden*, S. 392.
58 Cassianus, „Vierundzwanzig Unterredungen mit den Vätern", S. 334 (Col. 2, 10).

Die erste Probe dieser Demuth ist, wenn nicht nur alle Handlungen, sondern auch alle Gedanken der Prüfung der Väter vorbehalten werden, so daß keiner etwa seinem Urtheile glaube, sondern in Allem sich bei den Aussprüchen jener beruhige und durch ihre Lehren erkenne, was er für gut oder böse halten solle. [...] Denn es wird einer durchaus nicht getäuscht werden können, wenn er nicht nach seinem Urteile, sondern nach den Vorbildern der Vorfahren lebt und es wird der schlaue Feind nicht Denjenigen als Unwissenden täuschen können, der Nichts davon weiß, alle im Herzen entstehenden Gedanken mit verderblicher Scham zu verbergen, sondern sie nach der reifen Prüfung der Väter entweder verwirft oder zuläßt.[59]

Man „muß [...] Alles vortragen, was in unseren Herzen auftaucht, ohne die Hülle der Verlegenheit" ebenso wie man den Regeln der Altväter Folge leisten muss. Unter keinen Umständen darf man dem eigenen Urteil vertrauen oder sich gar herausnehmen „etwas Neues zu thun", denn es gibt keinen sichereren Weg als diesen, dem Teufel und seinen Täuschungen zum Opfer zu fallen. Die Pflicht zum Gehorsam und das Geständnis wie auch die Selbstprüfung werden hierin zum Kern des christlichen Klosters und der Praktiken, die die christliche Subjektivität hervorbringen und rahmen, wie Foucault betont hat.[60] Unbegrenzter Gehorsam, unaufhörliche Prüfung und vollständiges Geständnis, das sind die Eckpunkte eines Dispositivs, das sich aus einer Transformation der *discretio* ergibt, die an die Stelle der Selbstregierung durch den *logos* die Institution der *patri spirituali* setzt und bei Cassian zum ersten Mal in dieser Systematik entwickelt wird. Entscheidend ist, dass der Mönch gerade nicht über die Fähigkeit der *discretio* verfügt und hierin sein eigenes Maß zu bestimmen vermag, beziehungsweise das eigene Maß stets der Gefahr der Täuschung unterliegt und auf den Beistand der *patri spirituali* angewiesen ist. Insofern ist es nur folgerichtig wenn die *discretio* etwa in der *Regula* des Benedikt von Nursia einzig und allein als Tugend des Abtes verhandelt wird, dem die pastorale Aufgabe zukommt, die ihm untergebenen Mönche auf den königlichen Pfad zu führen.[61] Die *discretio* wird hierbei zu einer Tugend und einer Fähigkeit, die nur in der Unterwerfung unter die Regularien der Ordnung, des Codes und der allumfassenden Führung erreicht werden können, die ursprünglich von den Engeln gestiftet und auf die Gemeinschaft der Apostel zurückgehend, gerade gegen jedes individuelle Maß und eine Sorge um sich gerichtet sind, wie sie bis zur römischen Antike prägend waren und in neuer Form in der Neuzeit eine Renaissance feiern werden.

---

59 Cassianus, „Vierundzwanzig Unterredungen mit den Vätern", S. 334.
60 Foucault, *Die Regierung der Lebenden*, S. 348–384.
61 Vgl. *Die Benediktusregel*, S. 222–227 (RB 64).

4.3 Diskrete Sinne I: Horchen und Gehorchen

Die „Strukturformel" der zönobitischen Tischgesellschaft[62] und deren Selbstethik hat Giovanni Antonio Bazzi, genannt Il Sodoma, zwischen 1505 und 1508 in einem Fresko im Kreuzgang des benediktinischen Männerklosters von Monte Oliveto Maggiore verewigt, einem der Zentren der benediktinischen Klosterreform des 15. Jahrhunderts. (Abb. 4.1) Das Fresko, das Teil eines ganzen Zyklus ist, der Szenen aus dem Leben des Heiligen Benedikt nach der Hagiographie Gregors des Großen zeigt, widmet sich explizit dem Thema der Fülle und damit der Frage des rechten Maßes und der *discretio*. Der Freskenzyklus dient dabei nicht zuletzt als bildliche und damit sinnliche Vergegenwärtigung der *Regula Benedicti*, die seit dem 9. Jahrhundert zur allgemeinen Grundlage des Klosterlebens aufgestiegen war und, neben Gregors Dialogen, in der benediktinischen Klosterreform, nicht zuletzt bei den Olivetanern, eine zentrale Rolle spielte. Im Folgenden soll, ausgehend von Sodomas Fresko, nach den sinnlichen Dimensionen der zönobitischen Tischgesellschaft gefragt werden und insbesondere nach der Rolle des Geschmacks. In welchem Verhältnis steht die *discretio*, der Gehorsam gegenüber der Regel und die weltliche Askese zu den Sinnen und welche Transformationen lassen sich hier nachzeichnen, die möglicherweise eine Überblendung von *discretio* und Geschmack plausibel machen?

Bleiben wir aber zunächst einen Augenblick bei dem Fresko Sodomas im Kreuzgang auf dem Monte Oliveto Maggiore stehen, in dem die Mönche ihren sozialen Aktivitäten des Tages, den Lesungen, aber auch den Meditationen nachgingen,[63] und vergegenwärtigen wir uns mit einem Blick das Leben und die Regel des Heiligen Benedikt:

Auf der linken Seite des Freskos erscheint Benedikt neben zwei Klosterbrüdern im Kontext des Wunders der Mehlsäcke, welches Gregor überliefert: Während einer Hungersnot in Kampanien, die auch sein Kloster mit Mangel schlägt, mahnt Benedikt die Mönche zum Gottvertrauen und verheißt ihnen eine kommenden Überfülle, die sich am nächsten Tag in Form von zweihundert Scheffel Mehl in Säcken vor dem Kloster einstellt, von denen niemand weiß, wer sie geschickt hat.

---

62 Gerhard Neumann, „Das Gastmahl als Inszenierung kultureller Identität. Europäische Perspektiven", in: Hans Jürgen Teuteburg/Gerhard Neumann/Alois Wierlacher (Hrsg.), *Essen und kulturelle Identität. Europäische Perspektiven*, Berlin 1997, S. 37–68, hier S. 48.

63 Zur Nutzung des Kreuzgangs im Kloster Monte Oliveto Maggiore vgl. Angela Oberer, *Der Freskenzyklus Signorellis und Sodomas im Großen Kreuzgang von Monte Oliveto Maggiore*, München 2008, S. 131–135.

Abb. 4.1: Giovanni Antonio Bazzi, gen. Il Sodoma, *Benedikt erhält Korn für das Kloster*, 1505–1508, Fresko, Monte Oliveto Maggiore, Kreuzgang.

„Aus dem erhaltenen Überfluss", so heißt es bei Gregor, lernten die Brüder, „daß man in der Not nicht verzagen dürfe."[64] Wie Kurt Sundstrom herausgearbei-

---

64 Gregor von Tours, *Vier Bücher Dialoge.* Übers. von Joseph Funk, Bd. 2 (Des Heiligen Papstes und Kichenlehrers Gregor des Grossen Ausgewählte Schriften), München 1933, S. 82 (II, 21, 2).

tet hat,[65] bestimmt das Thema von Hunger und Mangel auch die rechte Seite des Freskos, die die brüderliche Mahlgemeinschaft im Refektorium des Klosters zeigt. Der Nahrungsmangel tritt etwa in den beiden Figuren des Hundes und der Katze, als abgemagerten Verkörperungen des „tierischen", irdischen Körpers in Erscheinung, die vor dem Tisch um einen heruntergefallenen Fisch konkurrieren.[66] Die asketische Tugend des Mangels zeigt sich ebenso im streng ritualisierten, kärglichen Arrangement der Speisen: auf jedem Teller zwei Fische, Symbol des Erlösers, Brot und Wein, Wasser, Öl und Salz sowie eine Schüssel mit Lauch.[67] Eine asketische Tafel, *Imitatio* des letzten Abendmahls, deren Abwendung von den weltlichen Genüssen noch durch den Blick in die Wildnis unterstrichen wird, der sich perspektivisch hinter ihr öffnet und das Kloster als einen von der Welt abgesonderten Ort in den Bergen lokalisierbar macht.[68]

Neben der Thematisierung des Mangels gibt es jedoch noch eine zweite Verbindung zwischen rechter und linker Szene des Freskos: Betont bereits die Szene des Weizenwunders bei Gregor das Ideal des Gehorsams und des blinden Vertrauens in Gott und den Abt als Weg zur zukünftigen Fülle, so korrespondiert mit diesem Ideal auch die fast beiläufige Szene am Rand der Tafel, in der der erste Mönch in der Reihe gierig mit der Hand nach dem Brot seines Tischnachbarn greift und den missbilligenden Blick des Cellerars auf sich zieht. Der Cellerar, den das ältere, östliche Mönch- und Nonnentum als *oikonomos* bezeichnete, steht als Verwalter der Speisekammer und des Kellers für die Ökonomie des Magens ein, und zwar, wie das Tablett mit der leeren Schüssel ebenso wie der missbilligende Blick hinsichtlich des Übergriffs des gierigen Bruders zeigt, für eine Ökonomie des Mangels. Er soll, nach der *Regula Benedicti*, als verlängerter Arm des Abtes wirken und alles nach dessen Weisung und „mit

---

65 Vgl. Kurt J. Sundstrom, *The Chiostro Grande of Monte Oliveto Maggiore and the Olivetan Reform Movement*, Ann Arbor 2000, S. 281.

66 Erinnert sei im Kontext der Gastrimargie und der *discretio* sowie des Gehorsams auch an die Verknüpfung des Hundes mit der unmäßigen Gier, insofern dieser noch sein eigenes Erbrochenes frisst, sowie der Katze mit dem Eigensinn. Nicht zuletzt tauchen beide oftmals im Kontext der Darstellungen des Judas auf und verweisen so erneut auf diesen Themenkomplex.

67 Hierin spiegelt sich, folgt man Sundstrom, die Neigung der Olivetaner, vor allem solche Szenen zur Darstellung zu bringen, die biblische Vergleiche anbieten (ebd., S. 283 f.): Die exakte Fünfzahl der Brote verweist ebenso wie die Fische auf die Nahrungsvermehrung Jesu (Mt. 14, 16–21), der mit einem Brot und zwei Fischen etwa fünftausend Männer verpflegte. Die Nahrungsvermehrung Jesu stiftet hierin erneut einen Querbezug des rechten zum linken Teil des Freskos. Die zwei Fische auf jedem Teller verweisen aber gleichermaßen auch auf die *Regula Benedicti*, nach der dem Mönch zur Mahlzeit jeweils zwei gekochte Speisen zur Verfügung gestellt werden sollen. Vgl. *Die Benediktusregel*, S. 168 f. (RB 39, 3).

68 Vgl. Sundstrom, *The Chiostro Grande of Monte Oliveto Maggiore and*, S. 144 f.

Maß" tun.[69] Hierin überwacht er das rechte Maß des Essens ebenso wie die Einhaltung und den Gehorsam gegenüber der gestifteten Regel, die die *discretio* gewährleistet. In eben dieser Funktion steht der Cellerar zwischen beiden Bildhälften genau im Zentrum des Freskos.[70] Als Garant der Askese des Magens figuriert er darüber hinaus die (maßvolle) Abtötung des Fleisches und positioniert sich im Kampf gegen die Gastrimargie zwischen den himmlischen Martern des Kreuzes und den „tierischen", den fleischlichen und irdischen Existenzen am Fuße der Tafel.

Die Botschaft des Freskos und seine pädagogische Absicht könnten nicht deutlicher sein: Die Fülle und ihr Maß verdanken sich der Gabe Gottes, auf sie hat man zu vertrauen und hierin blind dem Wort Gottes und der Regel des Abtes zu folgen, die den Mönch in Gehorsam und Demut auf den rechten Pfad lenken: „Sie leben nicht nach eigenem Gutdünken, gehorchen nicht ihren eigenen Gelüsten und Begierden, sondern gehen ihren Weg nach der Entscheidung und dem Befehl eines anderen. Sie bleiben im Kloster und haben das Verlangen, dass ein Abt ihnen vorstehe", heißt es in der *Regula Benedicti*, vom Gehorsam, der stets gegen den eigenen *logos* und das eigene Gutdünken gerichtet ist.[71]

Das blinde Vertrauen in Gott und die damit einhergehende Unterwerfung unter die *discretio* des Abtes wird noch ein weiteres Mal durch die Darstellung

---

69 Vgl. *Die Benediktusregel*, S. 152–155 (RB XXXI) Entscheidend ist hier ebenso, dass die Unmäßigkeit bei Benedikt zum Gegensatz des christlichen Lebens schlechthin stilisiert wird: „Doch muss vor allem Unmäßigkeit vermieden werden; und nie darf sich bei den Mönchen Übersättigung einschleichen. Denn nichts steht so im Gegensatz zu einem Christen wie Unmäßigkeit, sagt doch unser Herr: „Nehmt euch in acht, dass nicht Unmäßigkeit euer Herz belaste" (ebd., S. 169 (RB XXXIX, 7–9). Auch an dieser Stelle verweist Sodomas Fresko auf den biblischen Text über das letzte Abendmahl, denn der Griff nach dem Brot ist auch das Zeichen, an dem die Jünger den Verräter Judas Iskariot erkennen: „Der ist es, dem ich den Bissen Brot, den ich eintauche, geben werde. Dann tauchte er das Brot ein, nahm es und gab es Judas, dem Sohn des Simon Iskariot. Als Judas den Bissen Brot genommen hatte, fuhr der Satan in ihn" (vgl. Joh. 13, 26 f.).
70 Aber auch zwischen Benedikt, als Stifter des Ordens und der Ordnung, und jener Schrifttafel im Vordergrund, die die Gründungsurkunde des Klosters und die Namen der Stifter enthält, die jedoch erst im 17. Jahrhundert hinzugefügt worden sind. An ihrer Stelle befand sich vermutlich ursprünglich der Eingang zum großen Kreuzgang. Vgl. Oberer, *Der Freskenzyklus Signorellis und Sodomas*, S. 218.
71 *Die Benediktusregel*, S. 94–97 (RB 5). Vgl. auch zum Gehorsam S. 236–239 (RB 71), sowie explizit S. 92 f. (RB 4, 59 ff.): „Die Begierden des Fleisches nicht befriedigen. Den Eigenwillen hassen. Den Weisungen des Abtes in allem gehorchen, auch wenn er selbst, was ferne sei, anders handelt [[...]." Zur pädagogischen Absicht desFreskenzyklus vgl. Oberer, Der Freskenzyklus Signorellis und Sodomas, S. 119.]." Zur pädagogischen Absicht des Freskenzyklus vgl. Oberer, *Der Freskenzyklus Signorellis und Sodomas*, S. 119.

der Schwalben in einem drittem Raum aufgegriffen, der erneut auf die *Heilige Schrift* verweist. Hoch über den Köpfen der Mönche an der Tafel, im Kuppelraum des Refektoriums, geben die „himmlischen" Vögel einen Kontrast zu den irdischen Gestalten des Hundes und der Katze ab. Während letztere nach unten, dem geringen Irdischen zugewandt, sich um die kärglichen Überreste der Tafel streiten, erscheinen die Schwalben um die Fülle des Magens unbekümmert und vertrauen mit ihrem Gesang auf die künftige Gnade der göttlichen Fülle:

> Darum sage ich euch: Sorget nicht für euer Leben, was ihr essen und trinken werdet, auch nicht für euren Leib, was ihr anziehen werdet. Ist nicht das Leben mehr denn Speise? und der Leib mehr denn die Kleidung? Sehet die Vögel unter dem Himmel an: sie säen nicht, sie ernten nicht, sie sammeln nicht in die Scheunen; und euer himmlischer Vater nährt sie doch.[72]

Jenseits der ikonographischen, symbolischen und theologischen Aspekte macht das Zwitschern der Schwalben aber auch auf eine Ordnung der Sinne und eine Aufteilung des Sinnlichen aufmerksam, die das Fresko, die zönobitische Tischgesellschaft und den Diskurs über die *discretio* gleichermaßen durchzieht, wenn sie nicht gerade ihren Grund bildet. Der Vogelgesang führt eine neue sonore Dimension in die Darstellung ein, die neben die Onipräsenz des Sehsinns tritt und gleichermaßen die Frage nach der sinnlichen Verfasstheit der Tischgesellschaft stellen lässt. Denn das Zwitschern der Schwalben, dessen Konnotation als inniges Gebet[73] im gleichen Raum von der Figur des Tischlesers noch einmal verdoppelt und variiert wird. Über die Gruppe der Brüder an der Tafel von der Kanzel sprechend, liest er aus den heiligen Schriften beziehungsweise aus der *Regula* des Heiligen Benedikt und verkörpert so in neuer Form den Gegensatz des Klangs der himmlischen Worte gegenüber der Sinnlichkeit der irdischen Tafel; dem Berühren der Speisen, dem Geruch des Weines und den gustatorischen und gastronomischen Praktiken des Schmeckens und Einverleibens. Bleibt die Tafel, trotz aller symbolischen Überhöhung als Abendmahl, dem Irdischen, dem Taktilen, dem Olfaktorischen und Gustatorischen und in letzter Instanz der *gula* und dem Magen verhaftet, so eröffnen die hörbaren Worte Gottes[74] einen Sinn, der die niedere Sinnlichkeit transzendiert, wenn nicht beschneidet.[75] Denn die Lesung beim Mahl, die die *Benediktusregel* vorschreibt, soll ein

---

72 Mt. 6, 25–26.

73 Zum Zwitschern der Schwalben als Symbol des innigen Gebets vgl. *Jes.* 38, 14.

74 „Herr öffne meine Lippen, damit mein Mund dein Lob verkünde", lautet der Vers, der dreimal von allen gesungen dem wöchentlich wechselnden Leser den Segen erteilt und in dem jeder Bruder geradezu stellvertretend die eigene Mundtätigkeit auf den Leser überträgt. Vgl. *Die Benediktusregel*, S. 167 (RB 38, 3 – 4).

75 Vgl. Neumann, „Das Gastmahl als Inszenierung kultureller Identität", S. 48.

Doppeltes leisten: Das Hören auf die Worte Gottes soll die Aufmerksamkeit vom schmeckenden Gebrauch des Mundes ablenken – soweit die Kargheit und Geschmacklosigkeit der Speisen nicht ohnehin schon den Geschmack marginalisiert – ebenso es dazu gedacht ist, die Gespräche der Mönche – das heißt das freie Flottieren der weltlichen Worte – zu beschneiden. Jenseits der heiligen Worte soll alle andere Sinnlichkeit verstummen:

> Es herrsche größte Stille. Kein Flüstern und kein Laut sei zu hören, nur die Stimme des Lesers. Was sie aber beim Essen und Trinken brauchen, sollen die Brüder einander so reichen, dass keiner um etwas bitten muss. Fehlt trotzdem etwas, erbitte man es eher mit einem vernehmbaren Zeichen als durch ein Wort. Niemand nehme sich heraus, bei Tisch Fragen über die Lesung oder über etwas anderes zu stellen [...].[76]

Die monastische Tischgesellschaft bildet in der Tat geradezu eine Inversion der Struktur der Bankett-Kultur des 17. Jahrhundert, in der die gebildete Konversation und der Geschmack der Teilnehmer*innen im Mittelpunkt der Mahlgemeinschaft stehen und hierin eine Übung des Selbst begründen, die den Geschmack als Kunst der Unterscheidung, der Mäßigung und der *discretio* ausfaltet. Gegen die individuelle geschmackliche Subjektivierung im wechselseitigen Gespräch wie im Verkosten der Leckereien ist die Konzentration in der benediktinischen Tischgemeinschaft konsequent auf die Lesung der Schrift bezogen. Alles dient in der Klostergrundlegung des Benedikt dazu, die Sinne auf das Hören der Worte des Herrn auszurichten:

„Höre mein Sohn auf die Weisung des Meisters, neige das Ohr deines Herzens, nimm den Zuspruch des gütigen Vaters willig an und erfülle ihn durch die Tat!"[77] „*Obsculta*" – lausche, höre aufmerksam zu, gehorche – , das ist das erste Wort des Prologs der *Benediktusregel* und es verknüpft den Aufruf zum Gehorsam mit einer spezifischen Sinnlichkeit des Hörens, die gegen den Geschmack, die Unmäßigkeit und das Begehren des Weltlichen gerichtet ist. Wenn der Mensch seinen Fall durch den Ungehorsam, durch das Hören auf seinen Eigensinn und seine Sinnlichkeit, das heißt im Kosten der verbotenen Frucht vom Baum der Erkenntnis, selbst verschuldet hat, dann gilt es im Gehorsam, durch das Hören auf Gott zu Gott zurückzukehren. Das Kloster wird bei Benedikt explizit zu einer

---

76 *Die Benediktusregel*, S. 167 (RB 38, 5–8), zur Regelung des Schweigens vgl. auch S. 99 (RB 6), sowie S. 175 (RB 42). Bereits bei Cassian ist es der asketische Greis Machetes, der im Angesicht des „todtenähnlichen Schlafs" der Brüder bei geistlichen Gesprächen und der Lust und Anteilnahme an sinnlichen und weltlichen Gesprächen zu dem Schluss kommt, „der Teufel begünstige die müßigen Erzählungen und trete allzeit als Bekämpfer geistlicher Gespräche auf" (Cassianus, „Zwölf Bücher von der Einrichtung der Klöster", S. 123 f. [Inst. 5, 31]).
77 *Die Benediktusregel*, S. 63 (RB Prol 1).

Schule eines solchen Hörens und Hörig-Seins.[78] Das Schweigen bei Tisch und das Vorlesen der Schrift markieren hierin rituell eine mögliche sinnliche Umkehr und Reform des Subjekts, die im Spätmittelalter etwa in der Mystik Meister Eckharts, als sinnliche Umkehr und Reform ebenso wie als innere Erfahrung ausgearbeitet werden wird:

> Es ist aber zu bemerken: wer hören will, wie Gott spricht, muß für alles (andere) taub werden und darauf weder hören noch achten. Das ist es, was Augustin im 4. Buch seiner Bekenntnisse Kapitel 9 sagt: ‚sei nicht eitel, meine Seele. Werde im Ohr deines Herzens taub gegen den Lärm deiner Eitelkeit.' Und im 9. Buch der Bekenntnisse (sagt er): ‚was ist gleich deinem Wort? (Vor) ihm verstumme das Lärmen des Fleisches (und) der Vorstellungsbilder [...] Verstummen sollen die bildhaften Offenbarungen, jede Zunge, jedes Zeichen und alles, was entsteht und vorübergeht, und es spreche Gott allein durch sich selbst, auf das wir sein Wort hören'. [...] Wer also weder auf die anderen Dinge noch ein anderes (Wort) hört, hört Gott. [...] Werde also taub, um zu hören: ‚die Tauben machte er hören' (Mk 7,37).[79]

Das Hören als Sinn der Wahrnehmung Gottes hat eine lange theologische Tradition, die bis zu Origenes Lehre von den *sensus spiritualis* zurückgeht. Wenn diese Lehre auch kaum, weder von Origenes als auch von seinen spätantiken und mittelalterlichen Nachfolgern, wie Augustinus oder Gregor dem Großen als systematisches Konzept entwickelt wird,[80] so greifen diese doch immer wieder, wenn es um die Wahrnehmung von und die Begegnung mit Gott geht, auf eine sinnliche Sprache zurück, wie sie bereits in der *Bibel*, insbesondere im *Hohen Lied*, vorgeprägt ist. Dabei sind es, wie Gordon Rudy betont hat, insbesondere die Sinne des Hörens und des Sehens, denen hierin eine entscheidende Rolle zukommt.[81] Als distanzierte Sinne weisen sie eine möglichst große Distinktion zu einer körperlichen Sinnlichkeit auf. Schon Origines hatte eine dualistische

---

78 Zur Bedeutung des Hörens auf das Wort Gottes und dem gehorsamen Befolgen der Regel vgl. Heinrich Holze, *Erfahrung und Theologie im frühen Mönchtum. Untersuchungen zu einer Theologie des monastischen Lebens bei den ägyptischen Mönchsvätern, Johannes Cassian und Benedikt von Nursia*, Göttingen 1992, S. 80–88, sowie S. 156.
79 Meister Eckhart, *Liber parabolarum Genesis*, 149 (Meister Eckhart, *Die lateinischen Werke Bd. 1*. Hrsg. und übers. v. Konrad Weiss, Stuttgart 1964, S. 618 f.).
80 Zur Kritik der allzu systematisierenden Lesart der Lehre von den *sensus spiritualis* ausgehend von den Schriftes Origines, wie sie vor allem in der Nachfolge von Karl Rahner (Karl Rahner, „Die geistlichen Sinne nach Origenes", in: *Schriften zur Theologie. Bd. XII: Theologie aus Erfahrung des Geistes*. Bearb. v. Karl H. Neufeld, Zürich, Einsiedeln und Köln 1975, S. 111–136) vertreten wurde, vgl. Gordon Rudy, *Mystical Language of Sensation in the Middle Ages*, New-York 2002 sowie Nark J. McInroy, „Origen of Alexandria", in: Paul L. Gavrilyuk/Sarah Coakley (Hrsg.), *The Spiritual Senses. Perceiving God in Western Christianity*, Cambridge 2012, S. 20–35.
81 Vgl. Rudy, *Mystical Language of Sensation in the Middle Ages*, S. 17–34.

und gleichermaßen intellektualistische Lehre von den *sensus spiritualis* entwickelt und die Überzeugung geäußert, dass der Mensch sich seine ursprüngliche Wahrnehmungsfähigkeit für die göttlichen Dinge, die er durch den Fall verloren habe, durch die Enthaltsamkeit der irdischen Sinne und die Übung in der Lektüre der heiligen Schriften erneut aneignen könne. Bei Augustinus sind es die mit den höheren Vermögen in Beziehung stehenden Sinne des Hörens und Sehens, die im Hören auf das Wort Gottes und im Sehen des göttlichen Lichts eine Abwendung der Sinne von der Welt prozessieren. Und nach ihm betont auch Gregor der Große, dass Adam bis zum Sündenfall direkt und spirituell, ohne Vermittlung des Körpers und der körperlichen Sinne, über einen Zugang zu Gott verfügt hätte, der durch den Fall und die weltliche Sinnlichkeit ein Ende gefunden habe.[82] Eine Lehre, die zu einem dualistischen Sinnenkonzept führt, das die *sensus spiritualis* von den körperlichen Sinnen zu trennen und zu unterscheiden sucht und bis in die spätmittelalterliche Scholastik die grundlegende Trennung von Seele und Körper begleitet.[83]

Von hier aus wird die visuelle wie auch die akustische Ebene des Freskos als eine Ordnung der Sinne lesbar: „Öffnen wir unsere Augen dem göttlichen Licht, und hören wir mit aufgeschrecktem Ohr, wozu uns die Stimme Gottes täglich mahnt und aufruft [...]."[84] Visuelle und auditive Ebene überschneiden sich im oberen Teil des Freskos in direkter Weise. Der Vorleser ist geradewegs zwischen dem Bild der Kreuzigung Christi und dem Gesang der Schwalben positioniert, die oberhalb des Martyriums als Verkünder des Frühling ebenso für die Auferstehung Christi einstehen, wie sie als Figurationen der Seele lesbar werden. Das Lesen der heiligen Schrift beruht auf einem Sehen und Sprechen, in welchem das Wort Gottes hörbar wird, das vermittels des Martyriums des Fleisches die Seele zu Gott aufsteigen lässt. Sehen und Hören sind dabei als obere Sinnenvermögen gegen die niederen, körperlichen Sinne am Tisch

---

82 Hans Urs von Balthasar hat hervorgehoben, dass auch hinter Origenes Lehre von den geistlichen Sinnen eine Sündenfall-Lehre steht, nach der die Seele mit ihrer Sinnlichkeit der aus der himmlischen Einheit mit Gott gefallene Geist ist und die fünf vereinzelten körperlichen Sinne „die ins Materielle gefallene ‚Zerstreuung' eines ursprünglichen reichen und füllehaften Wahrnehmungsvermögen für Gott und göttliche Dinge". Mit dem Sündenfall schließen sich die Sinne für Gott, indem sich die körperlichen Sinne für die Welt öffnen. Durch die Gnade Gottes lassen sie sich jedoch erneut in einer Entsagung gegenüber den weltlichen Sinnen öffnen (vgl. Hans U. von Balthasar, *Herrlichkeit. Eine theologische Ästhetik*. Bd. 1: Schau der Gestalt, Einsiedeln 1961, S. 356).
83 Vgl. zur Ideengeschichte der *sensus spiritualis* insbesondere Rudy, *Mystical Language of Sensation in the Middle Ages*, S. 17–43. Vgl. zu Origenes auch Rahner, „Die geistlichen Sinne nach Origenes".
84 *Die Benediktusregel*, S. 65 (RB Prol 9).

darunter gerichtet: gegen die Berührung des Brotes, gegen das Riechen des Weinbouquets, das der vierte Mönch in der Reihe zu zelebrieren scheint, und gegen den Geschmack der Speisen, die im übrigen noch nicht einmal in die Nähe des Mundes der Brüder geraten. Nicht zuletzt rekurriert das Fresko auch in seiner pädagogischen Absicht auf dieselbe Sinnenordnung: Das Lesen des Bildes, das Studieren und visuelle Vergegenwärtigen der Schriften – der *Heiligen Schrift*, aber auch und vor allem der *Regula Benedicti*, der Hagiographie des Heiligen und der Urkunde der Klosterstiftung – soll den Brüdern an jenem zentralen Ort des Klosters, dem Kreuzgang, den Gehorsam und das Hören auf die Worte des Abtes vor Augen führen, der die Brüder im Martyrium des sinnlichen Körpers und der Mäßigung der weltlichen Sinne den Weg zu Gott weist.

4.4 Diskrete Sinne II: „Kostet und seht, wie süß der Herr ist" (Ps 33,9)

So sehr die zönobistische Tischordnung, die in Sodomas Fresko Gestalt annimmt, das Sehen und das Hören unübersehbar gegen die niederen Sinne ausspielt, die im Dienste des Fleisches und der Magenlust stehen, setzt mit der spätmittelalterlichen Mystik eine Bewegung ein, die in ihrer Sprache mehr und mehr von dieser Tradition abweicht und gerade die ‚niederen' Sinne des Tastens und Schmeckens im Hinblick auf eine mögliche Vereinigung mit Gott in Anschlag bringt. Wenn etwa Bernhard von Clairvaux neben Wilhelm von Saint-Thierry als einer der Wegbereiter der zunehmenden Bedeutung der *sensus spiritualis* gelten kann,[85] so ist auffällig, wie sehr er bei dieser Frage immer wieder das Tasten und Schmecken sprachlich in den Vordergrund stellt. Ausgehend von Psalm 33: „Gustate et videte quoniam suavis est dominus": „Kostet und seht, wie süß der Herr ist" (Ps 33,9), den Bernhard allenthalben zu zitieren weiß, erscheint nicht das Hören auf Gott, sondern gerade das „Schmecken" der Süße des Herrn als expliziter Gegenpol zum verführerischen und verderblichen süßen Geschmack der fleischlichen Verlockungen. Ja, die Süße des Herrn gerät unter der Feder Bernhards gar zum Analogon des Lichtes Jesu als ‚Führer' in der Kunst der Mäßigung und Unterscheidung der Geister, das heißt der *discretio*:

---

85 Vgl. Bernard McGinn, „Late Medieval Mystics", in: Paul L. Gavrilyuk/Sarah Coakley (Hrsg.), *The Spiritual Senses. Perceiving God in Western Christianity*, Cambridge 2012, S. 190–209, hier S. 191–195.

Mild und süß [suavis et dulcis] für dein Gemüt sei der Herr Jesus im Kampf mit den unheilvoll süßen Verlockungen des fleischlichen Lebens; eine Wonne überwinde die andere, wie ein Nagel den anderen hinausschlägt. In gleicher Weise sei er aber für den Verstand das Licht, das den Weg erleuchtet, er sei der Führer für die Vernunft, nicht nur, um den Fallstricken der häretischen Tücke zu entgehen und die Reinheit des Glaubens vor der Verschlagenheit der Irrlehrer zu bewahren, sondern damit du auch darauf achtest in deinem täglichen Leben [conversatione vitare] eine allzu große und unbedachte [indiscretiam] Heftigkeit zu meiden.[86]

Entscheidend für den Konnex von Geschmack und *discretio* erscheinen insbesondere Bernhards Predigten zum *Hohen Lied*, in dem Jesus kontinuierlich als Nahrung und Speise konnotiert ist und explizit als geschmackvoll ausgezeichnet wird. Immer wieder ist es die Doppelbedeutung von ‚sapor' und ‚sapientia' als Geschmack und diskrete Weisheit, die für Bernhard leitend ist.[87] Die Süße des Herrn wird hierin bei Bernhard zum *Pharmakon*, das gegen die „Ausgelassenheit der Genußsucht" ins Feld geführt wird und „die Flamme der Begierde" eindämmen soll.[88] Dementsprechend wird in den Sentenzen über die sieben Gnaden des Heiligen Geistes die siebte und krönende Gnade der Weisheit mit Verweis auf *Psalm 33, 9* als „ein gewisser innerer Geschmackssinn und ein süßes Verkosten" ausgewiesen („scilicet quidam internus sapor, ac suavissimus gustus"):

Mit diesem Geschmackssinn der göttlichen Weisheit verkosten wir das Himmlische im voraus, dann, wenn wir betrachten, wie beglückend es ist, bei den Himmelsbewohnern zu sein, wo sich unmöglich etwas finden wird, was mißfällt, noch was fehlen wird, was gefällt. [...] Die nämlich einen friedvollen und heiteren Geist besitzen, haben einen besseren Geschmack für das Himmlische und eine klarere Schau.[89]

Dabei drückt sich in Bernhards sinnlicher Sprache, wie Gordon Rudy hervorgehoben hat, eine entschiedene Ambivalenz gegenüber dem Körper aus[90]:

---

86 Bernhard von Clairvaux, „Sermones super Cantica Canticorum/Predigten über das Hohe Lied", in: *Sämtliche Werke. Lateinisch/deutsch*, hrsg. v. Gerhard B. Winkler, 10 Bde., Bd. 5, Innsbruck 1992, S. 282 f. (20, III, 4).

87 Vgl. hierzu Rudy, *Mystical Language of Sensation in the Middle Ages*, S. 62 ff.; außerdem: Michael Casey, *Athirst for God. Spiritual Desire in Bernard of Clairvaux's Sermons on the Song of Songs*, Kalamazoo 1988, S. 297 f.

88 Bernhard von Clairvaux, „Sermones super Cantica Canticorum/Predigten über das Hohe", S. 222 f. (XV, 6).

89 Ders., „Sententiae/Sentenzen", in: *Sämtliche Werke. Lateinisch/deutsch*, hrsg. v. Ger- hard B. Winkler, 10 Bde., Bd. 4, Innsbruck 1992, S. 247–791, hier S. 747 (Sent. III, 126,7).

90 Vgl. zum Folgenden: Rudy, *Mystical Language of Sensation in the Middle Ages*, S. 46 f. Dabei ist zu beachten, dass Bernhard an anderer Stelle und im direkten oder indirekten Anschluss an Origenes jedoch immer wieder die Unterschiedlichkeit der geistlichen Sinne von

Einerseits ist der Mensch der Sinnlichkeit der Fleischeslust und der irdischen Welt unterworfen und hierin der wahrhaften Wahrnehmung Gottes unfähig, insofern er die göttlichen Dinge nur fleischlich-sinnlich zu lieben im Stande ist. Der sinnliche Körper hält den Menschen davon ab das *imago Dei* zu erneuern und in einer Reform des Selbst Gott erneut zu entsprechen. Und doch ist es andererseits gerade umgekehrt der sinnliche Körper, der für Bernhard einen Zugang zu Gott erlaubt. Denn es sei der körperliche Jesus Christus gewesen, in dem sich Gott den Menschen offenbart habe und mit und durch dessen Körper er ihnen einen Weg gezeigt habe, ihn zu erkennen, ihn zu lieben und eins mit ihm zu werden. Man kann der irdischen Welt und dem Körper nicht entkommen, davon ist Bernhard überzeugt, aber man kann durch die persönliche Erfahrung und in der Liebe zum menschgewordenen, körperlichen Christus und durch den Körper zu Gott zurückkehren. Die Körperlichkeit ist bei Bernhard, so betont Rudy, ein Doppeltes: „the condition of fallen humanity and the condition for fallen humanity to know and love spiritual things.“[91] Der Körper wird, ganz im Gegensatz zu den intellektualistischen Auslegungen der *sensus spiritualis,* zum Medium der Erfahrung Gottes: „Er bot Fleisch denen, die nach Fleisch Geschmack hatten; durch dieses Fleisch sollten sie lernen, auch am Geist Geschmack zu finden.“[92] Und umgekehrt gilt ebenso, dass die Erfahrung des leiblichen Christus die Exegese der biblischen Texte anleiten soll: So bezeichnet Bernhard *3. Sermon* über das *Hohe Lied* dieses als „Buch der Erfahrung“,[93] das von der liebenden Begegnung der individuellen Seele mit Gott berichte.[94] Das Buch der Erfahrung ist, wie Rudy

---

den körperlichen betont. In der systematischen Überkreuzung zwischen den irdischen und spirituellen Sinnen unterläuft er jedoch diese Opposition. Vgl. McGinn, „Late Medieval Mystics“, S. 191 ff.; sowie Rosemary Drage Hale, „‚Taste and See, For God is Sweet‘. Sensory Perception and Memory in Medieval Christian Mystical Experience“, in: Anne Clarke Bartlett (Hrsg.), *Vox Mystica. Essays on Medieval Mysticism*. In Honor of Professor Valerie M. Lagorio, Rochester, N.Y. 1995, S. 3–14.

91 Rudy, *Mystical Language of Sensation in the Middle Ages*, S. 46.

92 Bernhard von Clairvaux, „Sermones super Cantica Canticorum/Predigten über das Hohe“, S. 103 (SC 6, 3).

93 Ders., „Sententiae/Sentenzen“, S. 77 (SC 3, 1).

94 Und auch hier kommt Bernhard nicht ohne kulinarische Metaphern aus, wenn er den Kuss Christi als „verborgene[s] Manna“ bezeichnet, von dem gesagt wird, dass „nur wer es ißt, [. . .] weiter hungern [wird]“. Das „verborgene Manna“ sei „ein versiegelter Quell, an dem kein Fremder“, der „noch immer den Leidenschaften [. . .] [seines] Fleisches verfallen ist“ und „und noch nicht die Süße des Geistes gespürt hat und die inneren Freuden nicht kennt und noch nie erlebt hat“, „Anteil haben könne; nur wer daraus trinkt, wird weiter dürsten“ (ders., „Sermones super Cantica Canticorum/Predigten über das Hohe“, S. 77 (SC 3, 1)).

hervorhebt, gleichermaßen das Buch, das ins Herz geschrieben ist, in die Affekte und das Gedächtnis des des oder derjenigen, welche*r Gott in seiner Liebe sucht.[95] Hatte Origenes in der Exegese der Texte nach einer Annäherung an den ewigen göttlichen *logos* gesucht, so wird das *Hohe Lied* bei Bernhard zum Spiegel der individuellen Erfahrung Gottes. Es soll durch die eigene Erfahrung gelesen werden und bietet umgekehrt eine Interpretation der eigenen Erfahrungen an. Die sinnliche Erfahrung wird bei Bernhard zu einem moralischen Führer zu Gott. Eine Erfahrung, die jedoch durch ihre Sinnlichkeit die spirituelle Erfahrung an die somatische rückbindet und hierin ein dynamisches Programm der Erneuerung und Reform des Selbst anbietet: Der Mensch „can through order, discipline and obedience, through reform of his physical and spiritual life, imitate a more divine model".[96] Man soll, ja, man muss den Körper gebrauchen, um sich Gott zu nähern, aber man muss die körperlichen Sinne als Weg zu einer spirituellen Sinnlichkeit begreifen, die Gott jenseits des Körpers erfasst. Der inkarnierte Christus ist das Vorbild, nach dem Mönche und Nonnen ihre Existenz zu richten haben: Man muss Christus nacheifern, man soll, in Abwandlung eines Wortes Paulus (1 Kor 7, 29–32), die Sinne gebrauchen, als brauche man sie nicht. Man soll schmecken, als schmeckte man nicht, man soll hören, als sei man taub, man soll fühlen, als sei man gefühllos und so fort. Die Abtötung und Disziplinierung des Fleisches, die Verneinung der Welt und des Körpers – durch Flagellation, durch Fasten, durch Stille, durch rituelles Sterben – soll in der mystischen Ekstase eine neue Sinnlichkeit eröffnen, die vom künftigen Himmelreich kündet.

> Holiness [. . .] could only result from arduous discipline of the body. The body was denied sensual pelasures of all sorts. But the appetites sensed by the body were experienced – fully satisfied – by the soul with perfect joy. If the mystic fasted, the soul could enjoy tasting all the more. If the mystic thirsted, the soul could reel from intoxicating wine. If the mystic were silent, the soul could converse at length with God. Worldly desires denied to the body became heavenly delight for the soul. The language of hunger and desire come together so that affection and love are the food which satisfies the soul. Through

---

95 Vgl. Rudy, *Mystical Language of Sensation in the Middle Ages*, S. 47. Marvin Döbler macht auf die enge Verbindung der Predigten zum *Hohen Lied* zum monastisch-liturgischen Alltag der Zisterzienser aufmerksam (vgl. Marvin Döbler, *Die Mystik und die Sinne. Eine religionshistorische Untersuchung am Beispiel Bernhards von Clairvaux*, Göttingen 2013, S. 181–189).

96 Brian Stock, „Experience, Praxis, Work and Planning in Bernard of Clairvaux. Observations on the ‚Sermones in Cantica'", in: John Emery Murdoch/Edith Dudley Scylla (Hrsg.), *The Cultural Context of Medieval Learning. Proceedings of the First International Colloquium on the Philosophy, Science and Theology of the Middle Ages*, Dordrecht 1976, S. 219–268, hier S. 227 f.; vgl. auch: Rudy, *Mystical Language of Sensation in the Middle Ages*, S. 48.

renunciation, all joys and pleasures which could be experienced sensually by the body were marked then as sacred, set apart, savored by the spiritual senses.[97]

Von hier aus wird deutlich, weshalb dem Schmecken in der spätmittelalterlichen Mystik seit Bernhard von Clairvaux eine entscheidende Bedeutung zukommt: Zum einen sicherlich, wie Rudy und andere zu Recht betont haben, weil sich die im Geschmackssinn implizierte Nähe, Berührung und Inkorporation mehr als alle anderen sinnlichen Wahrnehmungsformen eignet, um die *unitas spiritus* zum Ausdruck zu bringen. Zum anderen bildet die sinnliche Verschiebung auf den Geschmack jedoch auch einen strategischen Einsatz, der verspricht durch das Prospekt der göttlichen Süße den Kampfes gegen die Gastrimargie mit neuen effektiven Mitteln auszustatten. Das unentwegte Lobpreisen der künftigen Fülle durch die himmlischen Speisen des Herzens sowie der geschmackvollen Weisheit bilden von nun an geradezu das Supplement und eine notwendige Ergänzung zur Entsagung der Welt und der Abtötung der Sinne. Damit steht die Speise der Seele, die dem Mönch und der Nonne durch die Gnade Gottes zuteil wird, in entschiedener Opposition zu derjenigen des Körpers, ebenso wie die Fülle des Herzens zur Fülle des Magens.

In der Betonung des geistigen Schmeckens bricht sich nicht nur bei Bernhard von Clairvaux ein Kampf zwischen aszetischem Rigorismus und weltlichem Repräsentationsstreben in den Monasterien Bahn, der diskursiv erneut um die Eindämmung der Magenlust kreist. Hatten bereits die Autoren des 4. Jahrhunderts unter anderen Vorzeichen und im Bezug auf die römische Selbstkultur und das Ideal einer ‚Heiligen Aristokratie‘ diesen Kampf durchexerziert, so fundiert er nun im 12. Jahrhundert bei Bernhard von Clairvaux die Absetzungsbewegungen der Zisterzienser*innen von den machtvollen benediktinischen Zentren von Cluny. Und auch in den Reformbewegungen des 14. Jahrhundert, etwa den Franziskaner*innen, erlebt dieser Kampf unter Rückbezug auf Bernhard und seine ‚weißen‘ Mönche und Nonnen seine Neuauflage. Noch der Patriziersohn Giovanni Tolomei, der mit Freuden auf den Gütern der Familie südlich von Siena ein asketisches Leben beginnt und zum Gründer der benediktinischen Abtei Monte Oliveto Maggiore wird, in deren Mauern sich jenes Fresko Sodomas befindet, von dem oben die Rede war, wird sich in seiner Abwendung von der Welt und ihren Genüssen auf den heiligen Bernhard berufen und sich fortan Bernardo nennen.

Waren die Klöster bereits zu römischer Zeit, nach dem Vorbild der Landvillen, aus denen sie mehrheitlich hervorgegangen waren, auch als Wirtschaftsbetriebe relevant, so entwickelten sie sich spätestens seit der Karolingerzeit, neben

---

97 Hale, „Taste and See, For God is Sweet", S. 7.

ihrer Funktion als philosophische Schulen der christlichen Lebenskunst, zu Zentren der weltlichen Macht, ja zu Stützpunkten der Reichsorganisation und zu Großgrundbesitzern. Diese Entwicklung musste die Spannungen zwischen Verweltlichung und Reform, im Sinne der Rückbesinnung auf die Einhaltung der Regeln, die kontinuierlich die monastische Geschichte durchzogen haben und entscheidend prägten, verschärfen.[98] Bernhard etwa kontrastiert das Leben der Benediktiner von Cluny mit demjenigen der ägyptischen Wüstenmönche in den Tagen des Antonius, um den zeitgenössischen Verlust der *discretio* aufzuzeigen: „Wer hätte zu Beginn, als der Mönchsorden sich entfaltete, glauben können, daß die Mönche zu einem solchen Grad von Trägheit gelangen würden?", fragt er entrüstet. Hatten die Wüstenasketen, wenn sie sich besuchten, „das Brot der Seele" von einander empfangen und hierüber „die Speise des Körpers" vergessen, das heißt „den ganzen Tag mit leerem Magen, aber nicht mit leerem Herzen verbracht", so würden in den zeitgenössischen Klöstern der Benediktiner regelrechte Gelage abgehalten, in denen nicht die heiligen Schriften und das Heil der Seele im Vordergrund ständen, sondern die Lust des Fleisches und die Zerstreuung der Gedanken. Und Bernhard erweist sich als strenger Verfechter einer Rückkehr zur *Regula Benedicti*, wenn er anläßlich der Speisegenüsse und der Tischgespräche in Cluny den Verlust der *discretio* anprangert: „Wie sich beim Essen der Schlund mit Speise sättigt, so die Ohren mit eitlen Gesprächen, und während du ihnen deine ganze Aufmerksamkeit widmest, kennst du kein Maß im Essen".[99] Die Konversation füllt die Ohren, das Essen die Kehle und beide sind ein Abfall von jener *discretio* der Wüstenväter, der symptomatisch seinen Ausdruck im kranken Magen findet, der alle Mönche, die die Weihen empfangen haben, auszeichne.[100] Und wie kein zweiter weiß Bernhard mit allen Finessen der Rhetorik und im Namen des süßen „Brot[es] der Seele" und der Fülle des Herzens gegen die weltlichen kulinarischen und nicht zuletzt die exotischen Genüsse zu Felde zu ziehen: Die Vielfalt der Speisen, „die den Widerwillen verhindern", die neuen Würzen und „Saucen fremder Herkunft", die stets aufs neue die Esslust aufleben lassen, die „mannigfache Weise [wie] eines mit dem andern

---

98 Die Klöster wurden unter Karl dem Großen zum Teil der Reichskirche, die keineswegs eine Absonderung von der Welt betreiben sollte, sondern von der im Gegenteil Aktion in der Welt und für die Welt verlangt wurde (Vgl. Josef Semmler, „Karl der Große und das fränkische Mönchtum", in: Bernhard Bischoff (Hrsg.), *Karl der Große. Lebenswerk und Nachleben, Das geistige Leben*, Bd. II, Düsseldorf 1965, S. 255–289; sowie Frank, *Geschichte des christlichen Mönchtums*, S. 58 ff.).
99 Bernhard von Clairvaux, „Apologia Ad Guillelmum Abbatem/Apologie an den Abt", 177–179 (IX, 19).
100 Ebd., 99 (IX, 21).

vermengt wird",[101] all dies ist für Bernhard Ausgangspunkt einer Verführung und Reizung der Sinne ebenso wie Ursache für ein Erwachen der Neugier, die die Gedanken von Gott abziehen und auf Weltliches richten.[102] Die Erregung des Geschmacks und die Kochkunst sind im Bunde mit den Täuschungen der fleischlichen Gelüste, die die Leidenschaften des Magens in Bewegung setzen und den Mönch jedes Maß verlieren lassen. „Wer könnte aufzählen", fragt Bernhard im Angesicht der Küche von Cluny,

> auf wie viele Arten allein die Eier (um von den anderen Speisen zu schweigen) gewendet und in die Pfanne geschlagen werden, mit welcher Sorgfalt sie umgewendet und gedreht werden, wie sie als Rühreier oder hartgekocht und zerhackt serviert werden, wie sie bald gebraten, bald geröstet, dann wieder gefüllt, jetzt mit anderen Speisen vermischt und ein anderes Mal allein auf den Tisch gebracht werden? Und wozu dies alles, wenn nicht zu dem einzigen Zweck, dem Überdruß zu begegnen? Ferner läßt man die Beschaffenheit der Speisen selbst so fremd erscheinen, daß sie beim Anblick nicht weniger als beim Schmecken erfreuen. Und wenn auch der Magen schon durch wiederholtes Rülpsen anzeigt, daß er voll ist, bleibt doch immer die Neugierde ungestillt.[103]

Die üppige Küche verursacht die Konfusion der Ordnung des Fleisches sowie den Bruch der Regeln und Gesetze und ist das Gegenteil jeder *discretio*: Sie bewirkt den Fall des Mönches und eine Entfremdung von sich selbst. Der Großprior von Cluny, der vorgibt, die Abtötung des Fleisches und den Hass gegen den Körper im Namen der Liebe Gottes zu mildern, ist ein Verführer der körperlichen Sinne,

---

101 Ebd., S. 179–181 (IX, 20). Zur Kritik insbesondere der Gewürze und Fremdspeisen bei Bernhard von Clairvaux vgl. Paul Freedman, *Out of the East. Spices and the Medieval Imagination*, New Haven und London 2008, S. 142–163, sowie: Christian Lohmer, „Gemüsesuppe und Rhetorik. Repräsentation und Askese bei Petrus Damiani und Bernhard von Clairvaux", in: Lothar Kolmer/Christian Rohr (Hrsg.), *Mahl und Repräsentation. Der Kult ums Essen*. Beiträge des internationalen Symposions in Salzburg 29. April bis 1. Mai 1999, Paderborn u. a. 2000, S. 11–61.
102 Interessant sind im Kontext der Neugier und bezogen auf die Tischgespräche auch die Regeln für reisende Mönche, wie sie sich in der Regel Benedikts finden, insofern sie darum bemüht sind, die Neugier bei den Mönchen unter allen Umständen einzudämmen: Es „nehme sich keiner heraus, einem anderen alles zu erzählen, was er außerhalb des Klosters gesehen und gehört hat, denn das richtet großen Schaden an", heißt es da (*Die Benediktusregel*, S. 233 (RB 67, 5). Ebenso soll jeder heimgekehrte Bruder sogleich „um das Gebet bitten wegen der Fehler, die vielleicht unterwegs vorgekommen sind, wenn sie Böses gesehen und gehört oder Unnützes geredet haben". Desgleichen darf sich niemand bei harter Strafe ohne Zustimmung des Abtes aus dem Kloster entfernen und sei es nur im geringsten Maße. Die Welt ist der Ort der Verführung und sie muss unter allen Umständen gemieden werden, ebenso wie man zu verhindern sucht, dass das Weltliche – und sei es nur in Form von Erzählungen – in die Klostermauern eindringt und die Neugier der Mönche weckt (ebd. (RB 67, 4–7)).
103 Bernhard von Clairvaux, „Apologia Ad Guillelmum Abbatem/Apologie an den Abt", S. 181 (IX, 20).

der in seiner Scheinheiligkeit noch Bernhards Neffen Robert in seinen Bann zu ziehen weiß, wie jener in einem Brief an diesen schreibt: „er verlockt, verführt, schmeichelt." Er empfiehlt die Trunkenheit gegen die Einfachheit, Armut ist für ihn Elend, Fasten, Nachtwachen, Schweigen und Arbeit sind sinnlose Mühen, Nichtstun bezeichnet er als Beschauung, ja, „die Gefräßigkeit, Geschwätzigkeit, Neugier sowie jegliche Unmäßigkeit nennt er discretio."[104] Die Entfaltung der Pracht in den Klöstern täusche die Sinne vor der Wahrheit und notwendigen Demut, sie ziehe die Mönche von der Reinheit des Herzens vollständig ab und längst sei Cluny ein Ort jenseits der Ordnung und des Sinns des Ordens geworden. Die Kleidung und Speisen der Mönche vermitteln den Eindruck, als seien die Klöster weltliche Paläste, wirft Bernhard den Clunizianern mit Verweis auf Matthäus (11, 8) vor.[105] Weißbrot, Met und Fett, aber vor allem die fremdländischen Gewürze: Pfeffer, Ingwer, Kümmel, Salbei ebenso wie die Fischsaucen („salsamentorum") sind keine Speisen der Seele, sondern entzünden die Begierden und entfernen damit den Menschen von Gott. Zu Zeiten der Anachoreten hatte man noch in der Wüste ohne Fische gelebt und auch heute, so Bernhard, reiche demjenigen, der besonnen und nüchtern lebe, als einziges Gewürz das Salz und der Hunger. Im Angesicht der feisten benediktinischen Mönche in Cluny fordert er, mit Verweis auf die benediktinische Regel des *ora et labora*, das Nichtstun des *otium* mit Arbeiten zu vertauschen und so einen natürlichen Hunger anzuregen, den man sonst erst künstlich mit fremdländischen Saucen erregen müsse. Gemüse, Bohnen, Grütze und grobes Brot zusammen mit Wasser sind Bernhard die richtigen Speisen für einen Soldaten Christi und erschienen nach getaner Arbeit als „große Leckerbissen". Seinem Neffen Robert, den nicht zuletzt die kulinarischen Genüsse in Cluny zum Klosterübertritt bewegt hatten, rät Bernhard, er möge sich nur das Feuer und die Qualen der Hölle genug vergegenwärtigen, damit ihm ein solches Fasten leichter falle.[106]

Aber Bernhard beschränkt sich nicht nur auf die Drohkulisse der Hölle, wenn es darum geht, die benediktinischen Mönche von den weltlichen Gelüsten abzuziehen, sondern er bietet gleichermaßen, wie wir oben gesehen haben, eine Kompensation und ein Surrogat an, das die Süße des Honigs und des Brotes als Synonym der himmlichen Fülle und der Tugenden in den Diskurs gegen die Gastrimargie einführt:

„Gustate et videte quoniam suavis est dominus": „Kostet und seht, wie süß der Herr ist" (Ps 33, 9). Die Süße des Herrn gegen die Süße der fleischlichen

104 Ders., „Epistola I/Brief 1", in: *Sämtliche Werke. Lateinisch/deutsch*, hrsg. v. Gerhard B. Winkler, 10 Bde., Bd. 2, Innsbruck 1992, S. 242–263, hier S. 251.
105 Ebd., S. 259.
106 Bernhard von Clairvaux, „Epistola I/Brief 1", S. 259–261.

Verlockungen. Ja mehr noch: die immer opulenter und sinnlicher werdende Küche der Klöster, die deren weltliche Machtstellung zum Ausdruck bringt, und deren Fülle und Reichtum der asketische Hardliner Bernhard in anklagendem Furor anprangert, dient ungekehrt, in ihrer mystischen Umdeutung, geradezu als Fundament seiner sinnlichen Sprache, die die Rückkehr zu Gott schmackhaft macht und machen will. Zwar bleibt der geistige Geschmack auch und gerade bei Bernhard streng von den körperlichen Freuden getrennt und gegen diese gerichtet, so sehr seine sinnliche Sprache auch diesen Gegensatz zu unterlaufen scheint, aber er illustriert doch ein gewachsenes Spannungsverhältnis zwischen weltlichem Herrschaftsanspruch und Weltentsagung, das sich in den Auseinandersetzungen zwischen Askese und Verweltlichung in den westlichen Monasterien Bahn bricht. Ein Spannungsverhältnis, das nicht nur auf der Seite der asketischen Fundamentalisten jeglicher Couleur in Erscheinung tritt, sondern ebenso auf der Seite der Moderaten. Ja, man kann sagen, dass die gesamte klösterliche Küche nur vor dem Hintergrund dieser kontinuierlichen Spannung verständlich ist, in der selbst noch die Gelage von Cluny, von denen Bernhard polemisch und höchstwahrscheinlich in völlig übertriebener Weise zu berichten weiß, Ausdruck einer dauernden Kompromissbildung darstellen. Die Repräsentativität der fremden Speisen, der paradiesischen und mythischen Gewürze, der Düfte, der kunstvollen Zubereitung für Augen und Magen, ebenso wie die Quantität der Speisen, wie sie für die Repräsentation weltlicher Herrschaft entscheidend war, musste mit den monastrischen Regeln der Abtötung des Fleisches, der Entsagung und Geißelung des Magens vermittelt werden: eine schier unmögliche Aufgabe, die all die Streitigkeiten erklärt, die um die teils spitzfindigen Auslegungen der *Regula Benedicti* geführt worden sind.[107] Wie Massimo Montanari überzeugend dargelegt hat, entsteht die Kochkunst der Klöster gerade als Korrelat zur Fleischabstinenz der Mönche und Nonnen, jenem entschiedenen Symbol der Herrschaft, wie es sich bis weit in die Neuzeit (und teils bis heute) hält und vollzieht hierin auf der Ebene der Speisen eine ähnliche Kompromissbildung, wie sie der Einbezug der Sinnlichkeit in die asketischen Praktiken der Abtötung des Fleisches zum

---

[107] Vgl. Norman Foster, *Schlemmen hinter Klostermauern. Die unbekannten Quellen europäischer Kochkunst*. Mit 111 Rezepten aus der Klosterküche, Frechen 2001, S. 126. Für eine differenzierte Sichtung der ganz unterschiedlichen Auslegungen der benediktinischen Regel im Hochmittelalter vgl. Anne Schulz, *Essen und Trinken im Mittelalter (1000–1300). Literarische, kunsthistorische und archäologische Quellen*, Berlin 2011, S. 302–339. Vgl. auch: Gerd Zimmermann, *Ordensleben und Lebensstandard. Die Cura corporis in den Ordensvorschriften des abendländischen Hochmittelalters*, Berlin 1999.

Ausdruck bringen.[108] Und es ist genau diese notwendige Kompromissbildung, die die kulturhistorische und gesellschaftliche Rückseite jener Beobachtung bildet, die Harald Lemke im Anschluss an Norman Forster als eine Doppelmoral der christlichen Gastrosophie ausgezeichnet hat: des kulinarischen Genusses unter den Bedingungen des Geständniszwangs, der kontinuierlichen Gewissensbisse, der Disziplinierung des Körpers und des unbedingten Gehorsams gegenüber der Regel.[109]

4.5 Himmlische Tafelfreuden

Was bei Bernhard von Clairvaux anklingt, die Indienstnahme des Geschmacks als sinnliche Vermittlung des himmlischen Genusses, den die Rückkehr zu Gott verspricht, wird bei Gracián zum alles bestimmenden Thema seiner 50 Meditationen über Themen des alten und neuen Testaments, die auf die Eucharistie vorbereiten sollen.[110] Und in seinem Meditationsbuch über die Heilige Kommunion, *El Comulgatore*, das gleichzeitig mit dem dritten Teil des *Criticón* auf Graciáns Schreibpult lag, wird das Thema der Speisenordnung bereits in der zweiten Meditation anhand der Erzählung von der Rückkehr des verlorenen Sohns entwickelt. Die Meditation, die, wie alle Meditationen des Bandes, in vier Abschnitte unterteilt ist, die das Schriftwort auf die Vorbereitung für die Kommunion, die Kommunion selbst, die Nachbereitung und den Dank für diese beziehen, setzt auf den starken Gegensatz zwischen dem tierischen Fraß der Schweine und den exquisiten Speisen an der Tafel des

---

108 Massimo Montanari, „Die Dreiständeordnung des Mittelalters im Spiegel der Ernährung", in: Lothar Kolmer/Christian Rohr (Hrsg.), *Mahl und Repräsentation. Der Kult ums Essen.* Beiträge des internationalen Symposions in Salzburg 29. April bis 1. Mai 1999, Paderborn u. a. 2000, S. 53–61, hier S. 58 ff.

109 „In der Tat suchten die Mönche Schützenhilfe von jeder nur möglichen Seite, um ihr schlechtes Gewissen ein wenig zu besänftigen. [...] Und dennoch, keine Sünde strapazierte das Gewissen der Mönche so stetig wie die der Völlerei. Eigentlich ist die Geschichte des Schlemmens im Kloster während des Mittelalters die Geschichte des schlechten Gewissens der Mönche" (Foster, *Schlemmen hinter Klostermauern*, S. 76). Vgl. Lemke, *Ethik des Essens*, S. 152 ff.

110 Die Ausführungen dieses Abschnitts verdanken sich zu großen Teilen den Thesen des instruktiven Aufsatzes von Endre Szécsènyi, der ebenfalls die ideengeschichtlichen Kontinuitäten zwischen dem ästhetischen Geschmacksbegriff und der Lehre der *sensus spiritualis* betont, ohne diese jedoch in den Kontext der Regulierung der Esslust zu stellen (Vgl. Endre Szécsényi, „Gustus Spiritualis. Remarks on the Emergence of Modern Aesthetics", in: *Estetika. The Central European Journal of Aesthetics* LI/VII, 1 (2014), S. 62–85).

Vaters. Dabei gehen die Genussschilderungen und kulinarischen Imaginationen der letzteren weit über das hinaus, was sich bei Bernhard andeutet. Bei Gracián findet im Hinblick auf die Genüsse eine Radikalisierung statt, die das Bernhard'sche Programm geradezu invertiert. Firmierten die fremden Genüsse der Küche in Cluny ganz oben auf Bernhards Liste der Kritikpunkte, so ist bei Gracián die Entfremdung des Selbst nicht mit fremden Ländern, sondern, ganz analog der Strukturierung des *Criticón*, mit einem „Tier-Werden" der *Persona* verbunden. Das Problem ist die Sättigung mit dem Irdischen, dem Bornierten und Gewöhnlichem, nicht der Genuss der fremden Speisen, deren exzeptioneller Geschmack den Gaumen verführt[111]:

> FIRST POINT. – Before Communion
> Consider the thoughtless Prodigal fallen from the greatest felicity to the lowest state of misery, that he may feel more keenly the delights of his father's house, now exchanged for the service of a tyrant; living in a vile hut, consumed with hunger, crouching in his nakedness, depressed with sadness, envying the filthy swine those husks of theirs, which are denied to him. Then remembering his father's well-covered table, and longing for that delicious bread which even the very hired servants had in plentifulness, and feeling himself perishing with hunger he wept abundantly. [...]
> Contemplate, now, another prodigal even more wretched, for in leaving the house of your God and your Father's table you purchased your unhappiness in order to serve your appetites – hard and cruel tyrants! Consider how little your pleasures have satisfied you, how little delight you vanities have offered you, however much they may have elated you. Lament yours wretchedness in having exchanged the favour of a son of God for the despicable slavery of Satan. Undeceive yourself truly, despising all that is of this world, valuing everything that appertains to heaven, and with a brave resolution return to-day to the house of your God, and to your good Father's table.[112]

Im Angesicht der Dürftigkeit der weltlichen Speisen, die mehr versprechen als sie halten, kehre man zur Tafel Gottes zurück. Man soll dem Irdischen entsagen, insofern es die Sinne täuscht: hier ist Gracián noch ganz auf einer Linie mit Bernhard, aber hier endet auch die Gemeinsamkeit. Der Weg der Rückkehr zu

---

111 Vgl. auch die Ausführungen im dritten Punkt der 16. Meditation, die den Gegensatz zwischen tierischer Gier und geistiger Neugier, den auch die Ursprungserzählung des Geschmacks im Criticón grundiert, noch einmal hervorhebt: „[E]at, like an Angel, the Bread of Angels; eat like a rational being [persona], not as a beast [...]" (Baltasar Gracián, *Sanctuary Meditations for Priests and Frequent Communicants. Serving as a Preparation for – at the Time of – and Thanksgiving after Receiving the Holy Eucharist*. Trans. by Mariana Monteiro, London 1876, S. 83). Da eine verlässliche deutsche Übersetzung des *El Colmulgatore* bis heute leider nicht vorliegt, zitiere ich hier und im Folgenden unter Rückgriff auf das spanische Original aus der englischen Übersetzung von Mariana Monteiro.
112 Ebd., S. 8.

Gott ist keineswegs mehr mit einer Abtötung des Fleisches verbunden ebenso wie der Meditierende nicht zum Verzicht auf den eigenen Willen aufgerufen wird. Man soll dem weltlichen Hunger entsagen und die Sinne vom bloß weltlichen Genuss abziehen, aber es geht doch gleichermaßen nicht darum, die äußeren, die körperlichen Sinne abzutöten, im Gegenteil: Sie sollen in den Dienst der Wahrnehmung Gottes gestellt werden. „[The] [...] exterior senses, separating themselves from the love of every external duty remained, as it were, absorbed in the already felt presence of [...] God"[113] heißt es in der ersten Meditation. Die Sinne, mit denen – imaginär und real – in der Kommunion die Speisen Gottes genossen werden sollen, sind explizit die körperlichen Sinne, deren Kultivierung Gracián in all seinen Schriften anmahnt. Wenn die geistlichen Speisen seit Origenes und selbst noch in der spätmittelalterlichen Mystik nur unter der Voraussetzung der Abtötung der weltlichen Sinne und des Fleisches, im Fasten, Hungern, in der Selbstaufgabe und in der Disziplinierung des Körpers erlangt werden, so setzt die Rückkehr bei Gracián einen sinnlichen Körper voraus, der die weltlichen Genüsse gekostet hat, ja mehr noch: Die Rückkehr ist abhängig von einem mündigen Urteil, einem Geschmacksurteil, das die *engaño* der irdischen Speisen erkennt und im imaginären Szenario der Meditation den Geschmack der göttlichen Speisen als schmackhafter erfährt. „Habe nur selber Geschmack [...] [, h]abe also ein eigenes Urteil [...]",[114] heißt es im *Criticón*, und auch im *El Comulgatore* findet sich diese Wendung gegen den unbedingten Gehorsam, den die Lehren des zönobitischen Lebens seit Cassian ins Zentrum der diskreten Unterscheidungskunst gestellt hatten. Wenn die antiken Gastrosophien auf den *logos* als Vermögen der Unterscheidung setzten und die monastische Tradition in der *discretio* die Unterwerfung unter die Regel und die Disziplinierung einforderte, so verfügt bei Gracián der *Discreto*, in einer Transformation antiker wie christlicher Traditionen, erneut über sein eigenes Maß, das im Geschmacksurteil den antiken Konzepten des *logos* eine entscheidende sinnliche Wendung gibt. Die Rückkehr zu Gott ist, so sehr der Magen auch diszipliniert werden muss, ein Weg der Verlockung, des Begehrens und des Appetits, sie ist kein Weg des asketischen Hungers.

Einen Vorläufer hat Gracián dabei in seinem französischen Ordensbruder Franz von Sales, der 1609 in seiner *Anleitung zum frommen Leben* die Nützlichkeit der weltlichen Affekte und der Sinnlichkeit im Bezug auf die Frömmigkeit

---

113 Ebd., S. 5.
114 Baltasar Gracián, *Das Kritikon*. Übers. und komm. v. Hartmut Köhler, Frankfurt am Main 2004, S. 314 f.

hervorgehoben und dem Geschmack fremder Genussmittel und Gewürze hierbei, wie auch Gracián, eine entscheidende Rolle eingeräumt hatte:

> Freude an göttlichen Dingen meint David, wenn er betet: „Herr, Deine Worte sind süß meinem Mund, süßer als Honig meinem Gaumen" (Ps 118,103). [...] Köstlicher als der kostbarste Wein irdischer Freuden ist die Milch, d. h. die Gunst des göttlichen Bräutigams (vgl. HL 1,1). Wer sie verkostet hat, dem sind alle anderen Freuden wie Galle und Wermut. Wer Skythenkraut im Mund hat, empfindet es so angenehm, dass er weder Hunger noch Durst verspürt.[115] So kann auch jener, dem Gott dieses himmlische Manna innerer Süßigkeit und Freude zu kosten gab, die Freuden der Welt nicht mehr wünschen und genießen, jedenfalls keinen Geschmack daran finden und noch weniger sein Herz daran hängen. Diese geistlichen Freuden sind ein Vorgeschmack der unsterblichen Freuden, die Gott denen schenkt, die ihn suchen. Sie sind Zuckerstücklein, die er seinen kleinen Kindern gibt, um sie zu locken; herzstärkende Wasser, um sie zu kräftigen, ein Vorgeschmack des ewigen Lohnes. Alexander der Große soll auf seiner Seefahrt die Nähe Arabiens aus den feinen Düften geschlossen haben, die der Wind ihm zutrug, und konnte darauf seinen Gefährten neuen Mut zusprechen. So empfangen auch wir oft Süßigkeiten und Freuden auf dem Meer des sterblichen Lebens, damit sie uns die Wonnen des himmlischen Vaterlandes ahnen lassen, nach denen unser Sinnen und Trachten geht.[116]

Hatte Bernhard von Clairvaux, wie viele seiner theologischen Mitstreiter*innen, die fremden Gewürze und Genussmittel und ihr Versprechen der Genüsse des irdisches Paradieses als Gefahr für die Frömmigkeit gesehen und finden sich auch in seiner mystischen Rhetorik kaum Hinweise auf sie, geschweige denn, dass er in diesem Kontext Verweise auf die antiken Schriften über die Gewürzwelten Arabiens und Skythiens ideologisch hätte akzeptieren können,[117] so setzen die Jesuiten im 17. Jahrhundert explizit auf die Verführungskräfte der allgemein begehrten irdischen, fremden und paradiesischen Wonnen, um die Gläubigen von der Vortrefflichkeit des Himmelreichs zu überzeugen. Und doch misstraut auch noch Franz von Sales, ganz im Gegensatz zu seinem Ordensbruder Gracián, dem Geschmack ausdrücklich. Denn es gibt, wie er ausführt, fühlbare geistliche Freuden, die von Gott kommen und solche die unnütz sind, wenn nicht gar schädlich, die von unserer Natur oder gar vom bösen Feind

---

115 Zum Skythenkraut vgl. Plinius, *nat. hist.*, 25, 43, 82f.: „Auch ganze Völker haben Kräuter entdeckt: Skythien zuerst diejenige, welche *Skythike* genannt wird und am maiotischen See wächst [und] übrigens sehr süß ist [...]. Sie empfiehlt sich auch sehr dadurch, daß diejenigen, welche sie im Munde haben, Durst und Hunger nicht verspüren. [...] [M]an sagt, daß die Skythen mit diesen Pflanzen auch zwölf Tage lang Hunger und Durst aushalten könnten."
116 Franz von Sales, *Anleitung zum frommen Leben. Philothea* (Deutsche Ausgabe der Werke des Hl. Franz von Sales, Bd. 1), Eichstätt und Wien 1959, S. 232f.
117 Vgl. hierzu das Kapitel „,That Damned Pepper': Spices and Moral Danger", in: Freedman, *Out of the East*, S. 146–163.

kommen. Ungeachtet dessen könne der exquisite Geschmack der Speise nicht dafür garantieren, dass auch der Mund, der sie aufnehme, gut sei. Man müsse vielmehr beachten, welche Affekte die geschmackvolle Speise hervorrufe: machen sie demütiger, geduldiger, verträglicher, liebevoller und barmherziger, „machen sie uns eifriger unsere Begehrlichkeiten und schlechten Neigungen zu überwinden, werden wir durch sie in unseren Übungen noch ausdauernder, lenksamer und williger gegen unsere Vorgesetzten und einfacher in unserem Leben" oder machen sie uns „sonderlich, bitter, pedantisch, ungeduldig, bockbeinig, stolz, anmaßend und hartherzig?"[118] Hier findet sich noch einmal das ganze Programm der *discretio* seit Cassian wieder: die Gewissensprüfung, der Gehorsam und auch das kontinuierliche Geständnis.

> Zum Schluss möchte ich dich aufmerksam machen, dass du es gewissenhaft deinem Seelenführer mitteilst, falls eine außerordentliche Fülle freudiger, zärtlicher Gefühle, Tränen und süßer Empfindungen oder sonst etwas Außergewöhnliches über dich kommen sollte. So wirst du lernen, dich auch dabei zu mäßigen und richtig zu verhalten, denn es steht geschrieben: ,Hast du Honig gefunden, so iss davon nur, soviel dir gut tut' (Spr 25,16).[119]

Selbst noch die göttlichen Wonnen bedürfen hier einer Mäßigung und Regulierung. Hierin bestätigt sich das konstitutive Misstrauen gegenüber dem Geschmack, das sich auch in Franz von Sales Position zu den Fastenregeln wiederfindet, die das Kapitel über *Die Übung der äußeren Abtötung* beinhaltet: Zwar verwehrt er sich gegen zu übermäßiges Fasten und die Kasteiung des Körpers, für die Bernhard von Clairvaux ein entsprechendes Beispiel gebe, und zieht die Arbeit zur Zügelung des Fleisches dem Fasten vor, um den Körper für die wichtigen Aufgaben zu stärken anstatt ihn zu schwächen – sogar der Genuss von Fleisch ist nun dem bzw. der Gläubigen erlaubt –, aber er kann doch gleichermaßen dem Genuss nichts Positives abgewinnen. Stattdessen solle man „ohne Wahl [...] essen, was [...] [einem] vor[ge]setzt [werde], und in der Reihenfolge, wie man es anbietet, ob es [...] schmeckt oder nicht [...]."[120] Anstatt den Körper zu schwächen, entsage man dem Geschmack und der Wahl, denn „es ist keine kleine Überwindung für unseren Geschmack, sich allem anzupassen und alles anzunehmen".[121] Und er fügt, um der Lebensform jener gerecht zu werden, an die sich seine *Anleitung* richtet, nämlich derjenigen, die jenseits

---

118 Franz von Sales, *Anleitung zum frommen Leben*, S. 233.
119 Ebd., S. 235.
120 Ebd., S. 165.
121 Vgl. ebd., S. 25 f.

der Klöster „in der Stadt, im Haushalt oder bei Hof leben" und die gerade nicht versuchen, entrückt von der Welt ein frommes Leben zu führen,[122] hinzu:

> [A]ußerdem macht die Übung kein Aufsehen, stört niemand und ist sehr förderlich für die Gemeinschaft. Ein Stück Fleisch zurückweisen, um ein anderes zu nehmen, herumzustochern und nichts gut zubereitet und appetitlich genug zu finden, bei jedem Stück geheimnisvoll tun, das verrät ein verweichlichtes Herz, einen auf Schüsseln und Fleischplatten eingestellten Geist.[123]

Entgegen einer solchen Geschmacksaskese, die sich darin übt, „eine Gleichgültigkeit für das Essen und Trinken"[124] zu kultivieren, wird es bei Gracián darum gehen, die Lüste des Mundes anzuregen und wach zu halten. Erinnern wir uns an die Fastenlogik, die Gracián im *Oráculo manual* entwickelt und die unter dem Titel *Hunger zurücklassen* die Logik der monastischen Fastenordnung geradezu invertiert[125]:

> [S]elbst den Nektar muß man den Lippen entreißen. Das Begehren ist das Maß der Wertschätzung. Sogar bei dem leiblichen Durst ist es eine Feinheit, ihn zu beschwichtigen, aber nicht ganz zu löschen. Das Gute, wenn wenig, ist doppelt gut. [. . .] Sättigung mit dem, was gefällt, ist gefährlich und kann der unsterblichen Vortrefflichkeit Geringschätzung zuziehen.[126]

Statt den Körper an der Gebrechlichkeit entlangzuführen oder eine Gleichgültigkeit gegenüber dem Geschmack zu kultivieren, gilt es vielmehr den Hunger zu beschwichtigen, um das Begehren und den Appetit wachzuhalten. „Das Begehren ist das Maß der Wertschätzung"[127] und in diesem Sinne kann man die Lust des Magens und den unersättlichen Hunger des Menschen in den Dienst der Rückkehr zu Gott stellen. Denn die weltlichen Genüsse können auf Dauer nicht den Appetit des Mannes von Geschmack befriedigen, er strebt nach Höherem und Genussvollerem. Weit davon entfernt den irdischen Genüssen konsequent entgegengesetzt zu werden, erscheinen die himmlischen Speisen als eingelöstes Begehren, als *non plus ultra* des Geschmacks und hierin als eine Überbietung des Irdischen, das im Angesicht der himmlischen Speisen als geschmacklos gelten muss:

---

122 Vgl. ebd.
123 Ebd., S. 165 f.
124 Ebd., S. 166.
125 Vgl. Kapitel 2.4: *Unersättlicher Appetit und wechselseitige Schmecken.*
126 Baltasar Gracián, *Handorakel und Kunst der Weltklugheit.* Übers. v. Arthur Schopenhauer, mit einer Einleitung v. Karl Vößler und einer Nachbemerkung v. Sebastian Neumeister, Stuttgart 1992, S. 298.
127 Ebd.

The prodigal commenced to satisfy his appetite; the food being delicious. With what delight must he have enjoyed it! [...] Now he experiences the difference. tasting one delight after another; how must he, who in his misery had begged for the vilest food that was given to swine, have appreciated the noble food of Angels! for if one drop of water from this table sweeten hell itself, what must be this whole supersubstancial bread?[128]

Wie konsequent Gracián die geistlichen Meditationen mit dem irdischen Bankett parallelisiert, wird spätestens in der 16. Meditation deutlich, in der die Kommunion als himmlisches Bankett entworfen wird.[129] Im zweiten Punkt der Meditation, die der Kommunion als solcher gewidmet ist, entfaltet er das sinnliche Szenario einer reich gedeckten Tafel mit einer großen Auswahl von Speisen, von denen jeder Gast nach seinem Belieben wählen kann, was seinem Gaumen am meisten mundet,[130] um diese dann anstandslos in ein Spiegelbild der himmlischen Festivitäten zu verwandeln: „Oh, you who to-day are seated at the infinitely dainty banquet which the power of the Father celebrates, arranged by the wisdom of the Son, and prepared with the fire of the Holy Ghost".[131] Und auch hier wählt jeder nach seinem *gustu*, um vom Körper des Heiland ebenso wie von seinen körperlichen Erfahrungen und Leiden „in the same manner as those who partake of material food"[132] zu kosten, wie der dritte Punkt der Meditation deutlich macht: „[T]his guest relishing best the sweetness of the childhood of Jesus, another the bitterness of His Passion; this one the sharpness of His reproaches, that one the marvellous points of His expressions, each one selecting what seems to him most suitable."[133] Und wie das irdische „Banquet der Verständigen" so beschränkt sich auch das himmlische Bankett nicht auf den Genuss der Speisen. Der vierte Punkt der Meditation leitet zur Imagination der Konversation über, die die Gäste mit Gott führen: „The delighted guests linger at the table conversing with the

---

128 Ders., *Sanctuary Meditations*, S. 8 f.
129 Vgl. zum Folgenden auch Szécsényi, „Gustus Spiritualis", S. 79 ff.
130 Gracián, *Sanctuary Meditations*, S. 81 f.
131 Ebd., S. 81.
132 Ebd., S. 82.
133 Ebd. Dabei ist die Körperlichkeit, mit der Gracián die irdischen mit den himmlischen Speisen in Beziehung setzt, frappierend: „[H]ere, is served a Lamb nourished at a Virginal breast and prepared at the fire of His love. O! What delicous food! there, a Heart enamoured of souls, O! what a savoury repast! A Tongue which though distilling milk and honey was once embittered with gall and vinegar; see that you eat with enjoyment, for those Hands and those Feet pierced with nails are not to be left [...]" (ebd.). Erinnert sei im Kontext dieser geradezu kannibalischen Mahlzeit auch an die Kontinuität zwischen der Verkostung der Speisen und der Personen beim Banquet der Verständigen, von dem oben die Rede war (Vgl. Kap. 2.5: *Das Banquet der Verständigen*).

Lord of the banquet and praising his entertainment [...]".[134] Der Geschmack der Speisen und der Geschmack in der Konversation, das sind die beiden Parameter, die das irdische „Banquet der Verständigen" und die köstliche Bildung wie auch die mystische Begegnung mit Gott an der himmlischen Tafel auszeichnen. Erst im Schmecken und im Sprechen darüber ergibt sich die Erkenntnis des wahrhaft guten Geschmacks und hierin die sinnliche Kommunion und Übereinstimmung mit dem Göttlichen respektive der Wahrheit.

4.6 Speisen wie beim letzten Abendmahl

Die Art und Weise in der Gracián den körperlichen Sinn des Schmeckens in einen sinnlich-meditativen Imaginationsraum einführt hat ihr Vorbild in jenen Exerzitien, die 100 Jahre zuvor Ignatius von Loyola zur Grundlage der jesuitischen Frömmigkeit gemacht hatte. Bereits in ihnen kommt den körperlichen Sinnen, und insbesondere dem Geschmack, eine entschiedene Bedeutung zu, ja, es geht geradezu um eine De- und Rekomposition der gesamten Wahrnehmung des Exerzierenden, bei der am Ende alle fünf Sinne in einen multisensuellen Dialog mit Gott hineingezogen werden.[135]

Deutlich wird die Bedeutung der Sinne bei Ignatius insbesondere in der Übung der Anwendung der fünf Sinne, die ab der zweiten Woche vor dem Abendessen durchgeführt wird. In ihr werden noch einmal mit allen Sinnen die Aufgaben des Tages durchexerziert, deren Imaginationsübungen sich bis dahin ausschließlich auf das Sehen und Hören stützen sollten. Und wie bei Gracián, der den Vorgaben der ignatianischen Meditationen aufs Wort folgt, bildet auch hier ein Gespräch den Abschluss der Übung. In diesem Gespräch richtet sich der Exerzitant an Christus, die Dreifaltigkeit oder die heilige Jungfrau[136]:

> Der erste Punkt besteht darin, daß man mit den Augen der Einbildungskraft die Personen sieht, wobei man alle Umstände derselben im besonderen betrachtet und erwägt und aus diesem Anblick irgendeinen Nutzen zieht.
> Der zweite Punkt besteht darin, daß man mit dem Gehöre vernimmt, was die Personen

---

134 Ebd., S. 83 f.
135 Vgl. Conrod, *Loyola's Greater Narrative*, S. 51; ebenso Barthes, *Sade, Fourier, Loyola*, S. 52 f., sowie: Balthasar, *Herrlichkeit*, S. 360–364 und Hugo Rahner, *Ignatius von Loyola. als Mensch und Theologe*, Freiburg, Basel und Wien 1964, S. 344–369.
136 Die Betrachtungen, die mit Hilfe der Anwendung der fünf Sinne in der zweiten Woche noch einmal durchexerziert werden sind einerseits die Betrachtung der Welt, mit ihrer Verteilung der sündigen und seligen Personen und Völker, sowie die Menschwerdung Gottes in Christus.

reden oder reden können, und dann die Gedanken auf sich selbst richtet und eine Frucht zu gewinnen sucht.
Der dritte Punkt besteht darin, daß man mit dem Geruchs und Geschmacksinne die unendliche Süßigkeit und Lieblichkeit der Gottheit, der Seele und ihrer Tugenden und der übrigen Dinge empfindet, je nach dem Wesen der Person, welche man betrachtet, und dann in sich selbst einkehrt und Gewinn daraus schöpft.
Der vierte Punkt besteht darin, daß man mit dem Tastsinne die Plätze, worauf jene Personen ihren Fuß setzen oder ruhen, berührt und sie umfängt und küßt; wobei man sich immer bemüht, daraus eine Frucht zu gewinnen.[137]

Dem Geschmackssinn kommt bei Ignatius unter den fünf Sinnen eine besondere Bedeutung zu, insofern mit ihm die Gottheit, die Seele und die Tugenden der imaginierten Personen wahrgenommen werden. Dies wird in einer Bemerkung zur Übung in der vierten Woche unterstrichen:

> Die vierte [Übung mache] man [...] vor dem Abendtische, wobei man die fünf Sinne auf die drei Übungen desselben Tages anzuwenden hat und die vorzüglichsten Teile, sowie jene, bei welchen man stärkere Regungen und geistigen Geschmack empfunden, besonders betrachtet und länger dabei verweilt.[138]

Die innere Anregung der Affekte mit und durch den *gustus spiritualis* ist hierin Inhalt und Ziel der Exerzitien, ja, der Geschmack wird zum Modell der inneren Wahrnehmung durch die Anwendung der Sinne.

Wenn die Kontemplationen ab der zweiten Woche die Sinne auf die Welt, das Leben und die Passion Christi und in der vierten Woche auf die Begegnung mit Gott anwenden, so tritt in der ersten Woche an die Stelle dieser Übung die Meditation über die Hölle, die gleichermaßen alle Sinne in Anspruch nimmt und dabei eine vollständige Inversion der späteren Kontemplationen bildet.[139] In der Technik der imaginativen Komposition der Orte mit allen ihren Details und in der anschließenden Applikation der Sinne auf diese Orte schafft Ignatius eine systematische Simulation der gegensätzlichen Erfahrungen von Hölle und Himmel, die in umfassender Weise das Subjekt der Übungen in Beschlag nehmen und in eine Dramaturgie der (sinnlichen) Entscheidung verwickeln. Die strenge Gliederung setzt das himmlische Personal nebst der Heiligen gegen die gefallenen und brennenden Seelen, das Geschrei, das Heulen und die Lästerungen gegen die himmlischen Gespräche, das Brennen der Glut gegen die

---

137 Ignacio de Loyola, *Die Exerzitien / Aus dem Tagebuch*. Übers. v. Ferdinand Weinhandl, mit Zeichnungen von Federico Barocci und einer Dokumentation, München 1978, S. 106 f.
138 Ebd., S. 139.
139 Vgl. ebd., S. 90 f.

Berührung der heiligen Orte und vor allem die Bitterkeit der Strafen und der Gewissensbisse gegen die Süße der Tugend und derjenigen Gottes.

Wie der *Discreto* und die Lebenspilger in Graciáns *Criticón* die Tugend, den Geschmack und die Weisheit nur durch die kontinuierliche Konfrontation mit den Täuschungen und der Korruption erlangen können, wie sie in den trügerischen und infernalischen Gastmählern aufgetischt werden, so kann auch der Klausner bei Ignatius, nur durch die Konfrontation mit den Sünden und der Hölle den Weg zu Gott finden. Graciáns philosophische Übungen folgen hierin den ignatianischen Meditationen, aber sie radikalisieren sie in einer spezifischen Hinsicht. Denn wenn es auch jeweils für die Exerzierenden gilt, die Hölle kennenzulernen, um gegen die Einflüsterungen des Verführers gewappnet zu sein und in der Welt das Schlechte vom Guten unterscheiden zu können, so ist Graciáns Philosophie doch eine weltliche Philosophie im strengen Wortsinne: Es sind Meditationen über die Welt und in der Welt, während die Übungen des Ignatius den Exerzierenden zwar auf die Welt vorbereiten sollen, aber die Übungen doch konsequent unter Ausschluss aller äußeren Einflüsse stattfinden. Um in der Welt bestehen zu können, inszenieren sie Anfechtungen und den Krieg zwischen Himmel und Hölle in einer Simulation, die die Versuchungen unter kontrollierten Bedingungen durchspielen und die Techniken der Abwehr lehren. Der Geist wie die Sinne werden hierin von der Welt abgezogen, man muss „die Fenster und Türen schließen", man muss sich „aller Lichthelle berauben".[140] Der Exerzierende soll in eine Verfassung gebracht werden, „alle ungeordneten Neigungen von sich zu entfernen und nachdem man sie entfernt hat, den göttlichen Willen zu suchen und zu finden in der Durchbildung des eigenen Lebens zum Heil der Seele."[141] Es gilt im Subjekt einen leeren Raum zu errichten, der für eine kommende „Semiophanie" offen steht. Selbst noch die Sprache, mit der sich der Direktor an den Übenden richtet, ist allem Imaginären beraubt: „Das Netz an Bildern, über das er [Ignatius; Anm. S.Z.] verfügt (oder das er dem Exerzitanten zur Verfügung stellt), ist fast gleich Null."[142] Der Direktor soll die Szenerie oder Geschichte, die der Übung zu Grunde liegt nur Punkt für Punkt, in aller Kürze erläutern.

> Denn wenn der Betrachtende den wahren Grundtatbestand der Erzählung nimmt und durch Sinnen und Nachdenken aus sich selbst heraus etwas findet, was den Gegenstand für ihn klarer oder eindrucksvoller macht, [...] so sind geistiger Genuß und geistige Frucht größer [es de más gusto y fructo spiritual] [...]. Denn nicht die Überfülle des Wissens sättigt und

---

140 Ebd., S. 94.
141 Ebd., S. 64.
142 Barthes, *Sade, Fourier, Loyola*, S. 60.

befriedigt die Seele, sondern das Spüren und Verkosten der Wahrheit selbst im Inneren [el sentir y gusta de las cosas internamente].[143]

Gerade in der Armut des Imaginären soll die Imagination geübt und zu neuen sinnlichen, das heißt geschmacksträchtigen Bildern angeregt werden,[144] in denen der Exerzitant selbst zur *dramatis persona* wird. Die Meditationen generieren ein dramatisches Stück, dessen Sinn sich erst in der Unsicherheit seiner Erfahrung nach und nach enthüllt.[145] Die Knappheit der Sprache dient dazu, die Welt zu bewältigen und sie zu überwinden, um in der Konversion seiner selbst eine andere zu finden. Und noch diejenigen äußeren Einflüsse, wie die Nahrungsaufnahme, die nicht ausgeschlossen werden können, werden in die Konstituierung dieser Imaginationen einbezogen. Dient die Übung der Anwendung der Sinne vor dem Abendessen dazu, alle körperlichen Sinne zu beschäftigen und für die Imagination in Anspruch zu nehmen, so wird das Essen selbst zum Ausgangspunkt eines theatralischen ‚Reenactments' des letzten Abendmahls.[146] Neben der Askese und der Fastenordnung, die das Maß der Speisen regulieren, geben die Regeln explizite Anweisungen zu einer *imitatio Christi*:

[Z]ur Zeit, wo jemand Speise zu sich nimmt, stelle er sich vor, als sehe er Christum unseren Herrn, wie er mit den Aposteln speist, wie er trinkt, wie er um sich blickt und wie er spricht, und bemühe sich, ihn nachzuahmen, so daß das Denken vorzüglich mit der Betrachtung unseres Herrn und weniger mit dem Unterhalte des Leibes beschäftigt sei, damit er so eine vollkommenere Anleitung und Ordnung in Bezug auf die Art und Weise gewinne, wie er sich verhalten und leiten soll.[147]

Und auch die sechste und siebte Regel betonen die Ablenkung von der Lust der Speisen: Man stelle Erwägungen über das Leben der Heiligen an, man beschäftige sich mit irgendeinem frommen Gedanken oder einer geistlichen

---

143 Ignacio de Loyola, *Die Exerzitien / Aus dem Tagebuch*, S. 64 f.
144 Zur Unterscheidung zwischen dem Imaginären „als ein[em] Ensemble innerer Vorstellungen [...], [...] als das Feld der Aussparung eines Bildes [...], oder auch als das Verkennen des Subjekts sich selbst gegenüber, wenn es dabei ist sein *ich* zu sagen und zu erfüllen" und der Imagination, als eine willentliche Aktivität, Energie der Rede oder Produktion von Zeichensystemen, vgl. Barthes, *Sade, Fourier, Loyola*, S. 60 ff.
145 Vgl. ebd.; sowie: S. 54. In diesem Sinne hat auch Georges Bataille die Sprache der Exerzitien als eine dramatische Methode bezeichnet, die sich der „nichtdiskursiven Empfindung bedient und [...] sich zu rühren [bemüht] [...]" (Georges Bataille, *Die innere Erfahrung. Nebst Methode der Meditation und Postskriptum (Atheologische Summe I)*. Übers. v. Gerd Bergfleth, mit einem Nachwort v. Maurice Blanchot, München 1999, S. 27).
146 Vgl. Ignacio de Loyola, *Die Exerzitien / Aus dem Tagebuch*, S. 135 ff.
147 Ebd., S. 136.

Angelegenheit, um den Genuss und die Aufmerksamkeit von den Speisen abzuziehen. Man hüte sich in allem davor, „daß nicht das ganze Gemüt auf das gerichtet sei, was man ißt", man sei Herr über sich selbst, sowohl in der Art und Weise des Speisens als auch in der Menge.[148] Die Jesuiten lebten als Regularkleriker zwar gerade nicht zurückgezogen von der Welt, sondern waren in ihrer seelsorgerischen und apostolischen Arbeit der Welt ausgeliefert, aber gerade deshalb galt es in der Vorbereitung auf die Konfrontation mit der verworfenen Welt umso mehr das Herz im Spüren und Schmecken der Wahrheit im Inneren und in der phantasmatischen Imitation Christi von der äußeren Welt abzuziehen.

Was sich im Fresko Sodomas und bei Benedikt und Bernhard abzeichnet, wird bei Ignatius systematisiert und radikalisiert. Die körperlichen Sinne werden in Dienst genommen, um das Subjekt von ihren weltlichen Verführungen abzulenken; der Teufel soll mit seinen eigenen Mitteln geschlagen werden. Die ganze Welt wird hierin zu einem dramatischen Theater der Passion und des Kampfes zwischen Himmel und Hölle, der sich im Subjekt und durch seinen Körper und seine Affekte hindurch ereignet. Das Spiel der Imitationen „stellt eine wörtliche Analogie zwischen der Körperlichkeit des Exerzitanten und der Christi her, dessen fast physiologische Existenz es durch eine persönliche Anamnese wiederzufinden gilt."[149] Der Exerzitant stellt sich selbst dar, indem sein Körper zum Austragungsort der Theatralik der Geschichte Christi wird; er soll Christus imitieren, indem er ihn sich vorstellt und ihn nachahmt.[150]

4.7 Die Lust am Geschmack

So sehr Ignatius also den Körper und seine Affekte, die Sinne und insbesondere den Geschmack im Kontext der *discretio* ins Spiel bringt, desto mehr dienen diese erneut dazu, das Subjekt zu disziplinieren und umfassend imaginativ zu besetzen. Und doch bieten gerade sie ein Einfallstor für die Umwertungen und Transformationen, die sich bei Gracián Bahn brechen und die die Prinzipien der jesuitischen Ausbildung in verbotene Sphären treiben. Dabei hatte sich Ignatius selbst bereits mit seinem affektiven und sensuellen Zugang zur Erfahrung Gottes in unsichere Fahrwasser begeben. Immer wieder hatte er mit der Inquisition zu kämpfen, die ihn des Illuminismus der Häretiker*innen verdächtigte und seine

---

148 Ebd.
149 Barthes, *Sade, Fourier, Loyola*, S. 74 f.
150 Vgl. ebd.

Exerzitien gar mit dem Hexereivorwurf belegte. Die Proklamation eines unmittelbar sinnlicher Zugangs zu Gott stellte die Rolle der Kirche grundlegend in Frage und seine Gefährten, insbesondere Polenco und Nadal, gaben sich alle Mühe die mystischen Lehren des Ignatius in die patristische Tradition des Gehorsams zu stellen. Nicht zuletzt hieraus resultierte die konsequente Kontrolle der Exerzitien durch den *pater spiritualis* und dessen *ratio*, dem alle gemachten Erfahrungen unterbreitet werden sollten.[151] Wenn Gracián sich sowohl in seinen weltlichen als auch in seinen kirchlichen Schriften auf die Exerzitien Ignatius' bezieht, wie Frédéric Conrod nachgewiesen hat,[152] so lässt sich die Provokation und Radikalität seiner Transformationen gerade an der Sinnlichkeit seiner Texte festmachen, die sich nicht zuletzt in der ausufernden Sprache und den exzessiven barocken Details der Visionen des *Criticón* und der Meditationen des *El Comulgatore* zeigt. Denn diese zielt, entgegen der dürren und bilderarmen Sprache Ignatius', wortwörtlich auf den Geschmack einer zeitgenössischen Leser*innenschaft ab, den es zu treffen galt: „Si éste te acertare el gusto."[153]

Ignatius Schrift war demgegenüber gerade nicht zur Lektüre entworfen worden, schon gar nicht für die des Exerzitanten selbst. So sehr das Buch dessen ungeachtet auch in dieser Weise rezipiert wurde, es war doch ganz im Sinne der Kontrolle der Imaginationen und in der Unterwerfung des Exerzitanten unter den Gehorsam, streng für den internen Gebrauch des Ordens bestimmt. Ignatius legte entschiedenen Wert darauf, dass die Inhalte der Meditationen und Übungen nur demjenigen zugänglich waren, der den Exerzitanten anleitete. Nur durch ihn sollte das rechte Maß der Übungen für den jeweiligen Übenden bestimmt werden und dafür gesorgt werden, dass nicht „einem ungebildeten und körperlich schwachen Menschen Dinge vorgelegt werden, welche er nicht wohl ertragen, oder aus welchen ihm kein Nutzen erwachsen kann".[154] Die Kontrolle und die *discretio*, die der spirituelle Direktor über die Imagination des Exerzitanten ausübt, sind hierin entscheidend. Roland Barthes hat die Exerzitien als multiplen Text beschrieben, der in vierfacher Weise funktioniert: Er ist zum einen an den geistlichen Vater gerichtet, sodann verwirklicht er sich als Text der Anleitung, die der geistliche Vater dem Exerzitanten für seine Übungen gibt. Ein dritter ‚Text' entsteht aus den Übungen, den Meditationen und Praktiken, die der Exerzitant vollzieht. Dieser richtet sich an Gott, mit dem ununterbrochen die Kommunikation gesucht wird, während sich

---

151 Vgl. Rahner, *Ignatius von Loyola*, S. 312–343.
152 Conrod, *Loyola's Greater Narrative*.
153 Gracián, *Obras Completas, Bd. II*, S. 769.
154 Ignacio de Loyola, *Die Exerzitien / Aus dem Tagebuch*, S. 70.

Gott in einem vierten, anagogischen Text, der nur durch die inneren Sinne hindurch gesucht und erfahren werden kann, an den Exerzitanten richtet.

Gracián kannte diese Bedingungen der Exerzitien nur allzu gut, war er doch selbst innerhalb des Jesuitenordens als Rektor der Universität von Tarragona und als Beichtvater des Vizekönigs von Navarra und Arágon ein professioneller geistiger Direktor, der berechtigt war die Exerzitien zu geben. Und doch negiert sein Exerzitienbuch nicht nur in der Sprache die Rolle des Direktors. Indem er sich direkt an den Exerzitanten richtet, macht er den zweiten Text, den Text des *patre spiritualis* überflüssig. Damit streicht er auch die Distanz des Direktors und das Verbot der Einflussnahme von äußeren Eindrücken durch, die wie oben deutlich geworden ist, die Übung der inneren Sinne und den inneren Geschmack, ja, die innere Imagination bei Ignatius erst ermöglichen sollte. Und mehr noch: Gracián nimmt als spiritueller Direktor in seinem Meditationsbuch geradezu die Arbeit des Übenden vorweg, wie Sebastian Neumeister betont hat.[155] Der Bildreichtum der Sprache bei Gracián tendiert hierin zum Exzess und sie beschränkt sich, wie in den Geschmacksschilderungen der Meditationen deutlich geworden ist, nicht auf die Sprache der *Heiligen Schrift*, des *Neuen Testaments* und der Passion, die zentral für die Meditationen des Ignatius waren. Das Buch der Exerzitien soll den Geschmack des Exerzitanten finden, der Text soll verkostet werden und im guten Geschmack und in der Anregung des Geschmacks des Exerzitanten seinen Wert in der meditativen Begegnung mit Gott erweisen. Auch hier findet sich eine doppelte Imitation, wie sie auch im Passionstheater des ignatischen Exerzitanten zum Ausdruck kam, nun jedoch in Form eines doppelten Nachschmeckens, das die *imitatio Christi* als wechselseitige Selbstversicherung des Subjekts neu besetzt: einerseits im Nachschmecken des diskreten Geschmacks des Autors, der sich als geschmackvolle Speise der Seele im *discours* des Textes Ausdruck verleiht, und andererseits im meditativen Nachschmecken der Speisen, die in der *histoire* selbst angeboten werden und die unter Rückgriff auf die eigenen Geschmackserfahrungen einer meditativen Kostprobe unterzogen werden sollen.[156] Der Meditationstext über die Kommunion sowie seine praktische Anwendung gleichen einer imaginären Verführung, die ihr gesamtes sinnliches Repertoire aus den weltlichen, den körperlichen Leckereien und Lüsten bezieht und als Imagination des Genusses diesen selbst zu überbieten trachtet. Der Text soll den Exerzitanten affektiv überwältigen und es

---

155 Sebastian Neumeister, „Der andere Gracián. Die 13. Meditation des ‚Comulgatorio' (1655)", in: *Iberoromania* 23 (1986), S. 111–124, hier S. 114.
156 Die Unterscheidung zwischen *discours* und *histoire* verwende ich hier im Sinne Tzvetan Todorovs (Vgl. Tzvetan Todorov, „Die Kategorien der literarischen Erzählung", in: Heinz Blumensath (Hrsg.), *Strukturalismus in der Literaturwissenschaft*, Köln 1972, S. 263–294).

ist dementsprechend auch der Affekt und nicht die *ingenio*, den Gracián ganz im Sinne Ignatius' ins Zentrum seiner Anleitung stellt, wenn auch unter invertierten Vorzeichen: „sierviendo esta vez al afecto más que al ingenio".[157]

Roland Barthes hat das Geben des Textes der Erzerzitien durch den geistlichen Vater, das heißt seine praktische Anleitung, mit dem Geben und Schenken von Nahrung verglichen (oder dem Geben der Peitsche!).[158] Nimmt man diese Analogie ernst, dann unterscheidet sich die Kost des Ignatius entschieden von derjenigen Graciáns: Die karge Nahrung, die die Sprache des Ignatius verkörpert, entspricht noch ganz der asketischen Nahrung, die nach den Speiseregeln der monastischen Tradition erlaubt war und die auf eine Abtötung des Fleisches zielte, aus der heraus sich die innere Imagination des Himmelreichs entfalten sollte. Die Sprache Graciáns ist hiergegen in ihrer imaginären Kraft exzessiv: Eine Sprache, die genossen werden will, die das Begehren anregen, ja stimulieren will. Man soll die Gier einschränken, man soll die Fülle vermeiden, aber nicht, um der Welt zu entsagen, sondern, wie Kant es ganz in Übereinstimmung mit Gracián noch Ende des 18. Jahrhunderts formulieren wird, um einer „Abnutzung" zu entgehen, „welche uns des ferneren Genusses immer weniger fähig macht". Es gilt

> es sich so zuzumessen, daß man noch immer damit steigern kann; denn damit gesättigt zu sein, bewirkt denjenigen ekelnden Zustand, der dem verwöhnten Menschen das Leben selbst zur Last macht [...]. [V]ersage dir Vergnügen, nicht um ihnen zu entsagen, sondern soviel als möglich immer nur im Prospekt zu behalten! Stumpfe die Empfänglichkeit für diesselbe nicht durch Genuß frühzeitig ab![159]

Wie die Lust am und die Neugier auf den Geschmack der seltenen Leckereien ebenso wie die Lust am Text und an der Konversation eine spezifische sinnliche (Neu-)Ordnung gegen ihre Disziplinierung begründen, so richtet sich bei Gracián noch das Imaginäre der Meditationen gegen den Gehorsam und das Geständnis als Garanten der *discretio*, die die christliche Subjektivierung ausmachen. Entgegen dem Subjekt der ignatischen Übungen ist der Gracián'-sche Exerzitant gerade kein imaginär leerer Raum, der in Körper und Seele der Welt abgestorben sein soll und erst hierin zum Austragungsort der phantasmatischen Bilder der Passion wird, sondern er ist ausgestattet mit einer Fülle des

---

157 Gracián, *Obras Completas, Bd. II*, S. 769.
158 Barthes, *Sade, Fourier, Loyola*, S. 51.
159 Immanuel Kant, „Anthropologie in pragmatischer Hinsicht", in: *Kant's Gesammelte Schriften. ‚Akademieausgabe'*, hrsg. v. Königlich Preußische Akademie der Wissenschaften, Bd. 7, Berlin 1900 ff. S. 236 f.Vgl. hierzu auch Kap. 6: *Anthropologie und „akroamatische" Geselligkeit in Königsberg*.

Imaginären, die es im Hinblick auf sich selbst zu erweitern, zu ordnen und immer wieder durchzuarbeiten gilt.

Der Bruch mit der Tradition des christlichen Subjekts zeigt sich aber auch am Ort und im Ziel der Meditationen, die das *Criticón* und das *Oráculo manual* geltend machen: Während die ignatischen Meditationen außerhalb der Welt im Modus einer kontrollierten Simulation von Erfahrung stattfinden, so präsentieren sich Graciáns Übungen, Aphorismen und Krisen, wie wir gesehen haben, gerade als Meditationen innerhalb der Welt und über die Welt. Sie zielen nicht mehr auf das Himmelreich, sondern auf eine Weisheit im Umgang mit der Welt, auf eine Souveränität des Selbst als Person und auf den Ruhm, den die Führung eines tugendsamen Lebens verspricht.[160] Nicht nur hierin verschiebt Gracián im Rückgriff auf die ‚heidnischen' Philosophien der Antike die christliche Subjektivierung, sondern er transformiert die gesamte Mythologie der Erbsünde, indem er, wie wir gesehen haben, in der Unterscheidung zwischen Gier und Neugier, Magenlust und geistigem Genuss die Verdammung der irdischen Speisen und deren Verlockungen einklammert. Nicht zuletzt durch die Prominenz der graeco-römischen Gastro-Mythologie, die bei ihm die christliche Heilsgeschichte geradezu überblendet, löst sich Gracián von einer Theologie der Sünden und der Verworfenheit der irdischen Sinne, die erst in der Abtötung des Fleisches, den Sinn des Mgenschen für das Göttliche eröffnen. Von hier aus gibt es keinen Grund mehr, die spirituellen Übungen als Entfernung von der Welt zu praktizieren, insofern diese auch umgekehrt keine Erlösung mehr von der Welt versprechen. So sehr Gracián immer wieder auf die notwendige Verbindung der Erkenntnis der Wahrheit Gottes und der weltlichen Tugend besteht, er streicht doch zugleich, allzumal im *Criticón*, alle Verweise auf ein Jenseits oder gar auf eine vorweggenommene Vollkommenheit. Die Übungen zielen, im Versuch der Rückkehr des Menschen zu sich selbst, gerade nicht auf eine Rückkehr zu Gott und zum Zustand einer ursprünglichen Unschuld – ein Weg der mit dem Eintritt der Welt explizit nicht mehr zur Verfügung steht –, sondern auf eine Reform des Subjekts, in der sich dieses übend erkennt und gleichermaßen als ent-täuschtes Subjekt verwirklicht. Die Übungen des Geschmacks sind hierbei grundlegend auf die sinnliche Erfahrung des Subjekts angewiesen.

Die Meditationen über die himmlischen Tafelfreuden fußen dabei ebenso auf der Übung des Geschmacks wie das „Banquet der Verständigen" und beide verraten umgekehrt ihre transformatorischen Beziehungen zur Dramatik der Tafel in den ignatischen Exerzitien. Auch bei Gracián bleibt die Tafel

---

160 Vgl. hierz auch Conrod, *Loyola's Greater Narrative*, S. 137.

der Schauplatz und „Versammlungsort der Diskretion" und eines „Theaters des guten Geschmacks",[161] nur tafelt hier nicht mehr Jesus Christus mit seinen Jüngern in Erwartung des Martyriums, dessen Nachahmung dem Exerzitanten den Geschmack des Herrn eröffnen soll, sondern der Meister des guten Geschmacks, der die Geschmacksjünger in der gustativen Kunst unterrichtet und sie hierin zur Diskretion und zu einem geschmackvollen tugendsamen Leben anleitet.[162] Und noch die Enthüllung des wahren Geschmacks der Dinge folgt in transformierter Form merklich jenem Vorbild des anagogischen Textes, der in der Mystik und nicht zuletzt bei Ignatius aus der geschmacklichen Kommunion resultiert. Die Wahrheit der Dinge, ebenso wie die Tugenden und Seelen der Menschen, enthüllen sich hier wie da in ihrem herausragenden Geschmack. Und es ist kein Zufall, wenn der letzte Aphorismus des *Oráculo manual* diese Spur aufnimmt und geradezu symptomatisch die christliche und weltliche Subjektivierungsweise, den *Discreto* und *Heroé* mit dem Heiligen engführt: „Mit einem Wort", heißt es da über den Zweck der geschmackvollen Subjektivierung, „ein Heiliger sein, und damit ist alles auf einmal gesagt".[163]

Dabei ist Gracián – nicht zuletzt in seinem Bemühen die eigenen Lehren mit den Traditionen der Kirche in Übereinstimmung zu bringen – immer wieder darauf bedacht, eine klare Grenze zwischen Spirituellem und Weltlichem zu ziehen, die sich in der parallelen aber getrennten Arbeit an den beiden Texten des *Criticon* und des *Comulgatorio* zeigt und von der der 251. Aphorismus des *Oráculo manual* kündet: „Man wende die menschlichen Mittel an, als ob es keine göttlichen, und die göttlichen, als ob es keine menschlichen gäbe."[164] Aber

---

161 Vgl. Baltasar Gracián, *Der Kluge Weltmann (El Discreto)*. Zum ersten Mal aus dem spanischen Original von 1646 ins Deutsche übertragen und mit einem Anhang versehen v. Sebastian Neumeister, Frankfurt am Main 1996, S. 34.
162 Aber der *Discreto* nimmt als Heiliger nur scheinbar am Kopf der Tafel Platz, um die sinnlichen Exerzitien einer irdischen Kommunion anzuleiten, denn das Geben der Geschmacksübungen verläuft, wie wir gesehen haben, idealerweise wechselseitig. Die runde Tafel der neuen Bankett und Bildungskultur hat keinen Kopf, keinen König oder Direktor als diziplinierenden Repräsentaten der patristischen Tradition, der diese Stellung einnimmt. Und auch wenn man die Begleitung durch die diskreten Freunde benötigt, so ist dies keine Führung im traditionellen Sinne der christlichen *discretio*.
163 Gracián, *Handorakel und Kunst der Weltklugheit*, S. 125 f.
164 Ebd., S. 106. Der Aphorismus geht dabei auf eine Formulierung des Ignatius von Loyola zurück, der seinerseits die göttlichen von den irdischen Tätigkeiten zu trennen suchte: „In den Diensten an unserem Herrn, wende man alle menschlichen Mittel an, insofern sie dem guten Ausgang dienen; und man vertraue auf Gott, als ob alle menschlichen Mittel nichts vermöchten." (Meine Übersetzung: „En las cosas del servicio de Nuestro Señor, usaba de todos los medios humanos, como sie dellos dependiera el buen suceso; y de tal manera confiaba en Dios, como si todos los medios humanos no fueran de algún efeto" (*Scripta de Sancto Ignatio*, Madrid

spätestens die Logik des Geschmacks, die das gesamte Werk Graciáns durchzieht und sich vehement gegen den Gehorsam, den weltlichen wie den kirchlichen, richtet und die christliche Subjektivität an ihre Grenzen führt, macht deutlich, dass die Grenze zwischen beiden fragil bleibt. Man kann sich zu Recht fragen, ob Gracián selbst an diese nach außen hin notwendige Trennung geglaubt hat. Erneut begegnet man bei Gracián dem Problem der Spannung zwischen Verweltlichung und Weltentsagung, die die gesamte Geschichte des Christentums durchzieht und prägt. Eine Spannung, die in Graciáns Schriften und Leben geradezu krisenhafte Züge annahm. Zwischen der weltlichen Philosophie seiner *Ciencia del buen Gusto* und seiner klerikalen Tätigkeit als Jesuitenpriester, Rektor der Jesuitischen Universität von Tarragona und Professor der katholischen Theologie verläuft ein konfliktreiches Feld der Abgrenzung und der Übergänge, das für seinen Orden eine Provokation darstellte.

Das Schreibverbot, das 1646 im Jahr des Erscheinens des *Discreto* und der Rückkehr Graciáns an die Universität von Huesca zum ersten Mal von den Oberen der Jesuiten über Gracián verhängt wurde, ging explizit mit einer Kritik seines allzu weltlichen Umgangs einher. Eine Kritik, von der auch jener ‚Círculo Lastanosino' betroffen war, der für Gracián ein Ort der gedanklichen und persönlichen Freiheit und Unabhängigkeit war, und immer wieder als *non plus ultra des gusto* das Ideal des „Banquets der Verständigen" verkörperte. Dabei diente Gracián der weltliche Umgang im Haus Lastanosas auch als Fluchtort vor jenen Anfeindungen, denen er im Kontext des Jesuitenordens ausgesetzt war. Wenn das „Banquet der Verständigen" den heterotopischen Gegenort zum Verhängnis der *engaño* darstellt, dann auch in diesem Fall, in dem Gracián die Kritik an seinen Texten gerade jener Welt des Neides zuordnet, der der *Discreto* sich erwehren müsse. „Man hindert mich daran, meine Schriften zu drucken und es fehlt nicht an Neidern. Doch ich ertrage das mit Geduld und verliere nicht die Lust am Essen, Feiern, Schlafen etc.",[165] schreibt Gracián in einem Brief an Lastanosa. Im Angesicht der Anfeindungen durch seine Ordensbrüder pflegt Gracián keine Haltung der Zerknirschung und der entschiedenen Weltentsagung, wie sie der Vorwurf der Sündhaftigkeit erfordert hätte, sondern ihr Gegenteil: Unter der Kritik und Zensur des eigenen Ordens betont Gracián in

1904, T. I, S. 466–467, zit. n. Louis Stinglhamber, „Baltasar Gracián et la compagnie de Jésus", in: *Hispanic Review* 22, 3 (1954), S. 195–207, hier S. 201)).
165 Zit. n. Sebastian Neumeister, *Leben mit Gracián: Werk und Wirken eines Moralisten / Vivir con Gracián: orígenes y pervivencia de los conceptos. Ausstellung im Informationszentrum der Universitätsbibliothek der Freien Universität Berlin anläßlich des 3. Internationalen Kolloquiums über Baltasar Gracián, 28. November 2008 bis 30. Januar 2009*, Berlin 2008, S. 3.

der Fortführung der Konversation mit Lastanosa geradezu trotzig die ungebrochene Lust am Geschmack des Irdischen. Eine Lust, die ihm fünf Jahre später mit dem Erscheinen des dritten Teils des *Criticón* endgültig ausgetrieben werden sollte, als er, bedingt durch die Veröffentlichung, seinen Lehrstuhl verlor und unter Straffasten bei Wasser und Brot ins pyrenäische Graus verbannt wurde. Es galt ihn zu überwachen und „hin und wieder seine Zelle und seine Papiere zu inspizieren und nicht zuzulassen, dass er etwas unter Verschluss halte", heißt es im Schreiben des Ordensgenerals vom 16. März 1658.[166]

Abtötung des Fleisches, Überwachung und Gewissenskontrolle, Geständniszwang und Gehorsam: Gracián sollte ganz im Sinne der christlichen *discretio* zur Ordnung gerufen werden. Nicht nur hierin erweist sich die Auseinandersetzungen um Graciáns Schriften einmal mehr als Ausdruck der unterschiedlichen Weisen die *discretio* zu bestimmen. Das Maß des eigenen Geschmacks ist renitent gegen die Ordnung, es ist häretisch und auch, wenn Gracián aufgrund des Einwirkens von Fürsprechern im Orden nach drei Monaten und damit ein halbes Jahr vor seinem Tod rehabilitiert werden wird, hatten die Strafmaßnahmen ihn hart getroffen. Gracián bat gar um die Erlaubnis in einen anderen Orden überwechseln zu dürfen, was ihm jedoch verwehrt blieb. Er hatte den Bogen überspannt und versagte am Ende in jener großen proteischen Kunst der Diskretion, von der er im *77. Aphorismus* des *Handorakels* schreibt, sie sei dazu geeignet „alle zu gewinnen" und insbesondere „abhängigen Personen [...] dringend nötig": „weniger schwer für einen Mann, „dessen Kopf in Kenntnissen und dessen Geschmack in Neigungen vielseitig sei", ist sie die große Kunst „sich allem zu fügen wissen – ein kluger Proteus: gelehrt mit dem Gelehrten, heilig mit dem Heiligen".[167]

Was in der geforderten Anpassungsfähigkeit an die jeweiligen Abhängigkeiten und Zwänge zum Ausdruck kommt, ist das tragische Bewusstsein jenes Zwiespalts, der sich zwischen dem weltlichen Gelehrten und dem kirchlichen Kleriker auftut.

Immer wieder hat Gracián Vermittlungen für dieses Problem gesucht. In jenem literarischen Gespräch mit dem Ordensbruder Don Manuel Salinas y Lizana über das „Banquet der Verständigen", von dem bereits früher die Rede war, unternimmt Gracián sogar den Versuch in der Formulierung einer höfischen Frömmigkeit und eines frommen Hofgebarens beide Welten zu harmonisieren. Gracián entwirft eine „religiöse Urbanität", von der er behauptet, dass sie doppelt erbaulich wäre. Tugend und Klugheit widersprechen einander

---

166 Zit. n: ebd., S. 4.
167 Gracián, *Handorakel und Kunst der Weltklugheit*, S. 32.

nicht, daran hält Gracián ungebrochen fest, denn man bewundere „die Frömmigkeit im Verein mit Bildung und Vollkommenheit im Verein mit Formvollen-
dung".[168] Eine fromme Bildung und eine formvollendete Frömmigkeit, deren
gemeinsame Logik und gemeinsames Maß der Geschmack bildet. Dass die Kritiker, die Graciáns Exil in den Pyrenäen zu verantworten hatten, gerade aus
jenem Jesuitenkolleg in Valencia stammten, das dieser im *Discreto* zum glänz-
enden Beispiel der höfischen Frömmigkeit erklärt hatte, zeigt dabei vielleicht
am deutlichsten die Tragik des Scheitern dieser Vermittlungsversuche. Gracián
hatte sich zu weit von den Lehren des Ordens entfernt und in der geschmacklichen Übung des Selbst eine ganze Kunst entfaltet, sich nicht regieren zu lassen. Eine Kunst, die jenseits der und gegen die Unterwerfung unter die Regel
und den Gehorsam mit allen damit verbundenen Disziplinierungen, in Anlehnung an die antike Sorge um sich eine Subjektivierung vorschlägt, in der sich
das Subjekt, in einer grundlegenden Offenheit auf die Welt und in geschmackvoller Weise auf sich selbst bezieht und hierin eine wortwörtliche Ästhetik der
Existenz begründet, die bei allem biographischen Scheitern Graciáns schon zu
Lebzeiten eine immense Rezeption erfahren hat. Eine Ästhetik der Existenz,
die, das sollte deutlich geworden sein, nicht getrennt werden kann von den
neuen Tafelgenüssen, von den Leckereien und Genussmitteln, von der Kunst
des Reisens und der Neugier, von der Anregung der Lüste ebenso wenig wie
von einer langen Transformationsgeschichte der Problematisierung der Esslust.

---

168 Gracián, *Der Kluge Weltmann*, S. 106 f.

Teil II: **Das süße Leben**

„I am the sugar at the bottom of the English cup of tea. I am the sweet tooth, the sugar plantations that rotted generations of English children's teeth. There are thousands of others beside me that are, you know, the cup of tea itself."

(Stuart Hall, „Old and New Identities, Old and New Etnicities", in: Anthony D. King (Hrsg.), *Culture, Globalization and the World-System. Contempory Conditions for the Representation of Identity*, Minneapolis ³2000, S. 41–68, hier S. 48)

Das süße Leben

[Es] besteht [...] eine Ähnlichkeit zwischen [...] [dem] geistigen *Geschmack*, diesem Geschmack für die Künste & dem sinnlichen *Geschmack*; denn wie der Feinschmecker sofort die Mischung zweier Liköre empfindet & erkennt, so sieht der Mann von *Geschmack*, der Kenner, mit einem kurzen Blick die Mischung zweier Stilarten [...].[1]

‚Der Mensch von Geschmack' ist ein bzw. eine Feinschmecker*in in geistigen Dingen, er kostet und analysiert die feinen Unterschiede; wie ein Gourmet unterscheidet er bzw. sie, man weiß nicht wie, in einem Augenblick die Ingredienzien einer hochgeistigen Mischung. Ganz selbstverständlich verknüpft François Marie Arouet de Voltaire in seinem Artikel über den *Geschmack*, der 1757 im siebten Band der *Encyclopédie* erscheint, die Welt der Kunst mit derjenigen der Liköre und Weingeister und stiftet hierin eine Verwandtschaft zwischen dem verfeinerten, aisthetischen Geschmack der Feinschmecker*innen und dem geistig-ästhetischen Geschmack der Kunstkenner*innen. Hier wie da kostet und schmeckt der Connaisseur oder die Connaisseuse, „empfindet & erkennt" und verbindet den Genuss mit einer Form der Erkenntnis und des Wissens, die zu einem spontanen, aber differenzierenden Urteil führt. Die Verbindung zwischen beiden Formen des Geschmacks erlangt bei Voltaire ähnlich wie bei Gracián eine geradezu genetische Dimension und kulminiert auch hier in der „Metapher" des Geschmacks: Die Differenzierung der Nahrungsmittel geht dem ästhetischen Geschmack voraus; sie ist das Modell und der Ursprung jeder Ästhetik: „Der Sinn, die Gabe, unsere Nahrungsmittel zu unterscheiden", so beginnt der Artikel,

> hat in allen Sprachen jene Metapher hervorgebracht, die durch das Wort *Geschmack* das Gefühl für die Schönheit und die Mängel in allen Künsten ausdrückt. Es ist ein Unterscheidungsvermögen, das genauso schnell ist wie das der Zunge & des Gaumens & das wie diese der Reflexion zuvorkommt; es ist im Hinblick auf das Gute ebenso empfindlich & genußsüchtig; es lehnt ebenso empört das Schlechte ab; es ist häufig unsicher & verlegen, da es nicht einmal weiß, ob ihm das, was man ihm darbietet, gefallen soll, & da es zuweilen ebenso der Gewöhnung bedarf, um sich herauszubilden.[2]

Die Erkenntnis und das Wissen, oder besser: die Weisheit des Geschmacks beruhen bei Voltaire – jenseits der Reflexion und ganz dem Zeitgeist entsprechend – auf einer genüsslichen Sensibilität und Empfindsamkeit. Dabei ist das sinnliche

---

1 François-Marie Arouet de Voltaire, „Geschmack – Goût (Grammatik, Literatur & Philosophie)", in: Anette Selg/Rainer Wieland (Hrsg.), *Die Welt der Encyclopédie*. Übers. von Holger Fock u. a. Frankfurt am Main 2001, S. 145–146, hier S. 145.
2 Ebd.

https://doi.org/10.1515/9783110640342-006

Wissen durchaus unsicher, nicht nur in seinem Urteil über das Genossene, sondern schon allein in der Frage des Maßes seiner eigenen Sensibilität. Die Empfindlichkeit und das aus ihr resultierende Wissen unterliegen auch hier der
Erfahrung und der Gewöhnung, die einer langen Übung und Einübung bedürfen,
um sich herauszubilden. Dabei beginnt die Übung des Geschmacks mit der sinnlichen Beurteilung der Nahrungsmittel auf der Zunge, daran lässt Voltaire keinen
Zweifel – auch wenn er das Verhältnis von Geistigkeit und Sinnlichkeit als bloßen Analogieschluss zu distanzieren sucht. Der ästhetische Geschmack des
18. Jahrhunderts folgt hierin der Geschmacksphilosophie des späten 17. Jahrhunderts, deren transformative Entstehung und Charakterisierung im ersten Teil der
vorliegenden Arbeit nachvollzogen wurden, auch wenn er die christliche Figura-
tion der *sensus spiritualis* endgültig aus den himmlischen Sphären löst und auf
das Feld der irdischen Lustbarkeiten verpflichtet. Auch bei Voltaire erschöpft
sich der Geschmack nicht in einem bloßen Schmecken, sondern wird als ein Erfahrungswissen, eine diffizile Kunstfertigkeit, eine Sensibilität und ein Ausweis
von Tugend begriffen. Er bezeichnet ebenso ein verständiges Genießen wie einen
genießenden Verstand und mehr noch: einen genüsslichen und kennerhaften
Umgang mit den Dingen. Der gute Geschmack verkörpert sich dabei in der Figur
des „Homme de goût" als einer habitualisierten ästhetischen wie aisthetischen
Existenzweise und beerbt hierin den *Discreto* als sinnliche Subjektivierungsform.
Spätestens im 18. Jahrhundert wird der Geschmack zur allgemeinen Kategorie ästhetischer Urteilskraft und zum Ausdruck einer neuen Subjektivität, die weiterhin, wie die folgenden Kapitel zeigen werden, im Anschluss an eine Ästhetik der
Existenz die Bezüge zu einer Ethik des Selbst und den Diskursen der Lebensweisheit und Sittlichkeit aufrechterhält. Der Geschmack wird aber auch zu einer der
zentralen anthropologischen Reflexionsfiguren, als die er sich bereits unter anderen Umständen in den Lehren Graciáns angekündigt hatte. Auch Graciáns Geschmackslehre hatte darauf abgezielt, die „moralische Anatomie"[3] der Menschen
zu ergründen.

Wenn „die Konjunktur von Küche und Kunst" im 18. Jahrhundert zum ersten Mal innerhalb der theoretischen Schriften auftaucht, „um einen universellen ‚geistigen' Geschmack zu postulieren",[4] dann soll bei Voltaire das physische
Unterscheidungsvermögen in Nahrungsfragen das Postulat eines „intuitiven,

---

3 Baltasar Gracián, *Der Kluge Weltmann (El Discreto).* Zum ersten Mal aus dem spanischen Original von 1646 ins Deutsche übertragen und mit einem Anhang versehen v. Sebastian Neumeister, Frankfurt am Main 1996, S. 36.
4 Christine Ott, *Feinschmecker und Bücherfresser. Esskultur und literarische Einverleibung als
Mythen der Moderne*, München 2011, S. 50.

vorreflexiven ästhetischen Vermögens"[5] stützen helfen, das sonst unbewiesen
bliebe. Der geistige Geschmack (*goût intelectuel* beziehungsweise *goût des artes*)
sei, wie der sinnliche Geschmack (*goût sensuel*), eine allen angeborene, natürliche Gabe, die jedoch einer Verfeinerung bedürfe und zu ihrer Ausbildung gar
einen spezifischen Zivilisationsgrad voraussetze. Der Geschmack verteilt sich
hier erneut zwischen der Empfindung für das Notwendige auf der einen Seite und
der für das Vollkommene auf der anderen und zwischen dem schlechten und dem
guten Geschmack, die stets das Resultat der Bildung, der Erziehung und der Gewöhnung abgeben – ausgenommen im Falle derjenigen „kalten Seelen & unreinen
Geister, die man weder begeistern noch berichtigen kann",[6] wie Voltaire betont.
Gerade hierin bleibt der gute Geschmack als Praxis des Lernens, des Probierens,
Aneignens und Übens stets eine Streitfrage, eine Gratwanderung, „unsicher und
verlegen". Zu leicht gleitet der Geschmack ab ins „Burleske", ins „Preziöse &
Affektierte"[7] und macht sich damit der „Überkultivierung" schuldig, die die wahre
Ordnung der Dinge aufgrund ihrer ausschweifenden und pompösen Sinnlichkeit
verfehlt. Darüber hinaus droht er dem Rohen und Verdorbenen, dem Barbarischen
und überhaupt Geschmacklosen zu verfallen. Noch der natürliche Geschmack
kann, wie Voltaire an anderer Stelle deutlich macht, durchaus durch Gekünsteltes
verdorben werden. Es bedarf also auch im Falle Voltaires einer weisen, sublimen
und diskreten Kunst des Schmeckens, die in der Lage ist, das Gute vom Schlechten zu scheiden, den Dingen ihren rechten Platz zuzuweisen und die natürliche
Ordnung der Dinge in ihren sinnlichen und geistigen Qualitäten zu erfassen.[8] Eine
Kunst, die im 18. Jahrhundert einmal mehr zwischen Natur und Kultur, zwischen unentwickelter, primitiver Sinnlichkeit und täuschender, krankhafter
Verfeinerung einen Ausgleich zu finden sucht und im Falle Voltaires etwa den
durch die Kochkunst herausgestellten, unverfälschten *vrait goût* der Ingredienzien präferiert. Voltaire schließt damit an die Kritik an der am bloßen exotischen Prestige orientierten höfischen Extravaganz ein, deren Spur sich bis
zu La Varennes *Le Cuisinier françois* zurückverfolgen lässt und die auch in der
zeitgenössischen medizinischen Literatur, etwa bei Samuel Auguste Tissot,
eine neue Ausformulierung erlebte. Voltaires Kritik der verdorbenen Speisen
und der prätentiösen Anrichtung richtet sich erneut vor allem gegen jene

5 Ebd.
6 Voltaire, „Geschmack – Goût", S. 146.
7 Ebd., S. 145.
8 Jean-Louis Flandrin, „Der gute Geschmack und die soziale Hierarchie", in: Philippe Ariès/
Georges Duby/Roger Chartier (Hrsg.), *Geschichte des privaten Lebens. 3. Bd.: Von der Renaissance zur Aufklärung*, Frankfurt am Main ²1991, S. 269–311, S. 300.

überkommene Küche des Adels, die sich durch den ostentativen „Gefallen an allzu scharfen & gesuchten Gewürzen"[9] auszeichnete.

Dabei betrifft die Frage des Geschmacks im 18. Jahrhundert nicht allein die Lebensführung des Individuums und dessen *Honnêteté*, sondern findet darüber hinaus ihre Richtschnur im Ethos der Nation und ihres jeweiligen Zivilisierungsgrads, wenn nicht gar im Fortschreiten der Menschheit als solcher. Was sich bei Gracián – ganz im Anschluss an seine antiken und christlichen Vorläufer – nur in Form eines ausgeprägten Analogismus, in literarischen Bildern und gastromythischen Entwürfen zeigt, nämlich eine gastrosophische und gustatorische Ordnung der Welt, erlangt vor dem Hintergrund der neuen Entdeckungsreisen eine ganz neue, erfahrungsbasierte Dimension. Hatten schon Aristoteles und große Teile der antiken Ethnographie die Subsistenz zur Grundlage der verschiedenen Lebensweisen der Völker erklärt,[10] so folgen ihnen hierin die anthropologischen Entwürfe des 18. Jahrhunderts nur zu bereitwillig, wenn sie zwischen Ackerbäuer*innen, Hirt*innen und Jäger*innen, frugal, karnivor oder gar anthropophagisch lebenden Völkern differenzieren und dieses Schema zur Gliederungs-Grundlage ihrer historischen Narrative machen.[11] Daneben wird nicht nur bei Voltaire der Geschmack umgekehrt in eine Geographie und Entwicklungsgeschichte der Nationen eingebettet, deren geschmackliche Güte zum Markstein ihrer Vervollkommnung gerät. Auch in Immanuel Kants Anthropologie verbindet sich die Frage der Ästhetik mit dem Entwurf einer Menschheitsgeschichte, die mit ihrem mutmaßlichen Anfang im Paradiesgarten[12] nicht nur die Transformationskette der europäischen Gastromythen fortsetzt, sondern darüber hinaus bereits im Anfang der Menschheitsgeschichte Sittlichkeit, Ästhetik und Kulinarik untrennbar miteinander verknüpft. Ganz zu schweigen von den kulinarischen Exkursen eines Weltreisenden wie Georg Forster, der auf seiner Weltumsegelung mit dem berühmten James Cook viele Erfahrungen mit fremden Küchen und Geschmäckern sammeln konnte, die sich in seinen anthropologischen Schriften niederschlagen und hierin die Forderung nach einer sinnlichen Aufklärung in ganz eigener Weise konturieren. Entgegen den Einsichten des letzteren in die potentielle Universalität des mündigen Geschmacks findet sich in François Massialots *Cuisinier royal und bourgeois* von 1691 bereits

---

9 Voltaire, „Geschmack – Goût", S. 145.
10 Aristoteles, *Politik I*, 1256 a19 ff.
11 Vgl. Thomas Nutz, *„Varietäten des Menschengeschlechts". Die Wissenschaft vom Menschen in der Zeit der Aufklärung*, Köln, Weimar und Wien 2009.
12 Immanuel Kant, „Mutmaßlicher Anfang der Menschengeschichte", in: *Kant's Gesammelte Schriften. ,Akademieausgabe'*, hrsg. v. Königlich Preußische Akademie der Wissenschaften, Bd. 8, Berlin 1900 ff. S. 107–124.

ein frühes Beispiel für einen anthropologisch-kulinarischen Diskurs, der bestrebt ist, die kulinarische Kunst und den guten Geschmack im globalen Vergleich auf die Europäer*innen zu beschränken und gleichermaßen die Küche
zum Marker des menschlichen Fortschritts zu erklären: „Der Mensch ist nicht
überall zu dieser [der geschmackvollen; Anm. S.Z.] Unterscheidung fähig, die
nichtsdestoweniger ein Strahl seiner Vernunft und seines Geistes ist", heißt es
bei Massialot.

> Nur in Europa regieren Reinlichkeit, der gute Geschmack und Geschick beim Würzen des
> Fleisches [...], und nur hier wird man gleichzeitig der besten Gaben gerecht, die wir der
> glücklichen Lage anderer Klimazonen zu danken haben; und man darf wohl vor allem in
> Frankreich stolz darauf sein, in diesem Punkte alle anderen Nationen ebenso zu überflü-
> geln, wie es betrefflich der Höflichkeit und tausend anderer, sattsam bekannter Vorzüge
> der Fall ist.[13]

Im Anschluss an Massialot und parallel zu den in ästhetischen Fragen geführ-
ten *Querelle des Anciens et des Modernes* entfaltet sich ein wahrer Streit um die
Küche der Alten und der Modernen, in dessen Kontext auch Jean-Jacques Rousseaus Frage nach der natürlichen Ernährung und dessen Depravierungsge-
schichte des Geschmacks stehen. Einmal mehr sind der aisthetische Diskurs
der Küche und derjenige der Ästhetik der schönen Künste aufeinander bezogen
und bestätigen das Diktum Pierre Bourdieus, „daß Geschmack als ‚Fähigkeit
über ästhetische Qualitäten unmittelbar und intuitiv zu urteilen' nicht zu trennen ist vom Geschmack als Fähigkeit zur Unterscheidung jeweils spezifischer
Geschmacksrichtungen von Speisen, womit die Vorliebe für bestimmte unter
ihnen impliziert ist."[14] Und auch Voltaires Beitrag muss, wenn es ihm auch vor
allem um die Frage der schönen Künste zu tun ist, konsequent in Analogie zum
Kulinarischem gelesen werden. Denn wenn sich auch der Kunstgeschmack viel
stärker ausprägt als der Sinnengeschmack, ist die Differenz bei Voltaire doch
schlussendlich nur graduell bestimmt, so sehr er auch beide voneinander zu
scheiden versucht.

Dieser Umstand kommt nicht zuletzt im anfänglichen Vergleich zwischen
Kunstkenner*innen und Feinschmecker*innen zum Tragen. Dass Voltaire
hierbei den Likör-Genuss anführt, um die Charakterisierung des ästhetischen
Sinns vorzunehmen, ist keineswegs zufällig. Die Annäherung zwischen den
Fragen des Stils in der Kunst und der gustatorischen Sinnlichkeit der

---

13 Zit. n. Flandrin, „Der gute Geschmack und die soziale Hierarchie", S. 300.
14 Pierre Bourdieu, *Die feinen Unterschiede. Kritik der gesellschaftlichen Urteilskraft*. Übers.
v. Bernd Schwibs und Achim Russer, Frankfurt am Main 1987, S. 171.

Gourmets im Zeichen der Spirituosen verweist stattdessen auf ihren ganz konkreten Begegnungsraum in den Sphären der Pariser Salons und insbesondere der Kaffeehäuser, in denen sich jene neue weltbürgerliche und kosmopolitische Öffentlichkeit herausdestillierte, deren Genese Jürgen Habermas in seiner inzwischen klassischen Studie über den *Strukturwandel der Öffentlichkeit* nachverfolgt hat.[15] An den Tischen und Theken dieser Etablissements mischte sich die Welt der Literatur, der Ästhetik und einer neuen populären Philosophie aufs innigste mit den expandierenden Zonen des Welthandels und den neuen durch ihn bereitgestellten Genussmitteln und Stimulanzen und bildete hierin einen Erfahrungsraum, der die Tischrunden des 17. Jahrhunderts aufgriff und mit neuen Ingredienzien anreicherte. Die neuen Liköre, Wässer, Ratafias und Öle, die in den Regalen hinter den Theken und auf der Basis von Zucker und Alkohol ein ganzes Panorama der neuen, exotischen Ingredienzien, Früchte, Kräuter und Gewürze eröffneten und den Connaisseurs und Connaisseuses deren destillierte, geistige Essenz zur Kostprobe offerierten, entwickelten sich ebenso wie die anderen außereuropäischen Genussmittel Kaffee, Tabak, Tee, Zucker und Schokolade zu Kulminationspunkten der sich aufklärenden, städtischen Schichten.[16] Ein Umstand, dessen Möglichkeitsbedingung ebenso in der zunehmenden Expansion des globalen Handels von der Levante bis nach China lag, wie im kolonialen Anbau von Tabak und Kaffee, vor allem aber von Zucker auf den Plantagen der Karibik. Erst diese beiden Bedingungen stellten die Verfügbarkeit der notwendigen Zutaten sicher und machten diese durch entsprechend sinkende Preise breiteren sozialen Schichten zugänglich.[17] Die Epistemologie der Sensation, die Neu-Gier und die Mobilität, die sich anhand der Schriften Graciáns als konstitutiv für das Dispositiv des mündigen Geschmacks erwiesen haben, erlebten in dem

---

15 Jürgen Habermas, *Strukturwandel der Öffentlichkeit. Untersuchungen zu einer Kategorie der bürgerlichen Gesellschaft*, Frankfurt am Main [14]2015.
16 Vgl. Emma C. Spary, *Eating the Enlightenment. Food and the Sciences in Paris*, Chicago und London 2012, insbesondere das Kapitel *Distilling Learning*, S. 146–194.
17 Zur Bedeutung des Zuckers für die Entwicklung der modernen Konsumkultur insbesondere des 18. Jahrhunderts vergleiche die einschlägige Studie von Sidney Mintz (Sidney Mintz, *Die süße Macht. Kulturgeschichte des Zuckers*. Übers. v. Hanne Herkommer, mit einem aktuellen Nachwort des Autors, Frankfurt am Main und New York [2]2007). Verwiesen sei an dieser Stelle auch auf die Thesen Werner Sombarts, der dem Markt der Luxusgüter eine maßgebliche Rolle in der Herausbildung einer kapitalistischen Wirtschaftsordnung eingeräumt hat. Nicht zuletzt hat Sombart zu Recht darauf verwiesen, dass die Produktionen und Plantagenwirtschaft in den Kolonien reine Luxusgüterproduktionen waren, ebenso wie ein Großteil des Global- und Binnenhandels ausschließlich den Luxusgüterhandel betraf (Werner Sombart, *Liebe, Luxus und Kapitalismus. Über die Entstehung der modernen Welt aus dem Geist der Verschwendung*, Berlin 1996).

Maße eine Verallgemeinerung, in dem sich, vermittels der zunehmenden Verfügbarkeit der exotischen Leckereien, die esoterischen Runden der wenigen „Meister des Geschmacks" für breitere Schichten öffneten und Raum schufen für die Idee einer allgemeinen, fortschreitenden Verfeinerung. Erst diese sinnlich-materiellen Möglichkeitsbedingungen, die in der Folge die Kostprobe und die Übung des Schmeckens zu einer alltäglichen Praxis werden ließen, machen den Aufstieg des mündigen Geschmacks, seine metaphorische und metonymische Übertragung, ja seine Hypostasierung zu einem *der* „humanistischen Leitbegriffe"[18] eines aufstrebenden kosmopolitischen Milieus plausibel.

Die Idee des Fortschritts und der Verallgemeinerung des guten Geschmacks verknüpfte sich darüber hinaus konsequent mit dem Diskurs einer moralischen und ökonomischen Rehabilitierung des Luxus. Von Bernard Mandeville über Jean-François Melon bis hin zu David Hume, von Rousseau bis Voltaire, von Kant bis Forster ist die Frage der neuen, exotischen Genussmittel mit der Frage nach ihren moralischen und ökonomischen Auswirkungen verknüpft, die entschiedene Transformationen an den antiken und christlichen Moraldiskursen vornehmen. Hatten diese den exotischen Luxus als vornehmliches Problem einer Ethik des Selbst begriffen und damit eng mit der Problematisierung der Esslust verschränkt, so lässt sich in der Auseinandersetzung mit den fremden Stimulanzen wie Tee, Kaffee und Zucker ein wachsendes Bewusstsein über den zunehmenden Grad der Globalisierung der Handelsströme und die mit ihnen einhergehenden Abhängigkeiten ausmachen. Nicht zuletzt stellten sich auf dem Feld der Ernährung und des Kulinarischen die Probleme der herrschenden Ungleichheit, der Sklaverei und der ständischen wie kolonialen Gewalt als ein durchaus konkretes Problem der ungleichen Verteilung der Nahrungsmittel wie der Lebenschancen dar, anhand derer sich die Hierarchien und Machtverhältnisse der absolutistischen Ordnung problematisieren ließen. Schon bei Gracián war der Geschmack ein Mittel der Kritik und die Übung des Schmeckens eine lustvolle Praxis der Gegen-Macht, die sich gegen die weltliche und kirchliche Disziplinierung ausspielen ließen. Und auch im 18. Jahrhundert bildeten die neuen Genussmittel und die Problematisierung der Esslust ein Feld, auf dem die *Homme des lettres* die Möglichkeiten und Grenzen unterschiedlicher Modi, Diskurse und Praktiken der Selbstführung und der Freiheit ausloteten. Nicht nur bei Rousseau firmiert der Zucker, der sichtlich die europäische Mythologie des Honigs beerbt,

---

18 Hans-Georg Gadamer, *Hermeneutik I. Wahrheit und Methode. Grundzüge einer philosophische Hermeneutik*, Tübingen ⁶1990

als Signum eines anderen, freieren und glücklicheren Lebens, in dem die Entfremdung und Depravierung des Menschen aufgehoben erscheint. Auch Georg Forsters Entwurf einer Gleichheit und Freiheit der sich geistig und sinnlich vervollkommnenden Menschheit steht im Zeichen einer allgemeinen Lust an der sanften „Süßigkeit".[19] Und wenn sich auch Immanuel Kant in seiner Geschichtsphilosophie gegen die naive Idee einer Rückkehr zum süßen und lustvollen Paradies der Sinnlichkeit verwahrt und stattdessen das Wechselspiel aus Lust und Unlust zum Prinzip des Fortschritts erklärt, so wird seine Anthropologie doch – wenn auch uneingestanden – ebenso im Sinne einer subkutanen „Wissenschaft des Konkreten" lesbar,[20] wenn man sich die Rolle verdeutlicht, die den neuen Genussmittel und insbesondere dem antigastrischen Konsum des Tabaks in ihr zukommt. Avancierten die bitteren, mit Zucker gesüßten Modegetränke „Tscha" und „Chocolatl" bereits bei Gracián zum *non plus ultra* des Geschmacks und zu Analogien des mythischen Tranks der Wahrheit, so versammeln sich auch die Feinschmecker*innen des 18. Jahrhunderts um die nun deutlich erschwinglicheren exotischen Getränke. Und nicht zufällig geraten diese fast regelhaft in den intellektuellen Debatten zum Medium einer ästhetischen, sittlichen wie anthropologischen Subjektivierung. Die Mischung des Süßen und Bitteren sowie die Harmonie und Spannung zwischen ihnen lassen sich nicht nur bei Gracián als herausgehobenes gustatives Grundthema der europäischen Sinnengeschichte ausmachen. In ihnen variiert sich in gewisser Weise ein Thema, das bereits Claude Lévi-Strauss in seinen *Mythologica* mit der Antithese zwischen Honig und Tabak skizziert hat.[21] Dabei ist im Hinblick auf die Frage nach der Problematisierung der Esslust und der Füllung des Magens Lévi-Strauss' Charakterisierung dieser beiden Genussmittel und Stimulantien als „infra-" und „meta-kulinarisch" – also als solche, die sich diesseits und jenseits der Küche und der Mahlzeit befinden – zu erweitern.[22] Zucker und Tabak wie auch die anderen neuen Genussmitteln lassen sich mit gleichem Recht auch als infra- und meta-gastrische oder -saturierende Substanzen bezeichnen. Denn mit ihnen verbindet sich der – wenn auch immer wieder ungelöste – Anspruch einer Beherrschung des Magens ebenso wie die voranschreitende Rehabilitierung der Esslust und die Verwandlung ihrer Problematik in eine kulturelle, anthropologische wie ästhetische

---

19 Georg Forster, „Ueber Leckereyen", in: *Georg Forster Werke. Sämmtliche Schriften, Tagebücher, Briefe*, hrsg. v. Berlin-Brandenburgische Akademie der Wissenschaften, Bd. 8, Berlin 1958 ff. S. 164–181, hier S. 177.
20 Claude Lévi-Strauss, *Das wilde Denken*. Übers. v. Hans Naumann, Frankfurt am Main 1968.
21 Ders., *Mythologica II. Vom Honig zur Asche*. Übers. von Eva Moldenhauer, Frankfurt am Main 1976, S. 13–16.
22 Ebd., S. 16.

Frage des Habitus. Insbesondere in ihrem mündigen, para-gastrischen Konsum, dem es gerade nicht um eine Füllung des Magens zu tun ist, sondern um die Lustzonen von Zunge und Gaumen, verbinden sie sich mit der korporalen Trennung von Mund und Magen, die sich bereits bei Gracián abzeichnet. Indem der mündige Genuss der fremden Leckereien jedoch der Stimulation des ehemals verfemten Geschmackslust anregt und damit verbunden die Lust des Bauches anfeuert, verknüpft sich mit dem Geschmack aufs Neue – wenn auch unter transformativen Vorzeichen – die Semantik von „Überfluss" und „Mangel", „Luxus" und „Armut", „Süße, Wohlwollen und Heiterkeit [...] oder Unruhe, Gewalt und Unordnung", die schon Lévi-Strauss im gastromythischen Diskurs Europas ausgemacht hat.[23] Konsequent greift der Diskurs des 18. Jahrhunderts über die Leckereien auf diese Semantiken zurück, die – zum mal mehr, mal weniger – expliziten Gegenstand einer an den konkreten Phänomenen interessierten und von diesen ausgehenden populären Philosophie werden. Im Ausgang von den moralistischen Texten des 17. Jahrhunderts und in transformierendem Rückbezug auf ältere Gastromythen und -ethiken setzt sich diese mit den sinnlichen Dimensionen der Aufklärung auseinander.

In den folgenden drei Kapiteln wird es also darum gehen, anhand dreier Fallstudien zu Jean-Jacques Rousseau, Immanuel Kant und Georg Forster die kulinarisch-gustatorischen Dimensionen der Anthropologie des 18. Jahrhunderts auszuloten. Wie verknüpfen sich die Entwürfe einer Geschichte der Menschheit mit dem moralischen Problem der Esslust, der mündigen Fixierung des Geschmacks, spezifischen Kulinaria und Entwürfen wie Politiken einer humanen Tischgesellschaft und eines weltbürgerlichen Lebensstils? Wie wird in ihnen die Grenze zwischen Natur und Kultur, zwischen Wilden und Zivilisierten, Notwendigkeit und Geschmack, zwischen Mund und Magen gezogen und dramatisiert und in welcher Weise transformieren diese Grenzziehungen jeweils im Rückbezug auf antike und christliche Gastromythen ihren Referenzbereich? Nicht zuletzt geht es darum, gerade auch die Probleme und Schwierigkeiten dieser Grenzziehungsversuche, ja, das kontinuierliche und geradezu notwendige Scheitern der Trennung von Mund und Magen in den Blick zu nehmen. Hierbei soll insbesondere nach der Bedeutung der sinnlichen Fremderfahrungen gefragt werden, die sich mit den exotischen Genüssen und dem neuen weltgewandten und im wahrsten Sinne des Wortes neu-gierigen Habitus verbanden und einen Zusammenhang zwischen den Fragen einer sich herausbildenden Ethnologie und denjenigen des Geschmacks stifteten. Dabei muss nicht zuletzt der Rezeption der sich im 18. Jahrhundert immens vervielfältigenden Reiseberichte

---

23 Ebd., S. 14.

eine entschiedene Aufmerksamkeit zukommen. Gerade sie stellten eine der herausragenden Quellen des Weltwissens dar, ohne das der Entwurf einer kosmopolitischen Existenz kaum denkbar erscheint. Denn die Expansionsbewegungen Europas – die nicht zuletzt durch die Sucht nach neuen sinnlichen Stimulanzen vorantrieben wurden und umgekehrt diese Sucht steigerten – zeitigten gleichermaßen einen Kontakt mit anderen Ess- und Sinnenkulturen. In der Konfrontation mit deren ganz eigenen theoretischen wie praktischen Antworten auf die Problemlagen des Essens und der Esslust wurde die Exeptionalität des europäischen Geschmacks wenn nicht in Frage gestellt, so doch zumindest irritiert und mit einer Begründungs- und Abgrenzungsnotwendigkeit versehen.

Die philosophischen Texte des 18. Jahrhunderts sollen in dieser Hinsicht einer kulturwissenschaftlichen Lektüre unterzogen werden, bei der es darum geht ihre populärphilosophischen, an kulinarischen und gustatorischen Problemen interessierten Dimensionen freizulegen, die bisher zumeist übersehen wurden und die sie in hohen Maße mit den sinnlichen Orten und Räumlichkeiten der Kaffeehäuser, der Tischgesellschaften und intimen Gastmähler verbinden, an denen sich eine neue weltbürgerliche Öffentlichkeit mit dem Anspruch einer intellektuellen wie sinnlichen Aufklärung versammelte. Ganz im Sinne der im ersten Teil herausgearbeiteten Charakterisierung der Übung des Schmeckens soll der Diskurs der Aufklärung über den Geschmack nicht als eine akademisch-wissenschaftliche Diskussion begriffen werden, die, wie etwa der Ethnologe Paul Stoller mit Verweis auf Kants *Kritik der Urteilskraft* meint, den sinnlichen, „non-theoretical Taste" aus dem Feld der Wissenschaften verbannt hätte und hierin vermeintlich einer „Tasteful Ethnography" entgegengesetzt wäre, die Stoller zu konzipieren sucht.[24] Ich möchte diesen Diskurs vielmehr gerade entgegengesetzt und ausgehend von der Wissenschaft des guten Geschmacks bei Gracián als eine entschieden sinnliche und para-akademische Übung des Geschmacks verstehen, in dem mit und gegen Kant die Trennung von „nontheoretical taste" und „logical, objective, and scientific reflection"[25] konsequent in Frage steht und immer wieder aufs Neue thematisiert wird. Die Autoren des 18. Jahrhunderts sind hierin nicht so weit von dem entfernt, was Stoller in seiner Kritik der „entsinnlichten", akademischen Wissenschaft gerade als vermeintlich antiwestliche „Sensuous Scholarship"[26] zu konzipieren sucht. Immer wieder wird im Folgenden deutlich werden, dass die Trennung zwischen einem Schreiben über den Geschmack und einem geschmackvollen Schreiben

---

24 Paul Stoller, *The Taste of Ethnographic Things. The Senses in Anthropology*, Philadelphia 1989, S. 16–34.
25 Ebd., S. 23.
26 Ders., *Sensuous Scholarship*, Philadelphia 1997.

im Diskurs des 18. Jahrhunderts kaum zu leisten ist. Schmeckendes Lesen und geschmackvolles Schreiben haben in ihrer jeweiligen Form selbst teil an der Übung des Geschmacks. Sie schließen als textuelle Verfahren in direkter Weise an die Konversationen der Tischgesellschaft an und partizipieren an deren Sinnlichkeit – derjenigen der Genussmittel ebenso wie derjenigen der Konversation. In diesem Sinne lassen sich die anthropologischen Entwürfe, um die es im Folgenden gehen soll, auch und im Besonderen, als geschmackvolle Beiträge zu einer Konversation lesen, die in ihrem Inhalt, in ihrer anti-scholastischen und für eine genussvolle Lektüre bestimmten Form, Beiträge zur Formung einer konkreten, geschmackvoll-intellektuellen Geselligkeit liefern. Sie greifen in literarischer Form das Paradigma der Tischgesellschaft auf und transformieren Graciáns Entwurf eines „Banquets der Verständigen" in ganz eigener Weise.

5 Zur kulinarischen Anthropologie eines philosophischen Wilden

Kaum jemand ist im 18. Jahrhundert als Feind des Luxus so verschrien wie Jean-Jacques Rousseau. Das Urteil, das etwa Friedrich II. gegenüber George Keith, 10th Earl Marischal fällt, ist eindeutig:

> Ich glaube, Ihr Rousseau hat seine Berufung verfehlt. Er war zweifellos dazu geboren, ein namhafter Zenobit zu werden, ein Wüstenvater, berühmt für seine Entbehrungen und Kasteiungen, ein Säulenheiliger. Er hätte Wunder vollbracht, wäre ein Heiliger geworden und hätte das gewaltige Register der Märtyrer vermehrt. Derzeit aber wird er nur als ein wunderlicher Philosoph betrachtet, der nach zweitausend Jahren die Sekte des Diogenes wiederaufleben läßt. Deswegen lohnt die Mühe nicht, Gras zu käuen und sich mit allen Philosophen, seinen Zeitgenossen, zu verzanken.[1]

Zwar war Friedrich II. wie der Earl Marischal davon überzeugt, dass die Sitten dieses „philosophischen Wilden", der um Asyl auf preußischem Boden gebeten hatte, untadelig seien, aber die Thesen Rousseaus, der nach dem Verbot des *Émile* von Staat und Kirche verfolgt und gleichermaßen in der intellektuellen Welt Europas gefeiert wurde, waren trotz allem nicht dazu geeignet, seinen Beifall zu finden: „Er würde mich niemals dazu kriegen, Gras zu käuen und auf allen vieren zu laufen",[2] schreibt der preußische König und schließt sich damit uneingeschränkt dem polemischen Urteil Voltaires an, der Mitglied seiner Tafelrunde in Sanssouci gewesen war. Voltaire hatte die Frage nach der natürlichen und ursprünglichen Ernährung des Menschen, die Rousseau in seinem *Discours sur l'inégalité* aufgeworfen und in Richtung der einfachst möglichen Nahrung beantwortet hatte, zum spöttischen und polemischen Argument gegen ihn gewendet. Zwar gesteht Friedrich ein, dass „all dieser asiatische Luxus, dieses Raffinement des guten Speisens [...] zu unserer Erhaltung nicht wesensnotwendig" sei. „Wir vermöchten einfacher und frugaler zu leben, als wir es tun. Aber", fragt der preußische König,

> weshalb auf die Annehmlichkeiten des Lebens verzichten, wenn man sie genießen kann? Die wahre Philosophie scheint mir darin zu liegen, daß sie den Gebrauch nicht verbietet,

---

1 „Friedrich II., König von Preußen, an George Keith, Lord-Marschall von Schottland (1. September 1762)", in: Jean-Jacques Rousseau, *Korrespondenzen. Eine Auswahl*. Übers. v. Gudrun Hohl, hrsg. v. Winfried Schröder, Leipzig 1992, S. 388.
2 Ebd.

https://doi.org/10.1515/9783110640342-007

sondern sich damit begnügt, den Mißbrauch zu verdammen. Man muß wohl fähig sein, alles zu entbehren, aber auf nichts zu verzichten.[3]

Damit greift Friedrich II. jene Kompromissformel auf, auf die sich auch die römisch-antiken Gastrosophen im Angesicht des fremden Luxus und seiner moralischen Auswirkungen gestützt hatten. Gegen die Radikalität der Entsagung der Kyniker und christlichen Hungerkünstler, die Rousseau vermeintlich predige, verteidigt Friedrich die hedonistischen Freuden seiner höfischen Tafel mit den epikureischen Lehren eines Lukrez, Marc Aurel und der lustbetonten Tugendlehre eines John Locke. Völlig abgesehen von der Frage, ob die Einschätzung Rousseaus als Nachfolger der Kyniker und Wüstenasketen zutreffend ist – sie ist es entschieden nicht, wie sich im Folgenden zeigen wird –, ist auffällig, wie sehr dessen Philosophie von seinen Zeitgenoss*innen nicht zuletzt als ein grundlegender moralischer Angriff auf die Tafelfreuden und den Geschmack am Exotischen diskutiert wurde. Ein Angriff, der mit dem Anspruch der Gleichheit aller insbesondere auf die höfische Bankettkultur zielte und den der preußische König schon allein deshalb mit herablassendem Spott und Amüsement behandelte. Dieser Sichtweise Rousseaus als Kritiker der zeitgenössischen Esskultur ist erst in jüngerer Zeit vermehrt wieder Aufmerksamkeit geschenkt worden und es lohnt sich Rousseaus Schriften vor dem Hintergrund einer Geschichte der Problematisierung der Esslust und des Essens einer eingehenden Lektüre zu unterziehen. Insbesondere soll hierbei den anthropologischen Grundlagen Rechnung getragen werden, die Rousseaus kulinarische Kritik wie seine Selbstpraxis allererst plausibilisieren, und mit deren Neuausrichtung er in einem größeren Diskurszusammenhang interveniert, der spätestens seit der Mitte des 18. Jahrhunderts die Frage der Küche im Zentrum der Gattungsgeschichte wie der Gesellschaftskritik positionierte.

Rousseau selbst hat dem Thema Essen in seinen Schriften ebenso wie in seiner Selbststilisierung große Aufmerksamkeit zukommen lassen. Gerade seine asketische Lebensweise, abseits von Paris und zurückgezogen von der mondänen Welt der Literat*innen, hatte er immer wieder unter die Vorzeichen einer egalitären Tischgemeinschaft gestellt und als solche inszeniert. In den *Briefen an Malesherbes* vom Januar 1762, in denen er seine Lebensweise gegen den Vorwurf der Menschenfeindlichkeit und den Verdacht der bloßen Provokation zu verteidigen sucht, dient ihm die Vorliebe für die vertraute Tafelrunde als entschiedenes Argument gegen solche Verleumdungen. An ihr entscheidet sich die Sozialität und Asozialität des Menschen: „Wer nie das Glück oder die

---

3 „Friedrich II., König von Preußen, an George Keith, Lord-Marschall von Schottland (1. September 1762)", in: Rousseau, *Korrespondenzen*, S. 388.

Hoffnung etwas zu erreichen, einem vertrauten Beisammensein und einer angenehmen Abendmahlzeit vorgezogen hat", schreibt er, „der wird sein Glück
gewiß nicht dem Wunsch opfern, von sich reden zu machen, und [...] sich den
Rest seines Lebens in der Einöde zu langweilen, nur weil er den Ruf eines Men-
schenfeindes erwerben möchte."[4] Auf das eigene Glück ziele seine zurückgezo-
gene Lebensweise, nicht auf die Eitelkeit oder das Unglück der anderen, deren
Gesellschaft er sich entziehe. Und, wenn er sich einige Briefe später bemüht,
Guillaume Lamoignon de Malesherbes eine Vorstellung von diesem Glück zu
vermitteln, dann ist es erneut die Abendmahlzeit im Kreis der Vertrauten, die
das notwendige Korrektiv zur Einsamkeit darstellt und das Ideal einer radikalen, gegen die absolutistische Gesellschaft gerichteten Gleichheit zu verwirklichen sucht, die selbst noch auf die Tiere ausgreift:

> Ich fand den Tisch auf meiner Terrasse gedeckt. Mit großem Appetit nahm ich im Kreise
> meines kleinen Haushalts meine Abendmahlzeit zu mir, kein Bild von Knechtschaft und
> Abhängigkeit störte das Wohlwollen, das uns alle verband. Mein Hund war mein Freund,
> nicht mein Sklave, unser Wille war immer derselbe, und nie hat er mir gehorcht.[5]

Weit entfernt davon, ein Feind der Menschen zu sein und mit seinem Rückzug
den gesellschaftlichen Pflichten eines Philosophen nicht nachzukommen, führt
Rousseau ein nahezu antikes Verständnis der Philosophie als Lebensform ins
Feld, die nicht zuletzt in der Problematisierung der Esslust und jenseits jener
„Menge von Müßiggängern, die vom Fett des Volkes bezahlt [...], sechsmal die
Woche in einer Akademie [...] plaudern",[6] „den Menschen das Beispiel eines Le-
bens [...] gebe, das sie alle führen sollten."[7]

Dieses Spannungsfeld zwischen gesellschaftsabgewandter Askese und intimer Geselligkeit haben auch Besucher*innen hervorgehoben, die den „wilden
Philosophen" in seinem Exil aufsuchten. So hat etwa auch der Bonvivant James
Boswell jenes Bild des heiligen Wüstenvaters in den Bergen vor Augen, als er
im Herbst 1764 seine Pilgerreise zu dem berühmt-berüchtigten Autor des *Émile*
und der *Nouvelle Heloise* antritt. Zerrissen zwischen dem Druck der familiären
Verpflichtungen und den eigenen Träumen vom Leben als libertärem Literaten,

---

4 „Jean-Jacques Rousseau an Guillaume Lamoignon de Malesherbes (4. Januar 1762)", in: ders.,
Ich sah eine andere Welt. Philosophische Briefe. Hrsg. und übers. v. Henning Ritter, München 2012,
S. 117 f.
5 „Jean-Jacques Rousseau an Guillaume Lamoignon de Malesherbes (26. Januar 1762)", in:
ebd., S. 133.
6 *Jean-Jacques Rousseau an Guillaume Lamoignon de Malesherbes (28. Januar 1762)*, in: ebd.,
S. 135.
7 Ebd., S. 136.

zwischen den von einer calvinistischen Sündenmoral eingeimpften Gewissens-
bissen und seinen amourösen Eskapaden, hin- und hergeworfen zwischen Me-
lancholie und Selbstzweifeln, zwischen Selbstmordgedanken und egomaner
Selbstverliebtheit ist der schottische Adlige und Literat bestrebt, sich in der
Welt der Großen einen Namen zu machen. Die Begegnung mit Rousseau, dessen *Nouvelle Heloise* und *Émile* er auf der zehnwöchigen Reise von Berlin in die
Schweiz intensiv zu studieren beginnt und an deren Protagonisten er sich sym-
pathetisch anzunähern versucht, wird für Boswell zum biographischen Wende-
punkt, aus dem sich nebenbei auch gesellschaftliches Kapital schlagen lässt:
„Jetzt bin ich ein anderer geworden", schreibt er am 28. Dezember 1764 an den
Freund William J. Temple. „Ich stelle etwas vor und bin stolz darauf."[8] Er habe
sich von seinem vormaligen müßigen, vergnügungssüchtigen und selbst entfremdeten Leben gelöst und sei nun ein angesehener Mann, schreibt er stolz
aus Ferney, dem Alterssitz Voltaires und auf dessen Briefpapier.[9] Und zwei Wochen zuvor notiert er, nachdem er von Rousseau zum Essen in die „Stille und
Einsamkeit [seiner] [...] geheiligten Klause"[10] geladen worden war, unter dem
Datum des 15. Dezember in sein *Journal*:

> Ihr Götter, bin ich jetzt wirklich der Freund Rousseaus? [...] Ich stellte mir vor, ich sei in
> die unfreundliche Welt zurückversetzt, und eine Schar junger Schwengel sage, komm,
> Boswell, du ißt doch heute mit uns?' ,Nein, meine Verehrtesten, Ihr müßt mich entschul-
> digen, ich bin verabredet. Ich speise heute bei Rousseau.[11]

Das Gastmahl, an dem Boswell teilnimmt, entspricht dabei ganz dem Bild des
tugendsamen, natürlichen und schlichten Philosophen, und Boswell ist überrascht ihn nicht „*ex cathedra* gravitätisch Vorträge halten"[12] zu hören. Fern von
der „unfreundlichen Welt" und dem Geltungsdruck der mondänen Gesellschaft
betont die Inszenierung im abgeschiedenen Val de Travers entschieden die einfache Lebensweise, in der Rousseau dem ungleich jüngeren Gegenüber von
gleich zu gleich als „Freund" begegnet. Und der stutzerhaft im aufreizenden
Galarock gekleidete Boswell ist geneigt, in jenem theatralen Stück seine durchaus doppelbödige Rolle zu spielen, die permanent zwischen gesellschaftlichem
Geltungsdrang und Selbstreform oszilliert: „Ich hatte zum Spaß so getan, als
wolle ich der Mamsell [gemeint ist Thérèse Levasseur; Anm. S.Z.] beim

---

8 James Boswell, *Besuch bei Rousseau und Voltaire.* Hrsg. und erläutert v. Frederick A. Pottle,
übers. v. Fritz Güttinger, Frankfurt am Main 1981, S. 130.
9 Ebd., S. 131.
10 Ebd., S. 49.
11 Ebd., S. 87.
12 Ebd., S. 89.

Zubereiten der Suppe helfen", schreibt Boswell in seinem *Journal*, um danach auf das bescheidene Gastmahl selbst zu sprechen zu kommen:

> Gegessen wurde in der Küche, die sauber und hell war. Es war alles sehr sinnig. [...] Das Essen war wie folgt: 1. Ein Teller ausgezeichneter Suppe. 2. Rindfleisch und Kalbsfleisch, gekocht. 3. Kohl, Steckrüben und Möhren. 4. Kalter Schweinebraten. 5. Marinierte Forelle, die er [Rousseau; Anm. S.Z.] spaßenshalber als Zunge bezeichnete. 6. Ein Plättchen, an das ich mich nicht mehr genau erinnere. Als Nachtisch gab es entkernte Birnen und Kastanien. Dazu tranken wir roten und weißen Wein. Es war ein einfaches, gutes Mahl, bei dem es ganz zwanglos zuging.[13]

Die ganze Szenerie in Môtier, die Boswell festhält, gibt sich als Realisierung der literarischen Vorlagen aus dem *Émile* oder der *Heloise* auf offener Bühne. Die Fenster, auf die Schweizer Berge gehend, die wildromantische Natur des abgeschiedenen Tals vor Augen; es ist gut möglich, dass sich Boswell in der Küche im ersten Geschoss des Rousseauschen Hauses an den Apollosaal in Clarens erinnert gefühlt hat, von dem es in der *Nouvelle Heloise* heißt, er sei der „unverletzliche Zufluchtsort des Vertrauens, der Freundschaft, der Freiheit"[14]: „Die Gemeinschaft der Herzen verbindet an diesem Ort die Gemeinschaft der Tafel; sie ist eine Art Einweihung in die Vertrautheit; und es versammeln sich dort immer nur Menschen, die nicht wieder getrennt zu werden wünschen."[15] Zumindest das Bild der Tafel, das Boswell vor den Augen seiner Leser*innen entfaltet, entspricht ganz dem Stil jener „Sinnlichkeit ohne Künstelei", die Rousseau in der idealen Ordnung von Clarens entworfen hatte:

> Alle Gerichte sind gewöhnlich, jedoch vortrefflich in ihrer Art; die Zubereitung ist einfach und doch ausgezeichnet. Alles, was nur dem Prunk dient, alles, was nur der Einbildung dient, alle feinen und auserlesenen Gerichte, deren einziger Vorzug ihre Seltenheit ist und die man kennen muß, wenn man sie gut befinden soll, sind für immer von der Tafel verbannt [...]. Was glauben sie, sind es für Gerichte, die man so mäßig aufträgt? Seltenes Wildbret? Meerfische? Ausländische Erzeugnisse? Weit Besseres als das. Vortreffliche einheimische Gemüse, schmackhafte Kräuter, die in unsern Gärten wachsen, bestimmte Seefische, die auf eine besondere Art zubereitet werden, bestimmte Milchspeisen, von unseren Bergen, Backwerk nach deutscher Art, und dazu noch ein Stück Wild, das die eigenen Leute erlegt haben [...]. Das Tafelzeug ist bescheiden und ländlich, aber sauber und gefällig; Anmut und Heiterkeit herrschen bei Tisch; die Freude und die Eßlust würzen das Mahl [...]; man kennt hier nicht die Kunst, den Magen durch die Augen zu

---

13 Ebd., S. 88 f.
14 Jean-Jacques Rousseau, *Julie oder Die Neue Héloise. Briefe zweier Liebenden aus einer kleinen Stadt am Fuße der Alpen, gesammelt und herausgegeben durch Jean-Jacques Rousseau*, München 1978, S. 571.
15 Ebd.

sättigen; man versteht jedoch die Kunst der guten Tafel Anmut hinzuzufügen, viel zu essen, ohne sich den Magen zu überladen, beim Trinken lustig zu werden, ohne daß einem der Wein in den Kopf steigt, lange bei Tisch zu sitzen, ohne sich zu langweilen, und stets ohne Ekel davon aufzustehen.[16]

Vielleicht hatte Boswell aber auch jenes kleine ländliche weiße Haus mit den grünen Fensterläden und dem Ziegeldach vor Augen, das Rousseau im *Émile* so ausführlich im Hinblick auf die Fragen des natürlichen und einfachen Geschmacks entworfen hatte: ein „Zufluchtsort weit in der Provinz", arm, aber reich an Bodenfrüchten, mit einem Hühnerhof und einem Kuhstall, um die geliebten Milchspeisen zu produzieren, einem Gemüsegarten sowie einem Obstgarten.[17] „Dort würde ich eine mehr ausgesuchte als zahlreiche Gesellschaft von Freunden um mich sammeln, die den Genuß lieben und sich darin auskennen [...]."[18] Eine Phantasie und ein Traum, die eine Lebensweise imaginieren, die nichts Geringeres zum Ziel haben als „einen neuen Magen und einen neuen Gaumen" zu schaffen: „Alle unsere Mahlzeiten wären Festessen, bei denen der Überfluß mehr genossen würde als die Schmackhaftigkeit. Fröhlichkeit, ländliche Arbeiten, tolle Spiele sind die ersten Küchenmeister der Welt, und feines Ragout erscheint Leuten, die seit Sonnenaufgang am Werk sind, lächerlich."[19]

Eine schlichte, an der Füllung des Magens orientierte Tafel gegen den „guten" Geschmack, gegen die Gewürze und feinen Ragouts, aber auch gegen die exotischen Speisen. Man merkt, woran sich die genussbetonten Esser Voltaire und Friedrich II. erinnert gefühlt haben mochten. Rousseau klingt im Kontext der entstehenden Konsumgesellschaft des 18. Jahrhunderts[20] tatsächlich wie ein lustfeindlicher Zönobit: Demjenigen, der besonnen und nüchtern lebt, reiche als einziges Gewürz das Salz und der Hunger, hatte schon Bernhard von Clairvaux mit Bezug auf die Wüstenväter den Clunyzianern entgegen gerufen und sie mit Verweis auf die Benediktusregel des *ora et labora* aufgefordert, das Nichtstun des *otium* mit der Arbeit zu vertauschen und so einen natürlichen Hunger anzuregen, den man sonst erst künstlich mit fremdländischen Saucen erregen müsse. Nach getaner Arbeit erscheinen Gemüse, Bohnen, Grütze,

---

16 Rousseau, *Julie oder Die Neue Héloise*, S. 569f.
17 Ders., *Emile. Oder Über die Erziehung*. Hrsg., eingel. und mit Anm. versehen v. Martin Rang, unter Mitarbeit des Hrsg. übers. v. Eleonore Sckommodau, Stuttgart 1976, S. 712.
18 Ebd.
19 Ebd., S. 713.
20 Vgl. etwa Neil McKendrick/John Brewer/John H. Plumb, *The Birth of a Consumer Society. The Commercialization of Eighteenth-Century England*, Bloomington 1982; Ina Baghdiantz McCabe, *A History of Global Consumption. 1500–1800*, London und New York 2015.

grobes Brot und Wasser als „große Leckerbissen".[21] Auch bei Rousseau ist der Hunger das einzige Gewürz der natürlichen Ernährung, die ohne luxuriösen Aufwand die Lust des Magens befriedigen soll: „Obst, Gemüse, Kräuter und auch ein wenig geröstetes Fleisch ohne Gewürz und ohne Salz waren Festessen für die ersten Menschen",[22] schreibt Rousseau, wenn auch keineswegs im Anschluss an die Wüstenväter, sondern mit Bezug auf die antiken Autoren Plutarch und Pausanias.[23]

Die antiken Bezüge sind hierin symptomatisch, denn die anthropologischen Grundsätze, auf die sich Rousseaus Problematisierung der Esslust und seine Frontstellung gegen die fremdländischen Genüsse gründen, sind trotz aller oberflächlichen Ähnlichkeit zur christlichen Tradition des Kampfs gegen die Gastrimargie, die Friedrich II. in ihnen zu erkennen meinte, geradezu gegen die christliche Ess-Ethik der Gewissensbisse gerichtet. Wenn Rousseau gezwungen ist, sich nach Môtier zu flüchten, dann, weil er in seinem *Émile* und im *Glaubensbekenntnis des savoyischen Vikars* entschieden jegliche Tradition der Erbsünde negiert hatte, auf der der gesamte christliche Kampf gegen die Gastrimargie beruhte.[24] Und auch Boswell, der getrieben von der calvinistischen Sündenmoral seines Elternhauses zu Rousseau gekommen war, um seine Lebensbeichte abzulegen, wird von ihm in dieser Hinsicht enttäuscht: „Ich habe Ihren Lebenslauf gelesen [...]. Sie haben sich übertölpeln lassen. Sie sollten nie einen Geistlichen zu Rate ziehen."[25] Die Institutionen der Klöster und Kasteiungen, die Boswell ins Spiel bringt, hält er für „Mummenschanz, samt und sonders, von Menschen ausgedacht." Man solle sich nicht vom Urteil anderer bestimmen lassen. „Fangen sie ein neues Leben an", rät er stattdessen Boswell. „Tun sie Gutes. [...] Sechs wohlverbrachte Jahre, und sie haben alles Böse abgebüßt, das sie je begangen."[26]

Der Mensch ist sein ihm eigenes Maß und allein seinem natürlichen Gewissen verpflichtet, wirft Rousseau all dem entgegen, was die *Heilige Schrift* und die Kirche über das Wesen und die *discretio* des Menschen lehren. Getrieben von seinem natürlichen Selbsterhaltungstrieb, von seiner *amour de soi*, steht

---

21 Vgl. Bernhard von Clairvaux, „Epistola I/Brief 1", in: *Sämtliche Werke. Lateinisch/deutsch*, hrsg. v. Gerhard B. Winkler, 10 Bde., Bd. 2, Innsbruck 1992, S. 242–263, hier S. 258–261.
22 Rousseau, *Emile*, S. 326.
23 Pausanias, IIX, 5–6; sowie Plutarch, „Ueber das Fleischessen I", in: *Moralia*, hrsg. v. Christian Wiese/Manuel Vogel, 2 Bde., Bd. 2, Wiesbaden 2012, S. 654–659.
24 Eine Frontstellung, über die sich die Kirche nicht getäuscht hat, denn genau das ist der Hauptvorwurf, den der Erzbischof von Paris, Christoph de Beaumont, Rousseaus *Émile* machte (vgl. Ernst Cassirer, „Das Problem Jean Jacques Rousseau", in: *Über Rousseau*, hrsg. v. Guido Kreis, Berlin 2012, S. 7–90, hier S. 41 f.).
25 Boswell, *Besuch bei Rousseau und Voltaire*, S. 80.
26 Ebd., S. 64.

der Mensch an seinem Ursprung außerhalb des Gegensatzes von Gut und Böse. Was ihn verdirbt, sind nicht die aus der *amour de soi* geborenen natürlichen, „süßen und zärtlichen Leidenschaften",[27] die im Gegenteil die „Werkzeuge der Freiheit" des Menschen seien, sondern die Eigenliebe, die *amour propre*, die unter den Vorzeichen der gegenseitigen Abhängigkeit und im Vergleich mit den Leidenschaften der Anderen, die Unterdrückung dieser fordert und nur in ihr befriedigt werden kann. „[W]as ihn [den Menschen; Anm. S.Z.] wesentlich böse macht, sind seine vielen Bedürfnisse und seine Abhängigkeit von der Meinung."[28] „All jene [Leidenschaften], die uns unterjochen und zerstören, kommen von außen",[29] sie kommen von Seiten der Gesellschaft und in ihnen gründet die Herrschaft, die Habgier und die Eitelkeit. Sie entfremden das menschliche Individuum von sich selbst: sie halten es von sich fern und setzen es kontinuierlich außer sich. Dieser Entäußerung des Menschen gilt Rousseaus Sorge. Wie ist unter der Bedingung der Entfremdung der Individuen durch die Gesellschaft Autonomie und Freiheit möglich? Wie kann man zu sich zurückfinden? Und lässt sich darüber hinaus jenseits der entfremdenden Zivilisation „eine echte und wahrhaft menschliche Gemeinschaft" denken, die dieser nicht mehr bedarf?[30] Eine „Gemeinschaft der Herzen", die Erlösung von den sozialen Übeln verspräche? Und von wo sollte der Traum und die Imagination einer solchen Gemeinschaft ausgehen, wenn nicht vom Ursprung der *amour soi*, der Selbsterhaltung und der Frage nach der Lebensgrundlage, das heißt der Ernährung; von jener Frage also, die gleichermaßen auch am Ursprung der Freiheit wie des Verderbnisses des Menschengeschlechts steht? Nicht umsonst hat Rousseau in seinem *Discours sur l'origine et les fondemens de l'inégalité parmi les hommes* die *perfectibilité* des Menschen von seiner Nahrungswahl ausgehen lassen: Der Mensch vollziehe seine Wahl, ganz im Gegensatz zu den Tieren, nicht aus dem Instinkt heraus, sondern in einem Akt der Freiheit, zu seinem Besten wie zu seinem Schaden. Aufgrund dieser *perfectibilité* sei er in der Lage sich „von der Mehrzahl der verschiedenen Nahrungsmittel in gleicher Weise" zu ernähren „und folglich seinen Lebensunterhalt leichter" zu finden, „als dies irgendeines [...] [der anderen Lebewesen] vermag."[31]

---

27 Rousseau, *Emile*, S. 443.
28 Ebd.
29 Ebd., S. 441.
30 Vgl. Cassirer, „Das Problem Jean Jacques Rousseau", S. 43.
31 Jean-Jacques Rousseau, *Diskurs über die Ungleichheit/Discours sur l'inégalité. Kritische Ausgabe des integralen Textes*. Mit sämtlichen Fragmenten und ergänzenden Materialien nach den Originalausgaben und den Handschriften neu ed., übers. und komm. v. Heinrich Meier, Paderborn u. a. ⁴1997, S. 99.

Der Kampf ums Essen ist bei Rousseau ein Kampf um die zivilisatorischen Abhängigkeiten und Verhältnisse und entgegen den christlichen Lehren kein Kampf gegen den eigenen Körper. Denn es ist für Rousseau, der sich hier auf Montaignes epikureische Lebenslust berufen konnte, geradezu widersinnig die Leidenschaften als „Hauptwerkzeuge der Selbsterhaltung" zerstören zu wollen: „Es hieße die Natur kontrollieren und Gottes Werk" umbilden zu wollen.[32] Der souveräne Mensch, der seinen natürlichen Leidenschaften entsprechend „mit eine[m] neuen Magen und eine[m] neuen Gaumen" ausgestattet werden soll, ist entsprechend kein*e magere*r Hungerkünstler*in, sondern ein „wirkliche[r] Genießer". Die Mäßigkeit, als Grundsatz auf dem „alle Süßigkeiten des Lebens und die bloß angenehmen Dinge" gründen,[33] stellt hierin geradezu das Gegenteil der Abtötung des Körpers dar. Der Mensch von Geschmack will „frei und sein eigener Herr sein" und das Mahl, das ihm entspricht, ist ein einfaches, frugales Picknick, draußen, unter einem Baum, an einer Quelle, im Gras unter einem Erlen- oder Haselgebüsch und ohne Diener*innen und Bedienung:

> Die Gerichte werden zwanglos serviert, der Appetit entbindet uns aller Umstände; jeder denkt ungeniert zuerst an sich selbst und nimmt für selbstverständlich, daß die anderen es ebenso halten: als dieser herzlichen und maßvollen Vertrautheit entsteht ein scherzhaftes Geplänkel, daß ohne Grobheit ist, ohne Falschheit, ohne Zwang, hundertmal reizvoller als alle Höflichkeit und mehr geeignet die Herzen miteinander zu verbinden. [...] Wir wären unsere Diener, um unsere eigenen Herren sein zu können [...].[34]

Konsequent lehnt Rousseau hier jegliche Rolle als Gastgeber ab, die nur dazu diene, zu zeigen, „wer der Herr im Hause" sei. „Ich hingegen", bemerkt er gegenüber Boswell, „sehe es lieber, wenn jeder sein eigener Herr und Meister ist und die Rolle des Gastgebers unbesetzt bleibt." Dies erst sei „wahre Gastfreundschaft", denn sie verzichte auf jede Förmlichkeit.[35] „Ich bin ein Mensch und werde von Menschen empfangen",[36] so wird Jahre später in den *Rêveries du promeneur solitaire* die Formel des ursprünglichen Gastmahls lauten.

---

32 Ders., *Emile*, S. 440. Zu Montaignes Kritik an der Bekämpfung der Gastrimargie vgl. Michel de Montaigne, „Über die Erfahrung", in: ders. (Hrsg.), *Essais*. Übers. v. Hans Stilett, 3 Bde., Bd. 3, München 2011, S. 439–524, hier insbes. S. 501–512.

33 Rousseau, *Julie oder Die Neue Héloise*, S. 269.

34 Ders., *Emile*, S. 713.

35 Boswell, *Besuch bei Rousseau und Voltaire*, S. 89.

36 Jean-Jacques Rousseau, *Träumereien eines einsam Schweifenden. Les rêveries du Promeneur Solitaire (1776–1778)*. Nach dem Manuskript und den Spielkarten neu übers., komm. und mit einem Nachwort versehen v. Stefan Zweifel, Berlin 2012, S. 221.

Die „Gegen-Zivilisation" als freie Gemeinschaft der Herzen etabliert sich in den Entwürfen, den Imaginationen und Träumen ebenso wie in den Inszenierungen Rousseaus stets im Rahmen der Gemeinschaft der Tafel: Die erste Begegnung von Sophie und Émile beim Gastmahl im Haus ihrer Eltern oder jene erste Mahlzeit im Hause von Madame de Waren; man könnte unzählige solcher Freundschafts- und Liebesmahle in den Schriften Rousseaus ausmachen, die ungestört von den Vorurteilen, den kritischen Blicken und Ohren der Gesellschaft, der Lakaien und Diener*innen eine Transparenz der Beziehungen zum Ausdruck bringen und die Öffnung der Herzen ebenso wie die Berührung der Seelen ermöglichen sollen. Ja, der Appetit an den Speisen wird bei Rousseau geradezu auf die Appetitlichkeit der Personen und ihrer Gesichter ausgeweitet, die immer wieder als süße oder ekelerregende Nahrungs- und Genussmittel geschildert werden,[37] wie Jean-Claude Bonnet hervorgehoben hat: „Essen, Sehen und Sprechen begründen einen ununterbrochenen Kreislauf des Begehrens [...]."[38]

„Dies war die erste Mahlzeit in meinem Leben, bei der ich es an Appetit fehlen ließ", schreibt Rousseau etwa über die initiale Mahlzeit bei Madame de Warens. „Mein Herz verköstigte sich [nourrissoit] an einem neuen Gefühl, das mein ganzes Wesen beherrschte und mir für nichts anderes die Gedanken frei ließ. [...] Ihr zartes Mitgefühl offenbarte sich in ihren Mienen, in ihrem Blick, in ihren Gebärden."[39] Die Empfindsamkeit der Herzen ist das Supplement zum Appetit des Magens und umgekehrt. Etwa dann, wenn Jean-Jacques den Bissen, den Madame de Waren bereits in den Mund gesteckt hatte, auf den Ausruf hin, es sei ein Haar daran, ausspuckt, selbst ergreift und verschlingt: „Übertriebenheiten, die nur die heftigste Liebe eingeben zu können scheint",[40] und die einer oralen, wenn nicht gastralen Erotik Ausdruck verleihen, in der sich bei Rousseau ebenso wie 150 Jahre später in Sigmund Freuds *Drei Abhandlungen über die Sexualtheorie* (1905)

---

37 Da ist etwa das „schmale Bratapfelgesicht" des Vetters Lambosier (Jean-Jacques Rousseau, *Bekenntnisse*. Übers. v. Ernst Hardt, mit einer Einführung v. Werner Krauss, Frankfurt am Main und Leipzig [10]2012, S. 64), aber auch das Schrecken erregende „zerfetzte Pfefferkuchengesicht" des Mauren im Katuchemenen-Hospiz in Turin (ebd., S. 118), und die „Schnupftabak beschmierte Fratze" des Fräulein Giraud (ebd., S. 206).
38 „Manger, voir, parler, forment un circuit ininterompu du désir [...]" (Jean-Claude Bonnet, „Le Système de la Cuisine et du Repas chez Rousseau", in: Serge A. Thériault (Hrsg.), *Jean-Jacques Rousseau et la Médicine naturelle*, Québec 1979, S. 117–150, hier S. 120).
39 Rousseau, *Bekenntnisse*, S. 99, leicht verändert.
40 Ebd., S. 173. Ähnliches lässt sich über die Begegnung von Émile und Sophie sagen: Das Herz Émiles, der aufgehört hat zu essen, wird von den Reizen des bezaubernden Mädchens „überflutet", „und er beginnt, in langen Zügen das Gift zu schlürfen, mit dem es ihn trunken macht. [...] Er scheint beseelt von Sophies Seele" (ders., *Emile*, S. 830 f.).

die Sexualität in konsequenter Spannung und „Vergesellschaftung" mit der Nahrungsaufnahme befindet und in der ein anthropophager Überschuss mitschwingt, mit dem die Liebe zum Anderen im Wunsch nach seiner Einverleibung gipfelt.[41]

Es ist nicht schwer in den sentimentalen und empfindsamen Freundschafts- und Liebesmahlzeiten Rousseaus die Strukturen des „Banquets der Verständigen" Graciáns wiederzuerkennen: Da ist die Intimität der Tafel, die durch die Verdrängung beziehungsweise den Ausschluss der Diener*innen sowie durch das Absehen von gesellschaftlichen Rängen und Eitelkeiten erreicht wird und eine freie, zwanglose und wahrhafte Öffnung der Subjekte, ja, deren Reform und Subjektivierung jenseits eines Regimes der Unterwerfung ermöglichen soll. Da ist aber auch die Fokussierung auf den Geschmack an den Speisen und an der Konversation ebenso wie die Frontstellung des guten und wahren Geschmacks gegen die Täuschungen der Gesellschaft, die umgekehrt Ekel erregen. Und auch bei Rousseau wird gegen die herrschaftliche Tafel ein intimer Zirkel von Freund*innen und der wechselseitige freie und geschmackvolle Austausch von souveränen und freien Subjekte in Stellung gebracht.

Bei allen diesen Übereinstimmungen muss man jedoch auch die Gegensätze zu Graciáns Bankett-Entwurf herausstellen, die vor allem in der empfindsamen Wendung gründen, mit der Rousseau die Tischgesellschaft neu konfiguriert. Die provinzielle Gemeinschaft beruht demnach nicht, wie bei Gracián, auf einer Verbindung der Geister und einem Austausch der geschmackvollen und weise zubereiteten Worte, sondern auf einer Gemeinschaft der Herzen, die mehr durch wechselseitige Blicke und durch eine Harmonie des gegenseitigen Verschlingens der Seelen hervorgerufen wird, welche die Sprache nur mittelbar auszudrücken weiß. Eine Verschiebung, die die Frontstellung der Rousseauschen Tafelrunde gegen die sensationshaschenden, intellektuellen Zirkel in den Cafés der Metropolen begründet, deren theoretische Ausformulierung *avant la lettre* man in Graciáns „Banquet der Verständigen" findet. Die Salons und die neue Bankettkultur, die sich in der Absetzung vom höfischen Zeremoniell entwickelt hatten und sich über den guten und wahren Geschmack und insbesondere über den Genuss der neuen, exzeptionellen und exotischen Genussmittel konstituierten, stehen nun selbst im Verdacht nur neue Variationen jener höfischen Tafeln und ihres Schauspiels der Eitelkeit und Verdorbenheit zu sein, denen sie Gracián entgegengesetzt

---

41 Vgl. etwa Sigmund Freud, „Drei Abhandlungen zur Sexualtheorie (1905)", in: *Gesammelte Werke*, hrsg. v. Anna Freud u. a., 18 Bde., Bd. V, London und Frankfurt am Main 1940 ff. S. 29–145, hier S. 82. Der Frage nach der oralen und gastralen Grundlage der Identifizierung und der Bedeutung der alimentären Gabe für die Psychoanalyse Freuds geht ausführlich Iris Därmann nach (Iris Därmann, *Fremde Monde der Vernunft. Die ethnologische Provokation der Philosophie*, München 2005, S. 175–284).

hatte.[42] Und so beklagt Rousseau im *Brief an D'Alembert über das Schauspiel* die Ablösung der geregelten englischen Clubs durch „die Cafés und verrufenen Häuser", die – man denke nur an das Café Procope in Paris – zu Vorzimmern des Theaters und der gesellschaftlichen Komödie geworden seien.[43] Und nicht zufällig ist es in den *Rêveries du promeneur solitaire* jenes neue, modische Restaurant Vacossin, in dem sich Rousseau selbst gegenüber der missgünstigen Frage nach seinen ins Waisenhaus gegebenen Kindern zum Lügen genötigt sieht.[44] Die gesuchten und geschmacksbetonten Gastmähler *à la mode* sind der neue Ort der gesellschaftlichen Leidenschaften und der *amour propre*, der entfremdeten Menschheit und nicht zuletzt jener ‚unmenschlichen‘ europäischen Hospitalität, in der, anstatt sich in einem Fest der Gabe von Mensch zu Mensch zu begegnen, für alles bezahlt werden muss.[45]

Und noch eine dritte Differenz ist bemerkenswert, die die Parameter und Grundlagen des guten Geschmacks geradezu invertiert: Hatte Gracián jenen Sensationsgeschmack, der Rousseaus Gegnerschaft herausforderte, gerade von den ‚tierischen‘, allein auf ihren Magen fixierten Esser*innen abgesetzt, und gegen diese die geistige Bereicherung in der Sublimierung der Magenlust hervorgehoben, so begründet Rousseau den natürlichen und wahrhaft guten Geschmack des Menschen, indem er umgekehrt die körperliche Lust des Magens gegen ihre geistige Sublimierung rehabilitiert. Allerdings bleibt hierbei auffällig, dass Rousseau, so sehr er – wie im Übrigen auch viele andere

---

42 Vgl. Susan Pinkard, *A Revolution in Taste. The Rise of French Cuisine, 1650–1800*, Cambridge und New York 2009, S. 184.
43 Jean-Jacques Rousseau, „Brief an Herrn D'Alembert. über seinen Artikel ‚Genf‘ im VII. Band der Enzyklopädie und insbesondere über den Plan, ein Schauspielhaus in dieser Stadt zu errichten (1758)", in: *Schriften Bd. 1*, hrsg. v. Henning Ritter, München und Wien 1978, S. 333–474, hier S. 434. Die Vorteile der Cafés in Paris, heißt es anderer Stelle, bestünden aber immerhin darin, dass die Vergnügungen, die sie anböten, ihre vornehmlich männlichen Besucher von schlimmeren Lastern abhielten: „Gespräche, die in den Cafés und an anderen Zufluchtsorten der Faulenzer und Halunken des Landes um gesehene und noch zu sehende Theaterstücke kreisen, sind ebenso viel Gewinn für die Familienväter, für die Ehre ihrer Frauen und Töchter oder für ihren eigenen oder ihrer Söhne Geldbeutel" (ebd., S. 393).
44 Vgl. ders., *Träumereien eines einsam Schweifenden*, S. 116 f. Zum Besuch bei Vacossin vgl. auch ausführlich Rebecca L. Spang, „Rousseau in the Restaurant", in: *Common Knowledge* 1996, S. 92–108, sowie dies., *The Invention of the Restaurant. Paris and Modern Gastronomic Culture*. Cambridge (Mass.) und London 2001, S. 52–63.
45 Zur Kritik der europäischen Hospitalität vgl. Rousseau, *Träumereien eines einsam Schweifenden*, S. 221. Zur entschiedenen Abneigung Rousseaus gegen den monetär vermittelten Austausch vgl. Michel Serres, *Der Parasit*. Übers. v. Michael Bischoff, Frankfurt am Main 21984, insbesondere S. 155–175.

Luxuskritiker*innen seines Jahrhunderts – erneut auf das Vokabular und die Texte der antiken Gastro-Logik zurückgreift, diese jedoch unter der Prämisse des Geschmacks verhandelt. Die folgenreiche Verknüpfung von Geschmack und *discretio* bleibt auch bei ihm erhalten, ja sie koppelt sich nun vollständig an die Esslust und negiert dabei noch die letzten Überreste des christlichen Kampfes gegen die Gastrimargie. Rousseau spricht die Lust des Magens von jeglicher Sünde frei.[46]

So sehr er jedoch den natürlichen, am Magen orientierten Geschmack gegen den Luxus ausspielt, der seit der Antike kontinuierlich exotische Qualitäten besaß, so sehr ist das Fremde, trotz aller Bemühungen es auszuschließen, auch in Rousseaus Entwurf einer autarken und empfindsamen Tischgemeinschaft anwesend. Ja, seine frugale und anti-luxuriöse Inszenierung hüllt sich geradezu wortwörtlich in ein exotisches Gewand: „Da hatte ich nun Rousseau in seiner ganzen Schlichtheit", schreibt Boswell und meint damit den armenischen Kaftan, mit dem Rousseau bei Tisch aufwartete und der zum sprichwörtlichen *Image* Rousseaus werden sollte.[47]

Das Gastmahl gewinnt hier einen orientalischen wenn nicht orientalistischen Anstrich und Rousseau, der allenthalben gegen den „asiatischen Luxus" anschreibt, wird viele Jahre später in den *Rêveries du promeneur solitaire* explizit die unveräußerliche Gastfreundschaft Asiens ebenso wie seine eigene gegen die stets monetär zu begleichende Gastfreundschaft Europas ausspielen.[48] Aber auch in anderer Hinsicht sind die Rousseauschen Grundsätze der „Süßigkeiten des Lebens"[49] grundlegend mit den Sphären einer kosmopolitischen Existenz *á la mode* verknüpft, ja, man muss sagen belastet. Denn spätestens, wenn er in der *Nouvelle Heloise* den Zucker neben der Milchkost zum „Sinnbild der Unschuld und der Sanftmut" erklärt und zu den „natürlichen Vorlieben" rechnet, die vor allem dem weiblichen Geschlecht zu eigen seien, befinden wir uns inmitten der Sphären des globalen Welthandels, der Sklaverei und der fremden Geschmäcker, deren depravierende Folgen für die Gewohnheiten und Sitten

---

46 Boswell hebt im Gespräch mit Rousseau diesen Umstand explizit hervor. Vgl. Boswell, *Besuch bei Rousseau und Voltaire*, S. 84.
47 So existiert seit der Zeit in Môtier kaum ein Bild von Rousseau, in dem er nicht in armenischen Ornat in Erscheinung tritt. Zur Bildgeschichte Rousseaus im armenischen Kostüm vgl. Roland Kaehr, *La tenue de Rousseau était-elle arménienne?*, 2014, url: http://rousseaustudies.free.fr/articleKaehrrousseaularmenien.pdf (besucht am 10. 04. 2019); Yolande Crowe, *Le manteau arménien de Jean-Jacques Rousseau*, 2007, url: http://rousseaustudies.free.fr/articlemanteauarmenien.html (besucht am 30. 03. 2019).
48 Rousseau, *Träumereien eines einsam Schweifenden*, S. 221.
49 Ders., *Julie oder Die Neue Héloise*, S. 569.

Rousseau allenthalben anklagt. In diesem Sinne gilt es, eine doppelte Perspektive einzunehmen, der es einerseits darum gehen muss, den ‚natürlichen' Geschmack und seinen Einsatz bei Rousseau zu rekonstruieren, andererseits jedoch auch darum, den fremden und entfremdenden Ingredienzien auf der Spur zu bleiben, die sich selbst ein radikaler Luxusgegner wie Rousseau nicht versagt, ja, denen er sich im Gegenteil genüsslich hingibt und die seine Schriften symptomatisch mit einer spezifischen Geschmacksnote ausstatten.

5.1 Querelle des Anciens et des Modernes

Gegen Ende der 30er Jahre des 18. Jahrhunderts wird die Küche zum Gegenstand der intellektuellen Debatten der Pariser und bald der europäischen Öffentlichkeit. Wurde zuvor der Austausch über Nahrungsmittel und die Frage ihrer Zubereitung vor allem von kulinarischen Experten betrieben, so erregte die Frage des Essens jetzt breite Teile der *Grande Monde*. Mediziner und Jesuiten, Schriftsteller*innen und Philosophen, Naturforscher und Salondamen stritten und diskutierten nun über ein Thema, das weit über die einfache Fragen der Küchenpraxis und des Geschmacks hinausging. Fragen der Ökonomie und des Handels spielten in der Debatte ebenso eine Rolle, wie sie Fragen des Luxus, der Moral und der Sitten berührte. Im Feld des Kulinarischen konnte man im gleichen Maße medizinische Probleme entwickeln wie solche der Politik, der Naturgeschichte oder der Zoologie. Die Küche geriet hierin in ganz neuer Weise ins Zentrum einer anthropologischen Selbstbefragung, in der mit einem Mal die Gattungsgeschichte überhaupt zur Disposition stand.[50]

„My definition of *Man* is ‚a cooking animal'" – behauptet etwa James Boswell einige Jahre nach seiner Teilnahme am einfachen Gastmahl in Môtier gegenüber Edmund Burke: „The beast have memory, judgment, and all the faculties and passions of our mind, in a certain degree; but no beast is a cook. [...] Man alone can dress a good dish; and every man whatever is more or less a cook, in seasoning what he himself eats."[51] Und schon das Vorwort zu François Marins *Les Dons de Comus* von 1739 entwirft in diesem Geiste eine Fortschrittsgeschichte der

---

50 Zur Bedeutung dieser Debatte in den Diskursen der französischen Aufklärung vergleiche auch die hervorragende Studie von Emma Spary, von der die vorliegende Arbeit viel profitiert hat: Emma C. Spary, *Eating the Enlightenment. Food and the Sciences in Paris*, Chicago und London 2012.
51 Samuel Johnson/James Boswell, *A Journey to the Western Islands of Scotland, with: the Journal of a Tour to the Hebrides*. Mit einer Einleitung v. Allan Massie, New York, London und Toronto 2002, S. 164 f.

Küche und der Menschheit, die den Auftakt zu einer wahren *Querelle des Anciens et des Modernes* bildet. Wie alle Künste so habe sich auch die Küche mit dem Geist der Völker vervollkommnet, heißt es dort, und sie sei bei jenen am delikatesten, die auch über die größte *Politesse* verfügten. In Absetzung von der Ernährung der ersten Menschen, derjenigen der amerikanischen *First Nations* ebenso wie der gallischen ‚Barbaren*innen‘, sind es die Alten, bei denen sich wie alle anderen Künste auch die Kochkunst entfaltet habe, so behaupten es die beiden Jesuiten Pierre Brunoy und Guillaume Hyacinthe Bouvant, denen das Vorwort der *Dons de Comus* zugeschrieben wird. Der Luxus und die Delikatesse der Tafel stammten ursprünglich aus Asien, von den Perser*innen und Assyrer*innen, deren Sinnlichkeit durch das Klima begünstigt worden sei. Vor allem seien es aber, durch diese beeinflusst, die Griech*innen (mit Ausnahme der Spartaner*innen) und nach diesen die Römer*innen gewesen, die die Kunst der Küche vervollkommnet hätten; eine Kunst, die von den barbarischen Gallier*innen lange abgelehnt, erst in der Neuzeit über Italien nach Frankreich gelangt sei.

Das Leben der ersten Menschen, von dem noch dasjenige der zeitgenössischen amerikanischen Völker zeuge, sei von der bloßen Notwendigkeit der Ernährung und von ihrem „animalischen" Instinkt bestimmt gewesen und die dort herrschende Vielfalt der Geschmäcker resultierte allein aus den natürlichen Gegebenheiten des entsprechenden Klimas.[52] Dagegen könne von der gegenwärtigen französischen Küche mit Fug und Recht behauptet werden, dass sie nie so delikat und verfeinert gewesen sei, nie so sauber und nie so vollendet im Geschmack.[53] Schon François Massialots *Cuisinier royal und bourgeois* von 1691 hatte in gleicher Weise die französische Kochkunst zur Krönung des guten Geschmacks erklärt. Denn nur in Europa besäße man

den Sinn für das Angemessene, den guten Geschmack und die Kunstfertigkeit, das Fleisch und die Lebensmittel unserer Breiten anzurichten, und nur hier versteht man, auch mit jenen wunderbaren Gaben der Natur umzugehen, die ein anderes, günstigeres Klima hervorbringt, und hier, vor allem in Frankreich, darf man sich rühmen, darin allen anderen Nationen voraus zu sein, wie wir es im gesellschaftlichen Umgang sind und in tausend anderen wohlbekannten Dingen.[54]

---

52 „La vie des premiers hommes a dû ressembler à celle des peuples de l'Amerique, qui, bornés au simple nécessaire, ne pensoint point encore au superflu, & chez qui l'on n'aperçoit d'autre art que l'instinct des besoins naturels, ou la diversité des productions que leurs climats peuvent leur offrir" (François Marin, *Les Dons de Comus. Ou les delices de la table*, Paris 1739, S. iii f.).
53 Ebd.
54 François Massialot, *Le Cuisinier roial et bourgeois, qui apprend à ordonner toute sorte de repas, et la meilleure manière des ragoûts les plus à la mode et les plus exquis. Ouvrage très-utile dans les familles, et singulièrement nécessaire à tous maîtres d'hôtels, et ecuïers de cuisine*, Paris 1691,

Ein halbes Jahrhundert nach Massialot preisen Brunoy und Bouvant eine „cuisine moderne" an, die sich einerseits erklärtermaßen auf Massialots Kochkunst stützt, um andererseits in einer Geste der Überbietung gegen dessen „cuisine ancienne" zu polemisieren, die Vincent la Chapelle und andere Küchenchefs mit den ersten Regierungsjahren Ludwig XV. in Paris etabliert hatten und die stilprägend für die französische Kochkunst bis in die 30er Jahre des 18. Jahrhunderts sein sollte.[55] Gegen die „cuisine ancienne", der sie vorwerfen zu kompliziert und detailverliebt zu sein, zeichne sich die „cuisine moderne" durch deren radikale Vereinfachung aus: „mit weniger Mühe, weniger Ausrüstung, und mit so viel Abwechslung, ist sie einfacher, bekömmlicher, und möglicherweise noch weiser."[56] Eine Simplizität, die jedoch keineswegs zum bornierten Geschmack der Notwendigkeit zurückkehre, sondern stattdessen aufgeklärten, wissenschaftlichen und künstlerischen Ansprüchen genüge. Die neue Art zu kochen sei eine Art von Chemie und eine regelrechte Geschmacks-Kunst, analog zur Malerei und ihrer Kombinatorik der Farben, die auf nichts anderes ziele, als die Quintessenz der Nahrungsmittel zu extrahieren und so zu vermischen, dass sie in bekömmlicher Weise ein vollendetes, harmonisches und pikantes Geschmacksbild erzeugten.[57] Die unter wissenschaftlichen Vorzeichen hergestellte Harmonie des Geschmacks könne hierin ebenso zur Gesundheit ihrer Konsument*innen beitragen wie sie eine Verfeinerung der körperlichen Organe und ausgehend von dieser eine allgemeine Verfeinerung der Menschheit zur Folge habe, denn der körperliche wie der geistige Geschmack hätten die gleichen organischen Grundlagen, so behaupten es die beiden Autoren.[58]

Indem die Vertreter der „cuisine moderne" und ihrer Geschmacks-Chemie bestrebt waren, der Küche den Status der höheren Weihen der Ästhetik, aber auch der Medizin und Moral zu verleihen, eröffneten sie ein Feld der Kritik und Diskussion, das weit über die eingeschworene Gesellschaft der Küchenchefs

---

Vorwort, zit. n.Stephen Mennell, *Die Kultivierung des Appetits. Geschichte des Essens vom Mittelalter bis Heute.* Übers. v. Rainer von Savigny, Frankfurt am Main 1988, S. 109.

55 Zu Vincent la Chapelle vgl. Mennell, *Die Kultivierung des Appetits,* S. 109–112. In ähnlicher Weise ruft Menon, der spätere Autor der *Cuisinière bourgeoise,* des am häufigsten nachgedruckten Kochbuchs des 18. Jahrhunderts, 1742 in der erweiterten Fassung seines *Nouveau traité de la cuisine* eine „nouvelle cuisine" aus, die ebenso elegante Ergebnisse wie der ältere Kochstil zeitige, ohne jedoch deren überflüssigen Aufwand zu übernehmen. Vgl. Pinkard, *A Revolution in Taste,* S. 156.

56 Marin, *Les Dons de Comus,* S. xx; meine Übersetzung: „avec moins d'embarras, moins d'appareil, & avec autant de varieté, est plus simple, plus propre, & peut-être encore plus sçavante."

57 Ebd., S. xx f.

58 Vgl. ebd., S. xxvi–xxvii.

hinausreichte. Bereits 1739 erschien ein anonymes und satirisches Pamphlet mit dem Titel *Lettre d'un pâttisier anglois au nouveau cuisinier françois*, das dem Mondain und Diplomaten Roland Puchot, Comte Desalleurs (1693–1754) zuge-schrieben wird. In diesem spottet der Autor im Stil der Swiftschen Satiren nicht nur über die Tatsache, dass die Philosophie nun in Frankreich sogar bis an die Kochtöpfe vorgedrungen sei, sondern er amüsiert sich ebenso über die Idee, dass die Urteilskraft im moralischen und geistigen Sinne durch die Übung der Zunge verbessert werden könne. Unter der Dominanz und Wichtigkeit, die dem Essen eingeräumt werde, müsse man feststellen, dass die Konversation und So-zialität bei Tisch in Mitleidenschaft gezogen werde. Hierin führe die neue Koch-kunst, ganz entgegen der Absichten ihrer Vertreter, gerade nicht zu einer Verfeinerung der Menschheit, sondern umgekehrt zu einer Verfälschung und Depravierung des Geschmacks. Die Vermischung der Geschmäcker zu einer harmonischen Einheit mache den ursprünglichen Einzelgeschmack der Dinge unsichtbar und so liege der ganze Gewinn der „cuisine moderne" darin, dem Fisch den Geschmack von Fleisch und dem Fleisch den Geschmack von Fisch zu verleihen. Die Lebensweise, die die „nouvelle cuisine" anpreise, so fasst der Comte Desalleurs zusammen, habe sich entschieden von der rustikalen Ein-fachheit der Väter entfernt.[59]

Und er ist nicht der einzige, der hierin das Reservoir der römisch-antiken Kritik der Gastrosophie unter den Vorzeichen des mündigen Geschmacks er-neut ausschöpft. 1754 treten die Encyclopädisten mit dem Artikel *Cuisine* in den Diskurs der Küchenphilosophen ein und formulieren eine ähnliche Kritik der dekadenten Korruption und Verfälschung des Geschmacks durch die moderne Kochkunst. Entschieden konturiert die *Encyclopédie* einmal mehr die Küche als gattungsgeschichtliches Problem.

Der Diskurs um die Küche strukturiert sich im 18. Jahrhundert grundle-gend in einer Opposition, die die Verfeinerung und kunstvolle Ausarbeitung der Speisen einer natürlichen Simplizität und der Notwendigkeit der Ernäh-rung auf die ein oder andere Weise gegenüberstellt. Gegen die Apologeten der „cuisine moderne" entwirft Louis Chevalier de Jaucourt, der für den Artikel in der *Encyclopédie* verantwortlich zeichnet, eine Geschichte der Kochkunst unter umgekehrten Vorzeichen, die sich zwar im Großen und Ganzen an deren historischen Aufriss hält, aus diesem jedoch entgegengesetzte Schlüsse

---

59 Vgl. Roland Puchot Desalleurs, *Lettre d'un patissier anglois au nouveau cuisinier françois. Avec un extrait du Craftsman*, o.O. 1739, sowie: Christine Ott, *Feinschmecker und Bücherfresser. Esskultur und literarische Einverleibung als Mythen der Moderne*, München 2011, S. 58–61; Pin-kard, *A Revolution in Taste*, S. 163 f.; Barbara Ketcham Wheaton, *Savouring the Past. The French Kitchen and Table from 1300 to 1789*, London 1983, S. 199 f.

zieht. Jaucourts Artikel schließt dabei an jene Antwort an, die Rousseau vier Jahre zuvor auf die Frage der Akademie von Dijon gegeben hatte, ob „die Wiederherstellung der Wissenschaften und der Künste dazu beigetragen [habe], die Sitten zu läutern oder sie zu verderben."[60] Galten den Autoren der *Dons de Comus* die ersten Menschen als „Primitive", die ebenso wie die amerikanischen *First Nations* vermeintlich von der bloßen Notwendigkeit des Magens getrieben seien, so werden sie nun zu den Trägern eines natürlichen, frugalen und ursprünglichen Geschmacks, der durch die Kunst der Erfindung, der Imagination und der Verfälschung mehr und mehr in einen desolaten Zustand versetzt worden sei:

> Somit ist die einfache Küche aus dem ersten Zeitalter der Welt über die Jahrhunderte, manchmal an einem Ort, manchmal an einem anderen, komplexer & rafinierter geworden, und stellt heute ein Experiment dar, eine äußerst schmerzvolle Wissenschaft, in der wir unaufhörlich neue Abhandlungen unter den Namen *Cuisinier François, Cuisinier royal, Cuisinier moderne, Dons de Comus, Ecole des officiers de bouche* & vielen anderen erscheinen sehen, die ständig ihre Methodik ändern und hiermit beweisen, dass es unmöglich ist, die Launen der Menschen & die Deregulierung ihres Geschmacks, ihre Forschungen, Erfindungen und Imaginationen, zur Täuschung und Verfälschung der Lebensmittel, in eine feste Reihenfolge zu bringen.[61]

Von Beginn an wird die „*cuisine par excellence*", die das gute Essen luxuriöser zu gestalten bestrebt ist, um dem Geschmack zu schmeicheln, von der Küche der armen und enthaltsamen Leute abgesetzt. Weit entfernt davon, aus der Tätigkeit des Kochens eine Wissenschaft zu machen, würde letztere nur einfache Zubereitungsweisen kennen, die darauf zielten, die Lebensnotwendigkeiten zu

---

60 Jean-Jacques Rousseau, *Discours sur les sciences et les arts/Abhandlung über die Wissenschaften und die Künste. Französisch/Deutsch*. übers. von Doris Butz-Striebel und Marie-Line Petrequin, hrsg. v. Béatrice Durand, Stuttgart 2012, S. 13.
61 Meine Übersetzung, im Original französisch: „Ainsi la cuisine simple dans les premiers âges du monde, devenue plus composée & plus rafinée de siecle en siecle, tantôt dans un lieu, tantôt dans l'autre, est actuellement une étude, une science des plus pénibles, sur laquelle nous voyons paroître sans cesse de nouveaux traités sous les noms de *Cuisinier François, Cuisinier royal, Cuisinier moderne, Dons de Comus, Ecole des officiers de bouche*, & beaucoup d'autres qui changeant perpétuellement de méthode, prouvent assez qu'il est impossible de réduire à un ordre fixe, ce que le caprice des hommes & le déréglement de leur goût, recherchent, inventent, imaginent, pour masquer les alimens" (Jaucourt, Louis Chevalier de, „Cuisine", in: Denis Diderot/Jean le Rond d'Alembert (Hrsg.), *Encyclopédie, ou dictionnaire raisonné des sciences, des arts et des métiers, par une Société de Gens de lettres*, Bd. 4 (ARTFL Encyclopédie Project. Spring 2016 Edition, hrsg. v. Robert Morrissey und Glenn Roe), Chicago 2016, S. 537–539, url: https://artflsrv03.uchicago.edu/philologic4/encyclopedie1117/navigate/4/2761/?byte = 6052688 (besucht am 30. 03. 2019), hier S. 538).

befriedigen.[62] Und ganz im Anschluss an Rousseau wird die Geschichte der Küche und des kulinarischen Geschmacks unter der Feder des Encyclopédisten zu einer Geschichte der depravierenden Entstellung der natürlichen Menschen, die sich von Milch, Honig, Getreide, mit Salz gewürztem Gemüse sowie in der Glut gebratenem Brot ernährt hätten und deren Leben nun vom Luxus, Korruption und künstlichen Ansprüchen bestimmt sei. Jaucourt zieht alle Register der antiken Kritik der Gastrimargie, um mit der „Galle" Senecas, das ganze Ausmaß der Verkommenheit der römischen und gegenwärtigen Dekadenz zu schildern: „Sieh dir Nomentanus an und Apicius", hatte Seneca in *De vita beata* geschrieben,

> der Länder und des Meeres – wie sie sagen – Güter verdauend und auf dem Tisch inspizierend aller Völker Tiere, sieh ebendiesselben auf ihrem Rosenlager, betrachtend ihre Kochkunst, die Ohren an der Stimmen Klang, an Darbierungen die Augen, an Delikatessen ihren Gaumen erfreuend; von weichen und leichten Wärmekissen wir ihr ganzer Körper angeregt, und damit die Nase inzwischen nicht unbeschäftigt bleibt, wie mit mannigfachen Wohlgerüchen getränkt der Ort selbst, an dem man der Genußsucht opfert.[63]

War Seneca in dieser Passage darum bemüht, deutlich zu machen, dass das wahre Glück des Menschen in der Selbstbeherrschung des Subjekts liege und von der Herrschaft der körperlichen Leidenschaften abgesetzt werden müsse, so wird die Gastmahlszene in der *Encyclopédie* zum Porträt einer Epoche der Menschheitsgeschichte und zum Kulminationspunkt einer „science de la gueule",[64] die von der römischen Antike an und in ihrer Wiederentdeckung zu einem „Verfahren der experimentellen Untersuchung der Sinnlichkeit" geworden sei.[65] Jenseits der Gefahren der Herrschaft des Magens sei es nun vor allem die Verfeinerung der Sinne, die eine allgemeine Schwächung des Körpers bewirke und die ein zu hoher Preis für einen Geschmack sei, der selbst im Angesicht der delikatesten Speisen durch Gewohnheit irgendwann abstumpfe und

---

62 Ebd., S. 537.

63 Seneca, *de vita beata*, XI, 4.

64 Ein Begriff, den Jaucourt Michel de Montaigne entlehnt, der in seinem Essai *Über die Eitelkeit der Worte* den italienischen Haushofmeister des Kardinal Caraffe anführt, der ihm einen Vortrag über die „science de la gueule" gehalten habe. Entgegen Jaucourt kritisiert Montaigne jedoch explizit nicht die „science de la gueule" als eine Wissenschaft der Verfeinerung der Küche und der Ausstattung der Tafel, die noch die griechischen Autoren, wie Montaigne zu berichten weiß, gelobt hätten, sondern allein den eitlen Diskurs darüber. Vgl. Michel de Montaigne, „Über die Eitelkeit der Worte", in: ders. (Hrsg.), *Essais*. Übers. v. Hans Stilett, 3 Bde., Bd. 1, München 2011, S. 458–462, hier S. 460 f.

65 Jaucourt, Louis Chevalier de, „Cuisine", S. 539.

sich abschwäche.[66] Überdruss, Ekel und Geschmack formen hierin einen verderblichen Kreislauf, ein *Perpetuum mobile*, das den Ursprung aller Verderbnis der Sitten, der Verweichlichung der Körper und der Depravierung des Menschen ausmache. Die gesamte Geschichte der Kochkunst entstehe gerade nicht aus dem Drang zur Verfeinerung der Sinne, sondern umgekehrt aus jenem Faktum des Überdrusses und des Ekels an den gewöhnlichen Speisen, die die Neugier des Menschen angereizt und über seine Natur hinausgetrieben hätten:

> Die Gewohnheit immer die gleichen Dinge & stets in ähnlicher Weise zubereitet zu essen, ließ den Ekel aufkommen, der Ekel gab Anlass zur Neugier, die Neugier veranlasste dazu Erfahrungen zu machen, die Erfahrungen führten zur Sinnlichkeit. Der Mensch schmeckte, kostete, variierte, wählte & und hat es geschafft aus der einfachsten und natürlichsten Handlung eine Kunst zu machen.[67]

Das Einzige, was man den Entwicklungen der Küche vor diesem Hintergrund noch zugutehalten könne, so betont Jaucourt, sei die Erfindung von Techniken der Konservierung, die der Handel mit exotischen Nahrungsmitteln und die langen Schiffsreisen nötig gemacht habe, ebenso wie die Gartechniken des Siedens und Röstens, die eine leichtere Verdauung der Speisen ermöglicht hätten. Diese Fortschritte seien jedoch marginal im Angesicht der Tatsache einer verweichlichten und vom Luxus sittlich und moralisch korrumpierten Zivilisation, die den Launen und Moden einer Gastrologie folge, deren Gerichte weniger nützliche Speisen seien, die dazu dienten die Gesundheit zu erhalten, als vielmehr „schmeichlerische Gifte, zubereitet um das Temperament zu zerstören & den Lauf des Lebens zu verkürzen."[68]

---

66 Ders., „Gourmandise", in: Denis Diderot/Jean le Rond d'Alembert (Hrsg.), *Encyclopédie, ou dictionnaire raisonné des sciences, des arts et des métiers, par une Société de Gens de lettres*, Bd. 7 (ARTFL Encyclopédie Project. Spring 2016 Edition, hrsg. v. Robert Morrissey und Glenn Roe), Chicago 2016, S. 754, url: https://artflsrv03.uchicago.edu/ philologic4/encyclopedie1117/ navigate/7/2504/?byte = 8076947 (besucht am 30. 03. 2019). Im gleichen Artikel wird die Verschiebung vom Magen zum Mund deutlich, wenn etwa noch Horaz, den Jaucourt hier als Gewährsmann anführt, die *Gourmandise* als *ingrata ingluvies* bezeichnet und damit die Völlerei unmissverständlich an die *ingluvies*, den Schlund, zurückgebindet, während bei Jaucourt die Verfeinerung des Zungengeschmack das grundlegende Problem ausmacht, das die Entwicklung der Küche vorantreibe. Vgl. Jaucourt, Louis Chevalier de, „Gourmandise".
67 Ders., „Cuisine", S. 537; meine Übersetzung, im Original französisch: „l'habitude de manger toûjours les mêmes choses, & à – peu – près apprêtées de la même maniere, enfanta le dégoût, le dégoût fit naître la curiosité, la curiosité fit faire des expériences, l'expérience amena la sensualité; l'homme goûta, essaya, diversifia, choisit, & parvint à se faire un art de l'action la plus simple & la plus naturelle."
68 Meine Übersetzung, im Original französisch: „poisons flateurs préparés pour détruire le tempérament, & pour abréger le cours de la vie" (ebd., S. 538).

5.2 Anthropologie der Ungleichheit und kulinarische Ethnologie

Im gleichen Jahr, in dem Jaucourt zum Generalangriff auf die *science de la geule* und das kulinarische Luxusleben der gehobenen Schichten bläst, stellt Rousseau seinem *Discours sur l'inégalité* fertig, der die anthropologische Grundlagen der Fragen der Küche und die Problematisierung der Esslust konsequent neu auslotet. Es ist sicherlich nicht verfehlt mit der Sozialanthropologin und Malinowski-Schülerin Audrey Richards in Rousseau einen Denker zu sehen, der in seiner Anthropologie das Programm einer vergleichenden Ethnologie des Essens, des Hungers und Geschmacks *avant la lettre* entwickelt hat.[69] Zumindest aber kann man konstatieren, dass dessen Schriften, allen voran der *Discours sur l'inégalité*, seit den 30er Jahren des 20. Jahrhunderts genug Anlass boten, ihn als Stichwortgeber einer Ethnologie in Anspruch zu nehmen, die die Frage der Ernährung zu einem sozialen und kulturellen Faktum erklärte. Die Fähigkeit und Anlage des Menschen zur potentiell freien Veränderung und Anpassung seiner Lebensweise verdichtet sich bei Rousseau in der nicht festgelegten Nahrungswahl, die ihn vom Ernährungsinstinkt aller anderen Tiere unterscheide. Denn ganz im Sinne einer Naturgeschichte des Menschen, als die er seinen *Discours* verstanden wissen will, muss auch die *perfectibilité* des „homme naturel" in einer seiner ursprünglichsten Regungen verankert werden: der Sorge um die Selbsterhaltung, die stets eine Sorge um die Füllung des Magens ist. Dementsprechend hat auch die historisch kontingente Änderung der kulinarischen Gewohnheiten die Vervollkommnung und Depravierung des Menschen wie seine Gleichheit beziehungsweise Ungleichheit zur Folge.

So sehr sich die Lektüre Rousseaus als eines Begründers der vergleichenden Ethnologie und Geschichte der Ernährungsweisen also anbietet, so sehr ist diese Lesart doch mit Vorsicht zu genießen, denn sie übersieht konsequent und strategisch die Differenzen und notwendigen Transformationen, die sich zwischen Rousseaus anthropologischem Diskurs und der sich in der Folge herausbildenden Disziplin der Ethnologie ergeben. Es ist in diesem Zusammenhang nicht unerheblich, dass Rousseau seinen *Discours* selbst nicht als neu, sondern im Gegenteil als Wiederaufnahme der antiken Frage der Selbsterkenntnis begriffen hat, ebenso wie er sein Programm einer reisenden und vergleichenden Ethnologie, dessen Neuheit Claude Lévi-Strauss zwei Jahrhunderte später so

---

69 Audrey I. Richards, *Hunger and Work in a Savage Tribe. A Functional Study of Nutrition among the Southern Bantu*. With a Preface by Bronislaw Malinowski, London 1932, S. 11 f. Vgl. hierzu Kap. 8: *Europa im Zeichen des Hungers. Fremderfahrungen eines afrikanischen Gourmets.*

entschieden hervorheben wird,[70] bereits bei Platon, Thales und Pythagoras verwirklicht sieht. Und nicht zuletzt in Ernährungsfragen bezieht sich Rousseau konsequent auf die antike Tradition der Problematisierung der Esslust und die darin zum Ausdruck kommenden Sorge um sich, die sein Projekt einer vergleichenden Ethnologie konsequent in den Rahmen einer Selbstpraxis stellt. Wenn man nach dem Stellenwert und dem systematischen Einsatz fragt, den Rousseau dem Essen in seinen Schriften und ausgehend von jenem *Discours sur l'inégalité* hat zukommen lassen, dann gilt es diese Spannung nicht aus dem Blick zu verlieren. Es wird im Folgenden also nicht nur darum gehen, die Frage nach dem Verhältnis der Geschichte der Ungleichheit zur Problematisierung der Esslust zu entfalten und das Programm einer vergleichenden Ethnologie in Rousseaus Schriften zu verfolgen, sondern ebenso die Frage nach den Beziehungen dieses Programms zu jenen Praktiken und Problematisierungen aber auch Inszenierungen eines neuen weltbürgerlichen Selbst zu stellen, das entschiedenen Einfluss auf die Geschichte einer westlichen kosmopolitischen Individualität ausüben sollte und ohne die Rousseaus Philosophie des Essens nur beschränkt verständlich wird.

Rousseau erklärt die Ernährung zur Grundfrage der menschlichen Existenz und gründet auf sie ebenso die historischen und geographisch feststellbaren Unterschiede zwischen den Menschen wie die Veränderung ihrer Lebensweise. Dabei stützt er sich, wie in allen naturwissenschaftlichen Fragen, erklärtermaßen auf Georges-Louis Leclerc de Buffons *Histoire naturelle* „als festen und erhabenen Grund",[71] der ebenfalls eine evolutive Veränderung des Menschen durch den Ernährungswechsel in Betracht gezogen hat. Die These von der monogenetischen Abstammung des Menschen, die Buffon wie auch Rousseau vertraten, musste notwendigerweise zur Frage nach den Grundlagen der historischen Ausdifferenzierung der Varietäten führen, die Buffon analog zu den Varietäten der Tiere vor allem in den äußeren Faktoren Klima und Ernährung ausmachte.[72] Auf dieser naturgeschichtlichen Grundlage baut auch Rousseaus Geschichte der Ungleichheit auf und schon von hier aus erklärt sich die Bedeutung, die den Nahrungsmitteln zukommen muss. Ist die erste Sorge des

---

70 Claude Lévi-Strauss, „Jean-Jacques Rousseau. Begründer der Wissenschaft vom Menschen", in: *Strukturale Anthropologie II*. Übers. v. Eva Moldenhauer, Hans Henning Ritter und Traugott König, Frankfurt am Main 1975, S. 45–56.
71 Rousseau, *Diskurs über die Ungleichheit/Discours sur l'inégalité*, S. 277.
72 Vgl. hierzu etwa Buffons Abhandlung über die *Variétés dans l'espèce humaine*: Georges-Louis Leclerc de Buffon, *Allgemeine Naturgeschichte. Modernisierter Nachdruck der siebenbändigen Berliner Ausgabe in einem Band*. Übers. v. Friedrich H. W. Martini, Frankfurt am Main 2008, S. 937.

Menschen seine Erhaltung und Ernährung, so lässt der Hunger den Menschen im letzten Stadium des Naturzustandes, wie Rousseau schreibt, „abwechselnd verschiedene Existenzweisen erproben".[73] Und auch die Lebensweisen und Abhängigkeiten seiner späteren Existenz hängen fundamental von seiner jeweiligen Ernährungsform ab. Das Bild des *homme naturel*, zeichnet Rousseau dabei im Anschluss an Lukrez *De rerum natura* als ein Tier, „[das] sich unter einer Eiche satt ißt" und das „am erstbesten Bach seinen Durst löscht"[74] und es entspricht noch ganz der Ernährungsweise, die seit Hesiod den arkadischen Berg-, Wald- und Wildnisbewohner*innen zugeschrieben wurde.[75] Die Menschen der Epoche der „ersten Revolution", die von der Familiengründung und der Einführung eines rudimentären Eigentums bis zu einem wilden Gesellschaftszustand und der Bildung von Nationen reicht, lebten dagegen bereits von den Früchten der Bäume, gejagtem Wild und Fisch. Und auch die Gründe ihrer Vereinigung liegen neben den natürlichen Einflüssen des Klimas vornehmlich in „der gleichen Art des Lebens und der Nahrungsmittel".[76] Schließlich ist es – neben der

---

73 Rousseau, *Diskurs über die Ungleichheit/Discours sur l'inégalité*, S. 175.

74 Ebd., S. 79. Vgl. auch Lukrez *De rerum natura*, V, 93–947. Zu den antiken Quellen des *Discours sur l'inégalité* und insbesondere der entschiedenen Bedeutung des *V. Buch* von *De rerum natura* als Leitnarrativ des *Discours* vgl. grundlegend: Reimar Müller, *Anthropologie und Geschichte. Rousseaus frühe Schriften und die antike Tradition*, Berlin 1997.

75 Vgl. hierzu Bodo Gatz, *Weltalter, goldene Zeit und sinnverwandte Vorstellungen*, Hildesheim 1967. Zur Einordnung von Lukrez in diese Traditionslinie vgl. Gordon Campbell, *Lucretius on Creation and Evolution. A Commentary on De rerum natura, Book Five, Lines 772–1104*, Oxford 2003, S. 327.

76 Rousseau, *Diskurs über die Ungleichheit/Discours sur l'inégalité*, S. 187. In seinem *Versuch über den Ursprung der Sprachen* wird Rousseau diese Ernährung, ganz im Sinne derjenigen, die Jaucourt für die ursprünglichen Menschen veranschlagt hatte, durch in der Glut gebratene Fladenbrote ergänzen. Diese seien jedoch nur rituell an Festtagen verspeist worden, die die Vorform des jüdischen Pesach-Festes gebildet hätten und in Persien und Indien fortbeständen. (ders., „Versuch über den Ursprung der Sprachen, in dem von der Melodie und der musikalischen Nachahmung die Rede ist", in: *Sozialphilosophische und Politische Schriften*. Übers. v. Eckhart Koch u. a. ²1996, S. 163–220, hier S. 188 f.) Eine Information, die er, nebst der Beschreibung der Zubereitungsart dieser Fladen, wortwörtlich aus jenem Reisebericht des Juweliers Jean Chardin entnimmt, von dem es im *Zweiten Discours* heißt, er habe „über Persien nichts zu sagen übrig gelassen" (ders., *Diskurs über die Ungleichheit/Discours sur l'inégalité*, S. 347). Vgl. die Schilderung der Kommunion der Mingrelier in der deutschen Übersetzung von 1687: Jean Chardin, *Des vortrefflichen Ritters Chardin, des grossen Königs in Persien Hoff-Handelsmanns/ Curieuse Persianund Ost-Indische Reise-Beschreibung. Bestehend in einem ordentlichen Journal Oder Täglichen Verzeichnüß seiner in Persien und Ost-Indien über das schwartze Meer und den Cholchidem abgelegter Reisen. Erstlich vom Authore selbst in Frantzösischer Sprach beschrieben/ nachgehends in die Englische; anitzo aber in die Hochdeutsche übersetzet/ mit schönen Kupffern gezieret/ und nöthigem Register versehen*, Leipzig 1687, S. 140 f.

Metallverarbeitung – die Erfindung des Ackerbaus und die widerrechtliche Aneignung der Früchte der Erde, die die gesellschaftliche Ungleichheit begründeten, deren Festschreibung durch den ersten Gesellschaftsvertrag erfolgten. „[M]an sieht, daß alles seinen Ursprung in den Mitteln hat, den Unterhalt zu sichern",[77] schreibt Rousseau in seinem *Essai sur l'origine des langues*, und noch der Despotismus und dessen Wider-Natur, als auf die Spitze getriebene politische und moralische Ungleichheit, wird im Zeichen der ungleichen Verteilung der Nahrungsmittel angeklagt: „denn es ist offensichtlich wider das Gesetz der Natur [...] daß eine Handvoll Leute überfüllt ist mit allem Überflüssigen, während die ausgehungerte Menge am Notwendigsten Mangel leidet", so lautet der Schlusssatz des *Discours*, der am Ende erneut als Vergleichspunkt den Hungers aufnimmt, von dem die Veränderung des Menschen ihren Ausgang genommen hatte.[78] Bereits drei Jahre zuvor war er in seiner *Denière résponse* in dieser Hinsicht mehr als deutlich geworden:

> Die Verschwendung der Stoffe, die den Menschen zur Nahrung dienen, sollte uns allein schon gegen den Luxus aufbringen. Es ist ein Glück für meine Gegner, daß die schändliche Feinheit unserer Sprache mir verbietet, weitläufiger von einer Sache zu reden, worüber sie erröten müssten [...]. Wir brauchen Soßen in unseren Küchen, daher mangelt es so vielen Kranken an Fleischbrühe. Wir brauchen Liköre auf unseren Tafeln, daher trinkt der Landmann bloß Wasser. Wir brauchen Puder für unsere Perücken, deswegen haben so viele Arme kein Brot.[79]

Die Naturgeschichte ebenso wie die Moral- und Sittengeschichte des Menschen kommt bei Rousseau an keiner Stelle ohne die Frage nach der Ernährung aus und er schließt damit nahtlos an jenen Diskurs seiner Zeitgenoss*innen an, der die Frage der Verfeinerung des Geschmacks und der Küche vor einem anthropologischen Horizont verhandelte. Und doch geht er, indem er die Geschichte der Küche mit der der Ungleichheit verknüpft, entschieden über das bisher Gesagte hinaus.

---

77 Rousseau, „Versuch über den Ursprung der Sprachen, in dem", S. 191.
78 Ein Satz, bei dem Rousseau jenen drei amerikanischen *Natives* das Wort leiht, die, wie Michel de Montaigne in seinem Essay *Des cannibales* berichtet, in Rouen am Hofe Karl IX. sich darüber gewundert hätten, dass ein Kind – als König – erwachsenen Männern Befehle gebe und „daß es Menschen unter uns gebe, die alles besäßen und mit guten Dingen jeder Art geradezu vollgestopft seien, während ihre andern Hälften bettelnd an deren Türen stünden, von Armut und Hunger ausgemergelt" (Michel de Montaigne, „Über die Menschenfresser", in: ders. (Hrsg.), *Essais*. Übers. v. Hans Stilett, 3 Bde., Bd. 1, München 2011, S. 314–333, hier S. 332).
79 Jean-Jacques Rousseau, „Letzte Antwort. An Bordes", in: *Schriften Bd. 1*, hrsg. v. Henning Ritter, Frankfurt am Main 1988, S. 107–144, hier S. 117.

Jaucourt hatte die einfache Küche der Armen und der Enthaltsamen als Spiegelbild einer ursprünglichen, unkorrumpierten Ernährungsweise gesehen und gegen die „cuisine par excellence" abgesetzt, während die Vertreter der „cuisine moderne" die geschmacklose, allein auf der Notwendigkeit beruhende Ernährung der amerikanischen *First Nations* in gleicher Weise als Kontrastfolie ihrer Fortschrittsgeschichte ins Spiel gebracht hatten. Rousseau differenziert diese Überblendungen nun entschieden aus, ja, er negiert grundlegend eine Sichtweise, die meint, die Ernährung der außereuropäischen Völker und der unteren Stände mit der ursprünglichen, natürlichen Ernährung des Menschen in eins setzen zu können. In der Einbettung der Problematisierung der Esslust in die Geschichte der Ungleichheit fasst Rousseau die Diversität der Küchen nicht mehr wie bisher nur gattungsgeschichtlich und diachron ins Auge, sondern er behandelt sie im gleichen Maße auch synchron; eine Perspektive, die die *Encyclopédie* zumindest im Bezug auf die *Lemmata* der Küche so gut wie vollständig ausgeblendet hatte.[80]

Auch die Armen und die vermeintlichen „Wilden" essen wie die ursprünglichen und natürlichen Menschen geschmackloser und karger als die mondäne Welt von Paris, aber erstens essen sie nicht das Gleiche und zweitens tun sie es aus anderen Gründen. Setzt man die Armen in ein direktes relationales Verhältnis zu den Reichen, so werden die Gründe recht schnell deutlich: Die verfeinerten Speisen der Reichen richten nicht nur deren eigenen Körper zu Grunde, sondern sie tragen darüberhinaus im gleichen Zuge auch zur Depravierung der unteren Schichten bei. Nicht genug, dass diese mit ihrer Arbeitskraft den Luxus der oberen Schichten und ihren Müßiggang allererst ermöglichen, entziehen letztere ihnen auch noch die Grundlage ihrer Existenz, indem sie sich auf ihre Kosten ernähren. In der luxuriösen Ernährung der Reichen sieht Rousseau damit eine anthropophage Logik am Werk, in der der Schweiß und das Blut der Unterdrückten den exquisiten Speisen eine unauslöschliche Geschmacksnote verleihen.

Dabei beschränkt er sich jedoch nicht darauf, den Hunger gegen den Überfluss auszuspielen und hierin die einen zum Gegenbild der anderen zu machen, sondern er gleicht im Gegenteil die unteren Schichten den oberen geradezu an. Unter dem Hunger leidend neigen die Armen ebenso wie die Reichen, wenn auch aus völlig anderen Gründen, zum Exzess und zur Überfüllung des Magens. Und im Exzess verleihen beide ihrer Entfernung von der homöostastischen

---

80 Vgl. Jean-Claude Bonnet, „The Culinary System in the Encyclopédie", in: Robert Forster/ Orest Ranum (Hrsg.), *Food and Drink in History*, Baltimore und London 1979, S. 139–165, hier S. 146 f.

Fülle des Naturzustands Ausdruck. Dabei schließt Rousseau kategorisch an die antiken Gastrologik eines Plutarch oder Seneca an, wenn er die Überfülle – und mehr noch diejenige mit ferngeholten und fremden Speisen – zum Symptom der Selbstentfremdung des Menschen stilisiert.

Aber nicht nur die Armen, sondern auch die amerikanischen *First Nations* leben nicht mehr in jenem ursprünglichen Zustand der ersten Menschen; so viel naturnaher Rousseau auch ihre Lebensweise im Vergleich zu derjenigen seiner europäischen Mitbürger*innen schildert. Und nicht zuletzt im Kontakt mit den Europäer*innen sind sie, wie Rousseau anklagend und im Tonfall der *Traurigen Tropen* bemerkt, oftmals mit deren „starken Branntweinen zugrunde gerichtet" worden,[81] die sie, wie er an anderer Stelle ausführt, aufgrund der Grobheit ihres Geschmackssinns „wie Wasser trinken".[82] Unrettbar im wechselseitigen Verkehr und in gegenseitiger Abhängigkeit miteinander verbunden, tendieren die oberen wie die unteren Stände, die eigene Gesellschaft wie die fremden im Zeichen der Ungleichheit zum Exzess, der in der widernatürlichen, entmenschlichenden Lebens- und Ernährungsweise begründet liegt, der sie folgen. Weit davon entfernt als jeweilige Gegenbilder zu fungieren, sind „Privilegierte wie Unterdrückte, in die Gleichheit des Unglücks und der Gewalt"[83] verwickelt und so schreibt er folgerichtig:

> Die extreme Ungleichheit in der Lebensweise, das Übermaß an Müßiggang bei den einen, das Übermaß der Arbeit bei den anderen; [...] die allzu verfeinerten Speisen der Reichen, die sie mit erhitzten Säften nähren und sie mit Verdauungsbeschwerden belasten; die schlechte Nahrung der Armen, die ihnen sogar noch zuallermeist fehlt und deren Mangel sie dazu bringt, ihren Magen bei sich bietender Gelegenheit gierig zu überladen; [...] die Exzesse jeglicher Art, die unmäßige Erregung aller Leidenschaften [...] – das sind die unheilvollen Beweise dafür, daß die Mehrzahl unserer Leiden unser eigenes Werk sind und daß wir sie beinahe alle vermieden hätten, wenn wir die einfache, gleichförmige und solitäre Lebensweise beibehalten hätten, die uns von der Natur vorgeschrieben wurde.[84]

Das Gegenbild des *homme naturel*, in seiner gleichförmigen Lebens- und Ernährungsweise, auf das sich auch die Küchenphilosophen berufen hatten, findet sich hierin weder bei den unteren Schichten Europas, noch bei den vermeintlichen „Wilden" Amerikas oder Afrikas, so sehr Rousseau auch immer wieder die Karib*innen und die kanadischen Stämme, die Khoikhoi – die bei Rousseau,

---

81 Rousseau, *Diskurs über die Ungleichheit/Discours sur l'inégalité*, S. 90 f.
82 Ebd., S. 99.
83 Jean Starobinski, *Rousseau. Eine Welt von Widerständen*. Übers. v. Ulrich Raulff, Frankfurt am Main 2012, S. 421.
84 Rousseau, *Diskurs über die Ungleichheit/Discours sur l'inégalité*, S. 89.

den Reiseberichten und dem allgemeinen zeitgenössischen Sprachgebrauch treu bleibend, als „Hottentotten" bezeichnet – ebenso wie die europäische Landbevölkerung und ihre Ernährungsweisen als Kontrastfolien zur Anklage seiner Zeitgenoss*innen heranzieht. All diese Gegenfiguren sind mehr oder weniger weit vom Naturzustand entfernt, insofern sie teilhaben an der geteilten Ungleichheit zwischen den Menschen.

In der Irreversibilität des Geschichtsprozesses lässt sich stattdessen das Bild des *homme naturel* ebenso wie das seiner Ernährung nur durch eine stets unsichere retrospektive Rekonstruktion zeichnen, die von all dem absehen muss, was die Zeit und die Dinge bewirkt haben. An die Stelle der zeitgenössischen Gegenbilder tritt die hypothetische und gleichermaßen empirisch unterfütterte Konstruktion eines natürlichen Zustands, „der nicht mehr existiert, der vielleicht nie existiert hat, der wahrscheinlich niemals existieren wird und von dem zutreffende Begriffe zu haben dennoch notwendig ist, um über unseren gegenwärtigen Zustand richtig zu urteilen."[85] Hierin werden, neben zoologischen und ethologischen Befunden, die Lebens- und Ernährungsweisen der fremden Kulturen, die Berichte der antiken Autoren sowie die eigene Kultur zu anthropologischen Untersuchungsmaterialien. Aus ihrem jeweiligen Kontext gelöst, miteinander verglichen und auf ihr Wesentliches reduziert, werden diese zu einem empirischen Fundament, auf dem der von allen kulturellen Besonderheiten befreite ursprüngliche Zustand rekonstruiert werden kann.[86]

Diese Methode hat eine unentwegte Arbeit des Vergleichs und des Protokolls der Partikularismen und Universalien der Menschheit zur Folge, die umgekehrt eine konsequente Beobachtung anderer Kulturen voraussetzt, und Rousseau wird einer der ersten sein, der diese Beobachtung systematisch zum philosophischen Projekt einer Anthropologie ausformuliert. Dabei transformiert er die antike Frage des *nosce te ipsum* als Grundlage „einer gemeinsamen Wissenschaft der Weisen" in Richtung einer vergleichenden Ethnologie, die nicht nur Claude Lévi-Strauss dazu bewogen hat, in ihm den eigentlichen „Begründer einer Wissenschaft vom Menschen" zu sehen.[87] Will man sich selbst und den Menschen

---

85 Ebd., S. 47 ff.

86 Zur anthropologischen Methode und zum Umgang mit ethnographischen Daten bei Rousseau vgl. Karl-Heinz Kohl, *Entzauberter Blick. Das Bild vom Guten Wilden und die Erfahrung der Zivilisation*, Frankfurt am Main und Paris 1983, S. 196 ff. Zu den ethnologischen Quellen in Rousseaus *Discours* vgl. auch Jean Morel, „Des Sources du Discours sur l'Inégalité", in: *Annales de la Société J.-J. Rousseau* 5 (1909), S. 120–198; Gilbert Chinard, „Influence des Récits de Voyages Sur la Philosophie de J. J. Rousseau", in: *PMLA* 26, 3 (1911), S. 476–495; Georges Pire, „Jean-Jacques Rousseau et les relations de voyages", in: *Revue d'Histoire littéraire de la France* 56, 3 (1956), S. 355–378.

87 Lévi-Strauss, „Jean-Jacques Rousseau".

als solchen kennenlernen, so muss man seine bornierten Vorurteile abbauen. Man muss den eigenen Winkel der Welt verlassen und die Menschen dort aufsuchen, wo sie sich unähnlich sind. Und Rousseau entwirft dementsprechend in den Anmerkungen zum *Zweiten Discours* den durchgängig männlich gedachten Philosophen als reisenden Weltweisen, dessen Vorbild er erneut in der Antike bei Platon, Thales und Pythagoras findet.[88] Man stelle sich nur vor, fährt er fort, „ein Montesquieu, ein Buffon, ein Diderot, [...] oder Männer dieses Schlages gingen [wie jene] auf Reisen", anstatt jener unzuverlässigen Seemänner, Kaufleute, Soldaten und Missionare, und man stelle sich weiterhin vor, diese schrieben, zurückgekehrt nach Europa „die natürliche, moralische und politische Geschichte dessen, was sie gesehen hätten – wir selbst würden eine neue Welt unter ihrer Feder entstehen sehen und so die unsere kennenlernen."[89]

Um den eigenen Ort und die eigene Lebensweise kennenzulernen, fordert Rousseau auch in seinem Erziehungsroman *Émile* den Zögling zum Reisen auf und schlägt auch hier eine Forschungsreise vor, die im Anschluss an die Tradition der *Grand Tour* zwar dem Studium der Rechte und Regierungsformen dienen soll, diese aber ganz im Sinne der Perspektive seiner Geschichte der Ungleichheit von den Metropolen in die fremde Peripherie verlagert. Die unterschiedlichen Regierungsformen sollen nicht mehr an den Universitäten und in den Regierungszentren studiert werden, sondern dort, wo sie ihre Effekte auf die Menschen zeitigen, also in den Provinzen, in denen man ihre Auswirkungen bei den Bäuer*innen beobachten kann.[90]

Im *Émile* nimmt das Programm des reisenden Anthropologen dabei die Form einer geistigen und körperlichen Kultivierung des (männlichen) Selbst an, die sich untrennbar mit der Frage der Ernährungsweise verknüpft. Denn, wenn auch die Erziehung des Zöglings mit der *Grand Tour* durch die moralischen und

---

88 Rousseau, *Diskurs über die Ungleichheit/Discours sur l'inégalité*, S. 343.

89 Rousseau, *Diskurs über die Ungleichheit/Discours sur l'inégalité*, S. 349.

90 Wie eng die Wiederaufnahme des Themas Reise mit jenem anthropologischen Reiseprojekt bei Rousseau verknüpft war, wird in dem Fragment einer Fortsetzung des *Émile* deutlich, das Bernardin de Saint-Pierre erwähnt, und in dem Émile angesichts der untreuen Sophie beschließt seine Reise fortzusetzen, die ganz in den Fußstapfen jener moralischen Reiseliteratur zu verlaufen scheint, die von Graciáns *Criticón* bis zu Voltaires *Candide* reicht. „Le souvenir de l'Europe", heißt es da, „[restant pour lui] plein d'amertume, il voyage en pied et sans argent a travers l'Affrique; ses observations, ses conaissances dans les arts et dans la nature, le font cherir de tous les nations sauvages chez lesquelles il passe" (Jacques-Henri Bernardin de Saint-Pierre, *La vie et les ouvrages de Jean-Jacques Rousseau. Édition critique avec de nombreux fragments inédits*, hrsg. v. Maurice Souriau, Paris 1907, S. 170). Die Umrisse dieses Projektes sind jedoch bereits in der *Nouvelle Heloise* und in der dort beschriebenen Reise Saint-Preux' auszumachen. Vgl. Rousseau, *Julie oder Die Neue Héloise*, S. 432ff.

politischen Gesellschaftsformen abgeschlossen wird, so wird dieses Vorhaben bereits in den Kindertagen in seinen körperlichen und alimentären Herausforderungen antizipiert und kulinarisch vorbereitet. Der Zögling soll nicht zuletzt deshalb auf eine einfache und genügsame Ernährung verpflichtet werden, damit sich dieser überall in gleicher Weise ernähren kann: „Verhüten wir", schreibt Rousseau, „daß es [gemeint ist das Kind; Anm. S.Z.] in einem fremden Land Hungers sterben müßte, wenn es nicht überall einen französischen Koch hinter sich herschleppte, oder daß es eines Tages sagt, man verstehe nur in Frankreich gut zu essen."[91] Die hohe Meinung der Franzosen im Bezug auf ihre Kochkunst, die die Küchenchefs der Pariser *Grande Monde* in gattungsgeschichtlichen Dimensionen entfaltet hatten, ist für Rousseau nichts als ein nationales Vorurteil, das der vermeintliche Connaisseur überall hin mitschleppt und wodurch er überall nur das Gleiche findet: die Bestätigung der eigenen Vorurteile; eine Haltung, die den Pariser Gourmet für eine Untersuchung jeglicher Geschmacksfrage disqualifiziere. Die Gewöhnung an eine einfache Küche sei dagegen deutlich besser geeignet, um zu lernen sich allen möglichen Umständen, Geschmäckern und Lebensweisen anzupassen und biete sich damit für einen Weltbürger an, der die eigenen anthropologischen und geschmacklichen Vorurteile überwinden möchte.

Aber nicht nur im *Émile* macht sich Rousseau Gedanken über die Frage, welche Ernährung für einen reisenden Philosophen am angemessensten sei, um seine Vorurteile abzubauen.[92] Die Überlegung zu den materiellen Grundlagen der Weisheit schlagen sich zur gleichen Zeit auch in einer nicht verwirklichten Buchidee nieder, die Rousseau in den *Confessions* erwähnt. Die Rede ist von dem Projekt einer „sensitiven Moral oder eines Materialismus des Weisen", in dem Rousseau sich dem Problem anzunehmen gedenkt, eine „äußere Lebensordnung aufzustellen, die [...] die Seele in einem Zustand erhalten oder reinversetzen konnte, die für die Tugend am förderlichsten" sei:

> Indem ich mich selbst beobachtete und in den anderen zu erforschen suchte, worauf diese verschiedenen Arten zu sein, sich zurückführen ließen, fand ich, daß sie zum großen Teil von dem Eindruck äußerer Gegenstände abhingen und daß wir, unaufhörlich

---

91 Ders., *Emile*, S. 327.
92 Zum Verhältnis der Ernährungsfrage zur Geschichte des Reisens vergleiche auch jene polemischen Zeilen, in denen Rousseau den Antrieb der Reisenden der *Grand Tour*, die stets nur die Metropolen aufsuchten, aus der im bürgerlichen Zustand zu konstatierenden antropophagen Ernährungsweise heraus erklärt, die sie, da sie an jenen Orten wohnen möchten, „wo man am meisten zu verschlingen findet" dort hintreibe, wo das „Menschenblut am billigsten sei". Ganz im Gegensatz zu jenen sogenannten „Wilden", im Übrigen, die um für ihre Ernährung zu sorgen, fern ab der Menschen auf die Jagd gingen und in ihrer Lebensweise kein Begehren nach Reisen und fremden Ländern entwickelten (ebd., S. 905).

durch unsere Sinne und unsere Organe verändert, diese Veränderungen, ohne dessen gewahr zu werden, in unsere Gedanken, unsere Gefühle und sogar in unsere Handlungen hineintrügen. Die [...] Beobachtungen, die ich gesammelt hatte [...] schienen mir durch ihre physische Grundlage geeignet, eine äußere Lebensordnung aufzustellen, die, je nach den Umständen verändert, die Seele in einem Zustand erhalten oder hineinversetzen konnte, der für die Tugend am förderlichsten war. [...] wie viele Laster könnte man schon im Keime unterdrücken, wenn es gelänge den tierischen Organismus zur Unterstützung des sittlichen Gesetzes zu zwingen, das er jetzt so gar oft verletzt. Die Himmelsstriche, die Jahreszeiten, die Geräusche, die Farben, die Dunkelheit, das Licht, die Elemente, die *Nahrung* [Hervh. S.Z.] [...] alles wirkt auf unseren Körper und folglich auf unsere Seele, und alles bietet uns tausend fast sichere Handhaben, die Gefühle, von denen wir uns beherrschen lassen, schon in ihrem Ursprung in unsere Gewalt zu bekommen.[93]

Bereits in der *IX. Anmerkung* zum *Discours sur l'inégalité* hatte Rousseau im Vorgriff auf die Missverständnisse seiner Gegner die Möglichkeit einer „Rückkehr in die Wälder" und „eines Leben mit den Bären" für die gegenwärtigen Menschen und damit auch für den Weisen ausgeschlossen, insofern „deren Leidenschaften ihre ursprüngliche Einfachheit für immer zerstört" hätten und sie sich „nicht mehr von Gras und Eicheln ernähren noch Gesetze und Oberhäupter entbehren" könnten.[94] Jenseits einer möglichen Rückkehr zu jenem utopischen glücklichen Zustand der Menschheit wird jedoch der Rückblick auf diesen und die daraus resultierende Erkenntnis der eigenen gattungsgeschichtlichen Verworfenheit zur Legitimation eines Programms, das in der Verachtung für die bestehende Ordnung der Abhängigkeit und der Ungleichheit zu einer prekären Reform des Selbst unter den Vorzeichen der potentiellen Güte des Menschen auffordert. Ein tugendsames Leben, das es unter den materialistischen Vorzeichen, die Rousseaus Diskurs prägen, notwendig macht, den Menschen ebenso „mit eine[m] neuen Magen und eine[m] neuen Gaumen" auszustatten, die unter neuen und transformierten Vorzeichen jene natürlichen Leidenschaften rehabilitieren würden, von denen sich die Menschen entfernt hätten.[95]

Spätestens hier wird deutlich, dass die Frage der Selbsterkenntnis des Menschen bei Rousseau, so sehr er sie auch in eine vergleichende Ethnologie transformiert, fundamental der antiken Tradition der subjektiven Selbstreform verschrieben bleibt, zu der er nicht zuletzt in der Frage des Tafelluxus eine spannungsreiche Beziehung aufrechterhält. Rousseaus materialistischer

---

93 Rousseau, *Bekenntnisse*, S. 572 f.
94 Ders., *Diskurs über die Ungleichheit/Discours sur l'inégalité*, S. 319 ff.
95 Vgl. ders., *Julie oder Die Neue Héloise*, S. 269.

Diskurs fordert konsequent die Einhaltung einer weisen, einfachen und frugalen Diät, die den antiken Autoren, auf die er sich hierbei beruft, in ihrer Problematisierung der Esslust fern gelegen hat. Und nicht zuletzt im Hinblick auf
die Bedeutung des Reisens für die kulinarische Selbstkultur lässt sich bei
Rousseau eine nachdrückliche Antikentransformation feststellen: War das
Reisen seit der Antike stets mit der Aneignung des fremden Luxus verbunden,
der zur Überfüllung und Selbstentfremdung des Subjekts führte, so macht
Rousseau, indem er die Problematik unter der Perspektive der Abhängigkeit
und Ungleichheit neu betrachtet, gerade umgekehrt im Reisen ein Widerlager
zu den depravierenden Effekten des Tafelluxus aus und folgt hierin jenem
neuzeitlichen Diskurs der Neugier, den schon Gracián gegen die Borniertheit
der eigenen Vorurteile ausgespielt hatte. Weit entfernt davon wie die Vertreter
der „cuisine moderne", die luxuriöse Tafelkultur, für die „alle Länder Welt
ihren Beitrag geleistet", für die „vielleicht zwanzig Millionen Hände lange Zeit
gearbeitet haben" und die „vielleicht Tausenden von Menschen das Leben gekostet" haben,[96] von ihren moralischen Auswirkungen zu entschulden und
gegen das Lob der bornierten Ernährungsweisen zu rehabilitieren,[97] redet er
einer reisenden Kulinaristik das Wort, die die Zirkulationsrichtung zwischen
Delikatesse und Feinschmecker*in kurzerhand invertiert und hierin die Entfremdung, die Ungleichheit und Gewalt, die mit den exotischen Genüssen einhergehen und die die luxuriöse Tafel auszeichnen, aufzuheben trachtet. Nicht
die exotischen Delikatessen, für deren exquisite Zubereitung sich schon Ma-
siallot lobte, sollen durch das Netz des globalen und kolonialen Handels zir-
kulieren und darin unumstößlich ihre fremde Würze verlieren oder gar
verderben,[98] sondern umgekehrt:

---

96 Ders., *Emile*, S. 402.

97 Der Diskurs des Küchenluxus schließt hier in direkter Weise an die breite Rehabilitierung
des Luxus an, wie sie im Anschluss an Jean-François Melons *Essai politique sur le commerce*
(1734) und an Voltaires *Le Mondain* (1736) und *Défence du Mondain ou l'apologie du luxe* (1737)
verhandelt wurde. Darauf wird in Kap. 5.4: *Le petit déjeuner, oder das Scheitern des süßen Lebens* zurückzukommen sein.

98 Der Hintergrund der Rousseauschen Kritik des entfremdeten Geschmacks wird deutlich,
wenn man sich an Jaucourts *Encyclopédie*-Artikel zurückerinnert, der der Entwicklung der
Kochkunst und der Ausdehnung ihres Einzugsgebiets zugetegehalten hatte, dass diese die
Entwicklung von Konservierungsmethoden bewirkt hätten. Methoden, die durch Einsalzen,
Pfeffern und Würzen, Trocknen, Räuchern, Einlegen in Öl oder Fett, Kochen, Sieden oder Rös-
ten jedoch gleichermaßen die Speisen grundlegend verändern und damit den natürlichen Geschmack verfälschen müssen. Vgl. Jaucourt, Louis Chevalier de, „Cuisine", S. 538 f.

> Wenn ich eine Speise vom anderen Ende der Welt kosten möchte, so würde ich sie, wie Apicius, lieber dort suchen, als sie kommen lassen, denn den erlesensten Gerichten fehlt immer eine Würze, die man nicht mitbringen kann, und die kein Koch ihnen beigeben kann – die Luft der Gegend, die sie hervorgebracht hat.[99]

Mit Apicius wird hierzu nun gerade jene zentrale römische Gründungsfigur in Anspruch genommen, in der die Küchenphilosophen und ihre Kritiker die Verfeinerung der antiken Kochkunst und damit das Vorbild für die gegenwärtige „science du gueule" verkörpert sahen. Aus ihm wird unter der dekonstruierenden Arbeit der Feder Rousseaus ein reisender Weiser und natürlicher Mensch von Geschmack, dessen Verbindung mit dem Diskurs über die römischen Dekadenz konsequent gekappt und ausgeblendet wird. Entgegen den Gepflogenheiten seiner Zeitgenoss*innen und ihren kulinarischen Vorurteilen sei der antike Conaisseur in die Fremde gereist, um jenen einfachen und natürlichen Geschmack der Dinge zu entdecken, der auch für Rousseaus Projekt der kulinarischen Geschmackskritik maßgeblich ist. Apicius steht damit keineswegs mehr als Verkörperung der Magengier und als Vertreter einer extravaganten Kochkunst zur Disposition, sondern wird stattdessen in eine Reihe mit Thales, Platon und Pythagoras gestellt, die im *Discours sur l'inégalité* das Vorbild der reisenden Philosophen abgeben.[100]

Spätestens im *Émile* wird der Anthropologe zum Mensch von Geschmack und *vice versa*. Widmete Rousseau bereits im *Discours sur l'inégalité* dem Geschmack und der Ernährung – der eigenen und der der Anderen – die höchste Aufmerksamkeit, um *den* Menschen ebenso wie sich selbst zu erkennen, so steht diese Aufmerksamkeit nun ganz unter den Vorzeichen einer moralischen Reform seiner selbst. Die Ernährung ist damit bei Rousseau eines der zentralen Relais, die es erlauben die antike Sorge um die eigene Esslust in direkter Weise mit jenem neuen Projekt einer Anthropologie zu verknüpfen, das die Selbsterkenntnis an ein neues Wissen um die Vielfalt der menschlichen Lebensweisen koppelt und hierin wieder, wenn auch auf andere Weise als bei Gracián, den Mensch von Geschmack als anthropologisch interessierten „Weltweisen" stilisiert. In einer erneuten Transformation römisch-antiker gastrologischer Philosopheme finden wir bei Rousseau den „wahren" kulinarischen Conaisseur nicht mehr unter den Kenner*innen der exquisiten und sensationellen Küche,

---

[99] Rousseau, *Emile*, S. 701.
[100] Auch von Letzteren heißt es im *Émile*, dass sie, insofern sie „ein wenig die Landwirtschaft lieben", auf ihren Reisen die „Produkte kennenlernen [wollen], die dem Klima des Landes, das [...] [sie durchwandern], eigentümlich sind" ebenso wie „die Art und Weise sie zu ziehen." (Rousseau, *Emile*, S. 824 f.). Vgl. auch ders., *Diskurs über die Ungleichheit/Discours sur l'inégalité*, S. 343.

bei den Expert*innen der *cuisine par excellence* oder *à la mode*, ebenso wenig wie unter ihren mondänen Kritiker*innen, sondern vielmehr an den Peripherien der kulinarischen Welt, interessiert an den ländlichen Tafeln der Bäuer*innen, an den Garmethoden der vermeintlichen „Wilden" ebenso wie an den kulinarischen Lebensweisen der Hirt*innenvölker.

5.3 Der natürliche Geschmack

Je weiter sich die Menschen von ihrem ursprünglichen Zustand entfernt haben, desto mehr verlieren sie ihr natürliches Geschmacksempfinden und desto mehr „wird uns die Gewohnheit so zur zweiten Natur, die an die Stelle der ursprünglichen Natur tritt, daß diese in vollkommene Vergessenheit gerät".[101] Und doch muss man wissen, wie die ersten Menschen sich ernährten, will man die angemessene Ernährung und den natürlichen Geschmack für die Gegenwart bestimmen und den Abstand bemessen, der die korrumpierte Gegenwart von einem Leben trennt, in dem das Vermögen und das Begehren des Menschen sich noch in einem ausgewogenen Zustand befunden hätten. Denn gerade hierin wird Rousseau im *Émile* den „Weg zum wahren Glück" und zur „menschlichen Weisheit" bestimmen: Es gilt, „das Übergewicht der Wünsche über die Fähigkeiten zu vermindern, Vermögen und Willen in vollkommenes Gleichgewicht zu setzen. Dann allein, wenn alle Kräfte tätig sind und seine Seele dennoch in Frieden ist, ist der Mensch wohlgeordnet."[102] Am Anfang ist dem Menschen nur das Begehren nach Selbsterhaltung und die Mittel es zu stillen zu eigen. Alle anderen Fähigkeiten sind nur als potentielle vorhanden, die sich nach Bedarf entwickeln. Sobald diese virtuellen Fähigkeiten jedoch aktiviert werden, erwacht die Einbildungskraft und erweitert das Maß des Möglichen – im Guten wie im Bösen – ebenso wie sie die Wünsche nach und die Hoffnungen auf deren Erfüllung anregt. Aber die Einbildungskraft schießt stets übers Ziel hinaus; sie imaginiert mehr als der Mensch erlangen kann und entfernt ihn damit kontinuierlich von jenem Genuss, der sein Glück ausmachen könnte. Stets erschöpft sich der Mensch ohne ans Ziel zu kommen und je mehr die Einbildungskraft aktiv ist, desto mehr entfernt man sich vom Glück. Wenn Rousseau auch einräumt, dass es das reine Glück jenseits der quasi tierlichen Existenz im Naturzustand nicht geben könne, weil in diesem Leben alles, und damit auch das Gute und das Böse, stets nur in Mischungsverhältnissen auftritt und sich „die Affektionen

---

101 Ders., *Emile*, S. 326.
102 Ebd., S. 187 f.

unserer Seele sowie die Veränderungen unseres Körpers [...] im ständen Fluß befinden", so lässt sich doch das Glück ausgehend von einem solchen idealen Zustand immerhin im Hinblick auf das Maß seiner Fülle bestimmen. Indem Rousseau den Naturzustand zum Maßstab und Horizont des menschlichen Lebens erklärt, bestimmt er das Glück als einen „negative[n] Zustand, der an der geringsten Menge Leids gemessen werden muß".[103]

Das Unglück besteht bei Rousseau nicht in der Entbehrung selbst – denn der Mensch ist niemals „weniger elend, als wenn er von allem entblößt zu sein scheint" –, sondern in dem Bedürfnis, das diese empfinden lässt.[104] Dementsprechend bestimmt Rousseau den natürlichen Geschmack des Menschen gerade in seiner Bedürfnislosigkeit, die sich allein auf die tierliche Notwendigkeit beschränkt. „Je einfacher [...] unser Geschmack ist, desto allgemeiner ist er", schreibt er im *Émile* und bereits im *Discours sur l'inégalité* versucht er, diesen allgemeinen und einfachen, ursprünglichen Geschmack zu rekonstruieren. In der Diskussion der Freiheit und der *perfectibilité* betont Rousseau zwar die prinzipielle Offenheit des Menschen in Nahrungsfragen und spielt sie gegen den die Vielfalt beschränkenden Instinkt der Tiere aus, aber er bestreitet doch die Existenz eines Nahrungsinstinktes beim Menschen nicht vollständig.[105] Statt allerdings den Diskurs über die ursprüngliche Ernährung im Haupttext zu entfalten, lagert er ihn in die Anmerkungen aus, da er für eine grundsätzliche Annahme der ernährungsbezogenen *perfectibilité* des Menschen keine Relevanz aufweist. Stattdessen verlässt er sich hier ganz auf die Suggestivkraft jenes Lukrezschen Bildes einer frugivoren, arkadischen Eicheldiät, deren Plausibilität er in den Anmerkungen jedoch unter zu Hilfenahme zoologischer Befunde, antiker Quellen und ethnologischer Daten zu erhärten sucht.

So unterschieden sich die Zähne und Eingeweide der frugivoren von den karnivoren Tieren grundlegend, behauptet Rousseau mit unausgesprochenem Rückgriff auf Plutarch, der mit diesem Argument in seiner ersten Abhandlung *Über das Fleischessen* bereits gegen die karnivore Ernährung des Menschen angeschrieben hatte und auf den Rousseau in dieser Frage immer wieder zurückgreift.[106] Da der Mensch über stumpfe Zähne verfüge und Eingeweide habe, die den frugivoren Tieren ähnlich seien, müsse dieser wohl „von Natur aus in diese Klasse eingeordnet werden",[107] und er verweist neben Lukrez auch auf die Meinung anderer antiker Autoren wie Dikaiarch, der in seinen Büchern berichtet

---

103 Ebd., S. 187.
104 Ebd., S. 188.
105 Rousseau, *Diskurs über die Ungleichheit/Discours sur l'inégalité*, S. 79 ff.
106 Vgl. Plutarch, „Ueber das Fleischessen I", S. 657.
107 Rousseau, *Diskurs über die Ungleichheit/Discours sur l'inégalité*, S. 287 ff.

hatte, „daß unter der Herrschaft des Saturn, als die Erde noch aus sich selbst heraus fruchtbar war, kein Mensch Fleisch aß, sondern alle von den Früchten und Gemüsen lebten, die von Natur aus wuchsen."[108] Nicht zuletzt die ethnographischen Reiseberichte, fügt er später in der posthum erschienen Edition hinzu, sprächen für eine solche Sichtweise. Und er verweist explizit auf den Bericht der *Voyages de François Coréal aux Indes Occidentales*, der 1722 erschienen war und in dem der Autor über die Einwohner*innen der Lukayen, den heutigen Bahamas, berichtet, sie seien gestorben, als sie Fleisch gegessen hätten. Mit den zur Arawak-Sprachgruppe gehörenden Lukku-cairi ruft Rousseau damit jene indigene Gruppe in Erinnerung, die Kolumbus, als er zum ersten Mal am 12.10.1492 auf der Insel Guanahani amerikanischen Boden betrat und im Glauben daran Indien erreicht zu haben, als „Indianer" bezeichnet hatte und die die kolonialen Eroberer bereits 1520 vollständig versklavt hatten und in den Gold- und Silberminen auf Kuba, Santo Domingo und Hispaniola an Krankheiten und Auszehrung erbärmlich zu Grunde gehen ließen.[109] Steht das Schicksal der Lukku-cairi solchermaßen stellvertretend für die Gewalt der als grundlegend karnivor geschilderten europäischen Nationen und die Geschichte ihrer imperialen und kolonialen „Abenteuer" ein, so fügen sich jene umso besser in Rousseaus Argumentation, insofern Coréal an just der gleichen Stelle die Fruchtbarkeit Guanahanis betont hatte. Der angebliche Tod großer Bevölkerungsteile durch den durch die Europäer*innen induzierten Fleischkonsum ließ für Rousseau den suggestiven Schluss zu, die Lukku-cairi hätten sich davor nur von pflanzlicher Kost ernährt: „Neben Mais, Yucas und anderen Wurzeln, Fisch und Wild, haben sie viele gute Früchte, um sich zu ernähren: Aber der größte Teil der Einwohner der Lukayen [...] starb durch den Verzehr von Fleisch."[110]

---

108 Ebd., S. 289. Vgl. zu dieser Schilderung auch die Ernährung der Pongos in Loango in Unteräthiopien, von der Rousseau in der *X. Anmerkung* berichtet „Ihre Nahrung sind Früchte oder wilde Nüsse. Niemals essen sie Fleisch" (ebd., S. 327 ff.).
109 Zur Geschichte der Lukku-cairi vgl. Michael Craton/Gail Saunders, *Islanders in the Stream. A History of the Bahamian People, Bd. 1: From Aboriginal Times to the End of Slavery*, 2 Bde., Athens 1992. Vgl. auch François Coréal, *Voyages de François Coreal aux Indes Occidentales. Contenant ce qu'il y a vû de plus remarquable pendant son séjour depuis 1666, jusqu'en 1697.* Traduit de l'Espagnol, 2 Bde., Amsterdam 1722, Bd. 1, S. 43.
110 Ebd., Bd. 1, S. 46, meine Übersetzung: „Outre le maïz, les yucas & autres racines, le poisson & le gibier, ils ont encore plusieurs bons fruits pour se nourrir: mais la plus grande partie des habitans de Lucaies [...] y moururent en mangeant de la chair." Dass die Lukku-cairi sich auch nach dem Zeugnis Coréals offensichtlich nicht rein frugivor ernährten ebensowenig wie sie tatsächlich in jene Konzeption der „wilden Primitivität" passten, die Rousseau nach seiner mehr als selektiven, ja geradezu ignoranten Lektüre des Reiseberichts annahm, sei hier nur

Dass die wenigen Zeilen, in denen Rousseau die ursprüngliche Diät des Menschen skizziert, Voltaires Spott herausforderten, ist nicht weiter verwunderlich; nicht zuletzt gegen seine Verteidigung des Luxus hatte Rousseau angeschrieben.[111] Die grundlegendere Kritik in Ernährungsfragen kam jedoch aus einer anderen Richtung und zeigt wie breit das Feld war, auf dem man sich im 18. Jahrhundert über die Frage der Ernährung zu verständigen suchte: Buffon persönlich meldete seine Zweifel an der naturgeschichtlichen Richtigkeit von Rousseaus Thesen über die frugivore Natur des Menschen an, wie aus einer Diskussion Rousseaus mit Étienne Bonnot de Condillac und Charles-Georges Le Roy, dem Jagdaufseher des königlichen Parks in Versailles und Mitarbeiter der *Encyclopédie*, hervorgeht.[112] Hatte Rousseau auf die Polemik Voltaires noch mit einigem Humor reagiert, so wogen die Einwände Buffons schwerer, denn Rousseau hatte sich in allen zoologischen Fragen und nicht zuletzt in der Frage der frugivoren Diät des Menschen fast ausschließlich auf dessen *Histoire naturelle* gestützt. In den Bemerkungen Buffons, die Le Roy durch Condillac vermittelt am 7.9.1756 an Rousseau übersendete, ist es vor allem die Frage der Ernährung in den Wintermonaten, die den Ausschlag gibt, die Möglichkeit einer rein pflanzlichen Ernährung in Zweifel zu ziehen. „Die mehlhaltigen Früchte, wie die Eichel, die Kastanien etc.", so konstatiert Buffon beziehungsweise Le Roy, „lassen sich am längsten aufbewahren; aber im April sind sie alle verfault oder sie haben zu keimen begonnen, sofern man nicht eine große Sorgfalt darauf verwandt hat. Dann müßte man Vorratslager und eine feste Wohnung annehmen."[113] Wolle Rousseau also

---

am Rande bemerkt. Vgl. zur Ernährungsweise der Lukku-cairi auch ausführlich Michael Craton, *A History of the Bahamas*, Waterloo, Ont. ³1986, S. 20; Craton/Saunders, *Islanders in the Stream*, S. 21–37, sowie William F. Keegan, *The People who Discovered Columbus. The Prehistory of the Bahamas*, Gainesville 1992, S. 124–126.

111 Dass Rousseau die frugale Diät des Naturzustands unter Rückgriff auf Lukrez *De rerum natura* skizziert hatte, ist dabei wohl kaum ein Zufall. Hatte Voltaire doch in seiner Versepistel *Le Mondain* (1736) just das Bild der Lukrezschen Eicheldiät verwendet, um jene klerikalen Kostverächter vorzuführen, die den Luxus der Ragôuts und des Champagners geißelten. Voltaires Schilderung der paradiesischen Essszene, in der die Gourmets Adam und Eva unter einem Baum mit langen, dreckigen schwarzen Fingernägeln Gras, Eicheln und Hirse zu sich nehmen, war schon damals an beißender Satire und Provokation kaum zu überbieten gewesen und er wird sie gegen Rousseau Schrift noch einmal erneuern. Vgl. hierzu den Brief von Voltaire an Rousseau vom 30. August 1755: Rousseau, *Korrespondenzen*, S. 101–103.

112 Zum Manuskript der Bemerkungen Le Roy und den entsprechenden Anmerkungen Rousseaus vgl. Rousseau, *Diskurs über die Ungleichheit/Discours sur l'inégalité*, S. 482–489. Vgl. auch den Kommentar von Heinrich Meier: ebd., 482 f., Anm. 1.

113 „Observations de Charles-Georges Le Roy sur le Notes du Discours sur l'Inegalite/Bemerkungen von Charles-Georges le Roy zu den Anmerkungen des Diskurses über die Ungleichheit", in: ebd., S. 483.

behaupten, die ersten Menschen verfügten über keine Vorratshaltung und keine Wohnstätten, sondern lebten nomadisch in den Wäldern, so sei eine solche Ernährung kaum vorstellbar. Die einzigen frugivoren Tiere seien jene, die sich von Knospen und Baumrinde zu ernähren verstünden, worunter der Mensch nicht zu zählen sei. Eine Kritik, die Rousseau postwendend zurückweist. Warum sollte der Mensch unter anderen Umständen und ausgestattet mit einer stärkeren Konstitution nicht von Gras, Knospen und Wurzeln leben können? Und auch der Winter sei kein Argument, wenn er doch auf der halben Welt nicht vorkomme und stattdessen die Bäume das ganze Jahr Früchte trügen. „Die Gründe, die man mir entgegenhält, sind stets von Paris, London oder irgendeiner anderen kleinen Ecke der Welt hergenommen, ich bemühe mich, die meinen nur von der Welt selbst herzunehmen."[114]

Dass sich Rousseau solche Mühe gab, die Möglichkeit einer ursprünglich frugivoren Ernährung nachzuweisen, hat nicht zuletzt damit zu tun, dass er bestrebt war, jegliches Leid und – neben den Krankheiten – insbesondere den Krieg und die damit einhergehende Todesdrohung, die etwa Thomas Hobbes in seinen politischen Schriften für den Naturzustand behauptet hatte, für jenen ursprünglichen und homöostatischen Naturzustand auszuschließen. „Denn da die Beute nahezu der einzige Gegenstand des Kampfes unter den karnivoren Tieren ist und die frugivoren untereinander in einem fortwährenden Frieden leben", schreibt er, „ist es klar, daß wenn die menschliche Art zu dieser letzteren Gattung gehörte, es ihr viel leichter gefallen wäre, sich im Naturzustand zu erhalten und sie viel weniger Bedürfnis und Gelegenheit gehabt hätte, aus ihm herauszutreten."[115]

Ob es eine solche ideale Diät je gegeben hat, ist dabei jedoch selbst für Rousseau zweifelhaft, wenn nicht gar unwahrscheinlich, sie bleibt im Horizont der imaginären Rekonstruktion. Und doch ist sie nötig, um die Skizze eines Zustands zu plausibilisieren, in dem sich das Ideal eines vollkommenen Glücks als verwirklicht denken lässt. Das ist das utopische und ahistorische Versprechen, das von einer solchen Ernährung ausgeht und das von Rousseau als komparatives Richtmaß

---

114 Ebd., S. 485. Vgl. in gleicher Stoßrichtung auch ders., „Versuch über den Ursprung der Sprachen, in dem", S. 185.
115 Ders., *Diskurs über die Ungleichheit/Discours sur l'inégalité*, S. 289–291 Vgl. hierzu auch ebd., S. 83–87. Rousseau konnte sich neben den antiken Schilderungen des goldenen Zeitalters ebenso auf Buffons Abhandlung über die Pferde stützen, die, da sie keine Neigung zum Genuss des Fleisches anderer Tiere hätten, keine Krieg führten. „Sie leben also in Frieden, weil ihre Begierden einfach und mäßig sind und weil sie genug haben, um einander nichts zu neiden", heißt es da und Buffon äußerte im selben Band ebenfalls die Idee, dass die Menschen in gleicher Weise nur von Pflanzen leben könnten, eine Ansicht, die er später in aller Form zurücknehmen wird. Vgl. hierzu den Kommentar von Heinrich Meier in: ebd., 290, Fn. 357.

aller richtigen Beurteilung hinsichtlich des Glücks und der Weisheit des Menschen herangezogen wird. Die reale Entwicklungsgeschichte des Menschen und damit seine kontinuierliche Depravierung nimmt dagegen vom Fleischkonsum ihren Ausgang. Und wie sich im Folgenden zeigen wird, durchzieht dieser Gegensatz zwischen frugivorer und karnivorer Ernährung, den Rousseau im *Discours sur l'Inégalité* begründet, grundlegend die gesamte Rousseausche Philosophie des Essens.

Schildert Rousseau bereits zu Beginn des zweiten Teils seines *Discours*, wie die Menschen, durch die Unbilden der Natur gezwungen zur Jagd auf Tiere und zum Fischfang übergehen, so unterstreicht er diese Entwicklung noch einmal in dem 1755 entstandenen und posthum erschienenen *Essai sur l'origine des langues*, der die ersten Menschen als blutrünstige Jäger*innen zeichnet und als nomadisch und verstreut lebende Familienverbände von der frugalen Ernährung der späteren Ackerbäuer*innen absetzt.[116] „Im Allgemeinen findet man bei allen Völkern, von deren Ursprung wir Kenntnis haben, daß die ersten Barbaren eher gierige Fleischfresser waren anstatt Landbauern und Pflanzenfresser.“[117] Und er mobilisiert ein ganzes Arsenal an anthropologischem Vergleichsmaterial, das von den antiken Mythen und Historien über das *Alte Testament* bis hin zu den zeitgenössischen Reiseberichten und den Esssitten europäischer Nationen reicht. Wolle man ermessen, welch große Fleischfresser die damaligen Menschen gewesen seien, so müsse man sich nur vor Augen halten, dass bei den Festen Homers stets ein ganzer Ochse geschlachtet wurde, dass Abraham drei seiner Gäste mit einem ganzen Kalb bewirtet und dass etwa Eumaios für Odysseus gleich zwei Zicklein zubereitet habe ebenso wie Rebekka für ihren Gatten. Und um endgültig „eine Vorstellung von den Mahlzeiten der Alten zu gewinnen“, brauche man „nur die der Wilden noch heute zu beobachten; fast hätte ich gesagt, die der Engländer.“[118]

Von hier aus folgt die Geschichte im *Essai sur l'origine des langues* derjenigen des *Discours*: Von den Jagdgesellschaften nimmt die Entwicklung von Krieger- und Hirtengesellschaften ihren Ausgang. Die Starken, die ihr Überleben mit der Ausdehnung der Jagd sichern, entwickeln sich zu expansiven Eroberungsverbänden, während die Schwächeren und Friedensliebenderen die Tiere domestizierten,

---

116 Mit Verweis auf die omnivoren Möglichkeiten des Menschen und auf die Belege im griechischen Mythos über die Einführung des Ackerbaus durch Triptolemos behauptet Rousseau hier explizit, dass die Menschen neben den Eicheln auch Fleisch gegessen hätten. Vgl. ders., „Versuch über den Ursprung der Sprachen, in dem“, S. 188.
117 Rousseau, „Versuch über den Ursprung der Sprachen, in dem“, S. 188.
118 Ebd. Zu den Engländern als barbarische, fleischessende Nation vgl. auch ders., *Julie oder Die Neue Héloise*, S. 473.

von der Viehhaltung lebten und sich in den warmen Gegenden mit ihrem „immerwährenden Frühling auf Erden" aufhielten, weil sie keinen Grund gehabt hätten ihre ursprüngliche Freiheit und Trägheit zu Gunsten der Arbeit des Elends und der Sklaverei, die der Ackerbau mit sich bringt, aufzugeben. Nur im Angesicht von Naturkatastrophen und dem Wechsel der Jahreszeiten ist für Rousseau eine Zusammenrottung und ein Vertrag denkbar, der eine gegenseitige Abhängigkeit der Menschen von einander besiegelt.[119] Die Menschen werden sesshaft, sie betreiben Vorratswirtschaft, sie entwickeln die Künste und damit alle wechselseitigen Abhängigkeiten, die mit dieser neuen frugalen Ernährungsweise einhergehen. Hatte die frugivore Ernährungsweise jenen ursprünglichen Naturzustand geprägt, so erscheint sie nun überraschenderweise als Nahrungsgrundlage des bürgerlichen Zeitalters. Ein Umstand, der jedoch nur auf den ersten Blick irritiert, denn jene scheinbare Ähnlichkeit kippt bei Rousseau im Zeichen der früheren blutrünstigen und männliche Krieger und Eroberer, die nun zu Königen werden, unvermittelt in eine anthropophagische und damit ultrakarnivore Lebensweise: Die karnivoren Menschenjagden, die dazu dienten, den anderen ihre Beute streitig zu machen, etablieren im Zeitalter der sich zuspitzenden Ungleichheit und Sklaverei eine kannibalische Esskultur, die unter Missachtung aller Reiseberichte über den sprichwörtlichen Kannibalismus der amerikanischen *Natives*, zur alleinigen Errungenschaft der zivilisierten Völker erklärt wird: „Nachdem man sie [die anderen Menschen; S.Z.] besiegt hatte", schreibt er über den Zustand der Jägergesellschaften, „fehlte nur noch, daß man sie auffraß. Dies zu tun, haben ihre Nachfolger erlernt."[120]

Michel de Montaigne, auf dessen Essay *Les cannibales* Rousseau nicht nur im *Discours sur l'inégalité* zurückgreift, hatte die Anthropophagie der amerikanischen *First Nations* noch als kriegerische Racheakt relativiert, indem er sie mit jenen europäischen Gepflogenheiten der öffentlichen Folter und Tortur ins Verhältnis setzte und gerade nicht als Ernährungsweise verstanden wissen wollte, wie es sie in den alten Zeiten bei den Skyth*innen gegeben habe.[121] Rousseau dagegen dramatisiert das Verhältnis zwischen den vermeintlich Zivilisierten und den zu „Wilden" stilisierten Nicht-Europäer*innen in zugespitzter Weise, wenn er unter der Herrschaft der Despoten und an ihren luxuriösen

---

119 Vgl. ders., „Versuch über den Ursprung der Sprachen, in dem", S. 189–194.
120 Ebd., S. 190.
121 Vgl. Montaigne, „Über die Menschenfresser", S. 324 f. Montaigne bezieht sich hier auf die Schilderung der Androphagen in Herodots *Historien* (IV 106), die dieser jedoch ausdrücklich von den Skythen, denen sie in Kleidung und Lebensweise glichen, unterschieden wissen wollte. Vgl. hierzu Reinhold Bichler, *Herodots Welt. Der Aufbau der Historie am Bild der fremden Länder und Völker*, Berlin 2000, S. 47.

Tafeln den Kannibalismus zu einer alltäglichen Ernährungsweise erklärt, die
selbst den Skyth*innen nicht bekannt war, die Rousseau zwar als Fleichesser*innen, aber explizit nicht als Anthropophag*innen schildert.[122] Den Kannibalismusvorwurf hatte allerdings bereits Plutarch – bei dem sich auch Montaigne
in seiner Schilderung der anthropophagen Praktiken der amerikanischen Indigenen bedient hatte – gegen die Üppigkeit und Schwelgerei der dekadenten
Zeitgenoss*innen gewendet, wenn auch, um den Fleischkonsum als solchen
zu verurteilen. „Nun überlege, welche Philosophen uns menschlicher machen", heißt es in der zweiten Abhandlung *Ueber das Fleischessen*, „diejenigen welche uns lehren unsre Kinder, Freunde, Eltern und Gattinnen als
Verstorbene zu verspeisen, oder Pythagoras und Empedokles, die uns gewöhnen auch gegen andere Gattungen lebender Wesen gerecht zu sein?"[123] So
sehr Rousseau die ganze Stoßrichtung der Plutarchschen Abhandlung abgeht,
die den Kannibalismus-Vorwurf mit der Pythagoreischen Idee der Seelenwanderung verknüpft und hierin den Ekel vor dem Fleischgenuss zu steigern
sucht, und er stattdessen die Speisen durch die Unterdrückung, den Hunger,
das Blut und den Schweiß der Armen ganz materiell kontaminiert sieht, die
Strategie der Zuspitzung des moralischen Vorwurfs und die Forcierung des
Ekels, der mit ihm einhergeht, ist demjenigen Plutarch durchaus nahe. Und
Plutarch war nicht der einzige antike Autor, der den Tafelluxus der reichen
Zeitgenoss*innen dem Kannibalismusvorwurf aussetzte. Bei Seneca, Plinius,
Casius Dio und Tertullian ist es etwa der reiche und luxuriös lebende Gefolgsmann des Augustus, P. Vedius Pollio, der in seiner Villa „Pausilypon" (zu
deutsch: „Ende des Leidens") bei Neapel als Bestrafung einen Sklaven, der ein
kostbares Glasgefäß zerbrochen hatte, in eine *piscina* mit Zuchtmurränen werfen lassen wollte.[124] Ein Fall, auf dessen anthropophagische Konnotation
Georg Forster 1789 in seiner abolitionistischen Kritik der Zuckerplantagen zurückgreifen wird.[125] Neben den Reiseberichten und ihren Verarbeitungen hielten die antiken Autoren hiermit ein ganzes Arsenal der Kritik an despotischer

---

122 Zu den Skythen als Fleischessern vgl. Rousseau, „Versuch über den Ursprung der Sprachen, in dem", S. 188.
123 Plutarch, „Ueber das Fleischessen II", in: *Moralia*, hrsg. v. Christian Wiese/Manuel Vogel,
2 Bde., Wiesbaden 2012, S. 660–664, hier S. 661f.
124 Vgl. Seneca, *De Ira* 3, 40, 2; *De Clementia* 1, 18, 2; Plinius, *Naturkunde* 9,77; Tertullian, *De
Pallio* 5, 6; Cassius Dio 54, 23, 1–6. Vgl. hierzu auch Konrad Vössing, *Mensa Regia. Das Bankett
beim hellenistischen König und beim römischen Kaiser*, München und Leipzig 2004, S. 322f.
125 Georg Forster, „Ueber Leckereyen", in: *Georg Forster Werke. Sämmtliche Schriften, Tagebücher, Briefe*, hrsg. v. Berlin-Brandenburgische Akademie der Wissenschaften, Bd. 8, Berlin
1958 ff. S. 164–181, hier S. 183f.

und luxuriöser Anthropophagie bereit, das Rousseau nur zu bereitwillig immer wieder ausschöpft, wenn es darum geht, den Genuss des Luxus und das Leben in den Metropolen in den grausamsten Farben zu malen. Vor diesem Szenario können selbst die barbarischen Fleischfresser*innen, die Plutarch angeklagt hatte, noch als human gelten. Dabei dient die Verknüpfung dieser ultrakarnivoren Lebensweise mit dem Ackerbau nicht zuletzt dazu, die frugivore Ernährungsweise der unteren Schichten und der Bauern und Bäuer*innen von der karnivoren der Reichen zu scheiden und hierin den ursprünglichen Gegensatz von glücklicher Homöostase und leidvoller Depravierung auf synchroner Ebene erneut aufzunehmen. Ganz in diesem Sinne greift Rousseau auch im *Émile* auf die Diskussion der natürlichen Ernährung zurück, die er im *Discours sur l'iégalité* und im *Essai sur l'origine des langues* entfaltet hatte, um sie nun im Hinblick auf die kulinarische Erziehung des Geschmackssinnes zu übertragen, der erneut eine zentrale Stellung einnimmt.

Soll das (männliche) Kind ausgehend von der Kultivierung des Körpers den Geist entwickeln und hierin entlang seiner natürlichen Begierden und Bedürfnisse geführt werden, so nimmt Rousseau das an der Notwendigkeit orientierte Leben der vermeintlichen „Wilden" und deren Schläue zum Maßstab, wenn er in der Erziehung des Knaben statt auf den Gehorsam allein auf die ausschlaggebende „Meinung seines Magens" setzt.[126] Insofern der Geschmackssinn völlig physisch und materiell sei, mische sich die Einbildungskraft, von der alle Entfernung vom Gleichgewicht zwischen Wunsch und Vermögen ausgehe, in ihn am wenigsten ein. Die Leidenschaften des Magens sind als Ausdruck der *amour de soi* der Eitelkeit und der Wollust, die mit der *amour propre* verknüpft werden, entschieden entgegengesetzt. Und so sehr Rousseau die *Gourmandise* bei den Erwachsenen als „Laster der leeren Herzen" kritisiert, „insofern die Seele des Feinschmeckers in seinem Gaumen" säße und jene „vierzigjährige[n] Kinder" in ihrer „stumpfsinnigen Unzulänglichkeit [...] nur bei Tisch am richtigen Platz" seien, so ist die *Gourmandise* doch gleichermaßen als „Leidenschaft der Kindheit" „das

---

126 Rousseau, *Emile*, S. 262 f. Wenn Rousseau auch die vermeintlich natürliche Ignoranz und Resignation des „Wilden" als Vorbild für den Weisen lobt, „der nur ins Auge fasst, was ihm notwendig erscheint", so macht er jedoch deutlich, dass eine solche Haltung unter der Maßgabe des Lebens in der Gesellschaft nicht mehr durchzuhalten ist: „Es besteht ein großer Unterschied zwischen dem natürlichen Menschen, der im Naturzustand lebt, und dem natürlichen Menschen, der in der Gesellschaft lebt. Émile ist kein Wilder, der in die Wüste geschickt werden müßte, er ist ein Wilder, geschaffen für das Leben in den Städten; so muß er dort das für ihn Lebensnotwendige zu finden wissen, sich ihre Einwohner zunutze machen und wenn nicht wie sie, doch wenigstens mit ihnen leben" (ebd., S. 430 f.).

geeignetste [und natürlichste] Mittel, Kinder zu erziehen", indem man sie „durch ihren Mund" lenkt.[127] Und ganz in diesem Sinne entwirft Rousseau auch konsequent die geistige Erziehung des Zöglings als „eine[] Experimentalphysik bezogen auf seine Erhaltung".[128] Der Übung des Geschmacks muss also unter allen körperlichen Übungen die größte Aufmerksamkeit zukommen; nicht zuletzt deshalb, weil in ihm das Subjekt mit der Einverleibung der Speisen die affektivste und innigste Beziehung zu den Dingen eingeht. Und genau an diesem heiklen Ausgangspunkt der Erziehung greift Rousseau auf die Frage nach dem natürlichen Geschmack und der mit ihm verknüpften Speisen zurück: Er bringt die phylogenetische Frage nach der ursprünglichen Ernährung auf der Ebene der Ontogenese erneut ins Spiel und überblendet beide.

So unterschiedlich der Geschmack nach Klima, Lebensweise und körperlicher Konstitution ausfalle, so sei es doch nicht einerlei, was die Kinder zu sich nähmen. Und frage man nach dem allgemeinen natürlichen Geschmack, der hier wie überall entscheidend sei, so stelle man fest, dass der Geschmack der Kinder gegenüber den Fleischgerichten gleichgültig sei, während ihre Vorliebe pflanzlicher Nahrung „wie zum Beispiel Milchspeisen, Gebäck, Obst usw." gelte. „Es ist vor allem wichtig", so Rousseau weiter, „diesen natürlichen Geschmack nicht zu verderben und die Kinder nicht vorzeitig zu Fleischessern zu machen, denn [...] es ist sicher, daß große Fleischesser im allgemeinen grausamer und blutrünstiger sind als andere Menschen".[129] Und er führt erneut eine Reihe von enthnographischen Daten und antiken Autoren ins Feld, um diese Behauptung zu stützen. Das Beispiel der persischen Gaur*innen und indischen Banian*innen – als „sanfteste aller Menschen" greift Rousseau mit Bezug auf Jean de Chardin ebenso auf, um die Wirkungen einer frugivoren Ernährungsweise zu belegen, wie die Schilderung der Lotophagen aus Homers *Odyssee*.[130] Auch die grausamen Gegenbilder sind schnell zur Hand: Die karnivoren Schreckensgestalten der Zyklopen werden genauso herangezogen, wie die grausamen „Wilden", „die in den Krieg ziehen, wie sie auf die Jagd gehen" und für die ein Mensch dasselbe sei wie ein Bär. Und noch der Umstand, dass in England die Metzger vom Amt der Geschworenen ausgeschlossen seien, belegt für Rousseau die Widernatur des Fleischkonsums, der, wie das Beispiel des mythischen Schwerverbrechers zeige, „der sich durch das Trinken von Blut für

---

127 Ebd., S. 328 f. Vgl. auch die ambivalenten Äußerungen zur eigenen *Gourmandise* in den *Confessions*: ders., *Bekenntnisse*, S. 75 f. Vgl. auch die Problematisierung der Esslust im Gespräch mit Boswell: Boswell, *Besuch bei Rousseau und Voltaire*, S. 84.
128 Rousseau, *Emile*, S. 275.
129 Rousseau, *Emile*, S. 331.
130 Homer, Odyssee, IX, 94 ff.

das Morden a[härte]", zu den größten Grausamkeiten führe.[131] Nicht zuletzt im Namen Plutarchs und mit einem langen Auszug aus seiner Abhandlung *Ueber das Fleischessen* wird Rousseau die grässlichen Mahlzeiten ausmalen, die erst die Verwandlungskunst der Küche und ihre Würztechniken erträglich machten, „damit der durch diese Verbrämung getäuschte Geschmackssinn nicht von sich stößt, was ihm fremd ist und mit Vergnügen Kadaver genießt, deren Anblick das Auge selbst kaum ertrug".[132]

Der Zusammenhang, den Plutarch hier zwischen dem Fleischessen und der Genese der Küche mit ihrer täuschenden Würzkunst stiftet, schlägt sich auch in Rousseaus Geschmacksdifferenz des Süßen und Scharfen beziehungsweise Pikanten nieder, die stets mit ihren spezifischen Geschmacksträgern assoziiert werden.[133] Wenn die barbarischen Nationen geborene Fleischfresser*innen sind, so entspricht ihnen ein Geschmack „von extremer Grobheit", den sie, wie er im *Discours sur l'inégalité* ausführt, „durch viel Pfeffer schärfen",[134] während der Geschmack der Frugivoren schon allein durch den Konsum der Früchte eine entschiedene Süße aufweise. Wie der Geschmack des Honigs, der Speisen der Götter und Gött*innen und der Früchte des Paradieses ist auch das glückliche Leben des Naturzustand ein wortwörtlich süßes Leben und noch die Tafel in Clarens – als Ideal einer mäßigen und naturgemäßen Ernährung – zeugt von den

---

131 Ebd., S. 331 f.

132 Ebd., S. 335. Die Differenz zwischen karnivorer und frugivorer Ernährungsweise schwingt ebenfalls bei jenem Geschmacks- und Charaktertest mit, dem Emile am Ende des *3. Buches* bei einem Diner der Reichen unterzogen wird und in dem der Zögling, unter der Frage des Notwendigen, zwischen den carnivoren, den fremdländischen und anthropophagen Speisen des luxuriösen Mahls, das Blut und Schweiß unzähliger Menschen voraussetze, und jenem ländlichen, lokalen Mahl der Bauern und Bäuer*innen mit Schwarzbrot, Landwein und guter Sahne wählen soll. Vgl. ebd., S. 401–404.

133 Das französische *piquant* macht die Koppelung von Gewürz und Gewalt umso plausibler, insofern es wörtlich genommen als ‚stechend', ‚spitz' und ‚stachelig' die Verbindung mit der Wunde und Verletzung aufrechterhält.

134 Rousseau, *Diskurs über die Ungleichheit/Discours sur l'inégalité*, S. 99. Die Kritik der Ragouts ist im 18. Jahrhundert entschieden mit ihrer Würze verknüpft, wie noch der Artikel der Encyclopédie zeigt: „fausse ou assaisonnement pour chatouiller ou exciter l'appétit, quand il est émoussé ou perdu" heißt es dort zum Begriff *Ragout (Cuisine)*. „RAGOUT, se dit aussi du mets même assaisonné; comme un plat de viande, de poisson, de légume, ou d'autres choses, dont on a fait une étuvée en le faisant cuire avec du lard, du sel, du poivre, des clous de girofle & autres épices" (Anonym, „Ragout", in: Denis Diderot/Jean le Rond d'Alembert (Hrsg.), *Encyclopédie, ou dictionnaire raisonné des sciences, des arts et des métiers, par une Société de Gens de lettres*, Bd. 13 (ARTFL Encyclopédie Project. Spring 2016 Edition, hrsg. v. Robert Morrissey und Glenn Roe), Chicago 2016, S. 957, url: https://artflsrv03.uchicago.edu/philologic4/encyclope die1117/navigate/13/3299/?byte=8165964 (besucht am 30. 03. 2019)).

„Süßigkeiten des Lebens",[135] die das Glück des Menschen ausmachen. In gleicher Weise ist der Geschmack der Kinder süß und man muss sie, will man sie nicht verderben, davon abhalten, einen Geschmack für das Scharfe und Pikante zu entwickeln.[136]

Und doch darf man über dieser grundlegenden Opposition nicht die abwägende Relationalität solcher Dichotomien bei Rousseau übersehen, denn, wenn es im 4. *Buch* des *Émile* um das Erwachen der *amour propre* und der Wollust geht, die den männlichen Zögling in alle gesellschaftlichen Abhängigkeiten zu stürzen drohen, ist die Jagd das probate Mittel, um das Erwachen solcher Gelüste aufzuschieben. Und auch in der *Nouvelle Heloise* wird das männliche Begehren nach „stark gewürzten Speisen", nach Fleisch und „geistigen Getränken" als für das tätige, arbeitsame Leben angemessen gewertet, das hier in einer kulinarischen und naturalisierten Differenz der Geschlechter dem unschuldigen und sanftmütigen der Frauen entgegengesetzt wird, die (wie die Kinder) mehr nach Milchkost und Zucker Verlangen hätten.[137] Es geht stets darum, die Relationen im Blick zu behalten, in denen die jeweilige Ernährung verortet und in Anschlag gebracht wird. Es gilt aber auch, wie er an anderer Stelle schreibt, „die Unterschiede [...] von dem Zustand her [...] [zu schätzen]; in dem sich ein jeder zuvor befand".[138] Und es gilt schließlich unter den gegebenen Umständen ebenso, die jeweiligen Folgen abzuschätzen und das größere vom geringeren Übel zu unterscheiden. So kann Rousseau trotz der Gefahren

---

135 Rousseau, *Julie oder Die Neue Héloise*, S. 569.

136 Nicht zuletzt die jahrhundertealten Tradition der Humoralpathologie hatte seit Galen den Geschmack der Süße der Kindheit und den der Schärfe dem Erwachsenenalter zugewiesen. Zum Verhältnis der Rousseauschen Speiseordnung zu dieser Tradition vgl. Ott, *Feinschmecker und Bücherfresser*, S. 145–147.

137 Rousseau, *Julie oder Die Neue Héloise*, S. 473. Gerade an der Diät Julies als Ideal einer weiblichen und gleichermaßen tugendsamen Diät werden noch einmal alle Register der anthropologischen Frage der Speiseordnung gezogen, wenn Saint-Pierre im 10. Brief des IV. Teils schreibt: „Ganz allgemein glaube ich, daß man oft einen Hinweis auf die Wesensart der Leute in der Wahl der Nahrungsmittel finden kann, die sie bevorzugen." Sie zeigt aber auch, wie flexibel die Grundopposition der Rousseauschen Speiseordnung – karnivor-frugivor – auf jeglichem Feld sozialer Beziehungen ihre Differenzierungsarbeit leistet. Wie der *homme naturel* vom barbarisch lebenden Menschen und *homme civilizé*, die Barbar*innen von den Hirt*innen, die Hirt*innen und Jäger*innen von den Ackerbauern und -bäuer*innen, die Reichen von den Armen und das Kind vom Erwachsen abgesetzt werden, so strukturiert sich auch die geschlechtliche Differenz. Denn Julie liebt „weder Fleisch noch Ragouts noch Salz und hat noch nie unvermischten Wein gekostet. Vortreffliche Gemüse, Eier, Rahm, Obst, darin besteht ihre gewöhnliche Nahrung; und wäre sie keine Liebhaberin von Fischen, so wäre sie des Pythagoras vollkommenste Schülerin" (Rousseau, *Julie oder Die Neue Héloise*, S. 473).

138 Ders., „Brief an Herrn D'Alembert", S. 392.

des Fleischkonsums die arkadische Ernährung, die Pausanias ebenso wie Plutarch anführen und die aus der Not des Hungers heraus neben Milch, Obst, Gemüse, Kräutern auch „ein wenig geröstetes Fleisch ohne Gewürz und ohne Salz" umfasste, als Festessen anpreisen, wenn es darum geht, den natürlichen Geschmack gegen dessen Raffinesse auszuspielen.[139]

Von hier aus ergibt sich zwischen den Extremen der Eicheldiät und der Anthropophagie ein Tableau und ein Spiel der Abstufungen zwischen Natur und Künstlichkeit, die sich je nach den Umständen und den Zielen ausdifferenzieren. So gelingt es Rousseau bei den Festessen im Apollosaal in Clarens ebenso wie bei jenem Gastmahl in Môtiers mit James Boswell, von dem zu Beginn die Rede war, die lokalen Fische, das Rinds- und Kalbsfleisch, den kalten Schweinebraten und das von den eigenen Leuten erlegte Wild an jene ursprüngliche und wilde Diät der Akadier*innen anzuschließen, insofern sie gegen die üppigen und aufwendigeren Speisen der Tafeln in den Metropolen und an den Höfen abgesetzt werden können. Dies gilt umso mehr, insofern Rousseau seinen Gast in Môtier im armenischen Ornat empfängt, das ihn, in jenem doppelten Spiel der Originalität, das er nicht nur in den *Confessions* entfaltet, sowohl als fremden Bewohner der eigenen Gesellschaft ausweist, als auch als ursprünglichen, orientalischen Weisen in den Bergen inszeniert, dessen Gastfreundschaft konsequent gegen die europäischen Gastmähler opponiert. Denn Armenien ist mit dem Berg Ararat nicht nur der Landungspunkt der Arche Noah, sondern im Quellgebiet von Euphrat und Tigris wird, seit dem einflussreichen Bibelkommentar Augustin Calmets, auch das vormalige Paradies und der *Jardin des Delice* verortet.[140] Zurückgezogen von der großen Welt sucht Rousseau an „jene[m] abgeschiedenen Ort" in den schweizerischen Bergen das Leben, die Kultur und die Liebe zu ihrem ursprünglichen Zustand zu bringen, zumindest als *Tableau vivant* und im Modus

---

139 Ders., *Emile*, S. 326.

140 Chakè Matossian, „Rousseau l'Arménien ou l'homme dans toute la vérité de sa nature", in: *La Revue générale* 150, 5/6 (2015), S. 44–53, hier S. 46 f. Vgl. auch Augustin Calmet, *Commentaire litteral sur tous les livres de l'ancien et du nouveau Testament*, 23 Bde., Paris 1707–1716, Bd. 1, S. 150 f. Wenn auch das irdische Paradies nicht mehr existiert, so gilt doch das nach-sintfluthliche Armenien, folgt man Nicolas-Antoine Boulangers Ausführungen im *Encyclopédie*-Artikel über die Sintflut oder auch Buffon in seiner *Histoire naturelle*, als überkommener Teil der Alten Welt, der keine nachhaltige Veränderung erfahren habe. Vgl. Nicolas-Antoine Boulanger, „Deluge", in: Denis Diderot/Jean le Rond d'Alembert (Hrsg.), *Encyclopédie, ou dictionnaire raisonné des sciences, des arts et des métiers, par une Société de Gens de lettres*, Bd. 4 (ARTFL Encyclopédie Project. Spring 2016 Edition, hrsg. v. Robert Morrissey und Glenn Roe), Chicago 2016, S. 795–803, url: https://artflsrv03.uchicago.edu/philologic4/encyclopedie1117/navigate/4/3967/?byte=8877823 (besucht am 30. 03. 2019), hier S. 800 sowie *Buffon, Allgemeine Naturgeschichte, S. 130.*

des ‚als ob'. Ein Zustand, von dem er im *Émile* schreibt, dass er es vermöge die Entrechteten und ihr Land zu beleben, erneut fruchtbar zu machen und „die Arbeit in Feste" zu verwandeln:

> Das goldene Zeitalter wird wie ein Phantasiegebilde betrachtet und für den, der ein verdorbenes Herz und einen verdorbenen Geschmack hat, wird es immer eines bleiben. Es ist nicht mal wahr, daß man es zurücksehnt, denn solche Sehnsucht ist immer vergebens. Was brauchte es also, um es wiedererstehen zu lassen? nur eines, etwas Unmögliches, nämlich es zu lieben.[141]

Das goldene Zeitalter ist das utopische Versprechen, das sich mit der unmöglichen Möglichkeit verknüpft, ein Mensch mit reinem Herz und gutem Geschmack zu werden, getrieben durch die Liebe zur eigenen Natur und die Gegnerschaft zu den gesellschaftlichen Lastern. Das schlichte armenische Kostüm verkörpert hierin ebenso wie die einfache, frugale Tafel, ganz analog zu den einleitenden Sätzen der *Confessions*, den Versuch, den Menschen und hierin Rousseau „in aller Wahrheit der Natur" zu zeigen[142] ebenso wie den Versuch sich als verstoßenen Philosophen und „wilden Zivilisierten" zu inszenieren, der als fremder Weiser den Zeitgenoss*innen gegenübertritt, um ihnen „das Beispiel eines Lebens [...] zu gebe[n], das sie alle führen sollten".[143]

5.4 *Le petit déjeuner*, oder das Scheitern des süßen Lebens

Der natürliche Geschmack ist stets der, der unter den gegebenen Umständen dem idealen Naturzustand näher kommt und der die individuelle Abhängigkeit und die Ungleichheit ebenso wie die Gewalt und die Eitelkeit soweit als möglich reduziert. Diese mehr oder weniger große Nähe zum glücklichen Naturzustand und ihr kontrastiver Abstand zu den ‚zivilisierten' Gepflogenheiten der eigenen Gegenwart, lassen die Jäger*innen- und Hirt*innengesellschaften, die amerikanischen *First Nations* ebenso wie die bäuerliche Kultur in den Augen Rousseaus zu Orientierungspunkten für die weise Kultivierung oder besser: Naturalisierung seiner selbst werden. Im gleichen Maße, in dem die römisch-antiken Gastrokritiker die einfache Ernährung und die Bedürfnislosigkeit der Vorfahr*innen zur genealogischen Kontrastfolie stilisiert hatten, vor der sich die zeitgenössischen Übel des Luxus manifestierten, lässt sich die

---

141 Rousseau, *Emile*, S. 943.
142 Ders., *Bekenntnisse*, S. 37.
143 Ders., *Ich sah eine andere Welt*, S. 136.

Esslust der Gegenwart und ihre Auswirkungen im Namen der vermeintlichen „Wilden" und „Barbar*innen", der Bauern und Bäuer*innen, wenn nicht der Alten selbst problematisieren.[144] Unter den Vorzeichen einer vergleichenden Ethnologie und unter materialistischen Gesichtspunkten greift Rousseau somit in transformatorischer Weise auf das umfassende Reservoir der Schriften der römisch-antiken Luxuskritik zurück, und hier insbesondere auf jene Schriften Plutarchs, die den Luxus, den Überfluss und die Überfüllung des Magens mit dem Fleischessen verknüpft und dieses gegen die einfache agrarische und frugale Ernährung abgesetzt hatten. So sehr auch Rousseau die Überfüllung des Magens und die damit einhergehende Gastro-Logik der Antike der Frage des natürlichen Geschmacks unterordnet, ebenso wie er die anthropologischen, die ethischen und politischen Grundlagen der Kritik fundamental verschiebt, so konstant erweist sich doch die Speisenordnung, mit der er die Einverleibung der Ungleichheit, des Unglücks und des Leids der Menschen (wie der Tiere) verknüpft. Die Charakterisierung des Luxus bleibt bei Rousseau grundlegend dem Luxus der römischen Küche treu, der sich vor allem durch jene exotischen Fische ausgezeichnet hatte, die den Villenbesitzern am Golf von Neapel den Spottnamen ‚Pisciniis' einbrachten, ebenso wie durch das Fleisch aus den Wildgehegen und der Geflügelzucht. Die antiken Texte grundieren damit bei Rousseau eine kulinarische Kritik, bei der man die Frage stellen muss, inwieweit sie der Gegenwart des 18. Jahrhunderts noch angemessen war.

Auf den ersten Blick ist Rousseaus Kritik dabei keinesfalls abwegig, war doch seit dem Mittelalter und insbesondere seit dem Ende des 16. Jahrhunderts der Fleischkonsum ein Luxus, den sich vor allem die Oberschichten schmecken ließen.[145] Durch die Kriege und der damit einhergehenden Verheerungen der Rinderherden, aber auch aufgrund des Ausgreifens des Weizenanbaus, das die Herdenhaltung in der Folge beschränken musste, sowie durch das Bevölkerungswachstum, das Sinken der Reallöhne und die dichtere Bebauung der Städte, die eine Tierhaltung unmöglich machten, hatte der Fleischverbrauch in den unteren Schichten im gleichen Maße abgenommen, wie das tägliche

---

144 Zu Rousseaus explizitem Anschluss an das römisch-antike Paradigma der Idealisierung des Landlebens vgl. unter anderem etwa Jean-Jacques Rousseau, *Du contrat social ou Principes du droit politique / Vom Gesellschaftsvertrag oder Grundsätze des Staatsrechts. Französisch/ Deutsch.* In Zusammenarbeit m. Eva Pietzcker übers. und hrsg. v. Hans Brockard, Stuttgart 2010, S. 251.
145 Fernand Braudel, *Sozialgeschichte des 15.–18. Jahrhunderts. Der Alltag.* Übers. v. Siglinde Summerer, Gerda Kurz und Günter Seib, München 1985, S. 197–210.

Brot zum monotonen Grundbestandteil der Ernährung wurde.[146] Während der König und die vornehmen Häuser sich zu horrenden Preisen mit dem Besten an Fleisch, Fisch und Wildbret eindeckten, mussten sich die unteren Schichten mit den minderwertigen Stücken begnügen, wenn sie sich diese überhaupt leisten konnten, denn diese wurden, wie Braudel bemerkt, „als ,Ausschuß' [oft] teurer verkauft, als die Spitzenqualität der Reichen".[147] So überzeugend vor diesem Hintergrund eine Kritik erscheinen muss, die die subkutane und indirekte „Anthropophagie" einer Esskultur anprangert, die die Armen in den Straßen der Städte und auf dem Land hungern ließ, während die Feinschmecker*innen die Errungenschaften der französischen Küche feierten, so muss doch gleichermaßen bemerkt werden, dass die Innovationen der neueren Küche, neben neuen Zubereitungsarten von Fleisch, die darauf zielten, deren Eigengeschmack zu erhalten, auch den vermehrten Gebrauch einer Vielzahl neuer Gemüsesorten betrafen. Die Küchenmeister setzten damit jene frugalen Produkte auf den Speisezettel der weltlichen Oberschichten, deren Konsum im Mittelalter noch vornehmlich asketische Züge trug und die dementsprechend vor allem die Klostergärten bereicherten, wenn sie nicht erst, wie Tomaten und grüne Bohnen, als neue und fremde Nahrungsmittel in Europa eingeführt wurden. Vor allem aber exotische Früchte, wie die Ananas, wurden zu wahren Herrschaftssymbolen und zu seltenen und kostbaren Leckereien, die durch die langen Transportwege kaum konsumierbar in teuren Gewächshäusern gezogen werden mussten. Und es ist nicht schwer zu zeigen, dass die Wertschätzung, die das fremdländische Obst bei den neuzeitlichen Oberschichten genoss, mit der gleichen Überlieferungtradition verknüpft war, auf die auch Rousseau zurückgreift: Die Süße des Irdischen Paradieses und des Gartens der Genüsse manifestierte sich bereits um 1600 im unverfälschten Geschmacks der wilden, amerikanischen Früchte, über die Montaigne schreibt, dass sie selbst von jenen verdorbenen Geschmäckern der Zeitgenoss*innen im Vergleich mit den einheimischen Früchten als „außerordentlich aromatisch und delikat" wahrgenommen wurden.[148] „Das Obst schafft", wie Massimo Montanari hervorgehoben hat, in der unentwirrbaren Überkreuzung von Kultur, Macht, Phantasie und Realität „ein ,Image', sei es, weil es teuer und schwer zu beschaffen ist, sei es, weil die wissenschaftlichen Koordinaten jener Kultur ihm eine ,hohe' hierarchische Stellung innerhalb der Pflanzenwelt zuteilen."[149] Wenn auch die Kritik an der

---

146 Vgl. Massimo Montanari, *Der Hunger und der Überfluß. Kulturgeschichte der Ernährung in Europa*. Übers. v. Matthias Rawert, München 1999, S. 126–130.
147 Braudel, *Sozialgeschichte des 15.–18. Jahrhunderts*, S. 211.
148 Montaigne, „Über die Menschenfresser", S. 319.
149 Montanari, *Der Hunger und der Überfluß*, S. 111.

Zirkulation der fremden Speisen, die Rousseau gegen solche exotischen Genüsse anführt, ihren Punkt nicht verfehlt, so greift doch unabhängig davon die Dichotomie zwischen frugivorer und karnivorer Diät als schlagkräftige Grundlage einer Luxuskritik entschieden zu kurz.

Fragwürdig bleibt darüber hinaus auch die alleinige Anklage des Pikanten und das umgekehrte Lob des Süßen als Geschmack des süßen Lebens der Natur, die Rousseau an diese Grundunterscheidung anschließt. Zwar feierten die *Dons de Comus* den harmonischen, pikanten Geschmack der *cuisine moderne*, aber bereits La Varenne hatte ein Jahrhundert vor Rousseau das übermäßige Würzen der Speisen verspottet und seine küchenhistorische Innovationen mit dem Lob des „vrai goût" der unverfälschten Zutaten verbunden. Auch Nicolas Boileau propagierte zur gleichen Zeit in klassizistischer Manier das Lob der einfachen, unverfälschten Ästhetik der Speisen, wenn er in *Le repas ridicule* den universellen Einsatz der Muskatnuss anprangerte.[150] Und in Italien plädierte Antonio Latini, der Koch des Kardinalnepoten Antonio Barberini, in seinem *Lo scalco alla moderna* (1692–94) für eine Ersetzung der fremdländischen Gewürze durch einheimische Kräuter wie Thymian und Petersilie, während Bartholomeo Stefani in seinem *L'arte di ben cucinare* von 1662 immerhin zu einem mäßigen Gebrauch der Gewürze aufgerufen hatte.[151] Just zu einem Zeitpunkt also, als in Folge der Kap-Umrundung Vasco da Gamas im 16. Jahrhundert und des darauffolgenden sprunghaften Anstiegs der Pfefferimporte in Europa die Preise für die exotischen Würzen zu sinken begannen und die Konsument*innenschicht sich massiv verbreiterte, verloren die scharfen und pikanten Gewürze an Prestige. Spätestens gegen Ende des 17. Jahrhunderts waren die fremdländischen Spezereien, die noch im Mittelalter von den Freuden des Irdischen Paradieses gekündet hatten, kein Zeichen des ausgesprochenen Luxus und Reichtums mehr. Und in den 30er Jahren des 18. Jahrhunderts büßten der Pfeffer und die Gewürze endgültig ihre marktbeherrschende Stellung ein.[152] Wenn man auch veranschlagen kann, dass Gewürze trotz allem für viele und insbesondere die unteren Schichten nur in Maßen erschwinglich blieben, bewegt sich die Verve, mit der Rousseau noch in den 60er Jahren des 18. Jahrhunderts die pikanten Speisen anklagt, eher auf einer Linie mit der *cuisine moderne* als gegen sie. Gerade hierin muss sie jedoch als grundlegende Kritik an dieser hinter ihrem eigenen Anspruch zurückbleiben.

---

150 Vgl. Paul Freedman, *Out of the East. Spices and the Medieval Imagination*, New Haven und London 2008, S. 217.
151 Ebd., S. 217 f.
152 1778/80 machte der Pfeffer nur noch 11 Prozent des Umsatzes der Oost India Companie in Amsterdam aus, die seit dem 17. Jahrhundert den internationalen Gewürzhandel dominierte (Vgl. Braudel, *Sozialgeschichte des 15.–18. Jahrhunderts*, S. 234).

Insbesondere aber Rousseaus Charakterisierung der Süße des Zuckers als gegenläufiges „Sinnbild der Unschuld und den Sanftmut" macht die ganze Unzulänglichkeit seiner Speisen- und Geschmacksordnung deutlich. Denn es gab wohl kaum ein Luxus-Produkt des 18. Jahrhunderts, das in dem Maße mit kolonialen Abhängigkeiten, Gewalt, Ungleichheit und Sklaverei belastet war, als der Zucker. Und doch führt der zuckersüße Genuss, der historisch denjenigen des Honigs und seine antike wie christliche Mythologie beerbt, bei Rousseau die systematische Reihe von kleinen Mahlzeiten ein, in denen er jene Gemeinschaft der Herzen verwirklicht sieht, die die Unschuld, die Unverstelltheit und die glückliche Harmonie des natürlichen Menschen restituieren soll.

Das süße Leben konkretisiert sich etwa in den intimen Zwischenmahlzeiten des *Gynäceums* Julies, in denen Milchspeisen und Backwaren genossen werden, die – wie die Waffeln, die *Échaudés*, ein Gebäck aus Mehl, Eiern und Butter, sowie die *Merveilles* oder Fastnachtsküchli – allesamt mit Zucker zubereitet oder bestreut serviert wurden und die, wie Rousseau betont, „ganz nach dem Geschmack der Frauen und Kinder" seien, die Milchkost und Zucker präferierten. Auch Émiles Erziehung kommt an so gut wie keiner Stelle ohne die süßen *Brioche* aus, die als Ansporn und Lohn für die Übungen des Körpers und des Geistes herangezogen werden.[153] Und noch Émiles Hierarchisierung der einzelnen Handwerke nach ihrer Nützlichkeit macht die Verbindung von Zucker und süßem Gebäck mehr als deutlich: „vor allem ist ein Pâttisier in seinen Augen ein sehr bedeutender Mann, und er gäbe die ganze naturwissenschaftliche Akademie für den bescheidensten Confiseur in der Rue de Lombardes" in Paris.[154] In der Rue des Lobardes war damit genau jene Berufsgruppe versammelt, die wie keine zweite ihre Existenz dem Aufschwung der Zuckerimporte aus den Kolonien verdankte und neben Gebäck, Torten, Marzipan und Konfekt auch Konfitüren, kandiertes Obst und Säfte im Angebot hatte, ebenso wie die sogenannten *entremets* oder *subtleties*, kunstvoller und konsumierbarer Tischschmuck aus Zucker.[155]

---

153 Nicht nur Rousseau bringt dabei das Gebäck, für das er selbst, wie aus den *Confessions* deutlich wird, eine ausgemachte Schwäche besaß, stets mit der Süße des Zuckers in Zusammenhang, auch in Menons *La science du maître d'hôtel cuisinier* von 1749 führt das Kapitel *De la Patisserie* die Rezepte des Teigs für *Échaudés* und *Brioche* explizit unter der Überschrift *Du Sucre* auf. Vgl. Menon, *La science du maître d'hôtel cuisinier. Avec des observations sur la connaissance & propriétés des alimens*, Paris 1749, S. 337–341.
154 Rousseau, *Emile*, S. 395; leicht verändert.
155 Vgl. hierzu Sidney Mintz, *Die süße Macht. Kulturgeschichte des Zuckers.* Übers. v. Hanne Herkommer, mit einem aktuellen Nachwort des Autors, Frankfurt am Main und New York ²2007, S. 119–125. Die *Encyclopédie* bestimmt die Confiserie als „l'art de faire des confitures de toutes les especes, & plusieurs autres ouvrages en sucre, comme biscuits, massepains, macarons, &c." (Anonym, „Confiserie", in: Denis Diderot/Jean le Rond d'Alembert (Hrsg.),

Aber nicht nur im Kontext der Vorliebe für das süße Gebäck und Naschwerk spielt der Zucker als Zutat zum süßen Leben bei Rousseau eine wichtige Rolle, auch im Kontext des Konsums der weit hergeholten neuen und exotischen Heißgetränke, wie Tee und Kaffee, kommt sein süßer Geschmack zum Tragen. Bereits John Chamberlayn bemerkte 1685 in seiner Abhandlung über *The Manner of Making Coffee, Tea and Chocolate*, dass man diese Getränke mit Zucker versetzt zu sich nehme.[156] Und insbesondere beim *petit déjeuner*, das im 18. Jahrhundert zum Inbegriff der intimen Mahlzeit aufstieg, löste seit dem 17. Jahrhundert nach und nach jener Verzehr von Schokolade, Tee und Kaffee sowie der Genuss von Konfitüren denjenigen von Milch und Bouillon ab.[157] „Unser Frühstück bestand für gewöhnlich aus Kaffee und Milch", schreibt Rousseau in den *Confessions* über die intimen kleinen Mahlzeiten mit Madame de Warens in Charmettes.

> Um diese Tageszeit waren wir am ungestörtesten und konnten am ungezwungensten miteinander plaudern. Dieses meistens sehr ausgedehnte Beieinandersein hat mir wohl mein lebhaftes Gefallen am Frühstücken eingegeben, und so ziehe ich denn auch den englischen und schweizerischen Brauch, bei dem das Frühstück eine wirkliche Mahlzeit ist, zu der alle zusammenkommen, dem französischen Brauche bei weitem vor, wo jeder allein in seinem Zimmer oder meistens überhaupt nicht frühstückt.[158]

Das *petit déjeuner* mit Tee und Kaffee ist bei Rousseau „das eigentliche Mahl der Freunde",[159] das eine Intimität der Wahrhaftigkeit verspricht:

> die Bedienten sind davon ausgeschlossen; lästige Besucher treten nicht in Erscheinung; man sagt dabei alles, was man denkt; man kann sich ohne Unbesonnenheit den Annehmlichkeiten der Freimütigkeit und der Vertrautheit überlassen. Dies ist fast der einzige Augenblick, das, es erlaubt ist, ganz das zu sein, was man ist.[160]

Encyclopédie, ou dictionnaire raisonné des sciences, des arts et des métiers, par une Société de Gens de lettres, Bd. 3 (ARTFL Encyclopédie Project. Spring 2016 Edition, hrsg. v. Robert Morrissey und Glenn Roe), Chicago 2016, S. 855, url: https://artflsrv03.uchicago.edu/philologic4/encyclopedie1117/navigate/3/3834/?byte=9332495 (besucht am 30. 03. 2019)).

156 John Chamberlayn, *The Manner of Making Coffee, Tea and Chocolate*, London 1685. Vgl. auch Mintz, *Die süße Macht*, S. 140; sowie Woodruff D. Smith, „Complications of the Commonplace. Tea, Sugar, and Imperialism", in: Jeffrey M. Pilcher (Hrsg.), *Food History. Critical and Primary Sources*, Bd. 3: Global Contact and Early Industrialization, London u. a. 2014, S. 419–435.

157 Caroline Le Mao, „Les nouvelles habitudes alimentaires à Bordeaux à l'aube du siècle des Lumières", in: Annie Hubert/Michel Figeac (Hrsg.), *La Table et les Ports. Cuisine et société à Bordeaux et dans les villes portuaires*, Bordeaux 2006, S. 27–42, hier S. 27.

158 Rousseau, *Bekenntnisse*, S. 342.

159 Ders., *Julie oder Die Neue Héloise*, S. 509.

160 Ebd.

Die Serie des morgendlichen Heißgetränkekonsums zieht sich durch die *Confessions* ebenso wie durch die *Nouvelle Heloise*: Sind es dort die intimen Frühstückszeiten ebenso wie der Mittagskaffee mit Madame de Warens oder der vertraute Milchkaffee in der Eremitage in Montmorency mit Therese Levasseur, so genießen die Protagonist*innen der *Nouvelle Heloise* beim englischen und schweizerischen Frühstück ihren gesüßten Tee:[161] Herr Wolmar, Julie und Saint Preux in der „Süßigkeit der Einkehr" in das eigene Innerste vereint, so präsentiert der *3. Brief* des *V. Teils* der *Nouvelle Heloise* die morgendliche Zusammenkunft. „Die Gäste der letzten Tage sind abgereist und die nichtigen Gespräche sind vorbei", schreibt Saint Preux erleichtert an Mylord Eduarden.[162] Die morgendlichen Stunden beim Tee sind nun stattdessen eine Zeit der Entrückung „die tausendmal *süßer* [Herv. S.Z.] ist als die kalte Ruhe der epikureischen Götter".[163] Eine intime Szene, die erst durch den Eintritt der Kinder und ihrer Gouvernante Henriette beendet wird, deren Erscheinen zwischen Tee und Handarbeit dafür ein Gespräch über die naturgemäße Erziehung der Kinder entspinnen lässt. Die ethische Sorge um sich und um die Anderen, die im *Émile* entfaltet wird, wird hier in ihren Grundzügen bei einer Tasse Tee entworfen und spätestens der Kupferstich, den Rousseau zu diesem „Morgen nach englischer Art" von Gotthilf Leibrecht Crusius nach Vorlagen des gefragten Illustrators Hubert-François Gravelot anfertigen lässt, macht deutlich, dass hier erneut der Zucker seine Rolle spielt und damit in einen unmittelbaren Zusammenhang sowohl mit der „süßen" Intimität der Tischgesellschaft als auch mit den Fragen des naturgemäßen Lebens gestellt wird: (Abb. 5.1) „Ein Salon; sieben Figuren", heißt es in den Anweisungen für den Illustrator. „Im Hintergrund zur Linken ein Teetisch, der mit drei Teeschälchen, dem Teekännchen, der Zuckerschale [...] vollgestellt ist."[164]

Der Zucker ist also bei Rousseau kontinuierlich die Zutat, wenn nicht die geschmackliche Grundlage des süßen Lebens. Ein Umstand, der umso frappierender ist, als gerade der Zucker der erste Artikel ist, den Jean-François Melon 1734 in seinem *Essai politique sur le commerce*, gegen den Rousseau erklärtermaßen mit seiner Luxuskritik anschreibt, noch vor der Seide, dem Kaffee und Tabak anführt, wenn er die neuen zeitgenössischen Luxusartikel aufzählt.[165] Ja mehr

---

161 Zur Serie dieser kleinen Mahlzeiten bei Rousseau vgl. Bonnet, „Le Système de la Cuisine et du Repas", S. 131 ff.
162 Rousseau, *Julie oder Die Neue Héloise*, S. 584 f.
163 Ebd., S. 586.
164 Rousseau, *Julie oder Die Neue Héloise*, S. 888.
165 Vgl. Jean-François Melon, *Essai politique sur le commerce. Par Monsieur ****, Amsterdam 1735, S. 124 sowie 104.

Abb. 5.1: Gotthilf L. Cruisus (nach Hubert-François Gravelot), „Der Morgen auf englische Art"
(Teil V, 3. Brief), Kupferstich, 1761.

noch: Wenn Melon im Anschluss an Mandevilles *The Fable of Bees*[166] den Luxus nicht nur mit dem Argument zu rehabilitieren suchte, dass er den Armen Arbeit und Brot verschaffe, sondern sogar soweit ging, die Sklaverei in den Kolonien, der die europäischen Konsument*innen die neuen Produkte und insbesondere den Zucker verdankten, unter der Maßgabe des *Code Noir* zu rechtfertigen und in ihr keinen Verstoß gegen die Moral oder die Religion zu sehen, so muss die durchweg unkritische Rolle, die der Zucker bei Rousseau für das süße Leben spielt, mehr als überraschen. „Die Kolonien sind notwendig für die Nation & und die Sklaven sind notwendig für die Kolonien",[167] so lautet die auf die französische Zucker-Plantagenwirtschaft in den überseeischen Besitzungen gemünzte, einfache wirtschaftspolitische Formel, mit der Melon die Forderung nach der Gleichheit unter den Menschen, für die Rousseau doch so vehement eintritt, als eine Chimäre abtut, „die kaum eine ideale Republik hervorbringen kann".[168]

Wie lässt sich das Schweigen gegenüber den Gräuel der Sklaverei in den Kolonien und der damit einhergehende unkritische Genuss des Zuckers bei Rousseau erklären; ein Genuss, der nicht erst bei den Abolitionist*innen gegen Ende des Jahrhunderts regelrechte Übelkeit hervorrief und gegen den etwa in England mit Aufrufen zu Boykott-Kampagnen vorgegangen wurde, die gerade im Anschluss an Rousseaus Kritik die anthropophage Logik des kolonialen Luxuskonsums hervorhoben?[169] Man vergegenwärtige sich etwa jene bis auf die Unze Blut bestimmte mörderische Gewalt der Sklaverei, die eines der erfolgreichsten Pamphlete der englischen Abolitionist*innen von 1792, dessen Autor wohl William Fox gewesen sein dürfte, in einer fundamentalen Kritik dem Zuckerkonsums anlastet:

---

166 Bernard Mandeville, *The Fable of the Bees. Or, Private Vices, Publick Benefits*. With a Commentary Critical, Historical, and Explanatory von F. B. Kaye, 2 Bde., Oxford ²1957.
167 Melon, *Essai politique sur le commerce*, S. 61. Meine Übersetzung, im Original französisch: „Les Colonies sont nécessaires à la Nation, & les Esclaves sont nécessaires aux Colonies."
168 Ebd., S. 60. Meine Übersetzung, im Original französisch: „que peut à peine enfanter une République idéale".
169 Wie sehr Rousseau entgegen diesem Befund und gegen sein eigenes Schweigen geradezu zum Stichwortgeber der Abolitionist*innen wurde, zeigt sich etwa bei John Bicknell und Thomas Day, die ihr Gedicht *The Dying Negro* von 1773, das Marcus Wood als „the first significant piece of verse propaganda directed explicitly against the English slave systems" bezeichnet hat (Marcus Wood (Hrsg.), *The Poetry of Slavery. An Anglo-American Anthology 1764–1866*, Oxford 2003, S. 36), Jean-Jacques Rousseau als Verteidiger der „rights of human nature" zueigneten (John Bicknell/Thomas Day, *The Dying Negro. A Poem*. The Third Edition, Corrected and Enlarged, London 1775, S. iv).

A family that uses only 5 lb. of sugar per week, with the proportion of rum, will, by abstaining from the consumption 21 months, prevent the slavery or murder of one fellow-creature; eight such families in 19 ½ years, prevent the slavery or murder of 100, and 38,000 would totally prevent the Slave-Trade to fupply our islands. Nay, so necessarily connected are our consumption of the commodity, and the misery resulting from it, that in every pound of sugar used, the produce of slaves imported from Africa, we may be considered as consuming two ounces of human flesh, besides destroying an alarming number of seamen by the Slave-Trade, and spreading inconceivable anguish, terror and dismay, through an immense continent, by the burning of their villages, tearing parents from their families, and children from their parents; breaking every bond of society, and destroying every force of human happiness. A French writer observes, ‚That he cannot look on a piece of sugar, without conceiving it stained with spots cf human blood:‘ and Dr. Franklin adds, that had he taken in all the consequences, ‚he might have seen the sugar not merely spotted, but thoroughly dyed scarlet in grain‘.[170]

Auch Rousseaus Freunde Denis Diderot und Guillaume Raynal hatten in ihrer *Histoire philosophique et politique des établissements et du commerce des Européens dans les deux indes* (1770) und gerade im Rückgriff auf Rousseaus Luxuskritik die Frage gestellt, ob das wahre Glück „den Genuß der Dinge, die wir soweit herholen", erfordere und die Menschen auf immer dazu verdammt seien, „einen so erkünstelten Geschmack zu haben".[171] Im Gegensatz zu Rousseau hatten sie jedoch im Anschluss mehr als deutlich den mit den Pflanzungen verbundenen Menschenhandel und die Lebensbedingungen der schwarzen Sklav*innen angeprangert[172] und waren sogar soweit gegangen, die Freilassung aller Sklav*innen zu fordern, diesen den bewaffneten Aufstand anzuraten und zur Loslösung der Kolonien von ihren Mutterländern aufzurufen.[173] Auch der Freund und Anhänger Rousseaus Bernadin de Saint-Pierre hatte 1773 in seiner *Voyage à l'Isle de France* den Genuss von Kaffee und Zucker, insbesondere bei jenen intimen *petit déjeuners*, deren Lob Rousseau in seinen Schriften unentwegt singt, mit Blick auf die Gräuel der atlantischen Sklaverei und die amerikanischen Kolonien für bedenklich gehalten:

---

170 William Fox, *An Adress to the People of Great Britain. On the Propriety od Abstaining from West India Sugar and Rum*, London [10]1792, S. 4 f.
171 Guillaume Raynal/Denis Diderot, *Die Geschichte beider Indien.* Übers. v. Johann Martin Abele, ausgewählt und erläutert v. Hans-Jürgen Lüsebrink, Frankfurt am Main 2013, S. 186.
172 Vgl. ebd., S. 192–234.
173 Ebd., S. 286 ff.. Vgl. auch Hans-Jürgen Losebrink in seinem entsprechenden Nachwort: ebd., S. 343.

Ich weiß nicht, ob Kaffee & Zucker notwendig für die Glückseligkeit Europas sind, aber ich weiß, dass diese beiden Pflanzen für das Verderben zweier Weltteile verantwortlich sind. Wir haben Amerika entvölkert, um Land zu haben, auf dem wir sie anbauen: Wir haben Afrika entvölkert, um eine Nation zu haben, die sie anbaut.[174]

Diese schönen Farben von Rosa und Feuer, in die sich unsere Damen kleiden, die Baumwolle, die sie als Röcke tragen, der Zucker, der Kaffee, die Schokolade zum Mittagessen, das Rot mit dem sie ihre Blässe und Unschuld hervorheben; all dies wird von der Hand der unglücklichen Schwarzen für sie hergestellt. Empfindsame Frauen, ihr solltet über die Tragödien weinen, denn was unserem Vergnügen nützlich ist, ist durchnässt von Tränen und gefärbt mit Menschenblut![175]

Selbst noch ein Verteidiger des Luxus wie Voltaire, der sein Vermögen vornehmlich der Spekulation auf die Unternehmungen des atlantischen Sklavenhandels verdankte, hatte in seinem *Candide* einen schwarzen Sklaven in Niederländisch-Guayana, dessen Wirtschaft im 18. Jahrhundert vor allem durch den Anbau von Zuckerrohr, Kaffee, Baumwolle und Kakao florierte, die gewalttätigen Produktionsbedingungen des süßen Genussmittels anklagen lassen:

Wenn wir in den Zuckerfabriken arbeiten und die Mühle uns am Finger erwischt, hackt man uns die Hand ab; wenn wir fliehen wollen, schneidet man uns das Bein ab. Bei mir war beides der Fall. Das ist der Preis für den Zucker, den ihr in Europa eßt.[176]

Nun ist es nicht so, dass Rousseau die schwarze Sklaverei in den Kolonien und die Gräuel der Plantagenwirtschaft vollständig ignorierte. In seiner *Letzten[n] Antwort an Bordes* findet sich etwa eine dezidierte Anklage der Verderbnis des „bon nègre", wenn er eine Schließung der Grenzen gegen die kolonisierenden und Sklav*innen-handelnden Europäer*innen fordert:

---

174 Jacques-Henri Bernardin de Saint-Pierre, *Voyage à l'isle de France. À l'isle de Bourbon, au cap de Bonne-Espérance etc. Avec des observations nouvelles sur la nature & sur les hommes*, Neuchâtel 1773, S. 141. Meine Übersetzung, im Original französisch: „Je ne sais pas si le cáfe & le sucre sont nécessaires au bonheur de l'Europe, mais je sais bien que ces deux végétaux ont fait le malheur de deux parties du monde. On a dépeuplé l'Amerique, a afin d'avoir une terre pour les planter: on dépeuple l'Afrique, afin d'avoir une nation pour les cultiver."
175 Ebd., S. 144. Meine Übersetzung, im Original französisch: „Ces belles couleurs de rose & de feu, dont s'habillent nos dames, le coton dont elles oüattent leur jupes, le sucre, le café, le chocolat de leur dêjeuner, le rouge dont elles relevent leur blancheur; la main des malheureux noirs a préparé tout cela pour elles. Femmes sensibles, vous pleureuz aux tragédies, & ce qui sert à vos plaisirs est mouillé des pleurs& teint du sang des hommes!"
176 François-Marie Arouet de Voltaire, *Candide. oder Der Optimismus*. Übers. v. Jürgen von Stackelberg, Frankfurt am Main und Leipzig 2007, S. 71. Zu Voltaires ambivalenten Verhältnis zur Sklaverei vgl. etwa Christopher L. Miller, *The French Atlantic Triangle. Literature and Culture of the Slave Trade*, Durham und London 2008, S. 71–77.

> Wäre ich Herr einer Völkerschaft in Nigritien, so erklärte ich öffentlich, daß ich an den
> Grenzen meines Landes Galgen errichten ließe, woran ich jeden Europäer, der in das
> Land käme, und jeden Einwohner, der aus dem Lande wollte, ohne Gnade aufhängen
> ließe.[177]

Rousseau setzt hier das Verderbnis, das aus dem Einzug der Laster des Luxus
resultiert, zumindest mittelbar mit der Gewalt des Sklav*innenhandels in Beziehung. Wenige Zeilen später betont er, dass die „Gifte und Ungeheuer", die die
Menschheit im weltweiten Maßstab verheeren aus dem „Geschmack an nichts-
würdigen Kleinigkeiten" hervorgehen. Es ist diese gustative Lust an den luxuriösen Kleinigkeiten, die den Menschen vom frugalen Ackerbau abzieht und
eine verherrende expansive und koloniale Logik in Gang setzen.[178] Hätte man
nicht gerade aus der Perspektive einer Luxuskritik, wie sie Rousseau immer
wieder im Ansatz formulierte, auf den afrikanischen Import kolonialer Luxusartikel und deren Austausch gegen Sklav*innen verweisen müssen, mit dem
die lokalen Herrscher neben den europäischen Handelshäusern am Sklav*innenhandel partizipierten? Schloss sich nicht gerade hier der von Rousseau kon-
statierte Kreislauf des kolonialen Verhängnisses der Sklaverei? Was war etwa
mit jenem ausgesprochenen europäischen Luxusleben, das der König von
Oudah, dem Zentrum des beninischen Sklav*innenhandels, an seinem Hof entfaltete und das Jean-Baptiste Labat in seiner *Voyage du chevalier Des Marchais
en Guinée, isles voisines, et a Cayénne* (1730), die Rousseau durchaus bekannt
war, ausführlich geschildert hatte? Dessen Köche verständen sich neben der
Zubereitung einheimischer Speisen im gleichen Maße auf die Kochkunst der
Europäer*innen, hatte Labat berichtet, so dass kein Unterschied zwischen den
Tafeln der „Seigneurs Negres" und jenen der Feinschmecker*innen Europas
auszumachen sei. Neben spanischen und französischen Weinen und Likören
wurden hier bereits 1725 – mit dem durch den Sklav*innenhandel erlangten
Reichtum und auf chinesischem Porzellan – Konfitüren, Tee, Kaffee und Schokolade kredenzt.[179] Und doch lässt sich ein Zusammenhang zwischen dem kulinarischen Luxus und dem atlantischen Sklav*innenhandel bei Rousseau in
jeglicher Hinsicht nur implizit in jenem interpretativen Spielraum herstellen,
den er mit seiner kulinarischen Kritik der Ungleichheit eröffnet und den erst

---

177 Rousseau, „Letzte Antwort", S. 129.
178 Ebd.
179 Jean-Baptiste Labat, *Voyage du chevalier Des Marchais en Guinée, isles voisines, et
a Cayénne. Fait en 1725, 1726 & 1727.* Bd. 2, Paris 1730, S. 88. Vgl. auch Robert Harms, *Das Sklavenschiff. Eine Reise in die Welt des Sklavenhandels.* Übers. v. Michael Müller, München 2004,
S. 223.

seine abolitionistischen Anhänger*innen und Freunde in ihren Schriften konkretisiert haben.

Selbst noch in jener einzigen Passage in Rousseaus Werk, die ihn als Parteigänger des Abolitionismus ausweisen kann,[180] bleibt dieser mögliche Zusammenhang unartikuliert. In der Schilderung seiner Weltreise und der Beschreibung der ganzen Verderbnisse, die die Europäer*innen mit ihren kolonialen Unternehmungen anrichteten, bringt Saint-Preux in der *Nouvelle Heloise* mit klaren Worten den Sklav*innenhandel zur Anklage und verbindet mit ihm auf Gedeih und Verderb die Frage nach dem Menschen und der eigenen Menschlichkeit:

> Ich sah Europa an das äußerste Ende Afrikas versetzt [...]. Ich sah jene weiten, unglücklichen Gegenden, die zu nichts anderm bestimmt scheinen, als die Welt mit Herden von Sklaven zu bedecken. Bei ihrem schimpflichen Anblick wandte ich die Augen vor Verachtung, Entsetzen und Mitleid ab, und da ich den vierten Teil meiner Mitmenschen in Vieh verwandelt sah, um den andern zu dienen, seufzte ich darüber, daß ich ein Mensch bin.[181]

Und doch folgt auch hieraus keinerlei kritische Direktive gegen die neuen kolonialen Genussmittel. Die intime Gesellschaft in Clarens, zu der Saint-Preux just wenige Zeilen nach dieser Anklage eingeladen wird, genießt ungeachtet seiner betonten Verachtung, seines Entsetzen und Mitleids ihren Tee mit Zucker, ebenso wie die tugendhafte Julie in Clarens ihren täglichen Kaffeegenuss zwar einschränkt, allein jedoch um ihn für jene Gemeinschaft der Herzen im

---

180 Vgl. Mercer Cook, „Jean-Jacques Rousseau and the Negro", in: *The Journal of Negro History* 21, 3 (1936), S. 294–303, sowie Miller, *The French Atlantic Triangle*, S. 67 f.
181 Rousseau, *Julie oder Die Neue Héloise*, S. 433 f. Das hier geäußerte Mitleid ändert jedoch nichts an der prinzipiellen Beobachtung Louis Sala-Molins, dass Rousseau, so sehr er gegen die Sklaverei in einem allgemeinen politischen Sinne anschreibt, zur zeitgenössischen Versklavung von Afrikaner*innen weitestgehend schweigt (vgl. Louis Sala-Moulin, *Le Code noir, ou le calvaire de Canaan*, Paris 1987, S. 253). Mehr noch: Im *Contrat social* geht Rousseau gar soweit mit jener Passage: „Ihr modernen Völker, ihr habt keine Sklaven, aber ihr seid Sklaven" (Rousseau, *Du contrat social ou Principes du droit politique*, S. 215) die reale zeitgenössische Sklaverei zugunsten ihrer metaphorischen Übertragung faktisch zu negieren (vgl. Miller, *The French Atlantic Triangle*, S. 69). Und noch der Umstand, dass Rousseau in seiner Lektüre der Reiseberichte Jean-Baptiste du Tertres über die Antillen oder Peter Kolbs über die sogenannten „Hottentotten" ausnahmslos alle Passagen unerwähnt lässt, die Zeugnis von den Gräuel der kolonialen Sklaverei ablegen, kann vor diesem Hintergrund nur als symptomatische Leerstelle gelesen werden (vgl. Sala-Moulin, *Le Code noir*, S. 243 f.). Zu einer analogen Einschätzung kommt im Anschluss an die genannten Autoren auch Iris Därmann, „Landnahme, Menschennahme. John Locke und der transatlantische Sklavenhandel", in: Voker Gottowick/Holger Jebens/Editha Platte (Hrsg.), *Zwischen Aneignung und Verfremdung. Ethnologische Gratwanderungen*. Festschrift für Karl-Heinz Kohl, Frankfurt am Main und New York 2009, S. 69–82, hier S. 76.

Apollosaal zu reservieren, die es gestattet, die Lust an dieser Köstlichkeit doppelt zu genießen.[182] Wie Rousseaus Kritik der Kaffeehäuser, die er im *Brief an d'Alembert über das Schauspiel* entfaltet, mehr auf die unzüchtige Vermischung der Geschlechter zielt, wenn in deren geselligem Gegenentwurf in Form des schweizerischen Nachmittagskaffees, bei denen die Männer nur in Ausnahmefällen teilnehmen, weiterhin dem Kaffee zugesprochen wird,[183] so zielt auch die Beschränkung des Kaffeegenusses bei Julie ausschließlich auf die aphrodisierende Wirkung dieses Heißgetränkes und auf die Steigerung des Geschmacks und gerade nicht auf eine Kritik der kolonialen Gewaltverhältnisse, wie Michaela Ott zu Recht hervorgehoben hat.[184]

Es ist bemerkenswert, wie sehr die intimen Gesellschaften und das süße Leben im Herrenhaus von Clarens, dessen frugale Autarkie und lokale Selbstversorgung unentwegt hervorgehoben wird, gerade von den kolonialen und fremden, weit hergeholten Genussmitteln zehren. An ihrem kalkulierten und beschränkten Konsum soll sich die tugendsame und selbstbeschränkte Lebensweise erweisen und doch müssen gerade sie diese vor dem Hintergrund einer kulinarischen Kritik der Ungleichheit in jeglicher Hinsicht unterminieren.[185] Ein Umstand, von dem Rousseau in seinen eigenen Konsumgewohnheiten ebenso wie sein Protagonist Saint-Pierre offensichtlich „die Augen [...] ab[wandte]".[186] Kann man dieses Schweigen hinsichtlich des Zuckers als eine bloße Inkonsequenz ansehen, als eine gewisse Unsystematik in einer Speisenordnung, die Rousseau doch sonst so stringent entwickelt, oder hat man dieses nicht vielmehr als einen symptomatischen Anhaltspunkt für die systematische, theoretische Insuffizienz seiner kulinarischen und gustativen Kritik zu lesen? Und zugespitzter

---

182 Vgl. Rousseau, *Julie oder Die Neue Héloise*, S. 579.
183 Ders., „Brief an Herrn D'Alembert", S. 434 ff. Vgl. auch die Ausführungen Rousseaus zum englischen Konsum von Tee und Wein, der den unterschiedlichen Charakter der Geschlechter hervorbringe: Die Frauen trinken Tee, während die Männer Wein konsumieren (vgl. ebd., S. 416 f.).
184 Vgl. hierzu Ott, *Feinschmecker und Bücherfresser*, S. 150 f. Zur schädlichen und vor allem erotisierenden Wirkung des Kaffees vgl. etwa Cornelia Klettke, „Der Kaffee als Droge der Aufklärung", in: Helmut C. Jacobs u. a. (Hrsg.), *Die Zeitschrift ‚Il Caffé'. Vernunftprinzip und Stimmenvielfalt in der italienischen Aufklärung*, Frankfurt am Main 2003, S. 131–147. Auf eine Steigerung der Lust am Geschmack zielt offenbar auch die „hedonistisch-asketische" Praxis des Zuckerkonsums bei Rousseau selbst, von der François D'Escherny in seinen *Mélanges* berichtet und bei der, angefangen von einem Minimum, der Zuckeranteil am Kaffee täglich minimale Steigerungen erfährt, um damit den Genuss des Süßen Tag für Tag zu erhöhen (vgl. Bonnet, „Le Système de la Cuisine et du Repas", S. 138 f.).
185 Zur dieser grundlegenden Ambivalenz der Speiseordnung von Clarens, die allerdings den kolonialen Aspekt vollständig ausspart, vgl. Ott, *Feinschmecker und Bücherfresser*, S. 15–160.
186 Miller, *The French Atlantic Triangle*, S. 67 f.

gefragt: Liegt der frappierende Umstand einer mangelnden Kritik des Zuckers möglicherweise, neben der zu seiner Zeit immer größeren Verbreitung des Süßstoffes und der damit einhergehenden Problematik der „Naturalisierung" des Begehrens nach Süßem, gerade in einem spezifischen diskurspolitischen Zugriff auf die Antike begründet, der den Blick auf jenen „pikanten", blutigen, ja, anthropophagen Beigeschmack verstellt, der sich aus den grausamen Qualen und dem Tod vieler Afrikaner*innen ergeben musste, die nötig waren, damit reiche Europäer*innen „sich im wahrsten Sinne des Wortes ihr Leben versüßen konnten",[187] wie es Robert Harms formuliert hat?

Dass es einen eminenten Zusammenhang zwischen der Frage des Status der antiken Luxuskritik und den neuen und kolonialen Genussmitteln gibt, macht dabei ein Blick auf deren Einsatz in Melons *Essai politique sur le commerce* deutlich, von dem oben bereits die Rede war. Denn es sind explizit jene neuen Luxusartikel Zucker, Kaffee und Tabak, die Melon als Argument anführt, wenn es darum geht, diskurspolitisch die antike Luxuskritik für die Gegenwart zu delegitimieren und in historischer Hinsicht die Frage des Luxus zu relativieren. „Das, was Luxus für unsere Väter war, ist jetzt üblich; und das, was Luxus für uns ist, wird es nicht für unsere Nachkommen sein",[188] schreibt Melon zur historischen Relativität dessen, was als Luxus gelten kann und im Anschluss daran einige Zeilen später: Zucker [...][,] Kaffee und Taback allein sind neue Luxusgüter, die den Römern noch unbekannt waren".[189] Wenn die Römer*innen die neuen Genussmittel, die den Luxus der Gegenwart bestimmen, gar nicht kannten, während diejenigen Produkte, die sie kannten, in der Gegenwart des 18. Jahrhunderts keineswegs mehr als ausgesprochene Luxusgüter gelten konnten, dann musste die normative Basis der antiken Luxuskritik und ihrer Luxusgesetzgebung in Form einer Ideologie des einfachen, agrarischen Lebens als Grundlage einer angemessenen Regierung des Handels, der Güterproduktion und des Überflusses ausfallen. Dies gilt zumal, wenn der Luxus nicht nur in historischer, sondern auch in sozialer Hinsicht eine relative Angelegenheit darstellt: Der Bauer und die Bäuer*in finden das Leben der Bürger*innen in ihrem Dorf luxuriös, diese das Leben der Städter*innen und jene dasjenige der Großstädter*innen, während letzteren der Höfling und die Hofdame den Inbegriff des Luxus vorleben.[190] Der Zucker wird hierin bei Melon zum Argument in

187 Harms, *Das Sklavenschiff*, S. 483.
188 Melon, *Essai politique sur le commerce*, S. 123. Meine Übersetzung: „Ce qui étoit luxe pour nos pères, est à présent commun; & ce qui l'est pour nous, ne le sera pas pour nos neveux."
189 Ebd., S. 124. Meine Übersetzung: „Le Sucre [...] le Caffé, le Tabac, ne sont que luxe nouveau, inconnu aux Romains".
190 Ebd., S. 123.

einer systematischen Negierung des antiken Luxusdiskurses, die auf eine Rehabilitierung des Luxus und die Entmoralisierung und Entpolitisierung der Luxusgüter zielte.[191] Wie in der *Querelle des anciens et moderne* im Feld des
Kulinarischen, von der oben die Rede war und mit der der Luxusdiskurs nicht
nur im Bezug auf die neuen exotischen Genussmittel und Ingredienzien eng zusammenhängt, wird das Paradigma der Alten und die These vom Verfall der Sitten durch die Einführung und den Genuss fremder Luxusgüter zugunsten einer
Fortschrittsgeschichte verabschiedet. Während die Maßnahmen der Regulierung des Luxus noch im 17. Jahrhundert eine Luxusgesetzgebung nach dem
Vorbild der späten römischen Republik und des frühen Kaiserreichs vorantreiben, arbeiten Melon und andere an einer Entgrenzung des Luxus im Namen
des wachsenden Reichtums der Nation, der Entwicklung der Künste und Wissenschaften sowie einer Verfeinerung der Sinne und der Kultivierung der
Delikatesse.

Die Delegitimierung der antiken Autoren zeigt sich dabei bei Melon in Form
einer fundamentalen Negierung jeglicher möglichen Beziehung zwischen Luxus,
Laster und ‚Verweichlichung'. Die Tugend und die militärische Macht einer Nation hingen nicht von dem Maß des Luxus ab, der herrsche, so Melon. Ja, der
Luxus könne umgekehrt zu Wetteifer, Disziplin und Mut anleiten, wenn er im Begehren nach einem angenehmen Leben die Arbeitskräfte des Menschen mobili-
siere. Und ganz im Gegensatz zu den Lehren der Antike sei der Überfluss des
Reichtums kein Zeichen des drohenden Verfalls der Sitten, sondern umgekehrt
Ausdruck einer guten Regierung, die sich gerade durch ihre Prosperität auszeichne.[192] Das einfache Leben der Vorfahr*innen verkörpere dagegen ebenso
wie dasjenige der Spartaner*innen eine mangelhafte Regierung und müsse in seiner Ärmlichkeit, wie Melon im Anschluss an den Abbe de Vertot ausführt, dem
wilden Leben und den Sitten geglichen haben, die man in der Gegenwart an den
nordamerikanischen Stämmen der Huron*innen und Irokes*innen beobachten
könne.[193] Folgerichtig beschreibt Melon, in einer Umkehrung der römisch-
antiken Werteordnung, Cato, „den großen Anwalt der Luxusgesetze", als einen
Dörfler, der „geizig und unmäßig, [...] ein Wucherer und Säufer" gewesen sei,[194]
und setzt ihm mit Lukullus jenen römischen Gourmet entgegen, dessen militärische Taten auch Plutarch gelobt hatte, ohne allerdings mit Kritik an dessen

---

191 Andrew Wallace-Hadrill, *Rome's Cultural Revolution*, Cambridge 2008, S. 319–329.
Vgl. auch Christopher J. Berry, *The Idea of Luxury. A Conceptual and Historical Investigation*,
Cambridge und New York 1994, S. 126–176.
192 Melon, *Essai politique sur le commerce*, S. 122 f.
193 Ebd., S. 137 f.
194 Vgl. ebd., S. 132.

späterem Luxusleben zu sparen.[195] Entgegen Plutarch nimmt Melon hier jedoch gerade eine Umwertung vor, in der er die sprichwörtlichen ‚lucullischen Genüsse‘ als Ausdruck von Liberalität und Großzügigkeit gewertet sehen möchte, die seiner Tüchtigkeit keinen Abbruch getan hätten, und erklärt ihn damit zum Vorbild und Lehrer einer weisen Regierungskunst.[196]

Eine ähnliche Inversion findet sich unter explizit moralischen Vorzeichen auch in David Humes Essay *Of Refinement in the Arts* von 1752, der immer wieder auf Melon zurückgreift. Wie der luxuriöse Lukullus sich im Falle von Melons Plutarch-Lektüre zu einem generösen und tugendsamen Mann wandelt, so gerät umgekehrt der Moralist Sallust, unter der Feder Humes, zu einem Mann von Geschmack, dessen Kritik der griechischen Importe und des asiatischen Luxus letzten Endes nurmehr doppelzüngig und kontradiktorisch anmuten können. Ganz entgegen den spätrepublikanischen und kaiserzeitlichen Autoren und vor allem entgegen der zwei Dekaden zuvor erschienenen großen Abhandlung Montesquieus zum Niedergang des römischen Reiches – *De la grandeur des Romains et de leur décadence* (1734) –, sieht Hume, wie auch Melon, den Verfall der römischen Ordnung keinesfalls in ihrem Luxus, sondern in ihrer schlechten Regierung begründet. „All the Latin classics, whom we peruse in our infancy, are full of these sentiments“, schreibt er über diese irrige Annahme.

[They] universally ascribe the ruin of their state to the arts and riches imported from the East: Insomuch that Sallust represents a taste for painting as a vice, no less than lewdness and drinking. And so popular were these sentiments, during the later ages of the republic, that this author abounds in praises of the old rigid Roman virtue, though himself the most egregious instance of modern luxury and corruption; speaks contemptuously of the Grecian eloquence, though the most elegant writer in the world; nay, employs preposterous digressions and declamations to this purpose, though a model of taste and correctness.[197]

Die entschiedene Bedeutung des exotischen Luxus in der Selbstkonstituierung der römischen Oberschicht und der von letzter etablierte fragile moralische Kompromiss, der den fremden Einfluss auf die eigene Identität mit Hilfe einer spezifischen Ethik des Selbst einzukapseln suchte,[198] wird bei Hume

---

195 Vgl. Plutarch, *Große Griechen und Römer. 6 Bde.* Übers. u. hrsg. v. Konrat Ziegler, Zürich 1954–1965, Bd. 2, S. 5–103, hier insb. 35–103.
196 Vgl. Melon, *Essai politique sur le commerce*, S. 132.
197 David Hume, *Essays. Moral, Political and Literary*, hrsg. v. Eugene F. Miller, Indianapolis ²1987, S. 275 f.
198 Vgl. hierzu Kap. I.3.3.: *Die Einverleibung des attischen Honigs.*

zum zentralen Angriffspunkt, um das Lob der Alten in seiner vermeintlich gelebten Inkonsequenz gegen sich selbst zu richten.[199] Und wie bei Melon wird auch bei Hume unter den Vorzeichen der Verfeinerung der „Delikatesse" der Luxus zu einer Kategorie, deren Moralität sich von nun an jenseits und unabhängig von ihren materiellen Trägern allein hinsichtlich des subjektiven Umgangs mit diesen bemessen lässt. Man kann die Tugendhaftigkeit und Lasterhaftigkeit des Menschen nicht dem Champagner, den Burgunderweinen oder der Verfeinerung der Sinne und Künste anlasten, denn worin sollte sich deren Genuss in dieser Hinsicht vom Genuss des Bieres der unteren Schichten unterscheiden?[200] Der einzige Vorwurf, den man den Menschen im Umgang mit dem Luxus machen könne, ist die Ausschließlichkeit, mit der sich einige diesem hingäben:

> To be entirely occupied with the luxury of the table, for instance, without any relish for the pleasures of ambition, study, or conversation, is a mark of stupidity, and is incompatible with any vigour of temper or genius. To confine one's expence entirely to such a gratification, without regard to friends or family, is an indication of a heart destitute of humanity or benevolence.[201]

Behält man jedoch Zeit und Geld für andere löbliche Bemühungen – den Ehrgeiz, die Bildung und die Konversation – sowie eine tugendsame Generosität, so könne dem Menschen kein Vorwurf aus seinen luxuriösen Speisen gemacht werden. Was sich bei Hume als gleichsam weiser und tugendsamer Umgang mit dem Luxus abzeichnet und was ebenso bei Melon anklingt, kennt man bereits von Gracián: Es sind die Verfeinerung der Sinne, die Bildung in der Konversation und der Lektüre, kurz: die Kultivierung des Selbst in Form des guten Geschmacks und der Delikatesse, die beim Konsum der seltenen und luxuriösen Speisen jene Stupidität der bloßen Magengier sublimieren sollen. Es gibt einen verständigen und mündigen Umgang mit dem Luxus, der den Mund, wie Gottfried Herder es im gleichen Zeitraum ausgedrückt hat, „nicht mehr dem Bauch allein dienen" lässt[202] und ihn damit von der „animalischen" Gier und der maßlosen Einverleibung distanziert.

Indem der Luxusdiskurs des 18. Jahrhunderts seinen Gegenstand von der Frage der Moralität entkleidet und historisch wie sozial relativiert, wird der

---

199 Vgl. Hume, *Essays*, S. 275 f.
200 Ebd., S. 268.
201 Ebd., S. 269.
202 Johann Gottfried Herder, *Ideen zur Philosophie der Geschichte der Menschheit*, hrsg. v. Martin Bollacher (Johann Gottfried Herder Werke in 10 Bd., Bd. 6), Frankfurt am Main 1989, S. 77 f.

Begriff des Luxus im gleichen Maße zu einer unsicheren Kategorie,[203] deren sinnvoller Einsatz mehr und mehr fragwürdig erscheint: „Der Begriff des Luxus ist ein leerer Name", schreibt Melon und plädiert dafür, den Begriff vollständig aus dem Diskurs der Polizei und des Handels zu verbannen, „weil er nur vage, verwirrte und falsche Vorstellungen transportiert, deren Missbrauch das produzierende Gewerbe sogar an seinem Ursprung zum Stillstand bringen kann." [204]

Gegen diese „vergiftete Lehre" Melons, die die Tugend zerstöre „und nichts als Reiche und Elende, das heißt in jedem Falle schlechte Menschen", hervorbringe,[205] schreibt nun Rousseau an, indem er die Luxusgüter unter Maßgabe der politischen und sozialen Verhältnisse, die sie zeitigen, erneut moralisiert. Wenn die Strategie der Luxustheoretiker vor allem darauf zielte, die antike philosophische Grundlage der Luxusgesetzgebung zu unterminieren, dann setzt Rousseau umso mehr auf den antiken Diskurs, um ihn unter den politischen Vorzeichen der Ungleichheit gegen seine neuzeitlichen Gegner auszuspielen. Indem Rousseau jedoch mit der massiven Verteidigung und Idealisierung der antiken Luxuskritik unvermeidlich auch deren Speisenordnung übernimmt, die, wie oben deutlich geworden ist, in der frugalen, vegetarischen und agrarischen Diät ihre normative Grundordnung findet, muss er grundlegend jene historische Relativität des Luxus verfehlen, die Melon im Hinblick auf die neuen kolonialen (und pflanzlichen!) Genussmittel wie Zucker, Kaffee und Tabak betont hatte. Es ist gerade der Rückbezug auf die moralische Literatur der Antike, die Rouseau den Blick auf die Gewaltverhältnisse der Gegenwart verstellt. Fatal erweist sich hierbei vor allem seine Antizipation der bereits in der Antike ausgeprägten Mythologie des Honigs, die er vor dem Horizont des Geschmacks in eine Differenz von süß und pikant ausbuchstabiert und damit den Zucker als neuzeitliches Substitut des Honigs konsequent auf die Seite des eudämonischen und tugendsamen Lebens stellt. Gerade hierin muss der Rückbezug auf die antiken Autoren eine Kritik des Zuckers unmöglich machen: Denn mit ihr steht und fällt der Beweis der Autorität der Alten ebenso wie die ursprüngliche Harmonie des süßen Lebens im Naturzustand, zu deren Plausibilisierung Rousseau unentwegt auf die antiken Ursprungsmythen zurückgreift. Und doch muss – das ist die Kehrseite dieses diskurspolitischen Manövers – Rousseaus Entwurf einer kulinarischen Anthropologie der Ungleichheit gerade in diesem Rückgriff auf die Antike umso mehr scheitern, insofern es ihm nicht

---

203 Hume, *Essays*, S. 268.
204 Melon, *Essai politique sur le commerce*, S. 129 f. Meine Übersetzung, im Original französisch: „Le terme de Luxe est un vain nom, parce qu'il ne porte que des idées vagues, confuses, fausses, dont l'abus peut arrêter l'industrie même dans sa source."
205 Rousseau, „Letzte Antwort", S. 133.

gelingt, jenen kolonialen Beigeschmacks des süßen Lebens, der sich unweigerlich und konstitutiv in seine ideale und tugendhafte „Gemeinschaft der Herzen" einschleicht, einer grundlegenden Kritik zu unterziehen. So radikal Rousseau die kulinarische Kritik der herrschenden Verhältnisse entwirft, so wenig radikal erweist er sich, wenn es darum geht, die schreiende Ungleichheit, die Gewalt und Unterdrückung in den Blick zu nehmen, die untrennbar mit den neuen Genussmitteln und ihren kolonialen Möglichkeitsbedingungen verbunden sind. Es wird anderen überlassen bleiben, diese mit und gegen Rousseau zu entwickeln.

6 Anthropologie und „akroamatische" Geselligkeit in Königsberg

Unter den Handschriften der Bayrischen Staatsbibliothek München findet sich ein kleines Büchlein von 1782 aus dem Besitz der Grafen von Keyserling mit dem Titel *Almanach domestique de Cleon et de Javotte avec des tableaux qui réprésentent leur vie privée*.[1] Neben dem eigentlichen Kalender, einem Widmungsgedicht überschrieben mit *Etrennes pour Javotte*[2] und einem abschließenden programmatischen Text, der unter dem Titel *De la societé acromatique*[3] das Konzept einer für das 18. Jahrhundert typischen gelehrten Gesellschaft entwirft – beide gehen wohl auf die Hand des Grafen zurück – findet sich, lose in das Kalenderbuch eingelegt, ein Plan des Königsberger Palais auf dem Vorderroßgarten. Seit 1772 wurde das Palais von der Gräfin Caroline Charlotte Amalie von Keyserling und ihrem zweiten Mann, Heinrich Christian von Keyserling, ständig bewohnt. In ihm entfalteten die Keyserlings ein Hofleben, das im Hausalmanach seinen Niederschlag findet. Die Umstände, unter denen der *Almanach* für das zehnte Jahr der durch die Teilung Polens und der Verluste der dortigen Besitztümer vorgenommenen Übersiedlung nach Königsberg entsteht, sind nicht mehr sicher zu eruieren. Bemerkenswert ist aber immerhin, dass auf die gleiche Zeit eine Schrift des Grafen unter dem Titel *Neujahrsgeschenk an meine Freunde für das Jahr 1782* datiert.[4] Ist der *Almanach domestique* möglicherweise das entsprechende private Geschenk an seine Frau Caroline? Vieles spricht dafür. Insbesondere das Gedicht, das sich neben dem Grundriss des Palais findet, hebt wie auch die gleichzeitige Herausgabe des *Neujahrsgeschenks* die Bedeutung der Freunde und deren Gesellschaft für das eigene Leben hervor.[5] Der Hausalmanach wäre demnach neben seiner Funktion als Geschenk und Dankesgeste auch als eine Art Rückblick auf die Königsberger Zeit und das gemeinsame Leben des Paares zu verstehen. Als solcher wäre er als aktuelle wie retrospektive Ausformulierung, aber auch als

---

1 Caroline von Keyserling, *Almanach domestique de Cléon et de Javotte avec des tableaux qui représentent leur vie privée* (BSB Cod.gall. 908), Königsberg 1782.
2 Ebd., S. 3v.
3 Ebd., 16v–19r.
4 Vgl. Georg Conrad, „Beiträge zur Biographie des Kaiserlich Russischen Geheimen Rats Heinrich Christian Reichsgrafen von Keyserling und seiner zweiten Gemahlin Charlotte Caroline Amélie geb. Reichs-Erb-Truchseß Gräfin von Waldburg, verw. Gräfin von Keyserling", in: *Altpreußische Monatsschrift* 48 (1911), S. 77–114, 185–220, hier S. 108.
5 „C'est avec ses amis qu'en ces aimables lieux,/ Un sage se repose et jouit d'un sort tranquile:/ Il remet son destein [sic!] entre les mains du Dieux/ Le bonheur est pour lui aux champs comme à la ville" (Keyserling, *Almanach domestique*, o.S.).

https://doi.org/10.1515/9783110640342-008

Repräsentation und mediale Inszenierung des Programms eines kultivierten und kosmopolitischen Hoflebens lesbar, das das Keyserlingsche Palais seit den 70er Jahren zum gesellschaftliche Zentrum der Pregelstadt werden ließ. Der Anspruch, der sich für die Keyserlings mit diesem Hofleben verband, manifestiert sich dabei nicht zuletzt in den zahlreichen Umbauarbeiten, die das Palais seit den frühen 70er Jahren unter der passionierten Anleitung des Grafen erfuhr und die der Aufriss gewissenhaft nachzeichnet.[6]

1777, als der Astronom der königlich preußischen Akademie der Wissenschaften, Johann (III.) Bernoulli, auf der Reise von Berlin nach St. Petersburg auch in Königsberg Station macht, sind die Bauarbeiten an der Schlossanlage und insbesondere den Nebengebäuden, die der Plan von 1781/82 präsentiert, noch nicht abgeschlossen.[7] Aber das Palais erscheint Bernoulli auch ohne dies ein eigenes Kapitel in seinem Reisebericht wert. Er lobt den „sehr artigen Garten" und den „prächtigen Schlossteich", „das kostbare Ameublement" aus „chinesischen und japanischen Schränken" und die mit reichen Chinoiserien aus Russland gestalteten Tapeten, bei denen die Gräfin selbst Hand angelegt habe, ebenso wie die Bibliothek und die bedeutende Gemälde- und Kupferstichsammlung des Grafen.[8] Zwar ist die Pracht, die der Keyserlingsche Musenhof in Königsberg entfaltete, wie der russische Reisende Nicolai Michailowitsch Karamsin 1789 bemerkte, „keineswegs mit den Palästen in Moskau und Petersburg zu vergleichen",[9] aber für die geographisch periphere Lage der Stadt doch beachtlich. Der russische Einfluss auf die Königsberger Gesellschaft, der sich durch die Besetzung der Stadt in den Folgen des Siebenjährigen Krieges zwischen 1758 und 1762 ergab, hatte das kulturelle Klima und gesellschaftliche Leben innerhalb weniger Jahre gewandelt, so dass Johann George Scheffner, ein häufiger Gast im Keyserlingschen Haus, später „das eigentliche Aufkommen des Luxus in Preußen" und damit ein zu Geld gekommenes, urbanes und liberal-bürgerliches Milieu in

---

6 Nach Zukauf zweier angrenzender Grundstücke wird das Anwesen durch zahlreiche Nebengebäude, eine Parkanlage, Gartenpavillons und ein „Comoedien-Haus" erweitert. Vgl. Conrad, „Beiträge zur Biographie", S. 98 f.

7 Johann Bernoulli, *Reisen durch Brandenburg, Pommern, Preußen, Curland, Rußland und Pohlen, in den Jahren 1777 und 1778. Bd. 3: Reise von Danzig nach Königsberg, und von da nach Petersburg, im Jahr 1778*, Leipzig 1779, S. 68 f.

8 Ebd., S. 68–76.

9 Nicolai M. Karamsin, Geschichte des Russischen Reiches. Bd. 1, übers. v. Friedrich von Hauenschild, Riga 1820, S. 42, zit. n. Bernd Dörflinger/James J. Fehr/Rudolf Malter (Hrsg.), *Königsberg 1724–1804. Materialien zum politischen, sozialen und geistesgeschichtlichen Hintergrund von Leben und Werk Immanuel Kants*, Hildesheim, Zürich und New York 2009, S. 410.

Königsberg auf den „Einmarsch der Russen" datierte.[10] Die französische *Cuisine* hielt in den gehobenen Häusern ebenso Einzug wie Tanz und Galanterie oder die Mode des Punschtrinkens. Die Hierarchien zwischen bürgerlichen und adligen Ständen wurden in der Folge flacher und es fand, wie Scheffner schreibt, eine allgemeine „Humanisirung [sic!]" des öffentlichen Lebens statt.[11] Das gesellschaftliche Luxusleben ebenso wie die kosmopolitische Liberalität behaupteten sich in der stark durch den Pietismus geprägten Handelsstadt über diese begrenzte Zeit hinweg nicht zuletzt und an herausragender Stelle in der Hofhaltung der Keyserlings. So schreibt etwa Johann Georg Hamann, auch er ein häufiger Gast bei den Keyserlings, im Januar 1785 an Friedrich Heinrich Jakobi: „Dies Haus ist die Krone unseres ganzen Adels, unterscheidet sich von allen übrigen durch Gastfreiheit, Wohltätigkeit, Geschmack", wenn er auch das dort herrschende Repräsentationsstreben nicht unkritisiert lässt.[12] Insbesondere die Förderung der Künste und Wissenschaften ebenso wie der elegante und urbane Umgang ohne strenge Hierarchien zwischen Adligen und Bürgerlichen[13] wurde am Keyserlingschen Musenhof zum geselligen Programm erhoben. So trat hier etwa der spätere Komponist und Hofkapellmeister Friedrich II., Johann Friedrich Reichardt, in jungen Jahren als Wunderkind auf[14] und neben dem preußischen Kronprinzen Friedrich Wilhelm, dem russischen Großfürsten Paul Petrowitsch und anderen bedeutenden Persönlichkeiten des europäischen Hochadels[15] waren insbesondere die liberalen Schriftsteller und Gelehrten Königsbergs gern gesehene Gäste bei den *Diners* und *Soupers* der Familie: Der Literat und spätere dirigierende Bürgermeister und Polizeidirektor Theodor Gottlieb von Hippel verkehrte hier ebenso wie der Freigeist

---

10 Johann George Scheffner, *Mein Leben. Wie ich, Johann George Scheffner es selbst beschrieben.* Bd. 1, Leipzig 1828, S. 68. Vgl. auch Jürgen Manthey, *Königsberg. Geschichte einer Weltbürgerrepublik*, München 2006, S. 277–295, sowie Manfred Kühn, *Kant. Eine Biographie*, München 2007, S. 238 f.

11 Scheffner, *Mein Leben*, S. 68.

12 Johann Georg Hamann, *Briefwechsel. Fünfter Band: 1783–1785.* Hrsg. v. Arthur Henkel, Frankfurt am Main 1965, S. 312.

13 Zur Liberalität und der geringen Bedeutung der Standesgrenzen vergleiche etwa die Beschreibung, die Christian Jakob Kraus aus seiner Zeit als Hauslehrer im Keyserlingschen Haus in einem Brief an seinen Bruder liefert: „In unserem Haus, schon ich sehr oft mit 20 Personen am Tisch sitze worunter bisweilen Prinzen sind, trage ich mein weistuchenes Alltagskleid, und deswegen bin ich doch an der Tafel so laut wie ein Graf, und die Gräfin spricht mit mir ebenso vertraulich als wäre ich Ihresgleichen: Denn in unserem Haus sieht man auf den Rock nicht, oder ich wenigstens mach mir nichts mehr draus, wenn man auch darauf sehen wollte" (zit. n. Gottlieb Krause, „Beiträge zum Leben von Christian Jacob Kraus", in: *Altpreußische Monatsschrift* 18 (1881), S. 53–96, 193–224, hier S. 75).

14 Vgl. Manthey, *Königsberg*, S. 322 f.

15 Vgl. hierzu Conrad, „Beiträge zur Biographie", S. 106 f.

und Autor der frivol-erotischen *Gedichte im Geschmack des Grécourt*, Johann
Georg Scheffner. Neben dem „Magus des Nordens" Johann Georg Hamann und
dem Königsberger Professor für Rhetorik und Geschichte Karl Ehregott
A. Mangelsdorf fand sich im Hause der Keyserlings der Kant-Schüler und spätere
Professor für praktische Philosophie und Kameralistik Christian Jakob Kraus mit
gleicher Häufigkeit ein wie sein früherer Lehrer selbst. Immanuel Kant, der elegante Professor von Königsberg, der seit seiner frühen Magisterzeit Beziehungen
zu den Keyserlings unterhalten hatte, bildete nach übereinstimmendem Zeugnis
seiner Biographen und Freunde den zentralen geistigen Pol an der Keyserlingschen Tafel.[16] So hat Kraus, der vermittelt durch Kant zwischen 1777 und 1779 als
Hauslehrer bei den Keyserlings engagiert war, nachdrücklich die Stellung betont,
die dieser in den Keyserlingschen Zirkeln einnahm, um gleichermaßen die feine
Lebensart des früheren Lehrers und Freundes hervorzuheben:

> Der vieljährige ununterbrochene Umgang im Keyserlingschen Hause, dessen Krone, die
> geistreiche Gräfin, an Kant's Gesellschaft so ausnehmend Geschmack fand, ist ebensosehr
> ein Beweis von der feinen Lebensart worauf er sich verstand, als der selbe auf diese seine
> für einen so tiefdenkenden Gelehrten seltene feine Lebensart Gewandtheit und Delica-
> tesse zurückgewirkt haben mag. Allemal saß Kant an Keyserling's Tisch auf der Ehren-
> stelle unmittelbar der Gräfin zur Seite; es müßte denn ein ganz Fremder da gewesen
> seyn, dem man convenienzmäßig diese Stelle einräumen mußte.[17]

Welche Hochachtung Kant für die gebildete und wissenschaftlich interessierte
Gräfin aufbrachte, die in jüngeren Jahren Johann Christoph Gottscheds *Erste
Gründe der gesamten Weltweisheit* ins Französische übersetzt hatte und deren
Belesenheit in französischer Literatur und in den Naturwissenschaften Kraus
über die Maßen rühmt,[18] wird in dem einzigartigen Denkmal deutlich, dass

---

16 Zum Verkehr von Kant im Keyserlingschen Haus vgl. auch Gerhard v. Glinski, „Das gesellschaftliche Leben in Königsberg zur Zeit Kants", in: Eberhard G. Schulz (Hrsg.), *Kant in seiner
Zeit*, Hildesheim, Zürich und New York 2005, S. 111–121, hier S. 119 f.; Karl Vorländer, *Imma-
nuel Kants Leben*. Neu hrsg. v. Rudolf Malter, Hamburg 41986, S. 108 f. Zu Kants Lebensfüh-
rung während seiner Magisterzeit vergleiche etwa Kühn, *Kant*, S. 123–173; Hans-Werner
Rautenberg, „Kants Lebensführung bis zum Erhalt der Professur", in: Eberhard G. Schulz
(Hrsg.), *Kant in seiner Zeit*, Hildesheim, Zürich und New York 2005, S. 11–38; Arsenij Gulyga,
Immanuel Kant. Übers. und mit einem Nachwort versehen v. Sigrun Bielfeldt, Frankfurt am
Main 1985, S. 72 f.; Otto Schöndörffer, „Der elegante Magister", in: Paul Feldkeller (Hrsg.),
*Reichls Philosophischer Allmanach auf das Jahr 1924. Immanuel Kant zum Gedächtnis, 22.
April 1924*, Darmstadt 1924, S. 65–86.
17 Zit. n. Rudolf Malter (Hrsg.), *Immanuel Kant in Rede und Gespräch*, Hamburg 1990, S. 121.
18 So heißt es in einem Brief von Kraus an Hans Jakob von Auerswald vom 4. Mai 1777:
„Ueber dem Essen schweigt die ganze Gesellschaft und Sie [die Gräfin Keyserling; Anm. S.Z.]
spricht mit mir allein unaufhörlich, und rathen Sie wovon? Vom Euler- und Newtonschen

Kant ihr in einer Fußnote seiner *Anthropologie in pragmatischer Hinsicht* gesetzt hat: Sie sei, so Kant, „eine Zierde ihres Geschlechts" gewesen.[19]

Während der Plan des *Palais* auf dem Vorderroßgarten, also als architektonischer Aufriss des privaten wie repräsentativen gesellschaftlichen Lebens der Keyserlings zu verstehen ist, so schlägt sich dieses Hofleben in konkreter Form in den privaten Einträgen und in den künstlerischen und intellektuellen Inhalten des *Almanachs* nieder; insbesondere aber in den zwölf eingeklebten Deckfarbenmischminiaturen, die den Kalenderblättern der einzelnen Monate des Jahres zugeordnet sind und – wie der Titel des Büchleins bereits verlauten lässt – das private Leben des adligen Paares ausstellen und vergegenwärtigen sollen, das im *Almanach* unter den Schäfernamen Javotte und Cleon auftritt.[20] In lockerer Folge schildern die zwölf Miniaturen Szenen aus dem Tagesablauf des Paares, die vom *Lever* über das *Petit Déjeuner* und die Besprechung des Küchenzettels bis zur gemeinsamen Lektüre und den geselligen Vergnügungen bei Tisch reichen. Gerade Letztere sind für die Frage nach der Problematisierung der Esslust gleich in mehrfacher Hinsicht interessant. Nicht nur unterstreichen sie die Bedeutung der Tischgesellschaften im Keyserlingschen Haus, sondern sie sind darüber hinaus auch Ausgangspunkt der wenigen Auseinandersetzungen, die bisher überhaupt im Hinblick auf die Handschrift stattgefunden haben und zwar weniger mit Bezug auf die Keyserlings selbst als auf ihren wichtigsten Tischgast, nämlich Immanuel Kant. Nach dem Zeugnis eines Nachfahren der Familie Keyserling soll auf mindestens einer der Miniaturen

Lichtsystem, von der Edda, vom Aberglauben und Unglauben, was von beyden schädlicher sey, und von neuen Entdeckungen und herausgekommenen Büchern. [...] Sie hält sich alle französischen Journale, und thut nichts als lesen." (Johannes Voigt, *Das Leben des Professor Christian Jakob Kraus. öffentlichen Lehrers der praktischen Philosophie und der Cameralwissenschaften auf der Universität zu Königsberg, aus den Mitteilungen seiner Freunde und seinen Briefen*, Königsberg 1819, S. 62 f.).

19 Immanuel Kant, „Anthropologie in pragmatischer Hinsicht", in: *Kant's Gesammelte Schriften. ‚Akademieausgabe'*, hrsg. v. Königlich Preußische Akademie der Wissenschaften, Bd. 7, Berlin 1900 ff. S. 262.

20 Dass die Miniaturen dabei von der Hand der Gräfin selbst stammen, deren Bild- und Porträtkunst der eben schon genannte Bernoulli in seinem Reisebericht über die Maßen zu loben weiß (Bernoulli, *Reisen durch Brandenburg*, S. 74) und die ihr durch die Fürsprache Christian Chodowieckis 1786 die Ehrenmitgliedschaft in die Berliner Kgl. Akademie der Künste einbringen, gilt in der Forschung als gesichert. (Vgl. hierzu insbesondere Sigrid von Moisy, „Der ‚Almanach domestique' der Gräfin Caroline Amalie v. Keyserling", in: Ernst-Peter Wieckenberg (Hrsg.), *Einladung ins 18. Jahrhundert. Ein Almanach aus dem Verlag C.H.Beck im 225. Jahr seines Bestehens*, München 1988, S. 504–506). Dass der *Almanach* ein Geschenk an die Gräfin darstellte, muss nicht zwangsläufig dagegen sprechen. Die Miniaturen müssen nicht zwingend explizit für den *Almanach* angefertigt worden sein, sondern wurden möglicherweise erst nachträglich in dieser Programmatik zusammengeführt.

das Bildnis Immanuel Kants zu finden sein. Ein Umstand, der, wie Rudolf Malter betont hat, insofern bedeutsam ist, als sich hier das einzige bildliche Zeugnis findet, das Kant überhaupt in Gesellschaft zeigt. Die Miniatur verdeutlicht damit „die Lebensatmosphäre" der Gesellschaftskreise, in denen sich der – entgegen dem später verbreiteten Bild des trockenen Philosophen – so gar nicht zwanghafte und anachoretisch lebende Kant zeit seines Lebens bewegte.[21] Sie zeigt mithin also jenen „unbekannte[n] Gastrosoph[en] Kant",[22] an den etwa Harald Lemke zu Recht erinnert hat.

Die betreffende Miniatur ist dem Monat November zugeordnet und schildert eines jener glanzvollen abendlichen *Soupers*, zu denen die Keyserlings die gehobenen Stände Königsbergs versammelten. „Der Tag neigt sich bei einem frugalen Souper dem Ende zu/ mit Verwandten und Freunden beiderlei Geschlechts und aus verschiedenen Ständen", so lautet die Unterschrift unter der Miniatur, die sich auf Seite 14v der Handschrift findet.[23] (Abb. 6.1) Um einen runden Tisch, der vom warmen Licht zweier Kerzen hell erleuchtet ist, sitzen 16 Personen, Männer wie Frauen. Man speist und unterhält sich, die Stühle und Personen werfen lange Schatten in den Raum. Eine abendliche Dunkelheit beherrscht den Saal, so dass man seine Pracht nur unzureichend erkennen kann. Die Decke spiegelt dämmrig das Licht der Kerzen zurück und die Porträtgalerie im Hintergrund, deren repräsentative Wirkung man auf einer vorhergehenden Miniatur bewundern konnte (12v), ist gleichermaßen in ein schummriges Schattenspiel getaucht. Umso mehr tritt die hell erleuchtete Tafel hervor und an ihr sitzend das Grafen-Paar, das das Zentrum der Tafelrunde bildet. Die Gräfin sitzt aufrecht und mit gezierter Zurückhaltung gegenüber den Speisen, während sich ihr Mann mit offensichtlichem Appetit dem Essen auf seinem Teller zuwendet. Aus Betrachter*innensicht rechts neben den beiden sitzt im Abstand von einer weiteren Dame, deren Gesicht im Kerzenschein kaum auszumachen ist, ein weiterer Mann, der, von den beiden Herren im Vordergrund gerahmt, in der Komposition der Miniatur eine analoge Position zu derjenigen einnimmt, die die beiden Gastgeber*innen innehaben. Mit dunkelbraunem Rock, weißem Jabott und einer ebensolchen Perücke bekleidet, sitzt er vor einem bereits leeren Teller, die Gabel noch in der Hand, und scheint dem Gespräch der Gruppe auf der rechten

---

21 Vgl. Rudolf Malter, „Kant im Keyserlingschen Haus. Erläuterungen zu einer Miniatur aus dem Jahre 1781 [82]", in: *Kant-Studien* 72 (1981), S. 88–95, hier S. 94, sowie: ders., „Neue Bildnisse eines Philosophen. Bisher unbekannte Kant-Porträts aus ostpreußischem Familienbesitz", in: *Das Ostpreußenblatt* 46, 9 (12. Nov. 1983), S. 9.
22 Harald Lemke, *Ethik des Essens. Eine Einführung in die Gastrosophie*, Berlin 2007, S. 216.
23 Meine Übersetzung, im Original französisch: „La journée va se terminer par un frugal souper/ Des parens, amis des deux sexes et divers Etats groupès".

Abb. 6.1: Caroline Ch. A. von Keyserling, *La journée va se terminer par un frugal souper*, Miniatur, Deckfarben- Mischtechnik, Königsberg 1781 [82].

Tischseite zu lauschen. Vergleicht man in der Vergrößerung der Miniatur (Abb. 6.2) die Züge des Mannes, die Kopfhaltung und die Farbe des Rockes[24] mit den bekannten Beckerschen Porträts Immanuel Kants von 1768 (Abb. 6.3 u. 6.4) und insbesondere mit jenem Exemplar, das sich in Kants eigenem Besitz befand und das heute bis auf eine Reproduktion als verschollen gilt (Abb. 6.3), so kann man unschwer in ihm die Vorlage für die Darstellung der Miniatur ausmachen.[25]

Abb. 6.2: Caroline Ch. A. von Keyserling, *La journée va se terminer par un frugal souper*, Detail, Miniatur, Deckfarben-Mischtechnik, Königsberg 1781 [82].

---

24 Zur Kleidung Kants vgl. auch Reinhold B. Jachmann, „Immanuel Kant geschildert in Briefen an einen Freund", in: Felix Groß (Hrsg.), *Immanuel Kant. Sein Leben in Darstellungen von Zeitgenossen: Die Biographien von Borowsli, Jachmann und Wasianski.* Neudruck der Ausgabe von 1912, mit einer Einleitung v. Rudolf Malter und einem Nachwort v. Volker Gerhard, Darmstadt 2012, S. 103–187, hier S. 146 f.

25 Rudolf Malter hat dagegen fälschlicherweise die Figur des Grafen in der Mitte der Tafel mit Kant identifiziert und sich dabei auf die Annahme gestützt, die Vorlage für die Miniatur sei das Porträt Kants, das Caroline Keyserling von diesem in jungen Jahren angefertigt hatte (Vgl. Malter, „Kant im Keyserlingschen Haus", S. 89–91 sowie ders., „Neue Bildnisse eines Philosophen"). Im Hinblick auf die Komposition der Miniatur erscheinen auch die Erinnerungen diverser Freunde Kants, dass dieser bei Tisch stets den Ehrenplatz an der Seite der Gräfin eingenommen habe, nicht so einfach übertragbar, wie dies die Maltersche These nahelegt. Denn die Miniatur steht im Kontext einer Miniaturenfolge, die primär das Privatlebens des gräflichen Paares schildert. Kant hierbei in die Mitte der Tafel zu rücken und den Grafen damit umgekehrt an den Rand zu verbannen, scheint nicht nur unpassend, sondern würde Kant geradezu in eine Paarkonstellation mit der Gräfin bringen. Darüber hinaus legt auch ein Vergleich mit den anderen Miniaturen die Identifikation des Mannes neben der Gräfin mit dem Grafen nahe.

Abb. 6.3: Johann Gottlieb oder Heinrich Becker, Kant, Porträt, Exemplar Simon, 46 × 60 cm, um 1768, Königsberg i. Pr., Kantzimmer. Vernichtet?.

Abb. 6.4: Johann Gottlieb oder Heinrich Becker, Kant, Porträt, Buchhandlung Gräfe und Unzer Königsberg, 46 × 59 cm, um 1768, Schiller-Nationalmuseum, Marbach am Neckar.

Nun scheint der Miniatur und mit ihr der Geselligkeit in Kants Leben, folgt man der Kant-Forschung, allein anekdotischer Wert zuzukommen. Der Umstand, dass Kant nicht jener trockene Katheder-Gelehrte war, als den man ihn seit dem 19. Jahrhundert zu zeichnen gewohnt ist, sondern vielmehr großen Anteil an der Galanterie und Geselligkeit Königsbergs genommen hat, scheint für die Philosophie Kants keinen Unterschied zu machen.[26] Übersehen wird dabei jedoch die zentrale Stellung der Tischgesellschaft in Kants Philosophie und insbesondere für die bis heute unterschätzte *Anthropologie*, die Kant seit dem Wintersemester 1772/73 in Form von *Privatissima* kontinuierlich unterrichtete. In der 1798 erschienenen *Anthropologie in pragmatischer Hinsicht*, die die Lehren der anthropologischen Vorlesungen einem breiten Lesepublikum zugänglich machen sollte, findet sich eine ausdifferenzierte Anleitung, die der Veranstaltung und dem Ablauf eines gelungenen geschmackvollen Gastmahls gewidmet ist. Diese „Gesetze der verfeinerten Menschheit[27] die vor allem die Regeln einer „geselligen Konversation" betreffen und einen „offenen Verkehr der Menschen" möglich machen sollen,[28] speisen sich dabei offensichtlich aus den eigenen, langjährigen, im geselligen Umgang erworbenen Erfahrungen, Fähigkeiten und Reflexionen, die sich in jener „feine[n] Lebensart Gewandtheit und Delicatesse"[29] niederschlagen, die Kants Schüler, Freunde und Bekannte, von Christian Jakob Kraus bis hin zu Johann Gottfried Herder, ohne Ausnahme bewundert haben. Und es sind insbesondere die Tischgesellschaften im Keyserlingschen Haus, so möchte ich im Folgenden argumentieren, die einiges Licht auf den Kontext, die Entwicklung und Bedeutung der anthropologischen Schriften Kants werfen, deren Status und Bezug zu dem kritischen Projekt Kants bis heute Fragen aufgeben.

Wie zentral die Tischgesellschaft dabei in Kants später Veröffentlichung der *Anthropologie in pragmatischer Hinsicht* ist, wird allein schon durch ihre Stellung im Text deutlich. Wenn Kants Entwurf einer Gattungsgeschichte der Menschheit, die den zweiten Teil der *Anthropologie in pragmatischer Hinsicht (1798)* und da- mit die *anthropologische Charakteristik* überhaupt abschließt, in der regulativen Idee einer weltbürgerlichen Republik als „Bestimmung des

---

26 Zur Kritik der „preußischen Zurichtung" des Königsberger Philosophen vergleiche auch die anregende Studie von Ursula P. Jauch, die jedoch in ihrem Versuch, Kant als hedonistischen und klandestinen Philosophen zu zeichnen, oftmals übers Ziel hinausschießt: Ursula P. Jauch, *Friedrichs Tafelrunde & Kants Tischgesellschaft. Ein Versuch über Preußen zwischen Eros, Philosophie und Propaganda*, Berlin 2014.
27 Kant, „Anthropologie in pragmatischer Hinsicht", S. 282.
28 Ebd., S. 279.
29 Malter (Hrsg.), *Immanuel Kant in Rede und Gespräch*, S. 121.

Menschengeschlechts" gipfelt,[30] so endet der erste und didaktische Teil der *Anthropologie* gerade mit jenem, strukturell analogen Entwurf einer Tischgesellschaft. Unter dem Titel *Vom höchsten moralisch-physischen Gut* behandelt Kant die Vereinigung des „geselligen Wohllebens mit der Tugend und hiemit [sic!] die wahre Humanität", deren Beförderung, wie er schreibt, mit einer „gute[n] Mahlzeit in guter [...] Gesellschaft [...] am besten zusammen zu stimmen scheint".[31] Beide – die Weltbürgerrepublik ebenso wie die Tischgesellschaft – stellen dabei jeweils auf unterschiedlicher Ebene den Versuch dar, die für Kant in jeglicher Hinsicht grundlegende Antinomie zwischen Sinnlichkeit und Moral zu vermitteln. Menschheitserzählung und Tischgesellschaft liegen erneut nahe beieinander und bilden den Rahmen der bei Kant immer wieder vehement gestellten Frage nach der Regulierung der Esslust. Wenn beide, die „Tugend" wie die „Neigung zum Wohlleben", die bei Kant stets und überall in Form des unersättlichen Appetits figuriert wird, im alltäglichen Leben nur vermischt auftreten, so sehr man sie schulphilosophisch auch auseinanderdividieren kann, so gilt es den Ort zu beschreiben, an dem „die Zersetzung" dieser Antinomie „durch gegenwirkende Mittel (reagentia)" stattfinden kann, ebenso wie es gilt „die Elemente und Proportionen ihrer Verbindung" anzugeben, die „den Genuß einer gesitteten Glückseligkeit verschaffen können".[32] Der Ort dieser Vermittlung ist nun für Kant exakt die Tischgesellschaft und ihre „Elemente und Proportionen" bestimmen sich konsequent nach der Maßgabe des Geschmacks. Die ideale Tischgesellschaft besteht aus „lauter Männer[n] von Geschmack (ästhetisch vereinigt)", die „nicht bloß gemeinschaftlich eine Mahlzeit, sondern einander selbst zu genießen die Absicht haben". Ihr Ziel ist das „gesellige Vergnügen" und der gemeinsame Diskurs, zu dem die leibliche Befriedigung „nur das Vehikel" darstellen soll.[33] Kants Gastmahl ist hierin erneut als private und privative Veranstaltung zu verstehen, die sich gegen den repräsentativen Pomp der höfischen Geselligkeit richtet ebenso wie gegen die Fressereien der Volksfeste. Zu ausufernd in der Einladung der Gäste tendieren beide dazu, das Gespräch auf den beschränkten Umkreis der Nachbar*innen einzuschränken und die allgemeine Geselligkeit in singuläre ungesellige Gruppenbildungen zerfallen zu lassen; zu maßlos in der repräsentativen Fülle der aufgetischten Speisen drohen sie unentwegt das Maß des Geschmacks zu überschreiten. Das „festliche Traktament" verrät den Geist des geselligen Diskurses im „Gelag" und in der „Abfütterung" der

---

30 Kant, „Anthropologie in pragmatischer Hinsicht", S. 331.
31 Ebd., S. 278.
32 Kant, „Anthropologie in pragmatischer Hinsicht", S. 277.
33 Ebd., S. 278.

Massen.[34] Das rechte Maß und der rechte Rahmen der „gesitteten Glückseligkeit" sind dagegen allein in einer intimen Tischrunde zu finden, die sich – jenseits einer manifesten Esslust – in ihrer Geselligkeit nur selbst zu genießen scheint.[35] Die Verknüpfung der Kantischen Tischgesellschaft mit den Gesellschaften im Hause Keyserling kann dabei umso überzeugender argumentiert werden, wenn man die studentischen Nachschriften der Anthropologievorlesung in Betracht zieht. Denn es ist gerade die auf das Wintersemester 1781/82 datierte *Petersburger Nachschrift* der Vorlesung, in der sich – kurz nach der Veröffentlichung der *Kritik der reinen Vernunft* (1781) und im gleichen Zeitraum, in den auch die Anfertigung des *Almanachs* fällt – das erste Mal unter dem Titel *Von der Gesellschafft überhaupt* das Konzept der Tischgesellschaft als Verwirklichung des Zusammenspiels von Wohlleben und Moralität in systematischer Form entwickelt findet.[36] Nun muss man sicherlich die am Ende stets unsichere Datierung sowie die Unvollständigkeit der studentischen Vorlesungsnachschriften in Rechnung stellen, die keineswegs den exakten Wortlaut der Kantischen Vorlesungen wiedergeben, ebenso wie die nur bruchstückhafte Überlieferung von Nachschriften, die nicht für alle Vorlesungsjahre existieren.[37] Und doch ist bemerkenswert, dass alle nachfolgenden Mitschriften den ersten Teils der *Anthropologie* in gleicher Weise in der Tischgesellschaft gipfeln lassen. Der Gedanke, die Systematisierung der Tischgesellschaft als Ort der Vereinigung von Wohlleben und Tugend in Form der Humanität mit jenem Keyserlingschen *Almanach* in Verbindung zu bringen,

---

34 Ebd., S. 278 f.

35 Bisher wurde diese Konzeption der Tischgesellschaft auf Kants eigene späte Erfahrungen als Gastgeber bezogen, die er seit 1787 anlässlich der Tischgesellschaften in seinem eigenen Haushalt sammeln konnte. Harald Lemke hat hiervon ausgehend die Frage des Essens bei Kant an dessen späterer Auseinandersetzung mit den Schriften Hufelands festgemacht (Lemke, *Ethik des Essens*, S. 171–216). Eine Annahme, die sich durch die Lektüre der Vorlesungsnachschriften leicht widerlegen lässt. Der Bedeutung der Keyserlingschen Hofhaltung ist dabei so gut wie gar nicht nachgegangen worden. Eine Ausnahme bildet hier Rudolf Malter, der unter Rückgriff auf die Miniatur des *Almanachs* explizit über einen solchen Einfluß spekuliert hat, ohne diese Annahme allerdings weiterzuverfolgen (Malter, „Kant im Keyserlingschen Haus", S. 94 f.).

36 Immanuel Kant, „Menschenkunde, Petersburg. Die Vorlesung des Wintersemesters 1781/82 [?] aufgrund der Nachschriften", in: *Kant's Gesammelte Schriften. ‚Akademieausgabe'*, hrsg. v. Königlich Preußische Akademie der Wissenschaften, Bd. 25.2, Berlin 1900 ff. S. 849–1203, hier S. 1150–1154.

37 Die vorangegangene Vorlesungsnachschrift *Pilau* datiert etwa auf das Wintersemester 1777/78. Zur Überlieferung der Vorlesungsnachschriften vgl. das Vorwort zur Neuedition der Anthropologievorlesungen: Reinhard Brandt/Werner Stark, „Einleitung", in: *Kant's Gesammelte Schriften. ‚Akademieausgabe'*, hrsg. v. Königlich Preußische Akademie der Wissenschaften, Bd. 25.1, Berlin 1900 ff. S. VII–CLI.

ist dementsprechend verlockend. Und wenn sich der Bezug auch historisch nicht zweifelsfrei beweisen lässt, so gibt der *Almanach* doch Anhaltspunkte die Verbindung der Kantischen Theorie der Tischgesellschaft mit der Hofhaltung der Keyserlings in den Jahren 1781/82 nicht für unbegründet zu halten. Insbesondere dann, wenn man jenen dem *Almanach* angefügten Text des Grafen Keyserlings hinzuzieht, der zur gleichen Zeit unter dem Titel *De la societé acromatique* eine ähnliche, wenn auch theoretisch weniger ausgefeilte Variante der gebildeten Geselligkeit zu konzipieren sucht.

> Ich nenne eine *societé acromatique* diejenige Gesellschaft, die sich versammelt, um sich durch Lektüre und Gespräch zu instruieren. Das Ziel ist es, den menschlichen Kenntnissen Gehör zu schenken, sich gegenseitig zu unterweisen und dadurch zur Glückseligkeit der Menschen beizutragen.[38]

Und es sind neben der allgemeinen Konversation – etwa bei geselligen Spaziergängen oder in häuslichen Gesprächen – insbesondere die Konversationen bei Tisch, die als Ort einer *akroamatischen* Geselligkeit angegeben werden. Schon zu Beginn heißt es:

> Nichts ist mehr im Gebrauch als die Gesellschaften; aber das Wesentliche mangelt dem größten Teil. Ich nenne die nützliche und kommunikative Unterhaltung bei jeder *cena*, die sie komponieren, das Wesentliche der Gesellschaften. Alle Gesellschaften sollten meiner Meinung nach *acromatique* sein.[39]

Und drei Seiten später wird die Bedeutung des Tischgesprächs noch einmal für die *societé acromatique* unterstrichen, wenn diese – wie in der Verwendung des lateinischen Begriffs der „cena" bereits anklingt – auf die antike Tradition der römischen Gastmähler sowie auf die christlich-klösterliche Tischgesellschaft zurückbezogen wird:

> Die Diners und die Soupers können ebenso *acromatique* sein wie alle anderen Gesellschaften. Cicero und Atticus behaupten, dass die Gespräche bei Tisch dem Essen einen vorzüglichen Geschmack verleihen. Der Geschmack des Geistes und der des Körpers

---

38 Keyserling, *Almanach domestique*, 17r. Meine Übersetzung, im Original französisch: „J'appelle societé acromatique toute societé qui s'assemble pour s'instruire par la lecture et parle le discours. Le but en est d'entendre les conoissances humaines, de l'instruire mutuellement, et de contribuer, par là à la felicité des hommes." Der Begriff ‚acromatique' geht dabei auf das Lateinische, acroamaticus' zurück, das alle Dinge umschließt, die auf unterschiedliche Weise zur Unterhaltung dienen können.

39 Keyserling, *Almanach domestique*, S. 16v. Meine Übersetzung, im Original französisch: „Rien n'est plus en usage que les societés; mais l'essentiel y manque la plus part. J'appelle l'essentiel des societés l'agrément utile et communicatif à tous cena qui les composent. Toutes les societés à mon avis devroient être acromatiques".

gehen hier zusammen. Diese Art von Gesellschaften gehörte zu den Bräuchen und Sitten der Alten und es ist wahrscheinlich, dass die Lektüren, die in den Refektorien der Konvente stattfinden, ihren Ursprung in diesen Bräuchen haben.[40]

Die Gesellschaft belebt das Gemüt und verschafft „Gedeihlichkeit", heißt es zur gleichen Zeit in der Vorlesungsnachschrift Kants im Abschnitt *Über die Gesellschaft überhaupt;* „Seele und Leib [. . .] werden aufs beste [unterhalten].[41]

Eine Darstellung der *société acromatique* findet sich auf der zehnten, dem Monat Oktober zugeordneten Miniatur (Abb. 6.5) und auf den gleichen Monat datiert für das Jahr 1782 ein entsprechender kalendarischer Eintrag: „Mardy 29: Ouverture des séances de la societe acromatique".[42] Die „Séancen" dieser Gesellschaft fanden demnach vor allem im Winterhalbjahr statt und waren anscheinend exklusiver und von den sonstigen Geselligkeiten und deren Verpflichtungen unterschieden.

Die Miniatur zeigt den gleichen Raum und die gleiche Tafel wie die Darstellung des abendlichen *Souper.* Der Saal wirkt etwas heller, so dass die beiden Miniaturen im Sinne des Tageslaufes eine zeitliche Reihung ergeben. Neben der Anordnung der Personen haben sich auch die Tätigkeiten bei Tisch verschoben, wie der unter der Miniatur beigefügte Text erläutert: „Die société acromatique amüsiert Javotte/ Einer legt Patience, ein anderer liest, die dritte strickt/ Cleon spielt l'Hombre/ Und zieht nach vier verlorenen Matadors eine finstere Miene".[43] Der Graf von Keyserling ist hierbei an der linken Seite des Tisches in blauem Rock, roter Weste und weißem Jabott auszumachen. Das Gesicht dem*der Betrachter*in zugekehrt, ist er in das *l'Hombre*-Spiel mit der Frau in rotem Kleid im Vordergrund sowie einem weiteren Herrn vertieft. Ein Mann im Vordergrund, nur von hinten zu sehen und mit einem blauen preußischen Galarock angetan, ist in ein Buch vertieft, während auf der rechten Seite zwei

---

40 Ebd., 18r–v. Meine Übersetzung, im Original französisch: „Les diners et les soupers peuvent aussi être acromatiques ainsi que les autres sociétés. Ciceron et Atticus soûtenoient qu'à table les conversations donnoient du haut gout à la nouriture. Celle de l'esprit et du corps alloient alors de paire. Ces sortes de sociétés appartenaient aux coutûmes et aux moeurs des anciens, et i lest probable, que les lectures qui se sont dans les refectoires des convents doivent leur origine à ces coutûmes."
41 Kant, „Menschenkunde, Petersburg", S. 1151.
42 Keyserling, *Almanach domestique,* 14r. Die Treffen der *société acromatique* wurden dabei anscheinend über das letzte Quartal des Jahres fortgesetzt, wie ein Eintrag vom 10. Dezember 1782 nahelegt: „Les jeux de patience continuent. De même que les séances de la societé acromatique" (ebd., 16r).
43 Ebd., S. 13v. Meine Übersetzung, im Original französisch: „La societé acromatique amuse Javotte/ L'un fait la patience, l'autre lit, la troisieme tricotte/ Pendant que Cleon joue en grand ferieux à l'hombre/ Et à quatre Matadors perdus fait la mine sombre".

Abb. 6.5: Caroline Ch. A. von Keyserling, *La societé acromatique amuse Javotte*, Miniatur, Deckfarben-Mischtechnik, Königsberg 1781 [82].

Männer eine Unterhaltung führen. Die Gräfin selbst ist nur schwer auszumachen. Ist sie jene mit dem Stricken beschäftigte Dame in der Mitte der Tafel im violetten Kleid oder diejenige links neben ihr sitzende, grün gekleidete? Ist sie die rot gekleidete *l'Hombre*-Spielerin im Vordergrund? Die Zuordnung muss ungeklärt bleiben. Für die Frage des Zusammenhangs zwischen der *societé acromatique* und der Kantischen Tischgesellschaft ist jedenfalls die braunberockte Gestalt rechts neben dem Grafen, die sich ebenfalls dem *l'Hombre*-Spiel zuwendet, entscheidender: In ihr lässt sich mit einiger Mühe die gleiche Person ausmachen, die in der Miniatur des folgenden Monats mit Immanuel Kant identifiziert werden kann. Dass Kant in jenem Wintersemester des Jahres 1781/ 82 an dieser Gesellschaft teilgenommen hat auf diese Zeit datieren sowohl das Konzept der Tischgesellschaft Kants als auch der *Almanach* und möglicherweise der Text über die *societé acromatique* –, ist, bedenkt man die Rolle, die Kant in der Keyserlingschen Gesellschaft einnahm, mehr als wahrscheinlich. Nicht zuletzt führt auch die zeitgleiche Vorlesungsnachschrift neben den Tafelfreuden, die das seien, „was die Menschen am meisten vereinigt [. . .] und die Gelegenheit, wobey die Menschen in der allerengsten Conversation stehen können", das Spiel als gesellschaftlichen „commerce" an. „Man hat hier", so gibt die studentische Nachschrift Kants Ausführungen wieder,

> dem Eigennutz Erlaubnis gegeben sich zu zeigen, und doch dabey delicatesse zu zeigen: daher hat das Spiel einige Cultur bey sich, und gute Spieler sind von guten Manieren. Überdem hat das Spiel das besondere, daß es das Gemüth und den Körper agitirt. Es ist die Zuflucht die am allerlängsten unterhält, und gehöret zu den mannigfaltigen Abwechslungen, indem der Eigennutz diese Beschäfftigung niemals gantz schaal werden läßt, so daß das Spiel in der Gesellschaft das vornehmste ist.[44]

Es lassen sich damit durchaus konkrete Wechselbezüge zwischen den Keyserlingschen „akroamatischen" Tischgesellschaften und der zeitgleichen

---

[44] Kant, „Menschenkunde, Petersburg", S. 1151. Bis in die 70er Jahre war Kant selbst als Billiard- und l'Hombre-Spieler berüchtigt, der sich in jungen Jahren sogar sein Studium zum Teil aus den entsprechenden Gewinnen finanzierte (Kühn, *Kant*, S. 84 f.). Unter dem Einfluß seines Freundes Joseph Green habe er dieses jedoch, wie Jachmann berichtet, aufgegeben. Bis dahin (und darüber hinaus, wie die Vorlesung zeigt) hat Kant das Spiel nicht nur als geistige Übung, sondern – „in anständiger Gesellschaft gespielt" – auch „für eine Übung in der Selbstbeherrschung, mithin für eine Kultur der Moralität" gehalten (Jachmann, „Immanuel Kant geschildert in Briefen an einen Freund", S. 159). Zu einer kritischeren Einschätzung gelangt Kant in der *Anthropologie* von 1798. Indem man im Spiel, „das zur Ausfüllung des Leeren der Konversation vor der Tafel" dient, „eine Konvention des Eigennutzes" errichtet, „sich mit der größten Höflichkeit zu plündern", kann dieses nun keinen Anspruch mehr auf die tugendhafte Gesellschaft machen (Kant, „Anthropologie in pragmatischer Hinsicht", S. 277 f.).

Theoretisierung Kants ausmachen. Hatten Erstere, wie der Text des *Alma-nachs* betont, zum Ziel, in der gebildeten Konversation, zur Aufklärung und damit „zur Glückseligkeit der Menschen beizutragen",[45] so sollten Letztere als entschiedenes Vehikel zur Kultivierung, Zivilisierung und Moralisierung, kurz zur Einübung der Humanität des Menschen dienen, wie Kant in seiner *Anthropologie* deutlich macht.[46] Die Keyserlingschen Tischgesellschaften machen hierin die empirische und lebenspraktische Begründung der „Beobachtungen" der anthropologischen Schriften plausibel, die ihnen allzu oft abgesprochen worden sind.[47] In ihnen wird der Kontext und das praktische Betätigungsfeld einer moralischen und in Begriffen der Welt entworfenen Anthropologie deutlich, die sich gerade nicht in den Mauern der Schule und in den Bezirken der reinen Philosophie vollzieht, wie dies Kants *Kritik der praktischen Vernunft* und die *Metaphysik der Sitten* anzudeuten scheinen.[48] Stattdessen überantwortet Kant die Fragen einer konkreten, angewandten Moral in der Welt einer philosophisch-praktischen Lebenskunst, zu der es, wie es explizit in der *Grundlegung der Metaphysik der Sitten* (1785) heißt, „der Anthropologie bedarf".[49] Diese knüpft hierin entschieden an die

---

45 Keyserling, *Almanach domestique*, 17r.

46 Vgl. hierzu Agnes Heller, „Culture, or Invitation to Luncheon by Immanuel Kant", in: *A Philosophy of History in Fragments*, Oxford und Cambridge 1993, S. 136–175, sowie Iris Därmann, „Kants Kritik der Tischgesellschaft und sein Konzept der Hospitalität", in: dies. (Hrsg.), *Figuren des Politischen*, Frankfurt am Main 2009, S. 98–114.

47 So spricht etwa John H. Zammito, von dem eines der instruktivsten Bücher über Kants Anthropologie stammt, mit Bezug auf Kants *Anthropologie in pragmatischer Hinsicht* von einer zunehmenden Akademisierung der früheren anthropologischen und populärwissenschaftlichen Themen der vorkritischen Schriften, die in einer „dogmatic and antiempirical posture" kulminierten (John H. Zammito, *Kant, Herder and the Birth of Anthropology*, Chicago und London 2002, S. 301). Anlass zu diesem Urteil gibt Zammito die oftmals festgestellte, unveränderte Kontinuität der Struktur der Anthropologievorlesungen von den 70er Jahren bis zur Veröffentlichung 1798, deren erster Teil sich an die Struktur der empirischen Psychologie Baumgartens anlehnt, während die Beispiele und die Sprache des zweiten Teils in vielen Fällen an Kants vormalige *Beobachtungen* anschließen (vgl. ebd.).

48 Diese Möglichkeit übersieht nicht nur John H. Zammito, wenn er bemängelt, Kant habe die Frage einer „philosophy in terms of the world" offengelassen und in einer Abkehr von seinen popularphilosophisch orientierten frühen Schriften das Projekt einer „moral anthropology", die er in seinen ethischen Schriften allzu oft angekündigt, nie eingelöst (ebd., S. 348).

49 Immanuel Kant, „Grundlegung zur Metaphysik der Sitten", in: *Kant's Gesammelte Schriften. ‚Akademieausgabe'*, hrsg. v. Königlich Preußische Akademie der Wissenschaften, Bd. 4, Berlin 1900 ff. S. 385–463, hier S. 412.

Tradition der popularphilosophisch ausgerichteten „Schönen Wissenschaften" an, wie sie in Deutschland von Thomasius unter Rückgriff auf die durch
die französischen Moralisten vermittelten Schriften Graciáns begründet
wurde.[50]

Nimmt man die wechselseitige Verbindung zwischen der Kantischen Tischgesellschaft in der *Anthropologie* und jenen luxuriösen und kosmopolitisch ausgerichteten Mahlgesellschaften im Hause der Keyserlings ernst, so ergibt sich
ein ganzes Feld von Fragen bezüglich der Problematisierung der Esslust in der
Kantischen *Anthropologie*: Neben der Frage nach dem Verhältnis von Tischgesellschaft und akademischer Philosophie, die gleichermaßen den Status der
anthropologischen Schriften selbst betrifft, muss vor allem nach der systematischen Bedeutung des Essens und des Appetits für die anthropologischen Entwürfe ebenso wie für Kants Konzeption des Geschmacks gefragt werden. Nicht
zuletzt stellt sich vor dem Hintergrund der Keyserlingschen Tafelkultur, die ein
durchaus anderes und üppigeres Bild des Kantischen Tisches zeichnet, als das
der frugalen Mahlzeit in der kargen Stube des Philosophen, auch die Frage
nach dem Stellenwert des Luxuslebens und insbesondere der neuen exotischen
Genussmittel, denen im Diskurs über den Luxus im 18. Jahrhundert, wie
das letzte Kapitel gezeigt hat, eine eminente Wichtigkeit zukommt. Insbesondere wird die Frage dort relevant, wo Kant selbst immer wieder auf die Schriften Rousseaus ebenso wie auf diejenigen Humes zurückgreift, um seine

---

50 Zur Einordnung der Kantischen Anthropologie in die Tradition der Popularphilosophie
vgl. jüngst Cristiana Senigaglia, „Die Projektdimension der Popularphilosophie bei Kant und
Fichte", in: Christoph Binkelmann/Nele Schneidereit (Hrsg.), *Denken fürs Volk? Popularphilosophie vor und nach Kant*, Würzburg 2015, S. 79–96; Christoph Asmuth, „Von ‚Seichtigkeit' und
‚Pedanterie'. Popularität und Öffentlichkeit in der Philosophie zwischen Kant und Fichte", in:
Christoph Binkelmann/Nele Schneidereit (Hrsg.), *Denken fürs Volk? Popularphilosophie vor und
nach Kant*, Würzburg 2015, S. 97–112; sowie Brandt/Stark, „Einleitung", S. xiv und Zammito,
Kant, Herder and the Birth of Anthropology, Letzterer allerdings mit abweichendem Urteil, was
die späten anthropologischen Schriften Kants angeht. Zur Popularphilosophie in Deutschland
vgl. auch Doris Bachmann-Medick, *Die ästhetische Ordnung des Handelns. Moralphilosophie und
Ästhetik in der Popularphilosophie des 18. Jahrhunderts*, Stuttgart 1989; sowie Werner Strube,
„Die Geschichte des Begriffs ‚schöne Wissenschaften'", in: *Archiv für Begriffsgeschichte* 33
(1990), S. 136–216. Zum Verhältnis von Thomasius zu Gracián vgl. etwa Sebastian Neumeister,
„Bildungsideal barock. Christian Thomasius liest Gracián", in: *Germanisch-Romanische Monatsschrift, Neue Folge* 52 (2001), S. 39–47. Wenn auch Reinhard Brandt und Werner Stark in ihrer
Einleitung zu den Vorlesungsnachschriften der Kantischen Anthropologie betonen, dass Kant
diese nicht als Fortsetzung der am Hof orientierten politischen Klugheitslehren verstand, wie sie
von Thomasius und seinen Anhängern verbreitet wurden (Brandt/Stark, „Einleitung", S. xx f.),
so sind doch die thematischen Kontinuitäten, was die Geschmacksphilosophie angeht, über-
deutlich, wenn sie auch bürgerlich gewendet werden.

Anthropologie mit und gegen Ersteren zu konturieren. Es wird also darum gehen, durch die anthropologischen Schriften Kants hindurch die kulinarische Ökonomie des Geschmacks nachzuverfolgen. Welche Beziehungen unterhält diese zu den Fragen der kolonialen Erweiterung Europas und insbesondere zu den neuen, exotischen Genussmitteln, die ungeachtet ihrer immer weiteren Verbreitung,[51] auch gegen Ende des 18. Jahrhunderts noch in der Lage waren einen exzeptionellen Geschmack unter den gehobenen Schichten zu behaupten? Und nicht zuletzt: Welchen Einfluss haben Letztere auf die menschheitsgeschichtlichen Entwürfe, die Kant in seinen anthropologischen Vorlesungen entwickelt?

6.1 Gelehrte Geselligkeit

Die Frage nach dem Status der Geselligkeit in der Philosophie Kants ist, wie ich im Folgenden zeigen möchte, keineswegs nebensächlich, sondern muss als eine der zentralen Fragen angesehen werden, wenn es um die Rolle der Anthropologievorlesungen in Kants philosophischem Lehrgebäude geht, von der nicht zuletzt der (theorie-)politische Einsatz der Kantischen Tischgesellschaft abhängt. Wenn auch Kant erst ab dem Wintersemester 1781/82 den ersten Teil der *Anthropologie* auf die Tischgesellschaft als „Gesellschaft überhaupt" zulaufen lässt und damit parallel zu der Veröffentlichung seiner *Kritik der reinen Vernunft* (1781) eine Neujustierung der Stellung vornimmt, die der Anthropologie in seinem philosophischen System zukommt, so ist die Tischgesellschaft doch als solche kein völlig neues Thema der Anthropologievorlesungen. Vielmehr kann man durch die diachrone Lektüre der studentischen Vorlesungsnachschriften hindurch eine kontinuierliche Verdichtung zwischen anthropologischer Lehre und Geselligkeit ausmachen, die die Tischgesellschaft in einer permanenten Aus-und Umarbeitung immer zentraler werden lässt. So unsicher der Quellenstatus dieser Vorlesungsnachschriften auch sein mag, so lassen sich doch an ihnen Tendenzen ablesen, anhand derer sich die Entwicklung des Konzepts und der Ausrichtung der Anthropologie Kants nachverfolgen lassen.[52] Schon in den ersten überlieferten

---

51 Für Königsberg ist hierbei etwa der Reisebericht Nikolai M. Karamsims interessant, der 1789 berichtet, dass anlässlich des Jahrmarkts auf den Treppen vor den Häusern die Gäste mit Tee und Kaffee bewirtet wurden. Vgl. Nicolai M. Karamsin, Geschichte des Russischen Reiches. Bd. 1, übers. v. Friedrich von Hauenschild, Riga 1820, S. 50, zit. n.: Dörflinger/Fehr/Malter (Hrsg.), *Königsberg 1724–1804*, S. 412.
52 Vielfach ist dagegen die strukturelle Kontinuität der anthropologischen Vorlesungen Kants betont worden, die selbst nach der kritischen Wende Kants keine substanziellen Veränderungen in ihrem Aufbau erfahren haben (vgl. Reinhard Brandt, „Beobachtungen zur Anthropologie bei

Nachschriften aus dem Wintersemester 1772/73 finden sich bei Kant entsprechende Überlegungen, die mit Bezug auf die geschmackvoll gedeckte Tafel ausdrücklich um das Spannungsverhältnis zwischen Geschmack und Appetit kreisen
ebenso wie Kant bereits zu dieser Zeit die kulinarische Tafelrunde konsequent mit
einer „Cultur des Geschmacks" und Ästhetik der Existenz verknüpft. Hatte Kant
in seinen *Beobachtungen über das Gefühl des Schönen und Erhabenen* von 1764
noch gleich zu Beginn den Appetit vom Gefühl für das Schöne hinsichtlich der
Feinheit zu unterscheiden gesucht und den kulinarischen Geschmack aus seinem
ästhetischen Diskurs ausgeschlossen – wenn auch im Unterschied zur späteren
Kritik der Urteilskaft (1790) nicht durch einen systematischen, sondern nur durch
einen graduellen Unterschied[53] – , so findet acht Jahre später das Thema des kulinarischen Geschmacks in der *Anthropologievorlesung* seinen Platz im Teil über
Das Gefühl der Lust und Unlust. Und auch in jenem Teil, in dem Kant im direkten
Anschluss an seine frühere Schrift eine Typologie des Geschmacks der unterschiedlichen Nationen und Völker zu entwerfen sucht, kommt er immer wieder
auf das Kulinarische zu sprechen. In beiden Teilen erscheinen dabei bereits so
gut wie alle Elemente, die ab 1781/82 – wenn auch mit einigen Verschiebungen
und in deutlich systematischerer Weise – die Finalität des ersten Vorlesungsteils
ausmachen werden. Bereits 1772/73 wird die Kochkunst – entgegen den expliziten
Vorbehalten, die Kant in den *Beobachtungen* entgegen jene „wohlbeleibten Personen" geäußert hatte, „deren geistreichster Autor ihr Koch ist und deren Werke
von feinem Geschmack sich in ihrem Keller befinden"[54] – explizit unter die
„angenehmen Künste" und damit unter die Ästhetik subsumiert,[55] wie auch die

---

Kant (und Hegel)", in: Franz Hespe/Burkhard Tuschling (Hrsg.), *Psychologie und Anthropologie
oder Philosophie des Geistes*, Stuttgart-Bad Cannstadt 1991, S. 75–106, hier S. 89; Brandt/Stark,
„Einleitung", S. xlvii; Zammito, *Kant, Herder and the Birth of Anthropology*, S. 301). Auf die Verschiebungen und konzeptuellen Änderungen der Vorlesungen macht dagegen Thomas Sturm
aufmerksam: Thomas Sturm, *Kant und die Wissenschaften vom Menschen*, Paderborn 2009.
53 Immanuel Kant, „Beobachtungen über das Gefühl des Schönen und Erhabenen", in: *Kant's
Gesammelte Schriften.* ‚Akademieausgabe', hrsg. v. Königlich Preußische Akademie der Wissenschaften, Bd. 2, Berlin 1900 ff. S. 205–256, hier S. 207 f.
54 Ebd., S. 207.
55 „Die Kochkunst soll [neben den privaten Vorlieben und der affizierenden Lust, die sie bei
sich führt; Anm. S.Z.] auch allgemeine Regeln haben; geschmackvolle Leute wißen gut zu treffen, was allgemein oder doch mehrentheils gefällt" (ders., „Anthropologie Collins. Die Vorlesungen de Wintersemesters 1772/73 aufgrund der Nachschriften Collins, Philippi Hamilton,
Brauer, Dohna, Parow und Euchel", in: *Kant's Gesammelte Schriften.* ‚Akademieausgabe',
hrsg. v. Königlich Preußische Akademie der Wissenschaften, Bd. 25.1, Berlin 1900 ff. S. 1–238,
hier S. 179). Bemerkenswert ist darüber hinaus, dass Kant, wenn es darum geht das Schöne als
etwas dem Nutzen Entgegengesetztes zu definieren, gerne auf Gegenstände der Tafel oder mit
Genussmitteln in Verbindung stehende Accessoires zu sprechen kommt: So gefalle eine

allgemeine Geltung und Gesetzmäßigkeit des Geschmacksurteils anhand des Geschmacks der guten Wirtsleute entwickelt wird, denen es gelingt zu aller Zufriedenheit aufzutischen.[56] Und nicht zuletzt der Übergang vom Geschmack zur Tugend wird bereits hier unter dem Begriff der „Politesse" und anhand der Umgangsformen bei Tisch in Szene gesetzt: „Die Politesse", so gibt die Nachschrift *Parow* Kant wieder,

> übet uns auch an dem Geschmack zu finden, was edel und gut ist. [...] Ein Mensch der Politesse besitzt, muß wenn er Gäste bey sich hat an der Taffel die unterste Stelle einnehmen, er muß seine größte Mühwaltung darin bestehen laßen, seine Gäste zu bewirthen, die Gesellschaft aufzumuntern, wenn es gleich mit der größten Unbequemlichkeit von seiner Seite verknüpft ist, was ist das anders als Freundschaft, und Bemühung anderer Wohl zu befördern?[57]

„Die Cultur des Geschmacks" – und hierin ist explizit die Kultivierung des kulinarischen Geschmacks inbegriffen – „verfeinert den Menschen überhaupt, und macht daß er eines idealischen Vergnügens fähig wird", behauptet Kant im Anschluss an Henry Home, Lord Kames *Elements of Criticism* und explizit gegen Rousseaus Verfallsgeschichte der Moralität.[58] Während der bloße Genuss der meisten Dinge diese in egoistischer und exklusiver Weise verbrauche, so Kant, indem er die Unterscheidung zwischen Appetit und Geschmack aus den *Beobachtungen* in neuer Ausrichtung und im Hinblick auf die Geselligkeit wieder aufnimmt, sei das Vergnügen des Geschmacks „theilnehmend" und darin stecke „eben das feine", dass ihn in eine Analogie zur Moralität bringe.[59] Die

---

silberne *Tabatière* weniger als eine aus Emaile (ebd., S. 177) oder gar aus „Papiermaché" (ders., „Anthropologie Parow. Die Vorlesungen des Wintersemesters 1772/73 aufgrund der Nachschriften Parow, Euchel, Hamilton, Philippi, Collins und Dohna", in: *Kant's Gesammelte Schriften. 'Akademieausgabe'*, hrsg. v. Königlich Preußische Akademie der Wissenschaften, Bd. 25.1, Berlin 1900 ff. S. 239–463, hier S. 374), insofern Erstere stets noch zu Geld gemacht werden könne. Ebensolches gelte beim silbernen Geschirr, gegen das das Porzellan aus „Mangel an Nutzen" als schöner absteche. (ebd., sowie ders., „Anthropologie Collins", S. 177).
56 Ebd., S. 180; ders., „Anthropologie Parow", S. 376. Das Kant hierbei, im Gegensatz etwa zu Gracián, auch explizit die Wirtinnen einbezieht, die wie etwa die Gräfin Caroline von Keyserlings in gleicher Weise zur geist- und geschmackvollen Runden und Gesellschaften einluden, macht eine Fußnote in der Anthropologie deutlich, in der Kant das Verhältnis der Geschlechter bei Tisch behandelt. Vgl. ders., „Anthropologie in pragmatischer Hinsicht", S. 280. In der Folge möchte ich diesen Umstand betonen, auch wenn Kant weiterhin den männlichen Gastgeber in den Vordergrund stellt.
57 Ders., „Anthropologie Parow", S. 386 f.
58 Ders., „Anthropologie Collins", S. 188; ders., „Anthropologie Parow", S. 387.
59 Aber ist es nur eine Analogie, die zwischen dem Schönen und der Moralität besteht oder gibt es ein grundlegenderes Verhältnis? Kant scheint hier unentschieden, denn an anderer

Verfeinerung des Geschmacks bessert den Menschen, indem sie ihn gesellig macht. „Der Geschmack", so heißt es an anderer Stelle, „ist eine beständige Cultur der Tugend. Von dem was sich schikt im Anstande ist der Geschmak das Augenmaß." [60] Und auch der gute Geschmack beim Essen und Trinken schärft, wie Kant explizit hervorhebt, das Urteilsvermögen der Person und wird hierin zu einer Propädeutik für die Erkenntnis der Harmonien und Disharmonien und damit für die Erkenntnis der Tugend.[61] Die Tugend und die praktische Ethik fußen hierin auf einer expliziten Ästhetik der Existenz, die vom Umgang, der Erfahrung und insbesondere der geschmackvollen Wahl des Subjekts als einer Geschmacksübung – nicht zuletzt in kulinarischer Hinsicht – abhängen.

Spielt die Geselligkeit und mithin die Tischgesellschaft also bereits in den frühesten überlieferten Nachschriften der Vorlesung inhaltlich eine nicht ganz unerhebliche Rolle, so bildet sie sich doch erst in den folgenden Jahren als das Feld heraus, auf das die Anthropologie als praktische und pragmatische Klugheitslehre auch in didaktischer Hinsicht abzielt. Diese Entwicklung und Umarbeitung macht Kant in seinem bekannten Brief an Marcus Herz Ende 1773 deutlich. Schon von Beginn an hätten seine anthropologische Vorlesungen, die er nun seit zwei Jahren halte, wie er gegenüber Herz betont, nicht, wie viele zeitgenössische anthropologische Entwürfe die Frage der Wechselwirkung von Körper und Seele und damit „die erste[n] Gründe der Möglichkeit der modification der menschlichen Natur überhaupt" zum Gegenstand, sondern – ganz im Sinne der Forderung Herz's nach einer weniger spekulativen als vielmehr empirisch ausgerichteten Anthropologie – „die Quellen aller Wissenschaften die der Sitten der Geschicklichkeit des Umgangs der Methode Menschen zu bilden u. zu regiren mithin alles Praktischen".[62] „Ich bin unabläßig so bey der Beobachtung selbst im gemeinen Leben", schreibt er, „daß meine Zuhörer vom ersten Anfang bis zum Ende niemals eine trokene sondern durch den Anlaß den sie haben unaufhörlich ihre gewöhnliche Erfahrung mit meinen Bemerkungen

---

Stelle heißt es: „Alles Schöne hat" – und das macht es zu mehr als einer Analogie – „seinen Grund in der Moralitaet, alle Manieren haben dies zum Grunde, was boßhaftes kann nicht schön seyn [...]. Die Tugend nimmt uns ein, nicht durch den Gebrauch, sondern so ferne sie uns gefällt" (Kant, „Anthropologie Collins", S. 195).

60 Ebd.

61 Ebd. Dass Kant hierbei keinen Unterschied zwischen dem Geschmack beim Essen und Trinken und dem Mode- und Kunstgeschmack macht, erklärt sich durch Kants Überzeugung, dass „[d]iejenigen Leute, denen es an einer Art von Geschmak fehlt,[...] gemeiniglich Geschmak in aller Art [fehlt]" (ebd., S. 200).

62 „Brief an Marcus Herz (1773)", in: ders., „Briefwechsel", in: *Kant's Gesammelte Schriften*. ‚Akademieausgabe', hrsg. v. Königlich Preußische Akademie der Wissenschaften, Bd. 10, Berlin 1900 ff. S. 145. Vgl. hierzu auch Brandt/Stark, „Einleitung", S. xvii f.

zu vergleichen jederzeit eine unterhaltende Beschäftigung haben."[63] Indem Kant die Anthropologie als empirische Psychologie konsequent von allen metaphysischen Fragen zu reinigen und auf das rein Praktische auszurichten sucht, meint er sich der „ewig vergebliche[n] Untersuchung über die Art wie die organe des Korper [sic!] mit den Gedanken in Verbindung stehen" [64] enthoben. Und ganz in diesem Sinne drängt es ihn, die Anthropologie explizit in dieser Richtung zu einer „ordentlichen academischen disziplin" weiterzuentwickeln.[65] „Ich arbeite in Zwischenzeiten daran", schreibt er an Herz, „aus dieser angenehme Beobachtungslehre eine Vorübung der Geschicklichkeit der Klugheit und selbst der Weisheit vor die academische Iugend zu machen welche neben der physischen geographie von aller andern unterweisung unterschieden ist und Kentnis der Welt heissen kan."[66]

Verstand Kant die Anthropologie in den Nachschriften von 1772/73 noch als empirische Psychologie, so versteht er sie nun explizit als eine pragmatische Menschenkunde und als Teil einer Weltkenntnis, die die Studierenden gelehrt für die Welt machen soll. Bereits 1772/73 hatte Kant die empirische Psychologie von der Metaphysik abgesetzt, einen Schritt, den er nun in der neu formierten Vorlesung insofern radikalisiert, als er die Weltkenntnis entschieden „von allen andern unterweisung[en]" insbesondere aber den spekulativen abgrenzt:[67] „Die Kenntniße sind zwiefacher Art", heißt es in der programmatischen Einleitung der Vorlesung im Wintersemester 1775/76, „theoretische und pragmatische [praktische] Vollkommenheit". Und weiter: „Wer viel theoretische Kenntniße hat, der viel weiß, aber keine Geschicklichkeit hat, davon einen Gebrauch zu machen, der ist gelehrt für die Schule, nicht aber für die Welt. Und diese Geschicklichkeit ist die Pedanterie."[68] Was der Schule und ihren Kenntnissen fehlt – und hier kommt erneut die Geselligkeit ins Spiel – , ist eine Verfeinerung der „Cultur des Geschmacks". Und wenn in der Vorlesungsnachschrift der Moralität eine entscheidende Rolle zukommt, ja Kant die ganze Vorlesung nun im

---

63 „Brief an Marcus Herz (1773)", in: Kant, „Briefwechsel", S. 145.

64 Ebd.

65 Ebd.

66 Ebd., S. 146.

67 „Also nicht speculativ sondern pragmatisch nach Regeln der Klugheit seine Kenntnis anzuwenden, wird der Mensch studirt, und das ist die Anthropologie" (ders., „Anthropologie Friedländer. Die Vorlesung des Wintersemesters 1775/76 aufgrund der Nachschriften Friedländer 3.3 (Ms 400), Friedländer 2 (Ms 399) und Prieger", in: *Kant's Gesammelte Schriften. ‚Akademieausgabe'*, hrsg. v. Königlich Preußische Akademie der Wissenschaften, Bd. 25.1, Berlin 1900 ff. S. 465–728, hier S. 470). Zur Entwicklung der Kantischen Anthropologievorlesungen 1775/76 vgl. auch Brandt/Stark, „Einleitung", S. xix f.

68 Kant, „Anthropologie Friedländer", S. 469.

Entwurf einer Erziehung des Menschengeschlechts gipfeln lässt,[69] dann ist es
die Anthropologie als eine Lehre der Verfeinerung des Menschen und seines
Geschmacks, die den entschiedenen Weg zum Endzweck einer Moralisierung
der Menschheit weist. „Die Ursache, daß die Moral und Kanzelreden, die voll
von Ermahnungen sind, in denen man niemals müde wird, weniger Effect
haben, ist der Mangel der Kenntnis des Menschen", heißt es in der Einleitung,
die das Programm der Vorlesung zu umreißen und die Bedeutung der Vorlesung als neuer akademischer Disziplin entsprechend hervorzuheben sucht.
„Die Moral muß mit der Kenntnis der Menschheit verbunden werden", denn
„[d]ie Enthaltung von vielen Lastern ist nicht die Folge von der Moral und Religion, sondern von der Verfeinerung. Man unterläßt Laster nicht deswegen, weil
sie wieder die Moral sind, sondern weil sie grob sind." [70] Man muss sich die
Radikalität vergegenwärtigen mit der Kant seine Studierenden für die Wichtigkeit der pragmatischen Anthropologie einzunehmen sucht, um die Bedeutung
zu ermessen, die der „Cultur des Geschmacks" in Kants Denken zukommt. Die
Anthropologie lehrt nun tatsächlich und explizit die Grundlagen *alles* Praktischen, nicht zuletzt der Moral und sogar der Religion. Es reicht nicht die
moralischen Traktate oder die Bibel zu kennen, so vermittelt es Kant seinen
Studierenden, die später oftmals, wenn sie nicht an der Universität verblieben –
und das gelang nur den wenigsten – , als Erzieher, Lehrer oder Pfarrer ihr Aus-
kommen fanden und damit auf dem Feld der moralischen und religiösen Päda-
gogik tätig wurden.[71] Will man in moralischer Hinsicht etwas erreichen, so

---

69 Brandt und Stark haben hierbei auf die Parallelen zu den Vorlesungsnachschriften von
Kants Moralphilosophie bei Powalski und Collins hingewiesen, die beide ebenfalls jedoch
nach 1776 datieren. Vgl. Brandt/Stark, „Einleitung", S. liv.
70 Kant, „Anthropologie Friedländer", S. 471 f.
71 Kant verfolgt in der gesamten Anthropologievorlesung eine Politik der Erziehung, die
gegen Ende der Vorlesung expliziert wird: Indem Kant im Anschluss an Rousseau bemerkt,
dass der einzelne Mensch nicht vollkommen werden kann, wenn nicht die Gesellschaft als
ganze „vollkommen seyn wird", stellt er sich die Frage, wie es möglich sei, einen Staat als Inbegriff einer solchen vollkommenen Gesellschaft zu errichten, „in welchem alles nach den
vollständigen Regeln des Rechts und der Moralitaet" verfasst ist. Gegen eine Lösung des Umsturzes, die den vollkommenen Staat der Erziehung der Einzelnen vorangehen ließe und diese
von jenem abhängig machen würde, plädiert Kant für eine Reform durch Erziehung: „Es
scheint mir", heißt es in der Nachschrift der Vorlesung, „als wenn die Erziehung den Anfang
machen soll, denn die Erziehung eines Menschen bildet viele andere Menschen, die wieder
andere bilden. Zuerst müsse man sehen, daß diejenigen gut gebildet würden, die hernach andere bilden sollen. Wenn Lehrer und Priester gebildet wären, wenn unter denen die Begriffe
von der reinen Moralität herrschen möchten, so würden sie sich auch bald zum Throne hinauf-
schwingen, in die Schulen der Regenten kommen, und durch diese könnte hernach das gantze
gebildet werden" (ebd., S. 691). Dieses Programm zur Erziehung der Menschheit, in dem sich

muss man auf den Geschmack der Zuhörer*innen zielen, man muss eine Kultur des Geschmacks lernen und lehren, denn: „Man unterläßt Laster nicht deswegen, weil sie wider die Moral sind, man unterläßt sie, weil sie grob sind. Damit aber die Moral und die Religion ihren Entzweck erhalten" – dass heißt den Menschen auf den Weg der Tugend zu führen – „muß die Kenntnis des Menschen damit verbunden werden." [72] Was die Menschen zum Anstand zwingt ist keine obrigkeitliche Gesetzgebung oder die Regularien der religiösen Verbote, so gibt die *Nachschrift Friedländer* Kants Überzeugung wieder, sondern der Zwang des Anstandes, der mit der Verfeinerung der Menschen einhergeht und in dem sich „die Menschen unter einander in Ansehung des Geschmacks, der Bescheidenheit, der Geschliffenheit, der Höflichkeit und des Anstandes selbst zwingen".[73] Wenn dieser Zwang des Anstands auch kein im strengsten Sinne des Wortes moralischer Zwang ist, insofern er immer noch einen äußeren Zwang darstellt und auf der Meinung der anderen beruht, ganz im Gegensatz zum moralischen Zwang des Gewissens, der das Subjekt seinem eigenen Urteil unterwirft, so ist die Anständigkeit doch ein Wegbereiter derselben, in dem er den Weg der Vervollkommnung und Kultivierung des Menschen in Richtung einer Moralisierung vorbereitet.[74]

So sehr diese Ansicht bereits in den frühesten Vorlesungsnachschriften angelegt ist, macht der Aufbau der Vorlesung und die Ausarbeitung dieser Idee in Form eines pädagogischen Programms dezidiert den geänderten Anspruch der Vorlesung deutlich. Im Wintersemester 1772/73 hatte Kant noch betont, die Vorteile des Studiums der Anthropologie bestünden einerseits darin, dass man „aus liebe zu ihr nicht die ganze Methaphysic lernen" müsse, und andererseits darin, dass sie gleichermaßen eine Übung in der Ordnung und Gliederung der Wissenschaft überhaupt darstelle. Wie die physische

---

Kant durch Rousseau beeinflusst zeigt, knüpft auch an Kants zeitgleiches Engagement für Johann Bernhard Basedows Reformbildungseinrichtung, das Philanthropinum in Dessau, an, das sich explizit als Pflanzschule der Menschheit" verstand und für dessen progressive Ideen Kant in einer Königsberger Zeitung persönlich eintrat, um Schüler und Lehrer für die neue Schule zu werben ebenso wie Spenden und Abbonent*innen für die von ihr herausgegebene Zeitschrift. Den letzten Abschnitt der *Nachschrift Friedländer* ist dabei explizit den Basedowschen Anstalten gewidmet, die Kant dort als das „größte Phaenomen, was in diesem Jahrhundert zur Verbeßerung der Vollkommenheit der menschheit erschienen ist" (ebd., S. 722 f.) bezeichnet. Und auch seiner Pädagogikvorlesung von 1776 legte Kant das Basedowschen *Elementarwerk* (1774) zu Grunde. Zu Kants Beziehungen zum Philanthropinum vgl. Kühn, *Kant*, 242 f., sowie 264–266; Gulyga, *Immanuel Kant*, S. 102–108.

72 Kant, „Anthropologie Friedländer", S. 472.

73 Ebd., S. 692.

74 Vgl. ebd., S. 692–694.

Geographie, die Kant in seiner *Nachricht von der Einrichtung seiner Vorlesungen in dem Winterhalbjahre 1765–1766* als Einstieg in das Studium entwirft, die die mangelnde Lebenserfahrung der Studierenden durch „historische Kenntnisse" ausgleichen soll,[75] so dient auch die Anthropologie 1772/73 als eine Wissenschaft, die ausgehend von den Erfahrungen der Studierenden grundlegende Ordnungsprinzipien vermitteln soll. „Man behält nichts aus den Büchern wozu man nicht gleichsam Fächer im Verstande hat", heißt es in der Einleitung zur *Anthropologie* in der *Nachschrift Collins*. „Die disposition ist daher in der Wißenschaft das vortrefflichste, hat man diese von der Naturkenntniß des Menschen; so wird man aus Romanen und Wochenblättern, aus allen Schrifften und aus dem Umgange unschätzbare Reflexionen und Beobachtungen sammeln."[76] Wenn Kant hier die populären und geselligen Schriften auf doppelte Weise in seine akademische Lehre einbezieht – einerseits als Quelle der anthropologischen Kenntnisse und andererseits als Gegenstand, auf den die Weltkenntnis und deren Ordnungsschemata angewendet werden können – , so entspricht dies ganz der Rolle, die diese in der zweiten, gleichermaßen auf die Weltkenntnis abzielenden Disziplin, der physischen Geographie, einnehmen. In der von Friedrich Theodor Rink herausgegebenen und bearbeiteten Handschrift Kants wird nachdrücklich die Wichtigkeit der geselligen Praxis der Zeitungslektüre betont und die physische Geographie als eine Wissenschaft entworfen, die die Leser*innen der (Welt-)Nachrichten mit der Fähigkeit zur (Ein-)Ordnung des Gelesenen auszustatten sucht. Bereits gegen Ende des 18. Jahrhunderts erscheint für die lokalen Verhältnisse der urbanen, gebildeten Schichten ein Wissen über die „ganze" Welt und eine entsprechende Medienkompetenz immer notwendiger und es sind insbesondere die Reiseberichte, deren Bedeutung Kant immer wieder im Bezug auf die Weltkenntnis hervorhebt. Hierin trägt er, neben der Beliebtheit solcher Berichte in den geselligen Zirkeln des 18. Jahrhunderts, von der noch der Keyserlingsche *Almanach* zeugt,[77] dem Problem einer sich durch die kolonialen und

---

75 Immanuel Kant, „Nachricht von der Einrichtung seiner Vorlesungen in dem Winterhalbjahre 1765–1766", in: *Kant's Gesammelte Schriften. ‚Akademieausgabe'*, hrsg. v. Königlich Preußische Akademie der Wissenschaften, Bd. 2, Berlin 1900 ff. S. 303–314, hier S. 312. Zur pädagogischen Wert der Kantischen Geographie vgl . auch Robert B. Louden, „The Last Frontier. The Importance of Kant's ‚Geography'", in: *Environment and Planning D: Society and Space* 32 (2014), S. 450–465.

76 Kant, „Anthropologie Collins", S. 8.

77 So heißt es dort: „Ich möchte nicht über den Umstand schweigen, dass Reisen die Unterhaltung in der Gesellschaft im großen Maße steigern, wenn sich in dieser solche finden, die aus ihren Reisen in der Welt einigen Nutzen gezogen haben und darüber hinaus über ein gutes Gedächtnis verfügen" (Keyserling, *Almanach domestique*, 18r, im Original französisch:

wirtschaftlichen Expansionen globalisierenden europäischen Welt Rechnung. Die Idee eines Weltbürgertums, die Kant spätestens seit 1775/76 im Blick hat, ist, ist untrennbar mit dem Wissen um die kolonialen Expansionen ebenso wie mit den aus ihnen hervorgehenden Kenntnissen verwoben:

> Vielen sind die Zeitungsnachrichten etwas sehr Gleichgültiges. Das kommt daher, weil sie jene Nachrichten nicht an ihre Stelle bringen können. Sie haben keine Ansicht von dem Lande, dem Meere und der ganzen Oberfläche der Erde. Und doch ist, wenn dort z. B. etwas von der Fahrt der Schiffe in das Eismeer gemeldet wird, dies eine äußerst interessante Sache, weil die freilich jetzt schwerlich mehr zu hoffende Entdeckung oder auch nur die Möglichkeit der Durchfahrt durch das Eismeer in ganz Europa die wichtigsten Veränderungen zuwege bringen müßte.[78]

Wenn die Engländer*innen die bis in die untersten „Volksklassen" hinein verständigste Nation seien, so sei dies der Zeitungslektüre zu verdanken ebenso wie einem allgemeinen Interesse an und einem Grundwissen in der Geographie, die es erlaubten, das erlangte Wissen an den rechten Ort zu bringen.[79] Der beziehungsweise die gemeine Zeitungsleser*in ohne diese Kenntnisse verhalte sich wie die einfältigen Peruaner*innen, die „alles was ihnen dargeboten wird, in den Mund stecken, weil sie nicht im Stande sind einzusehen, wie sie eine zweckmäßige Anwendung davon machen könnten."[80] Bildung, Wissensordnung und die Lehren des Geschmacks eines europäischen Weltbürgertums sind einmal mehr den „geschmacklosen", infantilen und oralen Gelüsten der vermeintlichen „Wilden" entgegengesetzt und statten das partikulare europäische „Weltbürgertum" nachdrücklich mit einem kolonialen Index aus. Dabei zielt das Wissen, das die Studierenden durch die physische Geographie wie die Anthropologie als Propädeutik der Wissenschaft lernen sollen, hier bereits auf die Geselligkeit ab, wie die *Nachricht von der Einrichtung seiner Vorlesungen* von 1765 deutlich

„Je ne saurois passer sous silence que les voyages augmentent beaucoup l'agrément des societés, lorsqu'il s'y trouve quelques uns qui ont profité de leurs courses dans le monde et qui ont une bonne memoire").

78 Immanuel Kant, „Physische Geographie". Hrsg. von Friedrich Theodor Rink (*Paul Gedan*), in: *Kant's Gesammelte Schriften. ‚Akademieausgabe'*, hrsg. v. Königlich Preußische Akademie der Wissenschaften, Bd. 9, Berlin 1900 ff. S. 151–436, hier S. 163.
79 Vgl. zur Bedeutung der Zeitschriften auch ders., „Menschenkunde, Petersburg", S. 1184.
80 Ders., „Physische Geographie", S. 163. In der Nachschrift der *Anthropologie Parow* äußert sich Kant in ähnlicher Weise über die Lektüre „schöner" Bücher, und bringt diese mit der traditionellen Metaphorik der Süße des Honigs in Verbindung. Viele beschränkten ihre Lektüre rein auf den süßen Geschmack derselben und sammelten bloß *bon mots* und Geschichten, übersähen aber das, was die Vernunft daraus lernen könne (vgl. ders., „Anthropologie Parow", S. 383).

macht.[81] Der (männliche) Gelehrte soll gesellig ‚gemacht wer- den', um ihn vor der Gefahr der Pedanterie zu bewahren. Dabei ist nachdrücklich noch nicht jene strikte Trennung zwischen Schule und Geselligkeit vollzogen, die Kant Mitte der 70er Jahre in Anschlag bringen wird. Eine Trennung, die sich nicht zuletzt an den Erfordernissen des Stils des wissenschaftlichen Vortrags und der Frage der Popularität der Philosophie festmachen lässt und in der Kant spätestens nach der Veröffentlichung der *Kritik der reinen Vernunft* (1781) und in dem daraus resultierendem Streit mit Christian Garve über das Verhältnis von Philosophie und Popularität öffentlich entschieden Position beziehen wird.[82]

Mit dem Wandel des Programms der Anthropologie nach 1773 vollzieht Kant demgegenüber eine Trennung zwischen der „trockenen" Philosophie, die für die Schule taugt, und jenen Disziplinen der Weltkenntnis, die in populärer und unterhaltender Form die praktische und pragmatische Anwendung dieser Kenntnisse in der Welt vorbereiten sollen. Dienten Anthropologie und physische Geographie bis dato zur Vorbereitung der Studierenden auf das folgende Studium und standen dementsprechend am Anfang des Studiums, so folgen sie nun auf die Schule, indem sie den Gelehrten für das Leben nach und jenseits der Schule bereit machen. Diese neue Stellung der Disziplinen der Weltkenntnis wird dabei nicht nur in der Anthropologievorlesung, sondern auch in der Ankündigung der Geographievorlesung deutlich, die Kant zur gleichen Zeit unter dem Titel *Von den verschiedenen Racen der Menschen* (1775) veröffentlichte, und die zwei Jahre später in Johann Jakob Engels populärphilosophischem Magazin *Der Philosoph für die Welt* eine breitere Öffentlichkeit finden sollte: Die Weltkenntnis, die die physische Geographie zum Inhalt habe, diene dazu, heißt es dort, „allen sonst erworbenen Wissenschaften und Geschicklichkeiten das Pragmatische zu verschaffen, dadurch sie nicht bloß für die Schule, sondern für das Leben brauchbar werden, und wodurch der fertig gewordene Lehrling auf den Schauplatz seiner Bestimmung, nämlich in die

---

81 „Darf ich nicht auch in einem geselligen Jahrhunderte, als das jetzige ist, den Vorrath, den eine große Mannigfaltigkeit angenehmer und belehrender Kenntnisse von leichter Faßlichkeit zum Unterhalt des Umganges darbietet, unter den Nutzen rechnen, welchen vor Augen zu haben, es für die Wissenschaft keine Erniedrigung ist? Zum wenigsten kann es einem Gelehrten nicht angenehm sein, sich öfters in der Verlegenheit zu sehen, worin sich der Redner Isokrates befand, welcher, als man ihn in einer Gesellschaft aufmunterte, doch auch etwas zu sprechen, sagen mußte: Was ich weiß, schickt sich nicht, und was sich schickt, weiß ich nicht" (Kant, „Nachricht von der Einrichtung seiner Vorlesungen in dem", S. 313).
82 Vgl. etwa Christoph Böhr, *Philosophie für die Welt. Die Popularphilosophie der deutschen Spätaufklärung im Zeitalter Kants*, Stuttgart-Bad Cannstadt 2003, S. 88–104. Zum Wandel der Stellung der Popularphilosophie in Kants Philosophie der 70er Jahre vgl. auch Zammito, *Kant, Herder and the Birth of Anthropology*, S. 255–307.

Welt, eingeführt wird."[83] Die Anthropologie, die den Menschen zum Gegenstand hat, ebenso wie die physische Geographie, die auf die Beschreibung der Natur als Schauplatz der menschlichen Tätigkeiten zielt, haben damit eine Position inne, die an der Grenze zwischen Universität und Welt liegt und damit den Übergang zwischen dem Gelehrten und dem Weltmann ermöglichen soll.

Bemerkenswert ist dabei gleichermaßen, dass sich die anthropologischen Kenntnisse, wie Kant sie bis dato vermittelt hatte, insbesondere aus geselligen Schriften und Zeitungen sowie aus der Lektüre von Reiseberichten, Romanen, Schauspielen und biographischen Schriften speisten, kaum aber, wie es später in der veröffentlichten *Anthropologie* von 1798 heißen wird, aus dem „Umgang mit seinen Stadt- und Landesgenossen".[84] Die Anthropologie verbleibt bis zum Ende der 70er Jahre eine Vorlesung, deren Quellen sich beinahe ausschließlich auf das Medium der Schrift und die emsige Praxis der Lektüre stützen. Erst in der *Vorlesungsnachschrift Pilau* aus dem Wintersemester 1777/78 wird sich dies ändern, indem Kant die Beobachtung der Mitmenschen der Lektüre der Bücher über die Menschen voranstellt. Hatte er bereits zuvor in den Vorlesungen die Erweiterung der Weltkenntnis durch Reisen für eine allgemeine, das heißt eine von historischen und lokalen Besonderheiten absehende, Kenntnis des Menschen für entbehrlich erachtet, so greift er dieses Argument auch in der Vorlesung von 1777/78 auf, indem er die lokale Weltkenntnis, „die die Kaufleute haben", von einer „general Weltkenntniß" unterscheidet, „die der Weltmann hat, und die nicht empirisch sondern cosmologisch ist".[85] Nur diese seien als universell, das heißt von Raum und Zeit unabhängig, anzusehen und lieferten Regeln, auf die man unter Rücksicht auf die verschiedenen Umstände im gemeinen Leben zurückgreifen könne. In einer Umkehrung des Rousseau'schen Diktums, der Philosoph müsse reisen, wenn er nicht nur die Menschen, sondern *den* Menschen kennenlernen wolle,[86] ersetzt Kant systematisch die „weitläufige Erfahrung" der Reisenden durch „die Betrachtung der Menschen die um uns sind",

---

83 Immanuel Kant, „Von den verschiedenen Racen der Menschen", in: *Kant's Gesammelte Schriften. ‚Akademieausgabe'*, hrsg. v. Königlich Preußische Akademie der Wissenschaften, Bd. 2, Berlin 1900 ff. S. 427–443, hier S. 443.

84 Ders., „Anthropologie in pragmatischer Hinsicht", S. 120.

85 Ders., „Anthropologie Pillau. Die Vorlesungen des Wintersemesters 1777/78 aufgrund der Nachschrift Pillau", in: *Kant's Gesammelte Schriften. ‚Akademieausgabe'*, hrsg. v. Königlich Preußische Akademie der Wissenschaften, Bd. 25.2, Berlin 1900 ff. S. 729–847, hier S. 734. Vgl. auch ders., „Anthropologie in pragmatischer Hinsicht", S. 120.

86 Vgl. Jean-Jacques Rousseau, *Diskurs über die Ungleichheit/Discours sur l'inégalité. Kritische Ausgabe des integralen Textes*. Mit sämtlichen Fragmenten und ergänzenden Materialien nach den Originalausgaben und den Handschriften neu ed., übers. und komm. v. Heinrich Meier, Paderborn u. a. 41997, S. 339–349.

indem er sie durch „eine starke Reflection" für universalisierbar hält.[87] Es sei gleichgültig, so Kant, wo man die Menschen beobachte, ob „in diesem kleinen Raume" oder „in der großen Welt", insofern die Menschen hier wie da einem aufmerksamen Auge „die Quellen ihrer Handlungen" offenbaren.[88] Dementsprechend könne man die Grundlagen der Menschenkenntnis gleichermaßen „im bürgerlichen Umgang" erwerben, solange man die Beobachtungen auf einer entsprechenden anthropologischen Reflexion fußen lasse. Wie prekär dieses Argument bleibt, wird etwa im Streit mit Georg Forster in den 80er Jahren deutlich, der sich nicht zuletzt um die Frage der empirischen Kenntnisse dreht und in dem der Weltreisende Forster gegen Kants „cosmologische" Anthropologie gerade deren mangelnden empirischen Gehalt ins Feld führt.[89] Vielleicht ist es nicht zuletzt auch eine Antwort auf diese Kritik, wenn Kant in der Veröffentlichung der Anthropologie von 1798 den internationalen Status von Königsberg als Welt- und Handelsstadt hervorhebt, um seiner „cosmologische[n]" Anthropologie in empirischer Hinsicht mehr als lokale Geltung zu verschaffen.[90] Entscheidend ist jedoch, dass für Kant Ende der 70er Jahre und mehr noch in der Vorlesungsnachschrift von 1781/82, in der er die Tischgesellschaft als Ende des ersten Teils der Vorlesung einsetzt und ihr damit ihren zentralen Status zuerkennt, die Menschenbeobachtung und der gesellige Umgang als Quellen der Anthropologie immer wichtiger werden. Hieß es in der Nachschrift von 1775/76, in der sich der Wandel der Anthropologie zur pragmatischen Klugheitslehre bereits vollzogen hatte, noch: „Wir dürfen also nicht reisen um den Menschen zu studiren, sondern wir können seine Natur allenthalben erwegen",[91] so ist in der Vorlesungsnachschrift von 1781/82 die Weltkenntnis konsequent von solchen Spekulationen unterschieden. Auf die Frage, wie man Menschenkenntnis erlangt, antwortet Kant nun:

> Um zu ihrer kenntniß zu gelangen, geht der Eine auf Reisen, der andere tritt aus seinem Familienkreise heraus und erweitert seinen Umgang bis zu dem Theile der menschlichen Gesellschaft, der am meisten gebildet ist, d. i. bis zum vornehmen Theile. Anfänglich war

---

87 Die Umkehrung der Quellen und der Bedeutung des Reisen zwischen Kant und Rousseau spiegelt sich auch in einer Bemerkung Kants, die bereits aus den 60er Jahren stammt: *„Rousseau. Verfährt synthetisch und fängt vom natürlichen Menschen an ich verfahre analythisch und fange vom gesitteten an"* (Immanuel Kant ‚*Bemerkungen in den Beobachtungen über das Gefühl des Schönen und Erhabenen'*. Neu hrsg. und komm. von Marie Rischmüller, Hamburg 1991, S. 16).
88 Kant, „Anthropologie Pillau", S. 734.
89 Vgl. hierzu Kap. 7.2: *Der Geschmack des reisenden Weltbürgers.*
90 Kant, „Anthropologie in pragmatischer Hinsicht", S. 4.
91 Ders., „Anthropologie Friedländer", S. 471.

sein Umgang nur auf seine Familie, auf seine Mitgenoßen auf der Schule eingeschränkt, dann geht er zu verfeinerten Leuten über. Die Uebung und die Erfahrung geben für uns die beste Schule ab, die Menschen kennen zu lernen [...].[92]

Dass Kant dabei dem Problem der Beobachtung von Menschen einen großen Teil der Einleitung zur Vorlesung widmet, macht deutlich, welchen Stellenwert er dieser nun einräumt. Gegenüber der Menschenbeobachtung werden die anderen, skripturalen Quellen der Anthropologie nachdrücklich abgewertet: Um aus der Geschichte anthropologische Kenntnisse zu ziehen, müsse man zuvor über eine Anthropologie verfügen, die es einem erlaube, zu wissen, was man zu bemerken habe. Und die Romane und Theaterstücke lieferten, so sehr sie auch anthropologische Kenntnisse zugrunde legten, nur Übertreibungen und Zerrbilder des Menschen. Was für die Geschichte gilt, gilt auch hier: Anstatt Quellen für die Anthropologie darzustellen, wird nun umgekehrt „die Anthropologie die Schauspiele und Romane beurtheilen, ob sie mit der Menschennatur übereinkommen."[93] Wurde in der Vorlesung von 1777/78 den Büchern die Beobachtung der Menschen zur Seite gestellt, so ersetzt sie nun vollständig jegliche andere Quelle der Anthropologie. Und Kant arbeitet eine entsprechende Methodologie der Beobachtung aus, die die Anthropologie endgültig in eine – auch im praktischen Sinne – gesellige Wissenschaft kippen lässt.

Insofern es schwierig sei, sich selbst zu beobachten, weil man sich stets und dauernd in der Tätigkeit selbst affiziert, führt Kant aus, müsse man sich stattdessen auf die Beobachtung der Anderen verlegen, insbesondere aber des gebildeten und gesitteten Teils der Menschheit. Gerade hier wird deutlich, wie zirkulär Wissenserwerb und Anwendung, Ein- und Ausübung der Anthropologie, als Schule eines neuen Weltbürgertums bei Kant gestaltet sind und wie nachdrücklich sich Letzteres in der Distinktion zu den „unterentwickelten" und fremden Teilen der Menschheit konstituiert. So sehr Kant, den „Umgang mit vielen Ständen" anrät, so betont er doch, dass „bei rohen Menschen [...] die ganze Menschheit noch nicht entwickelt [sei], weil sie nicht Gelegenheit haben, alle Eigenschaften derselben zu entfalten."[94] Es sind also insbesondere die „gebildeten Menschen", die eine „sehr fruchtbare Quelle der Anthropologie" abgeben, obwohl gerade sie den bzw. die Beobachter*in vor die größten Probleme stellen: „je gebildeter der Mensch ist, er sich desto mehr verstellt und desto weniger von dem Andern erforscht seyn will. Der Hofmann will nicht studiert seyn und diese Kunst zu verhelen, nimmt mit dem Wachsthume der Bildung zu, wo man sich nicht bloß

---

92 Ders., „Menschenkunde, Petersburg", S. 854.
93 Ebd., S. 857 f.
94 Ebd., S. 857.

verstellt, sondern auch das Gegentheil davon an sich zeigt."[95] Das, was den gebildeten Menschen ausmacht, die Feinheit der Sitten und des Geschmacks, kippt
hier in ein Spiel des Scheins und des *Simulakrums*, an dem sich bereits die Klugheitslehren des Barocks allen voran Balthasar Gracián ausgiebig abgearbeitet
hatten. Und Kant folgt ihm bis in die Lehren der Diskretion, wenn er betont, dass
der Welt des Trugs und der Täuschung nur mit ihren eigenen Waffen beizukom-
men sei. Eine Strategie, die sich nicht nur auf der Ebene der Beobachtungslehre
der Anthropologie als problematisch herausstellen wird. Man muss sich auf das
Spiel der Gesellschaft einlassen; man muss selbst simulieren und dissimilieren:

> Wir müssen also den Menschen beobachten, so daß wir uns gar nicht das Ansehen
> eines Beobachters geben, und müssen uns auch verstellen. Man muß sich stellen,
> als ob man ganz ohne Behutsamkeit spräche und dabei doch gut aufpassen auf
> alles, was Andere sprechen.[96]

Dabei bleibe es trotz allem schwierig die Menschen kennenzulernen, weil die
Fertigkeiten, über die man hierzu gebieten müsse, nur einem gebildeten und
scharfen, sprich einer oder einem bereits kultivierten und zivilisierten Beobachter*in zukommen.

Zwar schränkt Kant auch hier die bloße empirische Beobachtung als nicht
hinreichend für die Anthropologie ein, aber das „Nachdenken über den Menschen" ist nun ebenso als eine konstitutiv gesellige Reflexion von derjenigen
der Schule deutlich unterschieden. Wenn die Anthropologie als akademische
Disziplin auch die Grundlagen für ein solches Nachdenken über den Menschen
legt, so kommt sie doch, wie die Reflexionen über die Menschenbeobachtungen
zeigen, nicht mehr ohne die Geselligkeit als Wissensquelle und gleichzeitigem
Ort der praktischen Übung und Ausübung der Weltkenntnis aus. Man erwirbt
sein Wissen über die Welt, indem man mit ihr umgeht, und das Wissen über
die Welt stattet die anthropologisch Gebildeten wiederum mit den Fertigkeiten
im Umgang aus. Hat man sich einmal die „Präliminarkenntnisse" der Anthropologie angeeignet und weiß, worauf man merken muss, „so wird es leicht sie
zu erweitern, und man hat", betont Kant gegenüber seinen Zuhörern,

> auch mehr Vergnügen im Umgange, weil der größte Theil desselben überhaupt im Nach-
> denken besteht. Oft kann ein übler Ton tödtliche Langeweile verursachen, aber ein denk-
> ender Kopf findet bei solchen Ungeselligkeiten immer Stoff zu seinen Betrachtungen;
> dabei lernt er und er hat seine Zeit nicht unangenehm zugebracht.[97]

---

95 Ebd.
96 Kant, „Menschenkunde, Petersburg", S. 857.
97 Ebd., S. 855.

Während Kant zur gleichen Zeit die Philosophie als ‚reine Philosophie' in der *Kritik der reinen Vernunft* (1781) von allen empirischen Voraussetzungen zu reinigen sucht, konstituiert sich die Anthropologie in einer invertierten Bewegung als eine von der Philosophie der Schule geschiedene praktische Reflexion über den und im geselligen Umgang. Michel Foucault hat in seiner *Einführung in Kants Anthropologie* das Spannungsverhältnis, das die Anthropologie dabei zwischen Schule und Geselligkeit aufrechterhält, treffend beschrieben:

> Ist die Welt ihre eigene Schule, so wird die anthropologische Reflexion den Sinn haben, den Menschen in dieses bildende Element zu versetzen. Sie wird also unauflösbar zugleich Analyse der Art sein, auf die der Mensch die Welt erwirbt (ihr Gebrauch, nicht ihre Kenntnis), das heißt, wie er sich in ihr installieren, ins Spiel eintreten und Mitspielen kann, und Synthese der Vorschriften und Regeln, welche die Welt dem Menschen auferlegt, durch welche sie ihn bildet und in den Stand versetzt, das Spiel zu verstehen. Die Anthropologie wird demnach [...] eine unmittelbare und zugleich gebieterische Praktik einer vollständig gegebenen Kultur [sein].[98]

Die Anthropologie wird damit zu Beginn der 80er zu einer durch philosophische Grundlagen angeleiteten Übung, zu einem übenden, vergnüglichen Spiel, das das Wissen, das Können und das Sollen in einer Kultivierung des geschmackvollen und gesitteten Selbst zusammenbindet.[99]

Der Wandel des Verhältnisses von Schule und Anthropologie ist hierbei durchaus bemerkenswert, denn Kant hatte in seinen vorkritischen Schriften der 60er Jahre unter dem Einfluss Rousseaus und im Hinblick auf die Ungleichheit und die Kritik des Luxus eine zum Teil dezidiert anti-akademische Haltung eingenommen. „Die Wissenschaften im Kopf", heißt es im direkten Anschluss an Rousseau in den *Bemerkungen in den Beobachtungen über das Gefühl des Schönen und Erhabenen*, die vermutlich auf die Jahre 1764/65 datieren, „sind manchen Menschen ebenso unnütz als der Haarpuder auf demselben. Und wie es läppisch wäre Mehl auf der Haarkrause und keines in der Suppe zu haben so ist es ungereimt entbehrliche Künste zu wissen [...] und die zu verkennen welche die Wohlfahrt des Lebens machen."[100] Die Kunst, die die „Wohlfahrt des Lebens machen" sind nun eine ganz im Rousseau'schen

---

98 Michel Foucault, *Einführung in Kants Anthropologie*. Übers. v. Ute Fritsch, mit einem Nachwort v. Andrea Hemminger, Berlin 2010, S. 47 f.
99 Vgl. ebd., S. 48.
100 Kant, *Bemerkungen in den ‚Beobachtungen über das Gefühl des*, S. 90. Kant fügt diese Einschätzung der Wissenschaften explizit Rousseaus Luxuskritik an, der in seiner *Letzten Antwort* an Bordes geschrieben hatte: „Wir brauchen Soßen in unseren Küchen, daher mangelt es vielen Kranken an Fleischbrühe. Wir brauchen Liköre auf unseren Tafeln, daher hat der Landmann bloß Wasser. Wir brauchen Puder für unsere Perücken, deswegen haben so

Sinne verstandene moralische Anthropologie: „Wenn [. . .] irgendeinen Wissenschaft [. . .] giebt deren der mensch [wirklich] bedarf so ist es [. . .] die so ihn lehret die Stelle geziehmend [. . .] zu erfüllen [. . .] welche ihm in der Schöpfung angewiesen ist und aus der er lernen kann was [. . .] man seyn muß um ein Mensch zu seyn."[101] Bildet die Anthropologie für Kant damit in den 60er Jahren noch die Leitwissenschaft, so wird sie hierin mit der kritischen Wende Kants von der reinen Philosophie abgelöst, die nun der Anthropologie vorausgehen muss. Und doch greift es zu kurz, das Verhältnis von Philosophie und Anthropologie als ein Ablösungsverhältnis zu denken. Denn so sehr Kant gerade die reine Philosophie und die Metaphysik von allen empirischen Anhaftungen befreien will und sie als Grundlagenwissenschaft von allen weltlichen und populären Fragen entrückt, so sehr bleibt doch die Forderung nach einer Relevanz der universitären Lehren für die Menschheit bestehen. Man sollte nicht zu schnell über den anti-scholastischen Unterton hinweggehen, der die Programmatik der Anthropologie prägt, wenn Kant auch das Vokabular wechselt und in der theoretischen Entfernung von Rousseau nicht mehr den Status der Ungleichheit als solchen problematisiert, sondern vielmehr die Zurückgezogenheit, die Weltabgewandtheit und Ungeselligkeit der Kathedergelehrten angeht.[102] Dabei ist die Weltkenntnis und -gewandtheit nicht nur eine habituelle Frage, sondern eine systematische Problematik des Übergangs von

---

viele Arme kein Brot" (Jean-Jacques Rousseau, „Letzte Antwort. An Bordes", in: *Schriften Bd. 1*, hrsg. v. Henning Ritter, Frankfurt am Main 1988, S. 107–144, hier S. 117).

101 Kant, *Bemerkungen in den ‚Beobachtungen über das Gefühl des*, S. 39. Dass diese Einschätzung gleichermaßen einer persönlichen Krise Kants geschuldet ist, wird auch in jener bekannten Bemerkung über Rousseau deutlich, die sich eine Seite zuvor findet: „Ich bin selbst aus Neigung ein Forscher. Ich fühle den gantzen Durst nach Erkenntnis und die begierige Unruhe darin weiter zu kommen oder auch die Zufriedenheit bey jedem Erwerb. Es war eine Zeit da ich glaubte dieses allein könne die Ehre der menschheit machen und ich verachtete den Pöbel der nichts weis. Rousseau hat mich zurecht gebracht. [. . .] Dieser verblendete Vorzug verschwindet, ich lerne die Menschen ehren und ich würde mich weit unnützer finden, wie den gemeinen Arbeiter wenn ich nicht glaubete daß diese betrachtung (ebd.,S. 38). Eine moralisch verstandene Anthropologie im Stile Rousseaus ist damit die einzige Wissenschaft, die im Angesicht der Ungleichheit ihren Status rechtfertigen kann: „Unter allen Ständen ist keiner unnutzlicher als der Gelehrte so lange es in der naturlichen Einfalt ist und keiner nöthiger als derselbe im Stande der unterdrükung durch Aberglauben und Gewalt" (ebd., S. 13). Vgl. hierzu auch Zammito, *Kant, Herder and the Birth of Anthropology*, S. 179–220.

102 Eine Weltabgewandtheit, die Kant etwa in der Metaphysik der Sitten auch moralisch geißelt, indem er gleichermaßen den schönen und „tugendähnlichen Schein" zur Pflicht macht (vgl. Immanuel Kant, „Die Metaphysik der Sitten", in: *Kant's Gesammelte Schriften. ‚Akademieausgabe'*, hrsg. v. Königlich Preußische Akademie der Wissenschaften, Bd. 6, Berlin 1900 ff. S. 203–493, hier S. 473).

Theorie und Praxis, die die „Verschulung" der eigenen Philosophie Kants notwendig begleitet, insbesondere da, wo sie weiter das Prospekt einer Moralisierung der Menschheit auszeichnet. Nicht umsonst spricht Kant in der *Grundlegung zur Metaphysik der Sitten* neben dem rationalen Teil der Ethik, der „eigentlich Moral heißen könnte", von einem „empirischen" Teil der „besonders praktische Anthropologie" genannt werden sollte[103] und betont, dass „alle Moral" [...] zu ihrer Anwendung auf Menschen der Anthropologie bedarf".[104] Eine Sichtweise, die jene „Cultur des Geschmacks" als eine Kultivierung des Anstands und der Sitten aufgreift, von der in den Anthropologievorlesungen allenthalben die Rede ist und auf die seit dem Wintersemester 1775/76 deren pädagogisches Programm abzielte.[105] Wenn auch die Anthropologie ihrem Anspruch nach mehr ist als eine praktische Tugendlehre und gleichermaßen umgekehrt der pragmatische Schein des Anstandes, den die „Cultur des Geschmacks" bei sich führt, nicht mit dem moralisch Guten verwechselt werden darf, so kann doch das Praktizieren der Moral nicht ohne die Kultivierung des Geschmacks bestehen. Diesen Umstand macht noch das letzte Kapitel der *Metaphysik der Sitten* deutlich, das mit der „ethischen Ascetik" den praktischen Teil der ethischen Methodenlehre umfasst, „welche derjenige Theil der Methodenlehre ist, in welchem nicht bloß der Tugendbegriff, sondern auch wie das Tugendvermögen sowohl als Wille dazu in Ausübung gesetzt und cultiviert werden könne, gelehrt wird."[106] So knapp die eineinhalb Seiten sind, auf denen Kant die Frage der Asketik behandelt, so überraschend einfach sind die praktischen „Regeln der Übung in der Tugend (exercitorum virtutis)", die allein auf zwei Gemütsstimmungen abheben, mit denen die Tugendübungen betrieben werden sollen: Man soll mit den Stoikern „wacker" sein, indem man die Lebensübel erträgt und die „überflüssigen Ergötzlichkeiten" moralisch diätetisch entbehrt, andererseits soll sich der Übende jedoch mit Epikur ein „jederzeit fröhliches Herz" erwerben.[107] Man soll nicht nur auf die eigene moralische Gesundheit achtgeben, die „nur ein negatives Wohlbefinden" sei, so Kant, indem er auf seelisch-moralischer Ebene formuliert, was der ein Jahr später erscheinende dritte Teil des *Streits der Fakultäten*

---

103 Ders., „Grundlegung zur Metaphysik der Sitten", S. 12.

104 Ebd., S. 412.

105 Von hier aus ist nicht ganz einsichtig, inwiefern Kant in seiner Moralphilosophie, wie etwa Reinhard Brandt und Werner Stark meinen, von einer anderen Anthropologie sprechen soll, als von derjenigen, die er in seinen *Privatissima* hielt.Vgl. Brandt/Stark, „Einleitung", S. xlvi–l. Vgl. dagegen etwa Robert B. Louden, *Kant's Human Being. Essays on His Theory of Human Nature*, Oxford 2011, S. 65–77.

106 Kant, „Die Metaphysik der Sitten", S. 411f.

107 Vgl. ebd., S. 484f.

auf medizinisch-moralischer Ebene als Kritik an der Diätetik wiederholt,[108] sondern „es muß auch etwas dazu kommen, was einen angenehmen Lebensgenuß
gewährt und doch bloß moralisch ist."[109] Dementsprechend entwirft Kant seine
„ethische Gymnastik" explizit gegen jegliche „Mönchsascetik", die mit einer „Abscheu an sich selbst mit Selbstpeinigung und Fleischeskreuzigung zu Werke
geht". „Die Zucht (Disziplin), die der Mensch an sich selbst verübt", so Kant, der
seine metaphysische Pflichtethik nicht als christliche Abtötung des Leibs verstanden wissen will, sondern im Anschluss an die Selbstbemeisterungen der antiken
stoischen, insbesondere aber der epikureischen Ethiken des Selbst, „kann daher
nur durch den Frohsinn, der sie begleitet, verdienstlich und exemplarisch
werden"[110] – ein Frohsinn, der sich auch in der *Anthropologie* in Kants Verteidigung „der Gesetze der verfeinerten Menschheit" und mit Bezug auf die Tischgesellschaft wiederfindet. Alles, was die Geselligkeit befördert, selbst wenn es
nur in Manieren und Manierlichkeiten besteht, ist „ein die Tugend vorteilhaft
kleidendes Gewand, welches der Letzteren auch in ernsthafter Rücksicht zu
empfehlen ist." Denn, „[d]er Purism des Zynikers und die Fleischestötung des
Anachoreten ohne gesellschaftliches Wohlleben sind verzerrte Gestalten der
Tugend und für diese nicht einladend; sondern von den Grazien verlassen,
können sie auf Humanität nicht Anspruch machen."[111]

Die Tugend ohne Geselligkeit ist für Kant eine „verzerrte Gestalt". Das Gute
muss mit dem Schönen und Angenehmen verbunden werden. Die Moralphilosophie der Schule braucht die gesellige und populäre Wissenschaft der Anthropologie, um als einladende und humane Tugend exemplarisch zu werden, die
praktische Ethik bedarf einer umfassenden Ästhetik der Existenz und der Schul-
philosoph braucht Welt- und Menschenkenntnis, will er dies- und jenseits des
Katheders eine Wirkung entfalten. Denn derjenige, der nur schulmäßig Gebrauch von seinen Kenntnissen macht, ist ein Pedant, dem es in den Fragen
des sozialen Spiels der Gesellschaft an „Unterscheidungskunst (judicium disc-
retivum)" mangelt, und der „nicht sieht, was sich sich für die Umstände
schickt."[112] Auch bei Kant ist es der Mangel an *discretio*, der den Scholasten
vom Weltmenschen unterscheidet. Die *discretio* sorgt dafür, dass man „im

---

108 Vgl. ders., „Der Streit der Fakultäten", in: *Kant's Gesammelte Schriften. ‚Akademieausgabe'*, hrsg. v. Königlich Preußische Akademie der Wissenschaften, Bd. 7, Berlin 1900 ff.
S. 1–115, 172, sowie 202.
109 Ders., „Die Metaphysik der Sitten", S. 485.
110 Kant, „Die Metaphysik der Sitten", S. 485.
111 Ders., „Anthropologie in pragmatischer Hinsicht", S. 282.
112 Ders., „Menschenkunde, Petersburg", S. 853.

Umgang mit Menschen" weiß, wie man sie bilden und sich bei ihnen beliebt machen kann.[113] Und wenn auch Kants gesellige Tugendlehre explizit nicht auf den Hofmann zielt, sondern auf ein gebildetes, urbanes Weltbürgertum, so sind die Nähe zwischen seiner und Graciáns Geschmacksphilosophie als Klugheits- und Weisheitslehre doch bemerkenswert. In ganz analoger Weise zur Philosophie des *Discreto* zielt die praktische Anthropologie nicht nur darauf, den Studierenden eine strategische Klugheit im gesellschaftlichen Umgang beizubringen und hierin eine Regierung der anderen anzuleiten, sondern gleichermaßen auf die eigene Vervollkommnung, deren Ideal durch die Geschichte der Selbstethiken hindurch stets die Weisheit bleibt. „Es gibt dreierlei Arten von Lehren", heißt es in der Vorlesungsnachschrift von 1781/82,

> die alle zu unserer Vollkommenheit beitragen. Die eine Art macht uns geschickt, die andere klug, die dritte weise. Zum Geschickt werden dienen alle Wissenschaften der Schule [. . .]. Wollen wir einen Schritt in die Welt thun, so müssen wir lernen, wir wir klug werden sollen. Die höchste Stufe der Weisheit ist die gröste Vollkommenheit, aber sie wird selten erreicht.[114]

Die Lehre der Klugheit ist demnach pragmatisch, indem sie den Menschen „klug und in öffentlichen Dingen brauchbar macht", aber erst die Lehre der Weisheit macht den Menschen moralisch.[115] Und doch muss man, um weise, und das heißt gut zu werden, die Schule der Klugheit, das heißt die Schule der Welt und des Weltwissens, durchlaufen. Man muss reisen, man muss sich in der Welt und insbesondere in der Welt der Gebildeten umtun, man muss eine gewisse Diskretion üben, die einen stets wissen lässt, was sich für die Umstände schickt und wie man die anderen zum Guten leiten kann. Eine Diskretion, die gleichermaßen ein doppeltes moralischpädagogisches Programm beinhaltet, das sich nur in Gesellschaft und gleichermaßen gesellig verwirklichen lässt: „Alle Moral erfordert Kenntniß des Menschen, damit wir ihnen nicht schale Ermahnungen vorschwatzen, sondern sie so zu lenken wissen, daß sie anfangen moralische Gesetze hoch zu schätzen, und zu ihren Grundsätzen zu machen."[116] Wenn die Grundlagen dieser Menschenkenntnis

---

113 Ebd.
114 Ebd., S. 855.
115 Ebd., S. 855 f.
116 Ebd., S. 858. Entsprechend lebenspraktisch ist die Vorlesung gehalten, wenn Kant erklärend hinzufügt: „Ich muß wissen welche Zugänge ich zu den menschlichen Gesinnungen haben kann, um Entschließungen hervorzubringen; dazu kann die Kenntnis des Menschen Gelegenheit geben, daß der Erzieher, der Prediger, nicht bloßes Schluchzen und Thränen, sondern wahrhaftige Entschließungen hervorzubringen im Stande ist" (ebd.).

dabei noch auf der Schule gelehrt und in der Gesellschaft vervollkommnet werden können, so liegt die Weisheit als Grundlage der Moralisierung des Menschen
dagegen jenseits jeglicher lehrbaren Wissenschaft. Ja, sie ist, wie Kant später in
der *Anthropologie in pragmatischer Hinsicht* ernüchtert schreiben wird, „wohl zu
viel von Menschen gefordert [. . .][,] selbst dem mindesten Grade nach kann sie
ein anderer ihm nicht eingießen, sondern er muß sie aus selbst herausbrin-
gen."[117] Die Maximen, die zu einer solchen Weisheit führen, sind die Grundlagen
jenes „Ausgangs aus der selbst verschuldeten Unmündigkeit",[118] dessen historische, individuelle wie staatliche Möglichkeitsbedingungen Kant in seinem Artikel *Beantwortung der Frage: Was ist Aufklärung?* 1784 in der *Berlinischen
Monatsschrift* erörtert, und die bereits seit Mitte der 70er Jahre in der *Anthropologie* vorformuliert werden: „1. Selbstdenken, 2. sich (in der Mitteilung mit
Menschen) an die Stelle des anderen denken, 3. jederzeit mit sich selbst einstim-
mig zu denken".[119] Spätestens die zweite Maxime macht deutlich, dass die
weltbürgerliche Mündigkeit als eine grundlegend gesellige Praxis zu verstehen
ist, die, wenn auch unter aktualisierten Bedingungen und anderen sozialen und
philosophischen Vorzeichen, eng an das anschließt, was bei Gracián noch ein
„Banquet der Verständigen" hieß und auch bei Kant, aller strengen schulischen
Philosophie zum Trotz, eng verwoben mit einer hedonistisch-asketischen Geschichte der Tischgesellschaft und mit einer „Cultur des Geschmacks" bleibt,
deren kulinarische Grundlagen noch erörtert werden müssen.

---

117 Ders., „Anthropologie in pragmatischer Hinsicht", S. 200. Insofern erst die Weisheit, wie
Kant schreibt, „den Menschen moralisch" macht, ist es kein Zufall, dass Kant nie eine dezidiert
praktische Morallehre entwickelt hat, sondern die (Selbst-)Erziehung zur Moral seit den 70er
Jahren ganz „der Revolution" der Denkungsart, das heißt der Charakterbildung überantwortet
(vgl. ebd., S. 292–295). Eine Charakterbildung, die auf individueller Ebene das Ziel der pragmatischen und praktischen Lehren der Anthropologie schlechthin sein muss. Die Anthropologie
fragt danach, wie Kant in der Vorrede der Veröffentlichung von 1798 schreibt, „was der
Mensch als freihandelndes Wesen aus sich selber macht oder machen kann und soll" (Kant,
„Anthropologie in pragmatischer Hinsicht", S. 119. Manfred Kühn hat hierin zu Recht den Begriff des Willens in der Moralphilosophie Kants mit der Frage des Charakter in seiner Anthropologie in Zusammenhang gebracht: „Fast alles, was Kant in der Anthropologie läßt sich in
das übersetzen, was er in seiner Moralphilosophie über den Willen sagt. Der ‚Charakter' ist die
Erscheinungsform des Willens [. . .]" (Kühn, *Kant*, S. 239).
118 Immanuel Kant, „Beantwortung der Frage: Was ist Aufklärung?", in: *Kant's Gesammelte
Schriften. ‚Akademieausgabe'*, hrsg. v. Königlich Preußische Akademie der Wissenschaften, Bd. 8,
Berlin 1900 ff. S. 33– 43, hier S. 34.
119 Ders., „Anthropologie in pragmatischer Hinsicht", S. 200. Vgl. etwa auch ders., „Anthropologie Pillau", S. 776.

6.2 Zwischen Gastrimargie und Sittlichkeit

Die Anthropologie soll als gesellige und gesellschaftsbefähigende Disziplin die notwendige Vermittlung zwischen der Schule und Welt leisten und in ihr kommt der Tischgesellschaft, auf die der erste, der didaktische Teil der *Anthropologie* spätestens seit dem Wintersemester 1781/82 hinführt, strukturell eine analoge Stellung zu. Mit ihr verknüpft sich der Vorsatz, die Antinomie zwischen Tugend und körperlichem Wohlleben und damit erneut zwischen reiner Philosophie und sinnlicher Lebenswelt zu vermitteln, wenn nicht gar in einer Art chemischer Reagenz zu zersetzen. Welche Rolle spielt hierbei aber das Essen? Und in welchem Verhältnis steht es zur „Cultur des Geschmacks" und der von ihr beförderten Sittlichkeit? In der letztendlich veröffentlichten Version seiner Anthropologievorlesungen gibt Kant hierauf eine scheinbar klare Antwort: Das Essen soll „nur zum Vehikel" der Geselligkeit dienen und die Vielheit der mit Geschmack gewählten Gerichte zielt „nur auf das lange Zusammenhalten der Gäste (coenam ducere)" ab.[120] Und doch ist diese Antwort ganz wortwörtlich nur „scheinbar" klar. Denn Kant wählt zwei Seiten zuvor an entscheidender Stelle eine Formulierung, die mehr als doppeldeutig ist. Zwar betont er auch hier, dass „diese kleine Tischgesellschaft" nicht auf „die leibliche Befriedigung" abzielen soll, „die ein jeder auch für sich allein haben kann", sondern „auf das „gesellige Vergnügen", aber er schreibt dennoch, dass die leibliche Befriedigung „nur das Vehikel *zu sein scheinen muß* [Herv. S.Z.]"[121] und lässt damit die Antwort ins Ungewisse laufen. Das Essen *muss nicht* das Vehikel sein, es muss nur *so scheinen, als ob* es das Vehikel wäre. Und Kant verkompliziert die Frage kurz darauf noch einmal: Denn wenn er auf der einen Seite deutlich darum bemüht ist, die Speisen zum bloßen Mittel zum Zweck der Geselligkeit zu degradieren, so heißt es doch auf der anderen Seite von den Scherzen, mit denen das Ende des Gastmahls und der Konversation eingeläutet wird, dass sie mit Hilfe des Lachens und der Bewegung des Zwerchfells die Verdauung befördern. Und Kant schließt an, indem er die gesellige und geschmackvolle Konversation nun umgekehrt als „Vehikel" der Magentätigkeit begreift: „[…] indessen daß die Teilnehmer am Gastmahl wunder wieviel Geisteskultur in einer Absicht der Natur zu finden wähnen."[122] Wie soll man also das Verhältnis zwischen den Speisen und der Geselligkeit, zwischen Appetit und Sittlichkeit und zwischen ästhetischem und kulinarischem Geschmack verstehen? Was dient hier als Vehikel wovon? Und was meint Kant

---

120 Ders., „Anthropologie in pragmatischer Hinsicht", S. 280.
121 Ebd., S. 278.
122 Ebd., S. 281.

überhaupt, wenn er von einem „Vehikel" spricht? Um diese Fragen zu erörtern, ist es sinnvoll von der Problematik des Verhältnisses von Sittlichkeit und Wohlleben auszugehen, deren Vermittlung und (Auf-)Lösung die Tischgesellschaft in Kants *Anthropologie* leisten soll und deren grundlegende und „unauflösbare" Antinomie umgekehrt etwa von Harald Lemke betont wird.[123] Die Trennung und Antinomie, die Kant zwischen „tierischem Bedürfnis" und der Freiheit und Würde des Menschen, als seinem „eigentliche[n] Selbst" als Vernunftwesen, in Form einer „Zwei-Welten-Metaphysik" vollzieht, fundiert, so Lemke, grundlegend die diätmoralischen Einsichten Kants, die sich etwa in der Tugendlehre der *Metaphysik der Sitten* im Abschnitt über das Laster der Gefräßigkeit niederschlagen. Kants Problematisierung der Esslust besteht denn auch darin, die Gastrimargie insbesondere im Hinblick auf die „Selbstbetäubung durch Unmäßigkeit in Gebrauch der Genieß- oder auch Nahrungsmittel" als eine Verletzung der Pflichten gegenüber sich selbst moralisch zu verurteilen, insofern sie seiner spezifisch menschlichen „Persönlichkeit" als einem „mit Freiheit begabten Wesen (homo noumenon)"[124] zuwiderlaufen.

> Die thierische Unmäßigkeit im Genuß der Nahrung ist der Mißbrauch der Genießmittel, wodurch das Vermögen des intelektuellen Gebrauchs derselben gehemmt oder erschöpft wird. Versoffenheit und Gefräßigkeit sind die Laster, die unter diese Rubrik gehören. Im Zustande der Betrunkenheit ist der Mensch nur wie ein Thier und nicht als Mensch zu behandeln; durch die Überladung mit Speisen und in einem solchen Zustande ist er für Handlungen, wozu Gewandtheit und Überlegung im Gebrauch seiner Kräfte erfordert wird, auf gewisse Zeit gelähmt.[125]

Das Problem der Betäubungsmittel ist dabei für Kant insbesondere, dass sie zwar Sorgenfreiheit und eigebildete Stärke hervorrufen, diese aber Niedergeschlagenheit und Schwäche des Menschen zur Folge haben und – schlimmer noch – die Notwendigkeit mit sich führen, deren Anwendung zu wiederholen, „ja wohl gar [...] zu steigern".[126] Verwerflicher als die Trunkenheit und der Genuss von Opiaten und anderen Drogen ist für Kant jedoch die Gastrimargie als solche. Regt der Konsum der berauschenden Genussmittel wenigstens das „thätige Spiel der Vorstellungen" an, so leistet die Gastrimargie dagegen einer Passivität des Menschen Vorschub, die ihn damit dem bloßen Genuss „des Viehs noch mehr [an]nähert."[127]

---

123 Lemke, *Ethik des Essens*, S. 161.
124 Kant, „Die Metaphysik der Sitten", S. 418.
125 Ebd., S. 427.
126 Ebd.
127 Ebd.

Es ist hierbei nicht ganz abwegig wie Harald Lemke die Lehren Kants – trotz seiner expliziten Abwehrgesten gegenüber der christlichen Askese – in eine Tradition mit dem körperfeindlichen Kampf gegen die Gastrimargie zu stellen, die hier im Kontext einer protestantischen Ethik der Tätigkeit und Arbeit unter transformatorischen Vorzeichen reformuliert werden. Und doch führt Lemkes Versuch eine Differenz zwischen dem „Diätmoralisten" Kant, wie er seinen Leser*innen insbesondere in seinen kritischen Schriften entgegentritt, und dem „ästhetischen Gastrosophen und Hedonisten",[128] dessen „unbekannte Gastrosophie"[129] Lemke aus der *Anthropologie in pragmatischer Hinsicht* mit und gegen Kant zu rekonstruieren sucht, in die Irre. Schon Lemkes Grundannahme einer kategorischen Antinomie zwischen dem Kampf gegen die Unersättlichkeit des Magens und der Beförderung einer geselligen Kultur des Geschmacks mittels der kulinarischen oder weinseligen Tischrunde trägt nicht sonderlich weit. Denn spätestens seit dem 17. Jahrhundert konstituiert sich die Kultur des Geschmacks grundlegend als Fortführung des Kampfes gegen die Gastrimargie mit anderen Mitteln und steht diesem schon von daher mitnichten als sein Gegenteil gegenüber. Aber auch mit Blick auf die Philosophie Kants muss man konstatieren, dass Kant in seiner moralischen Verwerfung der Esslust gerade keine anachoretische Abtötung des Körpers im Sinn hat, die vorschlägt den Menschen an der Grenze des Notwendigen entlangzuführen.[130] Stattdessen hebt er bereits in seinen kasuistischen Bemerkungen zur Gastrimargie in der *Metaphysik der Sitten* den Beitrag der Rauschmittel und Speisen zur geselligen Praxis hervor, insofern diese trotz ihrer grundsätzlichen Verwerflichkeit dennoch zu einer Beförderung der Geselligkeit und des intellektuellen Verkehrs als Praktiken der wahren Humanität beitragen können. Kant knüpft damit in seiner Ethik des rechten Maßes in transformativer Weise weniger an christliche als vielmehr an antike stoische und mehr noch epikureische Vorlagen an, die ihr Maß nicht so sehr an der Grenze zwischen der unabdingbaren Notwendigkeit des Überlebens und dem irdischen Wohlleben, sondern vielmehr an derjenigen zwischen Wohlleben und Exzess ausrichteten. Es gibt hierin gerade keinen Bruch zwischen dem „ästhetischen Gastrosophen und Hedonisten" Kant, den Lemke in dessen *Anthropologie* ausmacht, und jenem kritischen „Diätmoralisten", dessen Lehre Lemke zu Recht als metaphysisch unzulängliche Behauptung kritisiert. Weder schließt Kant in seiner schulischen Moralphilosophie das körperliche Wohlleben aus, noch lässt sich Kants Tischgesellschaft in den anthropologischen Schriften

---

128 Lemke, *Ethik des Essens*, S. 161.
129 Ebd., S. 160.
130 Diesen Umstand bemerkt Lemke selbst, ohne allerdings die entsprechenden Schlüsse daraus zu ziehen. Vgl. ebd., S. 170 f.

von jener spezifisch neuzeitlichen Variante der anti-gastrimargischen Diätmoral trennen. Dass Letztere in den schulphilosophischen Schriften entschiedener hervortritt als in den anthropologischen, ist einzig und allein den grundlegenden Prämissen der Kantischen Transzendentalphilosophie geschuldet, die ihre Vernunftsätze notwendigerweise von der weltlichen Sphäre und damit der ‚unreinen' Mischung von Empirie und Vernunft entrücken muss.

Die Antinomie zwischen dem Kulinarischen und dem Sittlichen durchzieht stattdessen Kants gesamtes Werk und nicht zuletzt die Szenerie der Tischgesellschaft, die konsequent das Problem der *discretio* und der Maßhaltung auf den Plan ruft und das Feld des Genusses mit einer Reihe kasuistischer Fragen zum praktischen Verhältnis zwischen der Animalität des Körpers und der Freiheit und Würde des Menschen überzieht: „Kann man dem Wein [...] einen Gebrauch verstatten, der bis nahe an die Berauschung reicht: weil er doch die Gesellschaft zur Gesprächigkeit belebt und damit Offenherzigkeit verbindet?" Oder analog im Hinblick auf die Speisen: „Wie weit geht die sittliche Befugniß, diesen Einladungen zur Unmäßigkeit Gehör zu geben?" „Wer kann das Maß für einen bestimmen [...] und wo ist die Grenze zu ziehen"?[131] Dabei bleibt die *Metaphysik der Sitten* die Antwort auf diese Fragen schuldig. Und zwar aus dem einfachen und systematischen Grund, dass die Schule und mit ihr die Metaphysik in dem Rahmen, den Kant ihnen zumisst, auf diese Fragen keine Antwort geben können. Die *discretio* als Kunst der Beurteilung und Unterscheidung setzt Weisheit, verstanden als Idee eines „gesetzmäßig-vollkommenen praktischen Gebrauch[s] der Vernunft",[132] voraus, die, so sehr sich auch ihre Maximen an den Grundlagen der Schule orientieren, nicht auf der Schule gelehrt werden kann. Sie kann nur unter der Maßgabe von Zeit, Erfahrung und Reflexion vom Subjekt selbst hervorgebracht werden. Zu ihr ist mithin eine Weltkenntnis notwendig, die nur die praktische Übung in der Welt vermitteln kann. Das heißt jedoch nicht, dass Kant den Versuch einer Antwort auf die Frage nach der Grenzziehung schuldig bleibt. Nur findet sich dieser eben nicht in den Schriften der kritischen Transzendentalphilosophie, sondern vielmehr in der auf die Weltkenntnis zielenden Wissenschaft der Anthropologie.[133]

Wenn auch die Anthropologie (ebenso wie die Metaphysik) die Frage nach der inneren moralischen *discretio* nicht abschließend beantworten kann, so gibt sie doch zumindest eine äußere Instanz als Bemessungsgrundlage des

---

131 Kant, „Die Metaphysik der Sitten", S. 428.
132 Ders., „Anthropologie in pragmatischer Hinsicht", S. 200.
133 So finden sich die Fragen, die Kant in der *Metaphysik der Sitten* als kasuistische Fragen der ethischen Elementarlehre aufführt, bereits in den frühesten Vorlesungsnachschriften der Anthropologie gestellt. Vgl. etwa ders., „Anthropologie Collins", S. 70.

Wohllebens an: den gesellschaftlichen Anstand und das feine Benehmen, die, wenn sie auch nur ein *Simulakrum* und eine äußere Analogie der Tugend sein können, doch immerhin „die schlechte Seite des Menschen [verdecken]".[134] Und man ist gut beraten angesichts der Tatsache, dass die „menschlichen Tugenden [. . .] nicht von der Art sind, daß es ganz reine Tugenden gebe",[135] nicht zum schulmäßig pedantischen, „moralischen Puristen" zu werden. Ja, man soll sich hüten von Seiten einer pflichtmäßigen Ethik der Schule „das cynische Leben [zu] empfehlen, weil da jederzeit die Beispiele des Guten wegfallen würden",[136] die in dem bloßen Schein, dessen man sie stets verdächtigen kann, der wahren Tugend dennoch förderlich sind. In der Welt und jenseits der reinen Schullehre gilt es, „die Menschen so [zu] nehmen, wie sie sind", und den Anstand als das anzusehen, was er behauptet zu sein: ein Mittel, die Menschen „in tugendhaften Gesinnungen" weiterzubringen, „denn wenn wir ein Beispiel der Achtung vor uns sehen, so erweckt dasselbe uns zur Nacheiferung."[137] Das äußere Maß, das dem Appetit als tierischem Begehren des Menschen im Hinblick auf seine gesellschaftliche Indienstnahme gewährt werden kann, ist hierin also das Maß des Anstands und damit der Geschmack als Analogon der Vollkommenheit. „Das Gute ist mit dem Schönen so verbunden, heißt es in der Vorlesungsnachschrift von 1781/82, „daß selbst der Schein des Guten, Geschmack ist",[138] und 1798 schließlich: „Geschmack [ist] Moralität in der äußeren Erscheinung".[139]

Dem allgemeinen Geschmack als ästhetische und zumindest nach außen moralische Instanz wird damit von Kant zugetraut, die Grenze zwischen der Tierheit und Humanität in Form der Dichotomie von Appetit und Sittlichkeit zu ziehen. Eine Grenzmacht, die jedoch nur insoweit statt hat, wie sie von sich behaupten kann, nicht von der Sphäre des Appetits und seinen Speiseresten kontaminiert zu sein. Und doch ist genau dies nicht der Fall. Von Anfang an weiß Kant um die letztendlichen Grundlagen der geselligen Verfeinerung in

---

134 Ders., „Menschenkunde, Petersburg", S. 930.

135 Ebd., S. 932.

136 Ebd., S. 931.

137 Ebd., S. 930. „Jetzt fängt die Welt schon an civilisiert zu werden", heißt es in der Nachschrift Mrongovius von 1784/85. „Das Saufen in Gesellschaft hat schon aufgehört das Duelieren wird auch noch aufhören" (ders., „Anthropologie Mrongovius. Die Vorlesungen des Wintersemesters 1784/85 aufgrund der Nachschriften Mrongovius, Marienburg", in: *Kant's Gesammelte Schriften. ,Akademieausgabe'*, hrsg. v. Königlich Preußische Akademie der Wissenschaften, Bd. 25.2, Berlin 1900 ff. S. 1205–1429, hier S. 1327).

138 Ders., „Menschenkunde, Petersburg", S. 1104.

139 Ders., „Anthropologie in pragmatischer Hinsicht", S. 244.

den gehobenen und gebildeten Schichten der Gesellschaft, ungeachtet der Anstrengungen, die er unternimmt, um den Appetit und mit ihm den kulinarischen Geschmack vom idealen Geschmack des Schönen und der in ihm enthaltenen Potentialität des Guten abzugrenzen. Denn der Geschmack zeigt sich nicht zuletzt in den exquisiten Speisen, den Delikatessen und ausgewählten Ingredienzien, die im Rahmen der Tischgesellschaft gewählt und konsumiert werden. „Alles [läuft] zuletzt, die Menschen mögen machen was sie wollen, aufs Eßen und Geschmack hinaus",[140] heißt es bereits in der *Nachschrift Parow* von 1772/73, bezüglich der Frage, warum der ästhetische Geschmack begrifflich mit dem kulinarischen in eins fällt. Und auch noch 26 Jahre später findet sich das Problem der Speisereste in der *Anthropologie in pragmatischer Hinsicht* in einer Anmerkung zum Kapitel *Vom Gefühl für das Schöne:* „Wie mag es gekommen sein", fragt Kant, „daß vornehmlich die neueren Sprachen das ästhetische Beurteilungsvermögen mit einem Ausdruck (gustus, sapor), der bloß auf ein gewisses Sinnenwerkzeug (das Innere des Mundes) und die Unterscheidung sowohl als Wahl genießbarer Dinge durch dasselbe hinweiset, bezeichnet habe?"[141] Die Antwort, die Kant hierauf gibt, führt die Problematik des Verhältnisses von Appetit und Sittlichkeit im Rahmen der Tischgesellschaft geradewegs in den Begriff des Geschmacks selbst ein: „Es ist keine Lage", so Kant, im Vorgriff auf die etliche Seiten später entwickelte Tischgesellschaft als „höchstem physisch-moralischem Gut", „wo Sinnlichkeit und Verstand, in einem Genusse vereinigt, so lange fortgesetzt und so oft mit Wohlgefallen wiederholt werden können, – als eine gute Mahlzeit in guter Gesellschaft. Die Erstere wird aber", fügt Kant hinzu, indem er die lokale Vermischung des sinnlichen Geschmacks mit dem ästhetischen Urteilsvermögen sofort zu trennen versucht, „hier nur als Vehikel der Unterhaltung der Letzteren angesehen."[142] Und doch gibt es einen Übergang zwischen beiden, der, allem Differenzierungswillen Kants zum Trotz, geradezu als Brutstätte des ästhetischen Geschmackes entworfen wird. Denn wenn der Wirt oder die Wirtin es seinen oder ihren Gästen recht machen möchte und im Hinblick auf den Geschmack der Gäste von eigenen Geschmacksinteressen absieht, so handelt es sich um ein quasi ästhetisches Urteil, ohne welches die Erstellung des Speisezettels für eine Tischgesellschaft im Sinne des höchsten physischen Gutes nicht auskommt.

---

140 Ders., „Anthropologie Parow", S. 276.
141 Ders., „Anthropologie in pragmatischer Hinsicht", S. 242.
142 Ebd., S. 242.

Der ästhetische Geschmack des Wirtes zeigt sich nun in der Geschicklichkeit, allge-
mein- gültig zu wählen; welches es aber durch seien eigenen Sinn nicht bewerkstelli-
gen kann: weil seine Gäste sich vielleicht andere Speisen oder Getränke, jeder nach
seinem Privatsinn, auswählen würden. Er setzt also seine Veranstaltung in der Mannigfaltigkeit: daß nämlich für jeden nach seinem Sinn einiges angetroffen werde.[143]

Die allgemeingültige Speisenwahl ist, so folgert Kant auf der Ebene des Weltwissens und aus der Sicht seiner anthropologischen Beobachtungslehre, der konkrete Ausgangspunkt jeglicher allgemeingültigen Wahl, die die Ästhetik des
Schönen ausmacht.[144] Und doch hat der gute Geschmack der Bewirtenden wiederum keinen Anspruch auf die strenge Allgemeingültigkeit des reinen ästhetisches
Urteils, die die *Kritik der Urteilskraft* dem Urteil über das Schöne zuspricht, sondern es zeugt allein von einer „komparativen Allgemeingültigkeit", die als
„bloß" empirische keinen Anspruch auf generelle Geltung haben kann.[145] Dabei
nimmt der gute Geschmack der Wirtsleute eine seltsame Mittelstellung ein. Er ist
quasi-ästhetisch, aber insofern er am Ende auf die Magen- und Gaumeninteres-
sen der Gäste zielt, ist er doch auch in gewisser Weise noch interessiert und mit
jenen Inzitamenten des *Gasters* kontaminiert, von deren Anhaftungen Kant das
‚reine' Geschmacksurteil *a priori* in der *Kritik der Urteilskraft* konsequent zu reinigen sucht. „Wenn die Frage ist, ob etwas schön sei, [so will man] nicht wissen,
ob uns oder irgendjemand an der Existenz der Sache etwas gelegen sein könne;
sondern, wie wir sie in der bloßen Betrachtung (Anschauung oder Reflexion) beurteilen", heißt es im § 2 der *Kritik*. Man kann zwar wie der Irokese Tsonmontio,
der als *Sachem* des Wolf-*Pteex* 1666, kurz nach dem Friedensbündnis von Teilen
der Irokesenliga mit den Franzosen, Paris besuchte, die „schönste Musick fahren
laßen"[146] und sagen, einem „gefalle in Paris nichts besser als die Garküchen".[147]

143 Ebd.
144 Vgl. hierzu auch ders., „Anthropologie Mrongovius", S. 1326.
145 Zur Unterscheidung von strenger und komparativer Allgemeingültigkeit vgl. ders., „Kritik
der reinen Vernunft (2. Aufl. 1787)", in: *Kant's Gesammelte Schriften. ‚Akademieausgabe'*, hrsg.
v. Königlich Preußische Akademie der Wissenschaften, Bd. 3, Berlin 1900 ff. S. 29. Vgl. auch
Därmann, „Kants Kritik der Tischgesellschaft", S. 105 f.
146 Kant, „Anthropologie Parow", S. 274. Vgl. auch ders., „Anthropologie Collins", S. 43 f.;
ders., „Anthropologie Friedländer", S. 498 sowie ders., „Anthropologie Mrongovius", S. 1247.
Als Quelle dieser Begebenheit diente wohl François Xavier de Charlevoix, *Histoire et déscrip-
tion génerale de la Nouvelle-France, avec le Journal historique d'un voyage fait par ordre du Roi
dans l'Amérique Septentrionnale*, 3 Bd., Paris 1744, 22. Brief, August 1721, Bd. 3, S. 322. Vgl. auch
Anonymus, *Sphinx und Oedipus. Räthsel mit und ohne Auflösung*, Brandenburg 1781, S. 117 f.
Vgl. hierzu die Anm. 047 in: ders., „Anthropologie Collins", S. 43.
147 Ders., „Kritik der Urteilskraft", in: *Kant's Gesammelte Schriften. ‚Akademieausgabe'*, hrsg.
v. Königlich Preußische Akademie der Wissenschaften, Bd. 5, Berlin 1900 ff. S. 204.

Aber davon ist nach Kant im Bezug auf die Ästhetik „nicht die Rede".[148] Und doch haben die weltgewandten, europäischen Wirtsleute bei Kant nicht viel mit jenem Irokesen gemein, der als kontinuierliche, vermeintlich geschmacklose Kontrastfolie seit den frühesten Anthropologie-Nachschriften Kants Vortrag begleitet. Das geschmackliche Vermögen der Ersteren ist gerade nicht dasjenige des vorgeblich immer hungrigen „Naturmenschen", der bloß an seinem eigenen Magen oder privaten Geschmack interessiert sei. Ihr Vermögen ist stattdessen ein Drittes zwischen ästhetischem und kulinarischem Geschmack und der bzw. die Wirt*in tritt in diesem Sinne als eine Mittlerfigur auf, der die doppelte Aufgabe zukommt, die Grenze zu ziehen, die sie gleichermaßen in ihrer Ambivalenz notwendig unterläuft. Dass die geschmackvolle Wahl der Bewirtenden bis in die 80er Jahre hinein in den Anthropologievorlesungen die Bestimmung des allgemeinen Geschmacksurteils überhaupt illustriert und von diesem in keiner Weise unterschieden wird,[149] macht die Schwierigkeit dieser Unterscheidung deutlich. Eine Schwierigkeit, die sich noch in der konsequenten Reinigungsarbeit der *Kritik der Urteilskraft* ausdrückt, die ebenso vehement um die Differenz von Appetit und Geschmack, Kulinarischem und Schönen bemüht ist.[150]

Gelingt es Kant also schon beim „guten Mahl in guter Gesellschaft" kaum den Geschmack der Konversation vom kulinarischen Geschmack der Bewirtenden, mithin das äußere Maß des Anstands, von den sichtbaren Speiseresten zu trennen, die es kontaminieren, so markiert der kulinarische Überschuss und der sinnliche Genuss zudem auch noch ein Übergangsfeld zur Weisheit und damit zum moralischen Urteil selbst. „Noch sonderbarer" – und das meint auch: noch prekärer – ist für Kant das Verhältnis des subjektiven und

---

148 Ebd., S. 205.

149 Vgl. etwa ders., „Anthropologie Parow", S. 376; ders., „Menschenkunde, Petersburg", 916 f., sowie 1100; ders., „Anthropologie Mrongovius", S. 1326. In Kants *Anthropologie* finden sich dementsprechend sogar Ansätze zu einer Ästhetik der Kochkunst. „Die Kochkunst soll auch allgemeine Regeln haben", heißt es etwa in der Nachschrift Collins, „geschmackvolle Leüte [sic!] wißen gut zu treffen, was allgemein oder doch mehrenteils gefällt" (ders., „Anthropologie Collins", S. 179). Dabei wird die Kunst des Bewirtenden allgemein zu wählen explizit als strenges, gerade nicht aus dem empirischen abstrahiertes Urteil charakterisiert (Vgl. Kant, „Anthropologie Collins", S. 781). Und wenn auch Kant gleichermaßen schon 1772/73 den ideellen Geschmack *a priori* als Geschmack der Anschauung von demjenigen der Empfindung zu trennen sucht, so muss er doch einräumen, dass man „auch zuweilen bey neuen Gerichten errathen [kann], ob sie dem Geschmack allgemein gefallen werden, oder nicht" (ders., „Anthropologie Parow", S. 376).

150 Von hier aus erklärt sich nicht zuletzt die ausgeprägte „Exemploralität", die Jacques Derrida als textuelles Prinzip der *Kritik der Urteilskraft* ausgemacht hat (Jacques Derrida, „Ökonomimesis", in: Emmanuel Alloa/Francesca Falk (Hrsg.), *BildÖkonomie. Haushalten mit Sichtbarkeiten*, München 2013, S. 327–367).

interessierten Schmeckens (*sapor*), „als Erprobung durch den Sinn, ob etwas ein Gegenstand des Genusses" sei, zur Weisheit (*sapientia*). Dabei geht es nicht darum, ob die Wahl als interesselose Wahl allgemeingültig sei, und damit um ein Übergangsfeld zwischen ästhetischem Geschmack und Weisheit, sondern explizit um den Genuss des Appetits selbst. Ein Problem, das Kant in gewohnter Weise formal, im Sinne einer Analogie, lösen zu können meint; allerdings um den Preis, dass nun die metabolischen Vorgänge zwischen Mund und Magen geradezu zum Modell der Funktionsweise des weisen Urteils werden. Denn die Nähe zwischen beiden besteht in der Unmittelbarkeit des Urteils: „weil ein unbedingt notwendiger Zweck keines Überlegens und Versuchens bedarf, sondern unmittelbar gleichsam durch Schmecken des Zuträglichen in die Seele kommt".[151] Was der natürliche Geschmack in Bezug auf die körperlichen Speisen leistet, nämlich „schon bei der Pforte des Eingangs der Speisen in den Darmkanal die Gedeihlichkeit derselben im voraus zu beurteilen",[152] das leistet die Weisheit im Bezug auf die Speisen der Seele.

Diese Analogiebildung wiederholt Kant an anderer Stelle unter umgekehrten Vorzeichen mit Bezug auf den Ekel. Dabei geht es jedoch mehr um die Fragen der geschmackvollen Konversation als um die Weisheit selbst: Wenn dem Menschen der Ekel, das heißt „ein Anreiz, sich des Genossenen durch den kürzesten Weg des Speisekanals zu entledigen (sich zu erbrechen)", als starke Vitalempfindung beigegeben wurde, dann weil jede „innigliche Einnahme dem Tier gefährlich werden kann."[153] Das gleiche gelte für den Geistesgenuss und die „Mitteilung der Gedanken", die widerlich seien, wenn sie einem aufgedrängt werden, und als „Geistesnahrung" nicht gedeihlich, wie etwa der ständig wiederholte und immer gleiche Vortrag vermeintlich gewitzter und komischer Einfälle. „[S]o wird der Instinkt der Natur, seiner loszuwerden, der Analogie wegen gleichfalls Ekel genannt".[154] Der natürliche Geschmack und – als sein Pendant– der Ekel sind hierin einerseits sowohl für das Geschmacksurteil als auch für das diskrete Urteil der Weisheit modellbildend, andererseits ist aber die Modellbildung über den natürlichen Geschmack erneut von den

---

151 Kant, „Anthropologie in pragmatischer Hinsicht", S. 242 f.

152 Ebd., S. 159.

153 Ebd., S. 157 f.

154 Ebd. Im gleichen Sinne bringt auch die *Kritik der Urteilskraft* den Ekel und das Erbrochene in Anschlag, wenn es darum geht die Grenzen der Schönheit und des Geschmacks zu bestimmen (ders., „Kritik der Urteilskraft", S. 312). Vgl. hierzu etwa Derrida, „Ökonomimesis"; Pierre Bourdieu, *Die feinen Unterschiede. Kritik der gesellschaftlichen Urteilskraft*. Übers. v. Bernd Schwibs und Achim Russer, Frankfurt am Main 1987, S. 761–767, sowie ausführlich und in kritischer Auseinandersetzung mit den beiden vorhergehenden Winfried Menninghaus, *Ekel. Theorie und Geschichte einer starken Empfindung*, Frankfurt am Main 1999, S. 16–188.

Gefahren des übermaßnehmenden Wohlebens bedroht. Denn „die ziemlich sichere[] Vorhersagung" der Gedeihlichkeit der Speisen durch „die Annehmlichkeit in diesem Genusse" ist nur unter der Bedingung gegeben, dass „Üppigkeit und Schwelgerei den Sinn nur nicht verkünstelt haben."[155] Der Geschmack verfügt zwar über ein instinktives, natürliches Maß, aber er kann davon abgelenkt werden. Auch er kann durch den Luxus und die *Luxuries* in Form der „Unmäßigkeit im Gebrauch der Genieß- oder auch Nahrungsmittel" verführt und betäubt werden. Was aber heißt dies für das Geschmacksurteil und das diskrete Urteil der Weisheit, die analog zu diesem verfahren? In welchem Verhältnis steht etwa der Geschmack als Analogon, äußeres Maß und Vehikel der Sittlichkeit zum Luxus und den *Luxuries*, die den kulinarischen Geschmack bedrohen?

„Üppigkeit (luxus) ist das Übermaß des gesellschaftlichen Wohlebens mit Geschmack in einem gemeinen Wesen. [...] Jenes Übermaß, aber ohne Geschmack ist die öffentliche Schwelgerei (luxuries),"[156] heißt es in der *Anthropologie* von 1798. Und beide, sowohl die Üppigkeit als auch die Schwelgerei, verderben nach Kant gleichermaßen den natürlichen Geschmack und seine Urteilsfähigkeit. Und doch tun sie es auf je unterschiedliche Weise, indem sie entweder die Kultur, den Geschmack und die Gesellschaft befördern, oder als bloß sinnliches Übermaß zum Ekel treiben: Während der Luxus nicht nur mit „einer fortschreitenden Kultur des Volks (in Kunst und Wissenschaft) vereinbar ist", sondern sogar ein Vehikel derselben darstellt, so überfüllt die Schwelgerei „mit Genuß und bewirkt endlich Ekel." Und wenn auch beide eher äußerlich prahlerisch und selbsgenießend sind, so sticht doch der Luxus „durch Eleganz (wie auf Bällen und Schauspielen) für den idealen Geschmack" von der Schwelgerei ab, die sich „durch Überfluss und Mannigfaltigkeit für den Sinn des Schmeckens" Ausdruck verleiht, wie bei jenen englischen Volksfesten des Lord Mayor Day, deren öffentliche Festtagsschmäuse Kant als Beispiel der ausgesprochenen Gastrimargie dienen.[157]

Kant schlägt damit in der Anthropologie von 1798 sowohl die Quantität des Kulinarischen als auch die Mannigfaltigkeit der Speisen, die vormals als Zeichen des Geschmack des bzw. der guten Wirt*in einstanden, der Schwelgerei zu. Dagegen hatte er noch in der Vorlesung von 1781/82 diese beiden gerade in ihrer Differenz und ihrem Abstand voneinander bestimmt: „Luxuries ist die Fresserei, wo man nicht auf die Mannigfaltigkeit der Speisen, sondern auf große Trachten [Frachten] sieht. Die vielerlei Gerichte auf großen Tafeln dienen

---

155 Kant, „Anthropologie in pragmatischer Hinsicht", S. 159.
156 Ebd., S. 249 f.
157 Kant, „Anthropologie in pragmatischer Hinsicht", S. 250.

dazu, daß jeder das findet, was ihm schmeckt. Die Kochkunst beruht also auf der Wahl des Geschmacks."[158] Die Frage des Luxus schließt hierin erneut an die Frage nach dem problematischen Verhältnis von ästhetischem und kulinarischem Geschmack an, dessen Schwierigkeit oben bereits erörtert wurde. Einerseits verdirbt er den natürlichen Geschmack und das sichere Urteil über die Zuträglichkeit der Speisen, die das Modell des ästhetischen und weisen Urteils abgeben, andererseits arbeitet der Luxus dem Geschmack vor, der wiederum zum äußerlichen Maß der Moralität dient. „Wenn die Rede vom Angenehmen, Schönen und Guten ist", heißt es 1781/82, „so ist das Gute das, was von allem den Beschluss macht. Zuerst sorgt man für das, was vergnügt, dann fürs Schöne, und endlich für das, was durch seinen Nutzen überall gut ist. Dies beschließt am Ende alle Gegenstände der Begierde."[159] Und in der *Nachschrift Mrongovius* von 1784/85: „Wir veredeln also durch den Luxus unsre Natur und werden also dadurch der Moralitaet näher gebracht."[160] Die Verfeinerung der Sinnlichkeit und die Kultivierung des Geschmacks wird demnach ebenso als Mittel zur Zivilisierung des Menschen in Anspruch genommen wie diese wiederum der Moralisierung Vorschub leisten soll. Und wenn der ästhetische Geschmack als äußerliches, diskretes Maß und Vehikel des Moralischen gilt, dann scheint in analoger Weise die qualitative Feinheit des sinnlichen Geschmacks das äußere Maß und gewissermaßen den Rahmen des ästhetischen Konversationsgeschmackes zu bilden. Es gibt hier (wenn auch auf unterschiedlichen Ebenen) eine merkwürdige unausgesprochene Parallelität, ja, eine Verknüpfung zwischen dem Kulinarischen, dem Ästhetischen und Sittlichen, die sich gegenseitig zur Analogie, zum Maß und Vehikel dienen und sich gleichermaßen in der Tischgesellschaft verdichten.

Das Problem der Grenze zwischen „tierischer" Rohheit und Humanität, Appetit und Sittlichkeit wird damit also ein weiteres Mal verschoben: Von nun an ist die Frage der *discretio* nicht mehr nur eine Frage nach dem Maß in quantitativer Hinsicht: Wie viel soll man trinken um einerseits gesellig, aber gleichermaßen nicht unvernünftig und mithin tierisch zu werden? Wie viel und wie oft soll man speisen, um einerseits seiner Verpflichtung zur Mitteilung den anderen gegenüber nachzukommen, ohne unmäßig zu werden? Es geht auch um eine geschmackliche Unterscheidungskunst in qualitativer Hinsicht: Soll man Branntwein trinken oder Opiate nehmen oder ist es geselliger und feiner Bier oder Wein zu trinken?, fragt Kant in der *Anthropologie in pragmatischer Hinsicht*

---

158 Ders., „Menschenkunde, Petersburg", S. 1098. Vgl. auch ebd., S. 1104, sowie: ders., „Anthropologie Pillau", S. 794.
159 Ders., „Menschenkunde, Petersburg", S. 1105.
160 Ders., „Anthropologie Mrongovius", S. 1362.

und gibt eine klare Antwort, die das Spiel der diskreten Differenzen erneut aufnimmt: Branntwein und Opium dienen demnach der „stummen Berauschung" und beleben nicht „die Geselligkeit und wechselseitige Gedankenmitteilung". Weiterhin ist der Wein dem Bier vorzuziehen, insofern Letzteres „mehr nährend und gleich einer Speise sättigend ist" und die Trinkgelage mit diesem „mehr träumerisch verschlossen, oft auch ungeschliffen" sind. Die weinselige Runde dagegen ist ganz im Sinne der Beförderung der Geselligkeit „fröhlich, laut und mit Witz redselig."[161] Nicht erst bei Jean-Anthelme Brillat-Savarin kommt dem Wein damit der Status einer „Gegendroge" zu, die im Verbund mit der geselligen Konversation „die kulinarische Lust vor jedem Psychorisiko bewahrt und den Feinschmecker in einer ‚gesunden' Rationalität beläßt". Der Wein und die Konversation übernehmen auch bei Kant die Aufgabe, das gesellige Subjekt „vor jeder subjektiven Flucht durch das Imaginäre" des Rausches und der Sinnlichkeit des ungezügelten Appetits zu bewahren.[162]

Das Kriterium der Unterscheidung der zuträglichen von den verwerflichen Genussmitteln ist damit erneut das Verhältnis von Geselligkeit und Appetit, das nun in graduellen Abstufungen ausdifferenziert wird. Unter der Oberfläche der formalen Bestimmungen, die die Transzendentalphilosophie hinsichtlich der Problematisierung der Esslust zu leisten beansprucht, und im Anschluss an diese, vollzieht sich damit in der *Anthropologie* ein Spiel der Abgrenzung, der Verschiebung, der Ausdifferenzierung, ja, der Vervielfältigung der grundlegenden Opposition von Sittlichkeit und Appetit, die spätestens im Hinblick auf die Wahl der Genussmittel in eine Problematisierung der Esslust kippt, die man geradezu als eine „Wissenschaft vom Konkreten" mit und über das Kulinarische bezeichnen könnte.[163] Ausgehend von der Welt der kultivierten Tischgesellschaften und geselligen Runden Königsbergs überführt Kant die metaphysisch behauptete Opposition zwischen animalischem Appetit und moralischer Würde und Sittlichkeit ebenso wie die Frage ihrer Vermittlung zunehmend in die graduellen Abstufungen eines kulinarischen Codes. Die grundlegende Dichotomie von Magen(über)füllung und geistiger Konversation durchzieht hierin ein ganzes Feld der Bestimmung, der Verschiebung und Ersetzung dessen, was als *discretio* und damit als Instanz der Grenzziehung und Unterscheidung gelten kann. Hierin konstituiert sich eine – nicht zuletzt mit Blick auf den europäischen Kolonialismus und den exotischen Luxus – politische Ökonomie des Kulinarischen, die sich zwischen den Regionen des sprechenden

---

161 Ders., „Anthropologie in pragmatischer Hinsicht", S. 170. Vgl. auch ders., „Menschenkunde, Petersburg", S. 941 f.
162 Roland Barthes, „Brillat-Savarin-Lektüre (1975)", in: Kikuko Kashiwagi-Wetzel/ Anne-Rose Meyer (Hrsg.), *Theorien des Essens*, Berlin 2017, S. 239–260, hier S. 243.
163 Claude Lévi-Strauss, *Das wilde Denken*. Übers. v. Hans Naumann, Frankfurt am Main 1968.

Mundes und des stets hungrigen Magens, „als Großmächtigste[m] Herrscher im animalischen Reich"[164] aufspannt und die zu jenen Keyserlingschen akroamatischen Gesellschaften zurückführt, welche den Rahmen bilden, in dem sich die gesellige Genusspraxis Kants vollzieht. Ihr gilt es im Folgenden nachzugehen.

6.3 Luxusprobleme

Welche Speisen und Getränke verfeinern die Sinne und haben eine ästhetische Qualität, die sie für ideelle Vergnügungen geeignet macht? Im Hinblick auf diese Frage ist insbesondere die Vorlesungsnachschrift von 1781/82 interessant, in der sich das Thema der Tischgesellschaft mehr und mehr verdichtet. Denn gerade hier finden sich die meisten Anmerkungen Kants zur Frage der Speisen. Unter der Überschrift *Von der Ausbildung der Sinne* heißt es: „Man lerne die Sinne gebrauchen bei jeder Sache, vorzüglich aber bei dem, was im künstlichen Gebrauch der Sinne stattfindet."[165] Wenn Kant hierbei auch vor allem auf die Schärfung des Sehsinns abhebt, insofern durch eine schärfere Beobachtungsgabe eine feinere Wahrnehmungen etwa in der Mikroskopie möglich werde und damit der Erkenntnis und Aufklärung Vorschub geleistet werde, so bleibt doch die Verfeinerung des Geruchs und Geschmacks nicht unerwähnt. Als ihr Medium fungiert erneut der Wein, den Kant von Beginn der Vorlesungen an als das geselligste und moralistische der berauschenden Genussmittel herausstellt und kontinuierlich mit der Tischgesellschaft assoziiert.[166] Neben diesen tritt nun jedoch zu Beginn der 1780er Jahre der Tee, der sich in Preußen immer größerer Beliebtheit erfreute: „Die Feinheit des Geruchs und Geschmacks kann bis zu einem Grade zunehmen der unbegreiflich ist", schreibt Kant. „Von Wein und Thee kann man den allerkleinsten Nebengeschmack heraus schmecken."[167]

Die Bestimmung der verfeinernden Genussmittel folgt dabei dem Stellenwert, der ihnen im Kontext der geselligen Runden zukam, aus deren Beobachtung und Verkehr Kant spätestens seit den 80er Jahren erklärtermaßen seine anthropologischen Kenntnisse bezog. Es gilt dementsprechend im Hinblick auf die Frage nach den geschmacklichen Mitteln der Verfeinerung die methodische

---

164 Immanuel Kant, „Handschriftlicher Nachlaß Anthropologie", in: *Kant's Gesammelte Schriften. ‚Akademieausgabe'*, hrsg. v. Königlich Preußische Akademie der Wissenschaften, Bd. XV, Berlin 1900 ff. S. 956.
165 Ders., „Menschenkunde, Petersburg", S. 921.
166 Vgl. zur Feinheit des Geschmacks des Weines auch ders., „Anthropologie Friedländer", S. 500.
167 Ders., „Menschenkunde, Petersburg", S. 921.

Verschiebung, die Kant in dieser Hinsicht im Wintersemester 1781/82 vollzieht, ernst zu nehmen. Erst ein kulturhistorischer Blick auf die Esstische in Kants kulturellem und geselligem Umfeld und insbesondere auf die Tischgesellschaften im Keyserlingschen Palais auf dem Vorderroßgarten, macht, wie ich im Folgenden zeigen möchte, den durchaus lebensweltlichen Hintergrund des Problems der Kantischen Geschmackslehre deutlich, die unentwegt eine Diskrepanz zwischen den Maximen der Maßhaltung und Verfeinerung zum Ausdruck bringt. Und auch die Problematik der Tischgesellschaft, die in Kants Werk stets zwischen der Gefahr der Gastrimargie und der Beförderung der Humanität schwankt, erlangt vor diesem Hintergrund eine gewisse Triftigkeit.

Wenn auch der Teekonsum in der Forschung lange Zeit hauptsächlich mit England assoziiert wurde,[168] so darf doch dessen Verbreitung in Preußen – nicht zuletzt durch die Anglophilie des 18. Jahrhunderts und die kontinentaleuropäische Übernahme des englischen Lebensstils[169] – nicht unterschätzt werden. Dem Tee kam, wie neuere Studien gezeigt haben, auch hier durchaus eine dem Kaffee vergleichbare Bedeutung zu, dessen Genuss Friedrich II. im Übrigen just zu Beginn des Jahres 1781 durch neue Luxusgesetze vor allem in den unteren Schichten zu beschränken versuchte.[170] Wie man aus Verkaufsanzeigen der *Wochentliche[n] Königsbergische[n] Frag-und Anzeigungs-Nachrichten* entnehmen kann, wurde der Verkauf von Tee und dem entsprechenden modischen Zubehör spätestens seit den 40er Jahren des 17. Jahrhunderts in Königsberg betrieben. So bietet etwa am 11. Juli 1744 ein Heinrich Reimers in der Kneiphöfchen Langgasse

---

168 Vgl. etwa Wolfgang Schivelbusch, *Das Paradies, der Geschmack und die Vernunft. Eine Geschichte der Genussmittel*, Frankfurt am Main 1995, S. 92–95, sowie Woodruff D. Smith, „Complications of the Commonplace. Tea, Sugar, and Imperialism", in: Jeffrey M. Pilcher (Hrsg.), *Food History. Critical and Primary Sources*, Bd. 3: Global Contact and Early Industrialization, London u. a. 2014, S. 419–435.
169 Zur Anglophilie der deutschen Aufklärung vgl. Michael Maurer, *Aufklärung und Anglophilie in Deutschland*, Göttingen und Zürich 1987.
170 Vgl. unter den inzwischen zahlreichen Publikationen zur Verbreitung von Kaffee und Tee etwa Ulla Heise, *Kaffee und Kaffeehaus. Eine Bohne macht Kulturgeschichte*, Leipzig 1996; Cornelia Klettke, „Der Kaffee als Droge der Aufklärung", in: Helmut C. Jacobs u. a. (Hrsg.), *Die Zeitschrift ‚Il Caffé'. Vernunftprinzip und Stimmenvielfalt in der italienischen Aufklärung*, Frankfurt am Main 2003, S. 131–147; Martin Krieger, *Kaffee. Geschichte eines Genussmittels*, Köln, Weimar und Wien 2011, S. 124–175; ders., *Tee. Eine Kulturgeschichte*, Köln, Weimar und Wien 2009, S. 148–178; Annerose Menninger, *Genuss im kulturellen Wandel. Tabak, Kaffee, Tee und Schokolade in Europa (16.-19. Jahrhundert)*, Stuttgart 22008, S. 313–354; Schivelbusch, *Das Paradies, der Geschmack und die Vernunft*. Zum Kaffeeverbot unter Friedrich II. vgl. darüberhinaus Astrid Schneider, „‚Coffee-Schwelger' und ‚Kaffee-Schnüffler'. Zur Kaffeepolitik im Reich und in Bremen 1750 bis 1800", in: Christian Mahrzahn (Hrsg.), *Genuß und Mäßigkeit. Von Weinschlürfern, Coffee-Schwelgern und Toback-Schmauchern in Bremen*, Bremen 1994, S. 163–177.

„allerhand Gattung fein Chinäisch und Jap. Porcellaine, rare Thee = Tassen, Butter = Dosen, Chocolat und Tafel = Servisen" und „item Canisters mit feinen Thee" an.[171] Eine Anzeige, in der gleichzeitig die Seltenheit dieses exotischen Genussmittels und des fernöstlichen Zubehörs deutlich wird. Zehn Jahre später wird dagegen bereits ein breites Sortiment exotischer Genuss- und Kolonialwaren angeboten. In der Ausgabe des Anzeigenblattes vom 23. August 1754, in der auch ein Fortsetzungs-Teil von Kants Schrift *Die Frage: ob die Erde veralte? Physikalisch erwogen* abgedruckt wurde, findet sich, wenige Seiten hinter Kants Text, die Anzeige des Herrn Jagemeister, der „recht guten" St. Omer Tabak „an die Herrn Kennere und Liebhabere guten Tobacks" abzugeben hat, aber auch „veritable Levantsche Coffee = Bohnen" führt. Ein Konkurrent, Heinrich Barckhorn, preist dagegen „schöne blaue Martinicksche Coffee-Bohnen" an, ebenso wie „guten Dänischen Theebou", „grünen Thee" und Zuckerhüte.[172] Zwei Wochen später konnten die Königsberger*innen auch den billigeren schwarzen, sogenannten „Congo-Thee in Tutinag-Dosen" erstehen und neben dem billigen, weil aus älteren Blättern hergestellten, Theebou auch den exzellenten „Kayser-Theee [sic!]"[173] beziehen – eine Angebotsbreite, die sich in den folgenden Jahren verstetigte. Wurden Kaffee und Tee bis zur Mitte des Jahrhunderts noch vornehmlich in den Kaffeehäusern konsumiert, zu deren Gast Kant nachweislich bis in die 70er Jahre hinein zählte, so genoss man mit den langsam fallenden Tee- und Kaffeepreisen die exotischen heißen Getränke mehr und mehr auch im Privaten. Kant selbst trank morgens, wie seine späteren Biographen berichten, zwei Tassen Tee – die er, höchstwahrscheinlich weniger aus asketischen denn aus ökonomischen Gründen, aus einem „schwachen Abzug von wenigen Teeblüten" zubereitete – und rauchte eine Pfeife Tabak[174] und auch in den Vorlesungen zur *Physischen Geographie* zeigt sich Kant als Tee-Kenner. Er lobt gegenüber seinen Studierenden nicht nur den Kaisertee, sondern bemerkt darüber hinaus, dass „der beste Thee [...] in den nördlichen Provinzen [Chinas] zum Vorschein

---

171 *Wochentliche Königsbergische Frag- und Anzeigungs-Nachrichten, No. 28 (11. Juli 1744), o.S.*
172 *Ebd., No. 34 (24. August 1754), o.S.*
173 *Ebd., No. 36 (7. September 1754), o.S.*
174 Jachmann, „Immanuel Kant geschildert in Briefen an einen Freund", S. 166. Jachmann berichtet auch von der Kaffeesucht Kants, die dieser insbesondere in Gesellschaft nur schwer überwinden konnte. Vgl. zum Teegenuss Kants auch Ehregott A. Ch. Wasianski, „Immanuel Kant in seinen letzten Lebensjahren. Ein Beitrag zur Kenntniß seines Charakters und häuslichen Lebens aus dem täglichen Umgange mit ihm", in: Felix Groß (Hrsg.), *Immanuel Kant. Sein Leben in Darstellungen von Zeitgenossen: Die Biographien von Borowsli, Jachmann und Wasianski. Neudruck der Ausgabe von 1912, mit einer Einleitung v. Rudolf Malter und einem Nachwort v. Volker Gerhard*, Darmstadt 2012, S. 189–271, hier S. 204.

[kommt]" und deshalb von den Russ*innen gehandelt werde.[175] Nicht zuletzt der *Almanach* der Keyserlings macht deutlich, dass der Konsum von Kaffee, Tee und gar Schokolade in den gehobenen Schichten Königsbergs durchaus üblich war.[176] So zeigt eine Miniatur des *Almanachs* das obligatorischen *Petit Déjeuner* mit Kaffee und eine weitere die Keyserlingsche Gesellschaft nach dem Mittagstisch beim Kaffee im Park.[177] Kants kulinarische Ordnung, die neben dem Wein insbesondere Tee und Kaffee als gesellige und geschmacksfördernde Genussmittel anführt, ist vor dem Hintergrund der Erfahrungswelt des späten 18. Jahrhunderts daher nicht überraschend. Es waren insbesondere die Tee- und Kaffeerunden, die neben den Tischgesellschaften – in deren Kontext die Kantische Herausstellung des Weins zu verorten ist – sowohl im öffentlichen Raum der Kaffeehäuser als auch mehr und mehr im privaten Raum der gehobenen Schichten eine Geselligkeit anboten, die oftmals begleitet von Spiel und Musik gerade jenen geselligen und „akroamatischen" Bereich des verfeinernden Luxus absteckten, den Kant als Vehikel zu ästhetischem Geschmack und Sittlichkeit ansah.[178]

Vor dem Hintergrund der Tischgesellschaften und Tee- und Kaffeerunden des 18. Jahrhundert wird gleichermaßen auch die Triftigkeit verständlich, mit der Kant diese geselligen Genussmittel auf der anderen Seite jedoch mit einem Verderben des Geschmacks und der Problematik des unersättlichen Appetits verknüpft. Man muss nur den kontinuierlichen kalendarischen Einträgen folgen, in denen die Gräfin von Keyserling über ihre körperlichen Beschwerden klagt. Denn es sind insbesondere die Verdauungsstörungen durch Tee und Schokolade, die der Hofdame zu schaffen machen. „Les inondations du Thé cessent"[179] heißt es etwa am 24.02.1782 und fünf Tage später am 1.3.: „[L]es indigestions du chocolat vont à leur fin".[180] Entsprechende Vermerke bestimmen den Großteil der Einträge durch das gesamte Jahr und verdeutlichen eine für die gehobenen Schichten des 18. Jahrhunderts typische Ernährungsproblematik, die nicht nur unter medizinischen sondern ebenso unter kulturdiagnostischen Vorzeichen bearbeitet wurden. Die Ausarbeitung spezifischer Diäten für die gehobenen Schichten gehörte für die Ärzte des 18. Jahrhunderts, zu denen jene in Scharen pilgerten, zum

---

175 Kant, „Physische Geographie", S. 362.
176 Zum im Vergleich zu Tee und Kaffee ungleich luxuriöseren Konsum von Schokolade vgl. etwa Menninger, *Genuss im kulturellen Wandel*, S. 355–363.
177 Vgl. Keyserling, *Almanach domestique*, S. 11v. Eine Praxis, die, wie Menninger mit Bezug auf Hamburg betont, gegen Ende des 18. Jahrhunderts durchaus üblich wurde (Menninger, *Genuss im kulturellen Wandel*, S. 350).
178 Vgl. hierzu etwa Krieger, *Tee*, S. 168–170, sowie Smith, „Complications of the Commonplace".
179 Keyserling, *Almanach domestique*, 6r.
180 Ebd.

alltäglichen Geschäft.[181] Und auch bei Kant, der die Beschwerden der Gräfin wohl nur zu gut kannte, wenn er auch selbst die Tischgesellschaften der Keyserlings offenbar besser überstand, finden sich kulturdiagnostische Überlegungen zu den Problemen der neuen Genussmittel, die über die Magenbeschwerden hinaus sogar den Geist angriffen und, mit der im 18. Jahrhundert weit verbreiteten Hypochondrie, ein ebenso neues Krankheitsphänomen hervorbrachten, das unter den Vorzeichen der Verfeinerung in einem spannungsreichen Verhältnis zur Problematik der Gastrimargie steht. Verletzte man in den „groben" Vorzeiten die vernünftigen diätetischen Regeln, „da man Helden in Fressen und Saufen zu werden bemüht war", was allerhand Krankheiten zur Folge gehabt habe, so war doch die Hypochondrie noch unbekannt, wie Kant in seiner Vorlesung von 1777/78 ausführt. Diese sei vielmehr ein Problem der Aufklärung und der gebildeten Verfeinerung der Gegenwart und würde vor allem durch den Genuss des neuen Luxus der „warmen Geträncke [...] The [und] Caffe" hervorgebracht, ebenso wie durch die „Nachtwachen" der Schwärmer*innen und Studierenden und deren Lektürevorlieben sowie durch den „öfteren Gebrauch der laxierenden Mittel", die doch dazu dienen sollten die Problematik des revoltierenden Magens zu lösen.[182] Die Klagen über Magenverstimmungen und Verdauungsstörungen waren also an der Tagesordnung, auch in Königsberg. Neben Magenbeschwerden und Übelkeit durch den Genuss von Austern, worüber die Gräfin im Februar klagt und weswegen sie befürchtet keine Butter und keinen Kuchen mehr zu sich nehmen zu können – jene obligatorischen Beilagen, die zu den Tee- und Kaffeerunden gereicht wurden – , sind es zwei Wochen nach Aufnahme der *Seancen* der *Societé acromatique* am 12.11. erneut „les inondations du thée". Eine weitere Woche später befürchtet sie Magenverstimmungen durch Schokolade und Butter und ergänzt unter dem Datum des 19.11.: „et les indigestions des beurées et du chocolat sont à craindre"[183] und am 3.12. erneut: „Les mêmes inondations et indigestions sont à craindre".[184]

Dabei findet sich die Problematik der drohenden Verdauungsstörungen durch luxuriöse Speisen nicht nur in den kalendarischen Einträgen formuliert, sondern bildet auch in den Miniaturen ein wiederkehrendes Thema. So etwa in der dem Monat Februar zugeordneten Miniatur, die das gräfliche Paar beim

---

181 Vgl. hierzu etwa Emma C. Spary, *Eating the Enlightenment. Food and the Sciences in Paris*, Chicago und London 2012, S. 243–289; sowie Piero Camporesi, *Der feine Geschmack. Luxus und Moden im 18. Jahrhundert*. Übers. v. Karl F. Hauber, Frankfurt am Main und New York 1992, S. 14–18.
182 Kant, „Anthropologie Pillau", S. 809 f.
183 Keyserling, *Almanach domestique*, 15r.
184 Ebd., 16r.

Petit Déjeuner und der Besprechung des Küchenzettels zeigt: „Vier Gänge? Das ist genug. Aber Austern bitte", lautet die Bildunterschrift. „Ich würde sehr gerne, Madame", gibt sie die Ansicht Cleons wieder und darauf folgend die Antwort Javottes: „Aber ich wage es nicht, Cleon".[185] Warum sich die Gräfin am liebsten dem Wagnis der Austernmahlzeit entziehen würde, wird neben den bereits angeführten kalendarischen Einträgen auch in der letzten Miniatur des *Almanachs* deutlich, die die Zurichtungen zur Nacht zeigt: „Lieber Cleon, ich fühle im Magen eine Schwere/ von vielen rätselhaften Geschmäckern, die ich genossen habe", heißt es da. „Und sehen Sie, ich habe es ihnen nicht gesagt mein Herz/ Ich will nicht die krankmachenden Speisen essen und Zander verdauen."[186] Spätestens hier bezieht die Gräfin ihre persönlichen Magenprobleme auf ein grundlegendes und intrinsisches Problem der Tischgesellschaft. Denn insofern diese einerseits auf die Vielfalt und Exzeptionalität der Geschmäcker als einer Ressource der Verfeinerung und Repräsentation des eigenen kultivierten Geschmacks zurückgreift, so begünstigt sie andererseits gerade jene problematische Überfüllung des Magens, der der Geschmack im mündigen Genuss der seltenen und feinen Speisen doch gerade entgegen arbeiten sollte. Dabei ähnelt die Strategie des Umgangs mit der Problematik des Magens, die sich im *Almanach* der Keyserlings findet, deutlich derjenigen, die auch die philosophischen und anthropologischen Überlegungen ihres ständigen Gastes Kants prägten und die sich in gewisser Weise als symptomatisch für das Dispositiv des Geschmacks erweisen. Während die antiken Autoren mit gastrologischen Maßnahmen auf die Problematik des überfüllten Magens antworteten und auf ein Ausbalancieren der rechten Fülle abzielten, begegnen die Gräfin und ihr philosophischer Gast dem Problem der Magenbeschwerden mit der Strategie einer fundamentalen Inappetenz, die etwa auf der Juli-Miniatur des Mittagsmahls emblematisch wird (Abb. 6.6a): Zehn Personen sitzen dort um einen kargen, nur mit einem Tischtuch bedeckten und mit einem kristallenen Tafelaufsatz geschmücktem Tisch, dessen kulinarische Leere die Bildunterschrift als „trés frugal" bezeichnet: „Lass uns mit Verwandten, Freunden und Gelehrten genießen/ an einem nahrhaften, aber sehr frugalen Tisch" heißt es dort, indem das Spiel der Metapher zwischen kulinarischem und Konversations-Geschmack iro-

---

185 Ebd., S. 5v. Meine Übersetzung, im Original französisch: „Quatre plats? Bien! Cela suffit / Mais des huitres je vous prie / Je voudrois bien Madame / Mais je n' ose Cleon m'entame."
186 Ebd. Meine Übersetzung, im Original französisch: „Cher Cleon, je sens dans l'estomac une pesanteur,/ De ces goutes miraculeuses, je voudrais prendre,/ Et voyez vous ne vous L'avois je pas dit mon cher coeur,/ Je ne point manger du malsain et indigeste zandre."

(a)

(b)

Abb. 6.6: Caroline Ch. A. von Keyserling, *D'une table nourissan- te mais trés frugale*, Miniatur, Deckfarben-Mischtechnik, Königsberg 1781[82] (a) und Detail (b).

nisch auf die Spitze getrieben wird: „Lass uns auch die Gourmands einladen/ und nichts wird unserem Vergnügen gleichen".[187]

Wie in Kants Entwurf der Tischgesellschaft, bei der die Speisen und das mit ihnen verbundene Wohlleben im Idealfall nur als „Vehikel" der Geselligkeit

---

187 Keyserling, *Almanach domestique*, S. 10v. Meine Übersetzung, im Original französisch: „Jouissons avec parens, amis, savans / D'une table nourissante mais trés frugale / Gardons nous bien d'inviter les gourmands / Et rien à notre plaisir sera egale."

dienten,[188] indem „die Vielheit der Gerichte nur auf das lange Zusammenhalten der Gäste (*coenam ducere*) abgezweckt ist",[189] so zielt auch die Tischgesellschaft seiner täglichen Gastgeber*innen vor allem auf die Geselligkeit und den mündig-diskursiven Austausch der Worte. Und doch kommt sie am Ende selbst in ihrer modellhaften Imagination in den Keyserlingschen Miniaturen nicht ohne einen Rest körperlichen Genusses aus, der sich symptomatisch in jener kleinen, mit Verzierungen versehenen *Tabatière* ausmachen lässt, die der Graf – die vierte Person von rechts, im rotbraunen Rock – mit der rechten Hand neben dem Tafelaufsatz auf dem Tisch präsentiert (Abb. 6.6b). Eine Geste, die im 18. Jahrhundert ausgehend von Frankreich zum Ausdruck der *Honnêteté* und Grazie der adligen und mehr und mehr auch der bürgerlichen Schichten wurde[190] und die hier noch in der konsequenten Absage an die Fülle des Magens, wie beiläufig mit dem Tabak erneut ein exotisches Genussmittel auftischt, das auch bei Kant ein Mittel der Sinnesverfeinerung darstellt. Ja, das mehr noch als das Anhaltspunkt dafür ist, dass der Mensch vermittels des Geschmacks gar in der Lage ist neben den fünf natürlichen Sinnen ganz neue zu erfinden. Die „pica nasi",[191] wie Kant in Anlehnung an Johann Heinrich Cohausens *Satyrische Gedanken von der Pica Nasi oder der Sehnsucht der Lüstern Nase* von 1720 ausführt,[192] „ist den Alten ganz unbekannt gewesen, aber dieser Reiz ist von der Art, daß wenn wir ihn uns angewöhnt haben, wir ihn nicht wieder abschaffen können."[193]

---

188 Kant, „Anthropologie in pragmatischer Hinsicht", S. 278.
189 Ebd., S. 280. Die Bedeutung der Sprache und der Konversation für die Tischgesellschaft und insbesondere für Kants Modell des Weltbürgertums hebt auch Michel Foucault explizit hervor. Vgl. Foucault, *Einführung in Kants Anthropologie*, S. 94 f.
190 Vgl. hierzu etwa Herbert Rupp, „Die Kunst des Rauchens", in: Roman Sandgruber/ Harry Kühnel (Hrsg.), *Genuss & Kunst. Kaffee – Tee – Schokolade – Tabak – Cola*. Austellung Schloß Schallaburg 1994, Innsbruck 1994, S. 102–126, hier S. 11–113.
191 Kant, „Menschenkunde, Petersburg", S. 1113.
192 Johann H. Cohausen, *Satyrische Gedanken von der Pica Nasi oder der Sehnsucht der Lüstern Nase. Das ist: Von dem heutigen Mißbrauch und schädlichen Effect des Schnupf = Tabacks, nach denen Regeln der Physic, der Medizin und Morale ausgeführt*, Leipzig 1720.
193 Kant, „Menschenkunde, Petersburg", S. 918. Kant wusste, wovon er sprach. Wenn auch sein Biograph Jachmann betont, Kant hätte es sich zur Maxime gemacht nur eine Pfeife Tabak am Tag zu rauchen, „weil er [...] nicht absah, wo er sonst stehen bleiben sollte", (Jachmann, „Immanuel Kant geschildert in Briefen an einen Freund", S. 132 f.) so galt dies offensichtlich nicht für den Schnupftabak, den er außer in den Vorlesungen ständig benutzte und in zwei Dosen – eine mit einer feineren und die andere mit einer gröberen Sorte – mit sich führte, um dessen Genuss variieren zu können. Und wenn er in seinen Vorlesungen auch nicht schnupfte, so ertrug er es doch gleichermaßen nicht, wenn die Studierenden durch Schnupfen seinen Appetit anregten. (ebd., S. 170).

Was sich als stimulative Problemlage an der Keyserlingschen Tafel ausmachen lässt, die noch in der radikalen Absage an die Magenlust nicht ohne
Genussmittel auskommt, findet sich auch in Kants Ausführungen über die
Verfeinerung der Sinne wieder und es sind möglicherweise nicht zufällig die
gleichen Genussmittel, an denen die Problematik der Verfeinerung festgemacht wird. Neben den geselligen und geistigen Getränken, die im Kontext
der Tee- und Tischgesellschaften bei Kant den Pol der Humanität abstecken
und die Geselligkeit wie den Geschmack befördern, führt Kant, scheinbar dem
Küchenzettel der Keyserlings folgend, auch die Austern als neues Beispiel der ge-
schmacksverfeinernden Speisen in seiner Anthropologievorlesung vom gleichen
Jahr auf. Wie die Gräfin, so misstraut auch Kant dieser maritimen Delikatesse und
sie wird von ihm – nicht zuletzt weil sie dem Magen näher stehe als dem schmeckenden Mund – als appetitnahes Negativ-Beispiel des Geschmacks angeführt. Stehen Wein und Tee für die verfeinerte „Schärfe" des Geschmacks ein, so sind die
Austern ein Beispiel für dessen Wahnbehaftetheit. So müsse man sich erst an das
Austernessen gewöhnen, um am Ende einen Leckerbissen herauszuschmecken,
dessen guter Geschmack weniger auf dem tatsächlichen Geschmack als vielmehr
„auf Empfehlung" beruhe, so dass die Menschen „[nur] glauben, daß dies gut
schmecke".[194] Eine Täuschung der Verfeinerung, die in Kants Vorlesung das Prolegomena zu einer breiten Problematisierung des Übermaßes in der Verfeinerung
der Sinne bildet. Denn wenn auch Kant prinzipiell den Luxus in Hinblick auf die
Versittlichung des Menschen verteidigt, so weckt dieser doch auf der anderen
Seite unablässig aufs Neue das sinnliche Begehren und verführt damit zu einer
Maßlosigkeit, die geradewegs der Sittlichkeit entgegenläuft. Es gibt ein Zuviel der
Feinheit, die den natürlichen Grad der Sinne übersteigt und den Menschen
schwächt: „denn was fein ist, ist zart, und die Zartheit des Sinnes ist Schwäche".[195]
Diese Schwäche führt erneut anhand des einschlägigen Branntweins und den von
Voltaire hochgelobten, geschmacksfördernden, alkoholischen Essenzen das Prob-
lem des Missbrauchs der Genussmittel ein, die die Pflicht des Menschen gegen
sich selbst verletzt und geradezu eine ‚Sucht zum Tode' darstellt:

> Die Branntweintrinker fangen beim leichten Branntwein an, und hören bei Essenzen auf,
> und wer schon zu Essenzen gelangt ist, der kann nicht länger als ein Jahr noch leben, weil
> sie so sehr brennend sind, und da wird der Geschmack so stumpf, daß er nicht anders als
> durch vergrößerte Stärke des Branntweins gestärkt werden kann. Das ist schon eine Art von

---

194 Kant, „Menschenkunde, Petersburg", S. 922. Gleiches gilt für das „in Fäulniß gerathene[]
Wildpret", das „nicht das Gesinde, sondern der mehr gebildete Herr essen" wird, der sich
durch die Verfeinerung des Geschmacks „dem Geruchsekel" enthoben hat (ebd., S. 917).
195 Ebd., S. 923.

Leblosigkeit; denn jede Abnahme der Sinne ist auch eine Abnahme der Lebenskraft, die man durch schärfere Sachen steigern muß.[196]

Dasselbe gilt für Wein und Tabak: „Zu Anfang braucht man mildere Sachen Z.E. süßen Wein, oder wohl riechenden Toback, wenn aber die Sinne stumpfer werden, so nimmt man das stärckste."[197] Auch und gerade die Verfeinerung der Sinne, die dem allgemeinen, ästhetischen Geschmack das Feld bereitet, ist also eine höchst ambivalente Angelegenheit, die zum wiederholten Male die grundsätzliche Frage des Übergangs zwischen dem geselligen Geschmack, der Sittlichkeit und dem Appetit nicht zu lösen vermag, sondern erneut als Problem ausstellt. Der Luxus entfernt den Menschen auf die ein oder andere Weise von seiner natürlichen Sinnlichkeit und vom natürlichen Geschmack. Der Mensch wird durch den Luxus humaner, in dem er sich durch ihn verfeinert und veredelt. Aber die Luxusgüter drohen doch gleichermaßen eine Akkumulation der Sinnenlüste zu bewirken, die sich nicht mehr durch das natürliche Maß des Geschmacks, von dem sie ihn entfernen, eingehegen lassen. Die unbegrenzte Verfeinerung schlägt um in eine Abstumpfung der Sinne, die den Menschen, der sich von der natürlichen Regulation der Lüste entfernt hat, roher werden lassen, als er es je in seinem „tierischsten" Zustand gewesen ist. Ja, der übermäßige Genuss der *Luxuries* und die Schwelgerei in der Sinnlichkeit treiben den Körper unaufhaltsam in Form der Selbstentäußerung geradezu auf seinen Tod zu: „Alle Vergnügungen verschwenden die Lebenskraft",[198] heißt es bereits 1781/82

Wer Taback raucht, der vergeudet seine Lebenskraft, indem er seinen Speichel auswirft, welcher ein Auflösungsmittel der Speisen ist. Ueberhaupt bestehen alle unsere Vergnügungen in Absonderungen, welche Elemente des Lebens sind und durch ihren Verlust der Lebenskraft Abbruch tun.[199]

Will man das Leben erhalten – eine moralische Pflicht des Menschen gegen sich selbst – , so muss man „sich vieles versag[en], und nicht so begierig alle Vergnügungen verschluck[en]".[200]

---

196 Ebd., S. 922.
197 Ders., „Anthropologie Friedländer", S. 500.
198 Ders., „Menschenkunde, Petersburg", S. 1089.
199 Ebd. Harald Lemke vertritt die These, das Thema der Gastrologie bei Kant fuße auf dem Einfluss der diätetischen Theorien Hufelands. Diese These ist angesichts der Vorlesungsnachschriften nicht haltbar, in denen sich entsprechende Belege lange vor Kants Auseinandersetzung mit Hufelands *Makrobiotik*, wie sie sich im *Streit der Fakutäten* und in der Veröffentlichung der *Anthropologie* niederschlägt, finden lassen. Eher scheint es so zu sein, dass Kant seine eigenen Thesen durch die Veröffentlichung Hufelands bestätigt sieht. (Vgl. Lemke, *Ethik des Essens*, S. 177–204).
200 Kant, „Menschenkunde, Petersburg", S. 1090.

Erneut stellt sich angesichts der sinnlichen Begierden das Problem des rechten Maßes. Und vor dem Hintergrund des endgültigen Sieges des Appetits über die Sittlichkeit in der Person des luxuriösen Schwelgers erfährt sogar der natürliche, dem animalischen Appetit nahestehende (Nicht-)Geschmack des Bauern, der „gewiß nie die Schönheit der aufgehenden Sonne [bemerkt]"[201] und sogar der „Wilden von Otaheite" bei Kant eine Aufwertung. Gegen die sinnlich abgestorben und überfeinerten europäischen Luxuriösen, die hierin den Oriental*innen nacheiferten, deren „stumpfer Sinn" sich durch ihre Vorliebe für starke Getränke und übermäßig gewürzte Speisen ausdrücke,[202] wird die „Schärfe" und Zartheit des natürlichen Geschmackssinns ins Feld geführt, der, wenn auch „animalisch", doch wenigstens nicht „viehisch" sei. Wie die *Nachschrift Friedländer* betont, gibt es nach Kant dreierlei Formen der Begierden, die sich durch das Verhältnis von Verstand und Appetit unterscheiden: Die menschliche Begierden, die die Sinne rühren, aber in denen der Verstand herrscht, sind diejenigen die auf das Schöne zielen und damit, wie man hinzufügen könnte, die Sittlichkeit des Menschen befördern. Die „thierische[n]" Begierden seien dagegen diejenigen, in denen der Verstand nicht herrsche und die mit dem körperlichen Bedürfnis des Hungers in Verbindung ständen. Jenseits dieser beiden herrschten die „viehische[n] Begierden", die sich dadurch auszeichneten, dass sie der Vernunft widerstritten. Diese Begierden seien solche, bei denen „die Menschheit verletzt wird", ja sogar die Animalität des Menschen. Diese dritte Art der Begierde, die nicht zuletzt durch die luxuriöse Verfeinerung der Sinne begünstigt werde, ist die „Unersättlichkeit in allen Begierden, welche in einem gemäßigten Grade animalisch wären, aber im unersättlichen viehisch. Sie wiederstreiten der Animalitaet und heißen Brutalitaet."[203]

Dabei ist die Frage des Maßes und des Verhältnisses von Verstand und Appetit im Angesicht der Genussmittel erneut nicht nur eine Frage der Quantität, sondern auch der geschmacklichen Qualität, die mit der Frage der Sinnesreizung zusammenhängt. Wenn die „Wilden von Otaheite keinen Wein trinken" und Branntwein meiden, so läge dies, wie Kant behauptet, an deren Schärfe. Kant greift hierbei scheinbar auf Joseph Banks Bericht von der ersten Cook-Reise zurück, der die Abneigung der Otaheiter*innen gegen Branntwein hervorgehoben

---

201 Ebd., S. 923 f.
202 Ders., „Anthropologie Friedländer", S. 500. Dass die Oriental*innen, trotz des Verbots der Genussmittel, große Liebhaber*innen der starken Getränke und Drogen seien, betont etwa Carsten Niebuhr in seiner Beschreibung Arabiens, auf die Kant immer wieder maßgeblich zurückgreift (Vgl. Carsten Niebuhr, *Beschreibung von Arabien. Aus eigenen Beobachtungen und im Lande selbst gesammleten Nachrichten abgefasset*, Kopenhagen 1772, S. 56–58). Vgl. hierzu auch Kapitel 6.4: *Vom Zucker zum Tabak: Kulinarische Ökonomie der Menschengeschichte*.
203 Kant, „Anthropologie Friedländer", S. 579 f.

hatte, diese jedoch entgegen Kant, weniger aus der Schärfe erklärt, als vielmehr aus dem Zustand der Trunkenheit, den sie nicht kannten, insofern sie über keinerlei Rauschmittel wie Opium, Betel oder Tabak verfügten.[204] Die Schärfe des Alkohols kommt dagegen in der Beschreibung Georg Forsters von der zweiten Cook-Reise zum Ausdruck, hier jedoch nicht im Bezug auf die Otaheiter*innen, sondern auf die Bewohner*innen Neuseelands. Von diesen heißt es, dass sie, „für beydes [...] einen unüberwindlichen Abscheu [bezeugten] und [...] nichts als Wasser [tranken]", das „ihnen mit Zucker süß gemacht wurde, weil man wußte, daß sie darnach ungemein lüstern waren."[205] Kant nimmt es hier offenbar nicht so genau und vermischt beide Berichte. Ihm ist es vor allem um eine Bestätigung der Rousseau'schen Überzeugung zu tun, nach der die Otaheiter*innen entsprechend ihrem Geschmack dem süßen Leben des Naturzustands und der „Animalität" naheständen; ein Zustand, den bereits Rousseau, wie das letzte Kapitel gezeigt hat, konsequent mit der Süße des Zuckers assoziiert hatte. So bildet der Geschmack der Otaheiter*innen oder eben auch derjenige der Maori nicht nur einen Gegensatz zum scharfen Reiz der luxuriösen Genussmittel, sondern auch zum Salzigen als einem der wichtigsten europäischen Würzmittel, das für Kant die Sinne auf die exotische Schärfe vorbereitet: „[U]ns hat [...] die Gewohnheit Saltz zu eßen an die Schärfe gewöhnt; aber die Wilden [...] haben nie Saltz genoßen, sie haben einen noch weit zarteren Gaumen."[206] Der „zarte" Gaumen der Otaheiter*innen steht damit für einen ursprünglichen natürlich-harmonischen Geschmack ein, der, insofern er das natürlichen Maß der Sinnlichkeit verkörpert, zwischen der Verrohung und der Verfeinerung verortet werden kann. Hieß es zuvor noch, der Luxus verfeinere, verzärtele und schwäche den Menschen, so wird nun umgekehrt gegen die Verrohung durch den Luxus, die Zartheit des natürlichen Geschmacks

204 Vgl. John Hawkesworth, *Geschichte der See-Reisen und Entdeckungen im Süd-Meer, welche auf Befehl Sr. Großbrittannischen Majestät unternommen und von Commodore Byron, Capitain Wallis, Capitain Carteret und Capitain Coock im Dolphin, der Swallow, und dem Endeavour nach einander ausgeführt worden sind; aus den Tagebüchern der verschiedenen Befehlshaber und den Handschriften Joseph Banks in drey Bänden verfaßt*. Mit des Herrn Verfassers Genehmhaltung aus dem Englischen übers. v. Johann Friedrich Schiller, Berlin 1774, Bd. 2, S. 197 f. Allerdings muss auch Banks einige Zeilen später einräumen, dass sich zumindest die Männer der Oberschicht dafür an einem Getränk aus den Blättern einer von ihnen als *Ava Ava* bezeichneten Pflanze berauschten.
205 Georg Forster, „Reise um die Welt. 1. Teil", in: *Georg Forster Werke. Sämmtliche Schriften, Tagebücher, Briefe*, hrsg. v. Berlin-Brandenburgische Akademie der Wissenschaften, Bd. 2, Berlin 1958 ff. S. 181 f.
206 Kant, „Menschenkunde, Petersburg", S. 922.

hervorgehoben. Erneut verkörpert der natürliche Geschmack die Analogie der *discretio*, des Geschmacks und der Weisheit.

Die Frage der geschmacklichen Verfeinerung und des universellen Gegensatzes zwischen animalischem Appetit und humaner Sittlichkeit wechselt im Angesicht des „natürlichen" Geschmacks der Otaheiter*innen erneut das Register sowie die Skalierung und verknüpft die Problematik der Tischgesellschaft ebenso wie die individuelle Ess- und Genussethik konsequent mit den Fragen und Problemen der Menschheitsgeschichte. Wenn auch Kant keineswegs mit Rousseau eine Lanze für das vermeintlich „süße" Leben der „edlen Wilden" bricht, so stimmt er mit ihm doch explizit in der Einschätzung der Ambivalenz des Luxus und der Geschichte der Verfeinerung überein: Der Mensch durchläuft zwischen den zwei Polen „der Aufklärung und der Fortschritte der Menschen Bestimmung", zwischen dem rohen Naturzustand und dem kultivierten und gesitteten Zustand, einen Progress, der als ein „Mittel Zustand" zwischen „diesen beiden", präzise als der „Zeit-Punkt des Luxus der Verfeinerung des Geschmaks der Geselligkeit" bestimmt wird.[207] Soll der Mensch sich vervollkommnen, so muss er sich notwendig von seiner Natur und nicht zuletzt von seinem natürlichen Geschmack entfernen, der das dem Menschen eigene Maß verkörpert. Von hier aus stellt sich aufs Neue das ganze Problem der *discretio*, das Rousseau noch unter Rückgriff auf das rekonstruierte Phantasma der idealen Natur des Menschen einzuhegen versucht hatte. Mit der Apologie des Luxus, die Kant mit Hume und anderen gegen Rousseau unternimmt, kann das Problem der *discretio* nicht mehr im natürlichen Geschmack des Menschen gefunden werden. Nimmt man wie Kant den ‚natürlichen' und süßen Geschmack der Otaheiter*innen oder auch der Maori zum Maßstab, die nach dessen Ansicht zu Recht dem Alkohol und den scharfen Gewürzen entsagten, welche die Nerven der verweichlichten Feinschmecker*innen in Europa schwächten und auch außerhalb Europas ganze Völkerschaften ins Verderbnis stürzten, so verabschiedet man mit der Absage an das potentielle Verderbnis der luxuriösen Genussmittel doch gleichermaßen auch die kulinarische Basis jeglicher vernünftigen, geschmackvollen und sittlichen Geselligkeit nach dem Maßstab der europäischen Tischgesellschaft. An diesem Problem war bereits Rousseau gescheitert. Und Kant war nicht der Philosoph sich über diese Probleme hinwegzutäuschen. Am Ende stehen die Otaheiter*innen oder auch die Maori bei Kant doch, wenn sie auch explizit keine „viehischen", „brutalen Unmenschen" sind, auf der Seite der „Animalität" des Magens und nicht auf der Seite der „menschlichen" Sittlichkeit. Sie erscheinen dem eifrigen Leser der Reiseberichte nachdrücklich als lüsterne und gierige Verwandte des Irokesen Tsonmontio, als immer hungrige Vielfraße und

---

207 Kant, „Anthropologie Mrongovius", S. 1416.

Brüder und Schwestern im Magen. Ohne Umstände setzten sich, wie Forster berichtet, die Maori in Neuseeland an Cooks Tafel, und

> aßen [...] ganz getrost mit von unsern Speisen [...]. Sie waren so unstätt, daß sie von unserm Tisch nach Steuer-Raum hinab liefen und auch da, bey dem Officieren, von neuem wieder tüchtig mit speißten, imgleichen eine Menge Wasser soffen, die ihnen mit Zucker süß gemacht wurde, weil man wußte, daß sie darnach ungemein lüstern waren. Was sie sahen oder erreichen konnten, stand ihnen an.[208]

Wenn das Interesse für den Magen sie in der Lesart Kants bereits entschieden von der Fähigkeit zum ästhetischen Geschmack abhält, so geht ihnen gleichermaßen der Verstand als „das Vermögen der allgemeinen Urtheile" ab, der es dem Menschen gestattet „nach und nach alle seine Begriffe unter Regeln zu bringen, und sich von seinem Thun und Lassen Regeln [zu] sammeln". Wenn sie auch „eben nicht dumm [sind]", wie Kant explizit hervorhebt, so müsse man sie doch als einfältig bezeichnen.[209] Als Beleg dafür dient Kant dabei bemerkenswerterweise die Grobheit ihrer Speisezubereitung: Sie „waren noch nicht so weit gekommen", heißt es in der Nachschrift der Vorlesung von 1781/82, „daß sie Wasser kochen konnten, ohngeachtet sie das Feuer kannten und ihr Essen zu braten vermochten."[210] Erneut zeigt sich bei Kant eine immanente „Wissenschaft vom Konkreten", die den Gegensatz von körperlichem Bedürfnis und Sittlichkeit in vertraute sinnliche Kontraste und Oppositionen überführt. So steht das Gekochte auch bei Kant der Zivilisierung näher als das Rohe und Gebratene[211] und ergänzt hierin den geschmacklichen Kontrast des Salzes zum Süßen und Scharfen. Dass die Otaheiter*innen nicht über die Technik des Wassersiedens verfügen, entnimmt Kant offenbar aus Samuel Wallis' Entdeckerbericht Tahitis, der ihm in der deutschen Übersetzung von John Hawkesworths *Account of the Voyages [...] in the Southern Hemisphere* von 1774 vorlag. Wallis

---

208 Forster, „Reise um die Welt", S. 181f.
209 Kant, „Menschenkunde, Petersburg", S. 972. Damit werden sie immerhin von den Karib*innen abgerückt, die für Kant (wie für Rousseau) den Inbegriff des „wilden" Menschen ausmachen. Im Gegensatz zu den Otaheiter*innen leben die Karib*innen, so Kant, „dann und wann auf Bäumen, wie Affen", weil sie (angeblich) nicht so viel Verstand hätten gegen die Überflutungen, die unentwegt ihr Land bedrohen, Dämme zu errichten (ebd.).
210 Ebd., S. 972f. Zur Essenszubereitung als Symptom des Naturzustandes und der Abwesenheit des Geschmacks vergleiche auch ders., „Anthropologie Friedländer", S. 685. Hier ist es der Geschmack am „Haberbrey", der deutlich macht, dass „der Wilde" des Naturzustandes keine Begriffe davon hat, „was gut oder schlecht schmeckt".
211 Vgl. hierzu Claude Lévi-Strauss, *Mythologica III. Der Ursprung der Tischsitten*. Übers. von Eva Moldenhauer, Frankfurt am Main 1976, S. 511–532; sowie ders., „Das kulinarische Dreieck", in: Helga Gallas (Hrsg.), *Strukturalismus als interpretatives Verfahren*, Darmstadt und Neuwied 1972, S. 1–24.

hatte bereits 1767 davon berichtet, dass man bei den Otaheiter*innen keine „irdene[n] Gefäße" fände, „daher denn alle ihre Speisen entweder gebacken oder gebraten werden mussten."[212] Dem aber nicht genug schildert er auf der gleichen Seite einen Unfall mit einer Teemaschine, in der die Einfältigkeit der Otaheiter*innen und ihre verstandesmäßige Differenz zu den Briten sich nicht zuletzt am Unvermögen des Konsums und Genusses des neuen exotischen Heißgetränkes offenbare:

> Als die Königin eines Morgens mit uns an Bord des Schiffes frühstückte, sahe einer von ihren Begleitern, der ein angesehener Mann und einer von denen war, die wir für Priester hielten, daß der Schiffsarzt den Hahn an einer Teemaschine umdrehete, und auf diese Weise eine Theekanne, die auf der Tafel stand, mit Wasser anfüllte. Nachdem er dieses mit großer Neugierde und Aufmerksamkeit mit angesehen hatte, ging er, um die Sache näher zu untersuchen, selbst hin, drehete den Hahn um, und fing das Wasser mit der Hand auf. Man kann sich vorstellen, daß er sich tüchtig verbrannte.[213]

Eine solch einfältiges Verhalten beim *Petit Déjeuner* gepaart mit unmäßiger Lust an den Magenfreuden rückt die Bewohner*innen der Südsee einmal mehr in die Nähe der „rohen Wilden", denen jegliche Verfeinerung durch den Luxus abgehe ebenso wie die Fähigkeit zum verfeinerten Geschmack, und mit ihm zur allgemeinen Urteilsfähigkeit und sittlichen Geselligkeit. Die Unkenntnis und Verweigerung des Konsums von Branntwein, Gewürzen, Tee und Wein mag ihren natürlichen Geschmack zum Ausdruck bringen, aber sie disqualifizieren sich doch hierdurch im gleichen Maße für jegliche zivilisierte Geselligkeit, deren kulinarische Basis sie nicht teilen. Wenn der Geschmack zur Vollendung gehört und „Zeitalter des wahren Geschmacks [...] auch ZeitAlter [sic!] der Aufklärung und reifen UrteilsKraft [sic!] [sind]",[214] so können die unverdorbenen Sinne der Otaheiter*innen keine Antwort auf das Maß der Verfeinerung liefern. In der Absage an das „süße" Leben des Naturzustandes muss eine andere Vermittlung und Begrenzung der Genussgier gefunden werden. Und Kant unternimmt den abenteuerlichen Versuch, das Maß des Genusses und die Probleme der Gastrimargie, die den Menschen von sich selbst absondern, durch die geistige Praxis des geselligen Diskurses selbst diätetisch zu begrenzen. Die gesellige Praxis soll als *Pharmakon* und „Zersetzungsmittel" der Antinomie von Appetit und Sittlichkeit der Entäußerung der Lebenskraft sowie der Abstumpfung des Menschen durch den Genuss von Luxusgütern entgegenwirken. Die Lebensklugheit gebietet „das Leben mehr zu empfinden [zu] suchen", heißt es in der *Petersburger*

---

212 Hawkesworth, *Geschichte der See-Reisen und Entdeckungen im Süd-Meer*, S. 241.
213 Hawkesworth, *Geschichte der See-Reisen und Entdeckungen im Süd-Meer*, S. 241.
214 Kant, „Anthropologie Mrongovius", S. 1313.

Vorlesungsnachschrift. Aber insofern die Genussmittel wiederum den Körper und die Genussfähigkeit von sich selbst entfernen, muss „der Genuß der Vergnügungen [...] also im Abbruche mit Ausnahme der Vergnügungen der Geselligkeit" bestehen, denn Letztere sind nicht Erschöpfungen, sondern Ermunterungen, indem allen unseren Talenten Nahrung gegeben wird."[215] Wenn das Vergnügen an den Genussmitteln eine Entäußerung der Lebenskraft zur Folge hat, so versorgt die Geselligkeit, die sich der Einnahme entsagt, umgekehrt die Talente mit „Nahrung". Entscheidend für diesen invertierten – um nicht zu sagen: verqueren Metabolismus zwischen körperlichen und geistigen Speisen ist dabei die zentrale Annahme Kants, dass das „Princip des Lebens im denkenden Geiste [steckt], dessen Unterhaltung „kein Organ unserer Lebenskraft verwendet".[216] Die Speisung des Geistes, die durch Vergnügungen bereitet wird, die den Menschen im Sinne einer Kultivierung der Vermögen und Fertigkeiten „geschickter machen", ist deshalb das größte Vergnügen und macht sogar, „daß man im Genusse mehr vertragen kann, und beförder[][t] überhaupt das Wohlbefinden des Körpers."[217]

Im Spiel dieser sublimierenden Inappetenz gibt es eine merkwürdige Wechselwirkung zwischen den geistigen Speisen und dem körperlichem Wohlbefinden, in der die gebildete und geschmackvolle Geselligkeit zur Beruhigung der Inzitamente des Magens dienen kann. Bereits im Text des Grafen von Keyserling über die *Societé acromatique* klingt eine solche Wechselwirkung von geselligem Diskurs und kulinarischem Geschmack an, wenn es dort unter Rückbezug auf Atticus und Cicero heißt, „dass die Gespräche bei Tisch dem Essen einen vorzüglichen Geschmack verleihen".[218] Und spätestens in Kants Veröffentlichung der *Anthropologie* wird das Wechselverhältnis zwischen sprechendem Mund und Magenwohl zum zentralen Gravitationszentrum des „höchsten moralisch-physischen Gut", das das Problem des überschießenden Appetits und seiner Verstöße gegen die Sittlichkeit eindämmen soll. Wenn die „Vielfalt der Gerichte" einerseits „nur auf das lange Zusammenhalten der Gäste abgezweckt ist"[219] und damit das Vehikel der Gespräche abgibt, so dienen die drei Stufen der Unterredung, die Kant in das Erzählen, das Räsonieren und Scherzen untergliedert, gleichermaßen zur Regulierung des Magens. Das Erzählen der einheimischen und der durch die Zeitungen und Briefe vermittelten auswärtigen Neuigkeiten befördert in der Neugier den geistigen Appetit, während das sich anschließende Räsonieren und Streiten über

---

215 Ders., „Menschenkunde, Petersburg", S. 1090.
216 Ebd.
217 Ebd.
218 Keyserling, *Almanach domestique*, 18r.
219 Kant, „Anthropologie in pragmatischer Hinsicht", S. 280.

die Beurteilung des Gehörten „den Appetit für Schüssel und Bouteille rege und nach dem Maße der Lebhaftigkeit dieses Streits und der Teilnahme an demselben auch gedeihlich macht."[220] Nach dieser Anstrengung und dem sättigenden Genuss von geistigen und körperlichen Speisen verfällt man aufs Scherzen, das durch die Bewegungen, die das Lachen in den Eingeweiden auslöst, der Verdauung des Magens Vorschub leistet. „Indessen daß die Teilnehmer am Gastmahl wunder wieviel Geisteskultur in einer Absicht der Natur zu finden wähnen."[221]

Obwohl die geschmackvolle Geselligkeit als äußerliches Analogon und Vehikel der Sittlichkeit fungiert, so ist sie doch eigentlich und im gleichen Maße ein Analogon und Ersatz der natürlichen Regulierung des Appetits. Sie regt den Appetit an, sie lässt ihn aber auch vergessen und beruhigt den Magen. Ist der Genuss der Speisen „nur ein Vehikel" der Geselligkeit oder ist das Umgekehrte der Fall? Die Frage lässt sich von hier aus nicht mehr eindeutig entscheiden. Das eine „scheint" immer das Vehikel des anderen zu sein. Die verfeinernden Speisen „scheinen" in ihrem geselligen Genuss einer Beförderung der Sittlichkeit Vorschub zu leisten, und die Geselligkeit „scheint" die Probleme der Gastrimargie zu lösen. Alle Probleme „scheinen" gelöst. Was Kant 1798 in der Beherrschung des animalischen, körperlichen Appetits durch die Kräfte des Geistes und seiner wechselseitigen, diskursiven Speisen vorführt, ist der Versuch die Antinomie zwischen Sittlichkeit und Appetit ein für alle Mal im Modus der Überlistung und Selbsttäuschung zu verabschieden. Wenn die Gewalt gegen den Körper, die die Anachoret*innen praktizieren, ebenso wenig fruchtet wie die natürliche oder vernünftige Bestimmung des rechten Maßes der Sinne und des Geschmacks, so bleibt immerhin die korporal-praktische Möglichkeit das Problem des Magens am Ende des Mahles angeregt durch die geistig-geschmackvollen Scherze der Tischgesellschaft wegzulachen und damit dem natürlichen Vermögen des Zwerchfells die Arbeit zu überlassen, an der sich Philosophie und Anthropologie die Zähne ausbeißen. „Da unsere Neigungen uns hintergehen", heißt es bereits 1781/82 im Bezug auf die Verfeinerung der Sinne, „so müssen wir sie wieder hintergehen, denn bestürmen können wir sie nicht."[222] Und 1798 bemerkt Kant im gleichen Sinne:

---

220 Ebd.
221 Kant, „Anthropologie in pragmatischer Hinsicht", S. 281. Zur Problematik von Kants Philosophie der Verdauung vgl. auch Christian W. Denker, *Vom Geist des Bauches. Für eine Philosophie der Verdauung*, Bielefeld 2015, S. 242–263.
222 Kant, „Menschenkunde, Petersburg", S. 1089.

> Mit Gewalt ist wider die Sinnlichkeit in den Neigungen nichts ausgerichtet; man muß sie überlisten, und, wie Swift sagt, dem Walfisch eine Tonne zum Spiel hingeben, um das Schiff zu retten. Die Natur hat den Hang, sich gerne täuschen zu lassen, dem Menschen weislich eingepflanzt selbst um die Tugend zu retten, oder doch zu ihr hinzuleiten.[223]

Und wie das Spiel, das den Menschen täuscht, indem es ihn im Anschein der Untätigkeit und Gemächlichkeit tätig sein lässt oder der äußere Anstand, der in seiner Täuschung den Menschen als äußerer Anreiz zur Moral dient, so besteht auch diese (Schein-)Lösung des Problems der Maßhaltung bei Kant im Spiel einer (Selbst-)Täuschung. Die Freude, die das kultivierte und gesittete Spiel der Konversation erregt, soll die Interessen des Magens marginalisieren und vergessen machen. Sie soll von den Gelüsten des Sinnlichen ablenken und im Interesse am Gespräch den Genuss der geschmacklichen Reizung begrenzen. Oder man entschädigt sich gar mit dem – möglichst nie eingelösten – Versprechen eines Mehrgewinns des Genusses in der Zukunft und unterlässt dafür den Konsum in der Gegenwart: „Wenn wir uns also von den Vergnügungen immer etwas für die Zukunft aufsparen, so machen wir uns fähig, mehr davon zu genießen; so wie mancher Mensch nur um so weniger frühstückt, um am Mittage desto mehr zu essen."[224] Und ganz entsprechend heißt es 1798 unter der Überschrift *Von den Ursachen der Vermehrung und Verminderung der Sinnenempfindungen dem Grade nach*, der im vierten Punkt die *Steigerung bis zur Vollendung* beschreibt und hier die Ausführungen von 1781/82 zur Steigerung der Sinne wieder aufnimmt:

> Will man das Sinnenvermögen lebendig erhalten, so muß man nicht von den starken Empfindungen anfangen (denn die machen uns gegen die folgenden unempfindlich), sondern sie sich lieber anfänglich versagen und sich kärglich zumessen, um immer höher steigen zu können. [...] Junger Mann! versage dir die Befriedigung (der Lustbarkeit, der Schwelgerei, der Liebe u dgl.), wenn auch nicht in der stoischen Absicht, ihrer gar entbehren zu wollen, sondern in der feinen epikurischen, um einen immer noch wachsenden Genuß im Prospekt zu haben. Dieses Kargen mit der Barschaft deines Lebensgefühls macht dich durch den Aufschub des Genusses wirklich reicher, wenn du auch dem Gebrauch derselben am Ende des Lebens entsagt haben solltest. Das Bewußsein den Genuß in deiner Gewalt zu haben, ist wie alles idealische fruchtbarer und weiter umfassend als alles, was den Sinn dadurch befriedigt, daß es hiermit zugleich verzehrt wird und so von der Masse des Ganzen abgeht.[225]

---

223 Ders., „Anthropologie in pragmatischer Hinsicht", S. 152.
224 Ders., „Menschenkunde, Petersburg", S. 1089.
225 Ders., „Anthropologie in pragmatischer Hinsicht", S. 165.

Die letztendliche Antwort Kants auf die Probleme des Magens besteht in einem *Simulacrum* ihrer Auflösung. Die Probleme des Maßes und der Grenzziehung zwischen Sittlichkeit und Gastrimargie werden unentwegt ausgelagert, verschoben, vervielfältigt, ausdifferenziert und in der List, der Täuschung und Selbsttäuschung die Lüste und Süchte des Körpers zu beruhigen gesucht. Spätestens jedoch in den kontinuierlich revoltierenden Eingeweiden der Gräfin von Keyserling, deren verfeinerte Empfindlichkeit sich offensichtlich nicht durch die von Kant zum humanen Maß erklärten „akroamatischen" Geselligkeit eindämmen lässt, sondern umgekehrt durch körperliche Unpässlichkeit den Genuss der täglichen Geselligkeit verhindern, wird das prinzipielle praktische Scheitern von Kants geradezu schulmäßiger Strategie einer täuschenden, aufschiebenden und sublimierenden Inappetenz deutlich. Von den Kaffeehäusern bis zu den privaten Teegesellschaften, von den Salonbesuchen bis zu den Mittagsgesellschaften ist die Geselligkeit des 18. Jahrhunderts nicht ohne die luxuriösen Speisen und exotischen Genussmittel denkbar. Und auch Kants Trias aus Kultivierung, Zivilisierung und Moralisierung des Menschen kommt nicht ohne die Mannigfaltigkeit der Speisen aus, die den propagierten Fortschritt der Menschheit vom groben, animalischen Appetit zur humanen Moralität in ihrer grundlegenden Ambivalenz begleiten, ihn befördern, stützen und gleichermaßen im unentwegten und unabschließbaren Insistieren und Revoltieren des „verdorbenen" Appetits des Magens herausfordern, in Frage stellen und scheitern lassen.

Was sich damit bei Kant unter den Vorzeichen einer assimilierenden Transformation epikureischer Philosopheme findet – bei denen man sich unentwegt fragen muss, ob sie nicht täuschen, insofern sie unter den Vorzeichen der Geselligkeit erklärtermaßen jeglicher eudämonistischer Vorstellungen bereinigt werden, und damit auch philosophiegeschichtlich das antike Problem der idealen Magenfülle verabschieden – , ist die gleiche invertierte Fastenlogik des sublimen Geschmacks, die vielleicht als einer der ersten Baltasar Gracián konsequent ausformuliert hat. Und doch unterscheiden sich beide in einem entscheidenden Punkt: War bei Gracián noch der verfeinerte Geschmack das Maß und der Inbegriff der *discretio*, mit dem sich das Problem des Maßes vom Feld der metabolischen Prozesse des Magens auf die gustativen Fähigkeiten der Zunge verschoben hatte, so misstraut Kant unter den Vorzeichen des übermäßigen Luxus kategorisch sowohl der Urteilskraft des verfeinerten als auch derjenigen des natürlichen Geschmacks. Als analogisches Modell mag, im kritischen Anschluss an Rousseau, der natürliche Geschmack noch dienen, aber im Zeitalter des verfeinerten Luxus hat sich der Geschmack durch seine Kultivierung und „Verkünstelung" unwiderruflich von seinem eigenen ursprünglichen und instinktiven Maß entfernt. Konnte Gracián der Gastrimargie noch unter den Vorzeichen der seltenen und kostbaren exotischen Genussmitteln Einhalt gebieten, deren Neuheit die Geschmackserfahrungen erweiterte und bei denen im 17. Jahrhundert keine Gefahr bestand, ihnen quantitativ zu erliegen, so sind sie Ende des 18. Jahrhunderts soweit verbreitet, dass trotz der immer noch mit ihnen verbundenen Kosten, die Sucht nach den fremdländischen Genüssen eine reale ökonomische, korporale und geistige Gefahr bildet, der nur schwer zu begegnen ist. An ihr scheitert nicht nur Rousseau, sondern im gleichen Maße Kant, wenn auch auf unterschiedliche, geradezu entgegengesetzte Weise.

6.4 Vom Zucker zum Tabak: Kulinarische Ökonomien der Menschengeschichte

Man könnte die Magenprobleme in Königsberg, die Ende des 18. Jahrhunderts an der Keyserlingschen Tafel verhandelt werden, als skurrile kulturgeschichtliche Eskapade behandeln und mit etwas abschätziger, vielleicht auch amüsierter Geste als historisch unbedeutende „Luxusprobleme" beiseiteschieben. Aber man würde dabei doch die Reichweite der Implikationen übersehen, die diese Probleme an der vermeintlichen Peripherie Preußens und in den Schriften Kants in globaler Hinsicht auftischen. Die Frage nach dem Maß des Luxus und des Magens ist seit der Antike eine Frage von weltumspannendem Ausmaß und entsprechenden Verwicklungen. Und auch Kant verhandelt mit der Frage der Antinomie zwischen moralischen Prinzipien und „animalischer" Magenlust nicht nur das beschränkte Problem einer lokalen Tischgesellschaft. Mit den Geschmacksfragen in Königsberg steht vielmehr, wie nicht zuletzt die Diskussion der geschmacklichen Abneigungen der Otaheiter*innen deutlich macht, der Entwurf einer globalen Menschheitsgeschichte auf dem Spiel, die analog zur Tischgesellschaft, die den ersten Teil der *Anthropologie* abschließt, das Schlussstück des zweiten Teiles bildet. Und auch hier spielt die Frage des Essens und Geschmacks durchaus eine nicht nur beiläufige Rolle. Im Rahmen seiner Anthropologie und parallel zu seinem Entwurf der kosmopolitischen Tischgesellschaft nimmt Kant das Problem einer aufklärerischen Gründungserzählung an der Stelle wieder auf, an der Rousseau mit den zuckersüßen Genüssen seiner ländlichen Tafel „bitter" gescheitert war. Hatte Rousseau unter transformativem Rückgriff auf die antiken Gastrologiken versucht dem Problem des zeitgenössischen Luxus und der Verfeinerung mit Hilfe des (pseudo-)antiken Maßes eines einfachen und natürlichen Geschmacks zu begegnen, so erkennt Kant an, dass eine zeitgenössische Moralistik mit der Ambivalenz des Luxus rechnen muss, wenn sie sich nicht darauf beschränken will, die gegenwärtigen Verhältnisse anzuprangern, sondern eine Perspektive andeuten möchte, in der die Menschheit sich zum Besseren fortzubewegen vermag. In dieser Hinsicht hat die römisch-antike Konzeption der *mos maiorum*, die Rousseau unter dem Einfluss der Naturzustandsphantasien des Kontraktualismus auf außereuropäischen Gesellschaften überträgt, bei Kant als regulative Idee ausgedient. Zwar steht auch bei Rousseau bereits die Unumkehrbarkeit des Zivilisierungsprozesses fest – wenn auch, im Gegensatz zur philosophischen Ausrichtung Kants, mehr aus natur- denn aus vernunftgeschichtlichen Gründen – , aber es ist erst Letzterer, der in Form eines Finalismus der Geschichte den Versuch unternimmt, aus der Ambivalenz des Zivilisierungsprozesses Kapital zu schlagen.[226] Dabei trägt Kant in einer assimilierenden Lektüre, wie sie in seinen *Anthropologievorlesungen* seit 1775/76 und insbesondere in seinem Versuch über den *Mutmaßlichen Anfang der Menschengeschichte* (1786) zum Ausdruck kommt, Rousseaus Schriften in die Struktur seiner eigenen metaphysische Unterscheidung zwischen physischer Animalität und sittlicher Humanität ein.[227] Wenn Kant auch mit Rousseau unterstreicht, dass alle wahren Übel der Menschheit und deren Laster aus der Kultivierung entstehen, so besteht er doch auf der anderen Seite darauf, anzuerkennen, dass diese der einzige Weg zu einer Versittlichung des Menschen sei – eine Sichtweise, die nicht zuletzt eine Transformation der Naturgeschichte der Ungleichheit in eine Geschichte der Vernunft vornimmt. Erst die Kultivierung realisiert die in der Natur des Menschen angelegten Potentiale und Vermögen. Und erst ihre Vervollkommnung verwirklicht die ganze Natur des Menschen, so dass am Ende „vollkommene Kunst wieder Natur wird" und so „das letzte Ziel der sittlichen Bestimmung der Menschengattung" erreicht ist.[228] Die Antinomie zwischen Appetit und Sittsamkeit, zwischen sinnlichem Luxus und Genussverweigerung rahmt bei Kant nicht nur die philosophisch-anthropologischen Überlegungen zur Tischgesellschaft, sondern auch diejenigen zum *Mutmaßlichen Anfang der Menschengeschichte*. Dieser Umstand parallelisiert beide Probleme nicht nur in ihrer strukturellen Stellung im Text der *Anthropologie*, sondern ebenso auf inhaltlicher Ebene und lässt damit ihre wechselseitige Bedingtheit deutlich werden.

Mit der *Genesis* – und gleichermaßen mit und gegen Rousseau – setzt Kant das erste Menschenpaar „in einen wider den Anfall der Raubtiere gesicherten und

---

226 Zu den Unterschieden in der Rolle, die die Geschichte für Rousseaus und Kants Entwürfe spielen, vgl. etwa George Armstrong Kelly, „Rousseau, Kant, and History", in: *Journal of the History of Ideas* 29, 3 (1968), S. 347–364.
227 Immanuel Kant, „Mutmaßlicher Anfang der Menschengeschichte", in: *Kant's Gesammelte Schriften. ‚Akademieausgabe'*, hrsg. v. Königlich Preußische Akademie der Wissenschaften, Bd. 8, Berlin 1900 ff. S. 107–124, hier S. 116.
228 Ebd., S. 117 f.

mit allen Mitteln der Nahrung von der Natur reichlich versehenen Platz, also gleichsam in einen Garten, unter einem jederzeit milden Himmelsstrich."[229] Und wie bei Rousseau nimmt auch bei Kant die *perfectibilité* des Menschen von der Nahrungswahl ihren Ausgang. Indem Kant „die Stimme Gottes" auf den natürlichen, animalischen Instinkt des Menschen reduziert, macht er den Weg frei für eine naturalistische Interpretation der Paradieserzählung: „Der Instinkt, diese Stimme Gottes, der alle Tiere gehorchen, mußte den Neuling anfänglich allein leiten. Dieser erlaubte ihm einige Dinge zur Nahrung, andere verbot er ihm (III, 2, 3)."[230] Dabei ist die Stimme Gottes, das heißt der Instinkt in Nahrungsfragen, nichts anderes als „der Sinn des Geruchs, und dessen Verwandtschaft mit dem Organ des Geschmacks, dieses letzteren bekannte Sympathie also mit den Werkzeugen der Verdauung, und also gleichsam das Vermögen der Vorempfindung der Tauglichkeit oder Untauglichkeit einer Speise zum Genusse".[231] Entspricht der natürliche Geschmack damit ganz der ursprünglichen Harmonie der Ordnung der Welt und des Körpers, insofern er den Körper vor den Verführungen der exotischen Nahrungsmittel und der gesundheitswidrigen Geschmäcker bewahrt, wie noch das Beispiel der vermeintlich „wilden" Otaheiter*innen zeigt, so findet die Entfernung, ja, die Emanzipation des Menschen „aus dem Gängelwagen des Instinkts"[232] – und das heißt auch von der gesetzgebenden Stimme Gottes –, in der Verführung des Gesichtssinnes und der vergleichenden Praxis der Vernunft ihren Ausgang. Diese erst setzt imaginativ die geschmackliche Einbildungskraft in Gang und bringt die natürliche Nahrungswahl durch die „erkünstelte Lüsternheit" der Üppigkeit aus dem Lot.[233]

> Wenn es also nur eine Frucht gewesen wäre, deren Anblick, durch die Ähnlichkeit mit anderen annehmlichen, die man sonst gekostet hatte, zum Vergleiche einladete; wenn dazu noch etwa das Beispiel eines Tieres kam, dessen Natur ein solcher Genuß angemessen, so wie er im Gegenteil dem Menschen nachteilig war, daß folglich in diesem ein sich dawider setzender natürlicher Instinkt war: so konnte dieses schon der Vernunft die erste Veranlassung geben, mit der Stimme der Natur zu schikanieren (III, 1), und, trotz ihrem Widerspruch, den

---

229 Ebd., S. 110. Rousseau hatte nicht zuletzt aus berechtigter Vorsicht vor der Zensur „alle [biblischen] Tatsachen beiseite [ge]lassen" und seinen *Discours* damit jenseits der theologischen Debatten zu verorten gesucht (Rousseau, *Diskurs über die Ungleichheit/Discours sur l'inégalité*, S. 71).
230 Kant, „Mutmaßlicher Anfang der Menschengeschichte", S. 111.
231 Ebd.
232 Ebd., S. 115.
233 Ebd., S. 111.

ersten Versuch von einer freien Wahl zu machen, der, als der erste, wahrscheinlicherweise nicht der Erwartung gemäß ausfiel. Der Schaden mochte nun gleich so unbedeutend gewesen sein, als man will, so gingen dem Menschen hierüber doch die Augen auf (V. 7).[234]

Die freie Nahrungswahl und der mit der fremden Frucht „einmal gekostete Stand der Freiheit" steht damit am Ursprung der freien Wahl und der Geburt der Vernunft überhaupt. Durch das Kosten neuer, exotischer Genussmittel lernt der Mensch die Freiheit der Wahl seiner Lebensweise, zu seinem Glück wie zu seinem Schaden. Denn wie im Falle der Tischgesellschaft, so findet auch hier unter den Vorzeichen der Ambivalenz des Luxus erneut eine Problematisierung der Esslust und des exotischen Geschmacks statt und der Fortschritt der Menschengeschichte stellt sich einmal mehr als Überwindung und Verdrängung der Esslust dar. Wie im Falle der Tischgesellschaft wird die Problematik des Geschmacks und damit das Problem der schädigenden Überfüllung mit dem wortwörtlichen Feigenblatt der aufschiebenden und sublimierenden Mäßigung der Lüste beantwortet, die mit der sexuellen Entsagung, der Sittsamkeit und dem Anstand die „eigentliche Grundlage aller wahren Geselligkeit" bilde.[235] Erneut ist es analog zum Geschmack an den schönen Künsten die idealistische Vermehrung der Lüste „durch die Einbildungskraft", die den „Überdruß" und den Ekel verhindern soll, „den die Sättigung einer bloß tierischen Begierde bei sich führt".[236] Die imaginative Sublimierung der animalischen Lust, „welche ihr Geschäft zwar mit mehr Mäßigung, aber zugleich dauerhafter und gleichförmiger treibt, je mehr der Gegenstand den Sinnen entzogen wird", leistet dabei einen konsequenten Aufschub der Lust unter dem Versprechen seiner Steigerung und korreliert hierin mit jener „Erwartung des Künftigen", die den Menschen auf den kommenden Genuss vertröstet. Wenn das Prospekt der Zukunft dem Menschen auch das potentielle spätere Leid, wenn nicht den eigenen Tod, vor Augen führt, so verspricht es ihm doch auf der anderen Seite die Hoffnung auf das Künftige, die ihn von den gegenwärtigen Leiden zu erlösen vermag. Diese Hoffnung ist für Kant die einzige Hoffnung, die dem von seinem Instinkt entfernten Menschen bleibt. In ihr gilt es sich selbst als Zweck der Geschichte und des Laufs der Natur zu entdecken.[237]

Spätestens hier spitzt Kant Rousseaus anklagenden Diskurs zu einer Fortschrittsgeschichte zu, die sich aus Vernunftgründen und trotz aller (Selbst-)Depravierungen des Menschen einer möglichen Orientierung am „paradiesischen" Naturzustand und seiner instinktiven Beschränkungen der Lüste und des Überflusses versperrt. Die Vernunft gebiete stattdessen dem Menschen, „die Mühe, die

---

234 Ebd., S. 111 f.
235 Kant, „Mutmaßlicher Anfang der Menschengeschichte", S. 113.
236 Ebd.
237 Ebd., S. 113 f.

er haßt, dennoch geduldig über sich zu nehmen, dem Flitterwerk, das er
verachtet, nachzulaufen, und den Tod selbst, vor dem ihn grauet, über all jene
Kleinigkeiten, deren Verlust er noch mehr scheuet, zu vergessen."[238] Und Kant
verabschiedet vor diesem Hintergrund die Rousseau'sche Frage, „[o]b der Mensch
durch diese Veränderung gewonnen, oder verloren habe", zu Gunsten einer Perspektive, die den Gang der Gattung unter allen Umständen und trotz aller fehler-
haften Versuche als ein „Fortschreiten zur Vollkommenheit" begreifen will. Indem
Kant den Menschen als Gattungswesen konsequent gegen das Individuum ausspielt, dessen Perspektive Rousseau umgekehrt unentwegt gegen die Gesellschaft
zur Anklage gebracht hatte, kann Kant zugleich Rousseau beipflichten, dass
die Menschengeschichte für den Einzelnen ein kontinuierlicher Lauf des Verhängnisses sei, und gegen Rousseau behaupten, dass sie im Ganzen betrachtet den
Endzweck des Guten befördere. Das Individuum wird von Kant damit konsequent
dem Gang der Gattungsgeschichte untergeordnet, insofern es sich selbst die
Schuld an den „Übel[n] die es erduldet", und dem „Bösen das es verübt", zuzuschreiben habe, während ihm gleichermaßen zugemutet wird, „als Glied des
Ganzen (einer Gattung) die Weisheit und Zweckmäßigkeit der Anordnung zu bewundern und zu preisen".[239] Und wenn Kant in seinem *Beschluss der Geschichte*
wie Rousseau die Geschichte der Menschheit als eine Entwicklungsgeschichte der
Subsistenz erzählt,[240] so fokussiert er von nun an konsequent die antagonisti-
schen Verhältnisse der menschlichen Vermögen von Freiheit und Geselligkeit, die
schon bei Rousseau am Rande anklangen, jedoch zumeist dem Primat der klimatischen Veränderungen und deren Zwängen untergeordnet wurden. Mit Kain und
Abel beschwört Kant den Kampf um den Besitz und das Weiderecht zwischen
Herdenwirtschaft und Ackerbau betreibenden Gruppen als Triebkraft der Geschichte herauf, in denen sich erneut der Antagonismus zwischen dem „animalischen" Appetit als Ausdruck des menschlichen Drangs nach Freiheit und der
despotischer Sittlichkeit ausdrückt.[241]

---

238 Ebd., S. 115.
239 Ebd., S. 116.
240 Zur Subsistenz als primärem Klassifikationsraster der „Menschengeschichte" im 18. Jahrhundert vgl. auch Thomas Nutz, „*Varietäten des Menschengeschlechts". Die Wissenschaft vom
Menschen in der Zeit der Aufklärung*, Köln, Weimar und Wien 2009.
241 Mit der biblischen Vorlage ist die männliche Dominanz in der Geschichtserzählung Kants
vorprogrammiert. So treten Frauen nur in Erscheinung, um die erotische Verführung des urbanen Luxus und sein ambivalentes Oszillieren zwischen depravierender Unterwerfung und Zivilisierung zu verkörpern. In der Folge möchte ich mit der Verwendung einer gegenderten
Begrifflichkeit die Unzulänglichkeiten und entschiedenen Einseitgkeiten der Kantischen Geschichtserzählung andeuten.

Neben dem handfesten Streit um die Lebensgrundlage lässt sich der Gegensatz zwischen Ackerbau und Hirt*innendasein dabei auch als wechselhaftes Verhältnis zwischen Gemächlichkeit und Arbeit ausformulieren, in dem die Ackerbäuer*innen die Hirt*innen um ihr einfaches Leben beneideten. Ein Neid, der jedoch keineswegs zur Rückkehr in deren gemächlichen Lebenswandel führe, sondern im Gegenteil den Konflikt verschärfe und hierin die Arbeit an der Geschichte vorantreibe.[242] Neid, Missgunst, vor allem aber der grundlegende Konflikt in der Subsistenz und Ernährungsweise führe zu gewalttätigen Auseinandersetzungen, mit der die Ackerbau betreibende Seite die Angriffe auf ihre Felder beantworteten, wenn sie ihnen nicht zuvor kommen. Ein Kriegszustand, der darüber hinaus bei den territorial gebundenen Ackerbäuer*innen zu einer Organisation in Form einer quasi-staatlichen Schutzgemeinschaft gegen die nomadisch lebenden Konkurent*innen führte.

Die detailreiche Erzählung vom Kampf der Nomad*innen und Städter*innen, die die Diskrepanzen in der Ernährungsfrage in einen fundamentalen Krieg zwischen Freiheit und Geselligkeit steigert, stützt sich dabei nicht allein, wie dies der Text nahelegt, auf die mythische Vorlage der *Heiligen Schrift* und Kants eigene philosophische Spekulationen. Um die spärliche Erzählung des *Alten Testaments* mit historischem Gehalt auszustatten, greift Kant darüber hinaus wie auch Rousseaus Essays und viele andere zeitgenössische geschichtsphilosophische Entwürfe auf das mehr oder weniger empirische Wissen der Reiseberichte zurück.[243] Ein Umstand, der im Falle Kants bisher konsequent übersehen wurde, jedoch entscheidend ist, will man den Status und die Funktion solcher Erzählungen im 18. Jahrhundert und darüber hinaus begreifen. Denn Kant ist es nicht nur um eine Neuausrichtung der Frage der Theodizee oder um eine rationaltheologische Auslegung der biblischen Erzählung zu tun, sondern die historische Struktur der biblischen Mythenvorlage dient hier gleichermaßen als ein Modell der Weltordnung, das unter den Vorzeichen der europäischen Expansionen eine transformative Aktualisierung der antiken Vorläufer unternimmt. Unter diesem Gesichtspunkt ist der Umstand, dass Kant seine Unternehmung der

---

242 Analog zu den Hirt*innenvölkern gelten Kant auch die Karib*innen in Amerika als faul (Kant, „Anthropologie in pragmatischer Hinsicht", S. 233) ebenso wie die Bewohner*innen Tahitis. Modell bildend ist hier das Bild des wilden arkadischen Schäferlebens: „Ein solches Leben findet man noch in Otaheite an, wo Faulheit alle Einwohner beherrscht indem ihnen das Meer Fische und Fruchte ihr Brod geben. Ihr Fischfang selbst ist ein ein geschaftigscheinender Müßiggang" (ders., „Anthropologie Mrongovius", S. 1422, sowie 1418).

243 Zur Bedeutung der Reiseberichte für die universalhistorischen Entwürfe der Spätaufklärung vergleiche in jüngerer Zeit etwa André de Melo Araújo, *Weltgeschichte in Göttingen. Eine Studie über das spätaufklärerische universalhistorische Denken, 1756–1815*, Bielefeld 2012, sowie Nutz, *Varietäten des Menschengeschlechts*.

geschichtsphilosophischen Mutmaßung als „Lustreise" und die „Heilige Ur-kunde" der *Genesis*-Erzählung als Karte bezeichnet, auf deren skripturalen Linien er unter Zuhilfenahme der Einbildungskraft zu reisen gedenkt, durchaus ernst zu nehmen.[244]

Immer wieder hat Kant die Bedeutung des Reisens und der Reiseberichte für die Anthropologie und die Weltkenntnis hervorgehoben. Das Wissen der weltweiten Nachrichten und der Berichte der Reisenden dient ihm dabei zum einen, wie oben deutlich geworden ist, als herausragender Stoff zum univer-sitären Unterricht, insofern dieser den Anspruch erhob, die Grundlagen eines Weltwissens zu vermitteln. Zum anderen stellt Kant gleichermaßen den Unterhaltungswert von Reiseberichten heraus, deren Lektüre und Vor-trag sich in den geselligen Runden, nicht zuletzt im Palais der Keyserlings, großer Beliebtheit erfreuten.[245] Tischgesellschaft und Weltkenntnis, gesel-lige Konversation und Reisebericht, Bibellektüre und Menschheitsgeschichte gehen hierin eine untrennbare Verbindung ein, die die globale Interdepen-denz der europäisch-auklärerischen und dezidiert weltbürgerlichen Subjekti-vierungsformen offenlegt. Die Ankündigung von Kants „Lustreise" zum *Mutmaßlichen Anfang der Menschengeschichte,* die kein Roman sein möchte und doch eine prekäre Nähe zur bloßen Erdichtung aufweist, insofern sie „eine Bewegung der Einbildungskraft in Begleitung der Vernuft, zur Erho-lung und Gesundheit des Gemüts" vergönnen soll und gleichermaßen vor-gibt auf das „ernsthafte[] Geschäft" der strengen Philosophie der Schule zu verzichten,[246] muss dementsprechend in beiderlei Rücksicht gelesen wer-den: Zum einen muss man die philosophische Reiseerzählung in den Kontext der geselligen Konversation stellen, die Kant anhand der Tischgesellschaft als Vehikel der geistigen und körperlichen Gesundheit entwickelt und die hierin noch einmal das antike Verdikt der Philosophie als ärztlicher Kunst erneuert.[247] Zum anderen muss man das essayistische Abenteuer Kants als

---

244 Kant, „Mutmaßlicher Anfang der Menschengeschichte", S. 109.

245 Vgl. Keyserling, Almanach domestique, 18r: „Ich möchte nicht über den Umstand schwei-gen, dass Reisen die Unterhaltung in der Gesellschaft im großen Maße steigern, wenn sich in dieser solche finden, die aus ihren Reisen in der Welt einigen Nutzen gezogen haben und dar-über hinaus über ein gutes Gedächtnis verfügen" (im Original französisch: „Je ne saurois pas-ser sous silence que les voyages augmentent beaucoup l'agrément des societés, lorsqu'il s'y trouve quelques uns qui ont profité de leurs courses dans le monde et qui ont une bonne memoire").

246 Kant, „Mutmaßlicher Anfang der Menschengeschichte", S. 109.

247 Wie im Falle der Tischgesellschaft, so soll auch in Kants Entwurf einer Menschheitsge-schichte die diskursive Praxis selbst die Verwerfungen auflösen, die aus der unauflösbaren Antinomie zwischen (individuellem) animalischem Appetit und der Forderung nach einer

imaginative Imitation eines Unternehmens lesen, das etliche Jahre zuvor das Studium der *Heiligen Schrift* mit Hilfe neuer ethnographischer Erkenntnisse auf eine aufklärerische Grundlage zu stellen suchte. Neben und unter der Karte der *Genesis*, deren Linien Kant vordergründig auf seiner „Lustreise" zum Anfang der Menschengeschichte folgt, findet sich das Werk des Kartographen Niebuhr, dessen Spuren weniger in die Geschichte, als vielmehr in den Nahen Osten weisen.

1753 hatte der Aufklärungstheologe Johann David Michaelis das Projekt einer Forschungsreise in den Vorderen Orient initiiert, der die Aufgabe zukommen sollte, den Wahrheitsgehalt der biblischen Erzählungen zu verifizieren. Wissenschaftler aus ganz Europa trugen zu einem umfassenden Fragebogen bei, dessen einzelne vor allem an sprachlichen und naturkundlichen Hintergründen der Bibel interes- sierte Fragen das Unternehmen, das 1761 die Unterstützung des dänischen Königs Friedrich V. fand, beantworten sollte. Wenn die Reise auch tragisch scheiterte und nur der Kartograph Carsten Niebuhr als einziger Überlebender zurückkehren sollte, so beantwortete dessen 1774 veröffentlichte *Beschreibung von Arabien* doch etliche der Fragen Michaelis', auch wenn dieser mit den Ergebnissen des Projektes kaum zufrieden war.[248] Dass Kant – wie viele andere – großen Anteil an den Forschungen Michaelis und an dem Reiseprojekt genommen hat, lässt sich belegen.[249] Entscheidend ist aber, dass Kant auch in seiner eigenen Bibellektüre eindeutig auf den Reisebericht

---

moralischen Verwirklichung der Humanität resultieren. Aus der Erzählung selbst soll „eine Zufriedenheit mit der Vorsehung und dem Gange menschlicher Dinge" resultieren, die die Gewinn- und Verlustrechnung von physischem Übel und moralischem Fortschritt zu Gunsten des Letzteren entscheidet und das Individuum zur moralischen Besserung aufruft.

248 Zum Projekt der Arabienreise vgl. etwa jüngst Maike Rauchstein, *Fremde Vergangenheit. Zur Orientalistik des Göttinger Gelehrten Johann David Michaelis (1717–1791)*, Bielefeld 2017, sowie Han F. Vermeulen, *Before Boas. The Genesis of Ethnography and Ethnology in the German Enlightenment*, Lincoln und London 2015, S. 219–268; Stephan Conermann/Josef Wiesehöfer (Hrsg.), *Carsten Niebuhr und seine Zeit. Beiträge eines interdisziplinären Symposiums vom 7.-10. Oktober 1999 in Eutin*, Stuttgart 2002; Carola Klaus/Tilman Nagel, „Forschungsreisen nach Arabien", in: Tilman Nagel (Hrsg.), *Begegnung mit Arabien. 250 Jahre Arabistik in Göttingen*, Göttingen 1998, S. 19–24 und Julia Chatzipanagioti, „Eine Reise in die Gegenwart der Vergangenheit. Die Expedition Carsten Niebuhrs nach Arabien (1761-1767)", in: *Transactions of the Ninth International Congress on the Enlightenment*, 3 Bde., Bd. 2, Oxford 1997, S. 863–866.

249 Vergleiche hierzu etwa die lobenden Äußerungen Kants zu Michaelis in einem Brief an Hamann anlässlich der Veröffentlichung von Herders *Ältester Urkunde des Menschengeschlechts* vom 8. April 1774 („Brief an Iohann Georg Hamann, 8. April 1774", in: Kant, „Briefwechsel", S. 158). Vergleiche zum Einfluss von Michaelis' Aufklärungstheologie in Königsberg auch Joachim Ringleben, „Göttinger Aufklärungstheologie – von Königsberg her gesehen", in: Bernd Moeller (Hrsg.), *Theologie in Göttingen. Eine Vorlesungsreihe*, Göttingen 1987, S. 82–110.

Niebuhrs zurückgreift. Erst mit Niebuhrs Bericht gelingt es, das Konkurrenz-
verhältnis der Subsistenzweisen und einen Kriegszustand zwischen den despotischen, Ackerbau treibenden Städter*innen und freien Nomad*innen vom
Verdacht der bloßen literarischen und bibelexegetischen Spekulation zu befreien und stattdessen mit ethnographischer Überzeugungskraft auszustatten.
So konnte Kant bei Niebuhr im Kapitel über die *Verschiedene[n] Stämme der
Bedouinen, oder herumstreifende[n] Araber* lesen:

> Die Einwohner der arabischen Städte [...] sind wegen ihrer Handlungen und Gewerbe der-
> gestalt mit Fremden vermischt worden, daß sie gar vieles von ihren alten Sitten und
> Gebräuchen verloren haben. Die wahren Araber aber, welche ihre Freyheit jederzeit höher
> geschätzt haben, als Reichthümer und Bequemlichkeit, leben in abgesonderten Stämmen,
> unter Zelten, und beobachten noch beständig die uralte Regierungsform, Sitten und Ge-
> wohnheiten ihrer Vorfahren. [...] Sie sind alle gleichsam geborne Soldaten, und treiben zu-
> gleich die Viehzucht.[250]

Lässt sich hier nicht jene Antinomie zwischen Städter*innen und Hirt*innen,
Despotismus und Freiheit, Krieg und Handel, Vereinzelung und Vergesellschaftung herauslesen, die Kant aus dem Gegensatz von „animalischer" Natur und
Sittlichkeit abzuleiten gedachte und die als Vehikel und Treibmittel, in der Lesart
Kants, den Fortschritt der Menschheit befördern sollte?[251] Betonte nicht auch Niebuhr die überragenden sinnlichen Fähigkeiten der Beduin*innen, die gegen die
urbanen Araber*innen abstächen und hierin in der Kantischen Ordnung den Irokes*innen und der Otaheiter*innen an die Seite gestellt werden konnten?[252] Und
wo ließen sich im 18. Jahrhundert besser die vorsintflutlichen Übel der fleischlich
und sinnlich verdorbenen, tyrannischen Menschheit aufführen (Gen. 1, 6) als vor
dem Prospekt der arabischen Städte, deren (vermeintliche) „Verweichlichung"
durch persischen und türkischen Luxus man in Europa beklagte? So sieht Kant
die Gefahr der despotischen Herrschaft nur durch die Drohkulisse des permanenten Kriegszustandes mit den Beduin*innen gebannt und kann sich dabei durchaus auch auf den Reisebericht Niebuhrs stützen:

---

250 Niebuhr, *Beschreibung von Arabien*, S. 379.
251 Dass die Untertan*innen der Beduinen-Scheichs auch Ackerbau betrieben und es darüber
hinaus keinerlei Anhaltspunkt gab, die Beduin*innen als eigentumsfeindlich anzusehen, wird
von Kant dabei geflissentlich unterschlagen (vgl. ebd.).
252 So berichtet Niebuhr nach dem Zeugnis „[v]erschiedene[r] glaubwürdige[r] Männer", dass
die Beduinen von der Stelle aus, wo ein Kamel gestanden habe, dieses im Falle seines Verlus-
tes wieder aufspüren können, sollten auch noch so viele Menschen und Kamele, etwa zur Zeit
der Hatsch, eine Suche danach aussichtslos erscheinen lassen (ebd., S. 380).

Niemals sind diese Bedouinen [gemeint sind die nomadisch, jenseits der Städte lebenden; Anm. S.Z.] gänzlich von Auswärtigen bezwungen worden, und werden auch niemals bezwungen werden. Dagegen sind nicht nur viele Städte in dem nördlichen und östlichen Theil von Arabien den Fremden, sondern auch so gar die reichsten Städte der abgelegenen Landschaft Jemen, den Persern, Habessinern, Anubiten und Türken unterwürfig gewesen. Diejenigen Stämme Araber welche sich nicht haben gelüsten lassen in Dörfern und Städten zu wohnen, oder sich wenigstens in der Nähe von großen Städten aufzuhalten, um ihr Vieh, ihre Milch und Butter theuer verkaufen zu können, haben ihre Freyheit gänzlich behauptet. Die Araber in der Gegend von Bagdad, Mosúl, Órsa, Damásk und Háleb aber sind dem Namen nach dem Sultân unterworfen.[253]

Kant nimmt diese Vorlage auf, um ihr vor dem Hintergrund der biblischen Mythologie eine menschheitsgeschichtliche Interpretation angedeihen zu lassen und um gleichermaßen die „coevalness" des Geschmacks und der Ernährung unterschiedlicher und interdependenter Kulturen in eine „allocronische" Fortschrittsgeschichte zu übersetzen.[254] Von ihrem konkreten Kontext entkleidet und auf eine abstrakte universelle Ebene gehoben, meint er an ihnen zeigen zu können, wie der Luxus und die ‚Kunst zu gefallen' – die im Übrigen von Kant vor allem den Frauen zugesprochen wird – als „mächtige Lockspeise" für die „wilden" Hirten fungieren, die den Verkehr intensivieren und diese „in das glänzende Elend" der Städte ziehen. Verführte die „Lockspeise" der fremden Früchte den Menschen im Naturzustand dazu, von seinem natürlichen Geschmack, vom Instinkt und dem Gesetz Gottes abzusehen, so führt die „seelenlose Üppigkeit" die freien (männlichen) Hirten „in verworfenste[] Sklaverei, mit allen Lastern des rohen Zustands vermischt".[255] Unter Absage an den Krieg wird in der anthropologischen Lektüre Kants die Freiheit zugunsten der überbordenden Sinnlichkeit und des Despotismus aufgegeben. Der für den Fortgang der Geschichte nötige inhärente Konflikt der „ungeselligen Geselligkeit" fällt weg und unter der despotischen Macht des sinnlichen Luxus wird der Mensch vom „vorgezeichneten Fortgange der Ausbildung seiner Anlagen zum Guten unwiderstehlich" abgebracht.[256] „Das Gesetz und die Gewalt ohne die Freiheit sind der Despotismus. Dieser ist eigentlich barbarische Gewalt ohne Gesetz", heißt es dazu bereits in der *Petersburger Vorlesungsnachschrift* der *Anthropologie* vier Jahre vor der Veröffentlichung des *Mutmaßlicher Anfangs der Menschengeschichte*. Und doch behauptet Kant dort im nächsten Satz geradezu gegen die Rhetorik der letzteren Veröffentlichung, dass „dies noch besser [sei] als barbarische Freiheit, weil im

---

253 Ebd., S. 380 f.
254 Johannes Fabian, *Time and the Other. How Anthropology Makes Its Object*, New York 1983.
255 Kant, „Mutmaßlicher Anfang der Menschengeschichte", S. 120.
256 Ebd.

ersten Falle doch noch Bildung möglich" sei.[257] Der Handel und der Luxus sind, wie wir bereits im Falle der Tischgesellschaft gesehen haben, als Grundlage der Vergesellschaftung, der Verfeinerung, der Kultivierung und Zivilisierung nicht rundherum abzulehnen. Gilt im Falle der orientalischen Städte zwar, dass der Handel die Freiheit beseitigt und die „barbarisch freien" (und männlichen) Hirten unwiederbringlich dem Despotismus der *Luxuries* überantwortet, so wird Kant Jahre später und im Anschluss an die *Anthropologievorlesungen* in seiner Friedensschrift den europäisch-dominierten weltweiten Handelsverkehr als Vehikel des ewigen Friedens feiern, indem er diesen nun umgekehrt gegen den Krieg ausspielen wird.

Das antagonistische Verhältnis von Krieg und Handel setzt hierbei gleich in mehrfacher Hinsicht eine Weltordnung ins Werk, die, unter dem Deckmantel einer universalistisch, aufklärerischen Hoffnung auf den Fortschritt der Menschheit zum Besseren, allenthalben die partikulare Weltsicht offenbart, die ihr zugrunde liegt. Denn Kant wiederholt im Gegensatz der Herdenwirtschaft und Ackerbau betreibenden Gruppen einmal mehr jene Dichotomie zwischen Anomie und Staat, die bereits die neuzeitlichen Kontraktualisten in imperialer Absicht auf den Gegensatz zwischen den vermeintlichen „Wilden" und europäischen Zivilisierten umgemünzt hatten. Eine Frontstellung, von der noch die von Rousseau in kritischer Absicht vorgeschlagene und dementsprechend invertierte Imagination des freien *bon sauvage* zehrte: Auf der einen Seite die sogenannten „Wilden" und „ihre gesetzlose Freiheit", diejenigen also, die „sich lieber unaufhörlich [...] balgen, als sich einem gesetzlichen, von ihnen selbst zu konstituierenden, Zwange unterwerfen, mithin die tolle Freiheit der vernünftigen" vorziehen, die sie „mit tiefer Verachtung ansehen und als Rohigkeit, Ungeschliffenheit und viehische Abwürdigung der Menschheit betrachten". Auf der anderen Seite die gesitteten Völker, die „aus einem so verworfenen Zustande je eher desto lieber herauszukommen" gedenken.[258] Wenn Kant auch deutlich den letzteren Zustand präferiert, so räumt er doch mit Rousseau ein, dass die Ablehnung der staatlichen Gesetze durch die vermeintlichen „Wilden" insofern gerechtfertigt sei, als das Gesetz als Despotismus verwirklicht, den Menschen vom Tier zum Vieh macht, und den Krieg auf brutale Weise zuspitze: „[D]er Unterschied der europäischen Wilden von den amerikanischen", so betont Kant im Anschluss an Montaignes und Rousseaus Polemiken gegen die europäischen Gewalttaten,

257 Ders., „Menschenkunde, Petersburg", S. 1201.
258 Ders., „Zum ewigen Frieden", in: *Kant's Gesammelte Schriften. ‚Akademieausgabe'*, hrsg. v. Königlich Preußische Akademie der Wissenschaften, Bd. 8, Berlin 1900 ff. S. 341–386, hier S. 354.

besteht hauptsächlich darin, daß, da manche Stämme der letzteren von ihren Feinden
gänzlich sind gegessen worden, die ersteren ihre Überwundenen besser zu benutzen wissen, als sie zu verspeisen, und lieber die Zahl der Untertanen, mithin auch die Menge der
Werkzeuge zu noch ausgebreiteteren Kriegen durch sie zu vermehren wissen.[259]

Erneut spiegelt sich im Gegensatz der exo- und endo-anthropophagen Strategien das menschheitsgeschichtliche Problem der Akkumulation der gewalttätigen Macht des Despotismus in einem Überbieten des Hungers, der diesen
im Falle der Europäer*innen zwar aufschiebt, um die anthropophage Lust zu
steigern, aber hierin eben gerade nicht aufhebt, sondern nur zu steigern
weiß. Wie die Gier nach Luxus die Essfähigkeiten des Menschen erweitert,
um ihn desto mehr dem Despotismus des animalischen Appetits zu unterwerfen, so entfaltet auch die Akkumulierung der despotischen Macht selbst
eine unbegrenzte kriegerische Expansion, die den Menschen umso mehr verwildern lässt und die Kant in seiner Friedensschrift mit der kolonialen „Inhospitalität" der europäischen Staaten ins Verhältnis setzt. Die europäischen
Monarchen, schreibt Kant mit deutlicher Sympathie für die republikanische Kritik des Absolutismus in der französischen Revolution, büßen an ihren „Tafeln,
Jagden, Lustschlössern, Hoffesten u. d. gl. [...] nicht das mindeste ein [...]", im
Gegenteil: Sie beschließen die Kriege, die bei den sogenannten „Wilden" um die
Subsistenz geführt werden, „wie eine Art von Lustpartie" und, so muss man mit
Blick auf die europäischen Kolonien und Handelskriege ergänzen, sie vermehren mit ihren Kriegen, die sie auf Kosten ihrer Untertan*innen führen, nicht
zuletzt die Grundlage ihres repräsentativen Konsums in Form exotischer *Luxuries*.[260] Hierin sind sie am Ende wilder als wild und bleiben doch „Wilde". Auch
der Despotismus steht auf der Seite der bloßen, sinnlichen Animalität, ja er stellt
sogar ihre Übersteigerung und Enthemmung dar. Ganz in der Tradition der antiken Luxuskritik, die seit dem späten 17. Jahrhundert vor dem Hintergrund des
verbreiteten Orientalismus der europäischen Höfe in transformierter Form erneut Aktualität gewann, findet Kant dabei das idealtypische Modell für diese
Form der Despotie im „persischen" Luxus der arabischen Städte. Die „sinnlichen" Bewohner*innen des Orients rücken damit unter den Vorzeichen einer
Kritik des Absolutismus in die Nähe der amerikanischen *Natives* und Otaheiter*-
innen. Ihnen gegenüber steht das europäische Modell eines weltbürgerlichen
Republikanismus, zu dessen Verwirklichung Kant maßgeblich auf das „Vehikel"
des (europäisch dominierten) globalen Handels setzt. Die menschheitsgeschichtlichen Ideen Kants sind hierin nicht von den zeitgenössischen, europäisch

---

259 Ebd., S. 354f.
260 Kant, „Zum ewigen Frieden", S. 351.

kolonialen Unternehmungen und der regen und ausgedehnten Reise- und Handelstätigkeit zu trennen, die auf europäischer Seite grundlegend von der Sucht nach exotischen Luxusartikel und insbesondere den neuen Genussmitteln bestimmt wurde. Ohne diese ist die Verfeinerung und Versittlichung der europäischen Weltbürger*innen, auch im Rahmen von Kants Tischgesellschaft, nicht denkbar. Es ist in dieser Hinsicht kein Zufall, dass die *Physische Geographie* Kants als Disziplin der Weltkenntnis, neben der Beschreibung der einzelnen Weltgegenden, ihrer natürlichen Gegebenheiten, ihrer Bewohner*innen und Umstände, vor allem ein Glossar der globalen und kolonialen Handelsgüter ist, von deren Kenntnis und Genuss die Weltbürger*innen in einer Handelsstadt wie Königsberg durchaus profitieren konnten.

Die grundlegende Opposition zwischen Animalität und Humanität, Sinnlichkeit und Vernunft, Wildheit und Zivilisiertheit führt damit unter der Oberfläche des vermeintlich universalistischen „Besten der Menschheit" zu einer historischen wie geographischen Hierarchie der Kulturen. Dabei folgt Kant zwar keiner einfachen eurozentristischen Erzählung, die die zivilisierten Europäer*innen simpel den vermeintlichen „Wilden" gegenüberstellen würde – auch und gerade in Europa gibt es die „Wilden" in ihrer schlimmsten Form: nämliche die kriegstreibenden Monarchen –, aber die Verwirklichung der Gattungsgeschichte in Form einer Republik der Weltbürger*innen geht doch in Kants Entwurf ausschließlich von den „Provinzen" Europas und hier insbesondere von England, Frankreich und Deutschland aus.[261] Unser Weltteil wird, davon zeigt sich Kant in dem Entwurf seines menschheitsgeschichtlichen Narrativs überzeugt, „wahrscheinlicher Weise allen anderen dereinst Gesetze geben."[262] In dieser Hinsicht ist Kant auch in den *Anthropologievorlesungen*, in denen er seinen Mutmaßungen zur Menschengeschichte vorbereitet, mehr als eindeutig. So heißt es bereits im Wintersemester 1777/78:

> Die Americaner haben solche Beziehungen in ihrer Natur, daß sie jetzt nicht mehr vollkommen werden sollen. Die Neger sind aber auch keiner weitern Civilisirung mehr fähig:

---

261 Ders., „Anthropologie in pragmatischer Hinsicht", S. 311. Meine Kritik folgt hier den grundlegenden Einsichten die Dipesh Chakrabartys inzwischen schon klassische Texte hinsichtlich des europäischen Maßstabs der Geschichtsschreibung äußern (Dispesh Chakrabarty, *Europa als Provinz. Perspektiven postkolonialer Geschichtsschreibung*. Übers. v. Robin Cackett, Frankfurt am Main 2010).
262 Immanuel Kant, „Idee zu einer allgemeinen Geschichte in weltbürgerlicher Absicht", in: *Kant's Gesammelte Schriften. ‚Akademieausgabe'*, hrsg. v. Königlich Preußische Akademie der Wissenschaften, Bd. 8, Berlin 1900 ff. S. 15–32, hier S. 29. Der „Staatengeschichte anderer Völker" kommt dabei erklärtermaßen nur episodischer Charakter zu. Sie bilden die Folie vor der die Fortschrittserzählung der westlichen Welt sich abzuzeichnen beginnt.

aber doch haben sie Instinct und Discipline, welches den Americanern fehlt. Die Indianer und Chineser scheinen jetzt auch in ihrer Vollkommenheit still zu stehen; denn ihre Geschichtsbücher zeigen daß sie jetzt nicht mehr wissen, als was sie schon lange gewust haben.[263]

Wie brutal Kants Fortschrittsgeschichte dabei oftmals ihren Preis kalkuliert, kann man wenige Seiten zuvor nachlesen. So heißt es dort mit Bezug auf den Fortschritt Europas und den von Kant diagnostizierten Stillstand der amerikanischen Völker:

> Wenn die Europäer nicht America entdeckt hätten, so würden die Americaner in ihrem Zustand geblieben seyn. und wir glauben, sie werden auch jetzt zu Keiner Vollkommenheit gelangen, denn es scheint sie werden ausgerottet werden, nicht durch Mordthat, das wäre grausam! sondern sie werden aussterben. Denn man rechnet jetzt nur noch den 20ten Theil von allen vorigen Americanern. Da sie immer einen kleinen Theil behalten, indem ihnen die Europaeer vieles wegnehmen, so wird unter ihnen Selbst-Streit entstehen, und sie werden sich einander aufreiben.[264]

Spätestens auf der Ebene der Völker entfaltet das Ausspielen des Fortschritts der Gattung gegen die Depravierung des Einzelnen unter den Vorzeichen des Antagonismus von animalischen Appetit und Sittlichkeit seine ganze eurozentrische Tragweite.[265] Wenn Kant auch in seiner Friedenschrift explizit die „Inhospitalität" des europäischen Kolonialismus, des Sklavenhandels und der Gewalt gegen Nichteuropäer*innen anklagt, so lässt sich seine Fortschrittserzählung, die immer wieder versucht die wilde Animalität des Menschen zugunsten einer humanen Sittlichkeit zu verabschieden, am Ende doch, gegen Kants erklärten Willen, als metaphysische Rechtfertigung der europäischen Expansionen, der Gewalt und Ungleichheit lesen, der sie doch gerade begegnen will.[266] Dass Kant

---

263 Ders., „Anthropologie Pillau", S. 843.

264 Ebd., S. 840.

265 Einschränkend muss hier jedoch die vorsichtige methodische Relativierung der Nationalcharaktere hervorgehoben werden, die Kant vornimmt, wenn er stets betont, dass eine solche Charakterisierung nicht zwangsläufig für jedes Individuum gelte (Vgl. hierzu auch Ricardo Terra, „Hat die kantische Vernunft eine Hautfarbe?", in: Margit Ruffing u.a. (Hrsg.), *Kant und die Philosophie in Weltbürgerlicher Absicht. Akten des XI. Kant-Kongresses 2010*, Berlin 2013, S. 431–447, hier S. 436f.). Dies ändert jedoch nichts Grundlegendes an dem geschichtsphilosophischen Narrativ und Schema, das Kant unter den Vorzeichen des Antagonismus von Animalität und Humanität präsentiert und in das die Menschheit, historisch und geographisch differenziert, eingepasst wird.

266 Zur Ambivalenz der Kantischen Erzählung, die einerseits tatsächlich eine grundsätzliche Kritik des europäischen Kolonialismus und des atlantischen Sklavenhandels formuliert, andererseits aber nicht davor gefeit ist gerade diese zu rechtfertigen vergleiche auch Daniel Carey/Sven Trakulhun, „Universalism, Diversity, and the Postcolonial Enlightenment", in:

diese Problematik der eigenen Geschichtsschreibung durchaus selbst gesehen hat, wird in einem Absatz der *Metaphysik der Sitten* deutlich, die unter der Überschrift des Weltbürgerrechts, die Frage der gewalttätigen, vertragslosen Übernahme des Landes der „Hirten- und Jagdvölker (wie die Hottentotten, Tungusen und die meisten amerikanischen Nationen)" diskutiert.[267] Soll die Erzählung der Menschengeschichte erklärtermaßen die Hoffnung des Menschen auf die potentielle Aufhebung der Geschichte im Weltbesten befördern und seine Tätigkeit in diesem Sinne rege machen – eine Absicht die in metaphysischer Hinsicht den Preis rechtfertigt, den der Einzelne ebenso wie ganz Völker in der Vergangenheit und Gegenwart für diesen Fortschritt zu zahlen hatten und haben – , so versucht er doch gleichermaßen jeglichen Versuch abzuwehren, aus dieser Erzählung kolonialpolitisches Kapital im Sinne der zukünftigen unrechtmäßigen Landaneignung zu schlagen. Und doch gelingt diese Abwehr nur indem er erneut die Animalität der Gewalt gegen die Humanität des Rechts ausspielt: „[O]bzwar die Rechtfertigungsgründe scheinbar genug sind", heißt es da,

> daß eine solche Gewaltthätigkeit zum Weltbesten gereiche; theils durch Cultur roher Völker (wie der Vorwand, durch den selbst Büsching die blutige Einführung der christlichen Religion in Deutschland entschuldigen will), theils zur Reinigung seines eigenen Landes von verderbten Menschen und gehoffter Besserung derselben oder ihrer Nachkommenschaft in einem anderen Welttheile (wie in Neuholland); denn alle diese vermeintlich gute Absichten können doch den Flecken der Ungerechtigkeit in den dazu gebrauchten Mitteln nicht abwaschen. Wendet man hiegegen ein: daß bei solcher Bedenklichkeit, mit der Gewalt den Anfang zu Gründung eines gesetzlichen Zustandes zu machen, vielleicht die ganze Erde noch in gesetzlosem Zustande sein würde: so kann das eben so wenig jene Rechtsbedingung aufheben, als der Vorwand der Staatsrevolutionisten, daß es auch, wenn Verfassungen verunartet sind, dem Volk zustehe, sie mit Gewalt umzuformen und überhaupt einmal für allemal ungerecht zu sein, um nachher die Gerechtigkeit desto sicherer zu gründen und aufblühen zu machen.[268]

Erneut stößt die metaphysische Behauptung des Antagonismus von Sittlichkeit und Appetit an das Problem seiner philosophisch wie anthropologisch unauflösbaren Vermittlung. Der Ansatz, mit dem Kant dieses Problems trotz allem Herr zu werden sucht, ist dabei demjenigen strukturell analog, mit dem er auch die Magenprobleme bei Tisch zu nivellieren trachtet. Wie die Konversation der Tischgesellschaft vom kontinuierlichen Insistieren des Magens ablenken soll, so sollen auch Kants menschheitsgeschichtliche Mutmaßungen, die „der Erholung und Gesundheit des Geistes" dienen über die Magenschmerzen hinwegtrösten, die Rousseau im Angesicht des Preises,

---

267 Kant, „Die Metaphysik der Sitten", S. 353.
268 Ebd.

den die Menschen – und insbesondere einige mehr als andere – für ihren vermeintlichen Fortschritt zahlten, zu seiner grundlegenden Anklage der Zivilisation getrieben hatten. Und noch Kants formal rechtliche Begründung eines ewigen Friedens ebenso wie seine formale Kritik der gewaltsamen kolonialen Unternehmungen versuchen in der Perpetuierung des Anfangsproblems konsequent die Analogien, Verwicklungen und Probleme auszublenden, die das Verhältnis von Appetit und Sittlichkeit, Animalität und Humanität durchziehen. Dieser Umstand wird insbesondere in Kants Entwurf einer allgemeinen Hospitalität deutlich, die die kulturellen Praktiken der Tischgesellschaft und ihre kulinarischen Grundlagen zu Gunsten der rein rechtlichen Verfassung eines Besuchsrechts zu verabschieden sucht, wie Iris Därmann zu Recht hervorgehoben hat.[269] Denn gerade in den Fragen der Gastfreundschaft parallelisieren und überschneiden sich die Probleme der Tischgesellschaft mit jenen, die die Frage nach den Praktiken und Regularien einer friedlichen Kohabitation der Völker aufgeben. Sollen die Vergnügen der Geselligkeit bei Tisch der Verrohung und „Verviehung" des Menschen Einhalt gebieten, so wird von Kant auch auf kosmopolitischer Ebene der Gastfreundschaft zugetraut, die Gewalt des Krieges einzudämmen. In Kants *Anthropologie in pragmatischer Hinsicht* wird dieser Analogieschluss zwischen der Tischgesellschaft und dem formal-rechtlichen Prinzip des Friedensschlusses explizit. Denn die Vertraulichkeit der Gäste untereinander resultiert für Kant aus der Förmlichkeit „eines [...] Vertrags der Sicherheit", der das „Zusammenspeisen an einem Tisch" explizit als kulinarisch-praktischen Friedensschluss ausweist. So könne man nach den „alten Bräuchen z. B. des Arabers, bei dem der Fremde, sobald er jenem nur einen Genuß (einen Trunk Wasser) in seinem Zelt hat abblocken können, auch auf seine Sicherheit rechnen", ebenso wie „der russischen Kaiserin Salz und Brot von den aus Moskau ihr entgegenkommenden Deputierten gereicht wurde, und sie durch den Genuß desselben sich auch vor aller Nachstellung durchs Gastrecht gesichert halten konnte."[270] Erneut greift Kant auf das Beispiel der Araber*innen zurück, von denen Niebuhr berichtete, dass „sie einen jeden der sie bey Tische antrifft, [nötigen] mit zu essen, er mag ein Christ oder Mohámmedaner, vornehm oder geringe seyn."[271] „Ich habe in den Karawânen oft mit Vergnügen gesehen", fährt er mit seinem Bericht über die arabischen Sozialpraktiken fort, „daß sogar arme Eselstreiber die vorbeygehenden

---

269 Därmann, „Kants Kritik der Tischgesellschaft".
270 Kant, „Anthropologie in pragmatischer Hinsicht", S. 279.
271 Niebuhr, *Beschreibung von Arabien*, S. 47.

genöthiget haben an ihrer Mahlzeit Theil zunehmen. Und wenn gleich die meisten höflich dankten, so theilten sie doch mit freudiger Mine das wenige, was sie an Brot und Datteln hatten, mit andern, die es aufnehmen wollten." Und Niebuhr ist nach diesen Erfahrungen durchaus befremdet, als er in der Türkei beobachtet, dass „bisweilen reiche Türken sich in einen Winkel setzten, um nicht nöthig zu haben, denen, sie etwa bei Tisch hätten antreffen können, etwas von ihrem Essen anzubieten."[272]

Geselligkeit und Essen gehören eng zusammen und stiften gar, wie auch Niebuhr betont, einen Friedensvertrag, ja mehr noch, sie machen die bzw. den Reisende*n, wie Niebuhr aus eigener Erfahrung berichtet, zu einem Hausgenossen oder einer Hausgenossin, der bzw. die auch nach außen hin durch den Hausherren Schutz erfährt. „Man hält davor, daß, wenn ein Schech der Bedouinen ein Stück Brodt mit einem Reisenden isset, dieser gewiß versichert seyn könne, er werde ihn aufs möglichste beschützen." Und Niebuhr rät den Reisenden deshalb unbedingt „mit seinem Führer auf diese Art bald Freundschaft" zu schließen.[273] Die Regeln der Gastfreundschaft kommen dabei insbesondere den Handelsreisenden und Diplomaten zu Gute, für deren Unterhalt der Gastgeber aufkommt, der ihnen zur Abreise sogar noch Geschenke aushändigen lässt.[274] Auch Niebuhr kommt in den Genuss dieser Gastfreundschaft. So profitiert er etwa in einem Dorf von Tehâma auf der Reise zwischen Loheia und Beit el Fakih von der Freigiebigkeit des dort ansässigen Scheichs. War Niebuhr mit seinen Reisegefährten und Bediensteten auch in einer Dorfherberge untergekommen, so ließ es sich der Scheich nicht nehmen, ihnen, nachdem sie die Einladung in sein Haus ausgeschlagen hatten, „ein gutes Abendessen" zukommen zu lassen, das Niebuhr, im Angesicht der einfachen arabischen Kost, die ihm nicht zusagte, entsprechend in seinem Reisebericht mit viel Lob goutierte.[275] Und doch greift auch im Bezug auf die Gastfreundschaft erneut der Gegensatz zwischen Beduin*innen und Städter*innen. So gebe es in den Städten zwar Karawansereien und andere öffentliche Häuser für Reisende, in denen man wie im europäischen Gasthaus einkehren könne, aber ein Fremder könne „daselbst eben so wenig erwarten, als ihn Leute, die ihn nicht kennen, bitten werden bey ihnen einzukehren, als in Europa."[276] Und Niebuhr meldet gleichermaßen Zweifel an, wie weit der Schutzvertrag der Hospitalität in den arabischen Städten und in der Türkei trage: „Man zweifelt aber", schreibt er, „daß

---

272 Ebd.
273 Ebd., S. 48.
274 Ebd., S. 46.
275 Ebd., S. 47.
276 Ebd., S. 46.

die Araber in den Städten, und die Türken überhaupt, sich einem Reisenden für eine Mahlzeit sehr verpflichtet halten."[277] Liegt es an der Berücksichtigung solcher Zweifel an der Gastfreundschaft der Städter*innen des Nahen Ostens – und nicht zuletzt an derjenigen der Europäer*innen –, dass auch Kant in seiner *Friedensschrift* kein allgemeines Gastrecht, sondern nur ein Besuchsrecht vorsieht, mit dem dem Fremden allein das Recht zukommt, sich „zur Gesellschaft" anzubieten, ohne auf die Aufnahme in diese in Form des gemeinsamen Friedensmahls rechnen zu können? Und doch: Müsste nicht gerade die rechtlich-kulinarische Hospitalität der Beduinen*innen auf der Ebene des Völkerrechts diskutabel erscheinen, insofern die Staaten untereinander strukturell, wie Kant nicht müde wird zu behaupten, dem Kriegszustand der Hirt*innenvölker entsprechen, für die Kant bereits zuvor auf das Beispiel der arabischen Beduin*innen zurückgegriffen hatte? Könnte nicht gerade Niebuhr selbst als paradigmatische Figur für jene europäischen Reisenden, Unterhändler und Kaufleute herhalten, die bei Kant durch ihre Tätigkeit den Verkehr unter den Menschen vervielfältigen und damit einer kosmopolitischen Weltbürgerrepublik Vorschub leisten? Und müsste ein solcher Rückgriff auf Niebuhr nicht erneut gerade die Bedeutung der kulinarisch-sozialen Praktiken herausstellen, von denen zu profitieren dieser dem Reisenden anrät? Müsste nicht insbesondere einer Schrift, die gegen die unrechtmäßige Aneignung, die Gewalt und den Despotismus des Krieges den Handel, den Tausch und die wechselseitigen Gaben als Mittel zur Beförderung eines ewigen Friedens hervorhebt, daran gelegen sein, die kulinarischen und intellektuellen Gaben zurückzuerstatten, die sie zumindest mittelbar der Gastfreundschaft der arabischen Beduin*innen verdankte?[278]

Bei Kant findet sich nichts dergleichen. Bemerkenswert ist stattdessen, dass Kant den Verweis auf den Vertragscharakter der arabischen Tischgesellschaft, der in den Vorarbeiten zu seiner Friedensschrift noch Erwähnung fand,[279] aus dem endgültigen Manuskript gestrichen hat. Mit diesem Schritt wird schlussendlich auch die Frage nach dem Verhältnis von Besuchs- und Gastrecht und überhaupt nach dem Status des Rechts im Verhältnis zur kulturellen Praxis des Speisegenusses verabschiedet. Hier greift einmal mehr sowohl Kants Misstrauen gegenüber der „animalischen" Sinnlichkeit der Speisen und den Anhaftungen des Appetits als auch die strikte Trennung der Philosophie der Schule von den Disziplinen der

---

277 Ebd., S. 48.
278 Vgl. Därmann, „Kants Kritik der Tischgesellschaft", S. 100.
279 Immanuel Kant, „Vorarbeiten zu Zum Ewigen Frieden", in: *Kant's Gesammelte Schriften.* *‚Akademieausgabe'*, hrsg. v. Königlich Preußische Akademie der Wissenschaften, Bd. 23, Berlin 1900 ff. S. 153–192, hier S. 172 f.

Weltkenntnis, mit denen sich Kant auch hier all die Vermittlungsprobleme einhandelt, um die auch seine anderen Schriften unentwegt kreisen. Erneut versucht Kant offensichtlich die Frage der Moralisierung der Menschheit grundsätzlich von allen Anhaftungen des Appetits und des Kulinarischen zu reinigen und stattdessen die Frage der Kulinaria – gerade mit Verweis auf den Zucker – auf die Seite des Krieges und der Inhospitalität zu verschieben. Ein Umstand, der vor dem Hintergrund von Kants theoriepolitischen Verwerfungen geradezu symptomatisch erscheint.

War noch bei Rousseau der Zucker und der mit ihm assoziierte natürliche Geschmack des „süßen Lebens" mit dem Versprechen einer Ordnung jenseits der Ungleichheit, des Krieges, des Hungers und der Krankheiten verbunden gewesen, so stellt Kant ausschließlich die kriegsfördernden Implikationen des Süßstoffs heraus und verweist auf den Rum, der seit dem 17. Jahrhundert in der Karibik produziert wurde und der seit den 1670er Jahren täglich um die Mittagszeit als sogenannte Rum-Ration an die Matrosen der Royal Navy ausgeschenkt wurde. Der unter gewalttätigsten Bedingungen produzierte Ertrag der Zuckerplantagen dient damit „zur Bildung der Matrosen für Kriegsflotten, und also wieder zu Führung der Kriege in Europa".[280] Der Zucker wird hierin konsequent mit jenem problematischen Genussmittel Branntwein verknüpft, das wie kein zweites in den Schriften Kants für die Verrohung und „Verviehung" des Menschen einsteht und damit jeglicher Humanität widerspricht. Kant betont hierin zu Recht die mit den exotischen Genussmitteln verbundene Gewalt und Inhospitalität, die etwa von China und Japan mit gleicher Münze beantwortet würde und, wie Kant hervorhebt, Ende des 18. Jahrhunderts die „Handlungsgesellschaften auf dem Punkte des nahen Umsturzes" brächte, ebenso wie sie dazu führte, „daß die Zuckerinseln, dieser Sitz der allergrausamsten und ausgedachtesten Sklaverei, keinen wahren Ertrag abwerfen, sondern nur mittelbar" einträglich seien.[281] Aber die Kritik des Zuckers wird doch auch bei Kant vor dem

---

280 Ders., „Zum ewigen Frieden", S. 359.
281 Vgl. hierzu auch Kants Ausführungen zum atlantischen Dreieckshandels und des Zusammenhangs zwischen Kolonialismus, Sklaverei, Zucker und Krieg in den *Vorarbeiten* zu seiner Friedensschrift: „Der Negerhandel der schon an sich Verletzung der Hospitalität des Volks der Schwarzen ist wird es noch mehr für Europa durch seine Folgen. Denn nun wird auf die Größe der Seemacht welche die zum Verkehr mit den Zuckerinseln vermehrte Menge der Matrosen verschafft und auf die Kriege gerechnet die damit geführt werden können theils um die Menschenzahl in Masse auf dem Seegrunde zu begraben theils alle Küsten zu verheeren oder auch ganze Völker theils durch Hemmung des Umlaufs der Lebensmittel langsam durch Hunger umkommen zu lassen. – Die Länder von Amerika waren kaum entdeckt als sie nicht allein durch abgedrungene oder erschlichene Niederlassung sondern selbst die Einwohner theils als herrenloses Gut zu Sklaven gemacht oder auch aus ihren Sitzen verdrängt und durch innere

Hintergrund des mit Zucker gesüßten Tees und Kaffees als Medien der Geselligkeit und damit der Hospitalität der Tischgesellschaft durchaus doppelbödig. Dass Kant trotz seiner Kritik des Zuckers zwischen 1802 und 1804 12000 Gulden in die erste Zuckerrafinierie in Königsberg investierte, die 1784 gegründet und von einer Gesellschaft von Kaufleuten geführt das Privilegium auf Ostpreußen und Litauen hielt, ist hierzu nur eine Fußnote.[282]

Der Status der Kulinaria und insbesondere der exotischen Genussmittel bleibt bei Kant ambivalent. Sucht und Mäßigung, Appetit und Sittlichkeit, Lust und Unlust, Depravierung und Fortschritt liegen nahe beieinander. Ihre Grenzen und Vermittlungen, ihre Verwicklungen und Übergänge verlaufen dabei immer wieder über und durch das Medium der neuen Genussmittel, die sich, wenn auch stets mit der körperlichen Sinnlichkeit verknüpft, doch nicht von der geschmackvollen und sittlichen Geselligkeit trennen lassen, die sich Ende des 18. Jahrhunderts in der Erfahrungswelt Kants entfaltet. Wie anders ist es zu erklären, dass für Kant der Tabak, der in Form der Konsumpraxis des Schnupfens sogar dem Menschen einen neuen, rein künstlichen Sinn verleiht, „der weder Geschmack noch Geruch ist",[283] und der für Kant dasjenige Genussmittel ist, das man am wenigsten missen könne,[284] in seiner Anregung der Einbildungskraft und „in der Unterhaltung des

---

Kriege aufgerieben worden wodurch denn den handeltreibenden Einwohnern eine Macht und auch vielfältiger neuer Anlass erwuchs sich innerlich aus Neid und Besorgnis des Übergewichts einestheils in vielfältig langen Kriegen unglücklich zu machen" (ders., „Vorarbeiten zu Zum Ewigen Frieden", S. 174). Dass Kant dabei ein durchaus ambivalentes bis problematisches Verhältnis zu den versklavten Schwarzen in seinen Schriften aufrechterhält, ist in den letzten Jahren viel diskutiert worden (Vgl. neben vielen anderen etwa Wolbert Smidt, *Afrika im Schatten der Aufklärung. Das Afrikabild bei Kant und Herder*, Bonn 1999).

282 Radke [Justiz Kommisar], „Inventarium über den Nachlaß des allhier am 12. Februar 1804 verstorbenen Herrn Professor Immanuel Kant", in: *Sitzungsberichte der Kurländischen Gesellschaft für Literatur und Kunst und Jahresbericht des Kurländischen Provinzialmuseums* 1900, S. 81–108, hier S. 84; vgl. auch Vorländer, *Immanuel Kants Leben*. Zur Zuckerfabrik in Königsberg vergleiche die kurze Notiz im Eintrag über „Königsberg, in Preußen", in: Johann G. Krünitz (Hrsg.), *Oekonomischtechnologische Encyclopädie. Oder allgemeines System der Staats- Stadt- Haus- und Land-Wirtschaft, und der Kunst- Geschichte, in alphabetischer Ordnung*, 242 Bde., Berlin 1773–1858, Bd. 43, S. 586–622, hier 604.

283 Kant, „Anthropologie in pragmatischer Hinsicht", S. 160.

284 „Der Rauchtabak, der Schnupftaback, der Kautaback und das Blätterkauen bei den Indiern, sind Dinge, die der Mensch am allerwenigsten abschaffen kann", heißt es dazu in der *Menschenkunde* von 1781/82 (ders., „Menschenkunde, Petersburg", S. 918). Entsprechend weist auch Kants *Physische Geographie* (ders., „Physische Geographie", passim) eine ganze Landkarte der unterschiedlichen Genussformen jener Substanzen auf, die nur dazu dienen „die Organe zu spezifischen Ausleerungen zu reizen". Und nicht zuletzt der Text der *Anthropologie in pragmatischer Hinsicht* zählt einige der fremden Genussformen auf, die neben derjenigen der Europäer*innen, die diese seit dem 17. Jahrhundert für sich entdeckten und im

Menschen mit sich selbst" zum Substitut der Geselligkeit überhaupt werden kann? Der Tabak füllt „die Leere der Zeit statt des Gesprächs mit immer neu erregten Empfindungen und schnell vorbei gehenden, aber immer wieder erneuerten Anreizen."[285] Vergessen sind die Magenbeschwerden, die das einsame Essen dem Philosophen beschert, indem er ohne Unterlass über seinen Gedanken brütet und statt der „Restauration" der Kräfte „an sich selbst zehrt" und darunter „alle Mun- terkeit verliert".[286] Vergessen der Verlust an Lebenskraft, den die Ausscheidungen des Körpers produzieren, wenn die Anregung des Geistes durch den Tabak-Genuss immer wieder aufs Neue belebend wirkt. Stattdessen rege der Tabak, den man „den ganzen Tag hindurch (die Essenszeit und den Schlaf ausgenommen) ohne Sättigung" ununterbrochen genießen könne,[287] das Wechselspiel von Lust und Unlust an, das den Menschen als Individuum als auch als Gattungswesen in der Geschichte zur kontinuierlichen Tätigkeit – sei es in praktischer oder in gedanklicher Hinsicht – antreibe. Der Tabak stellt für Kant ein geradezu anti-gastrisches Genussmittel dar, das jenseits der Magenfüllung, die Anhaftungen und Bedrängnisse des Appetits lindert. Denn der Tabak „wird nicht eigentlich genossen und in die Organe innigst aufgenommen", sondern berühre nur die Organe, um „bald darauf weggeschaft [zu] werden".[288] Der Tabak bildet hierin geradezu eine sinnlich-genüssliche Analogie zu den Denkbewegungen Kants und zu den strukturellen Lösungsangeboten in denen er den Prozess der Menschengeschichte aber auch die Geselligkeit gegen den Appetit des Magens und in seiner Täuschung und Sublimierung entwirft. Wenn es ein Genussmittel gibt, dessen „Geschmack" oder besser Reiz das Denken Kants bestimmt, dann ist es jener Tabak, auf den auch die frugale Tafel des Grafen von Keyserling nicht verzichten kann, so sehr sie auch das Ideal einer inappetenten Diskursgesellschaft zu verkörpern sucht. Ein Reiz, der hier erneut nicht rein analogisch zu denken ist, sondern, um mit Kant zu sprechen, als ein grundlegendes „Vehikel". „Sein Leben fühlen, sich vergnügen," führt Kant im Anschluss an den Grafen Verri und seine *Gedanken über die Natur des Vergnügens* (1777) aus,

ist nichts anderes als: sich kontinuierlich getrieben fühlen, aus den gegenwärtigen Zustand herauszugehen (der als ein ebensooft wiederkommender Schmerz sein muß).

Anschluss wiederum weiterverbreiteten: Die Zigarro der „spanischen Frauenzimmer in Lima" und den Genuss der „in ein Betelblatt gewickelt[en] [Arekanuß] (Betelarek)" bei den Malai*innen (ders., „Anthropologie in pragmatischer Hinsicht", S. 160).
285 Ebd., S. 161.
286 Ebd., S. 279 f.
287 Ebd., S. 160.
288 Ebd.

> Hieraus erklärt sich auch die drückende, ja ängstliche Beschwerlichkeit der Langeweile für alle, welche auf ihr Leben und auf die Zeit aufmerksam sind (kultivierte Menschen).[289]

Der Tabak verkörpert mit seiner aufs „Picante und Aetzende" gehenden Wirkung, das Gegenmittel zu jenem süßen Geschmack (an) der Faulheit des Naturzustandes, der dem kultivierten Menschen durch die Langeweile schnell ekelig wird, ganz im Gegenteil zu demjenigen Kariben, der „durch seine angeborene Leblosigkeit von dieser Beschwerlichkeit frei [...] stundenlang mit seiner Angelrute sitzen [kann], ohne etwas zu fangen". Die Gedankenlosigkeit desselben sei denn auch „ein Mangel des Stachels der Thätigkeit, der immer einen Schmerz bei sich führt, und dessen jener überhoben ist."[290] Wenn Kant den „oft wiederholten Antrieb der Rekollektion der Aufmerksamkeit auf seinen Gedankenzustand"[291] durch den Tabak hervorhebt einen Gedankenzustand „der sonst einschläfern oder durch Gleichförmigkeit und Einerleiheit langweilig sein würde", so kann man sich fragen, wie groß die Rolle des Tabaks gewesen sien mag, die er als Medium für die sinnliche Subjektivierung als fortschrittlicher Europäer*innen ebenso wie für die Gedanken der Aufklärung in den akroamatischen, geselligen Runden Königsbergs und in Kants eigener Studierstube spielte, wenn Kant auch selbst sofort mit dem Einwand bei der Hand ist, dass die Gedanken beim Rauchen grundsätzlich „nur herumschweifend sind".[292] Die sinnliche Erfahrung beim und im Denken soll nicht teilhaben am ernsthaften Geschäft des Gelehrten, denn wie jeder Kantianer weiß, kann der „wilde" Diskurs über den Tabak niemals streng philosophisch sein. Und doch gilt es vielleicht gerade die Kantische „Unpünktlichkeit" im Denken im Namen einer sinnlichen Aufklärung und gegen jeglichen streng-schulphilosophischen Kantianismus zu verteidigen, insofern in ihr die konkreten, materiellen wie sinnlichen, Grundlagen der Aufklärung deutlich zu Tage treten.

---

289 Ebd., S. 233.
290 Ebd.
291 Ebd., S. 160.
292 Ebd., S. 232.

7 Sinnliche Aufklärung

Ausgehend von den aufgeklärten Clubs und Tischgesellschaften, den Kaffeehäusern und Restaurationen schreitet Ende des 18. Jahrhunderts – allen Kritiker*innen und Verächter*innen der Magenlust zum Trotz – die Verwissenschaftlichung des Geschmacks voran und nimmt die Form einer sinnlichen Popularphilosophie an, einer wahren „science de la gueule", die sich bemüht, den kulinarischen Freuden den Stempel der Trivialität und der moralischen Problematik zu nehmen. Die „totale gesellschaftliche Tatsache"[1] des Essens wird zu einer mehr oder weniger ernsten Angelegenheit der genussvollen Reflexion, die das neue Feld der modernen Gastronomie prägen wird. Als 1803 der Aristokrat, gastrosophische *Homme de lettre* und exzentrische Lebemann Balthazar Grimod de la Reynière[2] den ersten Jahrgang seines *Almanach des gourmands* herausgibt, und damit einen explizit hedonistischen Diskurs des Essens eröffnet, der unter den Vorzeichen einer Demokratisierung der vormals aristokratischen Luxuskultur von der christlich-moralischen Regulierung der Gastrimargie nichts mehr wissen will,[3] wird dieser durch ein Frontispiz eröffnet, in dem die Etablierung dieses neuen gelehrten Geschmackswissens geradezu emblematisch wird. (Abb. 7.1)

La Bibliothèque d'un Gourmand du XIX. Siècle lautet der Titel des Stiches, der das Konzept des *Almanachs* und Ernährungskalenders verdeutlichen soll, der die nicht unerhebliche Auflagenstärke von 22.000 Stück erreichen wird und als einer der ersten Restaurantführer gelten kann. Der *Almanach* soll, so der Titel, nicht nur als Führer dienen, um exzellentes Essen zuzubereiten, sondern wartet ebenso mit den „Streifzügen eines Gourmands durch die unterschiedlichen

---

1 Marcel Mauss, „Die Gabe. Form und Funktion des Austauschs in archaischen Gesellschaften", in: *Soziologie und Anthropologie. Band 2: Gabentausch, Soziologie und Psychologie, Todesvorstellung, Körpertechniken, Begriff der Person*, hrsg. v. Wolf Lepenies/Henning Ritter, München 1978, S. 9–144, hier S. 139.
2 Zu Grimod de la Reyniere vgl. Gustave Desnoireterres, *Grimod de La Reynière et son groupe*, Genf 1971; Ned Rival, *Grimod de La Reynière Le Gourmand Gentilhomme*, Paris 1983; Giles MacDonogh, *A Palate in Revolution. Grimod de la Reynière and the Almanach Des Gourmands*, London 1987.
3 Emblematisch wird die Säkularisierung der christlichen Problematisierung der Esslust in dem unter den Titel des ersten Bandes seines Almanachs gesetzten Motto aus dem 1. Petrusbrief: „tamquam leo rugiens circuit quaerens quem devoret" (V, 8: „Er geht umher wie ein brüllender Löwe und sucht, welchen er verschlinge"). Ausdrücklich wird hier der ursprünglich gemeinte Teufel unter transformatorischen Vorzeichen ignoriert, dessen Versuchung gerade nicht dazu führen sollte sich mit dem Löwen zu identifizieren, sondern stattdessen „sobrius" und „vigilate" – das heißt nüchtern und wachsam – zu bleiben gegen die Lüste und nicht zuletzt und vor allem gegen diejenigen des Magens.

https://doi.org/10.1515/9783110640342-009

Abb. 7.1: *Bibliothèque d'un Gourmand du XIX. Siecle*, in: Alexandre B. L. Grimod de La Reynière, *Almanach des Gourmands, ou Calendrier Nutritif. Servant de guide dans les moyens de faire excellente chère, par un vieil amateur*, 7 Bde., Paris 1803–1810, Bd. (1803), Frontispiz.

Viertel von Paris" auf und verspricht „einige moralische Unterhaltung", „appetitanregende und nährende Speisen" und „leckerhafte Anekdoten". Das Erfahrungswissen des aristokratischen Gourmands, die antiquarische Bildung des
Gelehrten aus Leidenschaft, und die gesellige und konversative Form des ästhetischen Diskurses gehen in dem *Almanach* eine ebenso enge Verbindung ein, wie
die auf dem Frontispiz sich ineinander verschränkenden und gegenseitig über-
blendenden Räume der Speisekammer und Bibliothek, der Studierstube und des
Salons. Das Regal mit den Speisen, den Weinflaschen, Desserts und kulinarischen Ingredienzien bietet der Feinschmecker*in wie den Leser*innen eine
ganze Bibliothek der „Lesefrüchte" und leiblich-geistigen Speisen zum Konsum
an. Man muss sich nur an der bereiteten Tafel auf einem der im napoleonischen
Empire-Stil gestalteten Sessel niederlassen, die ganz dem „goût le plus moderne"[4] entsprechen, und im Rahmen dieser modischen Einrichtung die eigenen
geistig-sinnlichen Studien aufnehmen. Das Buffet ist angerichtet und man kann
sich sicher sein, wie der *Almanach* explizit betont, dass dieses einsame Mahl sich
ohne Ablenkung abspielen und nicht etwa durch den Tumult irgendwelcher Diener unterbrochen werden wird.[5] Die Bibliothek des guten Geschmacks, die der
Almanach verkörpern will, macht dabei keinerlei Unterschied mehr zwischen
den Freuden der Tafel und denjenigen der Lektüre. Wenn Gracián noch unter
dem Eindruck des Kampfes gegen die Gastrimargie bemüht war, die Freuden des
Magens und des Schlundes in den Dienst der intellektuellen Freuden des Geistes
zu stellen und die umgekehrte Indienstnahme auszuschließen, so bedingen sich
im Diskurs der Gastronomen des 19. Jahrhunderts diese gegenseitig: Die sinnliche Lust an der geschmackvollen Lektüre verbindet sich konsequent mit den
Freuden an einer Philosophie, die sich mit der vermeintlichen Banalität der Magenfüllung beschäftigt und umgekehrt lässt sich der Diskurs über die kulinarischen Sinne nicht mehr von seiner eigenen Sinnlichkeit trennen. Die moderne
Gastronomie stiftet augenscheinlich und konsequenter als je zuvor eine Kontiguität zwischen den geistigen und leiblichen Speisen. Ja, die ‚Lesefrüchte' bilden
nun geradezu wortwörtlich eine kulinarische Konsumption zweiter Ordnung.[6]
Indem die kulinarischen und gustativen Texte intellektuell wie sinnlich ein
Erfahrungswissen zu vermitteln suchen, das der Bildung des Geschmacks

---

4 Alexandre B. L. Grimod de La Reynière, *Almanach des Gourmands, ou Calendrier Nutritif.
Servant de guide dans les moyens de faire excellente chère, par un vieil amateur,* 7 Bde., Paris
1803–1810, S. IV.
5 Ebd.
6 Vgl. Priscilla Parkhurst Ferguson, „A Cultural Field in the Making. Gastronomy in 19th-
Century France", in: Jeffrey M. Pilcher (Hrsg.), *Food History. Critical and Primary Sources,*
Bd. 3: Global Contact and Early Industrialization, London u. a. 2014, S. 373–416, hier S. 375.

Vorschub leisten soll, wollen sie mit Hilfe der Imagination die Lust am Essen selbst anregen, die allererst den Leser*innen in kulinarisch gebildete Konsument*innen und moderne Gourmets verwandelt. Man kann diese Beobachtung aber auch produktionsästhetisch wenden: Die ‚Lesefrüchte‘, die die Leser*innen durch die kulinarischen Lektüre des *Almanachs* zu kosten bekommen, werden durch die Autorität des Erfahrungswissen des versierten (männlichen) Gourmands mit dem Siegel der Delikatesse versehen und gleichermaßen durch den ästhetisierenden und ästhetisierten Diskurs des mondänen Weltbürgertums in einer genüsslich konsumierbaren sinnlichen Form codiert, in der sich der Genuss in der Lektüre verdoppelt. Die Aufzeichnung der Erfahrung, ihre Wertung, Beschreibung und Charakterisierung, mithin die Übersetzung des Sinnlichen in sprachliche Zeichen, die das neue Arbeitsfeld der kulinarischen Kritik bestimmen, verknüpft die Kostprobe konsequent mit der Frage ihrer Darstellung und Vermittlung und macht aus der Wissenschaft der Sinnlichkeit einen sinnlichen Diskurs. In der Runde der verkostenden Gourmands oder vielmehr „der Professoren in der Kunst der Gourmandise" ist von nun an das Protokoll des Schreibers unabdingbar, wie *die Séance d'un Jury de Gourmands dégustateurs*, die als Frontispiz den dritten Jahrgangs des *Almanach des gourmands* eröffnet, deutlich macht (Abb. 7.2). Die monatliche ‚Jury Dégustateurs‘ versammelte unter der Leitung Grimod de la Reynières zu Zeiten der Restauration des Ersten Kaiserreichs im Pariser ‚Rocher de Cancale‘ in der Rue Montorgueil, eine Reihe von feinen Herren, die sich vornehmlich aus den Überresten der französischen Aristokratie des Absolutismus rekrutieren. In den Räumlichkeiten Monsieur Balaines und Madame Beauvais, in denen „die angesehensten und reichsten Leute […], russische Fürsten, deutsche Barone und Diplomaten aus aller Herren Länder" verkehren[7] und das spätestens seit 1809 als „Pic de Ténériffe de l'Univers Gourmand" gilt, von dem aus die Propheten einer neuen Kochkunst das Evangelium der Esskunst in die Welt tragen,[8] verwandelt sich das „Banquet der Verständigen" in einen Ort der vollkommenen ästhetisch-kulinarischen Kritik. Im Anschluss und in der Ausweitung der Theaterkritik, in der sich Grimod de la Reynière Ende des 18. Jahrhunderts bereits einen Namen gemacht hatte,[9] stellen von nun an unter seiner Führung die

---

7 Jean-Paul Aron, *Der Club der Bäuche. Ein gastronomischer Führer durch das Paris des 19. Jahrhunderts*. Übers. v. Susanne Lüdemann, Stuttgart 1993, S. 35.
8 Grimod de La Reynière, *Almanach des Gourmands*, Bd. 7 (1810), S. 149 f. Vgl. Aron, *Der Club der Bäuche*, S. 35–39.
9 Vgl. Michel Onfray, *Die genießerische Vernunft. Die Philosophie des guten Geschmacks*, Baden-Baden und Zürich 1996, S. 30–67. Dass die gastronomische Kritik dementsprechend aus der Theaterkritik hervorgeht, ist insofern folgerichtig, als die Cafés und Restaurationen, wie bereits Rousseau in seinem *Brief an D'Alembert über das Schauspiel* anklagend bemerkt hatte,

Séance d'un Jury de Gourmands dégustateurs.

Abb. 7.2: *Séance d'un Jury de Gourmands dégustateurs,* in: Alexandre B. L. Grimod de La Reynière, *Almanach des Gourmands, ou Calendrier Nutritif. Servant de guide dans les moyens de faire excellente chère, par un vieil amateur,* 7 Bde., Paris 1803–1810, Bd. 3 (1806), Frontispiz.

„Meister der Diskretion" als gebildete Konsumenten den Nahrungsmitteln und Gerichten, den Köchen und Rezepten, der Händlern und Restaurateuren ihr Gütesiegel des guten Geschmacks aus. Die gebildete Tischrunde gerät im Zusammenspiel zwischen bibliophilem Wissen und professioneller Verkostung zu einer Institution, die zwischen ästhetischem Diskurs und wissenschaftlichem Experimentalsystem schwankend eine ganz neue gastronomische Kritik realisiert, der konsequent auf die unauflösbare Wechselwirkung von Literarizität und Sinnlichkeit, Ästhetik, Intellektualität und Essvergnügen setzt.[10]

Das gastronomische Feld geht dabei jedoch nicht in dem Spannungsverhältnis und den Wechselwirkungen zwischen einer neuen Topographie der Restaurants und Tischgesellschaften[11] und den sie umgebenden kulinarischen Texten, ihrer Produktion und Lektüre auf. Die Überblendung von Bibliothek, Esszimmer und Speisekammer macht demgegenüber eine weitere Bedingung des gastronomischen Diskurses und Feldes des 19. Jahrhunderts augenfällig, nämlich die ganz materielle Bedingung der Verführbarkeit und Verfügbarhaltung der Geschmacksträger, an und mit denen sich die kulinarische Praxis allererst entfalten kann. Erst die Fülle und Vielfalt vorhandener und ‚leicht' erhältlicher exquisiter Nahrungs- und Genussmittel macht die Herausbildung des modernen Feldes und Erfahrungsraums der Gastronomie denkbar. Dabei orientiert sich auch die Kennerschaft der nachrevolutionären, bürgerlichen Kreise weiterhin am Konsum der vielfältigen neuen und exotischen Speisen. Bedingt durch die Ausweitung des Transportwesens ebenso wie durch die Fortschritte in der „Kunst, Nahrungsmittel aufzubewahren"[12]

---

im 18. Jahrhundert geradezu zu Vorzimmern des Theaters avancierten und in ihnen das gesellschaftliche und repräsentative Schauspiel neue Höhepunkte feierte. Vgl. Jean- Jacques Rousseau, *Träumereien eines einsam Schweifenden. Les rêveries du Promeneur Solitaire (1776–1778).* Nach dem Manuskript und den Spielkarten neu übers., komm. und mit einem Nachwort versehen v. Stefan Zweifel, Berlin 2012, S. 116 f.

10 Zu Recht hat Priscilla Parkhurst Ferguson darauf verwiesen, dass der intellektuelle und ästhetische Diskurs und dessen mediale Institutionalisierung in Büchern, Zeitschriften und anderen Druckerzeugnissen für die kulturelle Stabilisierung des gastronomischen Feldes konstitutiv ist. Erst das geschmackvolle Sprechen und Schreiben verwandelt das Essen in kulinarische Texte, die ein gastronomisches Feld und eine kulinarische Agenda begründen und den Diskurs institutionalisieren und definieren (Parkhurst Ferguson, „A Cultural Field in the Making", 375, sowie 384 f. Vgl. auch dies., *Accounting for Taste. The Triumph of French Cuisine*, Chicago und London 2004).

11 Vgl. hierzu grundlegend Rebecca L. Spang, *The Invention of the Restaurant. Paris and Modern Gastronomic Culture.* Cambridge (Mass.) und London 2001.

12 Jean Anthelme Brillat-Savarin, *Physiologie des Geschmacks. Oder Physiologische Anleitung zum Studium der Tafelgenüsse.* Übers. und mit Anm. versehen v. Carl Vogt, Leipzig 1983, S. 311 f.

und der damit einhergehenden „Delokalisation des Nahrungssystems"[13] profitieren die Feinschmecker*innen von der wachsenden Verfügbarkeit der luxuriösen Geschmacksträger, die in immer größeren und erschwinglicheren
Mengen in die Vorratskammern der europäischen Metropolen strömen. Dabei
war deren „mit dem fortschrittlichen Sinn der ‚Geschichte' verknüpfte[] Sensualismus"[14] mehr denn je darauf angewiesen, „alle Weltteile aus[zu]plün-
dern, um [die westlichen] Tafeln zu bereichern",[15] wie Eugen von Vaerst in
seiner *Gastrosophie* schreibt. Keine gastronomische Veröffentlichung des 19.
Jahrhunderts, die neben der antiquarischen Suche nach den historisch-anth-
ropologischen Ursprüngen und Legitimierungen der avancierten Kochkunst
nicht eine kulinarische Reise um die Welt oder doch zumindest durch die
‚zivilisierten' Länder Europas und die entsprechenden Metropolen unternimmt und gleichermaßen die kulinarisch-ethnographische Erfahrung der
allzumeist männlichen Autoren als Weltwissen herauszustellen trachtet.
„Wie Selbstanschauung künstlerischer Ausbildung erst Vollendung gibt und
zur Vervollkommnung einer jeglichen Kunst Reisen unerläßlich sind, so auch
zu der der Eßkunst." Es gilt „das Gute, Zweckmäßige, Schöne [...] welches
man in der Fremde erlernte, auch der einheimischen Kunst einzuverleiben,
diese dadurch zu erweitern, zu erheben, zu vervollständigen, zu reinigen".
Auch wenn man es nicht übertreiben soll mit der Lust am Fremden, um dem
„Nationalgefühl" keine Gewalt anzutun, wie der Autor der 1838 in Deutschland erschienenen *Vorlesungen über die Eßkunst* sich genötigt fühlt hinzuzufügen.[16] Ebenso wie Gustav Philipp Blumröder alias Antonius Anthus hebt

---

13 Gretel H. Pelto/Pertti J. Pelto, „Diet and Delocalization. Dietary Changes since 1750", in:
Journal of Interdisciplinary History 14, 2 (1983), S. 507–528.
14 Roland Barthes, „Brillat-Savarin-Lektüre (1975)", in: Kikuko Kashiwagi-Wetzel/Anne- Rose
Meyer (Hrsg.), *Theorien des Essens*, Berlin 2017, S. 239–260, hier S. 260.
15 Eugen von Vaerst, *Gastrosophie oder Lehre von den Freuden der Tafel*. 2 Bd. München 1975,
Bd. 2, S. 142.
16 Antonius Anthus, *Vorlesungen über die Eßkunst*. Hrsg. u. mit einem Nachwort versehen
v. Alain Claude Sulzer. Mit Vignetten v. Stephan Jon Tramèr, Frankfurt am Main 2006, S. 48 f. Zu
Recht weiß Rebecca L. Spang im Anschluss an Arjun Appadurai auf die doppelte Tendenz der
sich proto-global ausbreitenden „Gastrosphere" hin, die dem Unerfahrenen und Nicht-
Initiierten einerseits eine Fülle, Präsenz und Vielfalt verspreche, andererseits aber insbesondere
in den unteren Preissegmenten einer Standardisierung und Uniformierung von nationalen und
regionalen Küchen Vorschub leiste (Rebecca L. Spang, „All the World's a Restaurant. On the
Global Gastronomics of Tourism and Travel", in: Raymond Grew (Hrsg.), *Food in Global History*,
Boulder und Oxford 1999, S. 79–91; Arjun Appadurai, „How to Make a National Cuisine. Cook-
books in Contemporary India", in: *Comparative Studies in Society and History* 30, 1 (1988),
S. 3–24).

auch Eugen van Vaerst bereits im Vorwort seiner *Gastrosophie* (1851) die Wichtigkeit der Reiseerfahrungen hervor, so kursorisch die Erkenntnisse auch sind, die er daraus zu ziehen im Stande ist:

> Auf meinen Reisen in Rußland, England, Frankreich, Holland, Italien und Spanien habe ich so viel als möglich gute Esser und gutes Essen und Trinken kennengelernt und in meinen Reisejournalen alles bemerkt, freilich oft flüchtig, was mir hierüber interessant erschien. Blieb ich irgendwo lange, wie z.B. in Nizza, so konnte ich gründlicher sein, wie man meiner Kenntnis des Olivenöls ansehen wird, die zuverlässig ist.[17]

Ähnliche Äußerungen finden sich in Carl Friedrich von Rumohrs *Geist der Kochkunst* (1822), dessen Einleitung bereits mit dem Wort „Reisen" beginnt:

> Reisen, zu denen meine früheren Dienstverhältnisse die Gelegenheit herbeiführten, verbunden mit einiger Belesenheit in ältern und neueren Schriften, welche mein Lieblingsfach behandeln oder doch berühren, veranlaßten mich wahrzunehmen, daß die Kochkunst mit dem Nationalcharakter, mit der Geistesbildung der Völker, kurzum mit dem allgemeinsten und höchsten Interessen des Menschengeschlechts in Verbindung stehe.[18]

Das Feld der Gastrosophie und ihre schwelgerische Literatur kommt offensichtlich nicht ohne die fremden Speisen und Genüsse aus und auch der französische Gastrosoph Jean-Anthelme Brillat-Savarin betont den Vorteil den die Emigrant*innen französischer Provenienz – zu denen er nach der französischen Revolution selbst zählte – in Amerika aus ihrer heimatlichen Küchenkenntnis zu ziehen vermochten.[19] Ohne die ‚kosmopolitischen' Tafeln ist die Übung des neuzeitlichen und modernen Geschmacks schlechterdings nicht denkbar. An ihnen erweist sich der beziehungsweise die westlich-zivilisierte Weltbürger*in als geschmackvolles Individuum, indem das eigene Weltwissen erweitert, präsentiert, auf die Probe gestellt und geprüft wird. Nur von hier aus lässt sich ein vermeintlich universeller Diskurs über das Essen und den Geschmack eröffnen, in dem „[d]ie Feinschmeckerei" die Aufgabe übernimmt, „alles Kennenswerthe von einem Land zum andern zu bringen, so dass ein kunstreich geordnetes Mahl gleichsam ein Abriss der ganzen Welt ist, wo jedes Land in vorteilhaftester Weise repräsentiert wird."[20]

Weltkenntnis und sinnliche Übung verknüpfen sich unter den Vorzeichen einer experimentellen Erfahrungssucht unauflöslich. Und doch funktioniert

---

17 Vaerst, *Gastrosophie oder Lehre von den Freuden der Tafel*, S. 15.
18 Carl Friedrich von Rumohr, *Geist der Kochkunst*. Mit einem Vorwort v. Wolfgang Koeppen, Berlin 2010, S. 30.
19 Brillat-Savarin, *Physiologie des Geschmacks*, S. 381–384.
20 Ebd., S. 70.

die behauptete Kontiguität zwischen den geistigen und leiblichen Speisen, die der sinnlich-philosophische Diskurs der Gastronomie des 19. Jahrhunderts und nicht zuletzt das Frontispiz des *Almanach des gourmands* behaupten, nur soweit, wie sich die westlichen Speisekammern mit den exotischen Genüssen füllen lassen und diese in den Metropolen der zivilisierten Welt zum Konsum bereit stehen. Denn ausnahmslos keiner der selbsternannten Gastrosophen des 19. Jahrhunderts ist der Forderung des kulinarischen Luxus-Kritikers Rousseau nachgekommen und hat sich über die Grenzen der damaligen westlichen Welt hinaus bewegt. Zwar gefallen sich auch schon die Feinschmecker*innen des 19. Jahrhunderts mit ihrem Appetit für das Exotische in der auch heute noch so aktuellen Haltung des „Food Adventurer",[21] allein jenseits der Metropolen und den Grenzen der europäisch-zivilisierten Welt, ihrer Restaurants und Tischgesellschaften müssen sie sich auf seine „Belesenheit in älteren und neueren Schriften"[22] verlassen. Spätestens an den Grenzen der westlichen Welt wird die durch die Geschmackserfahrung und das Experimentalsystem der Verkostung sichergestellte Kontiguität zwischen literarischem und kulinarischem Genuss, wie sie die *Bibliothek des Gourmands des 19. Jahrhunderts* verkörpert, brüchig. Nur die eigene tatsächliche oder mögliche Geschmackserfahrung kann die Kontiguität zwischen leiblichem und skripturalem Genuss herstellen und die Kluft zwischen dem sinnlichen Eindruck und seinem zeichenhaften Ausdruck imaginär überbrücken. „Für den Eßkünstler ist es nun wahrhaft peinigend eine Speise nennen zu hören, bei der er sich nichts denken kann", heißt es bei Gustav Philipp Blumröder. „Welcher Nachgenuß dagegen, von einer Speise zu lesen, oder zu hören, die man kennt, die man schon gegessen hat, bei der man sich etwas bestimmtes vorstellen kann!"[23] Gelingt dies nicht, so droht die Sinnlichkeit der Erfahrung und damit die Grundlage der Wissenschaft der Gastronomie zwischen den staubigen Archivalien der mehr oder weniger fragwürdigen Reiseberichte, der Historien, Einkaufslisten, Verordnungen und überlieferten Brauchtümer verloren zu gehen. Die Esskunst steht vor dem Problem, sich in eine „Wissenschaft [...] leerer Name[n]" und begriffloser Worte zu verwandeln.[24] Ein Problem, dem etwa auch Blumröder selbst in seiner Vorlesung über *Ethnographisches* nicht entgeht, wenn er sich zur Schilderung des Essens der außereuropäischen Völker nur auf die „Schilderungen der Reisebeschreiber" stützen

---

21 Lisa M. Heldke, *Exotic Appetites. Ruminations of a Food Adventurer*, New York und London 2003.
22 Rumohr, *Geist der Kochkunst*, S. 30.
23 Anthus, *Vorlesungen über die Eßkunst*, S. 48.
24 Ebd.

kann, auch wenn er ihnen, ausgestattet mit den Vorurteilen eines gepflegten eurozentrischen Chauvinismus, keine allzu große Aufmerksamkeit widmen zu müssen meint. Denn wenn das „Essen der Wilden, so wie das mancher Zahmen" – mit Ausnahme der Küche Chinas, für die Blumröder eine gewisse Faszination aufbringt –, am Ende „nur in Betracht [kommt], um anzudeuten, wie man nicht essen soll",[25] dann ist auch „ein indianisches Vogelnest für den, der noch keines gegessen hat",[26] ein wenn auch „klägliches" so doch vernachlässigbares Problem.

Die Verwissenschaftlichung des kulinarischen Geschmacks mit universellem Anspruch, wie sie sich in den Druckerzeugnissen der Gastronomen und Gastrosophen des 19. Jahrhunderts niederschlägt, ist konstitutiv durch ein Erfahrungsdefizit geprägt, das sich nur schwer überbrücken lässt. Es gibt einen Bruch zwischen dem Anspruch, der Leser*in alles Kennenswerte, alles Leckere, alles kulinarisch „Gute, Zweckmäßige, Schöne" einer neuen sich globalisierenden Welt zu kredenzen und dem kulinarischen Erfahrungshorizont der selbsternannten westlichen Weltbürger*innen. Es gibt mit Blick auf die fremden Genüsse einen konstitutiven Abgrund zwischen gelesenem und vollzogenem Schmecken, zwischen geistigen und leiblichen Genüssen. Das Frontispiz des *Almanach des Gourmands* eröffnet ein Versprechen, das an seinem eigenen Anspruch scheitern muss. An den Grenzen der westlich-zivilisierten kulinarischen Welt und gleichzeitig in ihrem Zentrum stellt sich erneut das Problem und die Frage nach den sinnlichen Dimensionen der Aufklärung, die auch Kant bereits umgetrieben hatten, die hier allerdings in geradezu gegenläufiger Richtung beantwortet werden soll. Denn was die *Bibliothek des Gourmand des 19. Jahrhunderts* verspricht, ist eine sinnliche Kultivierung und Aufklärung, die den Widerstreit zwischen Zivilisierung und Animalität, Schulwissen und Sinnlichkeit, in der vornehmlich männlichen Figur des geschmackvollen, weltbürgerlichen Esskünstlers aufzuheben trachtet. Ein Projekt, dem sich bereits 20 Jahre zuvor zwei andere Gelehrte auf unterschiedliche Weise annehmen: der schwedische Historiker und Archivar Bengt Bergius, auf dessen „gehaltreiche Compilation" von kulinarischem Reisewissen sich noch Carl Friedrich von Rumohr beruft,[27] und der Weltreisende und *homme de lettre* Georg Forster, dessen kulinarischer Entwurf sich in radikaler Weise gegen die Prämissen der Kantischen Anthropologie richtet. Die Veröffentlichungen und

---

25 Ebd., S. 47.
26 Ebd., S. 48.
27 Vgl. Rumohr, *Geist der Kochkunst*, S. 28, sowie 191.

die Auseinandersetzungen rund um das Problem der Leckereien entfalteten dabei grundlegende Ansätze einer sinnlichen Aufklärung und reflektierten gleichermaßen jenes sinnliche Problem der europäischen Geschmackserfahrung, das auch im 19. Jahrhundert und selbst noch bei jenen Gastrosophen, die aus der Sinnlichkeit einen philosophischen und akademischen Diskurs zu machen bestrebt waren, um das Verhältnis von Mund und Magen kreiste. Auch ein Bonvivant wie Jean-Anthelme Brillat-Savarin konnte nicht über die Kontaminationen der bürgerlichen Aisthetik und des europäischen Geistes – er sei so sinnlich wie auch immer – mit den Vorgängen des Magens und dem ungelösten Problem seiner Beherrschung hinwegsehen, auch wenn diese vordergründig nur noch als eine körperästhetische und habituelle Frage ihre Fortsetzung fanden und eine geradezu liberale Behandlung erfuhren: „Ich habe meinen Bauch wie einen gefährlichen Feind behandelt", schreibt Brillat-Savarin ernst und ironisch zugleich: „Ich habe ihn besiegt und auf eine majestätische Rundung beschränkt, aber ich musste kämpfen, um zu siegen."[28] Und auch der *Almanach des gourmands* erklärt den unmäßigen Esser zum „Todfeind des Diners". (Abb. 7.3) Der Gastronomie und dem kulinarischen Geschmack komme das große Verdienst zu, schreibt Brillat-Savarin, „die Feinschmeckerei von der Gefräßigkeit und der Schlemmerei getrennt" zu haben.[29] Und doch muss jede gastronomische Schrift des 19. Jahrhunderts und darüber hinaus diese Grenze immer wieder aufs Neue ziehen und die Probleme des Magens nicht zuletzt geographisch, historisch, sozial und kulturell von der eigenen Gegenwart distanzieren. Dem verfeinerten Geschmack und der verfeinerten Kochkunst stehen nicht nur bei Blumröder die „verabscheuungswürdigen Rohigkeiten" gegenüber, deren emblematischer Inbegriff etwa dem Freiherrn von Rumohr der Hunger der außer- und innereuropäischen vermeintlichen „Wilden" und insbesondere der „Walfrischfraß der Grönländer ist".[30] Von wo aus begründet sich aber diese Grenze, von wo aus lässt sie sich ziehen und mit welchem Erfahrungshorizont lässt sie sich legitimieren, wenn es stimmt, dass die Wissenschaft vom Geschmack jenseits ihrer eng gesteckten partikularen Grenzen über eine entschiedene Erfahrungsarmut verfügte, die sich nur über den Umweg der Reiseberichte anderer kompensieren ließ? Diesen Fragen soll im Folgenden anhand der Schriften Bengt Bergius und Georg Forsters nachgegangen werden.

---

28 Brillat-Savarin, *Physiologie des Geschmacks*, S. 246.
29 Ebd., S. 313.
30 Rumohr, *Geist der Kochkunst*, S. 31.

Le plus mortel ennemi du diner.

Abb. 7.3: *Le plus mortel ennemi du diner*, in: Alexandre B. L. Grimod de La Reynière, *Almanach des Gourmands, ou Calendrier Nutritif. Servant de guide dans les moyens de faire excellente chère, par un vieil amateur*, 7 Bde., Paris 1803–1810, Bd. 8 (1812), Frontispiz.

7.1 Früchte und Lesefrüchte

Rund 20 Jahre vor dem ersten Jahrgang des *Almanach des Gourmands*, 1785, erschien in Stockholm unter dem Titel *Tal, om läckerheter* eine Geschichte der Leckereien, für die der schwedische Historiker, Archivar und Kommissar der Riksbank Bengt Bergius verantwortlich zeichnete.[31] Ursprünglich am 3. Mai 1780 als Rede vor der Schwedischen Akademie der Wissenschaften gehalten, versuchte Bergius in seinem Werk einen gelehrt-unterhaltsamen Diskurs, der in eines der bemerkenswertesten Werke über exotische Leckereien des ausgehenden 18. Jahrhunderts mündete. Das Buch über die Leckereien, dessen Erscheinen Bergius selbst aufgrund seines Todes 1784 nicht mehr erlebte und das stattdessen sein Bruder, der Linné-Schüler, Botaniker und Mediziner Peter Jonas Bergius besorgte, stellte eine der umfassendsten Enzyklopädien über exotische Leckereien dar, die seinerzeit erschienen waren. Während sich der entscheidende Wandel der europäischen Ernährung im Konsum neuer und exotischer Genussmittel vollzog, kam diesem heute fast vergessenen enzyklopädischen Projekt eine nicht unerhebliche Aufmerksamkeit zu. Zumindest im deutschsprachigen Raum lässt sich ein eminentes Interesse an ihm verzeichnen. Der Weltreisende Johann Reinhold Forster – zusammen mit dem jüngeren Forster, geradezu Quasi-Monopolist im Bereich der deutschen Herausgabe von Reiseberichten[32] – sowie der Mediziner, Botaniker und spätere Leiter des botanischen Gartens in Halle Kurt Sprengel fertigten 1792 in Halle die besagte Übersetzung und Erweiterung des Werkes der Gebrüder Bergius an, während Georg C. Lichtenberg bereits vier Jahre zuvor seinen Freund, den jüngeren Forster aufgefordert hatte, einen Auszug aus der Abhandlung zu erstellen.[33]

Bergius Werk ist dabei von einer universalhistorischen Kenntnis gezeichnet, die seinerzeit beeindrucken musste. Mit dem akribischen Eifer des kundigen

---

31 Bengt Bergius, *Tal om läckerheter. Oavkortad illustrerad utgåva*, hrsg. v. Jakob Christensson, Stockholm 2015. Erste Überlegungen zum Folgenden habe ich auf der 3. Internationalen Chamissokonferenz: „Weltreisen: Aufzeichnen, aufheben, weitergeben – Forster, Humboldt, Chamisso" vorgestellt. Vgl. Stephan Zandt, „Neue Horizonte des Geschmacks. Exotische Genussmittel und sinnliche Aufklärung bei Georg Forster", in: Julian Drews u. a. (Hrsg.), *Forster – Humboldt – Chamisso. Weltreisende im Spannungsfeld der Kulturen*, Göttingen 2017, S. 125–135.
32 Vgl. Philippe Despoix, *Die Welt vermessen. Dispositive der Entdeckungsreise im Zeitalter der Aufklärung*. Übers. v. Guido Goerlitz, Göttingen 2009, S. 113–118.
33 Dass sich Lichtenberg selbst ebenso wie Forster für die Frage des Einflusses der Speisen auf den Menschen sowie die Aufklärung interessierte, wird deutlich, wenn er etwa in seinen Sudelbüchern die Frage stellt, „ob wir nicht einer gut gekochten Suppe die Luftpumpe und einer schlechten den Krieg oft zu verdanken haben?" (Georg C. Lichtenberg, *Sudelbücher. Bd. 1*, hrsg. v. Wolfgang Promies, München 2005, S. 19).

Archivars verfolgt Bergius in einem uferlosen Fußnotenapparat zur Akademie-
Rede die Spuren der pflanzlichen Genussmittel bis in die schwedischen Chroni-
ken des Mittelalters und in die Einkaufslisten der schwedischen Höfe des 16. und
17. Jahrhunderts. Rechtstexte und Zeugnisse antiker Autoren gehören ebenso zu
seinen Quellen, wie all die Erwähnungen exotischer Leckereien in den neuzeitlichen Reiseberichten, die Bergius emsig zusammenträgt: Francisco de Ulloa,
Louis Antoine de Bourgainville, Jean de Léry, George Anson, James Cook, Georg
und J. Reinhold Forster, Georg Leonhard Schwarzen, Amédée-François Frézier,
der Abbé Liévin-Bonaventura Proyart, Richard Hakluyt. In kulinarischer Hinsicht
muss man Bergius seinerzeit als einen der kenntnisreichsten Leser der Reiseliteratur der Neuzeit bezeichnen. Und was er aus den diversen Schriften dieser
und anderer Reisender und Kompilatoren zusammenträgt, vermittelt schon
auf der Ebene der Namen einen exotischen Genuss, der den Gaumen der zeitgenössischen europäischen Leser*innen zum Schwelgen bringen oder gar bereits
textuell „auf mannigfaltige Art befriedig[en]" konnte,[34] wie der Rezensent der *Allgemeinen Literatur-Zeitung* von 1785 bemerkt: Ananas und Melonen, Papaya und
Granadillfrucht, Granatäpfel, Pompelmusen und Pomeranzen stellten dabei noch
die bekanntesten dar. Was sollte man sich aber unter den bis dato noch weitestgehend unbekannten amerikanischen Früchten Mutukuliku und Masarandiba
vorstellen? Wer konnte von sich sagen, schon einmal etwas von Mammi aus Ja-
maika oder Cainito aus St. Domingo gehört zu haben, oder eine Goyava, Ikako,
Pacay oder Avocaro gekostet zu haben? Nur wenige konnten wie der Autor behaupten, in England Kokosnüsse probiert zu haben, und auch für Bergius selbst
stellte diese Erfahrung eine Ausnahme dar;[35] und wie ihm ging es den meisten.
Immerhin versichert der Rezensent der deutschen Übersetzung und Bearbeitung
von 1792 in der *Allgemeinen Literatur-Zeitung* aus eigener außergewöhnlicher Erfahrung den feigenartigen Geschmack der *Musa paradisiaca* – heute besser als
Banane bekannt – bestätigen zu können, da er das Glück gehabt habe, dass
„ihm eine in dem Greifswaldischen botanischen Garten und in dem dortigen vortrefflichen Gewächshause zur Reife gekommene geschickt ward".[36]

---

34 Anonym, „Rezension zu: Bengt Bergius, Tal om laeckerheter, både i sig sjelfva sådana, och
för sådana ansedda genom Folkslags bruk och inbillning. D. 1. Hållet för Kongl. Vetenskaps
Academien vid Praesidii nedläggande, den 3. Maj 1780. Stockholm 1785", in: *Allgemeine Literatur-Zeitung* 1785, 286 (2. Dez. 1785), S. 227–228, url: http://zs.thulb.unijena.de/receive/jportal_
jparticle_00055063 (besucht am 30. 03. 2019), hier S. 227.
35 Vgl. Bengt Bergius, *Über die Leckereyen. Erster Theil.* Übers. mit Anm. von D. Joh. Reinh.
Forster und D. Kurt Sprengel, Halle 1792, S. 53 f.
36 Anonym, „Rezension zu: Bengt Bergius, Ueber die Leckereyen / aus dem Schwed. mit
Anm. von Joh. Reinh. Forster u. Kurt Sprengel. – Halle: Waisenhaus Th. 1.-2. - 1792", in:

Dabei beschränkt sich Bergius' Werk nicht darauf, in den unabsehbaren Exkursen des Fußnotenapparats Nachrichten von fremden Geschmäckern zu sammeln und einen Überblick über die Botanik der essbaren Pflanzen zu eröffnen, vielmehr ist es ihm um einen systematischen Beitrag zur Geschmacksdebatte des 18. Jahrhunderts zu tun. Vor dem Hintergrund der ungeheuren Fülle neuer und exotischer, essbarer oder doch zumindest potentiell genießbarer Pflanzen, Früchte und Gewürzen, mit denen die Entdecker, die Botaniker und Seefahrer die Phantasie und den Gaumen der europäischen Weltbürger*innen anregten, stellte sich grundlegend die Frage, was überhaupt als Leckerei gelten konnte und sollte, was es wert war, genossen zu werden, was kennenswert war und wer darüber urteilen konnte und sollte. Was war insbesondere von all den fremden Früchten und Pflanzen zu halten, die, wie der anonyme Rezensent in der *Allgemeinen Literatur-Zeitung* ausführt, „einem Neger, Indianer, Tartaren, Sinesen, lecker vorkomm[en], einem Europäer bisweilen abscheulich, wenigstens ehe er gewohnt geworden, ungenießbar scheinen"?[37] Wie drängend das Bedürfnis nach einer Systematisierung der unabsehbaren Fülle der neuen Geschmacksträger war, wird schon in der erwähnten Form des Werkes selbst deutlich, mit dem auch die Übersetzer Forster und Sprengel zu kämpfen hatten: Die Fülle der neuen Genussmittel, Geschmackseindrücke und Lesefrüchte, die den Umfang der Bergius'schen Akademie-Rede auf 600 Seiten anwachsen ließ, konnten offensichtlich nur noch durch ihre systematische Auslagerung in den Fußnotenapparat textuell bewältigt werden. Und wenn es den beiden Übersetzern auch gelang, die zahllosen Anmerkungen als Exkurse in den Text selbst aufzunehmen, dann nur unter der Bedingung, dass sie deutliche Kürzungen vornahmen und systematisch alle Zugeständnisse an die Form des öffentlichen Akademie-Vortrags liquidierten. Das zentrale Anliegen des Buches, eine Bestimmung dessen vorzunehmen, was als Leckerei gelten kann, musste hierbei jedoch in der Fülle der detailreichen Exkurse untergehen. Schon Georg Forster war einige Jahre vor seinem Vater an dem Versuch gescheitert, einen Auszug aus Bergius Werk zu erstellen und hatte stattdessen, in Auseinandersetzung mit Bergius, eigene essayistische Gedanken zum Thema formuliert.[38] Ein monographisches Werk über Leckereien musste offensichtlich bereits gegen Ende des 18. Jahrhunderts vor der Flut der neuen Geschmacksträger kapitulieren. Ein

---

Allgemeine Literatur-Zeitung 1793, 209 (17. Juli 1793), S. 149–152, url: http://zs.thulb.uni-jena.de/receive/jportal_jparticle_00008889?XSL.q=Bergius (besucht am 30. 03. 2019), hier S. 150.
37 Anonym „Rezension zu: Bengt Bergius, Tal om laeckerheter, S. 227.
38 Vgl. Georg Forster, „An Samuel Thomas Sömmering, Göttingen den 7. August 1788" (Berlin-Brandenburgische Akademie der Wissenschaften (Hrsg.), *Georg Forster Werke. Sämmtliche Schriften, Tagebücher, Briefe*, Berlin 1958 ff. Bd. 15, S. 173–175, hier S. 173).

Umstand der auch den Zeitgenoss*innen nicht verborgen blieb. So kritisierte der Rezensent der deutschen Ausgabe von 1792 in der *Allgemeinen Literatur-Zeitung*, die Unvollständigkeit der systematischen Beschreibung der Leckereien[39] und lastete diesen Umstand insbesondere der allzu weitläufigen Würdigung der Reiseberichte an, deren Geschmackswissen Bergius im unerschöpflichen Fußnotenapparat seines Buches entfaltete.

Dabei zeigt jedoch die oftmals ermüdende Zitation der Reiseschriftsteller nicht nur eine Vorliebe und Lust des Archivars, sein gesammeltes Wissen vor der Leser*in auszubreiten, sondern in ihr kommt gleichermaßen jenes Problem des modernen kulinarischen Abenteuers zum Ausdruck, von dem bereits oben die Rede war: Das enzyklopädische und von den Gourmands des 19. Jahrhunderts hochgelobte „gehaltreiche Buch"[40] des schwedischen Gelehrten kämpfte, wie auch deren eigene spätere Schriften, mit dem fundamentalen Problem der Erfahrungsarmut der europäischen Geschmackswissenschaft. Wenn die Berichte der Weltreisenden in Bergius Werk einen so immensen Raum einnehmen, dann vor allem deshalb, weil diese über ein Geschmackswissen und eine kulinarische Erfahrung verfügten, von denen ein europäischer Schreibtisch- und Bibliotheksgelehrter wie Bergius nur träumen konnte. Bergius war darauf angewiesen, sich zur Beschreibung und Erfassung der Geschmackeindrücke, die die neuen fremden Genüsse versprachen, auf das Urteil anderer zu verlassen: eben derjenigen, die weit gereist waren oder die zumindest über glaubhafte Nachrichten aus den fernen Weltgegenden verfügten. Und gerade vor diesem Hintergrund gewinnt die systematische Frage nach der Urteilsfähigkeit in geschmacklicher Hinsicht ihre Virulenz. Denn das Problem, dass es, wie Bergius ausführt, „in der ganzen Natur keinen Gegenstand gibt, der einem Jeden zu allen Zeiten auf gleiche Art wohl schmecken solle, da der Geschmack so verschieden ist",[41] implizierte für den Geschmacksforscher und -archäologen, der seinen Gegenstand nur allzu selten einer eigenen Kostprobe unterziehen konnte, die drängende methodische Frage danach, welcher Geschmack maßgeblich und welchem – letztlich unüberprüfbaren – Bericht aus der Ferne zu trauen sei. Auf wessen Urteil ist Verlass, wenn der Geschmack nicht nur von den Objekten abhängt, sondern auch eine Frage der Subjektivität darstellt und den Umständen des Schmeckens, der Gewöhnung und der Übung unterliegt?

„Da so vielverschiedene Umstände den Geschmack verändern können", schreibt Bergius, „so kommt viel darauf an, was er für ein Mann war", der als

---

39 Anonym, „Rezension zu: Bengt Bergius, Ueber die Leckereyen", S. 150.
40 Rumohr, *Geist der Kochkunst*, S. 191.
41 Bergius, *Über die Leckereyen*, S. 2.

„Reisebeschreiber uns über die Leckereyen der Länder Nachrichten gibt."[42]
Dabei wird für Bergius insbesondere die Frage der „Erziehung" und die mit
ihr – zumindest aus europäischer Sicht – einhergehende differenten Erfahrungsräume und der Lebensstil der europäischen Oberschichten zum aus-
schlaggebenden Argument:

> so kann jemand, der noch keine Gelegenheit gehabt hat, leckerhafte Dinge zu schmecken,
> unmöglich einen Begriff davon haben: dagegen ein anderer, der im Luxus erzogen wor-
> den, und sich einen feinen Geschmack erworben hat, weit richtiger darüber urtheilen
> wird, und auch weit mehr glauben verdient.[43]

Unter den Vorzeichen der kulinarischen Erfahrungswissenschaft wird somit die
faktische soziale Verfügbarkeit der neuen Genussmittel für ihre europäischen
Konsument*innen zum entscheidenden Maßstab der Urteilsfähigkeit. Damit
führt Bergius eine soziale wie politische Ebene in den Geschmacksdiskurs ein,
die auf epistemologischer und aisthetischer Ebene die soziale Schieflage und
die ungleiche Verteilung der Genuss- und Lebensmittel verdoppelt, die Jean-
Jacques Rousseau Jahre zuvor mehr als nachdrücklich angeklagt hatte. Ganz
entgegen der Strategie Rousseaus, die Reiseberichte im Sinne einer anthropologischen Kritik des partikularen Geschmacks der Pariser Feinschmecker*innen
in Anschlag zu bringen, verweist Bergius auf den ungleich größeren und allgemeineren Erfahrungsschatz der kosmopolitischen europäischen Schichten, der
es allererst ermögliche, den partikulare Perspektive der eigenen Vorurteile zu
transzendieren. „Aus diesem Grunde", so folgert Bergius konsequent weiter,
„könnte man die Leckereyen füglich in solche eintheilen, die von Leuten unter
glücklichen Umständen für wahre Leckereyen gehalten wurden, und in solche,
die die geringe Classe der Menschen, welche einer ärmlichen Erziehung genoß
[sic!], dafür zu halten pflegt."[44] Die „Lebensart" wird zum alles entscheidenden
Kriterium der Glaubwürdigkeit und mündigen Urteilsfähigkeit. All die ‚halbsei-
denen' Nachrichten der „geringe[n] Classe der Menschen", all der Schiffer, der
Bedienten, der gemeinen Soldaten werden dementsprechend als „unachtsam",
„unwissend", „unerfahren" und „unzuverlässig" aus dem mündigen Diskurs
der kulinarischen Aufklärung ausgeschlossen. „Ich meines Orts", hebt Bergius
hervor, „habe weit mehr Zutrauen zu den Nachrichten, die mir [...] ein Restaurateur in Paris, als die mir ein Schenkwirth in Trosa giebt [...]." Er traut „dem
Urtheile solcher Personen mehr zu, die von hoher Geburt sind [...] oder der

---

42 Ebd., S. 26.
43 Ebd., S. 25.
44 Ebd., S. 25 f.

Gesandten regierender Mächte, [...] vornehmer Frauenzimmer, [...] aufgeklärter Cavaliere," ebenso wie demjenigen „hellsehender Philosophen, Naturforscher, und anderer Gelehrter".[45] Eine Reihung die auch noch im 19. Jahrhundert und darüber hinaus exakt jene mobilen gebildeten, bürgerlichen und aristokratischen Schichten umreißt, die das weltbürgerliche gastronomische Feld der Moderne prägen werden.

Dabei unterscheidet sich „die geringe Classe der Menschen" von ihrem oppositionellen Pendant nicht nur durch den Mangel eines exotisierten Erfahrungsraumes, der aus dem Umstand der Mobilität und eines gehobenen Lebensstils resultiert, und einer entsprechenden mangelnden Geschmacksbildung, die verhindert, dass ihre Angehörigen die wahre Güte der Annehmlichkeit der göttlichen Schöpfung erkennen.[46] Der Kontrast verstärkt sich vielmehr, wenn man den Hunger und Durst sowie die Krankheiten in Betracht zieht, denen die Angehörigen der niederen Schichten in deutlich höherem Maße ausgeliefert waren. Die Unterscheidung zwischen den Bedürfnissen des Magens und dem interesselosen Wohlgeschmack, der etwa auch den ästhetischen und aisthetischen Diskurs Immanuel Kants prägte, grundiert im gleichen Maße die kulinarische Erfahrungswissenschaft bei Bergius: „Ich fordere mit Fleiß, daß der Mensch gesund sey, der diese Speisen [gemeint sind die Leckereien, Anm. S.Z.] genießt", schreibt Bergius, „da kein Kranker einen reinen und zuverlässigen Geschmack hat und also nicht richtig urtheilen kann. Unter der Krankheit begreife ich auch den quälenden Hunger und Durst, und fordere also, daß niemand daran leiden muß, der über einen Leckerbissen urtheilen will."[47] Zu was für unangenehmen und widernatürlichen Dingen die Menschen im Zustand des Hungers ihre Zuflucht nehmen können, wusste Bergius dabei immerhin aus eigener Erfahrung zu schildern. Im Frühling 1773 hatte er in Stockholm das Brot aus Fichtenrinde probiert, das die vor dem Hunger in Dalland Geflüchteten mangels Getreide buken und an und trotz dem, wie Bergius beobachtet, nicht wenige starben. Das kulinarische Urteil, dem Bergius sich nicht enthält, ist dementsprechend eindeutig: „Ich fand das Brodt so hart, und so nach Fichtenrinde schmeckend, daß ich nicht ohne Abscheu hinein beißen konnte."[48] Die Hungergeflüchteten sind offensichtlich keine geschmackvollen Weltbürger*innen und Bergius stellt nicht einmal die Frage, ob der ‚Genuss' des ekelerregenden Brotes die nach Nahrung gierenden Menschen überhaupt geschmacklich befriedigte.

---

45 Bergius, *Über die Leckereyen*, S. 26 f.
46 Ebd., S. 1 f.
47 Ebd., S. 3.
48 Ebd., S. 1 f.

Bemerkenswert ist jedoch, dass Bergius, wenn es darum geht, die Orte des Hungers und des krankhaften Geschmacks zu veranschaulichen, neben dem agrarischen Raum und seinen Notlagen insbesondere die Schiffe der Entdeckungsreisenden und damit die mit exotischen Genüssen verknüpften mobilen Räume schlechthin anführt. Da ist etwa jener „Mandarin aus Siam", von dem der französische Jesuit Guy Tachard in seiner *Second Voyage à Siam* (1689) berichtete, er habe sich in der Not des Schiffbruchs nicht anders zu helfen gewußt, als seine Schuhe, zerschnitten und gekocht, zu verspeisen.[49] Da sind aber auch die Notlagen der zeitgenössischen Weltumsegler und Entdecker wie George Anson oder Louis-Antoine de Bougainville.[50] Das Abweichen von den bekannten Schifffahrtsrouten und die dadurch ermöglichten Entdeckungen hatten ihren Preis und Bougainvilles Mannschaft ist nicht die einzige, die den Hunger als „ärgsten Feind an Bord" zu spüren bekommt: „[Ich] musste verbieten", schreibt er in seinem Bericht über die Fahrt in der Südsee, „weder das Leder, mit dem die Rahen eingeschlagen waren, noch sonst altes Leder zu essen, weil dies gefährliche Magenverstimmungen verursachen konnte."[51] Mangelnde und verdorbene Lebensmittel zwangen an Bord oftmals dazu, „in der größten Not das Schlechte [zu] essen wie das Gute, da niemand wissen konnte, wann [...] [das] Elend ein Ende nehmen würde."[52] Was bedeutet dies aber für die Glaubwürdigkeit der Geschmacksurteile jener höhergestellten und gebildeten Informant*innen, denen Bergius sein Vertrauen ausspricht? Und was heißt es insbesondere für die notwendige Bedingung des mündigen und allgemeinen Geschmacksurteils, das zwar, entgegen den strengen scholastischen Unterscheidungen Kants, durchaus vom Appetit nach dem Leckeren getrieben und dementsprechend am eigenen Wohlbefinden interessiert sein darf, jedoch von den Zumutungen des Hungers und der Krankheit unabhängig gebildet werden muss? Lässt sich diese Trennung von mündigem Geschmack und Magengier im Angesicht der Bedingungen der Entdeckungsreisen und des mit ihnen verbundenen Geschmackswissens überhaupt aufrecht erhalten? Und wie muss man vor diesem Hintergrund die Sicherheit bewerten, mit der die Gelehrten und Feinschmecker*innen Europas die Befähigung zu einem allgemeinen Geschmacksurteil nur zu gerne für sich reklamierten?

---

49 Ebd.
50 Ebd., S. 4 f.
51 Louis-Antoine de Bougainville, *Reise um die Welt. Über Südamerika und durch den Pazifik zurück nach Frankreich 1766–1769*. Hrsg. und übers. v. Lars M. Hoffmann, Wiesbaden 2010, S. 269 f.
52 Ebd., S. 291.

So sehr die Weltreisen und der mit ihnen verbundene Welthandel erst die Möglichkeitsbedingung der exotischen Genüsse in Europa bildeten, Orte kulinarischer Höhenflüge waren diese Vermittlungsagenturen des Geschmacks bei weitem nicht und auch die Folgen einer solchen Reise waren nicht zu unterschätzen: Georg Forster etwa litt sein Leben lang unter Magenbeschwerden, die er maßgeblich der Bordernährung auf der Cook-Reise zuschrieb. Sein Magen sei, so schreibt er 1776 an Philipp J. Spener, von „pökelfleisch und verfaultem Zwieback in grund verdorben."[53] Und wenn die zweite Cook-Reise für ihre beiden deutschen Chronisten nicht zuletzt deshalb zur Glückseligkeit der Menschheit beigetragen hatte, weil es Cook durch diverse Maßnahmen gelungen war, bis auf einen Mann seine ganze Mannschaft über drei Jahre trotz aller Unbilden vor den Auswirkungen und letztlich dem Tod durch die Mangelernährung zu bewahren,[54] dann ermöglicht dies umgekehrt einen tiefen Einblick in die herrschenden gastronomischen Bedingungen der europäischen Entdeckungsfahrten. Im Angesicht der verfaulten Lebensmittel an Bord war man geneigt zu rohem Fleisch seine Zuflucht zu nehmen und oder gar einen Wohlgeschmack an Nahrungsmitteln zu finden, die einer Pariser Feinschmecker*in durchaus entsetzlich vorkommen mussten: „An Borde des Schiffes Resolution", weiß Reinhold Forster aus seiner Zeit an Bord des Cook'schen Flaggschiffes in einer Fußnote zu seiner Übersetzung des Bergius'schen Buches zu ergänzen,

> hatte der alte Quartiermeister Elwel eine Katze, welche ihm fast alle morgen eine frischgefangene Ratte brachte, die dieser ehrwürdige alte Seemann abzog, ausnahm, reinigte und briet, auch, nachdem er seiner Katze ein Viertel davon gegeben, das Uebrige mit großem Appetite verzehrte.[55]

Dabei war es nicht der Hunger der ihn dazu trieb, wie Forster explizit betont, sondern vielmehr das Verlangen nach frischem Fleisch, das eine Abwechslung zur eintönigen Kost des Pökelfleisches bot. „[U]nd nachgehends", fügt er

---

53 Georg Forster: „An Spener vom 17. September 1776", in: Berlin-Brandenburgische Akademie der Wissenschaften (Hrsg.), *Georg Forster Werke*, Bd. 8, S. 52.
54 Vgl. zu den Neuerungen auf den Cook'schen Schiffen im Bezug auf die Ernährung und die Bekämpfung des Scharbock und der Skorput (Georg Forster, „Reise um die Welt. 1. Teil", in: *Georg Forster Werke. Sämmtliche Schriften, Tagebücher, Briefe*, hrsg. v. Berlin-Brandenburgische Akademie der Wissenschaften, Bd. 2, Berlin 1958 ff. S. 28–31, passim); ders., „Cook, der Entdecker", in: *Georg Forster Werke. Sämmtliche Schriften, Tagebücher, Briefe*, hrsg. v. Berlin-Brandenburgische Akademie der Wissenschaften, Bd. 5, Berlin 1958 ff. S. 191–302, hier S. 220 f., 269–275; John Reinold Forster, *Observations made during a Voyage round the World on Physical Geography, Natural History and Ethic Philosophy*, London 1778, S. 610–649.
55 Bergius, *Über die Leckereyen*, S. 6.

hinzu, „war es wirklich, wie er sagte, Wohlgeschmack, der ihn antrieb, diese Ratten zu essen."[56] Aber kann man diesem kulinarischen Urteil des Offiziers trauen? Oder resultiert der absonderliche Wohlgeschmack der Ratte nicht nur aus dem bloßen Umstand des Mangels und der Gewohnheit, und muss man dann nicht konstatieren, dass John Ellwell sich über die krankhaften Umstände seines Urteils hinwegtäuschte? Auch Bougainville etwa hatte im Angesicht des Mangels an Brot und Gemüse den Genuss von Ratten dem Konsum von krankheitserregendem Pökelfleisch vorgezogen.[57]

So peripher und abgeschmackt die Frage nach der Leckerhaftigkeit von Ratten mit Blick auf die exotischen Früchte und Leckereien erscheinen mag, um die es Bergius zu tun ist, so macht der Fall des Quatermasters Ellwell doch ein Grundproblem des Bergius'schen Vertrauensvorschusses an die höheren Klassen unter den Entdeckern und Weltreisenden deutlich: Der Hunger und die Mangelernährung auf den Schiffen der Entdeckungsreisenden betraf nicht nur die unteren Ränge der Mannschaft, sondern nur allzu oft auch diejenigen der Offiziere und damit jene Personen, die Bergius so entschieden von der „geringe[n] Classe der Menschen" abzusetzen suchte. Ein Umstand, der nicht nur in dem Bericht Bourgainvilles über ein Abendessen mit seinen Offizieren beim Residenten der von der holländischen Ostindienkompanie kontrollierten, molukkische Insel Buru deutlich wird.[58] Denn das illegale Einlaufen in den Hafen der Holländer begründete sich neben den Monsunwinden schlicht und einfach aus dem Mangel an Nahrungsmitteln. Der Hunger des Kapitäns und seiner *Entourage* gerät geradezu zum Beweis der ausweglosen Situation an Bord der beiden Schiffe ‚La Boudeuse' und ‚Fleute L'Étoile' gegenüber den Holländern:

> Aus dem Appetit und der Begierde, mit der wir alles verschlangen, konnte er [gemeint ist der Resident von Buru, Hendryck Ouman; Anm. S. Z.] sicherer als aus unseren Worten schließen, dass wir nicht ohne Grund über Hungersnot klagten. Alle Holländer sahen uns mit Erstaunen zu und trauten sich fast nicht zuzugreifen – aus Furcht, sie könnten uns etwas wegnehmen. Man muss selbst auf See gewesen sein und einige Monate solchen Mangel gelitten haben wie wir, um sich die Empfindung vorzustellen, die der Anblick eines frischen Salats und guter Speisen bei Menschen in solchen Umständen hervorruft. Diese Mahlzeit war für mich eine der schönsten meines Lebens [...].[59]

---

56 Ebd.
57 Bougainville, *Reise um die Welt*, S. 266.
58 Explizit betont im Übrigen Bougainville die demokratische Verteilung der Lebensmittel im Falle der Mangelernährung und des Hungers: „Offiziere und Matrosen bekamen dasselbe und gleiche Portionen; unsere Lage machte die Menschen einander gleich – wie im Tod" (ebd., S. 284).
59 Ebd., S. 309 f.

Für die erste Mahlzeit nach den oft monatelangen Entbehrungen und Hunger-
tagen an Bord gilt, folgt man Georg Forsters Ausführungen anlässlich der Landung in Dusky-Bay in Neuseeland, das Gleiche wie für den Anblick des Landes
überhaupt:

> nach einer langen Entfernung vom Lande ist es wahrlich sehr leicht, selbst die ödeste
> Küste für das herrlichste Land in der Schöpfung anzusehen. Und aus diesem Gesichts-
> puncte muß man auch die feurigen Beschreibungen der wilden Klippen von Juan Fernan-
> dez und der undurchdringlichen Wälder von Tinian betrachten.[60]

Und wie die ästhetische Landschaftsbetrachtung, an der sich Forster „zum
Nachtisch ergötzt",[61] müssen auch die „vortrefflichen Fische" aus der Bucht
den ausgehungerten Weltreisenden munden: „Wir fanden sie von vortreff-
lichem Geschmack und da wir zumahl so lange darauf gefastet hatten, so war
es kein Wunder, daß uns diese erste Neu-Seeländische Mahlzeit als die
herrlichste in unserem ganzen Leben vorkam."[62] Im Angesicht der existen-
tiellen Not an Bord kommt selbst ein hedonistischer Denker wie der jüngere
Forster auf die Geschmacksweisheiten der antiken wie christlichen Asketik
zurück, auf die bereits Rousseau, wenn auch unter ganz anderen Vorzeichen,
zurückgegriffen hatte.[63] Der Hunger ist das Gewürz schlechthin, das alle
Speisen schmackhaft macht. Und nicht nur die frisch gefangenen Fische in
Neuseeland müssen unter diesen Umständen als die besten der weiten Welt
gelten, auch die Pisang-Früchte, die die Mannschaft auf den Osterinseln aus
den Canots der Einheimischen „angelt", erscheinen allein schon in ihrem Anblick als Leckerei schlechthin: „Welche allgemeine und unvermuthete
Freude der Anblick dieser Früchte bei uns verursacht habe, ist kaum zu beschreiben; nur Leute, die eben so elend sind, als wir damals waren, können
sich einen richtigen Begriff davon machen."[64]

---

60 Forster, „Reise um die Welt", S. 123.

61 Ebd.

62 Ebd.

63 Vgl. Kapitel 5: *Zur kulinarischen Anthropologie eines philosophischen Wilden.*

64 Ebd., S. 434. Dass der sehnsüchtige Anblick von Nahrungsmitteln und vermeintlichen Leckereien an den fremden Küsten durchaus täuschen konnte, wird an dem tödlichen Genuss
der ‚giftigen' Fische im ‚Port Sandwich' von Malicollo deutlich, die der ältere Forster ist seinen
Observations hervorhebt (Forster, *Observations made during a Voyage round the World,*
S. 642–648). Darüber hinaus schildert bereits Pigafetta in seinem Bericht über die Magelanrei-
sen, wie die Entbehrungen und der Hunger auf See dazu führen konnten, dass die geschwäch-
ten Körper an der sehnlich erwarteten Küste der gierigen Nahrungsaufnahme nicht mehr
gewachsen waren (Vgl. Antonio Pigafetta, *Mit Magellan um die Erde. Ein Augenzeugenbericht*

Angesichts solcher Äußerungen und Umstände muss Bergius' Versuch, das sichere Urteil über den Geschmack von den Fehlurteilen der Krankheit des Hungers zu unterscheiden, als Effekt der selektiven Lektüre einer europäischen „Philosophie im Lehnstuhl"[65] erscheinen, die die realen Bedingungen und Verhältnisse außer Acht lässt, unter denen die neuen Entdeckungen und Geschmackserfahrungen in der Welt gemacht wurden. Im Hinblick auf die Gier des Magens und die Zuverlässigkeit ihres Urteils unterschieden sich auch die Mitglieder der „gehobenen" und „kundigen" Menschenklassen unter den Entdeckern, mochten sie auch Cook, Bougainville oder Forster heißen, faktisch kaum von den Hungerflüchtlingen aus Dalland, deren Brot Bergius kaum zu schlucken vermochte. Der Glaube des Geschmackskompilators Bergius an die geschmackliche Expertise seiner Gewährsleute entpuppt sich dementsprechend als ein ständisches Vorurteil, das bereits Johann Reinhold Forster in seinen Anmerkungen transparent macht, wenn er bemerkt, dass die vermeintlichen Kavaliere George Eberhard Rumpf und John Bell, die Bergius als Beleg seiner These von der größeren Glaubwürdigkeit der Reiseberichte der höheren Stände bemüht, gar keine solchen gewesen seien.[66] Ein Vorurteil, das jedoch umso näher lag, wenn man wie Bergius ausschließlich die europäisch-festländischen Geschmackshierarchien vor Augen hatte. Vor dem Hintergrund des Geschmackswissens und des Erfahrungshorizonts der europäischen Oberschicht ließ sich klar zwischen oben und unten diskriminieren. Von ihnen aus ließ sich eine „Aufteilung des Sinnlichen"[67] ins Werk setzen, die sich grundlegend in jener korporalen und sinnlichen Trennung zwischen Appetit und Hunger, Mund und Magen wiederfinden lässt, die das Dispositiv des Geschmacks bestimmt. Und Bergius ist vor dem Hintergrund der Erfahrungsarmut des europäischen Gourmands und trotz seiner

---

der ersten Weltumsegelung 1519–1522. Hrsg. v. Robert Grün, mit einer Einführung v. Lars Hoffmann u. einem Vorwort v. Dieter Lohmann, Wiesbaden 52009, S. 151).

65 Forster, „Cook, der Entdecker", S. 235.

66 Wenn man John Bell immerhin noch unter die „hellsichtigen Naturforscher" zählen kann, so war der Autor der *Amboinische Raritätenkammer* und des *Herbarium Amboinense*, George Eberhard Rumpf, doch im Grunde ein Söldner, der sich an die Niederländische West-Indien-Kompanie verdingt hatte und im Anschluss in der Niederländischen Ostindien- Kompanie Kariere gemacht und es bis zum Konsul und damit Unterstatthalter der Molukken-Insel Ambon gebracht hatte. Als Aufsteiger nimmt er jedoch, geht man von seiner Herkunft und Erziehung aus, trotz allem eine abenteuerliche Position zwischen den gelehrten Naturforschern und jenen „gemeinen Soldaten" ein, denen Bergius kein Wort zu glauben beschlossen hat. Vgl. Bergius, *Über die Leckereyen,* S. 26 f.

67 Jacques Rancière, *Die Aufteilung des Sinnlichen. Die Politik der Kunst und ihre Paradoxien.* Übers. v. Maria Muhle, Susanne Leeb und Jürgen Link, hrsg. v. Maria Muhle, Berlin 22008.

genauen Kenntnis der Reiseberichte nur allzu bereit, den überkommenen Unterscheidungen und Prinzipien des Geschmacksurteils zu folgen.

Dabei ist die Durchdringung von Hunger und Geschmack in den zeitgenössischen Reiseberichten grundlegender und man muss das scheinbar so zentrale Interesse der europäischen Feinschmecker*innen hinsichtlich des Profits, den man Ende des 18. Jahrhunderts aus dem Wissen über die fremden Früchte und essbaren Pflanzen ziehen zu können glaubte, als sekundär ansehen ebenso wie die aisthetischen Fragen nach den Modalitäten eines ‚interesselosen' Wohlgeschmacks. Hatten die Fahrten Kolumbus' und Magellans und ihre Suche nach neuen Schifffahrtswegen zu den sagenumwobenen und als Stützpunkte für den europäischen Handel strategisch wichtigen Gewürzinseln noch primär darauf abgezielt, den Konsum und den Handel der prestigeträchtigen Gewürze zu erleichtern, dienten die Reisen also dem Versprechen eines konkreten Profits, den man aus der Versorgung Europas mit Luxusgütern zu ziehen hoffte, so lag der Gewinn der zeitgenössischen Entdeckung neuer Südseepflanzen primär in ihrem Nutzen für die Ausweitung des europäischen Bewegungsraums selbst. Denn die Kenntnisse der essbaren Pflanzen, die durch die neueren Entdeckungs- und Forschungsreisen im großen Maße erweitert wurden, sollte insbesondere das Problem der europäischen Versorgungsengpässe in den fremden Weltgegenden beheben. Indem sich die neueren Entdeckungsreisenden weit von den europäischen Handels-Kompanien und kolonialen Häfen entfernten, konnten sie – entgegen ihren Vorgängern, die immerhin in der Theorie wussten, wohin sie ihre Reisen führen würden,[68] – nicht darauf rechnen, in absehbarer Zeit wieder geographisch bekanntes Land zu erreichen. Und so sind es weniger die Würz- als die Nähreigenschaften, die etwa Georg Forster, ganz im Duktus einer Kritik des ästhetischen Diskurses an den Früchten

---

[68] Dass diese Hoffnung nur allzu oft täuschte, steht auf einem anderen Blatt. Magellans Fehleinschätzung einer einmonatigen Reise von der Südspitze Südamerikas bis zu den Gewürzinseln sollte sich als tödlich erweisen. Der kalkulierte Proviant an Bord, der zuletzt nur noch aus von Würmern und Mäusekot durchsetztem Schiffszwieback bestand, in Meerwasser eingeweichtem und anchließend gebratenem Leder, Sägespänen und Ratten, reichte nicht für alle. Bis zur Landung der Schiffe am 6. März 1521 auf den Marianen starben mindestens 19 seiner Männer ebenso wie der an Bord befindliche „patagonische Riese" und ein brasilianischer Indigener, während weitere 25–30 Mann mit lebensbedrohlichen Mangelerkrankungen daniederlagen (Vgl. Pigafetta, *Mit Magellan um die Erde*, S. 11–112). „Würden uns Gott und seine heilige Mutter nicht eine so glückliche Schifffahrt geschenkt haben", heißt es unter diesen Umständen im späteren Bericht eines der wenigen Überlebenden, Antonio Pigafetta, „wären wir alle auf diesem weiten, endlosen Meer vor Hunger umgekommen. ich bin überzeugt, dass eine solche Fahrt nie wieder unternommen werden wird" (Vgl. ebd., S. 114).

des weniger schmackhaften als nahrhaften Brotbaumes, hervorhebt, dessen botanische Erstbeschreibung er zusammen mit seinem Vater geliefert hatte:

> Seit mehr als drittehalb hundert Jahren zieht Europa durch seinen alles verschlingenden Handel die asiatischen Naturgeschenke und die des vierten und fünften Weltheils an sich [...]. Was dort in die Augen fiel, oder irgendeinen anderen Sinn durch Seltenheit und auserlesene Eigenschaften rührte, ward solchergestalt frühzeitig unter unseren Vorfahren bekannt. Eine zahllose Menge von Neuigkeiten empfohlen sich dem Beobachter durch ein schimmerndes Aeußere [sic!], und unser Weltheil widerhallte von ihrem Lobe, indeß der minder glänzende Brotbaum, wie eine sittsame Schöne seiner wesentlichen Vorzüge ungeachtet, lange noch unbekannt blieb. Einzelne Seefahrer, die seine nahrhafte Frucht gekostet, oder gar durch den Genuß derselben ihr vom Scharbock untergrabenes Leben gerettet hatten, fiengen an in ihren Tagebüchern seiner zu erwähnen [...]. Durch die neueren Entdeckungsreisen lernte man mit Verwunderung, daß die Bewohner des großen Inselmeeres, zwischen Asien und Amerika, von diesem Baume eine Speise pflücken [...] wobey sie langes Leben und eine Fülle an Gesundheit genießen, die wir kaum durch den in unseren kalten Himmelgegend unentbehrlichen Zusatz von thierischen Nahrungsmitteln, so frisch und dauerhaft erhalten können.[69]

Die Frucht des Brotbaumes gerät unter der Feder Forsters zu einer Wundernahrung, die, wenn sie auch in Europa keinen direkten Profit generiert, doch mit Blick auf die Menschheit als Ganze mehr als dienlich erscheint. Von den Früchten des Brotbaums verspricht sich Forster nicht nur eine Linderung des Elends der Sklav*innen in den Kolonien, wenn es nur gelänge diese Frucht in der Karibik heimisch zu machen,[70] sondern auch eine wertvolle Ressource für die Versorgung der Entdeckungsreisenden; von dem Profit, den die Bewohner*innen

---

69 Georg Forster, „Der Brodbaum", in: *Georg Forster Werke. Sämmtliche Schriften, Tagebücher, Briefe*, hrsg. v. Berlin-Brandenburgische Akademie der Wissenschaften, Bd. 6.1, Berlin 1958 ff. S. 63–92, hier S. 63 f.
70 Ein Plan, den Forsters englischer Kollege Sir Joseph Banks als Präsident der Royal Society und mithilfe von Cooks früherem Offizier William Blight nach einem ersten misslungenen Versuch 1789 – der berühmten, durch Meuterei gescheiterte Fahrt der HMS Bounty – schließlich 1793 mit der Überführung von 678 Bäumen nach Port Royal in die Tat umsetzte (Vgl. Patrick O'Brian, *Joseph Banks. A Life: Explorer, Plant Hunter, Scientist*, London 1988 sowie David Mackay, „Banks, Blight and Breadfruit", in: *New Zealand Journal of History* 8, 1 (1974), S. 61–76). Dabei muss jedoch betont werden, dass die realen Anstrengungen der Überführung des Brotbaums in den Endtagen der transatlantischen Sklaverei wohl weniger aus humanistischen Gründen unternommen wurden, als vielmehr, wie auch Forster bereits kritisiert hatte, aus ökonomischen Gründen und vor dem Hintergrund der steigenden Angst vor Aufständen von statten gingen. Dass das Vorhaben darüber hinaus an der Ablehnung der neuen Nahrungsmittel durch die schwarzen Sklav*innen scheiterte (vgl. ebd., S. 76) und sich die Brotfrucht etwa in der lokalen Küche Jamaicas erst 40 Jahre und just zur Zeit der Unabhängigkeit durchsetzte, ohne allerdings die klassischen Grundnahrungsmittel Yams und Kochbanane zu verdrängen, ist hierbei nur eine weitere Fußnote der Probleme des europäischen Geschmacksdiskurses.

der Südsee aus dieser Pflanze ziehen, ganz zu schweigen.[71] Der Brotbaum gibt damit für Forster eine mögliche Antwort auf die Frage, wie es etwa James Cook auf seiner zweiten Reise von 1772–1775 gelingen konnte, zwei Jahre und vier Monate auf dem Meer zu verbringen „und in diesem ganzen Zwischenraume [...] keine einzige Besitzung der Europäischen Nationen [zu] berühr[en]".[72] In seinem Nekrolog über den am 17. Februar 1779 auf Hawaii tragisch zu Tode gekommenen Cook, der unter dem Titel *Cook, den Entdecker* 1787 erschien und das Vorwort zur Übersetzung der dritten Cook'schen Entdeckungsreise und ihrem tragischen Ende bildete, erklärt Georg Forster schließlich – übrigens in Übereinstimmung mit den Direktiven der britischen Admiraliät an Cook selbst[73] – die Frage der Ernährung, das Wissen über die fremden Früchte und die ethnologische Kenntnis der fremden Kulturen so wie ein durch diese Kenntnisse angeleitetes Verhalten zu den notwendigen und unabdingbaren Möglichkeitsbedingungen einer solchen Fahrt. Ganz entgegen den „[ä]ltere[n] Südseefahrern", die „gleichsam den Anblick des Landes [scheuten]", verstand Cook, so Forster, die neu entdeckten Inseln, ihre Ressourcen und Einwohner*innen als potentielle Nachschublager seiner Forschungsfahrt und versucht mit seinen Kalkulationen von der Schiffswahl bis zum Interesse für diverse neue Wissenschaften, eine Akkumulation der ethnologischen, zoologischen, botanischen und geographischen Erkenntnisse, die man geradezu als Überlebenswissen bezeichnen kann. „Sein Geist, der keinen Müssiggang kannte," so Forster,

> sann stets auf Mittel, seinem Volke die Mühseligkeiten ihrer harten Lebensart zu erleichtern, dadurch zugleich die Dauer seiner Reise zu verlängern, seinen Entdeckungen einen weiteren Umkreis zu geben, und unsere Kenntnisse vom Reich der Wahrheit durch neue Bemerkungen der Natur, im Menschen so wohl, als in Thieren, Pflanzen und leblosen Körpern, zu bereichern.[74]

---

71 Forster simplifiziert hier wie auch Joseph Banks die tahitische Ernährung, die zur Ergänzung der Brotfrucht auf Bananen und Taro angewiesen war, während diejenigen pazifischen Inseln, auf denen die Brotfrucht das einzige Grundnahrungsmittel darstellte, nicht selten mit saisonaler Nahrungsknappheit zu kämpfen hatten. Vgl. hierzu ebd., S. 63, sowie Jacques Barrau, *Subsistence Agriculture in Polynesia and Micronesia*. Bernice P. Bishop Museum Bulletin 223, Honolulu 1961.

72 Forster, „Cook, der Entdecker", S. 223.

73 Vgl. hierzu etwa Hans Erich Bödeker, „Die ‚Natur des Menschen, so viel möglich in mehreres [...] setzen'. Ethnologische Praxis bei Johann Reinhold und Georg Forster", in: Jörn Garber/ Tanja van Hoorn (Hrsg.), *Natur – Mensch – Kultur. Georg Forster im Wissenschaftsfeld seiner Zeit*, Hannover 2006, S. 143–170, hier S. 146.

74 Forster, „Cook, der Entdecker", S. 209.

Entgegen Cook, der „sich bey seinen neu entdeckten Ländern auf[hielt]" und sich entweder selbst oder „mit Hilfe seiner Reisegefährten" – unter ihnen Forster selbst – deren Untersuchung widmete,[75] eilten seine Vorgänger „schnell [an ihnen] vorüber, oftmals ohne nur den Fuß darauf zu setzen, ohne den Umfang, die Gestalt und den Zusammenhang ihrer Entdeckung zu untersuchen."[76] Und selbst, wenn sie landeten, so gelang es ihnen nur selten, – sei es aus Mangel an Kenntnissen oder Zeit, sei es aus Ignoranz, Unwille oder Unvermögen – den größtmöglichen Vorteil aus diesem Umstand zu ziehen, wie Forster bemängelt:

> Landeten sie auch irgendwo, so nahmen sie sich selten Zeit, den Endzweck einer Landung zu erreichen, und von den vorgefundenen Produkten einigen Vortheil zu ziehen. Ihr Betragen gegen die Eingebohrnen machte gewöhnlich einen schleunigen Abzug nöthig, ehe sie noch die Beschaffenheit der Gegend ihrer Erzeugnisse erforschen, und mit den Eigenthümlichkeiten der dortigen Menschengattung bekannt werden konnten.[77]

Ein Umstand, der in direkter Weise, wie Forster betont, auf die Qualität der medialen Erzeugnisse und den Umfang des durch diese Fahrten erweiterten Wissenshorizonts durchschlägt:

> Daher fehlte es ihren Berichten, so oft an allem Interesse; und weit entfernt, den Forderungen des Physikers und des Weltweisen ein Genüge zu leisten, oder zur Sicherheit künftiger Seefahrer, und zum glücklichen Erfolg ihrer Unternehmungen beyzutragen, wußten sie nicht einmal die müßige Neugier des großen Haufens zu befriedigen.[78]

Auch wenn man die panegyrischen Elemente in Forsters Textpolitik in Rechnung stellen muss, die den gefeierten Seehelden Cook zum strahlenden Prototypen des aufgeklärten Entdeckers verklären, so lässt doch ein Blick in den Bericht der Bougainville'schen Reise zwischen 1766 und 1769 die dramatischen Probleme aufscheinen, deren Lösung Forster – nicht zuletzt auch unter dem Blickwinkel seiner eigenen Beteiligung und Forschung – in der Schilderung der Cook'schen Reise hervorhebt. Denn es sind gerade die Unkenntnis der geographischen Bedingungen, der Mangel an ethnologischem Wissen und der Unwille zur längerfristigen Landung, die die Besatzungen der beiden französischen Schiffe an den Rand des Hungertodes bringen. Selbst im Angesicht des dramatischen Mangels an Lebensmitteln – die Brote reichen, wie Bourgainville unter dem Datum des 7. Juni 1768 vermerkt, noch für zwei Monate und das Gemüse für 4 Wochen[79] –

---

75 Ebd.
76 Ebd., S. 208.
77 Ebd.
78 Ebd., S. 209.
79 Bougainville, *Reise um die Welt*, S. 266.

mied Bougainville im Namen der Sicherheit die besiedelten Küste von Choiseul (Lauru) im nördlichen Teil der Salomon-Inseln. Dabei hätten die Inseln mit ihren Kokospalmen, die ersehnte Nahrung für die Mannschaft bereit gestellt.[80] Auch der Tauschhandel mit den Einwohner*innen der Insel Buka (heute Bougainville) scheiterte offenbar an mangelnden ethnologischen Kenntnissen und Missverständnissen.[81] Die Begegnung mit den Fremden stützte dabei einzig und allein Bougainvilles auf der Reise immer wieder – nicht zuletzt durch mangelnde Selbstreflexion – bestätigte Überzeugung, „dass die schwarzen Menschen immer einen boshafteren und feindseligeren Charakter hatten als diejenigen, deren Farbe dem Weiß nahekommt."[82] Statt unter allen Umständen den Tauschhandel mit den Einwohner*innen zu suchen, wie die Befehle der britischen Admiralität an Cook lauteten, landete Bougainville an der unbesiedelten Küste Neubritanniens, die zwar „wertvolle Ruhe und Freiheit" gewährte, aber dafür nicht mit Fischen, Kokosnüssen, Bananen oder anderen Lebensmitteln aufwarten konnte.[83] Und so wird erst der Hafen der Holländischen Ostindien-Kompanie auf Burru nach beinahe drei Monaten ohne Nachschub zum letztmöglichen und irregulären Zufluchtsort für die fast verhungerte Mannschaft der beiden französischen Schiffe.[84]

---

80 Vgl. ebd., S. 276.

81 „Nachmittags kamen drei Boote, die je mit fünf oder sechs Negern besetzt war [sic!], von der Küste her bis auf einen Flintenschuss an unsere Schiffe, und nachdem sie uns eine Stunde lang betrachtet hatten, ließen sie sich endlich nach vielen einladenden Zeichen dazu bewegen, näher zu kommen. Wir warfen ihnen einige an Brettern befestigte Kleinigkeiten zu, was ihr Vertrauen stärkte. Sie zeigten uns Kokosnüsse und schrien unaufhörlich: „Buka, buka, onelle"; wir wiederholten diese Worte schließlich, was ihnen Freude zu machen schien. Sie hielten sich nicht lange bei den Schiffen auf und gaben uns ein Zeichen, dass sie uns Kokosnüsse holen wollten, worüber wir sehr froh waren. Kaum hatten sie sich aber auf 20 Schritt entfernt, so schoss einer boshafterweise einen Pfeil auf uns ab, der aber zum Glück niemand traf. Sie ruderten daraufhin aus allen Kräften fort, doch wir waren ihnen zu sehr überlegen, um sie zu strafen" (Bougainville, *Reise um die Welt*, S. 277). Es steht zu vermuten, dass ein Tauschhandel zwischen den Einwohner Bakus und Bourgainvilles daran scheiterte, dass Bourgainville keinerlei Anstalten unternahm den Frieden durch wie auch immer geartete Gaben und Gegengaben zu untermauern. Vergleiche hierzu etwa im Kontrast hierzu die Schritte der Kontaktaufnahme auf der Cookreise, die Hans Erich Bödeker herausgearbeitet hat: Bödeker, „Die ‚Natur des Menschen, so viel möglich in mehreres [...] setzen'".

82 Bougainville, *Reise um die Welt*, S. 276.

83 Ebd., S. 280.

84 „Seit unserer Abreise aus dem Hafen Praslin [dem unbesiedelten Ankerplatz in Neubritannien; Anm. S.Z.] hatte der Skorbut sehr bei uns überhandgenommen, keiner war ganz davon frei und die Hälfte der Mannschaft zur Arbeit völlig untüchtig. Hätten wir acht Tage länger auf See verbringen müssen, so hätte es einen großen Teil das Leben und die übrigen die Gesundheit gekostet. Die Lebensmittel hatten einen so fauligen Geruch und waren so verdorben, dass

Der Beitrag, den die neuen Entdeckungsberichte für das kulinarischen Wissen der Zeit leisten – allen voran derjenige der beiden Forsters selbst –, diente also mitnichten nur dazu, den Handel der europäischen Mächte mit neuen Einnahmequellen zu versehen und die Speisekammern und Sensorien der europäischen Eliten mit neuen Geschmackseindrücken auszustatten. Vielmehr zielte er gleichermaßen darauf, das Problem des Hungers und der Krankheiten als ständige Begleiter der Entdeckungsfahrten zu lösen. Und Georg Forster kommt diesem Anliegen in seinem Reisebericht von der zweiten Cookreise als einer der ersten im vollen Umfang nach. Unentwegt finden sich in seiner *Reise um die Welt* Schilderungen der Ernährungsverhältnisse an Bord, Beschreibungen der essbaren Flora und Fauna der neu entdeckten Weltgegenden, der diversen Geschmäcker der einheimischen Küchen sowie der verschiedenen Anstrengungen Cooks, den möglichen Speiseplan der Mannschaft trotz deren geschmacklichen Vorurteilen zu erweitern.[85] Die Notwendigkeiten des Magens funktionierten, wie Forster zeigt, geradezu als Triebmittel des geographischen, ethnologischen, botanischen und zoologischen Erkenntnisgewinns und bestimmten damit grundlegend die intellektuelle Ausbeute der Reisen und Reiseberichte. Mund und Magen, Körper und Geist ließen sich hierbei nur unter der Maßgabe trennen, dass man die Bedingungen, unter denen die Kostproben auf der Entdeckungsreise stattfanden, ausblendete. Die Reinheit des Geschmacks und das interesselose oder doch zumindest nicht von der Notwendigkeit des Magens und den Verwirrungen der Krankheiten verfälschte Urteil waren offensichtlich nur unter der Maßgabe der Verhältnisse der elitären Tischgesellschaften, Restaurationen und Tafelrunden Europas zu haben; oder noch konsequenter: unter der Beschränkung der Geschmackswissenschaft auf eine reine Lektüretätigkeit. Die Philosophie des reinen Geschmacks fußte damit auf den Bedingungen einer Erfahrungsarmut, die Georg Forster prinzipiell den gebildeten Lehnstuhlreisenden in ihren Bibliotheken zum Vorwurf machte, die ihre Reisen mit „goldner Reißfeder" auf einem „papierne[n] Ocean vornahmen, der „keine Wellen schlägt" und auf dem man „an keiner Klippe scheitern kann".[86] Ging man dagegen, wie auch Bergius und im gleichen Maße wie die Gastrosophen des 19. Jahrhunderts, dies für sich in Anspruch nahmen, von der Geschmackswissenschaft als einer Erfahrungswissenschaft aus, so muss man konstatieren, dass Hunger und Geschmacksurteil nicht so weit auseinanderlagen, wie die europäischen Theoretiker des Geschmacks es gerne gehabt hätten. Der Geschmack

---

wir den Augenblick unserer traurigen Tage, als zum Verzehr dieser ekelhaften und verdorbenen Nahrung geläutet wurde, für den elendsten hielten" (ebd., S. 306).
85 Forster, „Cook, der Entdecker", S. 272, 275.
86 Ebd., S. 233.

war stattdessen unaufhörlich mit den Fragen des Hungers und des Magens verquickt. Und es war eine immense intellektuelle Reinigungsarbeit und eine diskrete Kunst der Trennung und Unterscheidung notwendig, die gleichermaßen auf den ethischen und politischen Einsatz verweisen, um den sich die Bestimmung des Verhältnisses zwischen Geschmack und Hunger, Luxus und Notwendigkeit, Eigenem und Fremdem, zwischen höherem und niedrigerem Stand immer wieder dreht.

7.2 Der Geschmack des reisenden Weltbürgers

Die Frage nach dem guten Geschmack ist nicht zuletzt eine Frage nach dem Ort, von dem aus sich die Differenzen begründen, mit denen das Sinnliche einer Aufteilung unterzogen wird. Sie ist aber gleichermaßen auch eine Frage nach dem Ort, von dem aus sich überhaupt ein geschmackliches Wissen – ein Wissen über die Geschmäcker wie auch ein Wissen vom guten Geschmack – entwickeln lässt. Dem europäischen Geschmacksdiskurs ist die Bestimmung dieses Ortes nicht erst seit Bergius und Grimod de la Reynière stets leicht gefallen. Seit dem 17. Jahrhundert sind es die Bankette und Tischgesellschaften der gehobenen Kreise sowie die Salons, Restaurants und Kaffeehäuser, in denen und von denen aus sich der Diskurs über den Geschmack in Form von köstlich unterhaltsamen Abhandlungen, Essays, journalistischen Beiträgen, Bonmots und Kostproben einer ästhetischen wie kulinarischen Kritik entfaltet. Von ihnen ausgehend verbinden sich ebenso die Neu-Gier mit der sinnlichen Übung, die Lust an den Freuden des Gaumens und der Lektüre mit dem diskreten Geschmacksurteil wie die Weltweisheit mit einer Ästhetik des Selbst; immer in der Absicht den Anfechtungen des Magens entgegenzuarbeiten, ohne gleichzeitig der Lust am Kulinarischen überhaupt zu entsagen. Wie aber verschiebt sich dieser Diskurs, wenn man die Frage der Leckereien von einem anderen Standpunkt aus zu beantworten trachtet? Wie verfährt eine Philosophie des Geschmacks, die die Grenzen der europäischen Erfahrungswelt und -armut überschreitet, eine Philosophie, die tatsächlich der Forderung Rousseaus nachkommt, „auf Reisen geht"[87] und damit die Frage nach dem Geschmack nicht nur vom Standpunkt der Menschen aus einem besonderen Winkel der Welt

---

[87] Jean-Jacques Rousseau, *Diskurs über die Ungleichheit/Discours sur l'inégalité. Kritische Ausgabe des integralen Textes.* Mit sämtlichen Fragmenten und ergänzenden Materialien nach den Originalausgaben und den Handschriften neu ed., übers. und komm. v. Heinrich Meier, Paderborn u. a. ⁴1997, S. 341.

stellt, sondern die Menschheit in ihrer ganzen Diversität zur Grundlage ihrer Überlegungen macht?[88]

Entgegen dem emsigen Archivar Bengt Bergius, dem Philosophen der Königsberger Tischgesellschaft Immanuel Kant oder auch dem selbsterklärten Underdog der französischen ‚Küchen-Philosophie' Jean-Jacques Rousseau, der aus dem Exil den Pariser *Bonvivants* den Kampf erklärt hatte, konnte der Weltreisende Georg Forster auf ein Geschmackswissen zurückgreifen, das weit über den Horizont der europäischen Metropolen hinausreicht. Ein Wissen, mit dem sich Forster in seinem Aufsatz *Über Leckereyen* in bemerkenswerter Weise in den Geschmacksdiskurs des ausgehenden 18. Jahrhunderts eingeschrieben hat. Mit ihm lieferte er nicht nur einen expliziten Kommentar zu Bergius Abhandlung, aus der er ursprünglich für den Freund und Herausgeber des *Göttinger Taschen-Kalenders* Georg Friedrich Lichtenberg einen Auszug erstellen sollte, sondern bezog ebenso Stellung gegenüber den essphilosophischen Einlassungen Kants und Rousseaus. Denn der Diskurs über die neuen Genussmittel diente Forster nicht zuletzt dazu, nachdrücklich jene sensualistische Wendung der Aufklärung einzufordern, deren Konsequenzen sich Kant mit seinem Diskurs über die Tischgesellschaft verweigert hatte. Der elegante Professor von Königsberg hatte zwar selbst einer lustvollen Selbstdisziplin und Selbstbemeisterung das Wort geredet, die sich gegen die Ausrottung der Lüste in der Tradition der christlichen Askese richtete, allein seine an stoische Vorläufer anschließende Behauptung eines grundlegenden Konflikts zwischen Natur und Kultur, Animalität und Humanität, sinnlichem Körper und sittlichem Geist ließen diesen Anspruch scheitern. Mit ihm begründete Kant, wie im letzten Kapitel deutlich geworden ist, ein unabschließbares Spiel der Vermittlung, der Verschiebung und Begrenzung, dessen Aporie von vornherein feststehen musste. Gerade an diesem Dogma des Konflikts setzt Forsters Kritik an und negierte mit Verweis auf die eigene lebensweltliche Erfahrung die vermeintliche Trennung und den Widerspruch von sinnlichem Genuss, kulinarischer Magenfreude und intellektueller und sittlicher Sphäre. Denn warum sollte die Sittlichkeit dem Genuss von Natur aus entgegenstehen? Und warum sollte der Genuss zwangsläufig und von Anfang an mit einem Magenübel einhergehen, das doch allein aus dem Übermaß des Genusses resultierte, wenn es denn stimme, dass, wie selbst Kant behauptete, „die Veränderung die der Genuß wohlschmeckender Speisen in uns hervorbringt, uns zunächst auch wahres Vergnügen gewähren sollte[]"?[89] Warum sollte der sinnliche Genuss als

---

88 Ebd., S. 349.
89 Georg Forster, „Ueber Leckereyen", in: *Georg Forster Werke. Sämmtliche Schriften, Tagebücher, Briefe*, hrsg. v. Berlin-Brandenburgische Akademie der Wissenschaften, Bd. 8, Berlin 1958 ff. S. 164–181, hier S. 169.

solcher dem Menschen denn notwendig schädlich sein? Oder anders gefragt: Hieße es nicht die Natur verleumden, „wenn man behaupten [...] [wolle], sie habe dem Menschen zwar Ansprüche auf ein frohes Dasein verliehen, jedoch die Mittel dazu von allen Seiten versagt?"[90] „Man sollte denken, es verstünde sich von selbst", schreibt Forster, explizit gegen einen solchen Kantianismus gerichtet,

> daß die Fähigkeit zu genießen auch eine Bestimmung dazu mit in sich schließt, sobald die Gegenstände des Genußes in der Natur anzutreffen sind. Dieses *von selbst verstehen* aber, welches nur die Sache des gemeinen Menschenverstandes ist, war nie die Sache gewisser Köpfe, die sich und andere überreden wollen, wir hätten Füße um nicht zu gehen, eine Zunge, um nicht zu schmecken, Augen um sie nicht aufzuthun, und so weiter fort. – Sie finden die Selbsterhaltung im Entbehren und Dulden; und ob sie gleich vom Wissen eigentlich nicht viel halten, so glauben sie doch, es könne wohl, eher noch als der Genuß, unsere Bestimmung seyn. Das Mittel, wodurch sie alle Erfahrungen entbehrlich machen wollen, geht dann freylich auch über den gemeinen Menschenverstand; und auf diesen Sprung ins weite Blaue verstehen sie sich allein.[91]

Mit seinem Essay *Über Leckereyen* setzte Forster die im Sommer 1786 aufgenommene öffentliche Auseinandersetzung mit Kants *Bestimmung des Begriffs einer Menschenrace* (1785) und dem *Mutmaßlichen Anfang der Menschengeschichte* (1786) fort, in der der junge Naturforscher in der Frage der Anthropologie nachdrücklich den Anspruch der empirischen Erfahrungswissenschaft gegenüber der akademischen Philosophie verteidigt hatte.[92] Bereits hier war es um nichts weniger gegangen, als zu erörtern, von wem und mit welchem Anspruch die neuen weltweiten naturkundlichen und insbesondere anthropologischen Entdeckungen zu verhandeln waren. Hatte Kant spätestens zu Beginn der 1780er Jahre die Transzendentalphilosophie zur Grundlage jeder Erfahrungswissenschaft erklärt, so verband sich damit ein Anspruch, der bei einem durch die Umstände bedingten Autodidakten wie Forster, der nie eine Universität besucht hatte, auf vehementen Widerspruch stoßen musste. Der junge Forster setzte seinerseits nach der Rückkehr von der mit 17 Jahren als Gehilfe des Vaters angetretenen dreijährigen

---

90 Ebd.

91 Forster, „Ueber Leckereyen", S. 169.

92 Zur umfassenden Aufarbeitung des Streits zwischen Kant und Forster vergleiche insbesondere Rainer Godel/Gideon Stiening (Hrsg.), *Klopffechtereien – Missverständnisse – Widersprüche? Methodische und methodologische Perspektiven auf die Kant-Forster-Kontroverse*, München 2011. Dabei hat Jürgen Goldstein jüngst noch einmal zu Recht die persönliche Gründe dieses Streits hervorgehoben, die den im im polnischen Wilna von der literarischen Welt abgeschnittenen und um Rückgewinn der öffentlichen Wahrnehmung bemühten jungen Weltreisenden zu den Teils scharfen und polemischen Angriffen gegen den gefeierten Königsberger Philosophen trieben (vgl. Jürgen Goldstein, *Georg Forster. Zwischen Freiheit und Naturgewalt*, Berlin 2015, S. 116–125).

entbehrungsreichen Weltreise alles daran, aus dem hierbei erworbenen erfahrungsbasierten Wissen in der gebildeten Welt Europas Kapital zu schlagen. Entgegen Kants Einlassungen, die die Ordnung der Welt von der Weltstadt Königsberg und vom Schulkatheder aus vornahmen, waren Forsters Ansichten geprägt von der überwältigenden Mannigfaltigkeit der Natur und der Kulturen, der er auf seiner dreijährigen Weltreise ansichtig geworden war und von der er nicht glaubte, dass es gelingen könnte, sie in systematischer Weise rational einzuhegen. Ja mehr noch: Die Erkenntnis der Vielheit, der Varietäten und unendlichen Spielarten der möglichen Lebensformen verbanden sich für Forster mit einer Idee der Freiheit, gegen die der unbedingte Ordnungswille der Kantischen Philosophie nur despotisch anmuten konnte. Die Auseinandersetzung zwischen Forster und Kant – dem „Archisophisten und Archischolastiker unserer Zeit", wie Forster ihn mit Herder nennt – ist von Seiten des Ersteren damit auch und vor allem ein Streit um die Macht der Institution des scholastischen Universitätsgelehrten – eine „Art zu sein", die Forster „an und für sich in den Tod zuwider"[93] war. Gegen diese galt es den Anspruch des freien, reisenden Beobachters und *Homme de lettre* zu verteidigen. Was in der Auseinandersetzung auf dem Spiel stand, waren die gegenläufigen Ansprüche der trockenen Schulgelehrsamkeit und einer mondänen, autodidaktischen Weltkenntnis. Dabei hatte Kant das Diskussionsfeld mit seiner Antwort auf Forster und in der grundsätzlichen Erörterung des *Gebrauchs teleologischer Principien in der Philosophie* (1788) nur allzu schnell in die Sphäre der Schulphilosophie verlagert, in die ihm Forster, der Kants Philosophie, wie er gegenüber Friedrich Heinrich Jacobi gestand, nur „durch den dritten Mann" kannte, nicht zu folgen vermochte.[94] Forster fühlte sich von der geballten Macht der philosophischen „Kunstsprache" überfordert, in die sich Kant in seiner Antwort auf die Forster'sche Kritik, wie Forster an Jacobi schreibt, „in die unüberwindlichste Form des gehetzten Igels zusammengerollt hat[te]" und vor der er, Forster, nun Gefahr lief für das Publikum „einen Sandreiter" abzugeben.[95]

---

93 Georg Forster, „An Johann Gottfried Herder, Wilna den 21. Januar 1787" (Berlin-Brandenburgische Akademie der Wissenschaften (Hrsg.), *Georg Forster Werke*, Bd. 14, S. 623).
94 Georg Forster, „An Friedrich Heinrich Jacobi, Mainz den 19. November 1788" (ebd., Bd. 15, S. 207–210, hier S. 208). Ein Umstand, der aber gleichermaßen Forsters Ehrgeiz weckte, Kant auch auf diesem Feld begegnen zu können: „Mein nächstes Studium, wenn ich Muße gewinnen kann, soll sein die Kantische Philosophie, mit der ich gar gerne auf's Reine wäre", schreibt Forster in besagtem Brief, indem er zu seiner Ehrenrettung feststellt, dass dieser bisher auch keinen anderen ernstzunehmenden Gegner gefunden hätte (ebd.).
95 Ebd.

Mit seinem Essay *Über Leckereyen,* mit dem er sich den „wohlschmeckenden Naturprodukten des Pflanzenreichs"[96] zuwendete, verlagerte Forster nun seinerseits seine Kritik an den Prinzipien der philosophischen Scholastik im Namen des Wissensvorsprungs der Erfahrung, der sinnlichen Wahrnehmung und des unmittelbaren Eindrucks auf ein Feld, auf dem er sich gegenüber Kant auf sicherem Boden wähnen konnte. Schon mit der Abhandlung über den *Brodbaum* von 1784 und seiner *Dissertatio inauguralis botanica-medica,* die 1786 unter dem Titel *De plantis esculentis insularum oceani australis commentatio botanica* und zusammen mit einem kurzfassten Verzeichnis aller Pflanzenarten, die er gemeinsam mit Anders Sparrman auf der Reise in der Südsee gefunden hatte, erschien,[97] hatte Forster Publikationen zu den auf der Cook-Reise neu erlangten Kenntnissen über essbare Südseepflanzen vorgelegt. Mit dem Aufsatz *Über Leckereyen* wendete Forster das Wissen des Entdeckers und Naturforschers in popularphilosphischer Hinsicht und mit Bezug auf die systematische Frage nach dem Geschmack. Gerade die Form des popularphilosophischen Beitrags musste in dieser Hinsicht und insbesondere vor dem Hintergrund des Streits zwischen Kant und dem von Forster erklärtermaßen hoch geschätzten Garve[98] als intellektuelle Positionierung gelesen werden.[99] Weit entfernt davon wie Bergius eine ausufernde akademische Abhandlung des Themas zu liefern,[100] wählte Forster den Ton der geselligen Konversation und mit dem Essay eine Form, die auf eine allgemeine Öffentlichkeit hin orientiert war. Allzumal im Rahmen von Lichtenbergs *Göttinger Taschen-Kalender,* einem Publikationsmedium, das, indem es wissenschaftliche Kenntnisse im gebildeten bürgerlichen Publikum zu popularisieren suchte, geradezu jene Kommunikationsprozesse fortsetzte und adressierte, die Kant auf die popularphilosophisch-anthropologischen Sphären der „acroamatischen" Tischgesellschaften, den Salons und Kaffeehäusern verortet hatte, wo sie ihren gemeinsamen Ort mit den exotischen Genussmitteln wie Tee, Kaffee, Tabak und Zucker fanden.[101] Schon hierin bettete Forster seinen Aufsatz in einen sinnlichen

---

96 Forster, „Ueber Leckereyen", S. 164.
97 Vgl. Ludwig Uhlig, *Georg Forster. Lebensabenteuer eines gelehrten Weltbürgers (1754–1794),* Göttingen 2004, S. 199 f.
98 Vgl. ebd., S. 130.
99 Dass die Form dieser Auseinandersetzung keine Äußerlichkeit darstellte, betont zu Recht auch Tanja van Hoorn, *Dem Leibe abgelesen. Georg Forster im Kontext der physischen Anthropologie des 18. Jahrhunderts,* Tübingen 2004, S. 124–128.
100 Explizit distanziert sich Forster von einem solchen Vorhaben und verweist stattdessen denjenigen, der „etwa dernach neugierig seyn möchte, und seinem Magen etwas bieten" wolle, auf Bergius enzyklopädische Abhandlung (vgl. Forster, „Ueber Leckereyen", S. 165).
101 Dass Forsters Essay gerade in diesem Kontext gelesen wurde, wird etwa in einem Brief Charlotte von Lengefelds an Friedrich Schiller vom 22. Dezember 1789 deutlich, in dem sie im

Erfahrungsraum ein, der sich, wie vor allem Michael Ewert gezeigt hat, in der Gestaltung des Textes noch einmal potenzierte, wenn er die vielfältigen sensuellen Geschmackserfahrungen sprachlich zu vermitteln suchte und hierin jene sensualistische Wendung der Aufklärung selbst einlöste, die er mit seinem Essay behauptete.[102] Forster begegnet Kant, der ihm vom Katheder der Schulphilosophie geantwortet hatte, gerade auf dem entgegengesetzten Feld der geselligen Wissenschaft der Anthropologie, und stellt bereits in seinem Schreibduktus die grundlegende Trennung von Schulphilosophie und Geselligkeit in Frage, um die sich Kant nachdrücklich bemüht hatte.

Und auch auf inhaltlicher Ebene machte Forster die Schwachpunkte der Kantischen Problematisierung der Esslust gerade im Verhältnisses von Sinnlichkeit, Vernunft und Sittlichkeit aus. Statt den bewussten und vernünftigen Genuss als Widerpart der sinnlichen Begierden zu begreifen, sieht Forster den ersteren geradezu als Steigerung des letzteren. Eine Position, die er bereits 1786 in seinem Aufsatz über *Neuholland und die britische Colonie in Botany-Bay* vertreten hatte; „ein Wink gegen eine Kantische Behauptung", wie er gegenüber Herder betont, „wo er beinahe behauptet hätte, der Gebrauch der Vernunft sei die wahre Erbsünde."[103] „[D]ie Rangordnung der Geschöpfe wird [...] durch das Maß der Empfänglichkeit bestimmt",[104] schreibt er gleich zu Anfang des

---

Anschluss an Forster humorvoll, ja ironisch über den Einfluss des Luxus und der Torten auf die Charakterbildung im Hause des preußischen Kammerpräsidenten Karl Friedrich von Dacheröden nachdenkt (vgl. Wilhelm Fielitz (Hrsg.), *Briefwechsel zwischen Schiller und Lotte. 1788–1805*, Stuttgart und Berlin 31896, Bd. 2, S. 182). Seit Friedrich Schlegels romantisch motiviertem Programmtext (Friedrich Schlegel, „Georg Forster", in: *Schriften zur Literatur*, hrsg. v. Wolfdietrich Rasch, München 1970, S. 193–214) wurde gerade im Hinblick auf den Essay *Über Leckereyen* immer wieder die gesellige und popularphilosophische Dimension der Forster'schen Textproduktion herausgestellt. Vgl. hierzu auch Michael Schmidt, „‚Spiele eines Dilletanten'. Der ‚gesellschaftliche Schriftsteller' Georg Forster im Kontext des Popularisierungsdiskurses", in: Jörn Garber/Tanja van Hoorn (Hrsg.), *Natur – Mensch – Kultur. Georg Forster im Wissenschaftsfeld seiner Zeit*, Hannover 2006, S. 219–240, Ludwig Rohner, *Der deutsche Essay. Materialien zur Geschichte und Ästhetik einer literarischen Gattung*, Neuwied und Berlin 1966, S. 143–151 sowie den Sammelband Detlef Rasmussen (Hrsg.), *Der Weltumsegler und seine Freunde. Georg Forster als gesellschaftlicher Schriftsteller der Goethezeit*, Tübingen 1988.

102 Michael Ewert, „Literarische Anthropologie. Georg Forsters ‚Leckereyen'", in: Jörn Garber (Hrsg.), *Wahrnehmung – Konstruktion – Text. Bilder des Wirklichen im Werk Georg Forsters*, Tübingen 2000, S. 20–30. Vgl. darüber hinaus jüngst vor allem Nina Hahne, *Essayistik als Selbsttechnik. Wahrheitspraxis im Zeitalter der Aufklärung*, Berlin und Boston 2015.

103 Forster, „An Johann Gottfried Herder, Wilna den 21. Januar 1787" (Berlin-Brandenburgische Akademie der Wissenschaften (Hrsg.), *Georg Forster Werke*, Bd. 14, S. 62–623, hier S. 622).

104 Georg Forster, „Neuholland und die britische Colonie in Botany-Bay", in: *Georg Forster Werke. Sämmtliche Schriften, Tagebücher, Briefe*, hrsg. v. Berlin-Brandenburgische Akademie der Wissenschaften, Bd. 5, Berlin 1958 ff. S. 161–180, hier S. 161.

Aufsatzes und damit nicht nur gegen Kant sondern ebenso gegen Rousseau gerichtet, auf den sich Kant in seinem *Mutmaßlichen Anfang der Menschengeschichte* maßgeblich berufen hatte und dessen Kritik der Zivilisation Forster wie so viele seiner Zeitgenoss*innen als Forderung zu einer Rückkehr in den Naturzustand las:

> Sich entrüsten über den Mängeln der bürgerlichen Gesellschaft, und ihr den Stand der Wildheit vorziehen, heißt demnach vergessen, daß der verfeinerte Mensch, so gut wie der Wilde, im Genusse seines Daseyns lebt, und daß der Unterschied nur in der Art des Genusses besteht, der bey jenem auf Fertigkeiten beruht, wozu in diesem die Anlage schläft. Doch der Grübeley wird kein Irrthum leichter, als das unterscheiden, wo nichts abzusondern ist; und so erdichtet sie sich einen Widerspruch zwischen Natur und Cultur, der höchstens in einem willkührlichen Gebrauch der Worte liegt. Die Fähigkeit zum Denken, mit allen ihren Folgen, ist unserer Natur so wesentlich innewohnend, als der Trieb zur Nahrung und Fortpflanzung, wenn sie gleich nicht in jedem Einzelnen nach Möglichkeit entwickelt wird. Was der Gattung zukömmt, entwickelt sich nicht nothwendig in jedem Einzelnen.[105]

Auch zwei Jahre später, in seinem Text *Über Leckereyen* möchte sich Forster mit Blick auf den vermeintlichen Widerstreit zwischen Natur und Kultur weder mit dem „Plunder" der „logischen Distinctionen" Kants[106] noch mit dem Primitivismus Rousseaus gemein machen.[107] Stattdessen schlägt er sich auf die Seite der Bergius'schen Schrift, die einerseits mit Verweis auf den Vorrang der Erfahrung die gebildeten europäischen Connaiseure und Conaisseusen zu herausragenden Geschmacksrichter*innen ernannt hatte und hierin andererseits – ganz der Position Forsters entsprechend – den aufgeklärten sinnlichen Genuss als Steigerung der sinnlichen Begierden begriffen hatte. Entgegen Rousseau, der insbesondere die Schärfe der Sinne betont hatte, die der unverdorbene Mensch des Naturzustandes sowie die sogenannten „Wilden" den „zivilisieren" Menschen voraus

105 Forster, „Neuholland und die britische Colonie in Botany-Bay", S. 161 f.
106 Georg Forster, „An Samuel Thomas Sömmering, Wilna 8. bis 12. Juni 1786" (BerlinBrandenburgische Akademie der Wissenschaften (Hrsg.), *Georg Forster Werke*, Bd. 14, S. 484–489, hier S. 486).
107 Zu Forsters Lektüre der Rousseau'schen Kulturkritik vgl. Ulrich Kronauer, „Georg Forster Einleitung zu ‚Cook, der Entdecker'. Forsters Auseinandersetzung mit Rousseau über Fortschritt und Naturzustand", in: Jörn Garber/Tanja van Hoorn (Hrsg.), *Natur – Mensch – Kultur. Georg Forster im Wissenschaftsfeld seiner Zeit*, Hannover 2006, S. 31–42; ders., „Rousseaus Kulturkritik aus der Sicht Georg Forsters", in: Claus-Volker Klenke/ Jörn Garber/Dieter Heintze (Hrsg.), *Georg Forster in interdisziplinärer Perspektive. Beiträge des Internationalen Georg-Forster-Symposions in Kassel, 1. bis 4. April 1993*, Berlin 1994, S. 147–156; Yomb May, *Georg Forsters Literarische Weltreise. Dialektik der Kulturbegegnung in der Aufklärung*, Berlin und Boston 2011, S. 225 ff.

hätten, und von der aus sich der natürliche Geschmack her bestimme,[108] ist für Forster auch hier, wie bereits im Aufsatz über *Neuholland*, die Organisation der Sinne entscheidend, die „vor allen anderen zu einer gewissen Universalität der Empfindungen und der Verhältnisse vorbereitet."[109]

Die Frage nach der geschmacklichen Urteilsfähigkeit ist bei Forster eine Frage, in der sich Natur und Kultur grundlegend miteinander verkreuzen. So sieht Forster, ganz im Sinne seines Projekts einer physischen Anthropologie, die Diversität der Geschmäcker in der unterschiedlichen „Organisation" der natürlichen Körper und Sinnesorgane begründet, in denen die gleichen Dinge unterschiedliche Wirkungen entfalten und fragt dementsprechend nach der Organisation des schmeckenden Körpers, die dem Anspruch einer universellen Empfindsamkeit gerecht werden könne.[110] Eine Organisation, die Forster, im Anschluss an Montesquieu und dessen Rezeption und Transformation der antiken Klimalehren, bei den Got*innen und in deren Nachfolge bei den zeitgenössischen Europäer*innen ausmacht.[111] Auch wenn ihm diese Herleitung der geschmacklichen Urteilsfähigkeit aus der klimatischen Mittelstellung der Europäer*innen nicht hinreichend erscheint. Denn es sei nicht die Anlage allein, sondern ebenso die ungleich größere Möglichkeit zum Vergleich der sinnlichen Erfahrungen, über die die Europäer*innen, bedingt durch den Überseehandel und die Produkte aus den neuen Kolonien, in historisch einzigartiger Weise verfügten, welche den Anspruch eines universellen Geschmacksurteils allererst legitimierten.[112] „Die Richtigkeit der Vorstellungen steht in direktem Verhältnis

---

108 „Soviel Festigkeit gegen Hitze und Kälte, Wasser und Luft, und so mancher Sinn von durchdringender Schärfe; was nähmlich der Wilde vor dem gesitteten Menschen voraus hat, beredete schon einmal einen Philosophen, es sey ungleich besser, nackt im Walde Eicheln zu fressen, als hinterm Ofen in Schlafrock und Mütze zu deraisonniren; nur Schade, daß es ihn nicht auch zum Tausch bereden konnte" (Forster, „Ueber Leckereyen", S. 166). Hier greift Forster im Übrigen auf einen Gedanken zurück, den er bereits in seiner öffentlichen Vortrag an der Universität in Wilna von 1785 *De hominis in omni climate vivendi facultate* entwickelt hatte und in dem er die vielfältige Anpassungsfähigkeit nicht nur in klimatischer sondern auch in kulinarischer Hinsicht zu dessem Signum erklärt hatte, eine Anpassungsfähigkeit, die entgegen Rousseaus Hypostasierung des Naturmenschen und der aus seiner Perspektive beschriebenen Depravierung, durch den Gebrauch der Vernunft und die Zivilisierung nicht gemindert, sondern erweitert und vervielfältigt wurde (vgl. hierzu Uhlig, *Georg Forster*, S. 199).
109 Forster, „Ueber Leckereyen", S. 167.
110 Ebd.
111 Ebd.
112 Aber auch das Umgekehrte ist wahr, wie Georg Forster einige Seiten später feststellt: Der Überseehandel, die Kolonien und der Verkehr der Völker lässt sich selbst auf die Leckerhaftigkeit Europas zurückführen. „Die Leckerhaftigkeit unseres Welttheils unterhält Geschäftigkeit und Betrieb im ganzen Menschengeschlechte. Der ganze Handel von Westindien und Afrika,

zur Empfänglichkeit des Organs, multipliziert in die Zahl der vergleichenden Eindrücke",[113] so bringt es Forster prägnant und quasi-arithmetisch auf den Punkt, worauf er von seinem eigenen globalen Standpunkt aus mit Bergius argumentieren kann: „Nur der Europäer kann bestimmen was ein Leckerbissen sei, denn nur er [...] ist im Besitz eines feinen unterscheidenden Organs, und einer durch vielfältige Uebung erhöhten Sinnlichkeit".[114]

Insofern die durch ihre geographischen und klimatischen Bedingungen zur Ausbildung von Vielfalt und Universalität der Wahrnehmung veranlagten – wenn nicht gezwungenen – Europäer*innen, dank ihrer Expansionen, die ganze Welt in geschmacklicher Hinsicht offen steht und sie gleichermaßen in der Lage sind diese wissenschaftlich zu erfassen, so sind sie – das ist die Argumentation Forsters, der sich hierin als Weltumsegler geradezu an der Spitze der europäischen Kennerschaft wähnen darf – als einzige in der Lage ein Geschmacksurteil mit dem Anspruch auf Allgemeinheit zu treffen.[115] Ein Urteil, das sich auch bei Forster nicht aus der Notwendigkeit der Ernährung ableitet, sondern als ein dem Notwendigen enthobenes, aisthetisches Urteil gilt und an das Wohlleben und frohe Dasein gekoppelt ist, letzteres gehöre, so Forster, gegen jeglichen lustfeindlichen Asketismus einer Pflicht und Entbehrungsethik, zur Bestimmung des Menschen.[116] Den Thesen der französischen Sensualisten folgend, führt Forster in

---

und ein großer Theil des Handels im mittelländischen Meere beruht auf der ungeheuren Consumption von ausländischen Leckereyen im Norden; und es ist ein eben so zuverläßiges, als für die Zukunft bedenkliches Faktum, daß das Gold und Silber, welches die Bergwerke von Peru und Mexiko liefern, durch die dritte oder vierte Hand für Theeblätter nach China geht" (ebd., S. 174 f.).

113 Ebd., S. 168.

114 Forster, „Ueber Leckereyen", S. 168.

115 Dass die Europäer*innen beileibe nicht die einzigen waren, die auf Reisen merkwürdige (und geradezu invertierte) kulinarische Erfahrungen machten, bleibt hierbei unerwähnt. Ein Umstand, der umso bemerkenswerter ist, als diese fremden Reisenden und ihre fremde Fremderfahrung im Diskurs der Aufklärung durchaus präsent waren, wie nicht nur Montesquieus *Persische Briefe* zeigen, sondern auch die exotisierenden und orientalisierenden Inszenierungen diverser fremder Besucher*innen in Europa. Erinnert sei neben unzähligen anderen nur an Kants irokesischen Sachem Tsonmotio, der auf diplomatischer Reise in Paris landete, oder auch die freiwilligen und unfreiwilligen Reisenden aus der Südsee wie der Tahitaner Omai, mit dem Forster persönlich bekannt war, hatte jener doch Cook auf seiner zweiten Reise nach England begleitet und war dann (erzwungenermaßen) mit dessen dritter Expedition als Fremder „nach Hause" zurückgekehrt, oder Giolo, den der Freibeuter William Dampier 1691 zwischen Sumatra und Sri Lanka, auf Moangis, gegen seinen Willen „kaufte" und nach Europa verschleppte, wo er, als Schausteller vermietet, recht schnell an Wasserpocken verstarb.

116 Ebd., S. 169.

seinem Essay die Erkenntnis überhaupt auf die durch die Sinneseindrücke ge-
weckten Bedürfnisse zurück[117] und verwehrt sich damit einmal mehr gegen ein
abstraktes Denken, das meinte in Absehung von der Erfahrung und im Ausgang
von apriorischen Grundsätzen allgemeine Begriffe formulieren zu können. Forster verknüpft die Erkenntnis und die Urteilskraft konsequent mit der Sinnlichkeit
und richtet sich gleichermaßen umgekehrt, ganz im Anschluss an die Geschmacksphilosophie seit Gracián, gegen einen unreflektierten Genuss, dessen
Horizont sich allein auf die Füllung des Magens beschränkt. Die eigentliche Leckerei ist, so Forster, „nicht die Erfindung eines Hungrigen, sondern eine Folge
des Nachdenkens über einen gehabten Genuß, ein Bestreben der Vernunft, die
Begierde darnach durch andere Sinne wieder zu reizen; und es war sicherlich
kein geringer Fortschritt im Denken von der Sorge für den Magen, zu der Sorge
für den Gaum!"[118] Der Geschmack als Urteilskraft ist und kommt zustande nur
durch eine „höhere Übung" ,[119] in der sich Sinnlichkeit und Vernunft notwendig
verschränken. Und in diesem Sinne wird eine Entwicklung der Menschheit, sowohl was ihre Aufklärung als auch ihre Glückseligkeit betrifft, nur in der wechselseitigen Verfeinerung des Körpers wie des Geistes möglich. Die Geschichte der
Menschheit, ihre Kultivierung und Aufklärung ist, so lautet Forsters Fazit, untrennbar mit dem Organ der Zunge verknüpft, die neben dem Geschmack auch
die Sprache hervorbringe und hierin „die menschliche Perfektibilität größtentheils
wesentlich"[120] in sich beschließe.

Hatte Bergius sich in seiner Abhandlung vor allem um die Quellenfrage
einer Erfahrungswissenschaft und Enzyklopädie der kulinarischen *Exotica* bemüht, so wendet Forster dessen Ansatz, vor dem Hintergrund seiner Auseinandersetzung mit den anthropologischen Entwürfen Kants und Rousseaus, in
eine Menschheitsgeschichte des Denkens und des kulinarischen Genusses,
deren Motor stets und überall die Experimentierfreude des Gaumens ist. So entwickeln sich ausgehend von der Übung des Schmeckens und der kulinarischen
Kritik „fast unmerklich die Begriffe des Nützlichen, Guten und Schönen nebst
ihren Gegenbildern, und die Schwingungen des Hirns werden immer feiner und
schneller, bis man endlich Wohlgefallen daran findet zu denken, bloß um gedacht zu haben[.] [E]ine Beschäftigung", so fügt Forster in einer selbstreflexi-
ven Wendung auf den eigenen Text an, „womit die Menschen auf der höchsten

---

117 Ewert, „Literarische Anthropologie", S. 21.
118 Forster, „Ueber Leckereyen", S. 173.
119 Ebd., S. 175.
120 Ebd. Michael Ewert hat an dieser Stelle zu Recht auf die deutlichen Bezüge zu Johann
Gottfried Herders *Ideen zur Philosophie der Geschichte der Menschheit* hingewiesen. Vgl. Ewert,
„Literarische Anthropologie", S. 23.

Stufe der Bildung sich entweder die Langeweile zu vertreiben, oder – weil die Extreme wieder zusammenkommen – sich Brod zu verdienen suchen."[121] Die mündige Praxis des Schmeckens wird hierin nicht nur zum Movens und zur Basis einer durch die unersättliche Neugier getriebenen Denk-, Schreib- und Reisetätigkeit sowie eines Weltwissens, sondern auch zur „Bedingung alles Guten, was der Menschengattung eignet[.] [U]nd ohne die Schlemmer des Rom oder irgendeiner freien Reichstadt in Schutz zu nehmen, müssen wir gestehen, daß man ihnen zum Teil emsigere Untersuchung der Natur aller Weltheile schuldig ist."[122]

7.3 Die großen Fresser und die Süße der Freiheit

Vom Standpunkt des Weltreisenden aus stimmt Forster Bergius zu, wenn er die gebildeten, kosmopolitischen Europäer*innen und insbesondere deren vornehmlich männlichen, reisenden Vertretern eine universelle sinnliche Erkenntnis und Urteilsfähigkeit zuspricht. Und doch stellt sich gerade hier die Frage, wie sich die bei Bergius so problematische Distinktion von Geschmack und Mageninteresse auflösen lässt, die die ständisch-hierarchische Semantik von ‚Oben' und ‚Unten' in der topologischen Struktur des Körpers wiederfindet. Fast scheint es so, als würde Forster hinter die eigenen Erfahrungen und Schilderungen der kulinarischen und gastronomischen Verhältnisse an Bord der Schiffe zurückfallen, wenn er die geistig wie körperlich auszubuchstabierende, geschmackliche Neu-Gier von den Niederungen und Notwendigkeiten des Hungers absetzt. Aber heißt die Tatsache, dass die Neu-Gier und die Entdeckung, ja die Erfindung der Leckerei nicht auf den Hunger des Magens zurückzuführen seien, dass sich jene gleichermaßen von diesem einfach trennen ließe? Gerade hier werden die Unterschiede und Diskrepanzen zwischen Bergius und Forster deutlich. Denn Forster verschiebt in der Frage der Urteilsfähigkeit mitnichten die Aufteilung und Hierarchisierung der ständischen Ordnung auf die Opposition von Europäer*innen und Nicht-Europäer*innen.[123] Sondern er ist im Gegenteil bestrebt, diese Hierarchien an allen Ecken und Enden einer Dekonstruktion zu unterziehen.

Nicht nur Kultur und Natur sind bei Forster nicht zu trennen und stattdessen in einer fundamentalen Wechselwirkung begriffen, sondern auch die

---

[121] Forster, „Ueber Leckereyen", S. 173.
[122] Ebd., S. 172.
[123] Hahne, *Essayistik als Selbsttechnik*, S. 252.

vermeintliche Opposition von Intellekt und Magen lässt sich als solche nicht aufrechterhalten. Stattdessen gibt es, so Forster, „einen fast unsichtbaren Consensus zwischen den Werkzeugen des Verstandes und denen der Verdauung".[124] Eine Verknüpfung, die sich überraschenderweise für Forster insbesondere und gerade bei jenen gehobenen Ständen zeigt, die für Bergius gerade deren Trennung verkörperten. Dabei wäre es einfach gewesen, mit der Verknüpfung von Denken und Verdauung an die eigenen Erfahrungen auf der Cook-Reise und die zahlreichen Berichte anderer Weltreisender anzuschließen, deren Geschmacksurteil, wie wir gesehen haben, kaum von den Magen- und Hungerproblemen zu trennen war, denen jene auf ihren Reisen ausgesetzt waren. Forster wählt jedoch eine andere Strategie: Statt die außergewöhnlichen und krisenhaften Lebensbedingungen auf den gefahrvollen Schiffsreisen ins Feld zu führen und damit möglicherweise den eigenen kosmopolitischen Kredit und behaupteten Wissensvorsprung in Geschmacksfragen zu verspielen, den er doch mit Bergius zu verteidigen sucht, setzt er bei den sesshaften europäischen Eliten und (vermeintlichen) Feinschmecker*innen selbst an und zielt damit geradewegs auf den Kern der ständischen Vorurteile, die Bergius zu seinen unzureichenden Schlussfolgerungen getrieben hatten. Ja, Forster getraut sich mit einigem Humor den Zusammenhang zwischen Magengier und Geistesgröße gerade an der Fresslust Friedrich II., des „aufgeklärten" Potentaten schlechthin, zu exemplifizieren und damit „die Gleichung von Macht- und Leibesfülle"[125] offenzulegen: Wer von den Physiologen dürfe sich vermessen zu behaupten, dass der Heldenmut und die Geistesblitze Friedrichs des Großen „von der übermäßigen Freßlust seines Magens"[126] unabhängig wären, fragt Forster und bezieht sich hierbei auf den Bericht seines Freundes Johann Georg Zimmermann, der als Leibarzt Friedrich II. in den letzten Wochen betreut und nachdrücklich dessen unmäßigen Appetit nach unverdaulichen Speisen beklagt hatte.[127] Die Zeilen über Friedrich II. verfolgen dabei einen systematischen Einsatz, wenn Forster die Fressgier des Königs damit verteidigt, dass die willkürliche Natur, jenseits des Ideals der Abstraktion, nur unvollkommene Bildung hervorbringt und alles stets „in den eisernen Banden der Notwendigkeit" hält. „[D]ie edlen Prädikate: Geistesgröße und Majestät

---

124 Forster, „Ueber Leckereyen", S. 171.
125 Thomas Macho, „Machthunger. Vom vollen und vom leeren Leib", in: Annemarie Hürlimann/Alexandra Reininghaus (Hrsg.), *Mäßig und Gefräßig. Eine Ausstellung von Annemarie Hürlimann und Alexandra Reininghaus für MAK – Östereichisches Museum für angewandte Kunst, Wien*, Wien 1996, S. 48–57, hier S. 48.
126 Forster, „Ueber Leckereyen", S. 171.
127 Johann G. Zimmermann, *Ueber Friedrich den Grossen und meine Unterredungen mit ihm kurz vor seinem Tode*, Leipzig 1788, S. 32.

[würden] nicht ohne Versetzung mit einer niederen Eigenschaft ausgestempel[t]" und „der größte König [müsse] vielleicht ein wenig lecker seyn, so wie seine Goldmünze Kupfer enthält"[128] Mehr noch: Wenn man belegen könne, so Forster weiter, dass die Gefühle an der vermehrten oder verringerten Reizbarkeit der Nerven des Verdauungstraktes hingen und das Mitgefühl stets im Verbund mit einem empfindlichen Magen auftrete, „wie glücklich könnten sich die preußischen Untertanen schätzen, dass Nudelpasteten und Polenta Friedrich besser schmeckten, als sie ihm bekamen?"[129]

Zwar setzt Forster mit Bergius den mündigen und leckeren Geschmack von der Notwendigkeit der Magenfülle ab und verbindet ihn in epikureischer Stoßrichtung mit dem Wohlleben und dem frohen Dasein, aber dieser sogenannte gute Geschmack ist gerade nicht an die Privilegien der oberen Ständen oder gar der Potentaten selbst gebunden; im Gegenteil: Denn es sind keineswegs etwa „die kleinen grünen afrikanischen Melonen", die Friedrich gegenüber dem staunenden Zimmermann zu loben weiß und die ihn hier als wahrlich lecker ausweisen könnten,[130] sondern es sind umgekehrt die üppigen, schwer verdaulichen und durch kaum einen geschmacklichen Reiz ausgezeichneten Nudelpasteten und Polenta, die Friedrich II. gleichermaßen zu genießen gewohnt war. In bissig ironischer Weise gerät Forsters Abgesang auf den an Magenunverträglichkeiten und Koliken sterbenden Monarchen zum Inbegriff der misslungenen Kostprobe und hierin zu einer expliziten Herrschaftskritik, die auch Nina Hahne mit Verweis auf die weitergehende neuzeitliche Bedeutung des Wortes ‚lecker' hervorhebt: „Der Leckerhafte ist in diesem [...] Sinne ein sündhafter, vor allem gieriger Mensch, der zu Maßlosigkeit und aus diesem Grunde zu Hinterhältigkeit neigt."[131]

Es ist dabei nicht das erste Mal, dass Forster anhand der Leibesfülle und Magengier eine Kritik an der Herrschaft, am elitären Luxusleben und der ungleichen Verteilung von Lebenschancen formulierte. Bereits Jahre zuvor, im Bericht über Tahiti, hatte Forster seine Kritik an der einheimischen ‚Aristokratie' an den Nahrungsmengen festgemacht, mit denen der von ihm sogenannte „tahitische Fresser"[132] seine Distinktion von den niederen *Tautaus* zum Ausdruck brächte.[133] Schon hier geriet der große „Fresser", der „für nichts als seinen Bauch sorge" und

---

128 Forster, „Ueber Leckereyen", S. 172.
129 Ebd.
130 Vgl. Zimmermann, *Ueber Friedrich den Grossen*, S. 73.
131 Hahne, *Essayistik als Selbsttechnik*, S. 250.
132 Forster, „Reise um die Welt", S. 250.
133 Wenn man auch bemerken muss, dass Forster die *tapu*-Regeln, denen die Priester und Häuptlinge unterlagen, missverstand (vgl. hierzu ders., *Voyage around the World. 2 Bd.* Hrsg.

„ein vollkommenes Bild phlegmatischer Fühllosigkeit" abgebe,[134] zum Symptom einer grundlegenden Ungleichheit, die deutlich machte, dass nicht „alle Stände mehr oder minder gleiche Kost" konsumierten. Ja, Forster ging mit John de Mandevilles Schilderungen der asiatischen Potentaten soweit, den „tahitischen Fresser" selbst mit jenen Schweinen ins Verhältnis zu setzen, deren Besitz und Verzehr vermeintlich ein Privileg des tahitischen „Königs" waren und um deren Erlangung Cook und seine Mannschaft bei ihrem ersten Aufenthalt auf Tahiti emsig gerungen hatten: Er ist ein „Ungeheuer der Faulheit", dessen Tage verstreichen, indem er „immerfort faulenzte als ein Schwein, das auf dem Stalle gefüttert wird, um gemästet zu werden."[135] Dabei zog Forster schon hier mit Blick auf die Differenz von Europäer*innen und Nicht-Europäer*innen den direkten Vergleich mit den heimischen Verhältnissen und übertrug die Kritik an der Ungleichheit in den vermeintlich elysischen Gefilden der Südseeinsel auf jene „privilegierten Schmarotzer in gesitteten Ländern",[136] auf die er im Hinblick auf Friedrich den Großen ein Jahr vor dem Ausbruch der Französischen Revolution zurückkommen wird. Wie die „großen Fresser" auf Tahiti, so „[mästen] sich [auch jene] mit dem Fette und Überflusse des Landes [...], indeß die fleisigen Bürger desselben im Schweiß seines Angesichts darben müßen".[137]

Indem Forster in diesem Zusammenhang spekulativ über den Untergang der Gleichheit in Tahiti nachdenkt und diesen geradewegs mit dem Anblick der tahitischen Fresser verknüpft, die „die Vorzüge einer großen Leibesgestalt [und] einer schönen Bildung"[138] genießen, invertiert er das Fortschrittsnarrativ der gemeinsamen Entwicklung von Geschmack und Aufklärung im Zeichen des „Wohllebens" und „frohen Daseins". Explizit stellt Forster in seinem Reisebericht die Frage, ob die Einführung des fremden – das heißt des europäischen – Luxus die Potentiale dieser Ungleichheit in Tahiti nicht zu verstärken helfe. Die Wissenschaft und Gelehrsamkeit der Europäer*innen, die diese in emsiger Neu-Gier immer weiter in die Welt hinaustreibe, gehe, so Forster, auf Kosten der Glückseligkeit anderer und

---

v. Nicholas Thomas/Oliver Berghof, Honolulu 2000, Bd. I, S. 164 f., S. 446; Irving Goldman, *Ancient Polynesian Society*, Chicago und London 1970, S. 515–539, bes. 520), so erkannte er doch die grundlegende Bedeutung, die die Lebensmittel in den Statusritualen der Eliten der Pazifikinseln spielten, durchaus richtig. Zur dezidierten sozialen Bedeutung des Essens in Polynesien vgl. etwa Francis L. S. Bell, „The Place of Food in the Social Life of Central Polynesia", in: *Oceania* 1931, S. 117–132.
134 Forster, „Reise um die Welt", S. 249.
135 Ebd., S. 250.
136 Ebd., S. 249.
137 Ebd.
138 Ebd. Vgl. auch ders., „Cook, der Entdecker", S. 281.

führe mit dem Luxus eine fundamentale Ungleichheit ein, die sie teuer zu stehen komme. Gerade hier nimmt Forster Rousseaus Kritik der Ungleichheit wieder auf, ohne jedoch in dessen am Ende an ihren Aporien scheiternde Kritik gegen den Luxus und die fremden Leckereien einzustimmen. Bei Forster gibt es weder einen ursprünglichen Zustand der Gleichheit, noch eine notwendige Depravierung durch den Luxus. Stattdessen formiert sich die gesellschaftliche Ungleichheit bei Forster aus der Verstärkung der von Anfang an bestehenden Differenzen und Diversitäten des Menschengeschlechts[139]; eine Hypothese, die jedoch in nicht geringerem Maße eine Kritik der Ungleichheit und distinguierenden bis auf den physischen Körper durchschlagenden Effekte des Luxuslebens zeitigt.[140] Während Rousseau, ganz im Modus der Appropriation seines antiken Referenzbereichs, noch eine ethische Lösung des Problems der Ungleichheit und einen „Materialismus des Weisen" vorgeschlagen hatte, der noch einmal das römische Konzept der *mos maiores* für die Gegenwart zu rehabilitieren trachtete, sieht Forster unter den Vorzeichen des Abschieds von Tahiti bereits die notwendige „Naturgewalt" der Revolution am Horizont der Südsee heraufdämmern. Und die bissig ironischen Zeilen über das Glück der preußischen Untertan*innen im Angesicht des an seinen Magenbeschwerden sterbenden großen Potentaten müssen wie ein demonstratives Echo jener Zeilen des Reiseberichtes anmuten, in denen Forster spekulativ die mögliche zukünftige Revolution des Volkes im Namen „der gekränkten Rechte der Menschheit"[141] vom Anblick der aristokratischen Fresser hatte ausgehen lassen.[142]

Dabei verbindet sich die Forster'sche Luxuskritik nicht nur mit einer anthropologisch und ästhetisch motivierten Kritik der Macht der Herrschenden, sondern sie lässt ebenso die Gewalt nicht unerwähnt, die sich mit dem Anbau, der Zucht, den „künstlichen Metamorphosen" und der Jagd nach Leckereien verbinden. Angefangen von der Verstümmelung der Hühner zu „Capaunen und

---

139 Vgl. etwa ders., „Über die Beziehung der Staatskunst auf das Glück der Menschheit", in: *Georg Forster Werke. Sämmtliche Schriften, Tagebücher, Briefe*, hrsg. v. Berlin-Brandenburgische Akademie der Wissenschaften, Bd. 10, Berlin 1958 ff. S. 565–591, hier S. 569; ders., „Über lokale und allgemeine Bildung", in: *Georg Forster Werke. Sämmtliche Schriften, Tagebücher, Briefe*, hrsg. v. Berlin-Brandenburgische Akademie der Wissenschaften, Bd. 7, Berlin 1958 ff. S. 45–56, hier S. 45 f.
140 Zu den physischen Unterschieden der tahitischen Klassen vgl. etwa ders., „Reise um die Welt", S. 300, sowie ders., „O-Taheiti", in: *Georg Forster Werke. Sämmtliche Schriften, Tagebücher, Briefe*, hrsg. v. Berlin-Brandenburgische Akademie der Wissenschaften, Bd. 5, Berlin 1958 ff. S. 35–71, hier S. 61.
141 Forster, „Reise um die Welt", S. 300.
142 Zum engen Zusammenhang zwischen den Reiseerfahrungen Georg Forsters und seinen späteren revolutionären Positionen, auch mit Verweis auf diese Überlegungen, vgl. Goldstein, *Georg Forster*, S. 100 ff.

Poularden", der „grausamen Kunst, den Gänsen eine ungeheure Leber wachsen zu machen" bis zur Verdrängung und Ausrottung ganzer Pflanzen- und Tierarten, kenne die Experimentierlust des Gaumens in der Geschichte der Menschheit kaum Grenzen. „[U]m eines Leckerbissens willen" seien die Menschen sogar „im Stande [...] einander aufzuopfern,"[143] wie Forster betont. Als Beleg hierfür führt er ebenso „die blutigen Kriege [der] Spanier, Portugiesen und Holländer um den Besitz der Gewürze" an wie die von André Thévet geschilderten „Acaïou"oder „Cashew-Kriege" der brasilianischen Tupí.[144] Mit Verweis auf eine Anekdote des Athenaios,[145] schreibt er sogar den Krieg des Xerxes gegen Athen den Verlockungen der attischen Feigen zu. Dabei ist es aber auch und vor allem der ‚bittere' Beigeschmack der schwarzen Sklaverei in den Kolonien, der laut Forster den unverhohlenen Anhänger*innen der süßen Freuden des Zuckers und der intimen Kaffeerunden zu denken geben sollte. Entgegen Rousseaus diskursstrategischem Kalkül romantisiert Forster in keiner Weise die gewaltvollen und antihumanen Implikationen der europäischen Lust an den neuen Genussmitteln. Stattdessen legt er, mit Hilfe des kannibalisch-semantischen Gehalts der antiken Berichte über die Dekadenz des P. Vedius Pollio, polemisch und überspitzt die im Namen der Leckerhaftigkeit ausgeübte, oftmals tödliche Gewalt in der karibischen Produktion offen: „Wir haben zwar keinen römischen Pollio mehr, der seine Muränen mit Sklaven fütterte", so Forster in seiner abolitionistischen Kritik der Zuckerproduktion, „hingegen treiben wir den Negerhandel, um ein paar Leckereyen, wie Zucker und Kaffee, genießen zu können."[146]

So sehr Forster die inhumanen Konsequenzen der europäischen Lust an Leckereien vor Augen stehen, so sehr betont er auf der anderen Seite das Versprechen des süßen Lebens, das die neuen Genussmittel ihren europäischen Konsument*innen versprechen und das bereits Rousseau dazu veranlasst hatte, den Zustand der Freiheit und Gleichheit konsequent mit der Süße des Zuckers und der Früchte zu verknüpfen. Entgegen dem ersten Impuls, der allzu schnell die Verlockungen des süßen Lebens unter dem Blut der schwarzen Sklav*innen, der Kriege, der Gewalt und der Unterdrückung begraben sieht, stimmt Forster überraschenderweise und trotz allem mit Rousseau in das Lob der Süße und Harmonie des Zuckers ein, der in Ablösung des Honigs in Europa „selbst den

---

143 Forster, „Ueber Leckereyen", S. 174.
144 Ebd. Vgl. André Thevet, *Les singularitez de la France antarctique, autrement nommée Amérique, & de plusieurs terres et isles découvertes de nostre temp tems*, Paris 1558, S. 120 f.
145 Athenaios, 14, 652 B-D.
146 Forster, „Ueber Leckereyen", S. 174.

ärmsten Volksklassen [...] beinahe unentbehrlich geworden [ist]."[147] Hierin konkretisiert sich Forsters geschichtsphilosophisches Denken auch auf sinnlicher und materieller Ebene mit und anhand seiner kulinarischen und gustatorischen Präferenzen als Gegenentwurf zu Kants Plädoyer für den „bitteren" Tabak, der die Triebkraft der Geschichte mit dem durch seinen Genuss ausgelöste Wechselspiel zwischen Lust und Unlust ins Verhältnis setze.[148] Während die sinnliche Neu-Gier und der mit ihr ansteigende Konsum auf der einen Seite schreiende Ungleichheit und Sklaverei verschuldeten, zeitigten sie auf der anderen Seite das Potential einer Gleichheit, die in der Lage sei, gerade jene ständischen Distinktionen des Geschmacks zu entwerten. Mit der zunehmenden Verbreitung und Lust an den neuen Genussmitteln scheint bei Forster eine weitere Möglichkeit auf, die ständische Ordnung und Hierarchie des Geschmacks zu entwerten: Denn entgegen den Prämissen von Bergius bleibt bei Forster das Geschmacksurteil der „ärmsten Volksklassen" nicht auf die Notwendigkeiten der Magenfüllung beschränkt. Stattdessen haben sie ebenso wie die ,höheren' Klassen der Menschheit an der Geschmacksbildung teil. Nicht nur die Aristokrat*in und die selbsternannten metropolitanen Feinschmecker*innen, sondern auch die europäische Landbevölkerung setzt, so Forster, „die beiden Indien in Contribution [...], um zu [...] [ihrem] Hirsebrey Zucker und Zimmt zu genießen!"[149] Und man kann gar bestreiten, wie Forster gegen Ende des Essays betont, dass den Europäer*innen das alleinige geschmackliche Urteilsrecht über die Leckereien zukomme. Denn wenn sie auch für Forster die Einzigen sind, die von einem historisch spezifischen globalen Standpunkt aus über eine Sicht verfügten, um jenseits des beschränkten Horizonts der partikularen und lokalen Meinungen zu beurteilen, was überall als lecker gelten könne, so heißt dies doch nicht, dass nicht alle in ihrer je partikularen Weise im Grunde wüssten, was dies sei. Stellt nicht der Weltreisende überall die gleiche Lust am sanften Süßen fest? Und das sogar noch über die Grenzen der Menschengattung hinaus, im vermeintlich bloß auf die Notwendigkeit reduzierten Tierreich? Und wenn dem so ist, wäre es nicht möglich auch die scheinbar so universelle Perspektive der (europäischen) kosmopolitischen Weltreisenden und Weltbürger*innen als eine immer schon partikulare Sicht unter anderen zu charakterisieren, deren Wissensvorsprung und überlegenes Urteilsvermögen als durchaus fragwürdig anzusehen ist?

Forster wird diesen Schluss nicht ziehen, auch wenn er zwischen den Zeilen und unterhalb der vordergründigen Argumentation immer wieder als Möglichkeit

---

147 Ebd., S. 187.
148 Ebd., S.176 Vgl. Kap. 6.4: *Vom Zucker zum Tabak: Kulinarische Ökonomien der Menschengeschichte.*
149 Ebd., S. 170.

aufscheint, und doch: So sehr Forsters Text am Ende den partikularen Ort der Welt, von dem aus er geschrieben ist, nicht verleugnen kann – und damit ebensowenig die Perspektive eines kolonial-verstrickten und begrenzten europäischen Weltbürgertums – so versucht er doch, als einer der Wenigen unter den Gourmets des 18. und 19. Jahrhunderts, den Anderen radikal ihren Anteil und ihr Vermögen zum geschmacklichen Urteil und gleichermaßen zum Selbstdenken zurückzuerstatten, ebenso wie er konsequent den Anteil des Fremden am eigenen Denken hervorhebt: So seien zwar die Europäer*innen von einer „höheren Ordnung der Dinge" mit so überragender „Habsucht, Ehrgeiz und Herrschgier" ausgestattet worden, dass ihnen „keine Unternehmung zu groß" gewesen sei und „sich unter den Händen der Welteroberer" die Kenntnisse aller Provinzen der Erde vermischten,[150] die Folge davon sei jedoch, dass die Errungenschaften Europas nichts weiter als „die philosophische Beute des erforschten Erdenrunds"[151] darstellten. Und wenn im Zuge der europäischen Expansionen an „die Stelle des besonderen europäischen Karakters [...] die Universalität getreten" sei und die Europäer*innen nach Forster auf dem Weg seien „gleichsam ein idealisirtes [sic!], vom Ganzen des Menschengeschlechts abstrahirtes [sic!] Volk zu werden", das mit seinen Kenntnissen und seiner ästhetischen wie sittlichen Vollkommenheit zum „Repräsentant [en] der gesamten Gattung aufsteigt", so bleibt Europa doch nicht nur angesichts der Mittel, mit denen dieser Umstand erreicht wurde, allen anderen Kulturen verschuldet. Zwar ist Forster von der grundsätzlichen historischen Überlegenheit der Europäer*innen überzeugt, aber die „Abscheu und Entsetzen" einflößende Schuld, die dieser Überlegenheit zugrunde liegt, kann für den Weltreisenden, der auch persönlich mehr als einmal von den Gaben der Fremden profitiert hatte, nur durch eine überbietende Gegengabe gerechtfertigt werden, die diesen ihren Anteil am eigenen Wissen zurückerstattet. „Aus Europa", so schwärmt Forster in besagtem Aufsatz, ohne die Gefahren des Despotismus dieser Idee jemals ganz aus dem Blick zu verlieren, „erhalten sie dereinst ihre eigenen Ideen mit dem Stempel der Allgemeinheit neu ausgemünzt wieder zurück".[152] Eine Geste die haargenau jener entspricht, die auch sein Vater Johann Reinhold Forster in seinen *Observations*

---

150 Forster, „Über lokale und allgemeine Bildung", S. 47.
151 Ebd., S. 48.
152 Ebd., S. 49. Eine Aufklärung der Welt, die jedoch, wie Forster betont, keinesfalls zu einer allgemeinen Europäisierung führen müsse: „Neger und Mongolen, Lappländer und Feuerländer bleiben freilich auch unter jedem möglichen Einfluß neuer, ihnen angemessener Begriffe, ja selbst bei jeder erdenklichen Vermischung mit anderen Stämmen, von ihrem Boden und ihrem Himmel gezeichnete Menschen; allein wer vermag den Beweis zu führen, daß jenes Salz europäischer Universalkenntniß sie nicht mit neuer Menschheit würzen könne, auch ohne sie in Europäer zu verwandeln? Die schöne Erscheinung des Mannichfaltigen mußte auch im Menschengeschlechte nicht verloren gehen" (ebd.).

von 1778 im Bezug auf die Leckereien und die Kultivierung neuer Lebensmittel auf Tahiti ins Spiel gebracht hatte. Er schreibt:

> If rice, [...] mayz, some pine-apples, chesnuts, dates, oranges, and lemons, together with the sago-palm, were added to their vegtables, they would form the most rational present, which ever was offered to a nation, and the most grateful returns we could make, to a kind, humane and hospitable people, who generously gave us all the refreshments we stood in need of, and enable us to finish a navigation, which will forever stand unparallelled in the annals of all nations.[153]

Einmal mehr macht Forster auf die fundamentale und dialektische Verwicklung des Problems der Gleich- und Ungleichheit mit den Kulinarika und dem kulinarischen Wissen aufmerksam, aus der es kein Entrinnen und keine Rückkehr zu einer ursprünglichen Gleichheit gibt. Denn noch die Kritik der Ungleichheit, hierin stimmt Forster mit Kant überein – und entgegen seiner Lektüre muss man sagen: auch mit Rousseau – , setzt für ihr Wissen um diese den Verkehr der Menschen untereinander voraus, der wiederum, kulturhistorisch betrachtet, von Anfang an mit der Neu-Gier auf die Welt und ihre exotischen Leckereien einhergeht. Ein Zirkelschluss, in dem die Kritik des Luxus und der verderblichen Leckereien am Ende immer doppelbödig bleiben muss. Dass Forster dabei jedoch dem sinnlichen Wissen über die Leckereien ein befreiendes Potential zuspricht, wird nicht nur an dem süßen Brei der europäischen Bäuer*innen oder den Pisang- und Brotbaumfrüchten deutlich, der die im Vergleich mit den europäischen Verhältnissen in Gleichheit lebenden Bewohner*innen der Südsee versorgen, sondern ebenso in seiner 1792 erschienenen *Rezension zu J. P. Brissots Nouveau Voyage dans les Etats-Unis de l'Amerique sepentrionale*. Im Anschluss an den Gründer der *Société des Amis des Noirs* äußert Forster dort einige „Bemerkungen über europäische Dünkel, europäische Habsucht und Fühllosigkeit" und unterstreicht die fundamentale Gleichheit von Schwarzen und Weißen. Erneut verknüpft sich für Forster der Freiheitswille und das aus ihm resultierende Denken mit der Frage der Genussmittel:

> Der edle, rastlose Freyheitseifer hat neue Gedanken geboren, neue Plane entworfen und ausgeführt, die nur ihm erreichbar waren. Wenn es wahr ist, daß in den westlichen Inseln Zucker und Kaffee nicht ohne das Blut und den Schweiß, die Leiden und moralische Verwahrlosung der Africaner erzielt werden können; wohlan, dachten die Freunde der Schwarzen, so muß man in andern Weltgegenden suchen, diese Bedürfnisse des europäischen Luxus wohlfeilern Kaufs, durch freye Hände zu gewinnen. In America verspricht der Zuckerahorn das Zuckerrohr mit Wucher zu ersetzen; jeder Baum gibt jährlich fünf Pfund Zucker, den man vom besten westindischen nicht unterscheiden kann, zu einer

---

153 Forster, *Observations made during a Voyage round the World*, S. 375 f.

Jahreszeit, wo der Pflanzer sonst nichts zu thun hat, als diesen Saft einzusammlen; derselbe Baum ist mehrere Jahre lang ergiebig und eine Familie kann ohne Mühe jährlich 1500 Pf. Zucker machen.[154]

Hörte man allein im Staate New York auf, jährlich allein „drey Millionen Stück dieser Bäume zu Brennholz" zu verarbeiten, so könnte man mit diesen, so Forster, ganz Amerika und Europa mit Zucker versorgen. Ein Gedanke, bei dem Forster jedoch nicht stehen bleibt, sonder stattdessen darüber nachdenkt „die Neger in ihr Vaterland gesitteter und als freye Menschen zurück zu führen, sie dort einen neuen Staat gründen zu lassen, dessen Hauptzweck der Anbau solcher Naturproducte seyn müßte, die wir mit unseren Manufakturen gern bezahlen würden."[155] Mit den Leckereien verbindet sich damit bei Forster die Möglichkeit einer Fortschrittsgeschichte der Freiheit, die durch das Aufbegehren gegen die Ungleichheit und für die Rechte der Menschheit überall dahin strebt, die Hierarchien zu unterminieren, die nicht zuletzt im vermeintlichen exklusiven guten Geschmack und der unermesslichen Magengier der Europäer ihren Ausdruck finden.

Indem sich bei Forster der Ort der Geschmacksübung von den Tafeln der europäischen Metropolen an die Strände der weiten Welt verschiebt, oder vielmehr: indem Forster den Anspruch der späteren Gastrosophen antizipiert und ernst nimmt, nämlich die Wissenschaft vom guten Geschmack als eine Erfahrungswissenschaft zu begründen, irritiert er die Grenzen des guten Geschmacks, die diesen zum alleinigen und exklusiven Vorrecht der westlichen Welt erklären. Mit dem

---

154 Georg Forster, „Rezension zu Brissot, Nouveau Voyage dans les Etats-Unis (7./21./26. Jan. 1792)", in: *Georg Forster Werke. Sämmtliche Schriften, Tagebücher, Briefe*, hrsg. v. Berlin-Brandenburgische Akademie der Wissenschaften, Bd. 11, Berlin 1958 ff. S. 312–335, hier S. 323.
155 Ebd. Dabei unterstützt Forster den Plan des amerikanischen Abolitionisten Henry Thorntons und der Sierra Leone Company, die die Gründung einer Kolonie für ehemalige Sklav*innen in Sierra Leone forcierten und zu diesem Zweck 1791 die Reise des Temne Prinzen John Naimbanna nach London finanziert hatten. Forsters Befürwortung einer Rückführung der freigelassenen Sklav*innen, war dabei vor allem dem Umstand geschuldet, dass die bürgerliche Gleichstellung der Schwarzen auch in den Nordstaaten der United States angesichts der weißen, rassistischen Vorurteilen nicht durchsetzbar erschien: „es bleibt also immer die Unmöglichkeit, trotz aller Begünstigungen des Gesetzes, die Neger den Weissen gleich zu stellen; man wird sich nie dazu bequemen, sie zu Repräsentanten, oder gar zu Präsidenten in den Versammlungen der Staaten zu wählen", schreibt Forster (ebd.). Dass Forster mit seiner menschheits- und vernunftgeschichtlichen Ausdeutung der Rückkehr nach Afrika, jene Grundüberzeugung bestätigte, die er auch in *Über lokale und allgemeine Bildung* Ausdruck verliehen hatte, nämlich dass „Freie Verfassung", „Civilisation", „Gesittung und Bildung" – nicht zuletzt auch in geschmacklicher Hinsicht – in Afrika nur über den Umweg über Europa möglich seien, steht auf einem anderen Blatt (vgl. ebd., S. 324). Vgl. hierzu auch mit Bezug auf die schwarze Revolution auf Haiti: Florian Kappeler, „Die globale Revolution. Forster und Haiti", in: *Georg Forster Studien* XIX (2014), S. 17–43.

neuen Wissen des Weltreisenden steht jene Konfiguration der Problematisierung der Esslust auf dem Spiel, die die Gastrimargie und damit die Macht des Magens über den Menschen mit Hilfe der diskreten Unterscheidung von Mund und Magen und der Begründung eines mündigen Geschmacks zu begrenzen und einzuhegen suchte. Auch wenn – und vielleicht gerade weil – Forster am Ende keine eigene und insbesondere keine andere Theorie des Geschmacks entwickelt, verdanken wir ihm eine der radikalsten Infragestellungen des neuzeitlichen Verhältnisses von Mund und Magen. Konsequenter als seine Nachfolger im 19. Jahrhundert, bei denen mehr und mehr die habituelle Frage des guten Geschmacks über die philosophische Frage nach der kulinarischen Grundlage der Urteilskraft siegen wird, reflektiert Georg Forster mit seiner Forderung nach einer sinnlichen Aufklärung die körperliche wie intellektuelle, räumliche wie institutionelle historische Basis des mündigen Geschmacks und seiner Übung. Dass diese spezifische Konfiguration des Geschmacks als Grundlage einer universellen Beurteilung der Güte kulinarischer Güter auch bei Forster an keiner Stelle grundlegend in Frage gestellt wird, sondern wie auch bei seinen Nachfolger*innen im 19. Jahrhundert in die Forderung nach einer hedonistisch-mündigen Freude am Dasein eingeschrieben bleibt, ist dabei folgerichtig. Denn die Verschiebungen und Dekonstruktionen, die Forster mit seinem Essay *Über Leckereyen* dem Geschmacksdiskurs zumutet, fußen notwendigerweise auf eben jenem Ideal des modernen, zumeist männlichen Feinschmeckers als Weltreisendem. Gerade Forsters Diskurs muss als konsequente Verwirklichung jenes Ideals des neuzeitlichen Geschmackswissenschaftlers als Verkörperung eines sinnlich aufgeklärten, weltumspannenden Erfahrungswissens gelesen werden. Nach Forsters Überzeugung und entgegen den eurozentrischen Vorurteilen seiner Zeitgenoss*innen und Nachfolger*innen, schlummert in allen Menschen und Kulturen die Anlage und das Vermögen zu einem impliziten und zumindest partikularen Wissen des guten Geschmacks ebenso wie sich mit und anhand des Diskurses und des Wissens über die Leckereien die zukünftige Gleichheit und Freiheit des Menschengeschlechts denken lässt. Und doch ist es am Ende auch bei Forster, sei es aufgrund seiner schicksalhaften oder nur aufgrund einer zufälligen historischen Begünstigung, weiterhin der weitgereiste, westliche und größtenteils männliche „Food Adventurer",[156] der das kulinarische Wissen der Welt in seiner mündigen Sinnlichkeit verkörpert und in seinen Schriften expliziert. Von ihm als Inbegriff der Diskretion nimmt die sinnliche Aufklärung der Welt ihren Ausgang, so lautet die kulinarhistorische Erzählung bis heute.

---

156 Heldke, *Exotic Appetites*.

Teil III: **Geschmacksirritationen**

„‚Powerful people eat very little‘, she said.

‚Why?‘

‚Because they are powerful.‘“

(Ben Okri, The Famished Road, London 1991, S. 80.)

Geschmacksirritationen

Am 29.05.1930 und damit fast eineinhalb Jahrhunderte nach den genüsslichen Einlassungen Georg Forsters erscheint in der *Frankfurter Zeitung* unter dem Titel *Essen* eine Reihe von miniaturenhaften Genuss-Schilderung eines anderen reisenden Weltbürgers, die sich gleichermaßen wie diejenigen Forsters an den Grenzen des guten Geschmacks bewegen und diese auszuloten trachten.[1] Die kleinen Kostproben aus den lokalen Küchen Neapels, Paris, Roms und Moskaus, die Walter Benjamin seinen Leser*innen auftischt, sprengen, wie diejenigen Forsters, in ihrer Form die konventionellen Grenzen zwischen philosophischer, literarischer und journalistischer Produktion. Könnte man in der Tradition der Gastronomiekritiken, wie sie sich nach dem Vorbild Alexandre B. L. Grimod de la Reynières seit dem 19. Jahrhundert als professionelle Form etabliert hatten, erwarten, dass die ‚Ess-Miniaturen' eine Kritik der bemerkenswerten Restaurants und Kaffeehäuser eröffnen, die der selbsternannte „Globetrotter"[2] Benjamin den daheimgebliebenen Leser*innen schmackhaft zu machen sucht, so müssen die Miniaturen enttäuschen. Statt sich den gehobenen, internationalen Restaurationen der entsprechenden Städte zu widmen, verweigert sich Benjamin unter den Vorzeichen der authentischen Erfahrung explizit einer solchen gewohnten, kulinarisch-touristischen Perspektive. So erteilt er etwa dem Morgenkaffee im Zimmer der Pariser Hotels, der „auf silbernen Brettchen, mit Butterkugel und Marmelade garniert" serviert werde, eine Absage zugunsten der Vielfalt der Kaffeegenüsse in den einfachen und unprätentiösen Bistros.[3] Jene kleinen Cafés, in denen man nur kurz vorbeischaut und die, wie die Passagen, in denen sie sich oftmals finden, als poröse Durchgangsorte auch die übrigen Pariser Bohemiens und Flaneure von Louis Aragon bis Andre Breton in ihrer „Sucht nach Orten" faszinieren,[4] stechen bei Benjamin die prestigeträchtigen Tempel des feinen Geschmacks aus. In dieser Stoßrichtung widmet sich Benjamin in seinen ‚Geschmacks-Miniaturen' nicht nur den Pariser Straßencafés und ihren kulinarischen Traumlandschaften, sondern

---

1 Ich möchte an dieser Stelle Iris Därmann für ihren Hinweis sowie den Teilnehmer*innen meines Seminars *Zur Kulturwissenschaft des Kulinarischen* für ihre spannenden Lektüren dieser Texte danken, die mich immer wieder zum Weiterdenken angeregt haben.
2 Walter Benjamin, „Essen", in: *Gesammelte Schriften. Bd. IV/1: Kleine Prosa, Baudelaire-Übertragungen.* Hrsg. v. Tillman Rexroth, Frankfurt am Main 1991, S. 374–381, hier S. 374.
3 Ebd., S. 375.
4 Marc Augé, *Das Pariser Bistro. Eine Liebeserklärung.* Übers. v. Felix Kurz, Berlin 2016, S. 79–85.

https://doi.org/10.1515/9783110640342-010

ebenso den lokalen einfachen Küchen in den Kaschemmen der Arbeiter*innen, den Häusern der Prostituierten auf Capri, den Straßenküchen Neapels, den kleinbürgerlichen Osterien Roms und den dörflichen Märkten. Entgegen der bourgeoisen Feier der noblen Restaurants macht Benjamin deutlich, dass die genießenswerten Produkte der Küche, „deren sorgfältige und reiche Bestallung nur der Snob für eine Sache des esoterischen Luxus zu halten geneigt ist [...][,] nicht die Auswüchse überfeinerter Kulturen [...], sondern [...] den Urbestand aller volkstümlich lokalen Ernährungsweisen [darstellen], die durch Jahrhunderte sich forterben."[5] In Opposition zu den Überzeugungen des bourgeoisen Klassendünkels gesteht Benjamin, wie auch Georg Forster und Jean-Jacques Rousseau, der Küche der einfachen Leute, eine kulinarische Güte zu und stellt die Grenzziehung und Hierarchisierung des guten Geschmacks in Frage. Man liegt sicherlich nicht falsch, wenn man in Benjamin den frühen Wegbereiter des gegenwärtigen Trends im urbanen, kosmopolitischen Milieus ausmacht, der die Neu-Gier des Geschmacks als Suche nach einer exotischen und möglichst authentischen Erfahrung fremder Küchen ausbuchstabiert. Und doch verweigert sich Benjamin gleichermaßen explizit der Lektüre seiner Ess-Miniaturen als kulinarischem Reiseführer und gastronomischer Kritik, wenn er mit der abschließenden Geschichte über das *Maulbeer-Omelette* die unnachahmliche Singularität seiner geschilderten Geschmackserfahrung herausstellt: „Diese alte Geschichte erzähle ich denen, die es nun mit Feigen oder Falerner, Borscht oder einem Capreser Bauernessen würden versuchen wollen."[6] Unter dem Deckmantel des kulinarischen Reiseführers ist es Benjamin im Rückblick und in einer an Marcel Proust geschulten Suche nach der wahren Empfindung des Geschmacks vielmehr darum zu tun, anhand der eigenen kulinarischen Fremderfahrung die Grenzzonen des guten Geschmacks zu erkunden und hierin die Aufmerksamkeit auf das „Glück" und die „Fülle" an und in „den einfachsten Dingen" zu lenken, an denen sich die „Essenzen und Quintessenzen [...] in den Erzeugnissen der Kochkunst" zeigten.[7]

Bereits im ersten Satz der ersten Miniatur mit dem Titel *Frische Feigen* konfrontiert Benjamin den Geschmack erneut mit jener Gastrimargie, die die bürgerliche Sinnlichkeit überwunden zu haben glaubte und stellt grundlegend das Maß in Frage, mit dem der wohl regulierte Appetit die Schicklichkeit, wenn nicht Sittlichkeit von der Magengier befreien sollte und hierin erst einen mündigen und

---

5 Walter Benjamin, „Gedanken zu einer Analysis des Zustands von Mitteleuropa", in: *Gesammelte Schriften. Bd. IV/2: Kleine Prosa, Baudelaire Übertragungen*. Hrsg. v. Rolf Tiedemann u. Herrmann Schweppenhäuser, Frankfurt am Main 1991, S. 916–935, hier S. 921 f.
6 Ders., „Essen", S. 380.
7 Ders., „Gedanken zu einer Analysis des Zustands von Mitteleuropa", S. 921.

diskreten Genuss ermöglichte. Entgegen der mündigen Erfahrung des Geschmacks verleiht Benjamin der bis dato auszuschließenden Gier einen sinnlichen Erlebnis- und Erfahrungswert, ohne den jegliche Esserfahrung unvollständig bliebe: „Der hat noch niemals eine Speise erfahren, nie eine Speise durchgemacht, der immer Maß mit ihr hielt", heißt es dort. „So lernt man allenfalls den Genuß an ihr, nie aber die Gier nach ihr kennen, den Abweg von der ebenen Straße des Appetits, der in den Urwald des Fraßes führt."[8] Die scheinbar belanglose, aus „Müßiggang" und „Verschwendung" begangene kleine Sünde des gierigen Genusses eines hal- ben Pfundes frischer Feigen in Secondigliano – damals noch einem Dorf außer- halb der Stadtgrenzen Neapels – gerät im Rückblick in mehrfacher Hinsicht zu einer Grenzerfahrung. Der „Globetrotter" erscheint in den dörflichen Außenbezir- ken Neapels deplatziert; man ist auf ihn nicht eingerichtet und der routinierte Kauf der Feigen scheitert bereits an der Banalität der Verpackung. Ohne, wie die Einheimischen, ein Gefäß zum Transport mitzubringen und in der entsprechenden Ermangelung des Verpackungsmaterials, muss der Essabenteurer sehen, wo die Feigen bleiben: „Und so ging ich, Feigen in den Hosentaschen und im Jackett, Fei- gen in beiden vor mich hingestreckten Händen, Feigen im Mund, von dannen."[9] Die Feigen, die bereits im antiken Griechenland mit dem Gott Dionysos verbun- den und dementsprechend, wie auch in Rom und ebenso in der *Genesis,* mit aph- rodisischen Eigenschaften besetzt waren, verkörpern in Benjamins Miniatur den Gegenstand einer dionysischen Lust an der Überschreitung der Grenzen der regu- lierten Sinnlichkeit. Zwischen den sinnbildlich zu verstehenden Schildern mit aufgemalten Figuren von neapolitanischen Heiligen und Tieren, in der Auflösung der bürgerlichen Essordnung und in einer perversen Abwandlung der lokalen neapolitanischen „Fähigkeit", den „Leib zum Tisch zu machen",[10] gleicht die durch die Umstände erzwungene, gierige Vernichtung der Feigen einer Orgie der kulinarischen Lust. Der Körper muss sich förmlich gegen die überwältigende Fülle der süßen Früchte zur Wehr setzen, die ihn „befallen" haben, die mit ihrem „harzige[n] Aroma" die Kleidung des flanierenden Bohemiens durchdringen, an seinen Händen kleben und die Luft um ihn schwängern.[11] Die Überschreitung je- glichen Maßes gefährdet die sinnliche Integrität des Körpers; die Fülle der kleb- rig-süßen Früchte dringt in ihn ein, lässt ihn porös werden und initiiert einen gierigen Kampf des Subjekts gegen seine Überwältigung. Die Fresslust, die seit

---

8 Ders., „Essen", S. 374.
9 Ebd.
10 Walter Benjamin/Asja Lacis, „Neapel", in: *Gesammelte Schriften. Bd. IV/1: Kleine Prosa, Baudelaire-Übertragungen.* Hrsg. v. Tillman Rexroth, Frankfurt am Main 1991, S. 307–316, hier S. 314.
11 Benjamin, „Essen", S. 375.

der Neuzeit an den Antipoden des guten Geschmacks verortet und als kompromittierende Gegenmacht des mündigen Geschmacks in Form der Magenlust in die unteren Gefilde der menschlichen Topologie verbannt wurde, gerät bei Benjamin zur letzten Verteidigungsbastion des integren mündigen Subjekts. Der schmeckende Körper wird in diesem Kampf zwischen der sinnlichen Überflutung und gieriger Einverleibung an die Grenzen der kulinarischen Lust gebracht, ein Zustand in dem er sich in seiner Ursprünglichkeit selbst erfährt:

> Und dann kam die Passhöhe des Geschmacks, auf der, wenn Überdruß und Ekel, die letzten Kehren, bezwungen sind, der Ausblick in eine ungeahnte Gaumenlandschaft sich öffnet: eine fade, schwellenlose, grünliche Flut der Gier, die nichts mehr weiß als vom strähnigen, fasrigen Wogen des offenen Fruchtfleisches, die restlose Verwandlung von Genuß in Gewohnheit, von Gewohnheit in Laster. Haß gegen diese Feigen stieg in mir auf, ich hatte es eilig aufzuräumen, frei zu werden, all dies strotzende, Platzende von mir abzutun, ich aß, um zu vernichten.[12]

Ähnlich wie einige Jahre später George Bataille[13] und Elias Canetti[14] entdeckt auch Benjamin „den ältesten Willen [des Bisses]"[15] kurz hinter den Grenzen der wohl regulierten Bürgerlichkeit wieder, in der Erfahrung jener emotionalen Ausnahmezustände, die das Subjekt aus seinen eingeübten Praktiken herauskatapultieren und es diese überschreiten lassen. Im „Urwald des Fraßes" verkörpern sich direkt neben dem Geschmacksorgan der Zunge die Antipoden des guten Geschmacks: „die Maßlosigkeit des Verlangens und die Gleichförmigkeit dessen, woran es sich stillt".[16] Weit davon entfernt, als Leidenschaft des unersättlichen Bauches von jener maßvollen Sinnlichkeit entrückt zu werden, wird die Gier stattdessen als eine Leidenschaft des Mundes erfahren, als eine geschmackswidrige Form seines Gebrauches; etwa so, schreibt Benjamin, wie wenn man „in die Mortadella hineinbeißt, wie in ein Brot, in die Melone sich hineinwühlt wie in ein Kissen", oder „Kaviar aus knisterndem Papier schleckt".[17] Die Gier und die Lust am Fraß siedeln damit gerade nicht, wie die Geschmackstheoretiker seit Gracián glaubten, in den niederen Gefilden des Magens, sondern sie lassen sich in denselben oberen Organen verorten, wie der mündige Geschmack, mit dem sich die Feinschmecker*innen stets gegen die Leidenschaften des Bauches

---

12 Benjamin, „Essen", S. 375.
13 Georges Bataille, „Mund", in: Rainer Maria Kiesov/Henning Schmidgen (Hrsg.), *Kritisches Wörterbuch. Beiträge von Georges Bataille, Carl Einstein, Marcel Griaule, Michel Leiris u. a.* Berlin 2005, S. 64.
14 Elias Canetti, *Masse und Macht*, Frankfurt am Main 272001, 237–263, hier v. a. 261f.
15 Benjamin, „Essen", S. 375.
16 Ebd., S. 374.
17 Ebd.

gewappnet glaubten. Ja, mehr noch: Jenseits des guten Geschmacks und seiner Übung zeichnet sich auch das Spiel und der Kampf zwischen Überfülle und Fressgier, Lust, Überdruss und Ekel durch eine sinnlich urteilende und merkwürdig orakelhafte, ursprüngliche Form der *discretio* aus, die jeglicher rationalen Entscheidungsfindung entgegengesetzt wird. Denn Benjamin verknüpft die Essszene der Feigen von Anfang an mit der Unentschlossenheit über das Absenden oder Zerreißen eines Briefes, „eine[] der schwersten Entscheidungen", wie er schreibt, die bis zum Höhepunkt des Geschmacksabenteuers für Benjamin unentschieden bleibt, ja geradezu verdrängt wird,[18] und die sich erst durch die Verschiebung der *discretio* auf das Lust- und Ekelobjekt der Feigen und geradezu auf ihre kontaminierende, sinnlich-klebrige Verbindung mit dem Objekt der Entscheidung, dem Brief, löst: „Als ich die letzte Feige vom Grund meiner Tasche losriß, klebte an ihr der Brief. Sein Schicksal war besiegelt, auch er mußte der großen Reinigung zum Opfer fallen; ich nahm ihn und zerriß ihn in tausend Stücke."[19] Die Besiegelung des Schicksals des Schriftstückes durch ihre kulinarische Kontamination formuliert hierin ein archaisches „Geschmacksurteil" der Gier, das sich noch jenseits von „Überdruß und Ekel" bewegt. Statt den exquisiten Geschmack der Feigen zu prüfen und zu übermitteln, verschreibt sich Benjamins Geschmacksminiatur der Erfahrung der ursprünglichsten Form der Mündigkeit und der *discretio* in Form der Gier und der Überfülle des Süßen, die den Text selbst noch kontaminieren und die die Leser*in förmlich „am eigenen Leib" erfährt.[20]

An den Grenzen der europäischen Moderne und an den Rändern von Neapel, jener Stadt, die in den 20er Jahren als Mekka der Nonkonformist*innen, der Exzentriker*innen, Revolutionär*innen und intellektuellen Projektmacher*innen galt, denkt der reisende Gourmet Benjamin den mündigen Geschmack noch einmal von seinen Grenzen aus und führt ihn zurück auf jene fremden Irritationen, von denen ausgehend auch die Geschmackstheoretiker des 18. Jahrhunderts diesen zu konzipieren gesucht hatten.[21] Und doch hat sich die Topologie, ja die Geographie des Geschmacks verschoben: Nicht zufällig überschreitet Benjamin

---

18 Ebd.
19 Ebd., S. 375.
20 Ders., „Kleine-Kunststücke", in: *Gesammelte Schriften. Bd. IV/1: Kleine Prosa, Baudelaire-Übertragungen.* Hrsg. v. Tillman Rexroth, Frankfurt am Main 1991, S. 435–438, hier S. 436. Benjamin folgt hier, wenn auch unter umgekehrten Vorzeichen, seiner auch an anderer Stelle vollzogenen Gleichung von kulinarischem und literarischem Konsum, die die „Lust am Text" gastronomisch ausformuliert.
21 Zum Aufenthalt Benjamins in Neapel und dessen grundlegendem Einfluss auf sein Denken vgl. etwa Benjamin Fellmann, *Durchdringung und Porosität: Walter Benjamins Neapel. Von der Architekturwahrnehmung zur kunstkritischen Medientheorie*, Berlin 2014.

in seiner Geschmackserfahrung wie auch Forster die Grenzen der europäisch-bürgerlichen Welt und betritt den „Dunklen Kontinent" jener (vermeintlich) „ursprünglichen", „primitiven", ja, „tierhaften", nicht-modernen Welt, die noch stets an den Grenzen der feinen Restaurants und Tischgesellschaften gelauert hatte. Nicht nur die Küche Neapels, die der selbsterklärte deutsche Esskünstler Gustav Ph. Blumröder im Anschluss an die klassizistischen Lobgesänge Goethes und Winckelmanns, Tischbeins und Hackerts noch ein Jahrhundert zuvor zum Inbegriff der italienischen Kochkunst erklärt hatte,[22] wird in dem Stadtporträt, das unter Benjamins und Asja Lacis Namen 1925 in der *Frankfurter Zeitung* erscheint, an die Grenzen der Welt des guten Geschmacks verschoben: Von den „Betuschungen" der „[p]hantastische[n] Reiseberichte" entkleidet,[23] erscheint Neapel als „graue" und elende Stadt der Armut, in der nichts genießbar erscheint „als das berühmte Trinkwasser".[24] „Dem reisenden Bürger, der bis Rom sich von Kunstwerk zu Kunstwerk wie an einem Staket weitertastet, wird in Neapel nicht wohl."[25] Dasselbe gilt für die Philosophen, deren wissenschaftlicher Kongress in dieser Stadt des Verbrechens und der Camorra und gleichermaßen im Getöse ihrer Volksfeste untergeht. Während heute die lokale Küche Neapels als UNESCO-Weltkulturerbe ausgelobt wird, stellte sich Neapel für die Reisenden der 20er Jahre als ein Stadt dar, in der man sich weit von den Standards des guten Geschmacks entfernt hatte. Entgegen den „schön aufgeputzten", „reinlich und artig" in Körben und auf grünen Blättern präsentierten „Krebsen, Austern, Scheiden [und] kleinen Muscheln", von denen Goethe noch Ende des 18. Jahrhunderts auf seiner *Italienischen Reise* geschwärmt hatte,[26] finden Benjamin und Lacis an den Ständen im Hafenviertel nun neben aus den Bodenritzen der Cafés gesammelten Zigarettenstummeln die „Reste der Speisewirtschaften, gekochte[] Katzenschädel[] und Muscheln" und würdigen die geschmackswidrige Kunstfertigkeit der Neapolitaner, „Macaroni mit den Händen zu essen".[27] Die Cafés glichen, wie die beiden Bohemiens bemerken, politischen Volkscafés. Wie die Pariser Bistros,

---

22 Antonius Anthus, *Vorlesungen über die Eßkunst*. Hrsg. u. mit einem Nachwort versehen v. Alain Claude Sulzer. Mit Vignetten v. Stephan Jon Tramèr, Frankfurt am Main 2006, S. 61–63.
23 Benjamin/Lacis, „Neapel", S. 309.
24 Ebd., S. 308.
25 Ebd., S. 307.
26 Johann Wolfgang v. Goethe, *Italienische Reise*. Hrsg. v. Christoph Michel und Hans-Georg Dewitz (Johann Wolfgang Goethe. Sämmtliche Werke. Briefe, Tagebücher und Gespräche. 40 Bde., Bd. 15.1–2), Frankfurt am Main 1993, S. 363. Vgl. auch Anthus, *Vorlesungen über die Eßkunst*, S. 61.
27 Benjamin/Lacis, „Neapel", S. 311.

denen sich Benjamin in seinen späteren Essens-Miniaturen zuwendet und in die man ebenso wie in die Neapolitaner Cafés – als ephemere Orte und Durchlauferhitzer der sinnlichen Erfahrung – nur auf einen Kaffee hereinschaut, so stehen auch diese in entschiedenem Gegensatz zum „bürgerlich-beschränkte [n] literarischen Wesen"[28] Analog zu der allgemeinen Promiskuität und den ubiquitären sozialen Austauschverhältnissen zwischen den Familien sind sie Ausdruck einer „porösen" und durchsetzten Stadt,[29] in der die prekären sozialen Verhältnisse jegliche Grenzen der europäisch-bürgerlichen Gesellschaft überschreiten:

> Was Neapel von allen Großstädten unterscheidet, das hat es mit dem Hottentottenkral gemeinsam: jede private Haltung und Verrichtung wird durchflutet von Strömen des Gemeinschaftslebens. Existieren, für den Nordeuropäer die privateste Angelegenheit, ist hier wie im Hottentottenkral Kollektivsache.[30]

Neapel gerät in Benjamins und Lacis primitivistischen Schilderung zum Gegenbild der Moderne schlechthin und damit in die Nähe jener Wohnorte der vermeintlich „wilden" Khoikhoi, deren angeblich unkultivierter und unregulierter Geschmack und Appetit bereits bei Rousseau die Kulisse für jenen „Urwald des Fraßes" abgab und erscheint auch bei Benjamin als „Abweg von der ebenen Straße des Appetits".[31] Diente Kant die Faszination des Irokesen Tsonmontio für die Pariser Garküchen als Kontrastfolie des guten Geschmacks, so knüpfen auch Benjamin und Lacis vor dem Hintergrund des europäischen Kolonialismus und dessen rassifizierenden Bildern an diese Verbindung an, wenn auch in einer gleichermaßen invertierten Wendung: „Je ärmer das Viertel, desto zahlreicher die Garküchen. Von Herden auf offener Straße holt, wer es kann, was er braucht", beobachten Benjamin und Lacis und sehen hierin in den 20er Jahren eine „Dehnung der Grenzen" zwischen Kollektivem und Privatem, die das Elend mit sich bringt und in der beide, ganz im Gegensatz zu Kant, eine „strahlende Geistesfreiheit" verkörpert

---

28 Ebd., S. 316.
29 Ebd., S. 314.
30 Ebd.
31 Benjamin, „Essen", S. 374. Auch in Benjamins Bericht über die Ernährungsausstellung in Berlin von 1928, sind es die Spuren der „wilden" Menschenfresser*innen, die die „Kunstkenner des Essens" an die „ultima Thule der Ernährung" erinnern sollen: Die außereuropäischen Esskulturen der vermeintlichen „Wilden" verkörpern jenen ursprüglichen Punkt, an dem der reflexive Genuss auf seine gastrologischen Grundlagen zurückgeworfen wird. An ihnen soll deutlich werden, „wie der Ring sich schließt und die geheimnissvolle Schlange des Nahrungstriebes sich in den Schwanz beißt" (ders., „Jahrmarkt des Essens. Epilog zur Berliner Ernährungsaustellung", in: *Gesammelte Schriften. Bd. IV/1: Kleine Prosa, Baudelaire-Übertragungen*. Hrsg. v. Tillman Rexroth, Frankfurt am Main 1991, S. 527–532, hier S. 532).

sehen. Denn mit ihr geht mitnichten eine Depravierung, sondern vielmehr eine Vervielfältigung der Geschmackseindrücke einher: „Die gleichen Speisen schmecken verschieden bei jedem Koch; nicht aufs Geratewohl wird verfahren, sondern nach erprobten Rezepten."[32] Die sinnliche Vielfalt zeigt sich auch in den Fisch- und Fleischauslagen der „kleinsten Trattoria" und den „phantastisch[en]" maritimen Fängen „aus dem von Ausgeburten wimmelnden Wasser des Golfs", die die Bänke des Fischmarktes bedecken und die „oft roh mit ein wenig Zitrone verschlungen" werden.[33] In all diesen vielfältigen Genüssen der Straße liegt, so Benjamin und Lacis, „eine Nuance, die über die Forderung des Kenners hinausgeht."[34]

Walter Benjamins 1930 erschienene Miniaturen über das *Essen* ebenso wie die Schilderungen Neapels sind dabei nur ein Beleg für die neue Problematisierung, die der mündige Geschmack in den 20er und 30er Jahren des 20. Jahrhunderts an den Grenzen der bürgerlichen Welt erfährt. Sie wendet sich dabei, mal mehr und mal weniger explizit, gegen die Autoren des 17. und 18. Jahrhunderts, die in ihren Problematisierungen der Esslust dem mündigen Geschmack als Begrenzung der Lust des Magens zum Durchbruch verholfen hatten, indem sie mit der Übung des Schmeckens eine gegen die Animalität gerichtete sinnlich Konsumform etablierten, die auf die eine oder andere Weise die mündige Integrität der zivilisierten europäischen Weltbürger*innen begründen und gegen ihre Verrohung absichern sollte. In ähnlicher Weise wie Benjamin entdeckten auch die Sozialreportagen der 30er Jahre, als deren bekannteste sicherlich George Orwells *The Road to Wigan Pier* von 1937 gelten kann, den Geschmack gerade in den Vierteln der Arbeiter*innen, der Elenden und Hungerleider*innen. Die Faszination für und das Erschrecken über deren Lebensweise teilten auch die Beteiligten des sogenannten Mass Observation Movement, in dem sich Bohemiens, linke Intellektuelle, Surrealisten und Ethnologen ein Stelldichein gaben. Auch und vor allem die Ethnologie der außereuropäischen Kulturen, die sich mit der von Bronislaw Malinowski systematisch entwickelten Methode der Teilnehmenden Beobachtung von den universitären „Lehnstühlen" der vormaligen anthropologischen Schriftgelehrten löste und sich in der Nachfolge Georg Forsters auf Reisen begab, entdeckte die Küchen und den Geschmack der Anderen als ein grundlegend neues Forschungsfeld. Zur gleichen Zeit wie Benjamin und in Auseinandersetzung mit den neuen kolonialen Studien der Ernährungswissenschaft arbeitete auch die Malinowski-Schülerin Audrey Richards an einem Grundlagentext zur Gastroethnologie, zu dem ihr Doktorvater Malinowski ein enthusiastisches

---

32 Benjamin/Lacis, „Neapel", S. 314.
33 Ebd., S. 314 f.
34 Ebd.

Vorwort beisteuerte und das ihre Kolleg*innen Sonia und Meyer Fortes, Raymond und Rosemary Firth sowie Margaret Read an der London School of Economics und dem International Institute of African Languages and Cultures dankbar aufgriffen.

Für die Autoren des 17. und 18. Jahrhunderts hatten insbesondere die neuen exotischen und luxuriösen Genussmittel wie Zucker, Tee, Tabak und Kaffee den Ausgangspunkt, das Medium, ja, oft genug die vermeintliche Lösung einer neuen Form der Problematisierung der Esslust gebildet, deren materielle, praktische, sinnliche wie intellektuelle Errungenschaften sich in Form der bürgerlichen Gastronomie, der Tischgesellschaften und Kaffeehäuser des 19. Jahrhunderts konsolidierten. Nicht nur bei Benjamin waren es dagegen von nun an die lokalen und als exotisch empfundenen Küchen an den Grenzen des modernen Kosmopolitismus, die ins Zentrum einer „Wissenschaft vom Essen" und ihrer Problematisierungen der Esslust vordrangen. Die Erfahrung des Fremden, des Anderen an den Grenzen der europäischen Welt und der kosmopolitischen Oberschichten löste erneut eine gewisse Geschmacksirritation aus: Unter den Vorzeichen der Krisenerfahrung der Moderne, der Infragestellung der Versprechen ihrer universellen geschichtlichen Narrative und dem Versuch ihre Fehlentwicklungen zu beheben, wurden nun die von den Ernährungsstandards abweichenden, geschmackswidrigen Küchen der Unterschichten, der Arbeiter*innen, der Elenden ebenso wie der Gesellschaften an den Rändern der westlichen Welt von den empirisch arbeitenden Intellektuellen, Ethnolog*innen und Ernährungswissenschaftler*innen unter die Lupe genommen. Gerade von diesen fragwürdigen Küchen und vor ihrer ‚geschmacklosen' Kontrastfolie hatte sich der gute Geschmack seit der Neuzeit entschieden abzuheben versucht. Ihr einfacher und als fade wahrgenommener „Geschmack" konnte, wie im Falle Rousseaus, maximal dazu dienen, denjenigen der luxuriösen Schwelger*innen in Frage zu stellen und deren Konsum auf das ethisch-richtige Maß zu begrenzen oder wie im Falle Forsters, am Ende den sinnlichen Universalismus des exquisiten europäischen Geschmacks zu bestätigen. Dass die Irritationen des bürgerlichen Geschmacks in den 20er und 30er Jahren des 20. Jahrhunderts nicht nur bei Benjamin gerade von diesen Gegenwelten des Kulinarischen ausgingen, ist dementsprechend folgerichtig. In der Entdeckung eines ganz eigenen Geschmacks des Hungers und des vermeintlichen Elends stellte sich erneut die Frage nach den Grenzen des Geschmacks und der Esslust, die nun jedoch, wie man nicht nur im Falle Benjamins sehen kann, ausgeweitet und verschoben werden sollten.

Aber nicht nur das Forschungsfeld und das Interesse der Geschmackstheoretiker*innen verlagerte sich zusehends an die Grenzen des guten Geschmacks, sondern mit dieser Verschiebung ging gleichermaßen eine Tendenz zur Verwissenschaftlichung der Frage nach dem Essen einher. Diese neue Form der

Problematisierung des Essens ließ sich bereits in der ethnologisch informierten Behandlung des Themas bei Forster ausmachen, war jedoch, so muss man konstatieren, durch das 19. und frühe 20. Jahrhundert hindurch so gut wie folgenlos geblieben. Wie die bisherige Arbeit gezeigt hat, war das Interesse für den kulinarischen Geschmack, die fremden Genussmittel und das Wissen über fremde Küchen in der Neuzeit von einer Sorge um sich getragen, die die anthropologischen, philosophischen und popularphilosophischen Entwürfe von Voltaire bis Rousseau und Kant stets auf eine Ethik des Selbst verpflichteten. Im Anschluss an die antike Moralisierung der Esslust war es stets darum gegangen, das eigene Selbst und seine Lüste zum Problem zu machen und in Form einer populären Weisheitslehre die ethisch und sinnlich vorbildliche Figur eines (zumeist männlichen) Weltbürgers zu liefern, dessen Ideal eine Orientierung für die neuen urbanen und kosmopolitischen bürgerlichen Milieus abgab. Nicht nur die Anthropologie Kants stellte in populärwissenschaftlicher Form die Grundlagen eines Weltwissens bereit, das in seiner Anwendung und Vervollständigung bei Tisch und in der Gesellschaft eine Kultivierung und Moralisierung ihrer Hörer*innen- und Leser*innenschaft befördern sollte, sondern auch Rousseaus Inszenierungen einer einfachen frugalen Ernährung diente dazu, beispielhaft jenes Leben vorzuführen, das man zum Besten der Menschheit zu führen hatte. In Forsters Entwurf einer sinnlichen Aufklärung wird dagegen diese Ausrichtung einer gastrosophischen Weisheitslehre zu Gunsten eines erfahrungsbezogenen Weltwissens und einer objektivierenden Wissenschaft vom Essen verabschiedet, die sich in der Neuausrichtung des Geschmacksdiskurses und der Problematisierung des Essens und der Esslust in den 20er und 30er Jahren zunehmend zu einer kultur- und sozialwissenschaftlich fundierten Wissenschaft vom Essen verdichtet. Spätestens hier ist die Beschäftigung mit dem Essen kaum noch eine Frage der Subjektivierung, der Übung des Selbst oder Ausdruck einer Ethik des Geschmacks im Sinne einer Sorge um sich – so sehr die sinnliche Erfahrung und Selbsterfahrung sowie ihre habituellen Effekte auch weiterhin, wie im Falle Benjamins, den Ausgangspunkt oder auch die Folge einer solchen Beschäftigung abgeben können. Die Frage der Weisheit und der ethischen Befragung des Selbst wird stattdessen abgelöst von einer wissenschaftlichen Untersuchung des Geschmacks als sozialem, psychologischem, anthropologischen Ausdruck einer spezifischen individuellen, sozial oder kulturell bedingten Lebensweise. Der Geschmack und seine Übung markieren von nun an, wie Audrey Richards Ethnographien und die zeitgleichen Sozialreportagen über die Lebens- und Ernährungsverhältnisse der Arbeiter*innen deutlich machen, keineswegs mehr eine individuelle mündige Praxis des Selbst, sondern vielmehr umgekehrt die „limiting factors" und Grenzfunktionen eines kulturellen und sozialen Systems von Vorlieben, Tabus und Zwängen, Traditionen und Übereinkünften, kindlichen Erinnerungen und persönlichen Erfahrungen, denen das Subjekt unterworfen ist.[35]

Dass der kulinarische Geschmack erst in den 20er und 30er Jahren eine Verwissenschaftlichung erfuhr, ja, dass die Esslust überhaupt durch das 19. Jahrhundert hindurch, sieht man von wenigen Ausnahmen ab, keiner grundlegenden Problematisierung unterzogen wurde und der entsprechende philosophische und ess-ethische Diskurs, der noch das 18. Jahrhundert bestimmt hatte, wie Harald Lemke zu Recht betont hat, in eine Essvergessenheit mündet, in der die vorhergehenden Auseinandersetzungen und die Probleme, die sie aufgeworfen hatten, kaum noch behandelt wurden, hat vielfältige Gründe.[36]

Man muss hierbei sicherlich den Aufschwung der bürgerlichen Gastronomie und ihrer Diskurse hervorheben, von denen im letzten Kapitel die Rede war und in denen sich der mündige Geschmack, der extensive kulinarische Konsum der exotischen Leckereien und die damit einhergehende Übung der Sinnlichkeit als selbstverständlicher Ausdruck einer „angesehenen Lebensführung" und eines „anständigen Konsums" etablierte,[37] die kaum noch einer Begründung bedurften. Jenseits einer Problematisierung der Esslust, die seit der Antike und noch bei den Theoretikern des 18. Jahrhunderts stets den Ausgangspunkt einer Beschäftigung mit den Fragen des Essens gebildet hatte und deren Bemeisterung die Grundlage der ethischen Subjektivierung abgab, geriet der demonstrative Konsum der Vielfalt der Köstlichkeiten spätestens mit dem 19. Jahrhundert zum gefeierten Ausdruck des habituellen Selbstverständnisses eines liberalen Bürgertums, das hinsichtlich der Tafelfreuden keine Kompromisse einging.[38] Wie Thorstein Veblen 1899 in seiner Studie zur Soziologie des Prestiges und geradezu im Vorgriff auf jene sich in den 30er Jahren herausbildende Wissenschaft vom Essen und Geschmack betont, wird der Geschmack und „die Vorliebe" für „gewisse Nahrungsmittel" zum Ausdruck „der selektiven Wirkung

---

35 Vgl. Audrey I. Richards, *Land, Labour and Diet in Northern Rhodesia. An Economic Study of the Bemba Tribe*, Münster und Hamburg 41995, S. 6 f.

36 Harald Lemke, *Ethik des Essens. Eine Einführung in die Gastrosophie*, Berlin 2007.

37 Thorstein Veblen, *Theorie der feinen Leute. Eine ökonomische Untersuchung der Institutionen*. Übers. v. Suzanne Heintz u. Peter von Haselberg, Frankfurt am Main 22011, S. 120.

38 Aus der zahlreichen Literatur zum Aufschwung der Gastronomie des 19. Jahrhunderts sei nur auf folgende Studien verwiesen: Jean-Paul Aron, *Der Club der Bäuche. Ein gastronomischer Führer durch das Paris des 19. Jahrhunderts*. Übers. v. Susanne Lüdemann, Stuttgart 1993; Priscilla Parkhurst Ferguson, „A Cultural Field in the Making. Gastronomy in 19th-Century France", in: Jeffrey M. Pilcher (Hrsg.), *Food History. Critical and Primary Sources*, Bd. 3: Global Contact and Early Industrialization, London u. a. 2014, S. 373–416; dies., *Accounting for Taste. The Triumph of French Cuisine*, Chicago und London 2004; Rebecca L. Spang, *The Invention of the Restaurant. Paris and Modern Gastronomic Culture*. Cambridge (Mass.) und London 2001.

des Gesetzes von der demonstrativen Verschwendung" und eines „System[s] anerkannter Konsumnormen, dessen Sinn darin besteht, den Verbraucher bei seinem Konsum von Gütern, von Zeit, und Mühe auf ein bestimmtes Ausgaben- und Verschwendungsniveau festzulegen."[39] Im Anschluss an ihre hedonistischen Vorläufer im 18. Jahrhundert, erklärten die Gastronomen des 19. Jahrhunderts den Essakt endgültig zur Kunstform und legitimierten damit die Verbindung zum ästhetischen Geschmack, die etwa Immanuel Kant noch mehr als problematisch erschienen war. Der gastronomische Diskurs verband sich hierin mit der endgültigen Konsolidierung jener bis heute präsenten Figur des (meist männlichen) Gastrosophen, der – jenseits des Hungers und des Überfressens – aus dem Essen einen künstlerischen, ja philosophischen Akt macht und umgekehrt ebenso die geschmacklich ungebildeten und sinnestauben Snobs wie die Kritiker*innen des ostentativen Genusses als Kostverächter*innen verurteilt.[40] Dass unter diesen Umständen der gute Geschmack und sein problematisches Verhältnis zum Hunger auf der einen und zur Magengier auf der anderen Seite bei den gastronomischen Autoren, denen es gerade um die Etablierung der Esslust als legitimen sinnlichen Ausdruck der eigenen Subjektivität zu tun war, kaum oder nur in ironischer Distanzierung zur Sprache kam, ist nicht verwunderlich.

Die Probleme der Esslust und des guten Geschmacks, die von den Autoren des 18. Jahrhunderts, wie der zweite Teil der Arbeit gezeigt hat, kaum philosophisch bewältigt wurden und an denen sie in der ein oder anderen Weise immer wieder scheiterten – Rousseaus natürlicher Geschmack an den Problemen der Ungleichheit, Kant an der Problematik der Vermittlung von menschlicher Triebnatur, Kultivierung und Moralität, Bergius und Forster an den Problemen der kulinarischen Fremderfahrung – erfuhren jedoch auch in der Philosophie, sieht man von ihren Rändern ab, keine weitere Verhandlung. Das Essen wurde geradezu in doppelter Weise aus dem Diskurs der akademischen Philosophie ausgeschlossen: Zum einen durch jene strenge, auf Kant zurückgehenden Trennung von reiner Schulphilosophie und anthropologischer „Popularwissenschaft", in der sich die Philosophie für die trivialen Belange des Alltags und die Aufgabe einer weisen Kultivierung des Selbst nicht mehr zuständig sah. Zum anderen aber auch durch den einfachen Umstand, dass das Essen und die Beschäftigung mit ihm überhaupt als trivial galten und den geistigen Höhen der idealistischen Geisteskultur des 19. Jahrhunderts entgegengesetzt wurden. Ein Umstand, der erst die ganze ironische Polemik verständlich macht, mir der etwa Ludwig Feuerbach 1850 seine neue, materialistische

---

39 Veblen, *Theorie der feinen Leute*, S. 119 f.
40 Vgl. hierzu etwa Denise Gigante, *Taste. A Literary History*, New Haven 2005, S. 166–173.

Philosophie vom „Essen und Trinken" ausgehen lässt[41] und die „Denunziation [...]
der Philosophie" mithilfe von Jakob Moleschotts populärwissenschaftlichen Buch
über die *Lehre der Nahrungsmittel* betreibt.[42]

Auch die gastronomische Literatur, die sich in den gebildeten Kreisen und
jenseits der Akademien entfaltete und die hierin die Populärphilosophie des 18.
Jahrhunderts beerbte, erhebt – aufgrund der scheinbaren Trivialität des Essens
und seines Geschmacks – an keiner Stelle den Anspruch einer ernsthaften
Wissenschaft vom Essen. Rol and Barthes hat nicht zu Unrecht in Bezug auf die
gastronomische Literatur des 19. Jahrhunderts von einer „Philosophie der Nich-
tigkeit"[43] im doppelten Sinne gesprochen. Zwar war den gastronomischen Autoren ernsthaft daran gelegen, „eine Geschmackswissenschaft zu begründen und
den kulinarischen Freuden den üblichen Stempel der Oberflächlichkeit zu nehmen", aber sie führten dieses Vorhaben doch „ironisch aus", wie Barthes betont.
Hierin glichen sie jenen Schriftsteller*innen, die „die Wahrheit", die sie vorbrin-
gen, „in Anführungszeichen setz[en], nicht aus wissenschaftlicher Vorsicht, sondern aus Angst, für naiv zu gelten"[44]. Der gelehrte Ton dieser Abhandlungen
und die teils wichtigen Einsichten, die sie bereitstellten und die heute nur allzu
gerne als Kulturwissenschaft oder Philosophie des Essens *avant la lettre* in Anspruch genommen werden, sollten nicht darüber hinwegtäuschen, dass diese
gleichermaßen ein grundlegend ironisches Verhältnis zur Wissenschaft auf-
rechterhielten. Nicht nur Jean-Anthelme Brillat-Savarins *La Physiologie du Goût*
(1826) verlegt sich dabei auf den Stil eines solchen para-wissenschaftlichen Diskurses, gleiches gilt etwa auch für Gustav Blumröders *Vorlesungen über Esskunst*
(1838) und selbst noch Ludwig Feuerbachs gastrologische Einlassungen zwischen 1850 und 1862 müssen unter diesen Gesichtspunkten betrachtet werden.[45]
Die Wissenschaft vom Geschmack gestaltet sich, wie schon bei Georg Forster,
als „ernst und ironisch zugleich" und die „Kühnheit" dieser Werke liegt dabei
ganz sicher darin, dass sie „einen gelehrten Ton anschlagen, um von einem

---

41 Ludwig Feuerbach, „Die Naturwissenschaft und die Revolution", in: *Gesammelte Werke*,
hrsg. v. Werner Schuffenhauer, Bd. 10, Berlin 1971 ff. S. 347–368, hier S. 359.
42 Ebd., S. 356.
43 Roland Barthes, „Brillat-Savarin-Lektüre (1975)", in: Kikuko Kashiwagi-Wetzel/ Anne-Rose
Meyer (Hrsg.), *Theorien des Essens*, Berlin 2017, S. 239–260, hier S. 239.
44 Ebd., S. 256.
45 Feuerbach, „Die Naturwissenschaft und die Revolution"; ders., „Das Geheimnis des Opfers
oder Der Mensch ist, was er ißt", in: *Gesammelte Werke*, hrsg. v. Werner Schuffenhauer,
Bd. 11, Berlin 1971 ff. S. 26–52. Zur Gastrosophie Ludwig Feuerbachs vgl. Lemke, *Ethik des Essens*, S. 377–404; sowie ders., „Feuerbachs Stammtischthese oder zum Ursprung des Satzes:
,Der Mensch ist, was er isst'", in: *Aufklärung und Kritik* 11, 1 (2004), S. 117–140.

angeblich nebensächlichen (weil trivial sinnlichen) Sinn zu sprechen, dem Geschmack".[46] Dabei ist mit ihnen jedoch weder der Status einer akademischen Disziplin, noch eine grundlegende Form der Problematisierung der Esslust oder gar des Geschmacks verbunden, gerade weil sie, ironisch und ernst zugleich, stets zwischen dem Anspruch hin und her schwanken, der eigenen sinnlichen Subjektivität Ausdruck zu verleihen, indem sie die gebildete Sammlung ihrer Geschmackserfahrungen und Lesefrüchte auszustellen trachten, und jenem schüchternen Versuch, eine ernste und objektive Wissenschaft vom Essen zu etablieren.

Mit der im 19. Jahrhundert vollzogenen Trennung von Philosophie und populärer Anthropologie verläuft sich der ethisch-philosophische Geschmacksdiskurs, der sich einer grundlegenden Problematisierung der Esslust verschrieben hatte. Statt in der akademischen Philosophie und den küchenphilosophischen Abhandlungen, in denen man zwischen kulinarischen Anekdoten, Restaurantkritiken, Geschmacksurteilen, Kochrezepten und Benimmregeln kaum auf eine systematische Theoretisierung des Geschmacks stößt, finden grundlegendere Reflexionen über das Verhältnis von Esslust, Geschmack und Subjektivität von nun an vornehmlich in der Literatur statt, wie man anhand der Forschungen von Denise Gigante zur englischen Romantik von Charles Lamb bis zu William M. Thackeray[47] ebenso wiederjenigen Christine Otts zu Gustave Flaubert, Joris-Karl Huysmans und Marcel Proust[48] herausstellen kann. Hatte bereits Baltasar Gracián in seiner *Cientia del buen Gusto* die kulinarische Lust und die Lust am Text untrennbar miteinander verknüpft, ebenso wie gastronomische Autoren seit Grimod de la Reynière ihre kulinarischen Erfahrungen mit den antiquarischen Lesefrüchten auf einer Ebene eintrugen, so war es nur konsequent, wenn die sinnliche Reflexion und die Reflexion der Sinnlichkeit von der Literatur aufgenommen wurde, die sich auf ihre Art mit den kulinarischen Entwicklungen der Moderne auseinandersetzte. Am Ende ist es nicht zuletzt die Literatur, der auch die Intellektuellen und Bohemiens der 20er und 30er Jahre des 20. Jahrhunderts, wie das Beispiel Walter Benjamins zeigt, entscheidende Anregungen für ihre Reflexionen über den Geschmack verdankten. In dieser Hinsicht ist es kein Zufall, wenn Benjamin die Romanlektüre mit dem Genuss

---

46 Barthes, „Brillat-Savarin-Lektüre (1975)", S. 255.
47 Gigante, *Taste*; dies., „Romanticism and Taste", in: *Literature Compass* 4, 2 (2007), S. 407–419. Vgl. auch die Beiträge und Literaturverweise in dies. (Hrsg.), *Romantic Gastronomies. Romantic Circles*, Januar 2007, url: http://www.rc.umd.edu/praxis/gastronomy/ (besucht am 10. 04. 2019).
48 Christine Ott, *Feinschmecker und Bücherfresser. Esskultur und literarische Einverleibung als Mythen der Moderne*, München 2011.

der Produkte der Kochkunst in Beziehung setzt und die Lust am Text kulinarisch ausbuchstabiert.[49] Bemerkenswert ist auch, dass sich die frühen Sozialforscher*innen – etwa der Mitbegründer des Mass Observation Movements Charles Madge oder auch George Orwell – oftmals selbst aus dem Milieu der Literat*innen rekrutierten.

Jenseits dieser para- und teils auch explizit anti-akademischen Formen einer Reflexion über das Essen und den Geschmack, fand die Verwissenschaftlichung des Essens seit dem 19. Jahrhundert als physiologisch, biochemisch und medizinisch fundierte Ernährungswissenschaft statt. Diese wandte sich jedoch gerade nicht den weltbürgerlichen Geschmackssubjekten zu, deren Heraufkunft der philosophischethische Diskurs über das Essen begleitet hatte, sondern nahmen stattdessen jene Gestalten des Hungers in den Blick, die bisher nur als Rand- und Grenzfiguren in Erscheinung getreten waren. Eine Wissenschaft vom Essen etablierte sich dementsprechend weniger als eine Selbstreflexion des kosmopolitischen bürgerlichen Subjekts, als vielmehr als laborgestützte und durch Sozialstudien begleitete Ernährungswissenschaft, die von Chemikern, Physiologen und Medizinern dominiert wurde. Statt des mündigen Subjekts und seiner Präferenzen adressierte sie in der Folge von Liebig und Moleschott eine thermodynamisch verstandene, tierliche „Stoffwechselmaschine" und mit ihr die notwendige Füllung des Magens mit Kohlenhydraten, Fetten und Proteinen, von denen sich der gute Geschmack stets distanziert hatte.

Die Verwissenschaftlichung des Essens ging dementsprechend weniger von einer Problematisierung des Geschmacks aus, als vielmehr von derjenigen des Hungers und dem Problem seiner Regierung.[50] Ein Umstand, der sich noch in jenem Interesse der Studien und Überlegungen des frühen 20. Jahrhunderts für die Randbereiche des europäischen, kosmopolitischen Geschmacks widerspiegelt. Zur gleichen Zeit, in der sich die naturwissenschaftlich fundierte Ernährungswissenschaft von einer rein quantitativen Bestimmung der notwendigen Minimalernährung löste und sich stattdessen der Frage nach den qualitativen Kriterien einer möglichen Idealernährung zuwandte, während sie gleichzeitig ihre Ernährungsstudien auf die Kolonien ausweitete, entdeckten die Intellektuellen, Journalist*innen und Ethnolog*innen auf ihre Weise diese fremden Regionen des Geschmacks. In den Ernährungsstudien an den unterschiedlichen Rändern der westlichen Welt überkreuzten sich Hunger- und Geschmacksforschung und begründeten gerade in dieser Überkreuzung eine

---

49 Benjamin, „Kleine-Kunststücke", S. 436.
50 Vgl. hierzu James Vernon, *Hunger. A Modern History*, Cambridge (Mass.) und London 2007.

neue kulturwissenschaftlich, soziologisch und anthropologisch orientierte Wissenschaft vom Essen, in der der vormalig mündige Geschmack einer erneuten grundlegenden Revision und Transformation unterzogen wurde. Dieser Transformation, in der der Geschmack zur universellen und grundlegenden Kategorie einer Wissenschaft vom Essen wurde, gilt es im abschließenden Kapitel der vorliegenden Arbeit nachzugehen. Ausgehend von den ethnologischen Studien und Sozialreportagen der 30er Jahre und von ihren Verknüpfungen mit der zeitgenössischen Ernährungs- und Hungerforschung sollen jene Geschmacksirritationen untersucht werden, die von den Rändern des modernen bürgerlichen Geschmacksverständnisses ausgingen. Wie konzipierte sich der Begriff des Geschmacks als analytische Kategorie der neuen Wissenschaft vom Essen zwischen Mund und Magen? Inwieweit lösten sich in ihm die vormaligen Hierarchien von Natur und Kultur, zwischen vermeintlichen Zivilisierten und angeblichen Wilden, Europa und dem Rest der Welt auf, beziehungsweise in welcher Weise wurden sie möglicherweise unter der Prämisse der Universalisierung des Geschmacks fortgeschrieben? Inwieweit stellten die in den Studien zum Ausdruck kommenden Fremderfahrungen tatsächlich eine grundsätzliche Infragestellung des seit der Neuzeit selbstverständlich gewordenen mündigen, europäischen Geschmacks dar? Oder bestätigten sie vielleicht nicht gerade umgekehrt jene grundlegende Konzeption des Geschmacks, die seit der Neuzeit darin bestand, aus der Aneignung der kulinarischen Fremderfahrung subjektivierendes Kapital zu schlagen?

Zumindest im Falle Walter Benjamins scheint sich letzteres zu bestätigen. So sehr Benjamin auch die Grenzen des bürgerlichen Geschmackes ausreizt und dessen Selbstverständnis zu irritieren sucht, am Ende bleibt er doch dem mündigen Geschmack treu. Die Einverleibung der fremden Küchen bildet bei ihm erneut nur das Material der eigenen exotischen Selbsterfahrung. Diese dehnt zwar die Grenzen des guten Geschmackes aus und integriert die vormals ausgeschlossenen Erfahrungsbereiche in eine umfassendere sinnliche Erfahrung, bleibt am Ende aber bis in die literarische Form hinein den Diskursen der europäischen Gastronomen verpflichtet. In Benjamins früheren *Gedanken zu einer Analysis des Zustands von Mitteleuropa* und den darin enthaltenen Äußerungen zum „Verfall der Kochkunst" wird diese Nähe mehr als deutlich. Im Anschluss an die Kritik des vermischten Geschmacks, die die Küchenkritik seit La Varennes *cuisine moderne* begleitet hatte und unter gustatorischen Vorzeichen die antike Kritik der krankhaften Mischungen von Seneca bis Plinius erneuerte, zielt auch Benjamin auf das „spezifisch weibliche Laster" der „Giftmischerei", das in der deutschen Küche vorherrsche und die „edle Potenzierung der Substanzen" durch die Verwendung solcher „minderwertiger" Zutaten konterkariere, „die ungemischt ein jeder von sich weisen würde."[51] „Die Basis oder conditio sine qua non des Wohlgeschmacks" und damit der „Physiologie der Kochkunst" ist auch bei ihm „das Herausschmecken einer oder mehrer bestimmter Substanzen aus der Mischung" und vor diesem Hintergrund muss die deutsche Küche, deren „Totalgeschmack unterhalb der Basis der singulären Geschmackspyramide liegt, d. h. also im Brei, im Mus, in der Tunke", erneut als geschmackswidrig gelten. Jeder Einzelgeschmack dieser ressentimentgeladenen Gerichte muss dementsprechend vom „Gefühl der Erleichterung begleitet" werden, mit dem „wir etwa einem befreundeten Halunken in der Hölle begegnen würden".[52] Die Vielfalt und differenzierte Subtilität der Geschmackserfahrungen gegen die geschmacklosen, faden und durchmischten Eindrücke des Breis und des Mus: Hier scheinen alle Hierarchien des Geschmacks wieder hergestellt. Muss auch die politische Positionierung in Rechnung gestellt werden, die Benjamin mit der kulinarischen Analyse Deutschlands verbindet, so lässt sich doch feststellen, dass das Maß der Dinge erneut und unhinterfragt die sinnliche Mündigkeit des kosmopolitischen Weltbürgers abgibt. Von hier aus muss man die Frage nach den neapolitanischen Geschmacksirritationen noch einmal neu stellen und den transformatorischen Abstand beziehungsweise die Nähe bemessen, die Benjamins Reflexionen tatsächlich von jenem Lob der italienischen Küche trennen, das die deutschen Kunstreisenden von Goethe bis Blumröder vor den Marktständen am *Golfo di Napoli* angestimmt hatten und das spätestens die Gegenkultur des neuen konsumorientierten Weltbürgertums in den letzten Jahrzehnten des 20. Jahrhunderts revitalisieren wird.

---

51 Benjamin, „Gedanken zu einer Analysis des Zustands von Mitteleuropa", S. 922.
52 Ebd.

8 Europa im Zeichen des Hungers: Fremderfahrungen eines afrikanischen Gourmets

Ende der 30er Jahre des letzten Jahrhunderts entwickelt George Orwell in seiner berühmten Sozialreportage über die Lebensumstände der Arbeiter*innen in den düsteren nordenglischen Industrielandschaften von Yorkshire und Lancashire erneut die Idee zu einer Geschichte des Essens: „I think it could be plausibly argued", schreibt er, „that changes of diet are more important than changes of dynasty or even religion."[1] Der Erste Weltkrieg sei nicht ohne die Entwicklung von Konservenkost denkbar gewesen und die letzten 400 Jahre englischer Geschichte nicht in dieser Weise verlaufen, wenn nicht gegen Ende des Mittelalters vielfältige neue Gemüsearten eingeführt worden wären, ganz zu schweigen von den Auswirkungen der Einführung von Tee, Kaffee und Kakao und der zumeist mit exotischen Aromen versehenen destillierten Liköre, die den biertrinkenden Engländer*innen bis dato unbekannt waren. Was wie eine Fortführung jener geschmacklichen Diskurse des 18. Jahrhunderts klingt, in denen von Rousseau bis Forster dem Essen und insbesondere den neuen exotischen Getränken eine entschiedene Rolle in der Geschichtsphilosophie und Anthropologie eingeräumt wurde, gestaltet sich bei Orwell jedoch als grundlegender Neuansatz. Offensichtlich sind ihm die älteren Ansätze einer solchen Geschichte des Essens und der Problematisierung der Esslust unbekannt. „Yet it is curious how seldom the all-importance of food is recognised. You see statues everywhere to politicians, poets, bishops, but none to cooks or bacon-curers or market-gardeners",[2] schreibt er weiter und ignoriert dabei all jene Geschichten und kulinarischen Publikationen, in denen spätestens seit dem 17. Jahrhundert die Köche und die Erfinder der neuen Küchen der aristokratischen und bourgeoisen Kreise als wahre Helden verehrt wurden. Bei Orwell, aber auch weit über ihn hinaus, lässt sich dagegen in den Debatten der 30er Jahre eine neue, wissenschaftliche Form der Problematisierung der Esslust und des Essens ausmachen, die eng mit dem Aufstieg der Ernährungswissenschaft und dem mit ihr einhergehenden Versuch einer Regierung und Regulierung des Essens der Unterschichten verknüpft ist, aber auch die Etablierung der Ethnologie als akademische Disziplin betrifft. Das Aufkommen dieser Form der Problematisierung der Esslust und des Essens gilt es in diesem letzten

---

1 George Orwell, *The Road to Wigan Pier*, London 2001 [1935], S. 84.
2 Ebd.

https://doi.org/10.1515/9783110640342-011

Kapitel nachzuzeichnen. In ihr vollzieht sich eine erneute Transformation, in der die Übung des Geschmacks eine neue, scheinbar universelle, kulturelle wie soziale Form annimmt. An ihr lassen sich in deutlicher Weise die Grenzen und kolonialen Problematiken einer neuzeitlichen, europäischen Sinnlichkeit aufzeigen, die bereits bei den Geschmackstheoretikern des 18. Jahrhunderts anklangen.

Die Problematisierung der Esslust in den Diskursen des 17. und 18. Jahrhunderts hatte auf eine regulierte Befreiung der Sinnlichkeit abgezielt und die entsprechenden Autoren hatten mit der Übung und Kultivierung des mündigen Geschmacks eine liberale Antwort auf die Frage nach der Beherrschung des Magens und der Regulierung der Gastrimargie zu geben versucht. In den 30er Jahren des 20. Jahrhunderts wurde der Geschmack dagegen selbst zum Problem. Die nach und nach bis in die Unterschichten ausgreifende Alltagspraxis des Geschmacks und seine *discretio*, deren Aufkommen die vormaligen Geschmacksdebatten begleitet, reflektiert und gleichermaßen vorangetrieben hatten, erwies sich als entschiedene Herausforderung einer Ernährungswissenschaft, die den Menschen als rein physisches Wesen zu bestimmen suchte. Dass der Geschmack von nun an weniger auf der Seite der Lösung als vielmehr auf der des Grundproblems der Esslust selbst zum tragen kam, lag dabei weniger an einer Rückkehr zu den antiken oder gar christlichen Problematisierungen der Esslust, in denen die sinnliche Verführung des Geschmacks das Subjekt in moralische Problemlagen brachte, sondern vielmehr in einer völligen Umkehrung der Fragerichtung. Hatten sich die Geschmackstheoretiker bis ins 19. Jahrhundert der Untersuchung und Konstituierung des kosmopolitischen, weltbürgerlichen Subjekts gewidmet und – in der diskreten Trennung und Unterscheidung der sinnlichen Wahrnehmung von den Gelüsten des Magens – den Geschmack mit der Ästhetik, die kulinarische Kostprobe mit der Literatur und die Tischgesellschaft mit der Konversation der Verständigen ins Verhältnis gesetzt, so wendeten sich die Geschmacks- und Ernährungswissenschaften nun gerade jenen kaum erforschten „Magensubjekten" zu, die der Geschmacksdiskurs vormals ausgeschlossen hatte. Hier nun gerieten ebenso die vermeintlich stets hungrigen „Nicht-Zivilisierten" an den Grenzen der europäischen Welt in den Blick wie die als geschmacklos geltenden Unterschichten. Die mögliche Geschichte des Essens steht dementsprechend in der Reportage von George Orwell zu Beginn jenes Kapitels, das sich mit den mangelnden Konsummöglichkeiten der Arbeitslosen beschäftigt und in dem der Versuch unternommen wird, das Elend der nordenglischen „unemployed workers" als Ernährungsproblem auszuweisen, von dessen Lösung die Zukunft und die Besserung ihrer Lebensverhältnisse abhängt. Dabei verleiht er dem lokalen Problem der nordenglischen *working class*, dessen Koordinaten sich gerade durch jene in der Neuzeit eingeführten Gemüsesorten, der sich seitdem verbreitenden Stimulanzen und Genussmittel ebenso wie durch die Konservenkost bestimmen lassen, eine menschheitsgeschichtliche Tiefendimension, die es geradezu als historisch-anthropologisches Grundproblem ausweist. Der Mensch bestimmt sich in *The Road to Wigan Pier* erneut, wie bereits bei den Gastro-Logikern der Antike, primär als ein zu füllender Magen: „A human being is primarily a bag for putting food into: the other functions and faculties may be more godlike, but in point of time they come afterwards,"[3] schreibt Orwell und antwortet damit wie ein Echo auf jenen Satz, den Johann Gottfried Herder prominent in seinen *Ideen zu einer Philosophie der Geschichte der Menschheit* geäußert hatte, um gegen Kant die Trennung von Natur und Kultur, Sinnlichkeit und Geist zu unterminieren: „Stolzer Mensch, blicke auf die ersten notdürftige Anlage deiner Mitgeschöpfe zurück, du trägst sie noch mit dir; du bist ein Speisekanal, wie deine niedrigern Brüder."[4] Auch Orwell sieht eine Verbindung und einen Übergang von Kultur und Natur im Modus der Nahrungsaufnahme, allerdings unter geradezu umgekehrten Vorzeichen. Statt, wie Herder, den Geistesmenschen an die Prozesse seines Unterleibs zu erinnern, geht es Orwell darum, die bloße und zwingende Notwendigkeit der Magenfüllung mit einem ganz eigenen Geschmack auszustatten.

Im Kontrast zu den seinerzeit von den Ernährungswissenschaftler*innen in ihren Laboratorien erstellten und mit Marktpreisen versehen Tabellen, die die minimalen wöchentlichen Bedürfnisse zusammenstellten, die einem Menschen das Überleben auf der Basis eines Einkommens von 30 Shilling ermöglichen sollten, präsentiert Orwell seinen Leser*innen jene Listen, die die arbeitslosen *Miners*, die er in seiner Sozialreportage interviewt hatte, selbst erstellten. Auf ihrer Basis ließe sich feststellen, so Orwell, dass die Arbeitslosen ihre Ausgaben für lebensnotwendige und gesunde Nahrungsmittel wie Gemüse, Obst oder Milch kürzten, um das gewonnene Geld vielmehr für Zucker, Tee, Tabak und teures Fleisch zu investieren.[5] Dabei sieht Orwell in diesen scheinbar sinnlosen Luxusausgaben nicht wie die Vertreter*innen einer positivistischen Ernährungswissenschaft – einen mangelnden ökonomischen Sinn der Arbeiter*innen und die Unfähigkeit der Frauen zur rationalen Haushaltsführung, sondern vielmehr das Zeugnis eines spezifischen Geschmacks der Arbeiterklasse, der als Wunsch nach einem Leben jenseits der bloßen Reproduktion der Arbeitskraft ebenso wie als Betäubungsmittel gegen das Elend lesbar wird:

---

3 Orwell, *The Road to Wigan Pier*, S. 84.

4 Johann Gottfried Herder, *Ideen zur Philosophie der Geschichte der Menschheit*, hrsg. v. Martin Bollacher (Johann Gottfried Herder Werke in 10 Bd., Bd. 6), Frankfurt am Main 1989, S. 78.

5 Orwell, *The Road to Wigan Pier*, S. 86 ff.

The ordinary human being would sooner starve than live on brown bread and raw carrots. [...] When you are unemployed, which is to say when you are underfed, harrased, bored and miserable, you don't *want* to eat dull wholesome food. You want something a little bit ‚tasty‘. There is always some cheaply pleasant thing to tempt you. Let's have three pennorth of chips! Run out and buy us a twopenny ice-cream! Put the kettle on and we'll all have a nice cup of tea! *That* is how your mind works when you are at the PAC level. White bread-and-marg. and sugared tea don't nourish you to any ectent, but they are nicer [...] than brown bread-and-dripping and cold water. Unemployment is an endless misery that has got to be constantly palliated, and especially with tea, the Englishman's opium.[6]

Radikaler noch als Georg Forster, der bereits gegen Ende des 18. Jahrhunderts den Geschmack auch der vermeintlich geschmacklosen, europäischen Landbevölkerung an den neuen Genussmitteln in Rechnung stellte und diese an der Kultivierung des Geschmacks hatte teilhaben lassen, spricht Orwell selbst den Ärmsten der Armen und den sprichwörtlichen Hungerleider*innen ihren nicht unproblematischen Anteil am vermeintlich guten Geschmack der Oberschichten zu. Was Orwell in den Quartieren der Arbeitslosen entdeckt, ist ein Geschmack der Unterschichten, der die von der Ernährungswissenschaft entwickelte gesunde und wortwörtlich „ausgewogene" Ernährung zu Gunsten eines unökonomischen Genießens ablehnt, das selbst die Unterernährung und den Hunger in Kauf nimmt, um an jenen luxuriösen und schmackhaften Gütern zu partizipieren, die in ihrer Sinnlichkeit ein klein wenig Hoffnung auf ein anderes, besseres Leben versprechen. Der Hunger ist nicht das Gegenteil der Fülle, er ist keineswegs nur ein bloßer Mangel, ein Nicht-Haben, sondern er kennt ebenso seinen eigenen Luxus, seine eigene Verschwendung, wie seine ganz eigenen Genüsse. Nach dem Ersten Weltkrieg hatten sich viele Luxusartikel so verbilligt, dass sie in den 30er Jahren selbst den Arbeitslosen teilweise zugänglich waren und ihnen eine vergleichsweise erschwingliche Flucht aus ihren Verhältnissen ermöglichten. Insofern die Luxusartikel jedoch kein tatsächlich anderes Leben boten, wie Orwell anklagend konstatiert, sondern nur das leere Versprechen dessen bereithielten, fungierten sie am Ende lediglich als Betäubungsmittel „to hold the unemployed down."[7]

Orwell universalisiert den Geschmack und dessen – wenn auch nachweislich zu großen Teilen nicht eingelöstes – Versprechen eines anderen, besseren und kultivierteren Lebens, indem er mit Blick auf die *working class* dessen kritisches Potenzial gegen die Disziplinierung der Esslust aktualisiert und anhand der sinnlichen Bedürfnisse und Lüste den Anteil der unteren Schichten

---

6 Ebd., S. 88 f.
7 Ebd., S. 83.

an einer spezifischen Sinnlichkeit sichtbar macht. Die damit verbundene politische Demonstration der „Gleichheit der Ungleichen"[8] verschiebt geradezu notwendig den Blick auf das, was den Geschmack als solchen auszeichnet. Wenn auch die Kritik, die Orwell an der bloß auf die Magenfüllung und die rein körperliche Integrität zielenden Maßnahmen der Ernährungsstandards äußert, den Diskurs der Ernährungswissenschaft bereits seit Anfang des 20. Jahrhunderts begleitete,[9] so erfuhr diese doch erst in den 30er Jahren eine systematische Konzeptualisierung, die die Ernährungswissenschaft nachhaltig transformieren sollte. Die Übung des Geschmacks entpuppte sich unter dem Blick der Sozialreportagen, aber auch und vor allem der zeitgenössischen Ethnologie der außereuropäischen Gesellschaften, als ein soziales Phänomen ersten Ranges. Der Geschmack und seine Einübung erschienen nun eingebettet in ein ganzes Kräftefeld von Traditionen, sozialen Beziehungen, Praktiken und kulturellen Normen, das den Geschmack, so universell er auch scheinen mochte, zum partikularen Effekt eines je spezifischen kulturellen Rahmens werden ließ. Mit den Nahrungs- und Genussmitteln gingen spezifische kulturelle Konnotationen einher: Vorurteile, Vorlieben und Tabus hielten – mehr noch als die momentbezogenen palliativen Versprechen der Genussmittel – die Arbeiterklasse von einer ausgewogenen Ernährung nach Maßgabe der Ernährungswissenschaft ab. Vollkornbrot etwa galt, wie Orwell ausführt, als „dirty" und landete in der gleichen Kategorie wie Schwarzbrot, das mit Papismus und Holzschuhen assoziiert wurde. Ebenso wie das Trinken der kostenlosen Milch in der Schule von den Jungen in Glasgow als „girls' food" abgelehnt wurde, während die Mädchen sie mit dem Verweis „sie mache fett" gleichermaßen verschmähten, wie der Sozialpsychologe Oscar Oeser herausfand, der sich zur gleichen Zeit wie Orwell mit den psychologischen Auswirkungen der Arbeitslosigkeit im Kontext seiner Social Psychology Research Group an der Universität von St. Andrews beschäftigte.[10]

---

8 Jacques Rancière, *Das Unvernehmen. Politik und Philosophie.* Übers. v. Richard Steurer, Frankfurt am Main ⁶2016, S. 41 f.
9 So erklärte etwa bereits zu Beginn des 20. Jahrhunderts Maud Pember Reeves den Geschmack der Armen zum unhintergehbaren Grund ihrer Ablehnung der wissenschaftlichen Ernährungsprogramme (Maud Pember Reeves, *Round about a Pound a Week*, London 1979, S. 174, 131). Vgl. hierzu auch James Vernon, *Hunger. A Modern History*, Cambridge (Mass.) und London 2007, S. 89.
10 Auf die entsprechenden Studien von Oeser verweist Audrey I. Richards, *Land, Labour and Diet in Northern Rhodesia. An Economic Study of the Bemba Tribe*, Münster und Hamburg ⁴1995, S. 7.

In den soziologischen, psychologischen und ethnologischen Studien der 30er Jahre bildete der Geschmack nicht mehr nur eine Übung der Oberschichten und der kosmopolitischen, bürgerlichen Kreise, die sich geradewegs in ihrer Absetzung von den geschmacklosen Hungergestalten an ihren Rändern bestimmten. Im Gegenteil: Wenn Orwell einen der Gründe für die schlechte Ernährung der Arbeiter*innen und ihre Vorliebe für Dosenfisch, Dosenbohnen und Kondensmilch in der allgemeinen englischen Vorliebe für die Produkte der Nahrungsmittelindustrie und der damit verbundenen schlechten Ernährung und körperlichen Degenerierung aller Engländer*innen ausmacht, der auch die Arbeiter*innen nacheiferten, dann konstatiert er vielmehr einen geteilten „schlechten" Geschmack, in dem sich oben und unten im Grunde nur in den ökonomischen Verhältnissen und den dadurch bedingten verschiedenen Konsummöglichkeiten unterscheiden.[11] Spätestens William Crawfords und Herbert Broadleys umfassende Untersuchung der britischen Ernährung wird ein Jahr später, 1938, diese Ansicht auf quantitativer Basis bestätigen: 65 Prozent der Haushalte der oberen Einkommensklasse und 90 Prozent der unteren berücksichtigten in ihrem geschmacklichen Konservatismus keinen der Ratschläge der Ernährungswissenschaft in ihrer täglichen Ernährung, ja, sie verweigerten sich diesen regelrecht. Ein Umstand, der neue Untersuchungen nötig machte, die den scheinbar irrationalen Ess-Tabus durch Marktforschungen auf die Spur kommen sollten.[12] Der Geschmack und seine Übung bezeichnen auch hier offensichtlich keine individuelle Kultivierungspraxis, sondern die Ein- und Ausübung eines ganzen kulturellen und sozialen Systems von Vorlieben, Tabus, Traditionen und Übereinkünften, kindlichen Erinnerungen und persönlichen Erfahrungen. Ein kulturelles und sinnlich-diskretes Regime, in dessen jeweiliger Partikularität sich gleichermaßen erst das bestimmt, was als guter Geschmack für diese oder jene Gruppe und in dieser oder jener Weise gelten kann.

Die Übung des Geschmacks – das heißt ebenso das mündige und freie Spiel des Sammelns und Austauschens von Erfahrung wie die diskrete Praxis der Unterscheidung und des Urteils der Zunge – erfährt vor dem Hintergrund ihrer Kulturalisierung und Sozialisierung eine grundlegende Transformation, wenn nicht Invertierung. Nicht nur implodiert unter den Vorzeichen des Geschmacks der Hungernden die Grenze zwischen Mund und Magen und damit die Grundlage der vormaligen Formen der Problematisierung der Esslust, sondern unter der neuen kultur- wie sozialwissenschaftlichen Perspektive wird

---

11 Orwell, *The Road to Wigan Pier*, S. 90–92.
12 Vgl. Vernon, *Hunger*, S. 136 f.

der Mundraum gleichermaßen zum „Opus operatum" und „Modus operandi"[13] eines sozialen und kulturellen Umfelds, das hierin erneut das Subjekt von seiner *discretio* als einer eigenständigen und mündigen Urteilsinstanz entkleidet. Der Geschmack erscheint im Kontext der Ernährungsstudien der 30er Jahre und darüber hinaus weniger als ‚mündige' Praxis, als vielmehr, wie auch und vor allem die Malinowski-Schülerin Audrey Richards in ihrer einflussreichen Studie über die Ernährung der Bemba deutlich macht, als die Summe der kulturellen und sozialen, geistigen wie materiellen „limiting factors" und Zwänge, die die Ernährung des Subjektes bestimmen.[14] Diese Transformation geschieht nicht zuletzt und vornehmlich auch deshalb, weil sich der Geschmack für die Akteur*innen seiner Verwissenschaftlichung von seinen vormaligen Grenzen aus konzeptualisierte und sich auch praktisch als Phänomen eines Widerstands gegen die vermeintlich notwendige Regulierung der Esslust, wenn nicht sogar gegen ihre Erforschung selbst darstellte.

Wollte man das Problem der Mangelernährung angehen, und hierin waren sich die linken Intellektuellen und Sozialpsycholog*innen ebenso wie die Vertreter*innen der neuen *Social Anthropology*, die Bronislaw Malinowski und seine Schüler*innen an der London School of Economics betrieben, bei allen Differenzen bezüglich der Beschreibung des Problems und der Mittel seiner Lösung mit den Ernährungswissenschaftler*innen einig, so musste man den Widerstand gegen die Einführung einer verbesserten und gesünderen Ernährung überwinden. Mit dem kleinen Luxus des Geschmacks an gezuckertem Tee, an Eiscreme, Tabak und Kaffee ebenso wie mit der kulturellen Codierung des Essens geht vor dem Hintergrund der knapp bemessenen ökonomischen Mittel und der allgemeinen elenden Lebensbedingungen eine sichtbare wie statistisch nachweisbare physische Degeneration der Körper einher. Die Lust an den billigen Luxusgütern wird unter den Bedingungen des Elends mit Entkräftung, fehlenden Zähnen, Unterernährung, und immensen Todes- und Kindersterblichkeitsraten bezahlt. Mit dem Feld der kulturellen Vorurteile, der sozialen Zwänge und der geschmacklichen Gelüste ist eine Welt der von Armut und Fehlernährung gezeichneten Körper verbunden, für deren Beschreibung etwa Orwell auf die antiken ethnographischen Berichte eines Herodot, Strabon oder Plinius über wilde Fisch und Reptilien essende Barbar*innen zurückgreift: „In Sheffield you have the feeling of walking among a population of troglodytes."[15] Der kulturell wie sozial gerahmte Geschmack versucht entsprechend eine theoretische Antwort auf das Problem

13 Pierre Bourdieu, *Entwurf einer Theorie der Praxis. Auf der ethnologischen Grundlage der kabylischen Gesellschaft.* Übers. v. Cordula Pialoux und Bernd Schwibs, Frankfurt am Main 1976.
14 Richards, *Land, Labour and Diet in Northern Rhodesia*, S. 6 f.
15 Orwell, *The Road to Wigan Pier*, S. 89.

eines praktischen Scheiterns der positivistischen Ernährungswissenschaft zu liefern. Diese war es gewohnt ihre Proband*innen als reine, singuläre, passive, metabolische und funktionale Körper zu betrachten. Eine mögliche Widerständigkeit gegen ihre „ausgewogenen" Ernährungsprogramme, das heißt die Inkompatibilität der eigenen Rationalität mit derjenigen der zu optimierenden Subjekte, seien es die verelendeten Arbeiter*innen in den Industriequartieren oder die nicht-modernen Untertan*innen in den Kolonien des Empire, ließ sich dementsprechend nur *ex negative* benennen: als Vorwurf oder Feststellung der Ignoranz, der Vorurteilsbehaftetheit, der Rückständigkeit, der ökonomischen Unfähigkeit oder Nicht-Bildung, die es mithilfe der ganzen Breite an Aufklärungs- und Propaganda-Methoden zu überwinden galt. Von Aufklärungsfilmen, über Radio-Talks, Lehrgängen, Rundbriefen, Kochbüchern und Lesezirkeln, bis hin zu Postern, öffentlichen Vorführungen und „Competitions" zählt etwa der *First Report* des Comitteeon Nutrition in the Colonial Empire von 1939 eine ganze Reihe an möglichen Strategien der Überwindung des „factor of ignorance" auf, der die gute und gesunde Ernährung der kolonialen Subjekte verhindere.[16]

Wo die Ernährungswissenschaft das Problem nur als ein bloßes Defizit zu beschreiben im Stande war und auch der immense Einsatz von Propaganda nicht die gewünschten Effekte zeitigte, lieferte der kulturalisierte und sozialisierte Geschmack den kritischen Ansatz einer Erklärung. Ja, mit ihm ließ sich, wie im Falle Orwells, das Problemverhältnis geradezu invertieren. Indem der Hunger als ökonomisches Problem gerahmt wurde, konnte man die Not der Verhältnisse dem Zynismus der herrschenden Klasse anlasten, durch den die Angehörigen der *working class* in ihren Bedürfnissen offensichtlich nicht als gleichwertige Menschen angesehen wurden: „First you condemn a family to live on thirty shillings a week", schreibt er aus der Perspektive der Arbeitslosen, „and then you have the damned impertinence to tell them how they are spend their money."[17] Mit dem Geschmack ließen sich die Ausbeutung, die mangelnden Sozialprogramme und die falschen Annahmen der Ernährungswissenschaftler*innen selbst zum Problem erklären, die stets nur ein Überlebensminimum in Rechnung stellten, mit dem keiner leben konnte, anstatt sich an einem Optimum der möglichen ökonomischen Lebensverhältnisse zu orientieren[18] „The English housewife may be supplied with pamphlets on the calorie values of different dishes, and listen to radio talks on the best and

---

16 Economic Advisory Council, *Nutrition in the Colonial Empire. Committee on Nutrition in the Colonial Empire, First Report – Part I (Cmd. 6050)*, London 1939, Chapter XII: „The Fact of Ignorance and the Need for Education and Propaganda".
17 Orwell, *The Road to Wigan Pier*, S. 92.
18 Zur Umstellung von einem minimalen zu einem optimalen Ernährungslevel im Kontext der Debatten der 30er Jahre vgl. Vernon, *Hunger*, S. 128.

most economical use of her resources",[19] schreibt Audrey Richards zwei Jahre später und damit im gleichen Jahr, in dem der *Report* des Comittee on Nutrition in the Colonial Empire erschien,[20]

> but when she shuts the book or switches off the wireless, she has actually to produce a meal on a limited budget, in a particular kitchen and as part of a fixed routine of life [...]. She actually knows how to cook relatively few dishes and nutritional habits limit her to a still smaller selction of these, whatever her class. The habit of eating is very largely fixed and the traditions of housecraft correspond to it. [...] Eating and drinking are social institutions, too, in any community and this determines the use of peoples resources.[21]

Und dem nicht genug: „Besides all these limiting factors, we each of us have some kind of theory or belief, based on traditional teaching, childish memories or personal experience, as to what will do us 'good' suit us, slim us, make our children grow, or 'last' us when at work."[22] Wolle man dementsprechend die Ernährungsweisen ändern, die „obviously deficient" seien, so reiche es nicht, die Menschen über eine entsprechende „aus- und abgewogene" Ernährung mit Hilfe dieser oder jener medialen Mittel aufzuklären, sondern bedürfe stattdessen eines grundsätzlichen Wissens über den jeweiligen kulturellen Geschmack und seine „limiting factors", um den Menschen eine andere Ernährung wortwörtlich schmackhaft zu machen.[23] Das neue Feld der sozial- und kulturwissenschaftlich fundierten Geschmackswissenschaft der 30er Jahre war untrennbar mit dem Problem der Mangel- und Fehlernährung verbunden, das die schlechte Ernährung der Arbeiter*innen in den Industrielagen der britischen Inseln mit derjenigen in den Kolonien des Empire aneinanderknüpfte. Dabei war der Übertrag vom einen zum anderen Problem nicht nur dem zeithistorischen Problembereich der Sicherstellung und Steigerung der britischen und kolonialen

---

19 Richards, *Land, Labour and Diet in Northern Rhodesia*, S. 6.
20 Seit Februar war Richards selbst in der Ablösung von Raymond Firth als Sozialanthropologin Mitglied des Comittees (vgl. Economic Advisory Council, *Nutrition in the Colonial Empire*, S. 4). Die Ausführungen Richards in *Land, Labour and Diet in Northern Rhodesia*, die sich nur in Bruchteilen im Bericht des Ernährungskommittees wiederfinden und der Sichrweise der herkömmlichen Ernährungswissenschaft untergeordnet werden, sind auch als eigenständiger und kritischer Kommentar der Sozialanthropologie zu dem Parlamentsbericht zu lesen. Dass dies auch von Zeitgenossen aus dem Umfeld des Comittees so gesehen wurde, wird etwa in der Rezension des Ökologen Edgar B. Worthington deutlich (Edgar B. Worthington, „Review of ‚First Report of the Economic Advisory Council Committee on Nutrition in the Colonial Empire' and ‚Land, Labour and Diet in Northern Rhodesia – An Economic Study of the Bemba Tribe' by Audrey Richards", in: *Africa* 13, 1 (1940), S. 77–82).
21 Richards, *Land, Labour and Diet in Northern Rhodesia*, S. 6.
22 Ebd., S. 7.
23 Ebd., S. 9.

Arbeitskraft nach der *Great Depression* von 1929 geschuldet oder dem Umstand, dass die Ernährungswissenschaft die Kolonien seit den 20er Jahren als vielversprechendes Feld einer Ausweitung ihrer Laborforschung betrachtete und die Lösung der Ernährungsprobleme in den Kolonien zur Kernfrage der kolonialen Entwicklung machte.[24] Der Zusammenhang zwischen den Forschungen in den Quartieren der Arbeiterklasse und denjenigen in den britischen Kolonien beruhte auch auf ihrem Status als Grenzräumen eines europäisch-bürgerlichen Geschmacks, in denen sich die Vielfalt der kulturellen Vorurteile, der partikularen Vorstellungen, Theorien und Praktiken des Essens als ein unbekanntes Gebiet erwies, das einer eingehenden Erforschung harrte. Wenn Orwell die Welt des Elends in der Gestalt der degenerierten Körper der Arbeitslosen mit dem antiken mythischen Volk der Troglodyt*innen ins Verhältnis setzt, dann auch, weil sich die elenden Landstriche Nordenglands selbst für den aus Burma heimgekehrten ehemaligen Imperial Police Officer als ein fremdes und befremdliches Landes darstellten, die sich in dieser Hinsicht kaum von den fremden Kulturen an den Grenzen des Empire unterschieden: „But when you go to the industrial North", schreibt er dementsprechend in *The Road to Wigan Pier*, „you are concious [...] of entering a strange country."[25] Der Albtraum der burmesischen Landschaft[26] spiegelt sich in Orwells Beschreibungen im Anblick, Gestank und der „sinisteren Größe"[27] des Elends des industriellen Nordens. Und Orwell war mit diesen Assoziationen nicht allein. Auch den in Kolkata geborenen Fenner Brockway, der mit seiner Anklage der Lebensverhältnisse der englischen Arbeiter*innen in *Hungry England* (1932) zum Stichwortgeber der Debatte der 30er Jahre avancierte, erinnerte der Norden Englands an seine Kindertage in Indien. Und in gleicher Weise stellten sich für den gerade von seinen Forschungen über die „Kannibal*innen" auf Malekula im Südpazifik[28] heimgekehrten Tom Harrison die Forschungen in Bolton – die unter dem Titel *Worktown* den Beginn des Mass Observation Movements begründeten als eine bruchlose Erweiterung seiner Forschungen in den Südsee-Kolonien dar: „The wilds of Lancashire or the mysteries of the East End of London were as little explored as the cannibal interior of the New Hebrides or the head-hunter hinterland of Borneo."[29] Dieser Umstand veranlasste auch Audrey Richards dazu, die Untersuchung der Ernährung der fremden Kultur der

---

24 Vernon, *Hunger*, S. 104–117, 146–158.
25 Orwell, *The Road to Wigan Pier*, S. 101.
26 Ebd.
27 Ebd., S. 99.
28 Tom Harrisson, *Savage Civilization*, London 1937.
29 Tom Harrison, „Introduction", in: Bob Willcock, *Polls Apart. Unpublished Mass-Observation survey*, 1947, S. 2, zit. n. Vernon, *Hunger*, S. 121.

Bemba in direkten Bezug zur Untersuchung der Ernährung der englischen Arbeiterklasse zu setzen: „[T]he observer would be dealing with people whose living conditions are entirely unfamiliar in most cases – their housing and eating customs, their methods of producing and distributing food, and the ideas and beliefs that make them chose one foodstuff rather than another."[30] Was sich vordergründig auf die Probleme der Erforschung der fremden Esskultur der Bemba im kolonialen Nordrhodesien auf dem heutigen Gebiet Sambias bezieht, gilt doch gleichermaßen auch für das Feld der eigenen und offensichtlich ebenso fremden Esskultur, deren Vorurteile und differente Geschmäcker man, wie Richards in einer Fußnote deutlich macht, ebensowenig kannte.[31] Den Vorschlag, die ethnologischen Methoden und Fragestellungen auf den „dunklen Kontinent" der eigenen Kultur anzuwenden, hatte auch Bronislaw Malinowski unterbreitet und zwar gerade im Vorwort zu Richards Doktorarbeit *Hunger and Work in a Savage Tribe*, das anlässlich dieses „pioniering piece of research"[32] im Feld der anthropologischen Ernährungsforschung geradezu programmatisch eine umfassende und vergleichende ethnologische Erforschung des Essens einforderte:

> To the savage and to the civilized man alike there is nothing more important perhaps than what he eats and how he eats. I could draw paralells to this from Europe [...] as well as from Melanesia [...]. The natives of the Trobriand Islands, whom I studied in my Melanesian field-work, do not eat man and shudder at the idea of eating dog and snake. They abhor their neightbours as cannibals and dog-eaters or snake-eaters. These neightbours in turn despise the Trobrianders for their lack of culinary discrimination in neglecting such excellent viands as man, snake and dog. The natives of the British Isles whom I studied in another bout of fieldwork, look down on their neightbours, inhabitants of France, calling them ‚snail-eaters' and ‚frog-eaters'. What the French think about British plum-pudding and white sauce and the ‚cut from the joint', I dare not repeat here. [...] It was Voltaire, I think, who expressed his scorn of the nation ‚who had a hundred religions but only one sauce' It is easy to be facetious about national prejudices in food, but it is not so easy to study this subject scientifically, and it is high time to do it.[33]

Wenn in den ethnologisch inspirierten Sozialreportagen der 30er Jahre unter dem subsumierenden Begriff des Geschmacks die kulturellen Faktoren des Essens in den Blick gerieten, dann unter einer Perspektive, die maßgeblich durch jenen befremdlichen Blick auf andere, außereuropäische Kulturen geschult war und sich nach der Rückkehr aus den Kolonien auf Europa übertrug. Das Paradigma des Reisens und der kosmopolitischen Erkundung der Welt, das in Form

---

30 Richards, *Land, Labour and Diet in Northern Rhodesia*, S. 6.
31 Ebd., S. 7.
32 Bronislaw Malinowski, „Preface", in: ebd., S. ix–xvi, hier: xvi.
33 Ebd., S. xv f.

der Neu-Gier für die Konstituierung des mündigen Geschmacks in der Neuzeit eine entscheidende Rolle gespielt hatte, findet sich dementsprechend – wenn auch stark transformiert und geradezu unter den umgekehrten Vorzeichen der Geschmacksirritation – in der neuen Konzeption des Geschmacks wieder. Erneut verweist die europäische Geschichte des Geschmacks und der Übung des Schmeckens wie auch ihre Problematisierung auf die Beziehungen Europas zu einem konstitutiven Außen, ohne das der Selbstbezug und das eigene kulturelle Selbstverständnis nicht denkbar erscheint. Auch die kulturelle Ernährungsforschung nahm historisch – wenn auch auf andere Weise als zuvor – ihren Ausgang nicht in Europa, sondern entwickelte sich in den Kolonien im Kontakt mit fremden Esskulturen und Geschmäckern, um im Spiegel des Fremden die Unkenntnis der eigenen Esswelten zu entdecken: „Universalism in the shape of the elaboration of the universal laws of social anthropology, returned from the empire to strike back at metropolitan British conceits."[34]

Die Sozialstudien der 30er Jahre beschritten hierin ein Feld, das, so erschien es zumindest den Protagonist*innen dieser neuen Forschungen, bis dato keinerlei wissenschaftliche Untersuchungen zu verzeichnen hatte. Nicht nur Orwell beklagte, wie eingangs beschrieben, die Verdrängung der Bedeutung des Essens in der Geschichte, auch Audrey Richards hatte bereits fünf Jahre zuvor der modernen Soziologie einen ähnlichen Vorwurf gemacht.[35] Während Orwell jedoch in seinem Entwurf einer Geschichte des Essens die anthropologischen Diskurse des 18. Jahrhunderts und ihre Vertreter konsequent ignorierte, fungierten sie – namentlich etwa Rousseau und Montesquieu, deren Bestreben es war, radikaler als alle anderen *tabula rasa* in der Frage nach dem *anthropos* zu machen – bei Richards als Folie, vor der sich die Ess-Vergessenheit der modernen Soziologie umso deutlicher herausstellen ließ.[36] Zwar gingen deren Theorien seit dem 19. Jahrhundert in ihrer Betrachtung der ökonomischen Aktivitäten der Gesellschaft stets von der Notwendigkeit der Ernährung aus, nur koppelten sie die daraus resultierenden Gesetze des Eigentums und die Fragen der industriellen Organisation völlig von der Ernährung als Determinante des gesellschaftlichen Lebens ab. Nicht das Bedürfnis nach Essen sei der kontinuierliche Antrieb der Ökonomie, sondern die ökonomischen Gesetze seien umgekehrt die Determinanten der Nahrungsmittelproduktion. Die Ökonomik, so kritisiert Richards, stelle damit die Tatsachen geradezu auf den Kopf, wenn sie die Aktivitäten der Nahrungsproduktion selbst im

---

34 Vernon, *Hunger*, S. 115.
35 Audrey I. Richards, *Hunger and Work in a Savage Tribe. A Functional Study of Nutrition among the Southern Bantu*. With a Preface by Bronislaw Malinowski, London 1932, S. 11–15.
36 Ebd., S. 11 f.

Sinne rein ökonomischer Begriffe abhandele. Die Ökonomie beschreibe eine verkehrte Welt– nicht zwangsläufig wenn es um die modernen Gesellschaften gehe,
spätestens aber dann, wenn sogenannte „primitive" Gesellschaften in den Blick
gerieten. Denn deren Ökonomie widme sich beinahe ausschließlich der Nahrungsproduktion. Essen widme sich hier gerade kein Produkt eines Marktes und
eines ökonomischen Austausches wie jedes andere, sondern als eine durchaus
andere Kategorie aufzufassen. Im Gegensatz zu den Überflussgesellschaften des
Westens, die ebenso in einer massiven Verlängerung ihrer Distributionsketten,
der Ausweitung des Transportwesens – vor allem in Form der Schifffahrtsstra-
ßen und der Eisenbahn – wie mit der Verbesserung der Konservierungs- und
Lagermethoden, den Hunger und die Zentralität der Lebensmittelproduktion
für das alltägliche Leben ausblenden könnten, stelle der Hunger, so Richards,
in den sogenannten „primitiven" Gesellschaften eine dauernde Möglichkeit
oder gar Realität dar, der die Bedeutung des Essens für ihre soziale, emotionale, ökonomische und politische Organisation begründe: „Food is actually
a different object to the hungry and the full man",[37] schreibt sie zusammenfassend und begründet einmal mehr den notwendigen Zusammenhang zwischen der ethnologischen Entdeckung des kulturellen Geschmacks und der
Problematik des Hungers und der Mangel- und Fehlernährung. Dabei ist zu
konstatieren, dass der enge Zusammenhang und der Verweis zwischen der
Ethnologie und dem Feld der Ernährungsforschung nicht nur in eine Richtung
funktionierte, sondern als wechselseitig angesehen werden muss. Wenn insbesondere Richards mit ihren Thesen entscheidende Impulse für die Ernährungsforschung der 30er Jahre lieferte und hierin maßgeblich dazu beitrug,
die Ernährungsfrage ins Zentrum der kolonialen Debatten zu stellen, wie

---

[37] Richards, *Hunger and Work in a Savage Tribe*, S. 14. Richards greift hier eine These Malinowskis auf, die dieser bereits 1925 – allerdings in primitivistischer Verkürzung – formuliert
hatte: „Für den primitiven Menschen ist die Natur seine lebende Speisekammer, an die er sich
[...] direkt wenden muß, um einzusammeln, kochen und essen zu können, wenn er hungrig ist.
Der Weg von der Wildnis zum Magen des Primitiven und infolgedessen zu seiner Seele ist kurz
[...]" (Bronislaw Malinowski, „Magie, Wissenschaft und Religion", in: *Magie, Wissenschaft und
Religion. Und andere Schriften*. Übers. v. Eva Krafft-Bassermann, Frankfurt am Main 1973,
S. 1–74, hier S. 30). Nicht zuletzt auch im Bezug auf das Engagement der Social Anthropology
im Feld der Ernährungsfragen, wird Malinowski die Bemerkungen über die Gartenmagie, die in
diesem Aufsatz bereits anklingen 1935 in Form seiner Monographie über die *Korallengärten und
ihre Magie* ausarbeiten: ders., *Korallengärten und ihre Magie. Bodenbestellung und bäuerliche
Riten auf den Trobriand-Inseln*. Übers. v. Gertraud Marx, mit einem Photo-Anhang ‚Die Trobriander heute' v. Dietrich Winkler, hrsg. v. Fritz Kramer, Frankfurt am Main 1981.

Cynthia Bradley zu Recht betont hat,[38] dann ist es umgekehrt die immense Bedeutung, die dieser Frage für die koloniale Administration und die ökonomische Entwicklung des Empire zugemessen wurde, in der die Theoriegruppe um Richards und die Malinowski-Schüler*innen Raymond und Rosemary Firth, Sonia L. und Meyer Fortes[39] sowie Margaret Read die Chance sah, der auf die Feldforschung spezialisierten jungen Disziplin der Ethnologie die Anerkennung als zukunftsträchtige Wissenschaft zu verschaffen. Und auch über die britischen Inseln hinaus wurde das Feld der Ernährungsfrage zur Eintrittskarte der Ethnologie in die Zentren der Macht, wie man im Falle der amerikanischen Cultural Anthropology der Boas-Schule beobachten kann, die sich mit Margret Mead und Ruth Benedict während des Zweiten Weltkriegs massiv in den Projekten des National Research Council's Committee on Food Habits engagierten.[40] Darüber hinaus kann man herausstellen, dass die Aussicht auf akademische (und politische) Anerkennung im gleichen Maße auf das Feld der Ethnologie selbst zurückwirkte. Denn mit ihr war auch intern eine Anerkennung des neuen – und vornehmlich von Frauen getragenen Interesses an der Erforschung der mit der Ernährung eng verknüpften weiblichen Sphäre des Haushalts verbunden und damit das Eingeständnis einer fundamentalen Lücke in den von männlichen Interessen dominierten ethnologischen Forschungen überhaupt.[41] Nicht zuletzt deshalb wird die Frage des Essens und der begrenzenden Faktoren des Geschmacks von Richards auch umgekehrt und – im Gegensatz

---

38 Cynthia Brantley, „Kikuyu-Maasai Nutrition and Colonial Science. The Orr and Gilks Study in Late 1920s Kenya Revisited", in: *The International Journal of African Historical Studies* 30, 1 (1997), S. 49–86, hier S. 53.

39 Raymond Firth, „The Sociological Study of Native Diet", in: *Africa* 7, 4 (1934), S. 401–414; Rosemary Firth, *Housekeeping among Malay Peasants*, London 1943; Meyer Fortes/Sonia L. Fortes, „Food in the Domestic Economy of the Tallensi", in: *Africa* 9, 2 (1936), S. 237–276.

40 Stellvertretend seien hier die von Margret Mead als Executive Secretary herausgegebenen *Reports of the Committee on Food Habits* genannt: National Research Council (Hrsg.), *The Problem of Changing Food Habits. Report of the Committee on Food Habits 1941–1943*, Washington 1943; dies., *Manual for the Study of Food Habits. Report of the Committee on Food Habits*, Washington 1945. Vgl. auch Margaret Mead, „The Factor of Food Habits", in: *The Annals of the American Academy of Political and Social Science* 225 (1943), S. 136–141.

41 Bereits in seinem Vorwort zu Richards Doktorthesis gesteht Malinowski diese Lücke ein, wenn er schreibt: „[I]t is only now, after I have become thoroughly aquainted with Dr. Richards essay, that I see how much I missed in my own observations among the Melanesians" (Richards, *Hunger and Work in a Savage Tribe*, S. xi). Vgl. hierzu auch Jo Gladstone, „‚Venturing on to the Borderline'. Audrey Richard's Ethnographic Contribution to the ‚Hungry Thierties' Debate in Africa, 1927–1942", in: *Bulletin of the Society for the Social History of Medicine* 1987, S. 27–32; dies., „Significant Sister. Autonomy and Obligation in Audrey Richards' Early Fieldwork", in: *American Ethnologist* 13, 2 (1986), S. 338–362.

zu der von Malinowski so herausgestellten männlichen Faszination der Sexuali-tät[42]– zur entscheidenden Grundlage jeglicher funktional argumentierenden eth-nologischen Forschung erklärt: „A functional examination of any primitive community is meaningless unless we start from the sociological signifiance of food in that particular group", schreibt Richards 1932.[43]

So folgenlos die kulturanalytisch orientierten praktischen Vorschläge für die politische Administration blieben – nicht zuletzt bedingt durch ihre notwendige Komplexität –, für die Kultur- und Sozialwissenschaften eröffneten sie in theore-tischer und forschungspraktischer Hinsicht einen wahren „culinary turn", der sich jedoch bedingt durch die Kriegs- und Nachkriegszeit erst zeitverzögert im Kontext des kulinarischen Aufschwungs der späten 60er und 70er Jahre durch-setzten sollte. Die enge Kopplung von Hunger und Geschmack, die die Kulturali-sierung und Sozialisierung des Geschmacks in den 30er Jahren geprägt, ja erst ermöglicht hatte, blieb unter den veränderten Voraussetzungen des Untersu-chungsfeldes der neuen Konsumgesellschaft jedoch ausgeblendet, und unter der Überschrift der Kultur des Essens wurde stattdessen einer mal mehr mal weniger kritischen Reformulierung des bürgerlichen mündigen Geschmacks Raum gege-ben. Umso mehr gilt es, an diesen Zusammenhang zu erinnern und die Kultur- und Sozialwissenschaft des Essens in den Kontext der Hungerforschung der 20er und 30er Jahre zu stellen. Erst in dieser Konfrontation des Geschmacks mit sei-nen Grenzen wird die ganze Tragweite der Transformation der Übung des Schme-ckens in der frühen Ethnologie und Sozialforschung deutlich, ebenso wie die nicht ganz unproblematischen Voraussetzungen und Implikationen des solcher-maßen transformierten Geschmacks.

8.1 Der „dunkle Kontinent" als koloniales Ernährungslabor

Wie bereits oben bemerkt wurde, vollzog sich die Verwissenschaftlichung der Frage nach dem Essen gerade nicht in der Sphäre der Gastronomie, die den aus dem 17. und 18. Jahrhundert stammenden moralischen und populärwissen-schaftlichen Diskurs über die Esslust aufgriff und jenseits der Universitäten in einer lustvollen und gleichermaßen weitgehend ironischen, para-, wenn nicht pseudowissenschaftlichen Form tradierte, sondern vielmehr auf dem Feld der naturwissenschaftlichen Erforschung der Ernährung und des Hungers.

---

42 Nicht zufällig lautet der erste Satz ihrer Doktorthesis: „Nutrition as a biological process is more fundamental than sex" (Richards, *Hunger and Work in a Savage Tribe*, S. 1). Vgl. hierzu auch Malinowskis Ausführungen im Vorwort: ebd., S. x f.
43 Richards, *Hunger and Work in a Savage Tribe*, S. 214.

Indem die Übung des Geschmacks und die Problematisierung der Esslust in den gastrosophischen Literaturen die alltägliche Subjektivierung eines sich etablierenden Weltbürgertums begleiteten, die den Besitz und die Demonstration des mündigen Geschmacks als bürgerliche Selbstverständlichkeit begründete, erschien das alltägliche Essen kaum geeignet, um zum Problem einer akademischen Behandlung zu werden. Weit entfernt davon, eine Problematisierung des Selbst zu leisten, wurde in der bürgerlichen Wissenschaft stattdessen die in ökonomischer Hinsicht viel drängendere Frage des Zusammenhangs von Gesundheit, Ökonomie und Produktivität zum Ausgangspunkt der akademischen Aufmerksamkeit für die Diätetik. Und es waren dementsprechend gerade die weit vom guten Geschmack der mondänen Weltbürger*innen entfernten hungrigen Armen und Arbeiter*innen und die Frage nach der Reproduktion der Arbeitskraft sowie das Ziel der Überwindung des Skandals des Hungers, die im Verlauf des 19. Jahrhunderts eine wissenschaftliche Erforschung des Essens initiierten. Die Wissenschaft vom Essen etablierte sich als eine laborgestützte Ernährungswissenschaft, die von Chemikern, Physiologen und Medizinern dominiert wurde und die, in ihrem thermodynamischen Entwurf des menschlichen Körpers als Stoffwechselmaschine in keiner Weise die mündige Esslust adressierte, sondern vielmehr das Problem der Füllung des Magens mit dem für ihn nötigen „Treibstoffen" wie Kohlenhydraten, Fetten und Proteinen. James Vernon hat in seiner Geschichte der modernen Strategien der Erforschung, Problematisierung und Regierung des Hungers diese Entwicklung für Großbritannien minutiös nachgezeichnet.[44] Ausgehend von dem Problem den Hunger und insbesondere den Hungertod zu definieren, zu messen und zu erfassen, entwickelte sich eine Wissenschaft vom Essen, die eine technische, objektive, standardisierte und universale Erfassung des Problems versprach. Dass hierbei vor allem die quantitative Erfassung von Nahrungsmengen im Zentrum stand und keineswegs die qualitativen Differenzen der Nahrungsmittel, macht einmal mehr die Opposition dieser neuen Wissenschaft vom Essen gegenüber dem mündigen Geschmack augenfällig.

Erst mit der Erforschung und Entdeckung der Vitamine und Mineralien sowie der Mangelerkrankungen wie Skorbut und Beri-Beri – die als neue ernährungsbedingte Krankheit in Folge der Einführung europäischer Reisschälmaschinen zuerst in Japan und auf Java auftauchte und den Forschern Rätsel aufgaben – vollzog sich seit den 10er und 20er Jahren des 20. Jahrhunderts ein Wandel der Perspektive in der aufstrebenden Ernährungswissenschaft, die nun ihren Fokus auch auf qualitative Differenzen der Nahrungsmittel und ihre

---

44 Vgl. Vernon, *Hunger*, insbesondere S. 81–117.

physiologischen Effekte zu richten begann. John Boyd Orr, der später als einer der führenden Ernährungswissenschaftler gelten wird und nach dem Zweiten Weltkrieg zum ersten Direktor der neu gegründeten Food and Agriculture Organization (FAO) der Vereinten Nationen aufsteigen sollte, war mit seiner Ansicht, dass das Problem der Qualität der Nahrungsmittel für die Frage einer gesunden Ernährung weitaus entscheidender sei als die Fragen der Quantität, nicht allein.[45] So hob etwa auch 1928 Robert McCarrison vom Pasteur Institute im indischen Conor die entschiedene Notwendigkeit der Untersuchungder sogenannten „Malnutrition" hervor. Er betonte, dass zwar die Toten durch die „more spectacular endemic andepidemic diseases" jährlich in die Tausenden gingen, man jedoch feststellenmüsste, dass „malnutrition maims its millions"[46]

Dieser Perspektivwechsel schlug sich in der Folge nachdrücklich in den Leitbegriffen der Ernährungswissenschaft nieder, die mit dem Aufstieg des Begriffs der „Malnutrition" gegenüber demjenigen der „Undernutrition" eine völlig neue Ausrichtung der Forschung begründete. Während sich die Ernährungswissenschaft bis dato vornehmlich an den großen und skandalträchtigen Hungerkatastrophen abgearbeitet hatte und hierin bestrebt war, eine Minimalernährung zu definieren, die es erlaubte, jene Grenze zu bestimmen und abzusichern, an der die Katastrophe des Hungers ihre Wirkung zu entfalten drohte, so arbeitete man nun vielmehr an einer qualitativ bestimmten Idealernährung. Eine Verschiebung und Transformation, die gravierende Folgen für die Bestimmung dessen hatte, was man nun an gewohnt war unter Hunger zu verstehen:

Mit der qualitativen Bestimmung einer optimalen Ernährung ging eine massive Ausweitung des Untersuchungsfeldes „Hunger" einher. Dieser wurde nun als graduelle Abweichung des idealen ausgewogenen Optimums der Ernährung gewertet. Statt vom Hunger sprach man von nun an fast regelhaft von Fehl- und Mangelernährung, in deren erweitertem Feld der Hunger – definiert als Nichterreichen eines sozialen und quantitativen Ernährungsstandards – nurmehr als extremer Rand begriffen wurde. Hatte der quantitative Hungerdiskurs sich noch bemüht, eine normative Grenze zwischen dem Mangel und der Fülle zu ziehen, so ließen sich von nun an nur noch Grade der Abweichung ausmachen, die für allerhand Mangelerscheinungen und entsprechende Defiziterkrankungen, geschwächte Immunsysteme, statistisch abfallende Fertilitätsraten und andere Symptome verantwortlich zu machen waren.

---

45 Ebd., S. 95.
46 Robert McCarrison, „Memorandum on Malnutrition as a cause of physical inefficiency and ill-health among the masses in India", in: Royal Commission on Agriculture in India (Hrsg.), *Evidence of Officers Serving under the Government of India. Vol. I, Pt. II*, Calcutta 1928, S. 96–116, hier S. 96.

Umgekehrt hatte diese Verschiebung zur Folge, dass die Frage nach dem Hunger und die Untersuchung von Hungerkatastrophen überhaupt zu einem Randphänomen im Feld der „Malnutrition" degenerierten. Ein Umstand, der sich noch in Audrey Richards *Hunger and Work in a Savage Tribe* nachweisen lässt, in dem der „constant drive of hunger" gleichermaßen ein anthropologisches Grenzphänomen darstellt, das vor allem argumentativ dazu dient, der Frage des Essens im Allgemeinen Bedeutung zu verleihen.[47]

Im Angesicht dieser Verschiebungen, die mit dem Paradigma der *Malnutrition* spätestens in den 30er Jahren verbunden waren, greift Vernons Rede von einer Transformation des Hungerdiskurses und der Regierung des Hungers deutlich zu kurz. Vielmehr ist der Umstand der Überblendung durch das diffuse Feld der Fehlernährung hervorzuheben, das diesen – oder zumindest das, was gemeinhin bis zu diesem Zeitpunkt als Problem des Hungers wahrgenommen wurde: die Phänomene der ausgezehrten elenden und durch Nahrungsmangel auf den Tod zulaufenden Körper – in der Folge zu Gunsten eines Felds diffuser Mangelsymptome und Krankheitsrisiken marginalisierte. Man muss in der Ausrichtung der neueren Ernährungswissenschaft mit ihrem Fokus auf eine konstante und normalisierte Ernährung vielmehr einen Wechsel von der Regierung des Hungers zu derjenigen des Essens überhaupt ausmachen. Von nun an werden nicht mehr allein die offensichtlichen Körper des Elends in den Blick genommen, sondern nach und nach auch die bisher unproblematischen Körper der Satten, deren problematische Esslust und mangelhafte Gesundheit nun ebenfalls auf dem Spiel stehen. Entgegen Vernon, der vor allem den Diskurswandel im Hinblick auf die Ernährung der Armen im Blick hat und dementsprechend von einem Wandel im Verständnis des Hungers spricht, sehe ich an dieser Stelle einen deutlich weitergehenden Bruch. Denn der Gegenstand, dem die Ernährungswissenschaft von nun an problematisieren wird, ist nicht mehr so sehr der Hunger als vielmehr das Essen überhaupt. Dieser Wandel markiert meines Erachtens den entscheidenden Einsatzpunkt für eine Wissenschaft des Essens, die erneut, wenn auch unter transformativen Vorzeichen, auf den kulinarischen Geschmack zurückkommt und diesen zum Paradigma einer kultur- und sozialwissenschaftlichen Beschäftigung mit dem Essen überhaupt werden lässt. In diesem ernährungswissenschaftlichen Umschlag liegt nicht zuletzt jener Umstand begründet, dass die neue kultur- wie sozialwissenschaftliche Problematisierung der Esslust von den Irritationen des Geschmacks jener Fremden ausgeht, die der europäische Geschmacksdiskurs als geschmacklose Kontrastfolie entworfen und konsequent ausgeschlossen hatte.

---

47 Richards, *Hunger and Work in a Savage Tribe*, S. 212.

Bei der Tranformationen der Wissenschaft vom Essen spielten dementsprechend nicht ohne Grund gerade die britischen Kolonien und Protektorate in Afrika eine entscheidende Rolle. Hatten die Geschmackstheoretiker und Anthropologen des 18. Jahrhunderts bis hin zu Forster kaum je ein Wort zu den kulinarischen Verhältnissen dieses Kontinents verloren, wenn dessen Bewohner*innen nicht, wie im Falle Kants, das ausgesprochene Paradigma des „läppischen" Geschmacks schlechthin abgaben, so entfaltet sich in und an Afrika in den 30er Jahren eine theoretische, methodische und machtpolitische Auseinandersetzung zwischen der neuen Ernährungswissenschaft und der aufstrebenden Gastroethnologie. In ihr wurden nicht nur die rassistischen Implikationen des europäischen Geschmacksdiskurses zum Thema, sondern ebenso die Frage nach den möglichen Methoden einer Erforschung fremder kulinarischer Kulturen aufgeworfen. Resultierte die Abwertung der sogenannten primitiven Kulturen bei den Anthropologen des 18. Jahrhunderts aus der grundlegenden Dichotomie zwischen der Ernährung des tierischen Körpers und des Geschmacks der höheren, kultivierten menschlichen Mündigkeit, so bildete der Übergang zwischen tierlicher und menschlicher Ernährung auch hier einen entscheidenden Einsatzpunkt der theoretischen und methodologischen Differenzen. Ja, die überkommenen rassistischen Stereotype fremder Esskulturen sowie die methodologischen Antworten auf die Frage nach ihrer Erforschung bedingten sich in den Forschungen der Ernährungswissenschaft und Gastroethnologie der 20er und 30er Jahre gegenseitig und sollen dementsprechend im Folgenden einer eingehenden Untersuchung unterzogen werden.

Die nach dem Ersten Weltkrieg neu entstehenden Experimentalzentren der Ernährungswissenschaft, wie das Rowett Research Institute in Aberdeen (1921) und das Dunn National Laboratory in Cambridge (1927), die sich federführend der Erforschung jener neuen qualitativen und quantitativen Fragen der idealen Ernährung verschrieben hatten, fanden in den Kolonien und in deren defizitären Ernährungsweisen ein neues Forschungsfeld und verstanden dieses geradezu als Erweiterung der heimischen Laborexperimente. Hatte schon das Food (War) Commitee der Royal Society gegen Ende des Ersten Weltkriegs die Finanzierung der neuen Labore, neben der Aussicht auf eine Steigerung der Gesundheit und Effizienz der Arbeiter*innen, auch mit dem Versprechen einer ernährungstechnischen Lösung des Arbeitsproblems in den tropischen und subtropischen Klimaten angeregt,[48] so macht die Einschätzung des Ökologen und Afrikanisten Edgar B. Worthington in dessen Artikel von 1936 *On the Food and Nutrition of African Natives* das ganze Ausmaß der Ausgreifens der laborgestützten Ernährungswissenschaft auf die Kolonien deutlich: „Africa, at the moment, may be compared to

---

48 Vernon, *Hunger*, S. 95 f.

a nutritional laboratory in which innumerable experiments on controlled diet have been progressing for a hundred years or so",[49] schreibt er und versucht damit, die neuen, insbesondere von Seiten internationaler Institutionen wie der League of Nations und der Rockefeller Foundation geförderten und forcierten Anstrengungen der Ernährungswissenschaftler*innen zu umreißen, die sich darauf richteten, die vermeintliche Fehlernährung der Kolonisierten nachzuweisen und zu korrigieren. Nicht zufällig verweist Worthington dabei explizit auf eine Studie aus den späten 20er Jahren, die in der vergleichenden Untersuchung zweier kenianischer Gruppen, der Massai und der Kikuyu,[50] zum ersten Mal die Ernährung jenseits des Problems der Hungers und der Hungerkatastrophen zum Gegenstand einer Untersuchung machte und die behauptete Existenz von „tribal diets" gleichermaßen zum Problem einer notwendigen administrativen Regulierung erklärte.[51] Der Leiter des in der internationalen Ernährungswissenschaft führenden Rowett Research Institutes in Aberdeen, John Boyd Orr, hatte mit dieser Studie den Auftakt zu einer Ausweitung der Laborforschung unter kolonialen Bedingungen gegeben; ja, sie bildete, wie Michael Worboys herausgestellt hat, den Initialpunkt einer „discovery of colonial malnutrition."[52] Die Studie, die 1931 fast zur gleichen Zeit wie Audrey Richards Pionierarbeit der Gastroethnologie *Hunger and Work in a Savage Tribe* erschien, war maßgeblich für die Annahme einer allgemeinen Fehlernährung der afrikanischen Gesellschaften verantwortlich, nicht zuletzt durch die Bedeutung, die ihr der erste Bericht der League of Nations über Ernährung und Gesundheitswesen von 1935 einräumte. Von ihr ausgehend und im Übertrag ihrer Ergebnisse ließ sich die Evidenz erzeugen, dass so gut wie alle „colonial populations" unter einer allgemeinen Unter- und Fehlernährung litten.[53] Mit dem *Orr and Gilks Report* verband sich demnach eine Sichtweise, die – wenn auch unter neuen biochemischen und ernährungsphysiologischen Vorzeichen – jene Ansichten der anthropologischen und geschmacksbezogenen Diskurse des 18. und 19. Jahrhunderts fortschrieb, in denen ein Großteil der nicht-europäischen Kulturen in sinnlicher und kulinarischer Hinsicht als primitiv, defizitär und rückständig

---

49 Edgar B. Worthington, „On the Food and Nutrition of African Natives", in: *Africa* 9, 2 (1936), S. 150–165, hier S. 162.

50 J. B. Orr/J. L. Gilks, „The Nutritional Condition of the East African Native", in: *The Lancet* 209, 5402 (1927), S. 560–562; John Boyd Orr/John L. Gilks, *Studies of Nutrition. The Physique and Health of Two African Tribes*, 1931.

51 Zur Problematik der kolonialen Konstruktion von sogenannten „tribal diets" und des afrikanischen Tribalismus vgl. Brantley, „Kikuyu-Maasai Nutrition and Colonial Science", S. 50.

52 Michael Worboys, „The Discovery of Colonial Malnutrition between the Wars", in: David Arnold (Hrsg.), *Imperial Medicine and Indigenous Societies*, Manchester und New York 1988, S. 208–225.

53 Brantley, „Kikuyu-Maasai Nutrition and Colonial Science", S. 52.

charakterisiert wurde. Spätestens der Special Report *Nutrition in the Colonial Empire* von 1939, an dessen Erstellung neben Orr auch die beiden Ethnolog*innen Audrey Richards und Raymond Firth beteiligt waren, zementierte den Status der Mangel- und Fehlernährung der kolonisierten Kulturen.[54]

Dabei waren es nicht zuletzt rassistische Vorurteile, die die als „unzivilisiert" deklassierten Afrikaner*innen in die Nähe der Tiere rückten[55] und den Umstand begründeten, dass die Forschungen in den Kolonien systematisch die Frage klären sollten, wie die vornehmlich auf Forschungen an Tieren beruhenden ernährungswissenschaftlichen Erkenntnisse auf die menschliche Ernährung übertragen werden konnten. So hat Michael Worboys zu Recht hervorgehoben, dass die Regierung auf die Ernährungsprobleme in den Kolonien des Empires zu Beginn keineswegs durch die Untersuchung der vermeintlichen Fehlernährung afrikanischer Bevölkerungen aufmerksam wurde, sondern vielmehr durch die tierlichen Ernährungsprobleme und die dadurch verusachten Verluste des Viehbestandes der weißen Siedler*innen in Südafrika und dem kenianischen Hochland.[56] Die Untersuchungen in Kenia, die Orr 1925 auf seinem Rückweg von Südafrika unternahm, galten der sogenannten Nakuruitis – einer Krankheit, die unter den Rindern der weißen Siedler*innen rund um die Stadt Nakuru im kenianischen Rift Valley grassierte – und der Frage nach einem möglichen Mineralmangel als ihrer Ursache. Ja, selbst die Untersuchungen über die menschliche Ernährung in den kenianischen Reservaten dienten, wie Cynthia Brantley betont hat, nicht einmal vordergründig dazu, eine konkrete prekäre Ernährungslage in den afrikanischen Kolonien zu verbessern, sondern versprachen vielmehr, wie es im Interims-Bericht des Dietetics Sub-Committee des Committee on Civil Research der Britischen Regierung hieß, „[to] raise fresh problems which can only be elucidated by fundamental research in this country."[57] Die Forschungen hinsichtlich des Zusammenhangs von Krankheiten und Ernährung in den Reservaten der nomadisch und kriegerisch lebenden Massai und ihrer Nachbar*innen, der Kikuyu, resultierten stattdessen vor

---

54 Economic Advisory Council, *Nutrition in the Colonial Empire*.
55 Vgl. hierzu den *Report of the East Africa Commision* von 1925, in dem die angebliche mangelnde Zivilisierung direkt mit einer aus britischer Sicht mangelnden Produktionsfähigkeit der *Natives* ins Verhältnis gesetzt wird: „The main problem of East Africa apart from the further development of transport and communication, [...] is the task of furthering the civilisation and productive capacity of the native African inhabitants" (William Ormsby-Gore/Archibald Church/Frederick C. Linfield (Hrsg.), *Report of the East Africa Commission (Cmd. 2387)*, London 1925, S. 6f.). Vgl. aber auch die Ansichten von Gilks, auf die Cynthia Brantley hinweist: Brantley, „Kikuyu-Maasai Nutrition and Colonial Science", S. 60.
56 Worboys, „The Discovery of Colonial Malnutrition between the Wars", S. 210f.
57 Zit. n. Brantley, „Kikuyu-Maasai Nutrition and Colonial Science", S. 57.

allem aus der Beobachtung, dass beide Gruppen ihre Rinder zu spezifischen Salzlecken trieben und gleichermaßen, im Falle der Kikuyu, selbst auf diese Erdsalze zurückgriffen. Die Forschungen in den Reservaten waren demnach von der verführerischen Möglichkeit getragen, dass sich menschliche wie tierliche Ernährungsprobleme gleichsam wechselseitig ineinander reflektierten.[58]

Wie sehr die Frage des Übergangs zwischen tierlicher und menschlicher Ernährung die Forschung der zeitgenössischen Ernährungswissenschaft determinierte, zeigt sich auch in anderen kolonialen Studien. So hatte der Ernährungswissenschaftler Robert McCarrison versuchsweise die Kost der unterschiedlichen indischen Regionen und Kasten sowie deren gesundheitliche Auswirkungen unter Laborbedingungen an Ratten zu reproduzieren versucht und aus diesen Experimenten Rückschlüsse auf die Probleme der Fehl- und Mangelernährung in Indien gezogen.[59] Ein methodisches Vorgehen, das sein Kollege W. E. McCulloch Ende der 20er Jahre und damit parallel zu den Forschungen in Kenia, in seiner Studie über die Hausa und Fulani in Nigeria auf die afrikanischen Territorien übertrug.[60]

Gegenüber der Methode McCarrisons, der die anthropologischen Feldbedingungen im Labor an Modellkörpern zu simulieren versuchte und den Übergang zwischen tierlicher und menschlicher Ernährung nicht zuletzt imaginativ vermittelte (Abb. 8.1), unterschieden sich jedoch die Studien in Kenia insofern, als sie tatsächlich den Versuch unternahmen, Forschungen im Feld selbst durchzuführen und damit die Grenzen der Laboratorien zu verschieben. Ja, sie demonstrieren den Versuch einer Expansion der labortechnischen Infrastruktur und ihre Projektion auf das Feld der Kolonien. Deutlich wird dies insbesondere an der grundlegenden Kopplung von Agrar- und Ernährungswissenschaft, die eng mit dem Forschungsprogramm und den Forschungspraktiken in Orrs ernährungswissenschaftlichen Forschungszentrum in Aberdeen zusammenhing. James Vernon hat nachdrücklich gezeigt, dass der Grundriss des Rowett Research Instituts geradezu als Aufriss eines Forschungsprozesses lesbar ist, in dem der Versuch unternommen wurde, die Untersuchung tierlicher und menschlicher Ernährung zu parallelisieren. So umfasste das schottische Experimentalzentrum neben einer ernährungswissenschaftlichen Bibliothek, den chemischen, bakteriologischen, physiologischen

---

58 Ebd., S. 55.
59 Robert McCarrison, „Food, Nutrition and National Health. Lecture I – Delivered February 10th, 1936". Proceedings of the Society Cantor Lectures „Nutrition and National Health", in: *Journal of the Royal Society of Arts* 84, 4371 (1944), S. 1047–1066.
60 W. E. McCulloch, „An Enquiry into the dietaries of the Hausa and Town Fulani", in: *West African Medical Journal* 3 (1930), S. 1–75. Vgl. auch Worthington, „On the Food and Nutrition of African Natives", S. 154 f.

DIET AND PHYSIQUE OF INDIAN RACES.

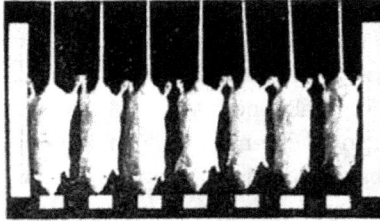

Hunza Hillman: Diet whole cereal grains (mainly wheat), milk, vegetables and abundant fruits – apricots, etc; meat occasionally

Average representatives showing weight in grams of 7 groups of rats fed from the same early age on certain national diets of India. The best of these diets (Sikh) was composed of whole wheat, butter, milk, legumes, vegetables with meat occasionally. The worst (Bengalis and Madrassis) is one composed mainly of rice.

Tibetan Hillman : representative of dandy carriers, rickshaw-men, etc. Very hard worked. Average protein intake 175 grams daily, of which over 60% is derived from animal sources. The heat value of their diet may be as much as 8,000 calories daily (McCay).

East coast cultivator. Diet: rice with dhal and vegetables and a small amount of fish, milk, and butter. Protein from 50 to 70 grams daily calories 2,400 to 2,750 (McCay).

Percentage increase in body-weight of 7 groups of young rats, of the same initial aggregate weight fed on certain national diets of India. (vide photograph above).

Nepalese Hillman (Goorkha). Protein 120 to 130 grams, of which less than one third is derived from animal sources. Calories 3,000 to 3,200. Such people eat largely of the better class cereals – wheat, maize and good millets (McCay).

Bengali: Diet : rice, dhal, vegetables, oil with a little fish and perhaps a little milk. Protein, 50 grams daily. Calories 2,300 to 2,500 (McCay)

Mahratta

Sikh (McCay)

Pathan

Typical of rice-eating Madrassi. Diet contains little or no animal protein. Calories low. (McCay)

Abb. 8.1: Robert McCarrison, „Diet and Physique of Indian Races", 1936.

und pathologischen Laboratorien sowie den „metabolic rooms" auch eine 260 km große Versuchsfarm, die sich als grundlegend für die Arbeitsabläufe im Rowett erwies: Im Kontext der biochemischen Ausrichtung der Forschungen am Institut wurden in den Laboren die chemische Isolierung und Synthese der unterschiedlichen Nährstoffe und Elemente betrieben, die in direkter Folge zur Herstellung einer synthetischen Diät und der Untersuchung der physiologischen Auswirkungen dieser Ernährung auf die Farmtiere führte. Im Anschluss wurden die Tiere einer bakteriologischen, physiologischen und pathologischen Untersuchung unterzogen, die, genauestens protokolliert, zur Grundlage neuer Laborarbeit führte. So ließen sich durch die Veränderung der synthetisch erzeugten Diäten an diversen Tierarten wie Tauben, Affen, Schweinen, Kühen, Ziegen, Schafen, Meerschweinchen und Kaninchen ernährungsbedingte Mangelerkrankungen induzieren, die durch gegenteilige Fütterungen kuriert zu werden vermochten. Erst die penible Kontrolle der Laborpraktiken und der Einsatz diffiziler technischer Apparate sicherte hierbei, wie die Arbeiten der Science und Technology Studies gezeigt haben, die mögliche Wiederholbarkeit und Universalisierung wie auch die hierin erzeugte Objektivität und Legitimation der Forschungen ab. Ein Umstand, der noch einmal die fundamentale Bedeutung der Tierkörper für die Experimente unterstreicht, denn diese waren deutlich leichter als Menschen einem solchen streng zu kontrollierenden Experimentalverfahren und dessen disziplinierenden Regime zu unterwerfen.

Wollte man das Forschungsdesign des Labors nicht grundlegend ändern, so ließ sich die (gewaltsame) Zurichtung der Tiere zu thermodynamischen Modellmetabolismen nur dort auf den Menschen übertragen, wo sich die entsprechenden Beziehungs- und Machtformen als anschlussfähig an die disziplinarischen Techniken der Veterinärforschung erwiesen. Es sind dementsprechend gerade die paradigmatischen Orte der Disziplinartechniken, die Michel Foucault herausgearbeitet hat[61]– das heißt die Gefängnisse, Hospitäler, Industriekantinen, Arbeitercamps und Schulen, nicht zuletzt und insbesondere diejenigen in den Kolonien –, die als prädestinierte Experimentalanordnungen der Ernährungswissenschaft fungierten. Ein Umstand, der sich gerade in den kolonialen Forschungen in Kenia zeigen lässt. So stellte die Entdeckung spezifischer ländlicher afrikanischer Diäten auch hier eher einen Nebeneffekt dar und wurde, wie Cynthia Brantley betont hat, eher marginalisiert als hervorgehoben.[62] Die Forschungen, die sich, neben der Untersuchung der besonderen Ernährungsgewohnheiten

---

61 Michel Foucault, *Überwachen und Strafen. Die Geburt des Gefängnisses.* Übers. v. Walter Seitter, Frankfurt am Main 1994.
62 Brantley, „Kikuyu-Maasai Nutrition and Colonial Science", S. 57.

vornehmlich männlicher Kikuyu und Massai, insbesondere mit Tropengeschwüren, Ernährungsexperimenten in Krankenhäusern und Gefängnissen, chemischen Analysen von Salzlecken, essbaren Erden und jodhaltigen Nahrungsmitteln beschäftigten, zielten demnach mehr auf die klinischen Ergebnisse, denn auf eine systematische Untersuchung der Essgewohnheiten der Reservatsbewohner*innen. Nicht zuletzt auch deshalb, weil es Orr und Gilks stets um eine mögliche Übertragung der Erkenntnisse von der Produktivität und Ernährung der Arbeiter*innen aus den Kolonien auf die Ernährungsfragen der englischen *working class* ging.[63]

Wenn die Forschungen in den Reservaten jedoch gleichermaßen eine Modellfunktion hatten, dann diejenige, dass sie den Versuch darstellten, den experimentellen Aufbau im Rowett Research Institute ins Feld zu übertragen. Die in direkter Nachbarschaft lebenden Massai und Kikuyu wurden hierzu einer Untersuchung unterzogen, die ihre Herkunft aus den physiologischen, bakteriologisch, medizinischen und biochemischen Laboren und Metabolismusanalysen in Aberdeen nicht verhehlen konnte. Nicht nur wurden Proben aller Nahrungsmittel und Kochzutaten zur Untersuchung nach Schottland gesandt, sondern die Forscher führten in Kenia unter der Leitung von John Forster außerdem „a physical examination"[64] durch, in der 6349 erwachsene Kikuyu und 1546 Massai beiderlei Geschlechts und unterschiedlicher Altersgruppen wie auch 2500 Kinder bei den Kikuyu und 254 bei den Massai einer anthropometrischen Untersuchung der Muskelentwicklung und Körperverfassung, der Stärke und des Zustands der Zähne unterzogen wurden. Es folgten ärztliche Untersuchungen auf Krankheiten und, wie es in der Studie heißt, „general signs of malnutrition."[65] Was die Studien zu Tage förderten, bestätigte die Erwartungen Orrs, dem es in der Fortführung seiner Studien am Rowett auch darum zu tun war, die Unzulänglichkeiten einer in Europa propagierten vegetarischen Reformkost nachzuweisen. Eine Reformkost, die sich in einer Kontinuität zu den Anthropologien und Küchenphilosophien des 18. Jahrhunderts insbesondere derjenigen Rousseaus, auf die Hypostasierung einer natürlichen Ernährung stützte, die in vielen vermeintlich „primitiven" Gesellschaften existiert habe und weiterhin existiere. Nach Orrs Dafürhalten war es dementsprechend vor allem die Ernährung der als vegetarisch charakterisierten Kikuyu, jener Gruppe, die die meisten männlichen Arbeiter in Kenia stellte, die schlecht ausbalanciert war – zu reich an Kohlenhydraten und mangelhaft an Calcium, an Vitaminen und Aufbaustoffen während die Ernährung der als vornehmlich

---

63 Ebd., S. 56 f.
64 Orr/Gilks, *Studies of Nutrition*, S. 20.
65 Ebd.

carnivor bezeichneten Massai auf der anderen Seite der Extreme verortet wurde: zu wenig pflanzliche Bestandteile, die reich an Kohlenhydraten und Zellulose seien. Eine ausgewogene Ernährung fände sich demnach genau zwischen diesen Extremen und eine Verbesserung könne durch die vermehrte Verwendung von grünem Gemüse bei beiden Gruppen sowie durch die Einführung von Milch in die Ernährung der Kikuyu erreicht werden. Spätestens hier zeigt sich die konsequente Verknüpfung und Durchdringung von Ernährung, Gesundheit und ökonomischer Entwicklung der Kolonien, die sich in der Forderung nach einer Ausweitung der agrarischen Tätigkeiten und Herdenwirtschaft der betreffenden Gruppen niederschlägt und ihr Modell im experimentellen Aufbau des Rowett findet. Die Erfassung der Ernährungslage nimmt hierin ihren Ausgang von den Tieren und kehrt in einer Metabolismusschleife über die kolonialen Subjekte auf die Tierhaltung und Agrarwirtschaft zurück. Die Arbeit der Ernährungswissenschaft in den Kolonien als „living laboratory" ist dementsprechend auch dies: Der imperiale, koloniale und technokratische Traum einer laborgestützten, disziplinierenden Ernährungsindustrie, die in der Lage wäre, ein ökonomisches Wachstum zu erzeugen, indem sie eine Ausbalancierung und Manipulation pastoraler und agrarischer Praktiken, einer biochemisch fundierten Industrieküche und physiologisch bestimmter und vermessener Arbeitskörper vornimmt. Ein Traum der sich unter der Federführung Orrs vor allem im Rahmen der Ernährungsprogramme der League of Nations entfaltete, in denen es darum ging, wie Orr 1936 in seinem Vorwort zur Sonderausgabe der *Africa* über die *Problems of the African Native Diet* schreibt, hinsichtlich der Probleme der Gesundheit und der Agrikultur eine gemeinsamen Strategie zu entwickeln, „to make the best use of Empire agricultural resources for the needs and welfare of its people."[66]

Dass die Forschungen im kenianischen Hochland dabei hochselektiv durchgeführt wurden, insofern sie die historischen, gesellschaftlichen und kolonialen Bedingungen Kenias ebenso wie die Koexistenz unterschiedlicher Subsistenzformen in dem Gebiet ignorierten und hierin das Problem der Mangelernährung konsequent missverstanden, wie Cynthia Brantley minutiös nachgezeichnet hat, ist nur ein Problem dieser Studie.[67] In einem programmatischen Artikel von 1934, in dem Raymond Firth, ausgehend von den Diskussionen an der London School of Economics und im Anschluss an Audrey Richards, den anthropologischen und sozialwissenschaftlichen Beitrag der Ethnolog*innen zum Ernährungsproblem Afrikas konturiert, wird dagegen die Möglichkeit und

---

66 John Boyd Orr, „Problems of the African Native Diet. Foreword", in: *Africa* 9, 2 (1936), S. 145–146, hier S. 146.
67 Brantley, „Kikuyu-Maasai Nutrition and Colonial Science".

der Versuch einer Ausweitung der europäischen Laborforschung auf das Feld der fremden Esskulturen überhaupt in Zweifel gezogen. So leicht man die Forschungen des Rowett auf die hierarchisch organisierten und dementsprechend leicht zu kontrollierenden und zu disziplinierenden Räume der Schulen, Krankenhäuser, Gefängnisse und Arbeiterunterkünfte übertragen könne, die Reservate und mehr noch die sogenannten „free living native tribe[s]"[68] ließen sich kaum in dieser Weise beforschen. Firth setzt dementsprechend in seinem Artikel, der klar Bezug auf den *Gilks and Orr Report* nimmt, das Problem der Untersuchung der „dietic situation in tribal conditions"[69] inhaltlich und methodologisch von den herkömmlichen Experimentierfeldern der Ernährungswissenschaft ab, indem er die höhere Komplexität der fremden Kulturen des Essen hervorhebt und mit der Untersuchung der „free living tribes"[70] gerade jenes Feld absteckt, auf dem die Social Anthropology ihre Methode der Feldforschung und der teilnehmenden Beobachtung erprobt und entwickelt hatte. Bemerkenswert ist hierbei, dass Firth den Gegensatz und die Grenze zwischen den Feldern insbesondere als einen Unterschied der Untersuchungssubjekte und ihres jeweiligen Grades an Freiheit und Kontrolle im Feld entwirft und damit die Grundlage einer möglichen Übertragung der Laborforschung überhaupt negiert:

> In the practical sphere the problem [the investigation of nutrional problems; Anm. S.Z.] is of a different complexion according to wether the community considered is an *artificially induced concentration* [Herv. S.Z.] of people, as in schools, hospitals, prisons, and labour compounds, or is a comparatively *spontaneous and free-moving aggregation* [Herv. S.Z.] in its own territory. A tribe which has been shifted back into a native reserve is in a kind of intermediate category. The index is, of course, the respective amount of initiative and control exercised by the European authority and by the native. [...] The maintenance of a balanced diet in a hospital or a labour compound is a comparatively simple matter if due scientific care is exercised; it is much more difficult to regulate the food-situation of a free-living tribe.[71]

Während sich der Blick der Ernährungsforschung ebenso wie ihre Programme vor allem auf die disziplinierten und hierarchisch organisierten Räume derGefängnisse, Schulen, Krankenhäuser und *Labour Compounds* richtete, in denen sich die disziplinierten und kontrollierbaren Subjekte geradezu als Proband*innen anboten, betont Firth die davon streng unterschiedenen Bedingungen der Erforschung „freier" Subjekte, deren Eigensinn sich spätestens als Widerstand und Störung der

---

68 Firth, „The Sociological Study of Native Diet", S. 401.
69 Ebd.
70 Ebd.
71 Ebd.

Messreihen und Untersuchungsverfahren artikuliert. Welche Tücken etwa im Feld schon mit der im Labor so einfachen Praktik des Wiegens verbunden sein konnten, kann man etwa den Schilderungen Audrey Richards entnehmen[72]: „The weighting of the food was done in rough and ready fashion, usually by means of a large luggage balance hung over the branch of a tree", beschreibt sie im Vorwort zur zweiten Auflage von *Land, Labour and Diet in Northern-Rhodesia* den notwendig improvisierten Versuchsaufbau.[73] Und in ihrem zusammen mit Elsie Widdowson veröffentlichten Artikel von 1936 ergänzt sie:

> As it was, the relatively simple process of weighting the flour took up an incredible amount of time. The observers had constantly to wrestle with native woman who never, to the last, had the faintest conception of the aim of the whole experiment. Enthuastic helpers, unobserved, added extra contributions of flour to the baskets, in order ‚to make the scale down‘, and records patiently kept had to be scrapped. In order to gauge the accuracy of the whole experiment, it is necessary to visualize the scene.[74]

In Bezug auf die Experimentalanordnung ähnlich gelagerter Probleme mit dem Eigensinn der zu untersuchenden Subjekte verzeichnet auch bereits der *Gilks and Orr Report*: „[A]ttempts to make accurate observations of this kind [the weighting of food for a meal and the sampling of the cooked mixture; Anm. S.Z.] failed owing to the belief of the natives that the handling and weighing of the food by Dr. Foster put a ‚spell‘ upon it." Diese Angst der Kikuyu vor den Handlungen der kolonialen Forscher, so führt der Bericht in einer Fußnote weiter aus,

> presented great difficulties, not only in connection with the weighing and measuring of food, but also in the weighing and measuring of children. In the reserves, the natives are under the influence of ‚witch doctors‘, who evidently resented the practice, in their midst, of what was regarded as a new form of magic.[75]

Eine exakte quantitative Analyse des tatsächlichen Nahrungskonsums war damit schlechterdings nicht möglich. Ganz davon abgesehen, dass die europäischen sozialen Ess-Einheiten des Haushalts und des Familientischs oftmals, wie im Fall der Bemba, nicht existierten und die ausgiebige Gastfreundschaft und die damit täglich wechselnden ‚Tischgesellschaften‘ ohne eine Kenntnis der

---

72 Ich möchte an dieser Stelle Anna Echterhölter danken, deren Forschungen und Fragen für mich hier sehr inspirierend waren.
73 Richards, *Land, Labour and Diet in Northern Rhodesia*, S. ix.
74 Audrey I. Richards/Elsie M. Widdowson, „A Dietary Study in North-Eastern Rhodesia", in: *Africa* 9, 2 (1936), S. 166–196, hier S. 174 f.
75 Orr/Gilks, *Studies of Nutrition*, S. 26.

verwandtschaftlichen und hospitalen Regeln kaum erfassbar waren[76] Die ungeheure Varianz der Ernährungsgrundlagen, die sich unter klinischen oder
Laborbedingungen experimentell kaum reproduzieren ließen,[77] sowie die Unre-
gelmäßigkeit der Mahlzeiten,[78] die durch die unkontrollierbare Einnahme von
Snacks auf dem Weg oder zwischendurch weiter verschärft wurde,[79] taten ein
Übriges, um eine genaue Untersuchung der fremdkulturellen Ernährungsweisen
zu erschweren. All diese Faktoren, die den wissenschaftlichen Ertrag der ernährungswissenschaftlichen Feldforschungen gefährdeten, machten zwei Bedingungen zur Voraussetzung einer erfolgreichen Feldforschung, wie Raymond Firth in
seinem Artikel betont: Jenseits der Qualifikationen zur Ermittlung der „food-
values in a mechanical sense", erforderten die Forschungen zum einen die Beherrschung der einheimischen Sprache, um eine umfassende Kommunikation
mit den zu untersuchenden Subjekten zu ermöglichen,[80] und zum anderen
den Einbezug des sozialen Verhaltens der Menschen,

> their tastes and prejudices, their traditional rules of life, their bonds of blood and friedship,
> their concepts of rank, their beliefs – often irrational from our point of view – in the peculiar
> properties of things. [...] [N]o understanding of the diet of a people is complete which does
> not take into account the manner in which their food-production and consumption, even in
> quantity, is determined by such factors as the use of food to demonstrate rank and hospita-
> lity, or taboos on the basis of sex-difference or mourning obligations.[81]

So sehr Firth, wie auch Richards und die übrigen Mitglieder der sozialanthro-
pologischen Theoriegruppe, das Paradigma der „Malnutrition" im Bezug auf
die kolonisierten Kulturen explizit teilte[82] und der Text gar zur Vorbereitung
eines Committees for the Study of Native Diet am International Institute of African Languages and Cultures (IIALC) dienen sollte, das den Austausch und
die Zusammenarbeit mit der Ernährungswissenschaft suchte, so sehr wird
hier gleichermaßen eine theoretische wie methodische Konfliktlinie markiert,
die die Prämissen dessen betrifft, was in Worthingtons im gleichen Heft der

---

76 Vgl. Richards/Widdowson, „A Dietary Study in North-Eastern Rhodesia", S. 175; Richards,
Land, Labour and Diet in Northern Rhodesia, S. 6.
77 Ebd., S. 5.
78 Ebd., S. 72.
79 Ebd., S. 74.
80 Firth, „The Sociological Study of Native Diet", S. 402. Vgl. auch Richards, *Land, Labour
and Diet in Northern Rhodesia*, S. 11.
81 Firth, „The Sociological Study of Native Diet", S. 402 f.
82 „As European civilization advances, the task of maintaining or providing for large sections
of the native population diets which shall be adequate in quality as well as in qunatity beco-
mes more and more definite", heißt es einen Satz zuvor (ebd., S. 401).

Africa vertretenen Perspektive als „living laboratory" kulminiert. Die Erkenntnisse und Einsichten der in der Feldforschung geschulten Ethnolog*innen hinsichtlich der kulturellen und sozialen Determinanten des Geschmacks und der Ernährung, mit denen sich diese maßgeblich von der herkömmlichen Ernährungsforschung absetzten, fußten nicht nur auf einer veränderten und ergänzenden Fragestellung, die den Geschmack aufs Neue in die Wissenschaft vom Essen einführte. Sie fußten auch auf der methodologischen Differenz zwischen einer Ernährungsforschung, die bemüht war das Paradigma der modernen Laborforschung und seiner disziplinierenden Zurichtung der tierlichen wie menschlichen Proband*innen auf die koloniale Feldforschung auszuweiten, und einer Gastroethnologie, die sich mit ihren gerade auf diesem Feld entwickelten Methoden der teilnehmenden Beobachtung umgekehrt daran machte, die Laborforschung als Hilfswissenschaft einer allgemeineren und umfassender angelegten anthropologischen Forschung über die Kulturen des Essens zu verpflichten. Vor diesem Hintergrund ist es deutlich zu kurz gegriffen wie Cynthia Brantley zwar den Beitrag der Ethnolog*innen an der kolonialen Ernährungsforschung hervorzuheben, in deren Perspektive aber gleichermaßen nur eine Konsolidierung und Festschreibung des Paradigmas der „Malnutrition" zu sehen.[83] Die Beiträge der Ethnolog*innen im Umkreis der IIALC zum Problem der *African Native Diet* stellten mitnichten nur eine Ergänzung zu den biochemischen Arbeiten der Kikuyu-Massai Studie dar, als die sie auch Edgar Worthington in seinem Beitrag zur *Africa* verstanden wissen wollte. Der Eintritt der Ethnologie in die koloniale Ernährungsforschung markierte stattdessen eine dreifache, inhaltliche, methodische wie perspektivische Provokation der bestehenden naturwissenschaftlich fundierten Wissenschaft vom Essen. Dabei war diese Provokation zum einen mit dem Anspruch der Ethnolog*innen verbunden, die Produktivität und die Erweiterung der Erkenntnisse der eigenen neuen Feldforschungsmethode herauszustellen, zum anderen stand aber auch eine grundlegend andere Perspektive auf dem Spiel. Nicht nur unterschied sich der Blick der Forscher*innen auf das Forschungsfeld, sondern auch ihr Verhältnis zu den Untersuchungssubjekten selbst. Indem Malinowski das Ziel der Feldforschung darin bestimmt hatte, „den Standpunkt des Eingeborenen, seinen Bezug zum Leben zu verstehen und sich *seine* Sicht *seiner* Welt vor Augen zu führen [Herv. B. Malinowski]",[84] unterschied sich diese Methode und ihre Konzeption des Untersuchungssubjekte fundamental von jener

---

83 Vgl. Brantley, „Kikuyu-Maasai Nutrition and Colonial Science", S. 53. Dagegen Vernon, *Hunger*, S. 11–117, 139.
84 Bronislaw Malinowski, *Argonauten des westlichen Pazifik. Ein Bericht über Unternehmungen und Abenteuer der Eingeborenen in den Inselwelten von Melanesisch-Neuguinea. Mit einem*

natur- und laborwissenschaftlichen Auffassung des Untersuchungssubjekts als Proband*in, auf deren thermodynamisch und metabolisch verstandenen physischen, ja, animalischen Körper sich der objektivierende Blick der Mediziner und Ernährungsexperten richtete.

Die Ablehnung dieser objektivierenden Perspektive, die die Untersuchungssubjekte auf ihren bloßen Körper reduzierte, wird insbesondere auch in Audrey Richards theoretischer Grundlegung einer ethnologischen Wissenschaft vom Essen in *Hunger and Work in a Savage Tribe* deutlich, die ebenso die rein metabolische Auffassung des menschlichen Körpers wie dessen Isolierung und das Verständnis von Ernährung als reine Nahrungsaufnahme von der Hand in den Mund ablehnt und einer grundlegenden Kritik unterzieht. In ähnlicher Weise wie in den programmatischen Ausführungen Raymond Firths lässt sich auch bei Richards eine methodologische wie inhaltliche Problematisierung des prekären Übergangs von der ernährungswissenschaftlichen Untersuchung der Tiere zu derjenigen der Menschen feststellen, wenn Richards insbesondere die Annahme eines der menschlichen Nahrungsaneignung zugrundeliegenden „nutritive instincts" des Individuums in Zweifel zieht, um stattdessen das Problem der Fehl- und Mangelernährung und damit des Essens überhaupt als kulturelles Problem zu konturieren, das nur im Kontext der Untersuchung der sozialen Einbindung und Abhängigkeit der betreffenden Individuen verständlich erscheint. „[T]he whole problem of nutrition in human society", schreibt sie auf den ersten Seiten ihres Buches, „has not only been neglected but also, I think definitely misunderstood."[85] Dabei ist es gerade der *Orr and Gilks Report*, anhand dessen sich für Richards die zentrale These ihrer Kritik, die Determinierung der Nahrungswahl, das heißt der Geschmack und die Vorliebe für spezifische Nahrungsmittel, durch die Regulationen und Restriktionen der Kultur, nachweisen lässt: „To take a present-day instance", schreibt sie über die Ablehnung spezifischer Nahrungsmittel mit einem herausragenden Nährwert im Falle der Kikuyu, „the Kikuyu men refuse to eat green foods in some districts because they believe such a diet prevents them from being swift of foot when defeated by the Masai."[86] Gegen die chemisch-physiologisch verfassten Untersuchungen, die das Essen als Reflex auf einen einfachen „nutrive instinct" bei Mensch wie Tier begriffen, entwirft Richards diesen als komplexes Schema einer ganzen Esskultur: Entweder müsse man den „nutrive instinct" auf den Saug-Reflex des Neugeborenen beschränken, schreibt sie gegen solch

Vorwort v. James G. Frazer, übers. v. Heinrich Ludwig Herdt, hrsg. v. Fritz Kramer, Frankfurt am Main 1979, S. 49.
85 Richards, *Hunger and Work in a Savage Tribe*, S. 3.
86 Ebd., S.8.

unterkomplexe Annahmen, die jegliche soziale Beziehung zwischen Menschen und Tieren ausblendeten, oder man müsse ihn im größtmöglichen Sinne ausdehnen, „to include all forms of activity which actually end in putting food into mouth."[87] Das Essen wird damit bei Richards zu einer „totalen sozialen Tatsache", die das gesamte Leben der Gruppe und der Individuen durchzieht, prägt und determiniert, eine Tatsache, die jegliche Frage nach einer Veränderung der Diät berücksichtigen müsse. Jenseits eines Disziplinarregimes verneint Richards auch und gerade jenen einfachen Übergang von tierlicher zu menschlicher Ernährung, ja mehr noch: sie erklärt das Scheitern der daraus resultierenden Ernährungsprogramme gerade mit der Ignoranz gegenüber den kulturellen und sozialen Gegebenheiten, die die betreffenden Gruppen eine entsprechende ausgewogene Ernährung ablehnen ließen.

In der methodologischen Kritik an den kolonialen Forschungen der laborgestützten Ernährungswissenschaft und ausgehend von diesen konturierte die britische Ethnologie in den 30er Jahren eine spezisch neue Art und Weise das Problem der Fehl- und Mangelernährung und damit das Essen überhaupt als kulturelles Problem und ließ hierin die Ernährungsprobleme in den Kolonien zu einem Komplex anwachsen, der in keiner Weise mehr allein von den Vertreter*innen der Tropenmedizin, den Ernährungswissenschaftler*innen und Biochemiker*innen eingeholt werden konnte. „I became impressed by the importance of the social and economic factors determing African diets",[88] schreibt Richards 1960 im Rückblick auf die Anfänge der ethnologischen Ernährungsforschung und in dem Wissen um ihre eigenen Verdienste auf diesem Feld. Gleichgültig welche Gesellschaften die Ethnolog*innen in ihren Feldforschungen von Ozeanien bis Afrika untersuchten, immer und immer wieder waren es die Systeme der Produktion und Kooperation, die Praktiken des Lagerns und Verteilens, die Ökonomie des Haushalts, die Art und Weise der Speisezubereitung ebenso wie die Ordnung der Mahlzeit, die rituellen Erfordernisse, ökonomischen Anreize oder traditionellen Einstellungen und Weltsichten, die an der Wurzel der (vermeintlichen) Unzulänglichkeiten der Ernährung lagen.[89] Das gesammelte Material der Ethnolog*innen war dazu geeignet zu belegen, in welchem Ausmaß „hunger, appetite, and taste can be conditioned by cultural practices to give an almost variety of customs as to eating, drinking, the spacing of meals and the theories which different societies hold as to what ‚does them good'."[90] Die Fehl- und Mangelernährung, so die

---

87 Richards, *Hunger and Work in a Savage Tribe*, S. 5.
88 Dies., *Land, Labour and Diet in Northern Rhodesia*, S. xi.
89 Vgl. ebd.
90 ebd., S. viii („Foreword to the Second Edition").

Erkenntnis der Gastroethnolog*innen, war keineswegs Ausdruck eines Mangels an Rationalität oder eines Unvermögen, sondern gerade im Gegenteil Effekt einer Überfülle des Sinns, der dem Essen zugesprochen wurde und damit Ausdruck der Totalität einer Esskultur und eines je spezifischen sozialen wie naturalen Kosmos, die es ethnologisch zu erfassen galt. Entwickelte sich die moderne Wissenschaft vom Essen als Problem des Hungers und der notwendigen Magenfüllung, so transformierte sie sich unter dem gewandelten Paradigma der Fehlernährung und der Kritik der Ethnolog*innen an den Forschungsmethoden und Fragestellungen der biochemischen und physiologischen Ernährungswissenschaft zu einer Wissenschaft vom Essen, die die Fragen der älteren kulinarischen Anthropologien und deren zentralen Begriff des Geschmacks erneut aufgriff, transformierte und damit – wenn auch unter neuen Vorzeichen – jenes Versprechen seiner Universalisierung einlöste, das bereits bei Georg Forster angelegt war.

8.2 Native Views on Food

Zusammenfassend muss man also festhalten, dass die Universalisierung des Geschmacks als entscheidende Kategorie einer Wissenschaft vom Essen sich nicht ausgehend von einer Problematisierung des liberal-bürgerlichen und kosmopolitischen Subjekts der Moderne vollzog, sondern unter dem Umweg einer Erforschung derjenigen Gesellschaften, die sich jenseits der Grenzen des mündigen Geschmacks befanden und die bis dato mehr oder weniger nur als negative Kontrastfolie für dessen Konturierung in Erscheinung getreten waren. Statt der Problematisierung der überschießenden Esslust, die es zu regieren und einzuhegen galt, kam in diesen Gesellschaften dem Problem der Magenfüllung eine entschiedenere Bedeutung zu, wie die Ethnolog*innen der 30er Jahre betonten. Die außereuropäischen Gesellschaften, denen sich die Wissenschaft vom Essen zuwandte, erschienen dabei vor dem Hintergrund der modernen Erwartung und des Ideals einer kontinuierlichen Fülle oftmals als fehl- und mangelernährt, wenn nicht als Hungergesellschaften, deren Zivilisierung und pastorale, wenn nicht disziplinierende Regierung für nötig erachtet wurde. Vor der Folie jener Fortschrittsgeschichten, die im 18. Jahrhundert in der Transformation antiker Gastromythen entwickelt und durch die Moderne hindurch tradiert wurden und die davon handelten, wie sich die Menschheit nach und nach von der Notwendigkeit der Magenfüllung emanzipierte und sich im Zustand ihrer kontinuierlichen Spannung, zwischen Neu-Gier, Appetit und Sättigung über die kulinarischen Vorzüge einer mündigen, regulierten Esslust aufklärten, konnten die nicht-modernen Gesellschaften und Gruppen nur als defizitär erscheinen. „Mangel an Nahrung trieb damals ausgezehrte Leiber in den Tod; heute dagegen erliegen sie dem Überfluss",[91] so steht es bereits bei Lukrez, auf dessen Kritik der römischen Gastrimargie sich die neuzeitlichen und modernen Entwürfe einer Menschheitsgeschichte nur allzu bereitwillig stützten und hierin die sogenannten Hungergesellschaften von denjenigen unterschieden, die sich mit Hilfe des Fortschritts der Künste und Wissenschaften von den Zumutungen des Magens emanzipiert zu haben glaubten. „Food is actually a different object to the hungry and to the full man [...]",[92] schreibt Richards noch 1932 in *Hunger and Work in a Savage Tribe*. Vor diesem Hintergrund muss man konstatieren, dass die Einschätzung der „native diet" in den afrikanischen Kolonien als „Malnutrition", die sich in den 30er Jahren etablierte, aus europäischer Sicht im Grunde keinen Neuigkeitswert beanspruchen konnte. Stattdessen erwiesen sich die neu entdeckten, defizitären und gastrologisch zu regulierenden Esskulturen mehr oder weniger als Nachfolger jener vermeintlich stets hungrigen „Wilden", die schon die Reiseberichte, die Philosophien und Anthropologien der Neuzeit bevölkert hatten.

Und doch greift eine solche Perspektive, die vor allem die Kontinuitäten des Diskurses um die fremden Esskulturen betont, wie bis hierher deutlich geworden ist, zu kurz und übersieht die entschiedene Transformation, die mit dem Wandel des Hungers zur „Malnutrition" und mit dem Übergang von einer naturwissenschaftlich fundierten Ernährungswissenschaft zu einer ethnologischen Betrachtung der Esskulturen verbunden war und die eine völlig neu geartete Form der Beschreibung ermöglichte. Denn die Ethnolog*innen entdeckten bei den vermeintlich „defizitär" lebenden Fremden gerade keine Hungergesellschaften, die von der Hand in den Mund lebten oder deren, im Vergleich mit den bürgerlich-modernen Standards, unregelmäßige Mahlzeiten und scheinbar unregulierten Tischgesellschaften als Ausweis einer niedrigeren menschheitsgeschichtlichen Entwicklungstufe gelten konnten, wie dies noch der amerikanische Anthropologe und Evolutionist Lewis Henry Morgan oder der deutsche Soziologe Georg Simmel behaupteten[93] Nicht nur in den Beschreibungen, die Sonia und Meyer Fortes 1936 über die Rolle des Essens bei den Tallensi liefern,[94] sondern auch in Audrey Richards Studie über die Ernährungsweisen der Bemba ist der Hunger

---

91 Lukrez, *De rerum natura*, V, 1007 f.

92 Richards, *Hunger and Work in a Savage Tribe*, S. 14.

93 Vgl. Lewis Henry Morgan, *Houses and House-Life of the American Aborigines*, Washington 1881, S. 100–103; Georg Simmel, „Soziologie der Mahlzeit", in: *Aufsätze und Abhandlungen 1909–1918*. Bd. 1, hrsg. v. Rüdiger Kramme/Otthein Rammstedt (Georg Simmel Gesamtausgabe 12), Frankfurt am Main 2001, S. 140–147, hier S. 140–142.

94 Fortes/Fortes, „Food in the Domestic Economy of the Tallensi".

merkwürdig abwesend und muss geradezu aus der Bedeutung, die dem Essen bei diesen zukommt, *ex negativo* als insistierendes Symptom herauspräpariert werden. Spricht es nicht für den konstitutiven Hunger dieser Gesellschaft, wenn sie den Kalender und die Geographie mit Hilfe von Nahrungsmitteln gliedern und wenn die alltäglichen Sprichworte, Begrüßungsformeln und Redeweisen, ja, ein Großteil der Alltagsgespräche sich vornehmlich mit dem Essen beschäftigen?[95] Wenn die Frage vor dem Hintergrund der Annahme einer prinzipiellen „Malnutrition" der kolonisierten Gesellschaften auch geradezu rhetorisch wirkt, so ist doch bemerkenswert, dass der konstitutive Mangel mehr als ein Phänomen der unhinterfragten theoretischen Vorannahme erscheint, denn als Resultat der vollzogenen Ethnographie. Statt der expliziten Beschreibung des Hungers und Mangels, den diese Gesellschaften scheinbar unterliegen, liefert die Ethnologie des Essens stattdessen, wenn auch unter der Prämisse ihrer Defizität, die Beschreibung ausgeklügelter Esssysteme, komplexer Subsistenz- und Speichersysteme, der mit ihnen verbundenen, differenten, vielfältigen ökonomischen, symbolischen und gesellschaftlichen Beziehungen sowie ganz eigener spezifischer Vorlieben, „Geschmäcker", Rezepttraditionen, Essensphilosophien und -ethiken. Die Gastroethnologie der 30er Jahre formuliert damit systematisch eine Perspektive aus, die bereits in der ethnologisch orientierten Perspektivierung des europäischen Geschmacks bei Georg Forster anklingt. Schon dessen Bemerkungen zu jener scheinbar defizitären Geschmacksarmut des einfachen Mahls vieler agrarisch und nomadisch lebender, außereuropäischer Gesellschaften begreifen diese nicht nur als Mangel, sondern gleichermaßen als kulturell-sinnliche Antwort auf das Problem des Ekels, das die kontinuierliche Einnahme des Immergleichen den geschmacksfixierten Kulturen Europas aufgebe. Wenn die Sinne der sogenannten „Wilden", wie Forster mit Rousseau gemutmaßt hatte, tatsächlich zu Teilen schärfer seien als diejenigen der Europäer*innen, so müsste die Monotonie ihrer Mahlzeiten umso mehr jenen Überdruss zur Folge haben, der bei diesen jedoch offensichtlich nicht eintrete. Ein Umstand, den Forster gerade in der geschmacksarmen Charakteristik ihrer Speisen begründet sieht: „Die nahrhaftesten Speisen sind insgeheim die geschmacklosesten, und können schon darum am längsten genossen werden, weil sie nicht durch übermäßigen Reiz die Nervenwärzchen verwunden noch auch durch die öftere Wiederholung desselben Eindrucks endlich Überdruß erregen."[96] Hinsichtlich der geschmacklichen Armut und gleichzeitigen Monotonie der einfachen Mahlzeiten und der

---

95 Richards, *Land, Labour and Diet in Northern Rhodesia*, S. 44–46.
96 Georg Forster, „Ueber Leckereyen", in: *Georg Forster Werke. Sämmtliche Schriften, Tagebücher, Briefe*, hrsg. v. Berlin-Brandenburgische Akademie der Wissenschaften, Bd. 8, Berlin 1958 ff. S. 164–181, hier S. 169.

vornehmlich auf die Nahrhaftigkeit abzweckende Speiseaufnahme formuliert Forster hier implizit den Ansatz zu einer Untersuchung nicht-europäischer und differenter Ess- und Sinneskulturen, sowenig er diesen Ansatz auch explizit ausformuliert.[97] Mit der Gastroethnologie der 30er Jahre und ihrer Kritik der ernährungswissenschaftlichen Grundlagen vollzieht sich dahingehend und geradezu gegenläufig zur vormaligen Traditionslinie des Geschmacks- und Hungerdiskurses eine De-Primitivisierung der Wissenschaft vom Essen, die sich mit der Universalisierung des Geschmacks gleichermaßen eine Indigenisierung der Ernährungswissenschaft auf ihre Fahnen schreibt. Der Perspektivenwechsel von einem westlich orientierten Universalismus zu einer Ethnologie „from the natives point of view",[98] den Bronislaw Malinowski und seine Schüler*innen dabei einleiten, wird nicht nur in Raymond Firths programmatischem Aufsatz über *The Sociological Study of Native Diet* in eine entsprechende politische Positionierung umgemünzt, sondern auch in den ethnologischen Beiträgen der Sonderausgabe der *Africa* von 1936 über die *Problems of African Native Diet*, die die Ergebnisse des Committees des International Institute of African Laguages and Cultures zusammenfasst. Vor dem Hintergrund der Erforschung des Wandels afrikanischer Kulturen unter dem Einfluss der weißen „Zivilisation" hatte sich das IIALC einer kolonialen Politik verschrieben, die für eine Modernisierung unter Einbezug der kulturellen Traditionen der Kolonisierten eintrat.[99]

Und doch muss man vor dem Hintergrund der (Vor-)Annahme einer grundlegenden „colonial malnutrition" und einer damit verbundenen Universalisierung der Problematik des Geschmacks als „limiting factor" der jeweiligen Ernährungsweise fragen, inwiefern die ethnologischen Studien den Anspruch einer solchen Indigenisierung der Wissenschaft vom Essen einlösten. Wie weit reichte der

---

97 Vgl. hierzu Gerd Spittler, „Das einfache Mahl. Kost der Armen oder Ausdruck des feinen Geschmacks?", in: Kunst und Ausstellungshalle der Bundesrepublik Deutschland (Hrsg.), *Geschmacksache*, Göttingen 1996, S. 140–158, hier S. 145.
98 Clifford Geertz, „„From the Native's Point of View'. On the Nature of Anthropological Understanding", in: *Local Knowledge. Further Essays in Interpretive Anthropology*, New York 1983, S. 55–70.
99 Diese Position spiegelt sich, wie James Vernon bemerkt hat, zur gleichen Zeit etwa auch in den dekolonisierenden Politiken indischer Hindus – vor allem derjenigen Mahatma Ghandis – denen es darum zu tun war, die kulturellen und spirituellen Dimensionen ihrer Ernährungsweise, die von den westlichen Mediziner*innen und Ernährungswissenschaftler*innen als Produkte religiöser Vorurteile und vermeintlicher primitiver Ignoranz ausgeschlossen worden waren, gegen diese zu behaupten. Dabei ging es nicht darum, zu etwaigen ursprünglichen Prinzipien der Ernährung zurückzukehren, sondern im Austausch mit den modernen wissenschaftlichen Erkenntnissen und auf gleicher Ebene eine Aneignung und Indigenisierung der Ernährungswissenschaft voranzutreiben (vgl. Vernon, *Hunger*, S. 115 f.).

Perspektivenwechsel, der etwa im Titel des zweiten Kapitel von Richards *Land, Labour and Diet in Northern Rhodesia: Native Views on Food* anklingt, tatsächlich? Musste nicht die von der Ernährungswissenschaft übernommene und hierin von den Ethnolog*innen affirmierte Vorannahme einer allgemeinen Mangel- und Fehlernährung in den Kolonien den Blick für die fremden und oftmals ganz eigenen Formen einer Problematisierung des Essens und der Esslust trüben? Wenn Richards auch zu Recht die massive Bedeutung hervorhebt, die den aus ökologischen und agrarischen Bedingungen resultierenden zyklischen Nahrungsengpässen und dem damit verbundenen Wechsel von Fülle und Mangel bei den Bemba zukommt, so ist doch zu fragen, ob diese Bedeutung gleichbedeutend ist mit dem Mangel, den Richards als eine allgemeine „Malnutrition" zu beschreiben versucht. Und auch hinsichtlich des Geschmacks in seinem entscheidenden und unhinterfragten Einsatz gegenüber der physiologisch und biochemisch beschränkten Ernährungswissenschaft, muss man eine ähnliche Frage stellen: Lässt sich im Hinblick auf die kulturalisierende und sozialisierende Wendung und Abstraktion des sinnlichen Geschmacks tatsächlich eine dekolonisierende Indigenisierung, ja, Befremdung des eigenen Geschmacks ausmachen, die die Grundlagen des seit der Neuzeit mit ihm verbundenen, universalistischen, sinnlichen Überlegenheitsanspruchs hinterfragt oder gar dekonstruiert? Oder verbindet sich mit diesem nicht aufs Neue eine – wenn auch liberalere, so doch umso umfassendere – Universalisierung der europäischen, kulinarischen Sinnlichkeit des Geschmacks, von dessen materiellen, praktischen wie epistemologischen Grundlagen einmal mehr abstrahiert wird? Ist es tatsächlich legitim bloß von einem „anderen" Geschmack der Fremden zu sprechen, ohne auch nach dessen möglicher Fremd- und Andersheit gegenüber der sinnlichen Ordnung des mündigen Geschmacks selbst zu fragen? Konfrontieren diese Fragen die Wissenschaft vom Essen einmal mehr mit den Grenzen dessen, was wir als Hunger, Fehl- und Mangelernährung, aber auch und vor allem als Geschmack zu begreifen gewohnt sind, so soll ihnen im Folgenden gerade unter der Perspektive jener *Native Views on Food* nachgegangen werden, die die Gastroethnolog*innen der 30er Jahre entschieden herausgestellt haben. Hinsichtlich der Frage nach den Grenzen des Geschmacks gilt es, die Perspektive derjenigen einzunehmen, deren Beitrag zu den Fragen des Geschmacks ausgeschlossen wurde, als es darum ging jene partikulare Konturierung des Geschmacks als eine Übung des Schmeckens vorzunehmen, die diesen als paradigmatischen Ausdruck einer mündigen Urteilskraft begreift. Dabei ist es mir gerade nicht um die Frage nach der Möglichkeit einer Fähigkeit zum mündigen Geschmack auch außerhalb Europas zu tun, eine Frage, die selbst die Anthropologen des 18. Jahrhunderts bei aller primitivierenden Differenz entschieden bejaht haben, sondern vielmehr um die Frage nach möglichen nicht-europäischen, partikularen und lokalen Sinnenordnungen, die jenseits des mündigen Geschmacks

ganz andere Grenzziehungen und Beurteilungsinstanzen, Reflektionen und körperliche Reflexe, Sinnenübungen und Wahrnehmungsweisen ausgebildet haben.
So sehr es aus heutiger Sicht notwendig erscheint die (sinnlichen) Vorannah-
men der Gastroethnolog*innen kritisch zu hinterfragen, muss man gleichermaßen betonen, dass etwa die Gründe für die Annahme einer problematischen
Ernährungslage in der nördlichen Provinz des heutigen Sambias, die Richards
Studie über die Bemba antrieben, vor dem Hintergrund der 30er Jahre, in denen
die Region von Heuschreckenplagen, Pocken, heftigen Regenfällen und heißen
Winden sowie Dürre heimgesucht wurde, als durchaus naheliegend und plausibel erscheinen mussten. Die Ernährungslage erwies sich für die Forscherinnen
selbst nach dem Maßstab dessen, was die Ernährungswissenschaft als notwendige Minimalernährung ermittelt hatte, als mehr als ungenügend, ganz zu
schweigen von jener idealen und ausgewogenen Ernährung, die die neuere Ernährungswissenschaft umtrieb: Die Studie, die Richards Mitte der 30er Jahre in
Zusammenarbeit mit Elsie Widdowson veröffentlichte, betonte, dass die männlichen Arbeiter auf den Feldern mit 1700 Kalorien im Durchschnitt nur die Hälfte
der nach dem Standard der Ernährungswissenschaft für diese Arbeit nötigen Kalorien konsumierten.[100] Die Hirse etwa reichte teilweise selbst für die wichtigen Hei-
ratsrituale der jungen Bemba-Mädchen kaum, so dass sich Richards – die auch an
anderer Stelle ihre Forschungen mit der Gabe von Lebensmitteln beförderte[101] –
genötigt sah, die Kosten für das entsprechende Hirse-Bier zu übernehmen.[102] Zu
guter Letzt darf man auch die Suggestivkraft jener kulinarischen Fremderfahrung
der Ethnologin nicht unterschätzen, für die das, was die Bemba als ideales Mahl
bezeichnen, entschiedene schmerzhafte Magenbeschwerden verursachte[103]; eine
Erfahrung, die immerhin so prägend erscheint, dass Richards noch viele Jahre später immer wieder ihren Student*innen davon berichtete.[104] Sie musste auch in
sinnlicher Hinsicht die ernährungswissenschaftliche Einschätzung eines allgemeinen Mangels stützen, für die auch alle anderen Belege sprachen.

Richards Vorannahme einer allgemeinen problematischen Ernährungslage er-
hielt dabei eine zusätzliche Fundierung auch vor dem Hintergrund der Bedenken
der Kolonialverwaltung – und in gewissem Maße auch von Seiten der Bemba
Chiefs – hinsichtlich der Leistungsfähigkeit der als *Citimene* bezeichneten Brand-
rodungskultur, die unter den Vorzeichen einer Arbeitsmigration in Frage stand.
Die Männer, die fernab der eigenen Dörfer in den Kupferminen in Nord-Rhodesien

---

100 Richards/Widdowson, „A Dietary Study in North-Eastern Rhodesia".
101 Vgl. etwa Richards, *Land, Labour and Diet in Northern Rhodesia*, S. 58.
102 Vgl. Gladstone, „Significant Sister", S. 343.
103 Richards, *Land, Labour and Diet in Northern Rhodesia*, S. 52.
104 Gladstone, „Significant Sister", S. 340.

, aber auch in den Katanga-Minen in Süd-Rhodesien wenn nicht gar in Südafrika, bezahlte Arbeit fanden, konnten ihrer eng mit der eigenen sozialen und geschlechtsspezifischen Rolle verbundenen Arbeit auf den Feldern nicht mehr nachkommen und die Frauen waren dementsprechend auf den Feldern auf sich allein gestellt. Dieser Sicht der Dinge folgend schildert Richards die Kultur der Bemba als Gesellschaft in einer ökologischen wie sozialen, durch den wachsenden Einfluss der europäischen Zivilisation verursachten Krise. Eine Sichtweise, die, wie jüngere Studien gezeigt haben, nicht nur übersieht, dass die männliche Arbeitsmigration, die vor allem durch die Notwendigkeiten der Geldökonomie bedingt war, bereits seit den 1890er Jahren fest etabliert war und damit kein neues Phänomen darstellte, sondern ebenso, dass das *Citimene*-System sich auch in der Abwesenheit der Männer als überlebensfähig erwies.[105] Wie Henrietta Moore betont, spielte Richards dabei in ihrer Studie nicht nur die Bedeutung der Tauschökonomie herunter, die den Haushalten jenseits des eigenen Anbaus vielfältige Wege eröffnete, um Zugang zu Nahrung zu bekommen, sondern übersah außerdem, dass jenseits des Wechsels von guten und schlechten agrarischen Jahren, selbst unter den schlechten Bedingungen der 30er Jahre, Teile der nördlichen Provinz Sambias einen Überschuss erwirtschafteten und mit diesem selbst noch die Regierungsstationen und Missionen versorgen konnten.[106]

Die Hungererfahrung der britischen Ethnologin und die Konstatierung einer grundlegenden Fehl- und Mangelernährung erscheint vor diesem Hintergrund als Effekt spezifischer historischer und ökologischer Umstände, vor allem aber als Effekt der ernährungswissenschaftlichen Diskurse der 30er Jahre und gleichermaßen als Phänomen einer sinnlichen und kulinarischen Fremderfahrung, die Richards selbst immer wieder hervorgehoben hat. Wenn auch nach westlichem Maßstab die qualitative Vielfalt ebenso wie die quantitative Reichhaltigkeit der Ernährung der Bemba entschieden zu wünschen übrig ließ, so muss man doch konstatieren, dass aus der Sicht der Bemba selbst ihre fremdkulturelle Charakterisierung als Hunger- oder Mangelgesellschaft kaum zutreffend war.[107] Ja, in jenem Kapitel, in dem Richards unter

---

105 Henrietta Moore/Megan Vaughan, *Cutting Down Trees. Gender, Nutrition and Agricultural Change in the Northern Province of Zambia 1980–1990*, Portsmouth und London 1994. Vgl. auch Henrietta Moore, „Introduction", in: Richards, *Land, Labour and Diet in Northern Rhodesia*, S. ix–xxi, hier S. xv–xvii.
106 Ebd., S. xvii.
107 Vgl. hierzu auch Gerd Spittler, „Lob des einfachen Mahles. Afrikanische und europäische Eßkultur im Vergleich", in: Alois Wierlacher/Gerhard Neumann/Hans Jürgen Teuteberg (Hrsg.), *Kulturthema Essen. Ansichten und Problemfelder*, Weinheim 1993, S. 193–210, hier S. 201.

dem Titel *Native Views on Food* die Einstellung der Bemba zum Essen schildert, sind es überraschenderweise gerade nicht diese selbst, sondern umgekehrt die Europäer*innen und ihre Esskultur, die in qualitativer wie quantitativer Hinsicht als defizitär eingestuft werden. Und nicht nur die Bemba-Informant*innen teilen diese Perspektive, sondern auch die Tallensi im Norden Ghanas äußern sich in ähnlicher Weise gegenüber Sonia und Meyer Fortes. Versteckt in einer Fußnote wird jene irritierende afrikanische Inversion der westlichen Sicht auf den Hunger wiedergegeben, welche auch den enthnographischen Text Richards durchzieht: „A Tale friend inquired what kind of food he would be given in our country, and when told that he would eat meat, fish bread and eggs, he exclaimed ‚what, no porridge? I call that starvation.'"[108] Die Vielfalt der Küche, die Diversität der Gerichte und die Vielzahl der Mahlzeiten, die in der westlichen Welt als ausgemachte Zeichen der Fülle erscheinen, und deren Ideal in gleicher Weise den Traum der Ernährungswissenschaftler*innen von einer „World of plenty" ebenso wie deren Vorstellung einer diversifizierten und ausgewogenen Ernährung anleiteten, sind aus der Sicht der Tallensi ebenso wie aus derjenigen der Bemba Symptom einer ewig hungrigen Welt. Wie Richards berichtet, bildete sich im Kontakt mit den Weißen und insbesondere der Kolonialverwaltung eine ganze Tradition von Volkserzählungen und Geschichten heraus, in denen die ewig hungrigen Weißen, die jede Tätigkeit unterbrechen „to take breakfast or to drink tea",[109] eine zentrale Rolle einnahmen. Zwar galten die Weißen durch den Besitz großer Nahrungsmengen als reich, insofern sie zu jeder Zeit in der Lage waren ihre Freund*innen einzuladen, aber der Umgang mit dem Essen und die Häufigkeit der Mahlzeiten erschien, gegenüber der einen abendlichen Mahlzeit, die die erwachsenen Bemba gewohnt waren zu sich zu nehmen, als kindisch: „[It is] childish and undignified to be eating all hours of the day."[110] Ebensolches galt für das Auftischen von Mahlzeiten mit mehreren Beilagen und damit für jene Vielfalt und Abwechslung der Sensationen der Gerichte, die nicht nur unter ernährungsphysiologischen Aspekten bereits bei Gastrosophen wie Carl Friedrich von Rumohr verteidigt wurden,[111] sondern die auch die Grundlage jener mündigen Übung des Geschmacks in Europa überhaupt bildeten: „It is like a bird first to pick at this and then at that, or like a child who nibbles here and there through the day."[112] Die westliche Welt und ihre Kultur der

---

108 Fortes/Fortes, „Food in the Domestic Economy of the Tallensi", S. 265.
109 Richards, *Land, Labour and Diet in Northern Rhodesia*, S. 73.
110 Ebd.
111 Carl Friedrich von Rumohr, *Geist der Kochkunst*. Mit einem Vorwort v. Wolfgang Koeppen, Berlin 2010, S. 207–211.
112 Richards, *Land, Labour and Diet in Northern Rhodesia*, S. 49.

Gourmandise wurden hierin keineswegs als überlegene und entwickeltere Gesellschaft wahrgenommen, sondern ganz im Gegenteil: Die Fixierung auf die Sensation des mündigen Geschmacks erschien als unterentwickelt und infantil. Und selbst die Bemba-Kinder, die in den Dörfern der Europäer*innen spielten, beschrieben treffend die mit dem Dispositiv des Geschmacks verbundene befremdliche Gier und lieferten im Modus ihrer Spiele eine eminente Gegenethnographie, die einen entsprechenden Blick aus der Ferne auf die europäische Esskultur zurückwarf und auf die Fremderfahrung Richards als umgekehrte fremde Fremderfahrung antwortete[113]: „I once listening to some small boys playing at being Europeans – a very favourite game", schreibt Richards.

> The boy who was acting as the district officer sat lounging in an imitation chair made of branches and bark rope and repeatedly called ‚Bring food'. At last one of his fellows, acting servant, said aside in an aghast whisper, ‚You can't ask for food again. We've only just brought it to you'. The ‚white man's' answer was immediate. ‚You know nothing about Europeans! That is just what they do all the day – just sit and call ‚Boy! Bring me food'.[114]

Die Unersättlichkeit der Europäer*innen ist hierbei auf eine grundlegende Hungererfahrung zurückzuführen und die unentwegte Gier nach Nahrung ist gleichermaßen einer Welt geschuldet, in der es keine wirklich nahrhaften Speisen gibt; nichts von dem ein Mensch satt werden könnte. So zeigte sich der Repräsentant der Bemba, der 1937 zur Krönung des englischen Königs Henry VI. nach London entsendet wurde, nach seiner Rückkehr zwar von London begeistert, bemängelte jedoch nachdrücklich „that he had never felt full during the trip".[115] Ungeachtet des Umstands, dass er in Armeebaracken untergebracht war und vermutlich die entsprechende ernährungswissenschaftlich ausgewogene Verpflegung der Soldaten genoss, wie Richards bemerkt.[116] Aus Sicht der Bemba konnte man augenscheinlich nur zu dem Schluss kommen, den ein alter Mann gegenüber der englischen Ethnologin zu Protokoll gab: „Well there it is! There is no food to be found among the Europeans. Their foods are light (lit. small)."[117] Und es ist interessant, dass die einzige Ausnahme von dieser Sichtweise diejenige der Kinder darstellte, die in den europäischen Städten aufgewachsen waren. Sie bemängelten, wie Richards herausstellt, ähnlich wie die

---

113 Zum Begriff der Gegenethnographie und der fremden Fremderfahrung vgl. Fritz Kramer, *Der rote Fes. Über Besessenheit und Kunst in Afrika*, Frankfurt am Main 1987; Michael Taussig, *Shamanism, Colonialism and the White Man. A Study in Terror and Healing*, Chicago 1987.
114 Richards, *Land, Labour and Diet in Northern Rhodesia*, S. 73.
115 Ebd., S. 52.
116 Ebd.
117 Ebd.

Europäer*innen, den mangelnden Geschmack des Bemba-Porridge.[118] Die Aussagen der von Richards untersuchten Bemba halten damit der westlichen Ernährungswissenschaft ebenso wie der Gastroethnologie geradezu einen Spiegel vor, der die Charakterisierung der fremden kulinarischen Kultur als Fehl- und Mangelernährung an diese zurückverweist und die Frage stellt, von welchem Standpunkt und aus der Perspektive welcher Esskultur sich eine solche Einschätzung und Problematisierung des Essens legitimiert und plausibilisiert.

Vor dem Hintergrund dieser fremdkulturellen Einschätzung der europäischen Ernährung muss man die unausgesprochene Bedingung der Erkenntnisse der neueren Ernährungswissenschaft und der von ihr beschworenen idealen Ernährung in jener durch den weltweiten Handel und der auf die Kolonien ausgreifenden Ernährungswirtschaft betonen, die erst jene moderne, über das Jahr stetige Versorgung mit der modernen Vielfalt und Quantität der Lebensmittel ermöglichte und für deren globale Ausweitung die Ernährungswissenschaft der 30er Jahre eintrat. Wie Georg Forster vor dem Hintergrund der Tischgesellschaften des 18. Jahrhunderts und die Gastrosophen des 19. Jahrhunderts, so rekurrierte auch die neuere Ernährungswissenschaft unausgesprochen auf das Ideal der Fülle, das die die modernen, bürgerlichen Tafeln auszeichnete. Unausgesprochen und jenseits ihrer konkreten labortechnischen Experimente machte auch sie die abwechslungsreichen, frischen und harmonisch ausgewogenen Speisen, die in jeglicher Hinsicht den Horizont der europäischen Esskultur seit der Neuzeit abgaben und gleichermaßen, wie nicht nur Forster und Rumohr deutlich machen, die Grundlage des mündigen Geschmacks bildeten, zur definitorischen Grundlage ihrer biochemisch und physiologisch bestimmten Ideal- und Normalernährung. Wenn auch deren Paradigma des natürlichen Geschmacks und der Vielfalt und Abwechslung nun auf dem Umweg einer rein physiologischen Bestimmung als Nährstoff-, Vitamin- und Mineralgehalte neu begründet und ausgemünzt wurde, stehen ebenso die Ausdifferenzierung der Mahlzeiten, die Vielfalt der Speisen und deren geschmackliche wie biochemische Qualitäten und deren aufgeklärter und mündiger Genuss stets noch im Hintergrund jener Charakterisierung des Mangels, den die Gastroethnolog*innen und Ernährungswissenschaftler*innen in der Untersuchung jener sogenannten „primitiven" und monotonen Diäten in den Kolonien sowie in den Arbeiter*innenhaushaltenzum Gegenstand machten.[119] Und auch umgekehrt plausibilisiert sich die Sicht der Bemba maßgeblich aus ihrer eigenen Esskultur und ihren gastrologischen Annahmen, die bei Richards, trotz aller Betonung einer

---

118 Ebd.
119 Zum Gegensatz zwischen Vielfalt und Einfachheit des Mahles und den daraus resultierenden Problematiken in der Sicht auf afrikanische Esskulturen vgl. auch Spittler, „Das einfache Mahl"; ders., „Lob des einfachen Mahles".

Ethnologie „from the natives point of view" als emotionale Einstellung von den wissenschaftlichen Ernährungstheorien der Europäer*innen abgesetzt werden. Stellte die neue Ernährungswissenschaft erneut die notwendige Varietät einer gesunden Ernährung heraus – wenn auch mit der zu Recht von den Gastroethnolog*innen kritisierten Ignoranz gegenüber dem Geschmack sowie der entsprechenden mündigen und lustvoll-subjektivierenden Übung des Schmeckens – so betonen hingegen die Informant*innen der Bemba gegenüber Richards die entscheidende Bedeutung der monotonen Grundnahrungsmittel: „[I]t is difficult for the European, accustomed as he is to a large variety of foodstuffs, to realize fully what a ‚staple crop' can mean to a primitive people", schreibt Richards.

> To the Bemba millet porrigde is not only necessary, but it is the only constituent of his diet which actually ranks as food. All other foodstuffs, whatever their nutritive value, he considered merely as additions to the essential *ubwali*, as snacks to be eaten before the main meal is prepared, or as substitute food during the hunger months. [...] I have watched natives eating the roasted grain of four or five maize cobs under my very eyes, only to hear the shouting to their fellows later, ‚Alas, we are dying of hunger. We have not had a bite to eat all day'.[120]

Die Einschätzung der europäischen Kost als Nicht-Nahrung hängt hierin offensichtlich eng mit dem zusammen, was Richards als das ideale Mahl der Bemba schildert. Jedes Mahl, so Richards, müsse, um als befriedigend zu gelten, aus zwei Bestandteilen zusammengesetzt sein: Zum einen aus der von Richards erwähnten dicken und festen Hirse-‚Polenta' (*ubwali*), zum anderen aus einer Würzsauce (*umunani*) aus Gemüse, Fleisch, Fisch, Heuschrecken, Ameisen, Pilzen oder Ähnlichem. Und Richards unterstreicht nachdrücklich die immense alltägliche wie rituelle Bedeutung, die der essentiellen Grundlage der Ernährung der Bemba in Form des *ubwali* zukommt.[121] Gleichermaßen ist jedoch auch die Bedeutung der Beilage *umunani* entscheidend, denn so sehr die Bemba erklären, sie könnten nicht ohne *ubwali* leben, so sehr betonen sie gleichermaßen, dass man *ubwali* nicht ohne *umunani* zu sich nehmen könne. Gerade an der Bedeutung der Würzsauce zeigt sich ebenso die sinnliche, gustatorische Dimension der Bemba-Küche wie ihre Differenz zu der europäischen Bedeutung des Geschmacks. Denn deren Funktion besteht zwar auch darin, das Gericht mit einem gewissen Geschmack auszustatten und die Monotonie des Essens zu variieren, vor allem und mehr als das soll sie ein leichteres Schlucken des zähen und

---

120 Richards, *Land, Labour and Diet in Northern Rhodesia*, S. 47.
121 Ebd., S. 47f.

grobkörnigen *ubwali* ermöglichen.[122] „Thus the use of *umunani*, which to European eyes add valuable constituents to the diet", schreibt Richards – und man kann hier gleichermaßen auch auf die mögliche Überbetonung der Differentialität des mündigen Geschmacks verweisen – „is defended by the natives on the ground that it overcomes the purely mechanical difficulty of getting food down the throat."[123] Und auch die Zugabe von Erdnusssauce (*ntwilo*) zu selbst schwer zu schluckenden Würzsaucen, wie der sehnigen und bitteren aus wildem Spinat (*umusalu*), dient vornehmlich dazu, so die Informant*innen gegenüber Richards, „to make the relish soft [...] [and to] prevent[] the food ‚coming back'.[124] Diese verdauungstechnische Funktion der Würzsauce, die gegen eine mögliche Hypostasierung des Mund-Geschmacks steht, wird gleichermaßen durch den bereits oben genannten Umstand unterstrichen, dass das Auftischen unterschiedlicher Saucen und das Vermischen der Speisen, das in Europa eine Ausdifferenzierung der unterschiedlichen Geschmäcker ermöglichte, von den Bemba abgelehnt wird.

Dass der Geschmack bei den Bemba keine herausgehobene Signifikanz verzeichnet, liegt dabei auch in dem Umstand begründet, dass die Speisen in ihrer Gesamtheit kaum über eine herausragende Würze verfügen. So sind starke Würzmittel wie Ingwer, Pfefferminze oder scharfe Gewürze bis auf den Pfeffer (*mpilipili*), von dem es heißt, er mache den Mund „heiß", schlechterdings nicht vorhanden. Zwar gibt es Gerichte, die als sauer und stechend (*ukukauka*) beschrieben werden, aber der Genuss der beißenden Säure der Zitronen, die die Kinder ungesüßt zu sich nehmen, war bis zur Einführung unterschiedlicher Zitrus-Bäume durch die Weißen unbekannt. Neben diesen gibt es Begriffe für fermentierte und säuerliche Gerichte (*ukusasa*) ebenso wie für den bitteren Geschmack (*ukulula*) diverser wilder Spinatsorten, die mit Kalisalz oder Erdnusssauce erträglich gemacht werden, aber der Begriff für ‚süß', *ukuloa*, sei, wie Richards betont, eher mit ‚angenehm' und ‚schmackhaft' zu übersetzen, denn mit einer spezifischen Geschmacksbezeichnung.[125]

Statt wie die europäische Esskultur der Neuzeit eine signifikante und überdeterminierende Sinnlichkeit des Mundes zu entwickeln, konstituiert sich der Genuss bei den Bemba umgekehrt und in einer merkwürdigen Nähe zu den antiken Lustkategorisierungen bei Aristoteles, der gegen den mündigen Geschmack in gleicher Weise die Lust des Schlundes betont hatte,[126] in einer

---

122 Ebd., S. 48 f.
123 Ebd., S. 49.
124 Richards, *Land, Labour and Diet in Northern Rhodesia*, S. 49.
125 Ebd., S. 54 f.
126 Aristoteles, *Nikomachische Ethik III*, 1118a.

ausgeprägten Differenzialität der Sinnlichkeit der Kehle und des Magens. Dabei sind, folgt man Richards Text, drei Faktoren entscheidend: Erstens die unterschiedliche Leichtigkeit, mit der das Essen geschluckt werden kann, zweitens die Empfindungen, die diese im Magen produzieren, das heißt, ob diese sich schnell auflösen (*ukusunguluka*) oder hart bleiben (*ukukosa pa munda*) oder gar Schmerzen verursachen (*ukukalipa pa munda*), und drittens, inwiefern sie dauerhaft sättigen.[127] Ein Umstand der deutlich macht, dass nicht nur die Frage dessen, was als Fehl- und Mangelernährung zu qualifizieren ist, sondern gleichermaßen auch die Erfahrung, ja, Einübung einer spezifischen Sinnlichkeit mit der Bedeutung und quantitativen wie qualitativen Struktur der kulinarischen Basis wechselt, von der sie ausgeht und vice versa. Wie die Europäer*innen, so gliedern auch die Bemba ihre unterschiedlichen Nahrungsmittel hierarchisch nach ihren Präferenzen, jedoch geschieht dies nicht, wie noch die Omnipräsenz des Geschmacksbegriffes in den gastroethnologischen Texten seit den 30er Jahren suggeriert, durch ein Geschmacksurteil, das unhinterfragt in der sinnlichen Zone des Mundraumes verortet wird, sondern davon unterschieden und geradezu entgegengesetzt in jenen Bereichen, die der sich von den moralischen Zwängen der christlichen Moraldiskurse befreienden, mündigen Sinnlichkeit der europäischen Feinschmecker*innen stets despektierlich erschienen. Angesichts der vermeintlich monotonen Ernährung und Mahlstruktur der Bemba und ausgehend von dieser lässt sich eine für die Europäer*innen durchaus fremde Sinnlichkeit ausmachen, deren provozierende Momente für den europäischen Geschmacksdiskurs jedoch unter dem Label eins „fremden Geschmacks" – oder wie bei Richards, durch ihre Charakterisierung als indigenes anatomisches Verdauungswissen – disjunktiv angeeignet[128] und damit eingehegt werden:

> All Bemba grade their different foodstuffs in oder of preference, and it is probably the habit of eating one relish at a time which enables them to do so with such clarity. The European cannot easily describe what he feels after eating peas, as distinkt from beans, or how long each particular food will last him, but the Bemba in many cases can. [...] [H]e will give a most concrete and convincing account of what he believes to be going on inside him and state whether he appreciates the concomitant sensations or not. Thus a man praising porridge made of millet flour often says, ‚If you have eaten your fill with *ubwali* you do not get hungry quickly again as with other foods'. He seems to appreciate the

---

127 Ebd., S. 51.
128 Zur Transformationstypus der Disjunktion mit Bezug auf Erwin Panofskys *Priciple of disjunction of meaning and form* vgl. Lutz Bergemann u. a., „Transformation. Ein Konzept zur Erforschung kulturellen Wandels", in: Hartmut Böhme u. a. (Hrsg.), *Transformation. Ein Konzept zur Erforschung kulturellen Wandels*, München 2011, S. 39–53, hier S. 49.

feelings in his stomach and elsewhere which the eating porridge gives. Any one who habitually bolts the coarse heavy millet *ubwali* at the rate which the Bemba do, probably accustomed to a particular sensation of tension inside. To the European this would amount almost to a pain, but it is evident want to feel full in just this particular way, and do not feel satisfied unless they have reached this state.[129]

Ausgehend von diesem gastrosensitiv charakterisierten Zustand einer idealen Fülle, der mit dem Genuss einer spezifischen Menge an Hirse-*ubwali* verknüpft ist, werden auch die anderen Nahrungsmittel anhand der mit ihnen verbundenen Magenzustände ausdifferenziert: Entgegen dem Hirse-*ubwali* erzeugen die aus anderen Mehlarten, wie Mais oder Maniok, hergestellten Gerichte, die als weicher und schneller auflösend empfunden werden, andere sinnliche Empfindungen. Grundnahrungsmittel wie Kürbisse oder Süßkartoffeln, die je nach Jahreszeit ebenso gegessen werden, rangieren in dieser Hinsicht noch weiter unter diesen. Zwar spielt auch hier der Geschmack eine Rolle – so schmecken Erbsen besser als Bohnen – aber die entscheidende Kategorie bleibt die Sensation des Magens. Entgegen den Bohnen halten die Erbsen weniger lange vor und „you get hungry again before three o'clock if you have eaten at midday".[130]

Richards Blick auf diese im Verhältnis zu ihrem europäischen Pendant geradezu invertierte Sinnlichkeit sowie die damit einhergehende Problematisierung und Regulierung der Esslust und die Bedeutung dessen, was als ideale Ernährung und als Hunger konnotiert wird, ist dabei vor dem Hintergrund des ernährungswissenschaftlichen Diskurses stets von der Frage nach dem symptomatischen Ausdruck und der Faszination für die kulturelle Adaption der ökologischen und sozialen Bedingungen des Hungers getragen. Eine Perspektive die, so berechtigt sie vor dem Hintergrund der ernährungswissenschaftlichen Diskurse der 30er Jahre erscheint, doch an keiner Stelle die theoretischen und kulturellen Voraussetzungen überschreitet oder in Frage stellt, von denen sie ausgeht. Die minutiösen Schilderungen der dem mündigen Geschmack entgegengestellten, auf körperlicher wie theoretischer Ebene provozierenden Gastro-Sensibilität der Bemba, ihrer kulinarischen Kritik an der scheinbaren Universalität der europäischen Vorstellung einer guten und idealen Mahlzeit ebenso wie an der scheinbar evidenten Opposition zwischen Sättigung und Hunger, Fülle und Mangel dienen am Ende vornehmlich als Beleg für ihr kulturell wie sozial bedingtes differentielles Geschmacksurteil. Ein Geschmacksurteil, das sich als konsequenter funktionaler Ausdruck der entsprechenden „limiting factors" der fremden Esskultur ausbuchstabieren lässt und das sich vor allem hinsichtlich einer ausgewogenen und

---

129 Richards, *Land, Labour and Diet in Northern Rhodesia*, S. 51f.
130 Ebd., S. 53.

gesunden Ernährung als problematisch erweist. Die konsequente gegenethno-graphische Provokation der Paradigmen einer europäischen Esskultur und deren spezifischer Form einer Problematisierung des Essens und der Esslust führen an keiner Stelle zu einer radikalen Kritik der eigenen Gewissheiten oder gar zu einer Hinterfragung des eigenen kolonialen Standpunkts. So sehr die ethnologischen Untersuchungen in den Kolonien eine Transformation der europäischen Wissenschaft vom Essen in die Wege leiteten, führen sie gerade nicht zu einer Dekonstruktion der europäisch-sinnlichen Subjektivität des Geschmacks, sondern re-aktualisieren und universalisieren diesen stattdessen unter transformativen Vorzeichen, indem sie ihn als entscheidende kritische Kategorie gegenüber den Forschungen der neueren Ernährungswissenschaft ins Feld führen. In seiner abstrakten Form als Zusammenfassung der „limiting factors" einer je spezifischen Esskultur, erweist sich der Geschmack einmal mehr als zentrale anthropologische Kategorie und schließt hierin in seiner Reifizierung als mündiger Geschmack, in den Sozialreportagen, den Marktforschungen und Ethnographien seit den 30er Jahren unproblematisiert an die moralischen, ästhetischen und anthropologischen Geschmacksprägungen der Neuzeit an. Der Geschmack behauptet sich angesichts der selbstverständlich gewordenen spezifisch mündigen kulinarischen Sinnlichkeit der Moderne und ungeachtet seiner fremdkulturellen Infragestellung bis heute als diejenige Kategorie, mit der jegliche diskrete Ausdifferenzierung der kulinarischen Sinnlichkeit in kultureller, sozialer und habitueller Hinsicht beschreibbar erscheint.

Ausgehend von jenen afrikanischen „Native Views on Food" und entgegen dieser unproblematisierten Selbstverständlichkeit des mündigen Geschmacks hat insbesondere der Ethnologe Gerd Spittler in den 1990er Jahren den universellen Status des guten Geschmacks in seinem europäischen Zuschnitt als vornehmlicher Kategorie der Urteilskraft in Zweifel gezogen, indem er die westliche geschmacklich ausdifferenzierte Esskultur mit dem in großen Teilen Afrikas vertretenen Ideal des einfachen Mahls konfrontiert. Von dieser Konfrontation ausgehend stellt er die Frage, ob „unsere Geschmacksreize und unser Bedürfnis nach ständiger Abwechslung eine anthropologische Konstante" darstellen, oder ob es sich bei ihnen „um historisch und kulturell variable Bedürfnisse" handele. „Sind Vielfalt und Abwechslung im Essen das Normale und muß daher das Einfache und immer Gleiche erklärt werden? Oder gilt eher umgekehrt, daß unser Bedürfnis nach Geschmacksvariationen merkwürdig und damit untersuchungsbedürftig ist?"[131] Wie bei den Bemba, so zeichnet sich auch das gute Mahl der von ihm untersuchten, nomadisch lebenden Kel Ewey Tuareg, die im Aïr-Gebirge der

---

131 Spittler, „Lob des einfachen Mahles", S. 193.

südlichen Zentralsahara in Niger leben, weniger durch jene westliche Fixierung auf den differentiellen Geschmack, sondern durch die unabdingbare Füllung des Magens aus. Das gute Mahl der Kel Ewey stellt entgegen der westlich-modernen Konzeption nicht die aufwendige Festspeise dar, sondern ganz im Gegenteil jenes einfache Alltagsmahl, das sich gerade nicht durch seine Komplexität, sondern durch eine ausgemachte Einfachheit auszeichne. Das übliche Gericht ist dabei *eghale*, ein trinkbares Gemisch aus mit Wasser angerührter Hirse, Käse und Datteln, während mittags und abends eine polentaähnliche Mahlzeit aus Hirse (*ashin*) auf dem Speisezettel steht, die in einer Holzschüssel mit gesäuerter Kamelund Ziegenmilch aufgetragen wird. Diese beiden Mahlzeiten werden das ganze Jahr über gegessen.[132] Aus westlicher Sicht fallen diese Speisen, wie auch diejenigen der Bemba und der Tallensi, mit der Charakteristik eines ärmlichen, faden und damit geschmacklosen Mahls zusammen, dessen Eintönigkeit unter Geschmacksaspekten nicht begeistern kann. Ganz anders sieht dagegen die Wertung der Kel Ewey aus:

> Es steht außer Zweifel, daß eine Festmahlzeit einen besonderen Genuß bereitet, aber es ist bezeichnend, daß nicht sie, sondern das tägliche einfache Mahl als das vollkommene Mahl gilt. Vollkommen, weil jede einzelne Zutat von großer Qualität zeugt, weil das Mahl mit wenigen Zutaten vollwertig ist, weil alle Kriterien, die man an ein Essen stellt, erfüllt sind: Sättigung, Gesundheit, Bekömmlichkeit, Wohlgeschmack. Die Vollkommenheit bewährt sich gerade im Alltag: Man kann das Mahl täglich essen, ohne daß man es leid wird und ohne daß es der Gesundheit abträglich wird. Auch im Vergleich mit der europäischen Küche loben die Afrikaner stolz ihr eigenes Mahl, statt es verschämt gegenüber der variationsreichen europäischen Küche zu verstecken.[133]

Auch hier ist die Kategorie des „Wohlgeschmacks", so sehr er auch vorhanden ist, kein grundlegend singulär herausgestelltes Kriterium, das in der Beurteilung der Güte maßgeblich wäre. Eine ebenso große Rolle wie der Geschmack spielen die Kategorien „Sättigung", „Gesundheit" und „Bekömmlichkeit". Wenn Spittler auch den Begriff des Geschmacks in seiner Gegenüberstellung von europäischer und afrikanischer Speiseordnung – nicht zuletzt im Rückgriff auf Richards – als universelle Kategorie der Unterscheidung der Qualität der Zutaten von Wasser, Hirse, Käse, Datteln und Milch aufrechterhält,[134] so macht seine Ethnographie doch deutlich, dass die sinnliche *discretio* dabei, wie auch bei den Bemba, andere Sinne beschäftigt als den Geschmack oder Geruch: Die Qualität des Käses von den Gebirgsweiden des Aïr etwa zeichnet sich insbesondere durch ein

---

132 Ebd., S. 193–197.
133 Spittler, „Das einfache Mahl", S. 155.
134 Vgl. etwa ders., „Lob des einfachen Mahles", S. 197.

„mehr" an Kraft und Gesundheit aus, die er in seinen Konsument*innen erzeugt. Ein Umstand, aufgrund dessen er auch etwa „als präventives und kuratives Heilmittel bei verschiedenen Erkrankungen" zum Einsatz kommt.[135]

Dabei fußt diese sinnliche Verschiebung der Beurteilung vom Mund zum Magen jedoch nicht, wie Spittler betont, auf den vermeintlichen Tatsachen einer Hunger- und Mangelgesellschaft, deren Kategorien sich stets noch aus dem Ideal und der Perspektive einer potentiellen wenn nicht tatsächlichen Überflussgesellschaft herleiten, sondern aus einer expliziten und spezifischen Präferenz für das einfache Mahl gegenüber dem komplexen und geschmacklich vielfältigen. Ein Umstand aus dem sich, wie bei den Bemba, den Tallensi und der Mehrzahl der afrikanischen Esskulturen[136] ebenso eine Umkehrung der Sicht auf das Kulinarische wie auf die mit ihm verbundenen Kategorien des sinnlichen Maßstabs der Unterscheidung von Fülle und Mangel ergibt. „Nimmt man das Einfache als Maßstab, dann wird die Vielfalt zum Überfluß oder zur Zerstreutheit, so wie die oben erwähnten Bemba z. B. das Essen der Europäer mit dem wahllosen Herumpicken eines Vogels vergleichen."[137] Dabei unterstreicht Spittler jedoch gleichermaßen, dass das einfache Mahl nicht nur ein afrikanisches Spezifikum darstellt, sondern durchaus bis ins 20. Jahrhundert auch in Europa entschieden die Ernährung der unteren Schichten prägte und mutmaßt, dass dieses nicht von je her nur als karg, arm und eintönig wahrgenommen wurde.[138] Wie der erste Teil dieser Arbeit ausführlich gezeigt hat, findet sich etwa in den antiken und christlichen Subjektivierungsformen und ihren grundlegenden Gastro-Logiken, deren Transformation sich der mündige Geschmack verdankt, eine ähnliche Idealisierung des Einfachen.[139] Nicht zuletzt zielte auch im antiken Griechenland die Kritik der Gourmandise vor allem

---

135 Vgl. ebd., S. 194.
136 Gleiches gilt etwa, wie auch Spittler betont, für die Igbo in Südnigeria (Linus C. Okere, *Anthropology of Food in Rural Igboland, Nigeria*, New York 1983), aber auch für die Ashanti in Ghana (Jack Goody, *Cooking, Cuisine and Class. A Study in Comparative Sociology*, Cambridge, N.Y. und Melbourne 51996, S. 50). Verweisen lässt sich auch auf die westafrikanischen Songhai, deren sinnlich-ethnographischer Untersuchung sich Paul Stoller gewidmet hat (Paul Stoller, *The Taste of Ethnographic Things. The Senses in Anthropology*, Philadelphia 1989).
137 Spittler, „Lob des einfachen Mahles", S. 202.
138 Ebd., S. 208.
139 Dass dieses sinnlich ähnlich verfasste Ideal des Einfachen unter den Bedingungen einer kulinarisch hoch-stratifizierten Gesellschaft ganz andere Subjektivierungsformen hervorbringt, als dies in den kulinarisch zum großen Teil egalitären, vorkolonialen Gesellschaften Afrikas der Fall war, liegt auf der Hand. Nichtsdestotrotz ist die sinnliche Ähnlichkeit zwischen den antiken Gastro-Philosophien zu denjenigen Afrikas, etwa der Songhai, auch von Paul Stoller hervorgehoben worden: Stoller, *The Taste of Ethnographic Things*, S. 23.

auf die sogenannten *Opsophagoi*, jene Personen, die ein unkontrolliertes Begehren nach den *opson* offenbaren, den Beilagen, die vor allem aus Fischspeisen bestanden, statt nach dem *sitos*, dem Hauptnahrungsmittel aus Weizen oder Gerste.[140]

Mit der Etablierung des mündigen Geschmacks als alleiniger differentieller Urteilsinstanz über das gute Essen geriet das einfache Mahl allerdings nur noch zur degradierten Kontrastfolie der *Haute Cuisine*. Dementsprechend findet sich das Lob des Einfachen in der Neuzeit, wie wir gesehen haben, insbesondere bei jenen Kulturkritikern wie Rousseau oder den Enzyklopädisten, die unter Rückgriff auf ihre antiken Vorläufer und unter den Vorzeichen einer Problematisierung des Essens und der Esslust die moralischen Folgen der Schlemmerei und der Luxusspeisen anprangerten. Das Lob der einfachen und nach ess-ethischen Gesichtspunkten guten Ernährung begleitet hierbei als moralische und politische Kritik die Entwicklung der sich geschmacklich ausdifferenzierenden Küche.[141] Dabei muss man hervorheben, dass sich jedoch selbst diese Propagierungen einer kulinarischen Kritik im Zeichen des einfachen Mahls den sinnlichen Kategorien des guten Geschmacks unterwarfen, gegen dessen kulinarische Grundlagen sie anschrieben; ein Umstand der sich etwa in Bedeutung des natürlichen Geschmacks bei Rousseau zeigt.

Entgegen einer solchen Propagierung eines nur *anderen* Geschmacks muss man im Hinblick auf die „Natives Views on Food", deren Bedeutung die Gastroethnolog*innen spätestens seit den 30er Jahren herausstellen und die der europäische Geschmacksdiskurs allzu lange ignorieren zu können meinte, auch jene *anders als geschmackliche* Sinnlichkeit und Gastrosophien ernst nehmen, die die vermeintliche Universalität des Geschmacks und seine unhinterfragten praktischen, materiellen und geistigen Grundlagen in Frage stellten und stellen. Vor ihrem Hintergrund erscheint eine ganz neue Problematisierung des Essens und der Esslust notwendig, die sich nicht mehr nur auf ihre eigene, vermeintlich nur europäische Geschichte verlassen kann. Hierin kann man durchaus an die Kritiken der Gastroethnologie anschließen, wenn man sich ihres uneingelösten Vermächtnises annimmt. Von ihnen ausgehend, gilt es die Geschichte der europäisch-kulinarischen Sinnlichkeit in ihrem unablässigen und konstitutiven Verweis auf ihren Außenraum, aus dem sie – wie diese Arbeit zur Genüge gezeigt hat – nicht nur von jeher ihre Geschmacksträger, sondern ebenso große Teile ihres Geschmackswissens bezogen hat, selbst zu problematisieren.

---

140 Vgl. James N. Davidson, *Courtesans and Fischcakes. The Consuming Passions of Classical Athens*, Chicago 2011, S. 144–147.

141 Vgl. hierzu auch Goody, *Cooking, Cuisine and Class*, Kap. 4.

Rückblicke auf die Provinzen des mündigen Geschmacks

Wie jegliche Sinnlichkeit, so hat auch der Geschmack eine Geschichte. „Die Bildung der 5 Sinne ist eine Arbeit der ganzen bisherigen Weltgeschichte",[1] heißt es schon in Karl Marx *Ökonomisch-philosophische[n] Manuskripten aus dem Jahre 1844*. Und auch zwei Jahre später heben Karl Marx und Friedrich Engels im Manuskript der *Deutschen Ideologie* auf die Geschichtlichkeit der sinnlichen Welt als Grundlage jeglicher Sinnlichkeit ab: „[D]ie [...] sinnliche Welt ist nicht ein unmittelbar von Ewigkeit her gegebenes, [...] sondern das Produkt der Industrie und des Gesellschaftszustandes, und zwar in dem Sinne, daß sie ein geschichtliches Produkt ist."[2] In ihrer historisch-materialistischen Kritik an den Junghegelianern allen voran dem späteren Gastrosophen Ludwig Feuerbach – greifen sie dabei auf Neophyten und ihre exotischen Früchte zurück, um die Historizität der sinnlichen Welt zu belegen: Indem Feuerbach die Realität als Grundlage der Erkenntnis in der „einfachsten, sinnlichen Gewissheit'",[3] wie derjenigen eines Kirschbaumes, verbürgt sehe, so lautet ihre Kritik, ignoriere er die sozialen und historischen Faktoren, die diese „sinnliche Gewißheit" erst ermöglichten.

> Der Kirschbaum ist, wie fast alle Obstbäume, bekanntlich erst vor wenigen Jahrhunderten durch den Handel in unsre Zone verpflanzt worden, und wurde deshalb erst durch diese Aktion einer bestimmten Gesellschaft in einer bestimmten Zeit der ‚sinnlichen Gewissheit' Feuerbachs gegeben.[4]

Es war dabei nach dem Zeugnis Plinius d. Ä. kein anderer, als der sprichwörtliche römische Gourmet Lukullus, der 74 v. u. Z. den Kirschbaum als Kriegsbeute von seinen Feldzügen aus dem vorderen Asien mitbrachte, um ihn in Italien heimisch zu machen. Und nur 120 Jahre später florierten die Kirschbäume in allen Provinzen und gelangten, laut Plinius, selbst „über den Ozean bis nach Britannien".[5] Dabei ist es mehr als symptomatisch, dass es Marx und Engels in ihrer Kritik mit der Rezeption ihrer antiken Quellen selbst nicht so genau nehmen. Im Namen ihrer Kritik

---

1 Karl Marx, „Ökonomisch-philosophische Manuskripte aus dem Jahre 1844", in: *Werke*, 43 Bde., Bd. 40, Berlin 1956–1990, S. 465–588, hier S. 541f.
2 Karl Marx/Friedrich Engels, „Die deutsche Ideologie. Kritik der neuesten deutschen Philosophie in ihren Repräsentanten Feuerbach, B. Bauer und Stirner, und des deutschen Sozialismus in seinen verschiedenen Propheten", in: *Werke*, 43 Bde., Bd. 3, Berlin 1956–1990, S. 43.
3 Ebd.
4 Ebd.
5 Plinius d.Ä., *nat. hist.*, 15, 30, 102.

https://doi.org/10.1515/9783110640342-012

einer Geschichtsauffassung, die „die Gewalt, den Krieg, Plünderungen, Raubmord pp [sic!] zur treibenden Kraft der Geschichte gemacht" habe,[6] ignorieren sie geflissentlich den Kontext der Eroberungsfeldzüge und die Bedeutung des Prestigewerts, der mit den Kirschbäumen als Kriegsbeute verbunden war. Im Anschluss an Charles Fouriers politische Ökonomie der Sinne und losgelöst von den Logiken des Krieges werden die Obstbäume stattdessen zum Symptom einer Transformation der Sinnlichkeit unter den Vorzeichen eines Weltmarktes, der die zeitgenössischen Menschen „mit der Produktion [...] der ganzen Welt in praktische Beziehung [...] [bringt] und in den Stand [...] [versetzt] sich die Genußfähigkeit für diese allseitige Produktion der ganzen Erde [...] zu erwerben."[7] „An die Stelle der alten, durch Landeserzeugnisse befriedigten Bedürfnisse treten neue, welche die Produkte der entferntesten Länder und Klimate zu ihrer Befriedigung erheischen."[8] Dabei erhalten nicht nur die exotischen Früchte in der Marxschen und Engelschen Kritik „weltgeschichtliche Bedeutung", sondern ebenso Zucker und Kaffee: Sie, oder vielmehr der „durch das napoleonische Kontinentalsystem erzeugte Mangel an diesen Produkten", hätten schließlich die „glorreichen Befreiungskriege" gegen Napoleon zur Folge gehabt.[9] In der Auseinandersetzung mit den Gastrosophen Feuerbach und Fourier, die beide auf ihre Art dafür eintraten, die Philosophie durch eine gustatorische Weisheit zu ersetzen, verbindet sich bei Marx und Engels mit den fremden Genussmitteln eine Geschichte der Sinnlichkeit, in der „die sinnliche Welt als die gesamte lebendige sinnliche *Tätigkeit* [Herv. i. Orig.] der sie ausmachenden Individuen" aufzufassen sei.[10] Dass dieser Geschichte keine Ausarbeitung beschieden war, ist nicht nur den historischen Umständen geschuldet – die etwa „das Manuskript [der *Deutschen Ideologie*; Anm. S.Z.] der nagenden Kritik der Mäuse"[11] und deren tierlicher Esslust anheimgaben –, sondern vor allem auch Marx' Fixierung auf die Geschichte der Produktivkräfte. Vor ihrem Hintergrunde blendete er die Fragen nach der Konsumption wie auch eine mögliche Problematisierung der Esslust, wie sie sich noch bei Fourier und Feuerbach finden lassen, aus.[12] Daneben sind die blinde Flecken auch dem altbekannten Misstrauen gegenüber den

---

6 Marx/Engels, „Die deutsche Ideologie", S. 23.
7 Ebd., S. 37.
8 Dies., „Manifest der kommunistischen Partei", in: *Werke*, 43 Bde., Bd. 4, Berlin 1956–1990, S. 459–493, hier S. 466.
9 Dies., „Die deutsche Ideologie", S. 46.
10 Ebd., S. 45.
11 Karl Marx, „Zur Kritik der politischen Ökonomie", in: *Werke*, 43 Bde., Bd. 13, Berlin 1956–1990, S. 3–160, hier S. 10.
12 Vgl. das Kapitel „The Material Body of Commoditiy. Sensing Marx" in: David Howes, *Sensual Relations. Engaging the Senses in Culture and Social Theory*, Ann Arbor 2003, S. 204–234, insbes. 230–234.

‚primitiven' Geschmacks-, Tast- und Geruchssinnen geschuldet. Auch Marx erschien die Frage nach der primitiven Sinnlichkeit von Mund und Magen offensichtlich noch despektierlich, allzumal vor dem Hintergrund des szientistischen Anspruchs und Selbstverständnisses, mit denen er insbesondere seine späteren Schriften auszustatten trachtete. Aber auch schon in seinem früheren Schriften wie den *Ökonomisch-philosophische[n] Manuskripten* von 1844 zeichnete sich jenes problematische Verhältnis zwischen den Sinnen für das Schöne – „ein musikalisches Ohr, ein Auge für die Schönheit der Form"[13] – und jener borniertern, mit der Notwendigkeit kontaminierten Sinnlichkeiten des Essens ab, das die Geschichte der Ästhetik und des mündigen Geschmacks konstitutiv durchzieht. Der Gipfel jener „Arbeit der ganzen bisherigen Weltgeschichte", die die Bildung der menschlichen Sinnlichkeit hervorgebracht habe, ist auch bei Marx – der hier ganz wie ein Kantianer klingt – die Heraufkunft der von jeder Notwendigkeit befreiten bürgerlichen Ästhetik des Schönen und die Freiheit „*nach* [Herv. S.Z] dem Essen zu kritisieren".[14] In diesem Sinne verbleibt selbst noch die kommunistische Gesellschaft, die Marx und Engels imaginierten weit davon entfernt, die herrschenden sinnlichen Verhältnisse in radikaler Weise zu revolutionieren. „Marx did not realize, as his onetime mentor Fourier did", stellt David Howes in diesem Kontext zu Recht fest, „that the life of the senses is not separate from the life of the mind and that procuring and consuming food and other commodities can themselves be a form of critical analysis."[15]

Was Marx übersieht, ist jene lange Tradition der sinnliche Tradition der *discretio*, die sich als „form of critical analysis" seit dem 17. Jahrhunderts mit der Übung des Schmeckens verbindet und nicht nur bei Baltasar Gracián, Jean-Jacques Rousseau, Immanuel Kant oder auch Georg Forster eine sinnlich-praktische wie philosophische Form der Problematisierung der Esslust darstellt. Gerade der Geschmack erscheint seit der Neuzeit in der europäischen Kultur als Form der kritisch-analytischen Konsumption schlechthin. Spätestens seit Gracián verbindet sich die moralische Kunst des Urteils, der Bestimmung des rechten Maßes und der Unterscheidung zwischen gut und schlecht mit der Sinnlichkeit des Mundraumes und läßt sich von hier aus als mündige Sensibilität gegenüber der uns umgebenden Welt überhaupt verstehen. Dabei ist die Geschichte dieser neuen Form der Sensibilität eng mit der Herausbildung eines europäischen Weltbürgertums verbunden, das weit über die Autoren hinaus reicht, denen sich die symptomatischen Lektüren der vorliegenden Arbeit

---

13 Marx, „Ökonomisch-philosophische Manuskripte aus dem Jahre 1844", S. 541.
14 Marx/Engels, „Die deutsche Ideologie", S. 33.
15 Howes, *Sensual Relations*, S. 228 f.

exemplarisch gewidmet haben. Und auch das Umgekehrte ist wahr: Die Etablierung des europäischen kosmopolitischen Projekts ist nicht ohne die Geschichte der Befreiung der mündigen Sinnlichkeit und das Begehren nach all den neuen exotischen Stimulanzen zu denken, die das bürgerliche Subjekt mehr denn je mit einer Neu-Gier auf die Sensationen der weiten Welt versahen und auf der Suche nach neuen sinnlichen Erfahrungen über die Grenzen des eigenen Horizonts hinaus trieben. In dieser Hinsicht muss man all den historischen Entwürfen einer Geschichte der menschlichen Esslust und geschmacklichen Sinnlichkeit, von den mythisch-literarischen Erzählungen eines Gracián bis zu den menschheitsgeschichtlichen Entwürfen Rousseaus, Kants, Forsters oder auch Marx' und Engels Recht geben: Die Geschichte der modernen, weltbürgerlichen Sinnlichkeit beginnt mit der Kostprobe einer fremden Frucht, der Suche nach den Früchten des irdischen Paradieses, den süßen Versprechen der Gewürzinseln, ihrer Kolonisierung sowie der Ausweitung des Land- und Seehandels zum Weltmarkt. Die Verlockungen der fremden Genüsse und Genussmittel hatten ganz neue weltweite Verbindungen und Bewegungen zur Folge, die dem europäischen Subjekt eine völlig neue, fremde Welt der Sinne eröffneten. Die fremden Früchte und sinnlichen Kostbarkeiten begleiteten, ermöglichten und trieben die Übung des Schmeckens voran, in der das neue weltbürgerliche Subjekt sich selbst als solches erfuhr. Ja, mit ihnen und um sie herum etablierten sich ganz neue Formen der Geselligkeit und Vergesellschaftung, die mit den Salons und Tischgesellschaften, den Kaffeehäusern, Speisezimmern und Restaurants eigene institutionelle Formen des intimen intellektuellen wie kulinarischen Verkehrs hervorgebracht haben. Mit den fremden Genussmitteln verknüpfte sich das Versprechen einer neuen, freien Sinnlichkeit, das wie bei bei Rousseau und Forster dazu dienen konnte, eine Kritik der gegenwärtigen Verhältnisse und Beziehungen anzuleiten. Mit den süßen Freuden und dem köstlichen Geschmack der neuen Genussmittel verband sich das ethische wie utopische Versprechen eines anderen, süßeren Lebens, in dem die Menschen, jenseits der Ungleichheit, der Unterdrückung und Gewalt, mit einem neuen freieren, geschmackvolleren Mund und Magen ausgestattet würden. Zum lebenspraktischen Rahmen dieses Versprechens zählen all die Freundschaftsmahle, die von Gracián über Rousseau bis hin zu Kant entworfen wurden und bei denen eine neue Form der sinnlichen Vergesellschaftung erprobt und gelebt wurde. Ihre Reihe ließe sich fortsetzen und um jene Folge regelrechter Liebesmahlzeiten erweitern, die etwa in den Schriften Rousseaus immer wieder anklingen, in der vorliegenden Arbeit jedoch ausgespart wurden, weil sie in der Verknüpfung von Erotik und süßem, kulinarischen Genuss eine allzu große Ausweitung des Themas bedeutet hätten. Die parallel zu den Gegenständen der vorliegenden Arbeit verlaufende Geschichte der Verknüpfung von Sexualität und

kulinarischer Lust, ihre historischen Überlagerungen und wechselseitigen Über-
determinierungen, die man ausgehend von den Ethiken des Selbst der Antike
über die mittelalterlichen, weltlichen und klerikalen Selbstpraktiken bis in die
Neuzeit und prominent die Psychoanalyse, aber auch in die Ethnologie der außereuropäischen Kulturen entwickeln könnte, bleibt noch zu schreiben.

Aber auch jenseits dieser Frage lässt sich konstatieren, dass es den Aufklä-
rer*innen, wie Emma Spary mit Bezug auf Frankreich eindrücklich hervorgehoben hat und wie auch die vorliegende Arbeit bestätigt, entschieden um eine
Aufklärung und Befreiung der Sinne zu tun war.[16] Mit dem Geschmack verband
sich nicht nur ein neuer geselliger Ton in den Schriften, sondern auch die Idee,
die Texte, Kunstwerke, Musik und Moden als kulinarische Erzeugnisse und als
lustversprechende Kostproben für den allgemeinen Geschmack zu begreifen.
Mit der Verallgemeinerung der Übung des Schmeckens zu einem universellen
„sensory model"[17] wurden kulturelle, philosophische und künstlerische Erzeugnisse ohne Unterschied auf der gleichen Ebene wie die neuen Genussmittel
eingetragen und einem verallgemeinerten sinnlichen Genuss anheim gegeben.

Dabei beruht diese Geschichte der kulinarischen Sinnlichkeit – so eng sie
auch mit der Konsumption der neuen Genussmittel wie Zucker, Kaffee, Tee und
Tabak verknüpft war – jedoch nicht, oder zumindest nicht allein – auf einer
revolutionären Entdeckung neuer Konsumartikel, wie dies der Entwurf einer
materialistischen Geschichte der Sinnlichkeit bei Marx und Engels nahezulegen
scheint. Wie die vorliegende Arbeit gezeigt hat, ist die Geschichte des Geschmacks mitnichten eine kumulative oder auch dialektische Geschichte der
Vervollkommnung der menschlichen Sinne, als die sie Marx und Engels und
neben ihnen viele der menschheitsgeschichtlichen Entwürfe des 18., 19. und
20. Jahrhunderts verstanden wissen wollten. Denn der mündige Geschmack ist,
wie etwa die *Native Views* der afrikanischen Gastrosophen ebenso wie die antiken und christlichen Problematisierungen des Essens und der Esslust gezeigt
haben, nur eine Möglichkeit unter anderen, mit denen Menschen in unterschiedlichen historischen und regionalen Konstellationen ihre sinnliche Erfahrung zu rahmen versucht haben. Die jeweilige Kultur einer möglichen
Sinnlichkeit beruht dementsprechend nicht einfach auf einem natürlichen
Sinn, der durch den Konsum immer neuer Stimulanzen und die mit ihnen verbundenen Übungen der Sensibilisierung vervollkommnet worden wäre und
dem Subjekt hierin eine mehr oder weniger universelle sinnliche Erfahrung

---

16 Emma C. Spary, *Eating the Enlightenment. Food and the Sciences in Paris*, Chicago und
London 2012.
17 Constance Classen, „Foundations for an Anthropology of the Senses", in: *International Social Science Journal* 49, 153 (1997), S. 401–412, hier S. 402.

verschafft hätte. Das Sinnenmodell einer Gesellschaft beruht vielmehr ebenso auf spezifischen, historischen Sehnsüchten und Vorurteilen, gesellschaftlichen Hierarchien, moralischen Normen, Institutionen, Praktiken, Zusammenhängen und Wechselverhältnissen, wie Constance Classen in ihrer Grundlegung einer Anthropologie der Sinne zu Recht betont hat.[18] Und auch umgekehrt gilt, dass die jeweilige Sinnlichkeit erst in diesen kulturellen Kontexten und historischen Bedingungen überhaupt verständlich wird. Wenn es eine Geschichte der Sinnlichkeit gibt – und darin impliziert: eine Geschichte des Geschmacks –, so muss man diese Geschichte als eine Transformationsgeschichte von Sinnenmodellen begreifen, in der sich die Übung des Schmeckens und der Geschmack mit einem recht klaren historischen Datum versehen lassen. Statt einer universellen kontinuierlichen Geschichte des Geschmacks zeichnet die vorliegende Arbeit dementsprechend eine diskontinuierliche und gleichermaßen partikulare Transformationsgeschichte der kulinarischen Sinnlichkeit, in der sich die Übung des Schmeckens nicht nur als eine Befreiung der Sinnlichkeit von ihren vornehmlich christlichen Schranken erweist, sondern auch als eine Transformation der Formen einer Problematisierung des Selbst und der Esslust, die eine neue sinnliche Form der Kultivierung des kosmopolitischen Selbst zur Folge hatte. Die Konzentration der kulinarischen Sinnlichkeit auf den Mundraum, die uns heute so selbstverständlich erscheint und die wir geneigt sind, als universelle menschliche Tatsache vorauszusetzen, ist hierin als eine allelopoietische Transformation anderer und älterer Sinnengefüge zu verstehen, in denen der Magen und seine Regulierung eine viel entscheidendere Bedeutung einnahm. Erst in der Herausstellung dieses Sachverhaltes kann überhaupt von einer Geschichte der kulinarischen Sinnlichkeit die Rede sein. Erst hierin wird es möglich, die Herausbildung des neuzeitlichen, westlichen Geschmackskörpers als historisches Ergebnis einer sinnlichen Arbeit des Menschen an sich selbst zu begreifen.

Noch in der späten römischen Republik und frühen Kaiserzeit, einer Zeit, die sich auf ihre Weise ähnlich expansiv zeigte wie die Neuzeit, war – unter den Vorzeichen einer anderen Essmoral und eines anderen Sinnenmodells – der Konsum der fremden Genussmittel noch ganz und gar vom Problem der Überfülle besetzt gewesen. Folgt man den antiken Autoren, so konnte das sinnliche Prestige des Fremden nur unter der Bedingung angeeignet werden, dass man lernte, sich den fremden Verlockungen als solchen zu entziehen. Die Orientierung an den Sitten und der Esskultur der Ahnen ließ zwar deutliche Neuerungen in der Küche zu, solange die rechte ethische Form und Haltung

---

18 Classen, „Foundations for an Anthropology of the Senses", S. 402.

gewahrt blieb, aber sie verhinderte doch gleichermaßen eine Ästhetik der Existenz, in der der gute Geschmack zum gefeierten Signum eines weltbürgerlichen Subjekts überhaupt werden konnte. Die Neu-Gier wurde nicht vor der Neuzeit zu einer erstrebenswerten Leidenschaft, die das Fremde um seiner selbst willen begehrte. Erst hier hörte man auf, die Reisen der Gourmets und die kontinuierliche Suche der Feinschmecker*innen nach neuen Stimulanzen als despektierlich anzusehen. Und erst ab dem 17. Jahrhundert konnte eine neue, hedonistische Fastenlogik überzeugen, in der man sich den Genuss versagte, nur um ihn in immer größere Höhen zu steigern. Der mündige Geschmack wurde erst in der Neuzeit zu einer sinnlich basierten Erkenntnisform ebenso wie der Diskurs umgekehrt mit einer kulinarischen Lust ausgestattet wurde, die sich vorgeblich im Mundraum des betreffenden Subjekts entfaltete.

Eine solche Transformationstheorie der sinnlichen Arbeit der Subjekte an sich selbst, in deren Verlauf sich diese immer wieder aufs Neue als sinnliche Subjekte hervorbringen, impliziert jedoch gleichermaßen auch, dass die Arbeit der sinnlichen Selbstkonstituierung notwendigerweise eine Form der kontinuierlichen Aus- und Einübung einer spezifischen Sinnlichkeit darstellt, in der letztere immer wieder selbst auf dem Spiel steht. So stabil der mündige Geschmack auch spätestens seit dem 17. Jahrhundert erscheint, so sehr war er doch durchgängigen Irritationen ausgesetzt. Die Geschichte des Geschmacks ist auch und gerade seit der Neuzeit immer wieder durch Transformationen gezeichnet, in denen unter der vermeintlich stabilen Oberfläche des Sinnenmodells die Bedeutung des mündigen Geschmacks einem kontinuierlichen Prozess der Neu- und Umgestaltung unterlag und weiterhin unterliegt. Und gleiches gilt für die diskursiven und körperlichen, die politischen und sinnlichen Kontexte, die Praktiken und Institutionen, in die er eingelassen war und ist. Nicht erst die Untersuchung der Verwissenschaftlichung des Geschmacks in den 1920er und 30er Jahren im letzten Kapitel der vorliegenden Arbeit hat gezeigt, dass der Geschmack von Wandlungsprozessen geprägt wurde, die stets von seinen Grenzen ausgingen. Gerade weil der mündige Geschmack in seiner exogenen und neu-gierigen Orientierung das westlich-kosmopolitische Subjekt auf ein potentiell fremdes oder im Umgang mit fremden Gütern erworbenes, sinnliches Weltwissen verweist, ist seine Geschichte gleichermaßen von einer Geschichte der Geschmacksirritationen begleitet. In ihr stand und steht der scheinbar universelle Geschmack als Sinnenmodell beständig auf dem Spiel, so sehr diese Irritationen auch immer wieder mit dem Verweis auf die Natürlichkeit oder Animalität, die Primitivität oder Ignoranz der Anderen ignoriert, ausgeklammert und distanziert worden sind und in der Folge eher die neuzeitliche Sinnlichkeit bestätigten, als in Frage stellten:

So sehr Rousseaus Entwurf einer demokratischen Sinnlichkeit auch – vermittels der Hypostasierung des süßen, zuckergleichen Geschmacks der Freiheit und der Gleichheit – auf die neuen kulinarischen Stimulanzen setzt, um der mit der übermäßigen Verfeinerung der Sinne und der Sucht nach neuen Sensationen einhergehenden Gewalt und Ungleichheit ein Ende zu bereiten, so sehr stellt doch der vermeintlich natürliche, einfache und an der Befriedigung des Magens orientierte Geschmack der antiken Autoren und der fremden Nationen Amerikas, Afrikas und des vorderen Orients die herausragende Stellung des europäischen Geschmacks in Frage. Und wenn auch Rousseaus Aneignungen und Transformationen im Horizont des mündigen Geschmacks verbleiben und am Ende an der Kritik der Gewalt der kolonialen Verhältnisse und der blutigen und gewalttätigen Ausbeutung der schwarzen Sklav*innen scheitern, so finden sich bei ihm doch auch Ansätze und Irritationen der kosmopolitischen Sinnlichkeit Europas, die nicht nur seinen Zeitgenoss*innen zu denken gaben. In gleicher Weise muss man die Widerstände des Verdauungstraktes und die sinnlichen Verführungen der als fremd konnotierten kulinarischen Lüste als Irritationen des Geschmacks in Betracht ziehen, an denen jenes Spiel zwischen Animalität und Sittlichkeit, das Kant als philosophisches Problem anlässlich der *Societé acromatique* und der zivilisierten Tischgesellschaft in Königsberg aufwirft, immer wieder scheiterte. Und was soll man schließlich hinsichtlich des Universalismus des mündigen Geschmacks als Grundlage einer sinnlichen Aufklärung bei Georg Forster denken, wenn man von jenen Korrekturen ausgeht, die dieser hinsichtlich des tahitianischen Denkens an den Schriften seines Vaters anzubringen weiß:

> [hinsichtlich der Sprache der Bewohner von Tahiti]: Es fehlt den Taheitiern der Ausdruck für abgezogene Begriffe. Gedanken sind nichts körperliches; hier mußten sie sich also einer besonderen Wendung bedienen, und durch die Umschreibung: *Parau-no-te-obu*, Worte des Bauches, den Begriff von Gedanken ausdrucken.[19]

Zwar meint sich Forster in die trügerische Gewissheit retten zu können, dass die zeitgenössischen Tahitianer*innen sich auf dem gedanklichen Stand der europäischen Vorzeit befänden, aber dieser Zug scheint doch umgekehrt zwingend nötig, um die beunruhigenden Fragen und Irritationen, die mit dieser anderen und am Magen orientierten Form des sinnlichen Denkens verbunden

---

19 Georg Forster, „Zu: Johann Reinhold Forsters Bemerkungen auf seiner Reise um die Welt. Anmerkungen zu Textstellen", in: Georg Forster Werke. Sämmtliche Schriften, Tagebücher, Briefe, hrsg. v. Berlin-Brandenburgische Akademie der Wissenschaften, Bd. 5, Berlin 1958 ff. S. 126–127, hier S. 127.

sind, zum Schweigen zu bringen. Ohne die menschheitsgeschichtlichen Distanzierung der Zeitgenossenschaft der unterschiedlichen Sinnen- und Denkmodelle hätten die anschließenden Überlegungen Forsters durchaus einiges Potential gehabt, um die vermeintlich sinnlichen Gewissheiten der europäischen Moderne zu erschüttern:

> Da in allen Sprachen bey jedem Worte ein sinnlicher Begriff zu Grunde liegt, so werden die nicht körperlichen Dinge auch in allen Sprachen figürlich ausgedrückt. Unsere Voräl- tern haben vermuthlich schon so lange her zu denken gewußt, daß wir jetzt nicht mehr wissen, welchen sinnlichen Begriff sie bey diesem Worte zum Grunde legten. Wüßten wir ihn, so würde er uns vielleicht jetzt eben so seltsam erscheinen, als der taheitische.[20]

Ein Blick in Senecas Schriften und dessen Analogien zwischen Wissensaneig- nung und Verdauung hätten Forsters Vermutung leicht bestätigen können. Möglicherweise hätte er in ähnlicher Weise wie Paul Stoller dies zweihundert Jahre nach ihm im Bezug auf nord- und westafrikanischen Gesellschaften tun sollte, die Ähnlichkeiten zwischen dem tahitischen Sinnenmodell des Denkens und demjenigen der römischen Antike herausgestellt: „In many North and West African societies", schreibt Stoller in seinem Buch *Sensuous Scholarship*, „learning is understood not in terms of ,reading' and ,writing', but in the gusta- tory terms of bodily consumption. This means that body and beings eat and are eaten. People are transformed through their internal digestive processes."[21] Und weiter:

> The stomach is coincidered the site of human personality and agency. Social relations are considered in terms of eating. [...] Individuals will get to know the other so well that they will ingest the others being. In Songhay people consums otherness, but are also consu- med by otherness. [...] In Songhay gustatory metaphors are also used to understand history and the power of sorcerers. Griots (bards), who are the custodians of the oral tra- dition, say:
> *Ay ga don bori sonni nga* / I eat the words of the ancestors.
> As in the other statements, this one also implies that the words of the ancestors also eat the griots – consume them, and by extension – transform their being. The sorcerer of Soghay called ,sohanci' literally eat their power and are eaten by it.[22]

Und man könnte die Liste dieser anderen Formen der Problematisierung der Esslust und der mit ihr verbundenen Sinnenmodelle über die Esskulturen Afri- kas, deren Bedeutung für die Verwissenschaftlichung des Geschmacks im letz- ten Kapitel mehr als deutlich geworden ist, hinaus fortsetzen, wenn man etwa

---

20 Ebd.
21 Paul Stoller, *Sensuous Scholarship*, Philadelphia 1997, S. 6.
22 Ebd., S. 7 f.

den Sensualismus und die Magie der Prosperität der trobriandischen Massim in Rechnung stellt, der sich David Howes im Anschluss an Gezá Róheim und Bronislaw Malinowski gewidmet hat: Entgegen der westlichen Ausarbeitung des Geschmacks als Differenzierungskriterium, sind es hier mit der Größe, der Farbe und dem Geruch, visuelle und olfaktorische Kriterien, mit denen die Güte der Yamsfrüchte bestimmt wird,[23] und zwar vor allem deshalb, weil die Hauptfunktion der Yams in der Welt der Massim weniger in deren Konsumption, als vielmehr in ihrer Präsentation und Distribution besteht[24]:

> They are classified accordingly – that is, in terms of their most presentable characteristics. Taste as such is devalued because to taste something is to make it disappear. There is no pleasure in making something disappear for any self-respecting Massim person, much less a Massim big man: only in giving it away.[25]

Ein Umstand, der sich noch in der Prosperitäts-Magie der *vilamalia* zeigt, die, wie Malinowski herausgestellt hat, weniger darauf zielt, die gespeicherten Nahrungsmittel zu erhalten und ihr Schwinden zu verhindern, als vielmehr auf die Esslust des menschlichen Organismus, auf seinen Bauch und den Appetit.

> Nicht die Kost wird resistent gemacht, sondern der Mund, der sie ißt, und die Speiseröhre, die sie verschlingt; sie sind es, die träge und abgeneigt sein sollen. ‚Angenommen, vilamalia würde nicht gemacht‘, erklärte mir [gemeint ist Malinowski selbst; Anm. S.Z.] Bagido'u, ‚Männer und Frauen würden dann ständig essen wollen, morgens mittags und abends. Ihre Bäuche würden dick werden, sie würden schwellen – allezeit würden sie mehr und mehr essen wollen. Ich mache die Magie, der Bauch ist befriedigt, umstellt. Ein Mann nimmt eine halbe Taytuknolle und läßt die andere Hälfte übrig. Eine Frau kocht das Essen; sie ruft ihren Gatten und ihre Kinder – sie kommen nicht. Sie wollen Schwein essen, Dinge aus dem Busch, Baumfrüchte, Kaulo (Yamskost) wollen sie nicht. Im *bwayma* verrotten die gespeicherten Knollen bis zur nächsten Ernte. Nichts wird gegessen.‘ [...] ‚Führen wir die Magie der Prosperität nicht durch, so ist der Bauch wie ein großes Loch – ständig verlangt er Essen [...].[26]

---

23 Howes, *Sensual Relations*, S. 97. Vgl. auch Géza Róheim, *Psychoanalysis and Anthropology. Culture, Personality and the Unconscious*, New York 1950, S. 233–235.

24 Vgl. hierzu etwa auch Bronislaw Malinowski, *Argonauten des westlichen Pazifik. Ein Bericht über Unternehmungen und Abenteuer der Eingeborenen in den Inselwelten von Melanesisch-Neuguinea*. Mit einem Vorwort v. James G. Frazer, übers. v. Heinrich Ludwig Herdt, hrsg. v. Fritz Kramer, Frankfurt am Main 1979, S. 209f.

25 Howes, *Sensual Relations*, S. 97.

26 Bronislaw Malinowski, *Korallengärten und ihre Magie. Bodenbestellung und bäuerliche Riten auf den Trobriand-Inseln*. Übers. v. Gertraud Marx, mit einem Photo-Anhang ‚Die Trobriander heute‘ v. Dietrich Winkler, hrsg. v. Fritz Kramer, Frankfurt am Main 1981, S. 311f.

Wie der mündige Geschmack in Form einer hedonistischen Fastenpraxis darauf zielt, in der Konzentration auf den Mundraum die Sinnlichkeit der Esslust einzudämmen und auf den Erfahrungswert des mündigen Geschmacks zu verpflichten, so gilt es für die Massim in noch radikalerer Form „als tugendhaft, sich der Nahrung zu enthalten" und umgekehrt als beschämend „hungrig zu sein oder auch nur einen gesunden Appetit zu haben". Man soll sich so viel als möglich dem Essen enthalten und vom Hunger nicht einmal sprechen.[27] Wenn in den afrikanischen Esskulturen und ausgehend vom einfachen Mahl der Geschmack an der Vielheit und der Varianz ebenso wie bei den antiken Gastrosophen als unmoralische, tierliche und kindische Sinnlichkeit erscheint, so auch bei den Massim, wenn auch aus entschieden anderen Gründen und aus der Perspektive einer anderen Organisation der Sinne.[28]

---

[27] Ebd., S. 312.

[28] Unter Rückgriff auf die Erkenntnisse der New Melanesian Ethnography, die im Anschluss Marilyn Strathern die Person in der melanesischen Kosmologie weniger als Individuum, sondern vielmehr als ein aus unterschiedlichen Geistern und partiellen Persönlichkeiten gebildetes Dividuum konzipiert, hat jüngst Mark Mosko eine bahnbrechende Neuinterpretation der *vilamalia*-Magie und der *megwa*-Sprüche vorgelegt, die deutlich macht, wie unterschiedlich die Problematisierungen der Esslust im Kontext der Frage einer kosmopolitanen Subjektivierung gelagert sein können. (Mark S. Mosko, *Way of Baloma. Rethinking Magic and Kinship from the Trobriands*. Foreword by Eduardo Viveiros de Castro, Chicago 2017. Vgl. auch ders., „Malinowski's Magical Puzzles. Towards a New Theory of Magic and Procreation in Trobriand Society", in: *HAU: Journal of Ethnographic Theory* 4, 1 (2014), S. 1–47).
Die Welt der Trobriander ist demnach in eine Welt des Sinnlich-Wahrnehmbaren (*Boyowa*) und eine Welt des Nichtwahrnehmbaren und der Geister (*Tuma*) geteilt, in der jede körperlich-sinnliche Entität ein spiegelbildliches inneres, immaterielles Pendant hat, das die Lebenskraft oder -essenz *momova* für beide Welten verkörpert. Dabei unterliegt die Lebenskraft, die unterschiedslos allen weltlichen Entitäten zukommt, einer Differenzierung der unterschiedlichen Wesen in spezifischen Formen, den *kekwabu* Bildern, und der mit ihnen verbundenen Vermögen, den *peu'ula* Kräften. Was die menschlichen Geister, die Baloma auszeichnet, ist das *kekwabu* Bild des intelligiblen Geistes und die *peu'ula* Kraft des Denkens. Eigenschaften, die nicht nur für menschliche, sondern auch für bestimmte nicht menschliche Personen gelten (bestimmte Pflanzen, Tiere, Geister und Gegenstände), mit denen man durch die strukturierten Sequenzen der *megwa*-Sprüche kommunizieren kann. Dabei ist entscheidend, dass der Sitz des Geistes nach Ansicht der Massim im Kehlkopf liegt, von dem aus man spricht: das heißt von dem aus man aus dem Inneren (*Tuma*) die Gedanken als Worte in die wahrnehmbare Welt (*Boyowa*) exteriorisiert. Die Macht zu Denken und die Macht zu Sprechen bilden damit ein reversibles Paar zwischen *Tuma* und *Boyowa*, ebenso wie das Lernen als Interiorisierung des Inhalts ein Hören notwendig macht. Eine Einverleibung des Wissens, die im Übrigen – das ist entscheidend – das Gelernte im Falle der Magie nicht im Kopf, sondern vielmehr im Bauch speichert und hierin alle Probleme der Interferenz von Essen und Magieausübung, die notwendigen Esstabus, aber auch den Gegensatz zwischen der Macht des nach außen gerichteten Prestiges als

Vor dem Hintergrund dieser im Vergleich zu den westlichen, sinnlichen Selbstverständlichkeiten fremdartigen Sinnenmodellen, lässt sich die Geschichte des Geschmacks und der sinnlichen Anthropologie seit dem 18. Jahrhundert nicht nur als eine Geschichte der Universalisierung und Demokratisierung des Geschmacks lesen, der uns heute – im Alltag und als sinnlich-wissenschaftliche Kategorie – mehr denn je als universelle und unhinterfragte, sinnliche Grundlage der Menschheit erscheint, sondern im gleichen Maße als eine Geschichte der unaufgearbeiteten Geschmacksirritationen, die den westlichen, sinnlichen Kosmopolitismus immer wieder mit seinen Grenzen konfrontieren und konfrontiert haben. Man kann, vor dem Hintergrund all der gewalttätigen Ausschlüsse, Diffamierungen, Hierarchisierungen und illiberalen Tendenzen, die mit dem Geschmack von jeher einhergingen, die anti-kolonialen und enthierarchisierenden Bemühungen und Träume Georg Forsters und vieler anderer nicht genug würdigen, die von einer Demokratisierung und Universalisierung des Geschmacks und des süßen Versprechens der sinnlichen und geistigen Freiheit kündeten. Und doch muss man einräumen, dass sie die Position des kosmopolitischen, westlichen (und oftmals männlichen) Subjekts kaum je in seinem eigenen Selbstverständnis nachhaltig irritierten und hierin selbst entschieden eurozentrische wenn nicht koloniale Effekte zeitigten. Bis heute erscheint das Verhältnis der westlichen Feinschmecker*innen zur fremden Sinnlichkeit der Welt durch einen neu-gierigen Sensationsgeschmacks geprägt. Dieser teilt die Geographie der kulinarischen Welt zwar nicht mehr allein in die Provinzen der Magengier und des aufgeklärten Mundraumes ein, sondern spricht mit der Vorstellung unterschiedlicher Geschmackskulturen allen ihren mündigen Geschmack zu, aber der mündige Geschmack und das mit ihm verbundene Modell einer kosmopolitanen Existenz stehen dabei nie selbst zur Disposition. In der Einverleibung der Genüsse und Fremderfahrungen, die die Welt und der Weltmarkt für die westlichen Feinschmecker*innen bereit halten, setzte kaum je eine tatsächliche Befremdung

---

Exteriorisierungen der Person, in Form von Worten oder Gaben, und des geradezu doppelten Machtverlusts durch die Einverleibung der prestigeträchtigen Yams begründet. Das Problem der Esslust und der Zusammenhang zwischen Denken und sinnliche Wahrnehmung gestaltet sich bei den Massim demnach weniger als ein Problem der aufnehmenden Rezeption denn als ein Problem der sinnlich-entäußernden Kommunikation. Besteht das europäische Problem der Esslust durch seine vielfältigen Transformationen hindurch im Problem des Austarierens, der Regulierung und Kontrolle, der Verminderung oder Anregung der Konsumption und der interiorisierenden Rezeptivität, so stellt sich das Problem aus Sicht der Massim gerade umgekehrt: Es geht nicht darum sich in der Regierung der eigenen Konsumption als souveränes Subjekt zu erweisen, sondern als ein solches die Konsumption überhaupt zugunsten einer Regulierung der entäußernden Kommunikation und nach außen gerichteter sinnlichen Wirkungsmacht zu marginalisieren.

oder Irritation ein. Stattdessen werden die fremden Esskulturen, ihre Küchen und Produkte bis heute auf den Status mehr oder weniger gut schmeckender und leicht konsumierbarer Stimulanzen reduziert, die vor allem dazu dienen, die Subjektivierung der geschmackvollen, westlichen Individuen zu ermöglichen und mit kosmopolitischem Prestige auszustatten. Nicht zuletzt hierin lässt sich weiterhin, wie Lisa Heldke mit Bezug auf die Konsumpraktiken der gegenwärtigen *Food Adventurer* betont hat – ohne allerdings den Geschmack selbst einer historisch fundierten Kritik zu unterziehen[29]–, eine sinnliche Dichotomie zwischen einem privilegierten westlichen Standpunkt und demjenigen der Anderen ausmachen, die die Stimulanzen für die (Ein-)Übung jener vermeintlich universell zu verstehenden mündigen Sinnlichkeit bereitstellen.

Nimmt man im Rückblick auf die Geschichte des Geschmacks die Irritationen jedoch ernst, die seine Einübung von Anfang an begleitet haben und ohne die seine Herausbildung und die mit ihm verbundene kosmopolitische Subjektivierung nicht denkbar erscheint, so steht mit ihnen der kosmopolitische und universelle Status der europäischen Sinnlichkeit selbst auf dem Spiel. Müsste eine zeitgenössische Problematisierung der Esslust nicht gerade vor dem Hintergrund des kosmopolitischen Anspruchs die oben geschilderten, völlig anders gearteten Sinnenmodelle und Problematisierungen der Esslust in Rechnung stellen und hierin die Erfahrung der Grenzen des eigenen, vermeintlich universellen Standpunktes betonen? Müsste man nicht jenseits der ethischen, der sozialen, tierrechtlichen und ökologischen Problematisierungen der Esslust, die bereits in den Texten des 18. Jahrhunderts etwa bei Rousseau und Forster – deutlich anklingen und spätestens seit den 1980er Jahren die Industrialisierung und Delokalisation der westlichen Esslust zu Recht begleiten auch die kulturellen und kolonialen Verwicklungen problematisieren, die mit der Herausbildung unserer heutigen westlichen, kosmopolitischen Sinnlichkeit verbunden sind und waren? Vor dem Hintergrund einer sich nicht zuletzt in kulinarischer Hinsicht immer mehr globalisierenden Welt und der immer engeren globalen Beziehungen zwischen den Küchen und konkurrierenden Sinnenmodellen, die nicht zuletzt auch durch jene expansive sinnliche Logik des Geschmacks und seiner kontinuierlichen Suche nach neuen Sensationen vorangetrieben wurden, erscheint es mehr als notwendig eine neue Sensibilität einzuüben und über eine neue Form der Problematisierung der Esslust nachzudenken, die diesen Entwicklungen Rechnung trägt. Gerade weil in der gegenwärtigen, globalisierten Welt die überkommenen Dichotomien zwischen dem Westen und den

---

29 Lisa M. Heldke, *Exotic Appetites. Ruminations of a Food Adventurer*, New York und London 2003.

entfernten fremden Welten der Anderen mehr als überholt erscheinen, muss der Anspruch des mündigen Geschmacks und dessen Übung selbst zum Problem werden. Will man diesen kosmopolitischen Anspruch, dessen ursprünglich befreiende und egalitäre Tendenzen man bei aller Kritik nicht übersehen darf, nicht gänzlich aufgeben, so muss man, das ist der Schluss, den man aus der vorliegenden Arbeit ziehen kann, eine notwendige Revision und Transformation des gegenwärtigen Sinnenmodells ins Auge fassen. Eine zeitgenössische Problematisierung der Esslust und des kosmopolitischen Subjekts müsste dabei entschieden von den Irritationen und Grenzen des Geschmacks ausgehen. Dabei ginge es nicht mehr darum, eine kumulative, universelle Sinnlichkeit der Menschheit ins Auge zu fassen, wie dies etwa Georg Forster in seiner sinnlichen Aufklärung vorgeschlagen hat, oder gar im Sinne Kants, einer kontinuierlichen Abstrahierung von der Sinnlichkeit das Wort zu reden, sondern darum, eine Subjektivierung einzuüben, die sich in den Erfahrungen, die sie in den Beziehungen zu anderen, fremden Sinnlichkeiten sammelt und die die Einübung der eigene sinnlichen Subjektivität ausmachen und vorantreiben, selbst aufs Spiel setzt. Es ginge um eine kosmopolitische Subjektivität, die die Universalität des eigenen Geschmacks in Frage stellt, und im Schmecken die Partikularität und die provinziellen Grenzen der eigenen mündigen Existenz erfährt und reflektiert; eine Subjektivität, deren Souveränität darin bestände, in der sinnlichen Offenheit für die Welt sensibel zu bleiben für das mit dieser einhergehende, eigene sinnliche Unvermögen. Das Ziel einer gegenwärtig nötigen Problematisierung der Esslust und der kulinarischen Sinnlichkeit wäre dementsprechend die Ein- und Ausübung einer neuen Sensibilität für die historischen wie gegenwärtigen Irritationen der eigenen Sinnlichkeit.

Literatur

Abarca, Meredith E.: „Authentic or Not, It's Original", in: *Food & Foodways* 12, 1 (2004), S. 1–25.

Agamben, Giorgio: *Signatura rerum. Zur Methode*. Übers. v. Anton Schütz, Frankfurt am Main 2009.

Albala, Ken: *Food in Early Modern Europe*, Westport, CT und London 2003.

Angenendt, Arnold: *Das Frühmittelalter. Die abendländische Christenheit von 400 bis 900*, Stuttgart 32001.

Anonym: „Confiserie", in: Denis Diderot und Jean le Rond d'Alembert (Hrsg.): *Encyclopédie, ou dictionnaire raisonné des sciences, des arts et des métiers, par une Société de Gens de lettres*, Bd. 3 (ARTFL Encyclopédie Project. Spring 2016 Edition, hrsg. v. Robert Morrissey und Glenn Roe), Chicago 2016, S. 855, url: https://artflsrv03.uchicagoedu/philologic4/encyclopedie1117/navigate/3/3834/?byte=9332495 . (besucht am 30. 03. 2019).

Anonym: „Ragout", in: Denis Diderot und Jean le Rond d'Alembert (Hrsg.): *Encyclopédie, ou dictionnaire raisonné des sciences, des arts et des métiers, par une Société de Gens de lettres*, Bd. 13 (ARTFL Encyclopédie Project. Spring 2016 Edition, hrsg. v. Robert Morrissey und Glenn Roe), Chicago 2016, S. 957, url: https://artflsrv03.uchicagoedu/philologic4/encyclopedie1117/navigate/13/3299/?byte=8165964 . (besucht am 30. 03. 2019).

Anonym: „Rezension zu: Bengt Bergius, Tal om laeckerheter, både i sig sjelfva sådana, och för sådana ansedda genom Folkslags bruk och inbillning. D. 1. Hållet för Kongl. Vetenskaps Academien vid Praesidii nedläggande, den 3. Maj 1780. Stockholm 1785", in: *Allgemeine Literatur-Zeitung* 1785, 286 (2. Dez. 1785), S. 227–228, url: http://zs.thulb.uni-jena.de/receive/jportal_jparticle_00055063 (besucht am 30. 03. 2019).

Anonym: „Rezension zu: Bengt Bergius, Ueber die Leckereyen / aus dem Schwed. Mit Anm. von Joh. Reinh. Forster u. Kurt Sprengel. – Halle: Waisenhaus Th. 1.-2. – 1792", in: *Allgemeine Literatur-Zeitung* 1793, 209 (17. Juli 1793), S. 149–152, url: http://zs.thulb.uni-jena.de/receive/jportal_jparticle_00008889?XSL.q=Bergius (besucht am 30. 03. 2019).

Anthus, Antonius: *Vorlesungen über die Eßkunst*. Hrsg. u. mit einem Nachwort versehen v. Alain Claude Sulzer. Mit Vignetten v. Stephan Jon Tramèr, Frankfurt am Main 2006.

Appadurai, Arjun: „How to Make a National Cuisine. Cookbooks in Contemporary India", in: *Comparative Studies in Society and History* 30, 1 (1988), S. 3–24.

Aristoteles: *Nikomachische Ethik*. Übers. und kommentiert v. Franz Dirlmeier, hrsg. v. Hellmut Flashar (Aristoteles Werke in deutscher Übersetzung, Bd. 6), Berlin 101999.

Aristoteles: *Politik, Buch I. Über die Hausverwaltung und die Herrschaft des Herrn über Sklaven*. Übers. und erläutert v. Eckart Schütrumpf, hrsg. v. Hellmut Flashar (Aristoteles Werke in deutscher Übersetzung, Bd. 9), Berlin 1991.

Aristoteles: *Über die Seele*. Übers. und erläutert v. Willy Theiler, hrsg. v. Hellmut Flashar (Aristoteles Werke in deutscher Übersetzung, Bd. 13), Berlin 82009.

Aron, Jean-Paul: *Der Club der Bäuche. Ein gastronomischer Führer durch das Paris des 19*.

Asmuth, Christoph: „Von ‚Seichtigkeit' und ‚Pedanterie'. Popularität und Öffentlichkeit in der Philosophie zwischen Kant und Fichte", in: Christoph Binkelmann und Nele Schneidereit (Hrsg.): *Denken fürs Volk? Popularphilosophie vor und nach Kant*, Würzburg 2015, S. 97–112.

Athenaios: *Das Gelehrtenmahl*. Übers. und hrsg. v. Claus Friedrich, kommentiert v. Thomas Nothers, Stuttgart 1998.

Augé, Marc: *Das Pariser Bistro. Eine Liebeserklärung*. Übers. v. Felix Kurz, Berlin 2016.

https://doi.org/10.1515/9783110640342-013

Augustinus von Hippo: *Regel für die Gemeinschaft.* Mit Einführung und Kommentar v. Tarsicius J. van Bavel, übers. v. Lutger Horstkötter, Würzburg 1990.

Bachmann-Medick, Doris: *Die ästhetische Ordnung des Handelns. Moralphilosophie und Ästhetik in der Popularphilosophie des 18. Jahrhunderts,* Stuttgart 1989.

Bacon, Fracis: „Über das Reisen", in: *Essays. Oder praktische und moralische Ratschläge.* Übers. v. Elisabeth Schücking, hrsg. v. Levin L. Schücking, Nachwort v. Jürgen Klein, Stuttgart 2005, S. 59–61.

Balthasar, Hans U. von: *Herrlichkeit. Eine theologische Ästhetik.* Bd. 1: Schau der Gestalt, Einsiedeln 1961.

Barrau, Jacques: *Subsistence Agriculture in Polynesia and Micronesia.* Bernice P. Bishop Museum Bulletin 223, Honolulu 1961.

Barthes, Roland: „Brillat-Savarin-Lektüre (1975)", in: Kikuko Kashiwagi-Wetzel und Anne-Rose Meyer (Hrsg.): *Theorien des Essens,* Berlin 2017, S. 239–260.

Barthes, Roland: *Die Lust am Text.* Übers. v. Traugott König, Frankfurt am Main 1974.

Barthes, Roland: *Sade, Fourier, Loyola.* Übers. v. Maren Sell und Jürgen Hoch, Frankfurt am Main 1986.

Bataille, Georges: *Die innere Erfahrung. Nebst Methode der Meditation und Postskriptum (Atheologische Summe I).* Übers. v. Gerd Bergfleth, mit einem Nachwort v. Maurice Blanchot, München 1999.

Bataille, Georges: „Mund", in: Rainer Maria Kiesov und Henning Schmidgen (Hrsg.): *Kritisches Wörterbuch. Beiträge von Georges Bataille, Carl Einstein, Marcel Griaule, Michel Leiris u. a.* Berlin 2005, S. 64.

Baudy, Gerhard J.: „Metaphorik der Erfüllung. Nahrung als Hintergrundmodell in der griechischen Ethik bis Epikur", in: *Archiv für Begriffsgeschichte* XXV (1981), S. 7–68.

Beck, Ulrich: „The Cosmopolitan Society and its Enemies", in: *Theory, Culture and Society* 19, 1–2 (2002), S. 17–44.

Becker, Howard S.: *Außenseiter. Zur Soziologie abweichenden Verhaltens.* Übers. v. Norbert Schultze, Frankfurt am Main 1981.

Bell, David und Valentine Gill: *Consuming Geographies. We Are What We Eat,* London 1997.

Bell, Francis L. S.: „The Place of Food in the Social Life of Central Polynesia", in: *Oceania* 1931, S. 117–132.

Benjamin, Walter: „Essen", in: *Gesammelte Schriften. Bd. IV/1: Kleine Prosa, Baudelaire-Übertragungen.* Hrsg. v. Tillman Rexroth, Frankfurt am Main 1991, S. 374–381.

Benjamin, Walter: „Gedanken zu einer Analysis des Zustands von Mitteleuropa", in: *Gesammelte Schriften. Bd. IV/2: Kleine Prosa, Baudelaire Übertragungen.* Hrsg. v. Rolf Tiedemann u. Herrmann Schweppenhäuser, Frankfurt am Main 1991, S. 916–935.

Benjamin, Walter: *Gesammelte Schriften. Bd. IV/1: Kleine Prosa, Baudelaire-Übertragungen.* Hrsg. v. Tillman Rexroth, Frankfurt am Main 1991.

Benjamin, Walter: „Jahrmarkt des Essens. Epilog zur Berliner Ernährungsaustellung", in: *Gesammelte Schriften. Bd. IV/1: Kleine Prosa, Baudelaire-Übertragungen.* Hrsg. v. Tillman Rexroth, Frankfurt am Main 1991, S. 527–532.

Benjamin, Walter: „Kleine-Kunststücke", in: *Gesammelte Schriften. Bd. IV/1: Kleine Prosa, Baudelaire-Übertragungen.* Hrsg. v. Tillman Rexroth, Frankfurt am Main 1991, S. 435–438.

Benjamin, Walter und Asja Lacis: „Neapel", in: *Gesammelte Schriften. Bd. IV/1: Kleine Prosa, Baudelaire-Übertragungen.* Hrsg. v. Tillman Rexroth, Frankfurt am Main 1991, S. 307–316.

Bergemann, Lutz u. a.: „Transformation. Ein Konzept zur Erforschung kulturellen Wandels", in: Hartmut Böhme u. a. (Hrsg.): *Transformation. Ein Konzept zur Erforschung kulturellen Wandels*, München 2011, S. 39–53.

Bergius, Bengt: *Tal om läckerheter. Oavkortad illustrerad utgåva*, hrsg. v. Jakob Christensson, Stockholm 2015.

Bergius, Bengt: *Über die Leckereyen. Erster Theil*. Übers. mit Anm. von D. Joh. Reinh. Forster und D. Kurt Sprengel, Halle 1792.

Berlin-Brandenburgische Akademie der Wissenschaften (Hrsg.): *Georg Forster Werke Sämmtliche Schriften, Tagebücher, Briefe*, Berlin 1958 ff.

Bernardin de Saint-Pierre, Jacques-Henri: *La vie et les ouvrages de Jean-Jacques Rousseau. Édition critique avec de nombreux fragments inédits*, hrsg. v. Maurice Souriau, Paris 1907.

Bernhard von Clairvaux: „Apologia Ad Guillelmum Abbatem/Apologie an den Abt Wilhelm", in: *Sämtliche Werke. Lateinisch/deutsch*, hrsg. v. Gerhard B. Winkler, 10 Bde., Bd. 2, Innsbruck 1992, S. 137–204.

Bernhard von Clairvaux: „Epistola I/Brief 1", in: *Sämtliche Werke. Lateinisch/deutsch*, hrsg. v. Gerhard B. Winkler, 10 Bde., Bd. 2, Innsbruck 1992, S. 242–263.

Bernhard von Clairvaux: *Sämtliche Werke. Lateinisch/deutsch*, hrsg. v. Gerhard B. Winkler, 10 Bde., Innsbruck 1992.

Bernhard von Clairvaux: „Sententiae/Sentenzen", in: *Sämtliche Werke. Lateinisch/deutsch*, hrsg. v. Gerhard B. Winkler, 10 Bde., Bd. 4, Innsbruck 1992, S. 247–791.

Bernhard von Clairvaux: „Sermones super Cantica Canticorum/Predigten über das Hohe Lied", in: *Sämtliche Werke. Lateinisch/deutsch*, hrsg. v. Gerhard B. Winkler, 10 Bde., Bd. 5, Innsbruck 1992.

Bernhardt, Rainer: *Luxuskritik und Aufwandsbeschränkungen in der griechischen Welt*, Stuttgart 2003.

Bernoulli, Johann: *Reisen durch Brandenburg, Pommern, Preußen, Curland, Rußland und Pohlen, in den Jahren 1777 und 1778. Bd. 3: Reise von Danzig nach Königsberg, und von da nach Petersburg, im Jahr 1778*, Leipzig 1779.

Berry, Christopher J.: *The Idea of Luxury. A Conceptual and Historical Investigation*, Cambridge und New York 1994.

Bichler, Reinhold: *Herodots Welt. Der Aufbau der Historie am Bild der fremden Länder und Völker*, Berlin 2000.

Bicknell, John und Thomas Day: *The Dying Negro. A Poem*. The Third Edition, Corrected and Enlarged, London 1775.

Binkelmann, Christoph und Nele Schneidereit (Hrsg.): *Denken fürs Volk? Popularphilosophie vor und nach Kant*, Würzburg 2015.

Blüher, Karl Alfred: *Seneca in Spanien. Untersuchungen zur Geschichte der Seneca-Rezeption in Spanien vom 13. bis zum 17. Jahrhundert*, München 1969.

Bödeker, Hans Erich: „Die ,Natur des Menschen, so viel möglich in mehreres […] setzen'. Ethnologische Praxis bei Johann Reinhold und Georg Forster", in: Jörn Garber und Tanja van Hoorn (Hrsg.): *Natur – Mensch – Kultur. Georg Forster im Wissenschaftsfeld seiner Zeit*, Hannover 2006, S. 143–170.

Böhme, Hartmut: „Elemente. Feuer Wasser Erde Luft", in: Christoph Wulf (Hrsg.): *Vom Menschen. Handbuch Historische Anthropologie*, Weinheim und Basel 1997, S. 17–46.

Böhme, Hartmut u. a. (Hrsg.): *Transformation. Ein Konzept zur Erforschung kulturellen Wandels*, München 2011.

Böhr, Christoph: *Philosophie für die Welt. Die Popularphilosophie der deutschen Spätaufklärung im Zeitalter Kants*, Stuttgart-Bad Cannstadt 2003.

Bonnet, Jean-Claude: „Le Système de la Cuisine et du Repas chez Rousseau", in: Serge A. Thériault (Hrsg.): *Jean-Jacques Rousseau et la Médicine naturelle*, Québec 1979, S. 117–150.

Bonnet, Jean-Claude: „The Culinary System in the Encyclopédie", in: Robert Forster und Orest Ranum (Hrsg.): *Food and Drink in History*, Baltimore und London 1979, S. 139–165.

Borinski, Karl: *Baltasar Gracian und die Hofliteratur in Deutschland*, Halle 1894. Boswell, James: *Besuch bei Rousseau und Voltaire*. Hrsg. und erläutert v. Frederick A.Pottle, übers. v. Fritz Güttinger, Frankfurt am Main 1981.

Bougainville, Louis-Antoine de: *Reise um die Welt. Über Südamerika und durch den Pazifik zurück nach Frankreich 1766–1769*. Hrsg. und übers. v. Lars M. Hoffmann, Wiesbaden 2010.

Boulanger, Nicolas-Antoine: „Deluge", in: Denis Diderot und Jean le Rond d'Alembert (Hrsg.): *Encyclopédie, ou dictionnaire raisonné des sciences, des arts et des métiers, par une Société de Gens de lettres*, Bd. 4 (ARTFL Encyclopédie Project. Spring 2016 Edition, hrsg. v. Robert Morrissey und Glenn Roe), Chicago 2016, S. 795–803, url: https://artflsrv03. uchicago.edu/philologic4/encyclopedie1117/navigate/4/3967/?byte=8877823 (besucht am 30. 03. 2019).

Bourdieu, Pierre: *Die feinen Unterschiede. Kritik der gesellschaftlichen Urteilskraft*. Übers. v. Bernd Schwibs und Achim Russer, Frankfurt am Main 1987.

Bourdieu, Pierre: *Entwurf einer Theorie der Praxis. Auf der ethnologischen Grundlage der kabylischen Gesellschaft*. Übers. v. Cordula Pialoux und Bernd Schwibs, Frankfurt am Main 1976.

Brandt, Reinhard: „Beobachtungen zur Anthropologie bei Kant (und Hegel)", in: Franz Hespe und Burkhard Tuschling (Hrsg.): *Psychologie und Anthropologie oder Philosophie des Geistes*, Stuttgart-Bad Cannstadt 1991, S. 75–106.

Brandt, Reinhard: „Marginalie zur Herkunft des Geschmacksbegriffs in der neuzeitlichen Ästhetik (Baltasar Gracián)", in: *Archiv für Geschichte der Philosophie* 60, 2 (1978), S. 168–174.

Brandt, Reinhard und Werner Stark: „Einleitung", in: *Kant's Gesammelte Schriften. ‚Akademieausgabe'*, hrsg. v. Königlich Preußische Akademie der Wissenschaften, Bd. 25.1, Berlin 1900 ff. S. VII–CLI.

Brantley, Cynthia: „Kikuyu-Maasai Nutrition and Colonial Science. The Orr and Gilks Study in Late 1920s Kenya Revisited", in: *The International Journal of African Historical Studies* 30, 1 (1997), S. 49–86.

Braudel, Fernand: *Sozialgeschichte des 15.–18. Jahrhunderts. Der Alltag*. Übers. v. Siglinde Summerer, Gerda Kurz und Günter Seib, München 1985.

Brillat-Savarin, Jean Anthelme: *Physiologie des Geschmacks. Oder Physiologische Anleitung zum Studium der Tafelgenüsse*. Übers. und mit Anm. versehen v. Carl Vogt, Leipzig 1983.

Brilli, Attilio: *Als Reisen eine Kunst war. Vom Beginn des modernen Tourismus: Die ‚Grand Tour'*, Berlin 1997.

Brunert, Maria-Elisabeth: *Das Ideal der Wüstenaskese und seine Rezeption in Gallien bis zum Ende des 6. Jahrhunderts*, Münster 1994.

Buffon, Georges-Louis Leclerc de: *Allgemeine Naturgeschichte. Modernisierter Nachdruck der siebenbändigen Berliner Ausgabe in einem Band*. Übers. v. Friedrich H. W. Martini, Frankfurt am Main 2008.

Burckhardt, Jacob: *Die Kultur der Renaissance in Italien. Ein Versuch*, hrsg. v. Konrad Hoffmann, Stuttgart [11]1988.

Calhoun, Craig: „The Class Consciousness of Frequent Travelers. Toward a Critique of Actual Existing Cosmopolitanism", in: *South Atlantic Quarterly* 101, 4 (2002), S. 869–897.

Calmet, Augustin: *Commentaire litteral sur tous les livres de l'ancien et du nouveau Testament*, 23 Bde., Paris 1707–1716.

Campbell, Gordon: *Lucretius on Creation and Evolution. A Commentary on De rerum natura, Book Five, Lines 772–1104*, Oxford 2003.

Camporesi, Piero: *Der feine Geschmack. Luxus und Moden im 18. Jahrhundert*. Übers. v. Karl F. Hauber, Frankfurt am Main und New York 1992.

Canclini, Néstor García: *Consumers and Citizens. Globalization and Multicultural Conflicts*. Trans. and with an Introduction by George Yúdice, Minneapolis und London 2001.

Canetti, Elias: *Masse und Macht*, Frankfurt am Main 272001.

Cappeliez, Sarah und Josée Johnston: „From Meat and Potatoes to ‚Real-Deal' Rotis.Exploring Everyday Culinary Cosmopolitanism", in: *Poetics* 2013, S. 433–455.

Carey, Daniel und Sven Trakulhun: „Universalism, Diversity, and the Postcolonial Enlightenment", in: Daniel Carey und Lynn Festa (Hrsg.): *Postcolonial Enlightenment. Eighteenth-Century Colonialisms and Postcolonial Theories*, Oxford 2009, S. 240–280.

Casey, Michael: *Athirst for God. Spiritual Desire in Bernard of Clairvaux's Sermons on the Song of Songs*, Kalamazoo 1988.

Cassianus, Johannes: „Vierundzwanzig Unterredungen mit den Vätern", in: *Sämmtliche Schriften des ehrwürdigen Johannes Cassianus*. Aus dem Urtexte übersetzt v. Antonius Abt, 2 Bde., Kempten 1877, S. 275–602.

Cassianus, Johannes: „Zwölf Bücher von der Einrichtung der Klöster", in: *Sämmtliche Schriften des ehrwürdigen Johannes Cassianus*. Aus dem Urtexte übersetzt v. Antonius Abt, 2 Bde., Bd. 1, Kempten 1877, S. 5–274.

Cassirer, Ernst: „Das Problem Jean Jacques Rousseau", in: *Über Rousseau*, hrsg. v. Guido Kreis, Berlin 2012, S. 7–90.

Cassius Dio: *Römische Geschichte*. Übers. v. Otto Veh, mit einer Einführung v. Hans Jürgen Hillen, 5 Bde., Düsseldorf 2007.

Chakrabarty, Dispesh: *Europa als Provinz. Perspektiven postkolonialer Geschichtsschreibung*. Übers. v. Robin Cackett, Frankfurt am Main 2010.

Chamberlayn, John: *The Manner of Making Coffee, Tea and Chocolate*, London 1685.

Chardin, Jean: *Des vortrefflichen Ritters Chardin, des grossen Königs in Persien Hoff-Handelsmanns/ Curieuse Persian- und Ost-Indische Reise-Beschreibung. Bestehend in einem ordentlichen Journal Oder Täglichen Verzeichnüß seiner in Persien und OstIndien über das schwartze Meer und den Cholchidem abgelegter Reisen. Erstlich vom Authore selbst in Frantzösischer Sprach beschrieben/ nachgehends in die Englische; anitzo aber in die Hochdeutsche übersetzet/ mit schönen Kupffern gezieret/ und nöthigem Register versehen*, Leipzig 1687.

Chatzipanagioti, Julia: „Eine Reise in die Gegenwart der Vergangenheit. Die Expedition Carsten Niebuhrs nach Arabien (1761–1767)", in: *Transactions of the Ninth International Congress on the Enlightenment*, 3 Bde., Bd. 2, Oxford 1997, S. 863–866.

Chinard, Gilbert: „Influence des Récits de Voyages Sur la Philosophie de J. J. Rousseau", in: *PMLA* 26, 3 (1911), S. 476–495.

Cicchelli, Vincenzo, Sylvie Octobre und Viviane Riegel: „After the Omnivore, the Cosmopolitan Amateur. Reflections about Aesthetic Cosmopolitanism", in: *The Global Studies Journal* 9, 1 (2016), S. 55–77.

Cicero: *De finibus bonorum et malorum. Das höchste Gut und das schlimmste Übel. Lateinisch und deutsch*, hrsg. v. Alexander Kabza, München 1960.

Cicero: *De Oratore/Über den Redner. Lateinisch – Deutsch.* Übers. u. hrsg. v. Theodor Nüßlein, Düsseldorf 2007.

Cicero: *Gespräche in Tusculum/Tusculanae disputationes. Lateinisch – Deutsch.* Übers. u. mit ausführl. Anm. neu hrsg. v. Olof Gigon, Berlin 2013.

Clasen, Karl Heinz: *Kant-Bildnisse.* Mit Unterstützung der Stadt Königsberg hrsg. v. der Königsberger Ortsgruppe der Kant-Gesellschaft, Königsberg 1924.

Classen, Constance: „Foundations for an Anthropology of the Senses", in: *International Social Science Journal* 49, 153 (1997), S. 401–412.

Classen, Constance: *Worlds of Sense. Exploring the Senses in History and Across Cultures*, London und New York 1993.

Clifford, James: „Travelling Cultures", in: Lawrence Grossberg, Cary Nelson und Paula Treichler (Hrsg.): *Cultural Studies*, New York 1992, S. 96–112.

Cohausen, Johann H.: *Satyrische Gedanken von der Pica Nasi oder der Sehnsucht der Lüstern Nase. Das ist: Von dem heutigen Mißbrauch und schädlichen Effect des Schnupf=Tabacks, nach denen Regeln der Physic, der Medizin und Morale ausgeführet*, Leipzig 1720.

Conermann, Stephan und Josef Wiesehöfer (Hrsg.): *Carsten Niebuhr und seine Zeit. Beiträge eines interdisziplinären Symposiums vom 7.-10. Oktober 1999 in Eutin*, Stuttgart 2002.

Conrad, Georg: „Beiträge zur Biographie des Kaiserlich Russischen Geheimen Rats Heinrich Christian Reichsgrafen von Keyserling und seiner zweiten Gemahlin Charlotte Caroline Amélie geb. Reichs-Erb-Truchseß Gräfin von Waldburg, verw. Gräfin von Keyserling", in: *Altpreußische Monatsschrift* 48 (1911), S. 77–114, 185–220.

Conrod, Frédéric: *Loyola's Greater Narrative. The Architecture of the Spiritual Exercises in Golden* Age and Enlightenment Literature, New York 2008.

Cook, Mercer: „Jean-Jacques Rousseau and the Negro", in: *The Journal of Negro History* 21, 3 (1936), S. 294–303.

Coréal, François: *Voyages de François Coreal aux Indes Occidentales. Contenant ce qu'il y a vû de plus remarquable pendant son séjour depuis 1666, jusqu'en 1697.* Traduit de l'Espagnol, 2 Bde., Amsterdam 1722.

Craton, Michael: *A History of the Bahamas*, Waterloo, Ont. [3]1986.

Craton, Michael und Gail Saunders: *Islanders in the Stream. A History of the Bahamian People, Bd. 1: From Aboriginal Times to the End of Slavery*, 2 Bde., Athens 1992.

Crowe, Yolande: *Le manteau arménien de Jean-Jacques Rousseau*, 2007, url: http://rousseaus tudies.free.fr/articlemanteauarmenien.html (besucht am 30. 03. 2019).

D'Angelo, Paolo: „Vom Geschmack des Gaumens zum Ästhetischen Geschmack. Über den Ursprung des Begriffs in Italien und Spanien", in: Irene Schütze und Jürgen Blume (Hrsg.): *Über Geschmack lässt sich doch streiten. Zutaten aus Küche, Kunst und Wissenschaft*, Berlin 2011, S. 89–104.

Dalby, Andrew: *Dangerous Tastes. The Story of Spices*, London 2000.

Därmann, Iris: *Fremde Monde der Vernunft. Die ethnologische Provokation der Philosophie*, München 2005.

Därmann, Iris: „Kants Kritik der Tischgesellschaft und sein Konzept der Hospitalität", in: dies. (Hrsg.): *Figuren des Politischen*, Frankfurt am Main 2009, S. 98–114.

Därmann, Iris: „Landnahme, Menschennahme. John Locke und der transatlantische Sklavenhandel", in: Voker Gottowick, Holger Jebens und Editha Platte (Hrsg.): *Zwischen*

Aneignung und Verfremdung. Ethnologische Gratwanderungen. Festschrift für Karl- Heinz Kohl, Frankfurt am Main und New York 2009, S. 69–82.

Daston, Lorraine: „Die Lust an der Neugier in der neuzeitlichen Wissenschaft", in: Klaus Krüger (Hrsg.): *Curiositas. Welterfahrung und ästhetische Neugierde in Mittelalter und früher Neuzeit*, Göttingen 2002, S. 147–175.

Daston, Lorraine: *Eine kurze Geschichte der wissenschaftlichen Aufmerksamkeit*, München 2001.

Daston, Lorraine und Katharine Park: *Wunder und die Ordnung der Natur 1150–1750*, Frankfurt am Main 1998.

Davidson, James N.: *Courtesans and Fischcakes. The Consuming Passions of Classical Athens*, Chicago 2011.

Denker, Christian W.: *Vom Geist des Bauches. Für eine Philosophie der Verdauung*, Bielefeld 2015.

Derrida, Jacques: „Ökonomimesis", in: Emmanuel Alloa und Francesca Falk (Hrsg.): *Bild-Ökonomie. Haushalten mit Sichtbarkeiten*, München 2013, S. 327–367.

Desalleurs, Roland Puchot: *Lettre d'un patissier anglois au nouveau cuisinier françois. Avec un extrait du Craftsman*, o.O. 1739.

Desnoireterres, Gustave: *Grimod de La Reynière et son groupe*, Genf 1971.

Despoix, Philippe: *Die Welt vermessen. Dispositive der Entdeckungsreise im Zeitalter der Aufklärung.* Übers. v. Guido Goerlitz, Göttingen 2009.

Deutsches Wörterbuch von Jakob und Wilhelm Grimm, 16 Bde., Leipzig 1854–1961.

Diderot, Denis und Jean le Rond d'Alembert (Hrsg.): *Encyclopédie, ou dictionnaire raisonné des sciences, des arts et des métiers, par une Société de Gens de lettres* (ARTFL Encyclopédie Project. Spring 2016 Edition, hrsg. v. Robert Morrissey und Glenn Roe), Chicago 2016, url: http://encyclopedie.uchicago.edu/ (besucht am 30. 03. 2019).

Die Benediktusregel. lateinisch/deutsch. hrsg. im Auftrag der Salzburger Äbtekonferenz, Beuron [3]2001.

Die Bibel. Nach der Übersetzung Martin Luthers, Stuttgart 1999.

Döbler, Marvin: *Die Mystik und die Sinne. Eine religionshistorische Untersuchung am Beispiel Bernhards von Clairvaux*, Göttingen 2013.

Dörflinger, Bernd, James J. Fehr und Rudolf Malter (Hrsg.): *Königsberg 1724–1804. Materialien zum politischen, sozialen und geistesgeschichtlichen Hintergrund von Leben und Werk Immanuel Kants*, Hildesheim, Zürich und New York 2009.

Dunbabin, Katherine M. D.: *The Roman Banquet. Images of Conviviality*, Cambridge 2003.

Economic Advisory Council: *Nutrition in the Colonial* Empire. *Committee on Nutrition in the Colonial* Empire, First Report *– Part I (Cmd. 6050)*, London 1939.

Elias, Norbert: *Die höfische Gesellschaft. Untersuchungen zur Soziologie des Königtums und der höfischen Aristokratie.* Mit einer Einleitung: Soziologie und Geschichtswissenschaft, Frankfurt am Main 1983.

Elias, Norbert: *Über den Prozess der Zivilisation. Soziogenetische und psychgenetische Untersuchungen*, 2 Bde., Frankfurt am Main [2]1977.

Epp, Verena: „Discretio – Unterscheidung – Abgeschiedenheit. Zur Cassian-Rezeption in den ‚Reden der Unterscheidung' Meister Eckharts", in: *Frühmittelalterliche Studien* 45, 1 (2011), S. 99–114.

Erskine, Toni: „„Citizen of Nowhere' Or ‚the point where circles intersect'? Impartialist and Embedded Cosmopolitanisms", in: *Review of International Studies* 2002, S. 457–478.

Ewert, Michael: „Literarische Anthropologie. Georg Forsters ‚Leckereyen'", in: Jörn Garber (Hrsg.): *Wahrnehmung – Konstruktion – Text. Bilder des Wirklichen im Werk Georg Forsters*, Tübingen 2000, S. 20–30.

Fabian, Johannes: *Time and the Other. How Anthropology Makes Its Object*, New York 1983.

Feldman, Charles: *Ancient Roman Dining. Food Transformation, Status and Performance*, Saarbrücken 2009.

Fellmann, Benjamin: *Durchdringung und Porosität: Walter Benjamins Neapel. Von der Architekturwahrnehmung zur kunstkritischen Medientheorie*, Berlin 2014.

Feuerbach, Ludwig: „Das Geheimnis des Opfers oder Der Mensch ist, was er ißt", in: *Gesammelte Werke*, hrsg. v. Werner Schuffenhauer, Bd. 11, Berlin 1971 ff. S. 26–52.

Feuerbach, Ludwig: „Die Naturwissenschaft und die Revolution", in: *Gesammelte Werke*, hrsg. v. Werner Schuffenhauer, Bd. 10, Berlin 1971 ff. S. 347–368.

Feuerbach, Ludwig: *Gesammelte Werke*, hrsg. v. Werner Schuffenhauer, Berlin 1971 ff.

Fielitz, Wilhelm (Hrsg.): *Briefwechsel zwischen Schiller und Lotte. 1788–1805*, Stuttgart und Berlin ³1896.

Firth, Raymond: „The Sociological Study of Native Diet", in: *Africa* 7, 4 (1934), S. 401–414.

Firth, Rosemary: *Housekeeping among Malay Peasants*, London 1943.

Fischer, Curt Theodor: „Fortunatae insulae", in: Georg Wissowa u. a. (Hrsg.): *Paulys Realencyclopädie der classischen Altertumswissenschaft. Neue Bearbeitung*, Bd. 7.1, Stuttgart 1893–1980, Sp. 42–43.

Fischler, Claude: „Food, Self and Identity", in: *Social Science Information* 27, 2 (1988), S. 275–292.

Fischler, Claude: *L'Homnivore. Le goût, la cuisine et le corps*, Paris 1990.

Flandrin, Jean-Louis: „Der gute Geschmack und die soziale Hierarchie", in: Philippe Ariès, Georges Duby und Roger Chartier (Hrsg.): *Geschichte des privaten Lebens. 3. Bd.: Von der Renaissance zur Aufklärung*, Frankfurt am Main ₂1991, S. 269–311.

Flor, Fernando Rodríguez de la: „El Comulgatorio de Baltasar Gracián y la tradición jesuítica de la compositio loci", in: *Revista de Literatura* XLIV, 85 (1981), S. 5–18.

Forster, Georg: „Cook, der Entdecker", in: *Georg Forster Werke. Sämmtliche Schriften, Tagebücher, Briefe*, hrsg. v. Berlin-Brandenburgische Akademie der Wissenschaften, Bd. 5, Berlin 1958 ff. S. 191–302.

Forster, Georg: „Der Brodbaum", in: *Georg Forster Werke. Sämmtliche Schriften, Tagebücher, Briefe*, hrsg. v. Berlin-Brandenburgische Akademie der Wissenschaften, Bd. 6.1, Berlin 1958 ff. S. 63–92.

Forster, Georg: „Neuholland und die britische Colonie in Botany-Bay", in: *Georg Forster Werke. Sämmtliche Schriften, Tagebücher, Briefe*, hrsg. v. Berlin-Brandenburgische Akademie der Wissenschaften, Bd. 5, Berlin 1958 ff. S. 161–180.

Forster, Georg: „O-Taheiti", in: *Georg Forster Werke. Sämmtliche Schriften, Tagebücher, Briefe*, hrsg. v. Berlin-Brandenburgische Akademie der Wissenschaften, Bd. 5, Berlin 1958 ff. S. 35–71.

Forster, Georg: „Reise um die Welt. 1. Teil", in: *Georg Forster Werke. Sämmtliche Schriften, Tagebücher, Briefe*, hrsg. v. Berlin-Brandenburgische Akademie der Wissenschaften, Bd. 2, Berlin 1958 ff.

Forster, Georg: „Rezension zu Brissot, Nouveau Voyage dans les Etats-Unis (7./21./26. Jan. 1792)", in: *Georg Forster Werke. Sämmtliche Schriften, Tagebücher, Briefe*, hrsg. v. Berlin-Brandenburgische Akademie der Wissenschaften, Bd. 11, Berlin 1958 ff. S. 312–335.

Forster, Georg: „Über die Beziehung der Staatskunst auf das Glück der Menschheit", in: *Georg Forster Werke. Sämmtliche Schriften, Tagebücher, Briefe*, hrsg. v. Berlin-Brandenburgische Akademie der Wissenschaften, Bd. 10, Berlin 1958 ff. S. 565–591.

Forster, Georg: „Über lokale und allgemeine Bildung", in: *Georg Forster Werke. Sämmtliche Schriften, Tagebücher, Briefe*, hrsg. v. Berlin-Brandenburgische Akademie derWissenschaften, Bd. 7, Berlin 1958 ff. S. 45–56.

Forster, Georg: „Ueber Leckereyen", in: *Georg Forster Werke. Sämmtliche Schriften, Tagebücher, Briefe*, hrsg. v. Berlin-Brandenburgische Akademie der Wissenschaften, Bd. 8, Berlin 1958 ff. S. 164–181.

Forster, Georg: *Voyage around the World. 2 Bd.* Hrsg. v. Nicholas Thomas und Oliver Berghof, Honolulu 2000.

Forster, Georg: „Zu: Johann Reinhold Forsters Bemerkungen auf seiner Reise um die Welt. Anmerkungen zu Textstellen", in: *Georg Forster Werke. Sämmtliche Schriften, Tagebücher, Briefe*, hrsg. v. Berlin-Brandenburgische Akademie der Wissenschaften, Bd. 5, Berlin 1958 ff. S. 126–127.

Forster, John Reinold: *Observations made during a Voyage round the World on Physical Geography, Natural History and Ethic Philosophy*, London 1778.

Fortes, Meyer und Sonia L. Fortes: „Food in the Domestic Economy of the Tallensi", in: *Africa* 9, 2 (1936), S. 237–276.

Foster, Norman: *Schlemmen hinter Klostermauern. Die unbekannten Quellen europäischer Kochkunst. Mit 111 Rezepten aus der Klosterküche*, Frechen 2001.

Foucault, Michel: *Der Gebrauch der Lüste. Sexualität und Wahrheit 2.* Übers. v. Ulrich Raulff und Walter Seitter, Frankfurt am Main ³1993.

Foucault, Michel: „Der Kampf um die Keuschheit", in: *Schriften in vier Bänden. Dits et Ecrits*, hrsg. v. Daniel Defert und François Ewald, Bd. 4, Frankfurt am Main 2005, S. 353–368.

Foucault, Michel: „Die Ethik der Sorge um sich als Praxis der Freiheit (1984)", in: *Schriften in vier Bänden. Dits et Ecrits*, hrsg. v. Daniel Defert und François Ewald, Bd. 4, Frankfurt am Main 2005, S. 875–902.

Foucault, Michel: *Die Heterotopien. Der utopische Körper. Zwei Radiovorträge.* Zweisprachige Ausgabe, übers. v. Michael Bischoff, mit einem Nachwort v. Daniel Defert, Berlin ²2014.

Foucault, Michel: *Die Regierung der Lebenden. Vorlesungen am Collège de France 1979– 1980.* Übers. v. Andrea Hemminger, Berlin 2014.

Foucault, Michel: *Die Sorge um sich. Sexualität und Wahrheit 3.* Übers. v. Ulrich Raulff und Walter Seitter, Frankfurt am Main 1989.

Foucault, Michel: „Eine Ästhetik der Existenz (1984)", in: *Schriften in vier Bänden. Dits et Ecrits*, hrsg. v. Daniel Defert und François Ewald, Bd. 4, Frankfurt am Main 2005, S. 902–909.

Foucault, Michel: *Einführung in Kants Anthropologie.* Übers. v. Ute Fritsch, mit einem Nachwort v. Andrea Hemminger, Berlin 2010.

Foucault, Michel: *Schriften in vier Bänden. Dits et Ecrits*, hrsg. v. Daniel Defert und François Ewald, Frankfurt am Main 2005.

Foucault, Michel: „Subjekt und Macht (1982)", in: *Schriften in vier Bänden. Dits et Ecrits*, hrsg. v. Daniel Defert und François Ewald, Bd. 4, Frankfurt am Main 2005, S. 269–294.

Foucault, Michel: *Überwachen und Strafen. Die Geburt des Gefängnisses.* Übers. v. Walter Seitter, Frankfurt am Main 1994.

Foucault, Michel: „Zur Genealogie der Ethik. Ein Überblick über die laufende Arbeit (1984)", in: *Schriften in vier Bänden. Dits et Ecrits*, hrsg. v. Daniel Defert und François Ewald, Bd. 4, Frankfurt am Main 2005, S. 747–776.

Fox, William: *An Adress to the People of Great Britain. On the Propriety od Abstaining from West India Sugar and Rum*, London [10]1792.

Frackowiak, Ute: *Der gute Geschmack. Studien zur Entwicklung des Geschmacksbegriffs*, München 1994.

Frank, Karl S.: *Geschichte des christlichen Mönchtums*, Darmstadt [5]1993.

Franz von Sales: *Anleitung zum frommen Leben. Philothea* (Deutsche Ausgabe der Werke des Hl. Franz von Sales, Bd. 1), Eichstätt und Wien 1959.

Freedman, Paul: *Out of the East. Spices and the Medieval Imagination*, New Haven und London 2008.

Freedman, Paul: „Spices and Late-Medieval European Ideas of Scarcity and Value", in: *Speculum* 80, 4 (2005), S. 1209–1277.

Freud, Sigmund: „Drei Abhandlungen zur Sexualtheorie (1905)", in: *Gesammelte Werke*, hrsg. v. Anna Freud u. a., 18 Bde., Bd. V, London und Frankfurt am Main 1940 ff. S. 29–145.

Friedrich, Hugo: „Zum Verständnis des Werkes", in: *Criticón. oder Über die allgemeinen Laster des Menschen*. Übers. v. Hanns Studniczka, Hamburg 1957, S. 212–226.

Gabler, Hans-Jürgen: *Geschmack und Gesellschaft. Rhetorische und sozialgeschichtliche Aspekte der frühaufklärerischen Geschmackskategorie*, Frankfurt am Main und Bern 1982.

Gadamer, Hans-Georg: *Hermeneutik I. Wahrheit und Methode. Grundzüge einer philosophische Hermeneutik*, Tübingen [6]1990.

Gaius Plinius Secundus: *Naturkunde. Lateinisch – deutsch*, hrsg. v. Roderich König, München 1973–1996.

Garber, Jörn und Tanja van Hoorn (Hrsg.): *Natur– Mensch – Kultur. Georg Forster im Wissenschaftsfeld seiner Zeit*, Hannover 2006.

Gatz, Bodo: *Weltalter, goldene Zeit und sinnverwandte Vorstellungen*, Hildesheim 1967.

Gavrilyuk, Paul L. und Sarah Coakley (Hrsg.): *The Spiritual Senses. Perceiving God in Western Christianity*, Cambridge 2012.

Geertz, Clifford: *Dichte Beschreibung. Beiträge zum Verstehen kultureller Systeme*. Übers. v. Brigitte Luchesi und Rolf Bindemann, Frankfurt am Main 1987.

Geertz, Clifford: „Dichte Beschreibung. Bemerkungen zu einer deutenden Theorie von Kultur", in: *Dichte Beschreibung. Beiträge zum Verstehen kultureller Systeme*. Übers. v. Brigitte Luchesi und Rolf Bindemann, Frankfurt am Main 1987, S. 7–43.

Geertz, Clifford: „‚From the Native's Point of View'. On the Nature of Anthropological Understanding", in: *Local Knowledge. Further Essays in Interpretive Anthropology*, New York 1983, S. 55–70.

Germann Molz, Jennie: „Cosmopolitan Bodies. Fit to Travel and Travelling to Fit", in: *Body& Society* 12, 3 (2006), S. 1–21.

Germann Molz, Jennie: „Eating Difference. The Cosmopolitan Mobilities of Culinary Tourism", in: *Space and Culture* 10, 1 (2007), S. 77–93.

Giebel, Marion: *Reisen in der Antike*, Düsseldorf 1999.

Gigante, Denise (Hrsg.): *Romantic Gastronomies. Romantic Circles*, Januar 2007, url: http://www.rc.umd.edu/praxis/gastronomy/(besucht am 10.04.2019).

Gigante, Denise: „Romanticism and Taste", in: *Literature Compass* 4, 2 (2007), S. 407–419.

Gigante, Denise: *Taste. A Literary History*, New Haven 2005.

Gladigow, Burkhard: „Jenseitsvorstellungen und Kulturkritik", in: *Zeitschrift für Religions- und Geistesgeschichte* 26, 4 (1974), S. 289–309.

Gladstone, Jo: „Significant Sister. Autonomy and Obligation in Audrey Richards' Early Fieldwork", in: *American Ethnologist* 13, 2 (1986), S. 338–362.

Gladstone, Jo: „„Venturing on to the Borderline'. Audrey Richard's Ethnographic Contribution to the ‚Hungry Thierties' Debate in Africa, 1927–1942", in: *Bulletin of the Society for the Social History of Medicine* 1987, S. 27–32.

Glinski, Gerhard v.: „Das gesellschaftliche Leben in Königsberg zur Zeit Kants", in: Eberhard G. Schulz (Hrsg.): *Kant in seiner Zeit*, Hildesheim, Zürich und New York 2005, S. 111–121.

Godel, Rainer und Gideon Stiening (Hrsg.): *Klopffechtereien Missverständnisse – Widersprüche? Methodische und methodologische Perspektiven auf die Kant-Forster-Kontroverse*, München 2011.

Goethe, Johann Wolfgang v.: *Italienische Reise.* Hrsg. v. Christoph Michel und Hans-Georg Dewitz (Johann Wolfgang Goethe. Sämmtliche Werke. Briefe, Tagebücher und Gespräche. 40 Bde., Bd. 15.1–2), Frankfurt am Main 1993.

Goldman, Irving: *Ancient Polynesian Society*, Chicago und London 1970.

Goldstein, Claudia: *Pieter Bruegel and the Culture of the Early Modern Dinner Party*, Burlington 2013.

Goldstein, Jürgen: *Georg Forster. Zwischen Freiheit und Naturgewalt*, Berlin 2015.

Goodrich, Richard J.: *Contextualizing Cassian. Aristocrats, Asceticism, and Reformation in Fifth Century Gaul*, Oxford 2007.

Goody, Jack: *Cooking, Cuisine and Class. A Study in Comparative Sociology*, Cambridge,N.Y. und Melbourne ^{5}1996.

Gracián, Baltasar: *Das Kritikon*. Übers. und komm. v. Hartmut Köhler, Frankfurt am Main 2004.

Gracián, Baltasar: *Der Held*. Übers. v. Elena Carvajal Díaz und Hannes Böhringer, Berlin 1996.

Gracián, Baltasar: *Der Kluge Weltmann (El Discreto)*. Zum ersten Mal aus dem spanischen Original von 1646 ins Deutsche übertragen und mit einem Anhang versehen v. Sebastian Neumeister, Frankfurt am Main 1996.

Gracián, Baltasar: *El Criticón*, 2 Bde., Hildesheim und New York 1978.

Gracián, Baltasar: *Handorakel und Kunst der Weltklugheit*. Übers. v. Arthur Schopenhauer, mit einer Einleitung v. Karl Vößler und einer Nachbemerkung v. Sebastian Neumeister, Stuttgart 1992.

Gracián, Baltasar: *Obras Completas. El Criticón*, 2 Bde., Madrid 1993.

Gracián, Baltasar: *Obras Completas, Bd. II. El Héroe. El Político. El Discreto. Oráculo manual y arte de prudentia. Agudeza y arte de ingenio. El Comulgatorio. Escritos menores*, Madrid 1993.

Gracián, Baltasar: *Sanctuary Meditations for Priests and Frequent Communicants. Serving as a Preparation for – at the Time of – and Thanksgiving after Receiving the Holy Eucharist.* Trans. by Mariana Monteiro, London 1876.

Greenblatt, Stephen: *Renaissance Self-Fashioning. From More to Shakespeare*, Chicago 1980.

Gregor von Tours: *Vier Bücher Dialoge*. Übers. von Joseph Funk, Bd. 2 (Des Heiligen Papstes und Kichenlehrers Gregor des Grossen Ausgewählte Schriften), München 1933.

Grimod de La Reynière, Alexandre B. L.: *Almanach des Gourmands, ou Calendrier Nutritif. Servant de guide dans les moyens de faire excellente chère, par un vieil amateur*, 7 Bde., Paris 1803–1810.

Groß, Felix (Hrsg.): *Immanuel Kant. Sein Leben in Darstellungen von Zeitgenossen: Die Biographien von Borowsli, Jachmann und Wasianski*. Neudruck der Ausgabe von 1912, mit einer Einleitung v. Rudolf Malter und einem Nachwort v. Volker Gerhard, Darmstadt 2012.

Gulyga, Arsenij: *Immanuel Kant*. Übers. und mit einem Nachwort versehen v. Sigrun Bielfeldt, Frankfurt am Main 1985.

Habermas, Jürgen: *Strukturwandel der Öffentlichkeit. Untersuchungen zu einer Kategorie der bürgerlichen Gesellschaft*, Frankfurt am Main [14]2015.

Hadot, Pierre: *Philosophie als Lebensform. Geistige Übungen in der Antike*. Übers. v. Ilsetraut Hadot und Christiane Marsch, Berlin 1991.

Hahne, Nina: *Essayistik als Selbsttechnik. Wahrheitspraxis im Zeitalter der Aufklärung*, Berlin und Boston 2015.

Haines, Helen R. und Care A. Sammells (Hrsg.): *Adventures in Eating. Anthropological Experiences in Dining from Around the World*, Boulder 2010.

Hale, Rosemary Drage: „„Taste and See, For God is Sweet'. Sensory Perception and Memory in Medieval Christian Mystical Experience", in: Anne Clarke Bartlett (Hrsg.): *Vox Mystica. Essays on Medieval Mysticism*. In Honor of Professor Valerie M. Lagorio, Rochester, N.Y. 1995, S. 3–14.

Hall, Stuart: „Old and New Identities, Old and New Etnicities", in: Anthony D. King (Hrsg.): *Culture, Globalization and the World-System. Contempory Conditions for the Representation of Identity*, Minneapolis [3]2000, S. 41–68.

Hamann, Johann Georg: *Briefwechsel. Fünfter Band: 1783–1785*. Hrsg. v. Arthur Henkel, Frankfurt am Main 1965.

Hannerz, Ulf: „Cosmopolitans and Locals in World Culture", in: *Theory, Culture and Society*1990, S. 237–251.

Harms, Robert: *Das Sklavenschiff. Eine Reise in die Welt des Sklavenhandels*. Übers. vMichael Müller, München 2004.

Harrisson, Tom: *Savage Civilization*, London 1937.

Hartmann, Andreas: *Zungenglück und Gaumenqualen. Geschmackserinnerungen*, München 1994.

Hawkesworth, John: *Geschichte der See-Reisen und Entdeckungen im Süd-Meer, welche auf Befehl Sr. Großbrittannischen Majestät unternommen und von Commodore Byron, Capitain Wallis, Capitain Carteret und Capitain Coock im Dolphin, der Swallow, und dem Endeavour nach einander ausgeführet worden sind; aus den Tagebüchern der verschiedenen Befehlshaber und den Handschriften Joseph Banks in drey Bänden verfaßt*. Mit des Herrn Verfassers Genehmhaltung aus dem Englischen übers. v. Johann Friedrich Schiller, Berlin 1774.

Heise, Ulla: *Kaffee und Kaffeehaus. Eine Bohne macht Kulturgeschichte*, Leipzig 1996.

Heldke, Lisa M.: *Exotic Appetites. Ruminations of a Food Adventurer*, New York und London 2003.

Heller, Agnes: „Culture, or Invitation to Luncheon by Immanuel Kant", in: *A Philosophy of History in Fragments*, Oxford und Cambridge 1993, S. 136–175.

Hennion, Antoine: „Pragmatics of Taste", in: Mark D. Jacobs und Nancy Weiss Hanrahan (Hrsg.): *The Blackwell Companion to the Sociology of Culture*, Oxford 2004, S. 131–144.

Herder, Johann Gottfried: *Ideen zur Philosophie der Geschichte der Menschheit*, hrsg. v.Martin Bollacher (Johann Gottfried Herder Werke in 10 Bd., Bd. 6), Frankfurt am Main 1989.

Hesiod: *Theogonie. Griechisch/Deutsch*. Übers. und hrsg. v. Otto Schönberger, Stuttgart 2008.

Hesiod: *Werke und Tage. Griechisch/Deutsch*. Übers. und hrsg. v. Otto Schönberger, Stuttgart 2011.

Hidalgo-Serna, Emilio: *Das ingeniöse Denken bei Baltasar Gracián*, München 1985.

Hobbes, Thomas: *Leviathan. Oder Stoff, Form und Gewalt eines kirchlichen und bürgerlichen Staates*. Übers. v. Walter Euchner, hrsg. v. Iring Fetcher, Frankfurt am Main 1966.

Hofmann-Randall, Christina: *Das spanische Hofzeremoniell 1500–1700*, Berlin 2012.

Holze, Heinrich: *Erfahrung und Theologie im frühen Mönchtum. Untersuchungen zu einer Theologie des monastischen Lebens bei den ägyptischen Mönchsvätern, Johannes Cassian und Benedikt von Nursia*, Göttingen 1992.

Homer: *Ilias – Odysee*. Übers. v. Johann Heinrich Voß, mit einem Nachwort v. Hartmut Friedrich, München ³1979.

hooks, bell: *Black Looks. Race and Representation*, Boston 1992.

Howes, David (Hrsg.): *Cross-Cultural Consumption. Global Markets, Local Realities*, London und New York 1996.

Howes, David: *Sensual Relations. Engaging the Senses in Culture and Social Theory*, Ann Arbor 2003.

Howes, David und Marc Lalonde: „The History of Sensibilities. Of The Standard of Taste in the Mid-Eighteenth Century England and the Circulation of Smells in Post- Revolutionary France", in: *Dialectical Anthropology* 16 (1991), S. 125–135.

Hudson, Nicola A.: „Food in Roman Satire", in: Susan H. Braund (Hrsg.): *Satire and Society in Ancient Rome*, Exeter 1989, S. 67–89.

Hume, David: *Essays. Moral, Political and Literary*, hrsg. v. Eugene F. Miller, Indianapolis ²1987.

Ignacio de Loyola: *Die Exerzitien / Aus dem Tagebuch*. Übers. v. Ferdinand Weinhandl, mit Zeichnungen von Federico Barocci und einer Dokumentation, München 1978.

Inglis, David und Debra Gimlin: „Food Globalizations. Ironies and Ambivalences of Food, Cuisine and Globality", in: dies. (Hrsg.): *The Globalization of Food*, London u. a. 2009, S. 3–42.

Inglis, David und Debra Gimlin (Hrsg.): *The Globalization of Food*, London u. a. 2009.

Ingold, Tim: „Stop, Look and Listen! Vision, Hearing and Human Movement", in: *ThePerception of the Environment. Essays on Livelihood, Dwelling and Skill*, London und New York 2000, S. 243–287.

Jachmann, Reinhold B.: „Immanuel Kant geschildert in Briefen an einen Freund", in: Felix Groß (Hrsg.): *Immanuel Kant. Sein Leben in Darstellungen von Zeitgenossen: Die Biographien von Borowsli, Jachmann und Wasianski*. Neudruck der Ausgabe von 1912, mit einer Einleitung v. Rudolf Malter und einem Nachwort v. Volker Gerhard, Darmstadt 2012, S. 103–187.

Jansen, Hellmut: *Die Grundbegriffe des Baltasar Gracian*, Genf und Paris 1958.

Jauch, Ursula P.: *Friedrichs Tafelrunde & Kants Tischgesellschaft. Ein Versuch über Preußen zwischen Eros, Philosophie und Propaganda*, Berlin 2014.

Jaucourt, Louis Chevalier de: „Cuisine", in: Denis Diderot und Jean le Rond d'Alembert (Hrsg.): *Encyclopédie, ou dictionnaire raisonné des sciences, des arts et des métiers, par une Société de Gens de lettres*, Bd. 4 (ARTFL Encyclopédie Project. Spring 2016 Edition, hrsg. v. Robert Morrissey und Glenn Roe), Chicago 2016, S. 537–539, url: https://artflsrv03.uchicago.edu/philologic4/encyclopedie1117/navigate/4/2761/?byte=6052688 (besucht am 30. 03. 2019).

Jaucourt, Louis Chevalier de: „Gourmandise", in: Denis Diderot und Jean le Rond d'Alembert (Hrsg.): *Encyclopédie, ou dictionnaire raisonné des sciences, des artset des métiers, par une Société de Gens de lettres*, Bd. 7 (ARTFL Encyclopédie Project. Spring 2016 Edition, hrsg. v. Robert Morrissey und Glenn Roe), Chicago 2016, S. 754, url: https://artflsrv03.uchicago.edu/philologic4/encyclopedie1117/navigate/7/2504/?byte=8076947 (besucht am 30. 03. 2019).

Jeanneret, Michel: *A Feast of Words. Banquets and Table Talk in the Renaissance*, Chicago 1987.

Johannes Cassianus: *Sämmtliche Schriften des ehrwürdigen Johannes Cassianus*. Aus dem Urtexte übersetzt v. Antonius Abt, 2 Bde., Kempten 1877.

Johnson, Samuel und James Boswell: *A Journey to the Western Islands of Scotland, with: the Journal of a Tour to the Hebrides*. Mit einer Einleitung v. Allan Massie, New York, London und Toronto 2002.

Johnston, Josée und Shyon Baumann: „Democracy versus Distinction. A Study of Omnivorousness in Gourmet Food Writing", in: *American Journal of Sociology* 113, 1 (2007), S. 165–204.

Jonas, Tammi: „Eating the Vernacular, Being Cosmopolitan", in: *Cultural Studies Review* 19, 1 (2013), S. 117–137.

Kaehr, Roland: *La tenue de Rousseau était-elle arménienne?*, 2014, url:http://rousseaustu dies.free.fr/articleKaehrrousseularmenien.pdf (besucht am 10. 04. 2019).

Kahn, Victoria: „The Sense of Taste in Montaigne's Essais", in: *Modern Language Notes* 95 (1980), S. 1269–1291.

Kant, Immanuel: „Anthropologie Collins. Die Vorlesungen de Wintersemesters 1772/73 aufgrund der Nachschriften Collins, Philippi, Hamilton, Brauer, Dohna, Parow und Euchel", in: *Kant's Gesammelte Schriften. ,Akademieausgabe'*, hrsg. v. Königlich Preußische Akademie der Wissenschaften, Bd. 25.1, Berlin 1900 ff. S. 1–238.

Kant, Immanuel: „Anthropologie Friedländer. Die Vorlesung des Wintersemesters 1775/76 aufgrund der Nachschriften Friedländer 3.3 (Ms 400), Friedländer 2 (Ms 399) und Prieger", in: *Kant's Gesammelte Schriften. ,Akademieausgabe'*, hrsg. v. Königlich Preußische Akademie der Wissenschaften, Bd. 25.1, Berlin 1900 ff. S. 465–728.

Kant, Immanuel: „Anthropologie in pragmatischer Hinsicht", in: *Kant's Gesammelte Schriften. ,Akademieausgabe'*, hrsg. v. Königlich Preußische Akademie der Wissenschaften, Bd. 7, Berlin 1900 ff.

Kant, Immanuel: „Anthropologie Mrongovius. Die Vorlesungen des Wintersemesters 1784/85 aufgrund der Nachschriften Mrongovius, Marienburg", in: *Kant's Gesammelte Schriften. ,Akademieausgabe'*, hrsg. v. Königlich Preußische Akademie der Wissenschaften, Bd. 25.2, Berlin 1900 ff. S. 1205–1429.

Kant, Immanuel: „Anthropologie Parow. Die Vorlesungen des Wintersemesters 1772/73 aufgrund der Nachschriften Parow, Euchel, Hamilton, Philippi, Collins und Dohna", in: *Kant's Gesammelte Schriften. ,Akademieausgabe'*, hrsg. v. Königlich Preußische Akademie der Wissenschaften, Bd. 25.1, Berlin 1900 ff. S. 239–463.

Kant, Immanuel: „Anthropologie Pillau. Die Vorlesungen des Wintersemesters 1777/78 aufgrund der Nachschrift Pillau", in: *Kant's Gesammelte Schriften. ,Akademieausgabe'*, hrsg. v. Königlich Preußische Akademie der Wissenschaften, Bd. 25.2, Berlin 1900 ff. S. 729–847.

Kant, Immanuel: „Beantwortung der Frage: Was ist Aufklärung?", in: *Kant's Gesammelte Schriften. ,Akademieausgabe'*, hrsg. v. Königlich Preußische Akademie der Wissenschaften, Bd. 8, Berlin 1900 ff. S. 33–43.

Kant, Immanuel: *Bemerkungen in den ,Beobachtungen über das Gefühl des Schönen und Erhabenen'*. Neu hrsg. und komm. von Marie Rischmüller, Hamburg 1991.

Kant, Immanuel: „Beobachtungen über das Gefühl des Schönen und Erhabenen", in: *Kant's Gesammelte Schriften. ,Akademieausgabe'*, hrsg. v. Königlich Preußische Akademie der Wissenschaften, Bd. 2, Berlin 1900 ff. S. 205–256.

Kant, Immanuel: „Briefwechsel", in: *Kant's Gesammelte Schriften. ,Akademieausgabe'*, hrsg.v. Königlich Preußische Akademie der Wissenschaften, Bd. 10, Berlin 1900 ff.

Kant, Immanuel: „Der Streit der Fakultäten", in: *Kant's Gesammelte Schriften.* *'Akademieausgabe'*, hrsg. v. Königlich Preußische Akademie der Wissenschaften, Bd. 7, Berlin 1900 ff. S. 1–115.

Kant, Immanuel: „Die Metaphysik der Sitten", in: *Kant's Gesammelte Schriften.* *'Akademieausgabe'*, hrsg. v. Königlich Preußische Akademie der Wissenschaften, Bd. 6, Berlin 1900 ff. S. 203–493.

Kant, Immanuel: „Grundlegung zur Metaphysik der Sitten", in: *Kant's Gesammelte Schriften.* *'Akademieausgabe'*, hrsg. v. Königlich Preußische Akademie der Wissenschaften, Bd. 4, Berlin 1900 ff. S. 385–463.

Kant, Immanuel: „Handschriftlicher Nachlaß Anthropologie", in: *Kant's Gesammelte Schriften.* *'Akademieausgabe'*, hrsg. v. Königlich Preußische Akademie der Wissenschaften, Bd. XV, Berlin 1900 ff.

Kant, Immanuel: „Idee zu einer allgemeinen Geschichte in weltbürgerlicher Absicht", in: *Kant's Gesammelte Schriften. 'Akademieausgabe'*, hrsg. v. Königlich Preußische Akademie der Wissenschaften, Bd. 8, Berlin 1900 ff. S. 15–32.

Kant, Immanuel: „Kritik der reinen Vernunft (2. Aufl. 1787)", in: *Kant's Gesammelte Schriften.* *'Akademieausgabe'*, hrsg. v. Königlich Preußische Akademie der Wissenschaften, Bd. 3, Berlin 1900 ff.

Kant, Immanuel: „Kritik der Urteilskraft", in: *Kant's Gesammelte Schriften.* *'Akademieausgabe'*, hrsg. v. Königlich Preußische Akademie der Wissenschaften, Bd. 5, Berlin 1900 ff.

Kant, Immanuel: „Menschenkunde, Petersburg. Die Vorlesung des Wintersemesters 1781/82 [?] aufgrund der Nachschriften", in: *Kant's Gesammelte Schriften. 'Akademieausgabe'*, hrsg. v. Königlich Preußische Akademie der Wissenschaften, Bd. 25.2, Berlin 1900 ff. S. 849–1203.

Kant, Immanuel: „Mutmaßlicher Anfang der Menschengeschichte", in: *Kant's Gesammelte Schriften. 'Akademieausgabe'*, hrsg. v. Königlich Preußische Akademie der Wissenschaften, Bd. 8, Berlin 1900 ff. S. 107–124.

Kant, Immanuel: „Nachricht von der Einrichtung seiner Vorlesungen in dem Winterhalbjahre 1765–1766", in: *Kant's Gesammelte Schriften. 'Akademieausgabe'*, hrsg. v. Königlich Preußische Akademie der Wissenschaften, Bd. 2, Berlin 1900 ff. S. 303–314.

Kant, Immanuel: „Physische Geographie". Hrsg. von Friedrich Theodor Rink *(Paul Gedan)*, in: *Kant's Gesammelte Schriften. 'Akademieausgabe'*, hrsg. v. Königlich Preußische Akademie der Wissenschaften, Bd. 9, Berlin 1900 ff. S. 151–436.

Kant, Immanuel: „Von den verschiedenen Racen der Menschen", in: *Kant's Gesammelte Schriften. 'Akademieausgabe'*, hrsg. v. Königlich Preußische Akademie der Wissenschaften, Bd. 2, Berlin 1900 ff. S. 427–443.

Kant, Immanuel: „Vorarbeiten zu Zum Ewigen Frieden", in: *Kant's Gesammelte Schriften.* *'Akademieausgabe'*, hrsg. v. Königlich Preußische Akademie der Wissenschaften, Bd. 23, Berlin 1900 ff. S. 153–192.

Kant, Immanuel: „Zum ewigen Frieden", in: *Kant's Gesammelte Schriften. 'Akademieausgabe'*, hrsg. v. Königlich Preußische Akademie der Wissenschaften, Bd. 8, Berlin 1900 ff. S. 341–386.

Kappeler, Florian: „Die globale Revolution. Forster und Haiti", in: *Georg Forster Studien* XIX (2014), S. 17–43.

Kasper, Clemens M.: *Theologie und Askese. Die Spiritualität des Inselmönchtums von Lérins im 5. Jahrhundert*, Münster 1991.

Keegan, William F.: *The People who Discovered Columbus. The Prehistory of the Bahamas*, Gainesville 1992.

Kelly, George Armstrong: „Rousseau, Kant, and History", in: *Journal of the History of Ideas* 29, 3 (1968), S. 347–364.

Keyserling, Caroline von: *Almanach domestique de Cléon et de Javotte avec des tableaux qui représentent leur vie privée* (BSB Cod.gall. 908), Königsberg 1782.

Klaus, Carola und Tilman Nagel: „Forschungsreisen nach Arabien", in: Tilman Nagel (Hrsg.): *Begegnung mit Arabien. 250 Jahre Arabistik in Göttingen*, Göttingen 1998, S. 19–24.

Kleinspehn, Thomas: *Warum sind wir so unersättlich? Über den Bedeutungswandel des Essens*, Frankfurt am Main 1987.

Klettke, Cornelia: „Der Kaffee als Droge der Aufklärung", in: Helmut C. Jacobs u. a. (Hrsg.): *Die Zeitschrift ‚Il Caffé'. Vernunftprinzip und Stimmenvielfalt in der italienischen Aufklärung*, Frankfurt am Main 2003, S. 131–147.

Kohl, Karl-Heinz: *Entzauberter Blick. Das Bild vom Guten Wilden und die Erfahrung der Zivilisation*, Frankfurt am Main und Paris 1983.

Kolmer, Lothar und Christian Rohr (Hrsg.): *Mahl und Repräsentation. Der Kult ums Essen*. Beiträge des internationalen Symposions in Salzburg 29. April bis 1. Mai 1999, Paderborn u. a. 2000.

Königlich Preußische Akademie der Wissenschaften (Hrsg.): *Kant's Gesammelte Schriften. ‚Akademieausgabe'*, Berlin 1900 ff.

Korsmeyer, Carolyn: *Making Sense of Taste. Food and Philosophy*, Ithaca, N.Y. 1999.

Kramer, Fritz: *Der rote Fes. Über Besessenheit und Kunst in Afrika*, Frankfurt am Main 1987.

Krause, Gottlieb: „Beiträge zum Leben von Christian Jacob Kraus", in: *Altpreußische Monatsschrift* 18 (1881), S. 53–96, 193–224.

Krauss, Werner: *Graciáns Lebenslehre*, Frankfurt am Main 1947.

Krieger, Martin: *Kaffee. Geschichte eines Genussmittels*, Köln, Weimar und Wien 2011.

Krieger, Martin: *Tee. Eine Kulturgeschichte*, Köln, Weimar und Wien 2009.

Krön, Martin: *Das Mönchtum und die kulturelle Tradition des lateinischen Westens. Formen der Askese, Autorität, und Organisation im frühen westlichen Zönobitentum*, München 1997.

Kronauer, Ulrich: „Georg Forster Einleitung zu ‚Cook, der Entdecker'. Forsters Auseinandersetzung mit Rousseau über Fortschritt und Naturzustand", in: Jörn Garber und Tanja van Hoorn (Hrsg.): *Natur – Mensch – Kultur. Georg Forster im Wissenschaftsfeld seiner Zeit*, Hannover 2006, S. 31–42.

Kronauer, Ulrich: „Rousseaus Kulturkritik aus der Sicht Georg Forsters", in: Claus-Volker Klenke, Jörn Garber und Dieter Heintze (Hrsg.): *Georg Forster in interdisziplinärer Perspektive. Beiträge des Internationalen Georg-Forster-Symposions in Kassel, 1. bis 4. April 1993*, Berlin 1994, S. 147–156.

Krüger, Klaus (Hrsg.): *Curiositas. Welterfahrung und ästhetische Neugierde in Mittelalter und früher Neuzeit*, Göttingen 2002.

Krüger, Klaus: „Einleitung", in: ders. (Hrsg.): *Curiositas. Welterfahrung und ästhetische Neugierde in Mittelalter und früher Neuzeit*, Göttingen 2002, S. 7–18.

Krünitz, Johann G. (Hrsg.): *Oekonomisch-technologische Encyclopädie. Oder allgemeines System der Staats- Stadt- Haus- und Land-Wirtschaft, und der Kunst-Geschichte, in alphabetischer Ordnung*, 242 Bde., Berlin 1773–1858.

Kuh, Patric: *The Last Days of Haute Cuisine*, New York 2001.

Kühlmann, Wilhelm: *Gelehrtenrepublik und Fürstenstaat. Entwicklung und Kritik des deutschen Späthumanismus in der Literatur des Barockzeitalters*, Tübingen 1982.

Kühn, Manfred: *Kant. Eine Biographie*, München 2007.

Kunisch, Johannes: „Die Einsamkeit des Königs an der Tafel. Das öffentliche Herrschermahl Ludwig XIV." In: Uwe Schultz (Hrsg.): *Speisen Schlemmen Fasten. Eine Kulturgeschichte des Essens*, Frankfurt am Main 1993, S. 219–230.

La Varenne, François Pierre de: *Le Cuisinier François. Textes présentés par Jean-Louis Flandrin, Philip et Mary Hyman*, Paris 1983.

Labat, Jean-Baptiste: *Voyage du chevalier Des Marchais en Guinée, isles voisines, et a Cayénne. Fait en 1725, 1726 & 1727*. Bd. 2, Paris 1730.

Lakoff, George und Mark Johnson: *Leben in Metaphern. Konstruktion und Gebrauch von Sprachbildern*, Heidelberg ⁴2004.

Le Mao, Caroline: „Les nouvelles habitudes alimentaires à Bordeaux à l'aube du siècle des Lumières", in: Annie Hubert und Michel Figeac (Hrsg.): *La Table et les Ports. Cuisine et société à Bordeaux et dans les villes portuaires*, Bordeaux 2006, S. 27–42.

Leibetseder, Mathis: *Kavalierstour – Bildungsreise – Grand Tour. Reisen, Bildung und Wissenserwerb in der Frühen Neuzeit*, Mainz, 14. Aug. 2013, url: http://www.ieg-ego.eu/ leibetsederm-2013-de (besucht am 10. 04. 2019).

Lemke, Harald: *Ethik des Essens. Eine Einführung in die Gastrosophie*, Berlin 2007.

Lemke, Harald: „Feuerbachs Stammtischthese oder zum Ursprung des Satzes: ‚Der Mensch ist, was er isst'", in: *Aufklärung und Kritik* 11, 1 (2004), S. 117–140.

Lévi-Strauss, Claude: „Das kulinarische Dreieck", in: Helga Gallas (Hrsg.): *Strukturalismus als interpretatives Verfahren*, Darmstadt und Neuwied 1972, S. 1–24.

Lévi-Strauss, Claude: *Das wilde Denken*. Übers. v. Hans Naumann, Frankfurt am Main 1968.

Lévi-Strauss, Claude: „Jean-Jacques Rousseau. Begründer der Wissenschaft vom Menschen", in: *Strukturale Anthropologie II*. Übers. v. Eva Moldenhauer, Hans Henning Ritter und Traugott König, Frankfurt am Main 1975, S. 45–56.

Lévi-Strauss, Claude: *Mythologica II. Vom Honig zur Asche*. Übers. von Eva Moldenhauer, Frankfurt am Main 1976.

Lévi-Strauss, Claude: *Mythologica III. Der Ursprung der Tischsitten*. Übers. von Eva Moldenhauer, Frankfurt am Main 1976.

Lichtenberg, Georg C.: *Sudelbücher. Bd. 1*, hrsg. v. Wolfgang Promies, München 2005.

Lohmer, Christian: „Gemüsesuppe und Rhetorik. Repräsentation und Askese bei Petrus Damiani und Bernhard von Clairvaux", in: Lothar Kolmer und Christian Rohr (Hrsg.): *Mahl und Repräsentation. Der Kult ums Essen*. Beiträge des internationalen Symposions in Salzburg 29. April bis 1. Mai 1999, Paderborn u. a. 2000, S. 11–61.

Longo, Oddone: „The Food of Others", in: Jean-Louis Flandrin, Massimo Montanari und Albert Sonnenfeld (Hrsg.): *Food. Culinary History from Antiquity to the Present*. Übers. v. Clarissa Botsford u. Arthur Goldhammer, New York 1999, S. 153–162.

Lotman, Jurij M.: *Die Innenwelt des Denkens. Eine semiotische Theorie der Kultur*. Übers. v. Gabriele Leupold und Olga Radetzkaja, hrsg. und mit einem Nachwort v. Susi K. Frank, Cornelia Ruhe und Alexander Schmitz, Berlin 2010.

Louden, Robert B.: *Kant's Human Being. Essays on His Theory of Human Nature*, Oxford 2011.

Louden, Robert B.: „The Last Frontier. The Importance of Kant's ‚Geography'", in: *Environment and Planning D: Society and Space* 32 (2014), S. 450–465.

Lukrez: *Über die Natur der Dinge*. In deutscher Prosa übertr. und komm. v. Klaus Binder, mit einer Einführung v. Stephen Greenblatt, Berlin 2014.

MacDonogh, Giles: *A Palate in Revolution. Grimod de la Reynière and the Almanach Des Gourmands*, London 1987.

Macho, Thomas: „Machthunger. Vom vollen und vom leeren Leib", in: Annemarie Hürlimann und Alexandra Reininghaus (Hrsg.): *Mäßig und Gefräßig. Eine Ausstellung von Annemarie Hürlimann und Alexandra* Reininghaus *für MAK – Östereichisches Museum für angewandte Kunst, Wien*, Wien 1996, S. 48–57.

Macho, Thomas: „Neue Askese? Zur Frage nach der Aktualität des Verzichts", in: Wilhelm Schmid (Hrsg.): *Leben und Lebenskunst am Beginn des 21. Jahrhunderts*, München 2005, S. 39–53.

Mackay, David: „Banks, Blight and Breadfruit", in: *New Zealand Journal of History* 8, 1 (1974), S. 61–76.

Malinowski, Bronislaw: *Argonauten des westlichen Pazifik. Ein Bericht über Unternehmungen und Abenteuer der Eingeborenen in den Inselwelten von Melanesisch-Neuguinea*. Mit einem Vorwort v. James G. Frazer, übers. v. Heinrich Ludwig Herdt, hrsg. v. Fritz Kramer, Frankfurt am Main 1979.

Malinowski, Bronislaw: *Korallengärten und ihre Magie. Bodenbestellung und bäuerliche Riten auf den Trobriand-Inseln*. Übers. v. Gertraud Marx, mit einem Photo-Anhang, Die Trobriander heute' v. Dietrich Winkler, hrsg. v. Fritz Kramer, Frankfurt am Main 1981.

Malinowski, Bronislaw: „Magie, Wissenschaft und Religion", in: *Magie, Wissenschaft und Religion. Und andere Schriften*. Übers. v. Eva Krafft-Bassermann, Frankfurt am Main 1973, S. 1–74.

Malter, Rudolf (Hrsg.): *Immanuel Kant in Rede und Gespräch*, Hamburg 1990.

Malter, Rudolf: „Kant im Keyserlingschen Haus. Erläuterungen zu einer Miniatur aus dem Jahre 1781 [82]", in: *Kant-Studien* 72 (1981), S. 88–95.

Malter, Rudolf: „Neue Bildnisse eines Philosophen. Bisher unbekannte Kant-Porträts aus ostpreußischem Familienbesitz", in: *Das Ostpreußenblatt* 46, 9 (12. Nov. 1983), S. 9.

Mandeville, Bernard: *The Fable of the Bees. Or, Private Vices, Publick Benefits*. With a Commentary Critical, Historical, and Explanatory von F. B. Kaye, 2 Bde., Oxford ₂1957.

Mansuelli, Guido A.: „Die Villen der römischen Welt", in: Fridolin Reutti (Hrsg.): *Die römische Villa*, Darmstadt 1990, S. 322–364.

Manthey, Jürgen: *Königsberg. Geschichte einer Weltbürgerrepublik*, München 2006.

Marin, François: *Les Dons de Comus. Ou les delices de la table*, Paris 1739.

Martial: *Epigramme. Lateinisch-deutsch*, hrsg. v. Übers. u. hrsg. v. Paul Barié u. Winfried Schindler, Berlin ³ 2013.

Marx, Karl: „Ökonomisch-philosophische Manuskripte aus dem Jahre 1844", in: *Werke*, 43 Bde., Bd. 40, Berlin 1956–1990, S. 465–588.

Marx, Karl: „Zur Kritik der politischen Ökonomie", in: *Werke*, 43 Bde., Bd. 13, Berlin 1956–1990, S. 3–160.

Marx, Karl und Friedrich Engels: „Die deutsche Ideologie. Kritik der neuesten deutschen Philosophie in ihren Repräsentanten Feuerbach, B. Bauer und Stirner, und des deutschen Sozialismus in seinen verschiedenen Propheten", in: *Werke*, 43 Bde., Bd. 3, Berlin 1956–1990.

Marx, Karl und Friedrich Engels: „Manifest der kommunistischen Partei", in: *Werke*, 43 Bde., Bd. 4, Berlin 1956–1990, S. 459–493.

Marx, Karl und Friedrich Engels: *Werke*, 43 Bde., Berlin 1956–1990.

Matossian, Chakè: „Rousseau l'Arménien ou l'homme dans toute la vérité de sa nature", in: *La Revue générale* 150, 5/6 (2015), S. 44–53.

Mattenklott, Gert: „Geschmackssachen. Über den Zusammenhang von sinnlicher und geistiger Ernährung", in: Dietmar Kamper und Christoph Wulf (Hrsg.): *Das Schwinden der Sinne*, Frankfurt am Main 1984, S. 179–190.

Maurer, Michael: *Aufklärung und Anglophilie in Deutschland*, Göttingen und Zürich 1987.

Mauss, Marcel: „Die Gabe. Form und Funktion des Austauschs in archaischen Gesellschaften", in: *Soziologie und Anthropologie. Band 2: Gabentausch, Soziologie und Psychologie, Todesvorstellung, Körpertechniken, Begriff der Person*, hrsg. v. Wolf Lepenies und Henning Ritter, München 1978, S. 9–144.

May, Yomb: *Georg Forsters Literarische Weltreise. Dialektik der Kulturbegegnung in der Aufklärung*, Berlin und Boston 2011.

McCabe, Ina Baghdiantz: *A History of Global Consumption. 1500–1800*, London und New York 2015.

McCarrison, Robert: „Food, Nutrition and National Health. Lecture I – Delivered February 10th, 1936". Proceedings of the Society Cantor Lectures „Nutrition and National Health", in: *Journal of the Royal Society of Arts* 84, 4371 (1944), S. 1047–1066.

McCarrison, Robert: „Memorandum on Malnutrition as a cause of physical inefficiency and ill-health among the masses in India", in: Royal Commission on Agriculture in India (Hrsg.): *Evidence of Officers Serving under the Government of India. Vol. I, Pt. II*, Calcutta 1928, S. 96–116.

McCulloch, W. E.: „An Enquiry into the dietaries of the Hausa and Town Fulani", in: *West African Medical Journal* 3 (1930), S. 1–75.

McGinn, Bernard: „Late Medieval Mystics", in: Paul L. Gavrilyuk und Sarah Coakley (Hrsg.): *The Spiritual Senses. Perceiving God in Western Christianity*, Cambridge 2012, S. 190–209.

McInroy, Nark J.: „Origen of Alexandria", in: Paul L. Gavrilyuk und Sarah Coakley (Hrsg.): *The Spiritual Senses. Perceiving God in Western Christianity*, Cambridge 2012, S. 20–35.

McKendrick, Neil, John Brewer und John H. Plumb: *The Birth of a Consumer Society. The Commercialization of Eighteenth-Century England*, Bloomington 1982.

Mead, Margaret: „The Factor of Food Habits", in: *The Annals of the American Academy of Political and Social Science* 225 (1943), S. 136–141.

Meister Eckhart: *Die lateinischen Werke Bd. 1*. Hrsg. und übers. v. Konrad Weiss, Stuttgart 1964.

Melo Araújo, André de: *Weltgeschichte in Göttingen. Eine Studie über das spätaufklärerische universalhistorische Denken, 1756–1815*, Bielefeld 2012.

Melon, Jean-François: *Essai politique sur le commerce. Par Monsieur ****, Amsterdam 1735.

Mennell, Stephen: *Die Kultivierung des Appetits. Geschichte des Essens vom Mittelalter bisHeute*. Übers. v. Rainer von Savigny, Frankfurt am Main 1988.

Menninger, Annerose: *Genuss im kulturellen Wandel. Tabak, Kaffee, Tee und Schokolade in Europa (16.-19. Jahrhundert)*, Stuttgart 22008.

Menninghaus, Winfried: *Ekel. Theorie und Geschichte einer starken Empfindung*, Frankfurt am Main 1999.

Menon: *La science du maître d'hôtel cuisinier. Avec des observations sur la connaissance & propriétés des alimens*, Paris 1749.

Mielsch, Harald: *Die römische Villa. Architektur und Lebensform*, München 1987.

Miller, Christopher L.: *The French Atlantic Triangle. Literature and Culture of the Slave Trade*, Durham und London 2008.

Mintz, Sidney: *Die süße Macht. Kulturgeschichte des Zuckers*. Übers. v. Hanne Herkommer, mit einem aktuellen Nachwort des Autors, Frankfurt am Main und New York ²2007.

Moisy, Sigrid von: „Der ‚Almanach domestique‘ der Gräfin Caroline Amalie v. Keyserling", in: Ernst-Peter Wieckenberg (Hrsg.): *Einladung ins 18. Jahrhundert. Ein Almanach aus dem Verlag C.H.Beck im 225. Jahr seines Bestehens,* München 1988, S. 504–506.

Montaigne, Michel de (Hrsg.): *Essais.* Übers. v. Hans Stilett, 3 Bde., München 2011.

Montaigne, Michel de: *Tagebuch der Reise nach Italien über die Schweiz und Deutschland von 1580 bis 1581.* Übers. und mit einem Essay versehen v. Hans Stilett, Frankfurt am Main 2002.

Montaigne, Michel de: „Über die Eitelkeit der Worte", in: ders. (Hrsg.): *Essais.* Übers. v. Hans Stilett, 3 Bde., Bd. 1, München 2011, S. 458–462.

Montaigne, Michel de: „Über die Erfahrung", in: ders. (Hrsg.): *Essais.* Übers. v. Hans Stilett, 3 Bde., Bd. 3, München 2011, S. 439–524.

Montaigne, Michel de: „Über die Menschenfresser", in: ders. (Hrsg.): *Essais.* Übers. v. Hans Stilett, 3 Bde., Bd. 1, München 2011, S. 314–333.

Montanari, Massimo: *Der Hunger und der Überfluß. Kulturgeschichte der Ernährung in Europa.* Übers. v. Matthias Rawert, München 1999.

Montanari, Massimo: „Die Dreiständeordnung des Mittelalters im Spiegel der Ernährung", in: Lothar Kolmer und Christian Rohr (Hrsg.): *Mahl und Repräsentation. Der Kult ums Essen.* Beiträge des internationalen Symposions in Salzburg 29. April bis 1. Mai 1999, Paderborn u. a. 2000, S. 53–61.

Moore, Henrietta und Megan Vaughan: *Cutting Down Trees. Gender, Nutrition and Agricultural Change in the Northern Province of Zambia 1980–1990,* Portsmouth und London 1994.

Morel, Jean: „Des Sources du Discours sur l'Inégalité", in: *Annales de la Société J.-J. Rousseau* 5 (1909), S. 120–198.

Morgan, Lewis Henry: *Houses and House-Life of the American Aborigines,* Washington 1881.

Mosko, Mark S.: „Malinowski's Magical Puzzles. Towards a New Theory of Magic and Procreation in Trobriand Society", in: *HAU: Journal of Ethnographic Theory* 4, 1 (2014), S. 1–47.

Mosko, Mark S.: *Way of Baloma. Rethinking Magic and Kinship from the Trobriands.*Foreword by Eduardo Viveiros de Castro, Chicago 2017.

Müller, Reimar: *Anthropologie und Geschichte. Rousseaus frühe Schriften und die antike Tradition,* Berlin 1997.

National Research Council: *Manual for the Study of Food Habits. Report of the Committee on Food Habits,* Washington 1945.

National Research Council (Hrsg.): *The Problem of Changing Food Habits. Report of the Committee on Food Habits 1941–1943,* Washington 1943.

Neumann, Gerhard: „Das Gastmahl als Inszenierung kultureller Identität. Europäische Perspektiven", in: Hans Jürgen Teuteburg, Gerhard Neumann und Alois Wierlacher (Hrsg.): *Essen und kulturelle Identität. Europäische Perspektiven,* Berlin 1997, S. 37–68.

Neumeister, Sebastian: „Bildungsideal barock. Christian Thomasius liest Gracián", in: *Germanisch-Romanische Monatsschrift, Neue Folge* 52 (2001), S. 39–47.

Neumeister, Sebastian: „Der andere Gracián. Die 13. Meditation des ‚Comulgatorio‘ (1655)", in: *Iberoromania* 23 (1986), S. 111–124.

Neumeister, Sebastian: *Leben mit Gracián: Werk und Wirken eines Moralisten / Vivir con Gracián: orígenes y pervivencia de los conceptos. Ausstellung im Informationszentrum der Universitätsbibliothek der Freien Universität Berlin anläßlich des 3. InternationalenKolloquiums über Baltasar Gracián, 28. November 2008 bis 30. Januar 2009,* Berlin 2008.

Newman, James I.: „Wine", in: Kenneth F. Kiple und Kriemhild Coneè Ornelas (Hrsg.): *The Cambridge History of Food*, 2 Bde., Bd. 1, Cambridge 2000, S. 730–737.

Niebuhr, Carsten: *Beschreibung von Arabien. Aus eigenen Beobachtungen und im Lande selbst gesammleten Nachrichten abgefasset*, Kopenhagen 1772.

Nowicka, Magdalena und Maria Rovisco (Hrsg.): *Cosmopolitanism in Practice*, Farnham 2009.

Nutz, Thomas: *„Varietäten des Menschengeschlechts". Die Wissenschaft vom Menschen in der Zeit der Aufklärung*, Köln, Weimar und Wien 2009.

O'Brian, Patrick: *Joseph Banks. A Life: Explorer, Plant Hunter, Scientist*, London 1988.

Oberer, Angela: *Der Freskenzyklus Signorellis und Sodomas im Großen Kreuzgang vonMonte Oliveto Maggiore*, München 2008.

Okere, Linus C.: *Anthropology of Food in Rural Igboland, Nigeria*, New York 1983.

Okri, Ben: *The Famished Road*, London 1991.

Oleschuk, Merin: „Foodies of Color. Authenticity and Exotism im Omnivorous Food Culture", in: *Cultural Sociology* 11, 2 (2017), S. 217–233.

Onfray, Michel: *Die genießerische Vernunft. Die Philosophie des guten Geschmacks*, Baden-Baden und Zürich 1996.

Ong, Walter J.: *The Presence of the Word. Prolegomena for Cultural and Religious History*, New Haven und London 1967.

Ormsby-Gore, William, Archibald Church und Frederick C. Linfield (Hrsg.): *Report of the East Africa Commission (Cmd. 2387)*, London 1925.

Orr, J. B. und J. L. Gilks: „The Nutritional Condition of the East African Native", in: *The Lancet* 209, 5402 (1927), S. 560–562.

Orr, John Boyd: „Problems of the African Native Diet. Foreword", in: *Africa* 9, 2 (1936), S. 145–146.

Orr, John Boyd und John L. Gilks: *Studies of Nutrition. The Physique and Health of Two African Tribes*, 1931.

Orwell, George: *The Road to Wigan Pier*, London 2001 [1935].

Ott, Christine: *Feinschmecker und Bücherfresser. Esskultur und literarische Einverleibung als Mythen der Moderne*, München 2011.

Paddock, Jessica: „Positioning Food Cultures. ‚Alternative Food' as Distinctive Consumer Culture", in: *Sociology* 50, 6 (2016), S. 1039–1055.

Parkhurst Ferguson, Priscilla: „A Cultural Field in the Making. Gastronomy in 19th-Century France", in: Jeffrey M. Pilcher (Hrsg.): *Food History. Critical and Primary Sources*, Bd. 3: Global Contact and Early Industrialization, London u. a. 2014, S. 373–416.

Parkhurst Ferguson, Priscilla: *Accounting for Taste. The Triumph of French Cuisine*, Chicago und London 2004.

Pausanias: *Reisen in Griechenland. Gesamtausgabe. 3 Bde*. Auf Grund der komm. Übers. v. Ernst Meyer hrsg. v. Felix Eckstein. 3., nunmehr vollst. Ausgabe, Zürich und München 1986–89.

Pellerano, Joana und Viviane Riegel: „Food and Cultural Omnivorism. A Reflexive Discussion on Otherness, Interculturality and Cosmopolitanism", in: *International Review of Social Research* 7, 1 (2017), S. 13–21.

Pelto, Gretel H. und Pertti J. Pelto: „Diet and Delocalization. Dietary Changes since 1750", in: *Journal of Interdisciplinary History* 14, 2 (1983), S. 507–528.

Peter, Peter: *Cucina e Cultura. Kulturgeschichte der italienischen Küche*, München 2008.

Peterson, Richard A.: „The Rise and Fall of Highbrow Snobbery as a Status Marker", in: *Poetics* 1997, S. 75–92.

Peterson, Richard A. und Roger M. Kern: „Changing Highbrow Taste. From Snob to Omnivore", in: *American Sociological Review* 61, 5 (1996), S. 900–907.

Petronius: *Das Gastmahl des Trimalchio / Cena Trimalchionis. Lateinisch – deutsch.* Hrsg. u. übers. v. Wilhelm Ehlers u. Konrad Müller, mit einem Nachwort und Literaturhinweisen v. Niklas Holzberg, Düsseldorf 2009.

Phillips, Rod: „Wine from Classical Times to the Nineteenth Century", in: Solomon H. Katz und William Woys Weaver (Hrsg.): *Encyclopaedia of Food and Culture*, 3 Bde., Bd. 3, New York u. a. 2002, S. 553–557.

Pigafetta, Antonio: *Mit Magellan um die Erde. Ein Augenzeugenbericht der ersten Weltumsegelung 1519–1522.* Hrsg. v. Robert Grün, mit einer Einführung v. Lars Hoffmann u. einem Vorwort v. Dieter Lohmann, Wiesbaden ⁵2009.

Pilcher, Jeffrey M. (Hrsg.): *Food History. Critical and Primary Sources*, London u. a. 2014.

Pink, Sarah: „The Future of Sensory Anthropology/The Anthropology of the Senses", in: *Social Anthropology/Anthropologie Sociale* 18, 3 (2010), S. 331–340.

Pinkard, Susan: *A Revolution in Taste. The Rise of French Cuisine, 1650–1800*, Cambridge und New York 2009.

Pire, Georges: „Jean-Jacques Rousseau et les relations de voyages", in: *Revue d'Histoire littéraire de la France* 56, 3 (1956), S. 355–378.

Platon: *Nomoi*, hrsg. v. Karlheinz Hülser, Bd. Bd. 9 (Platon. Sämtliche Werke in zehn Bänden. Griechisch und Deutsch. Nach der Übers. Friedrich Schleiermachers, erg. d. Übers. von Franz Susemihl u. a.), Frankfurt am Main und Leipzig 1991.

Plinius Secundus d. Ä., Cajus: *Naturkunde. Lateinisch-deutsch.* Hrsg. und über. v. Roderich König i. Z. m. Joachim Hopp, Gerhard Winkler und Wolfgang Glöckler, 37 Bde., München 1973 ff.

Plutarch: „Der Schutzgeist des Sokrates", in: *Moralia*, hrsg. v. Christian Wiese und Manuel Vogel, 2 Bde., Wiesbaden 2012, S. 966–999.

Plutarch: *Große Griechen und Römer. 6 Bde.* Übers. u. hrsg. v. Konrat Ziegler, Zürich 1954–1965.

Plutarch: *Moralia*, hrsg. v. Christian Wiese und Manuel Vogel, 2 Bde., Wiesbaden 2012.

Plutarch: „Ueber das Fleischessen I", in: *Moralia*, hrsg. v. Christian Wiese und Manuel Vogel, 2 Bde., Bd. 2, Wiesbaden 2012, S. 654–659.

Plutarch: „Ueber das Fleischessen II", in: *Moralia*, hrsg. v. Christian Wiese und Manuel Vogel, 2 Bde., Wiesbaden 2012, S. 660–664.

Purcell, Nicolas: „The Way We Used to Eat. Diet, Community, and History at Rome", in: *American Journal of Philology* 124, 3 (2003), S. 329–358.

Radke [Justiz Kommisar]: „Inventarium über den Nachlaß des allhier am 12. Februar 1804 verstorbenen Herrn Professor Immanuel Kant", in: *Sitzungsberichte der Kurländischen Gesellschaft für Literatur und Kunst und Jahresbericht des Kurländischen Provinzialmuseums* 1900, S. 81–108.

Rahner, Hugo: *Ignatius von Loyola. als Mensch und Theologe*, Freiburg, Basel und Wien 1964.

Rahner, Karl: „Die geistlichen Sinne nach Origenes", in: *Schriften zur Theologie. Bd. XII: Theologie aus Erfahrung des Geistes.* Bearb. v. Karl H. Neufeld, Zürich, Einsiedeln und Köln 1975, S. 111–136.

Rancière, Jacques: *Das Unvernehmen. Politik und Philosophie.* Übers. v. Richard Steurer, Frankfurt am Main ⁶2016.

Rancière, Jacques: *Die Aufteilung des Sinnlichen. Die Politik der Kunst und ihre Paradoxien* Übers. v. Maria Muhle, Susanne Leeb und Jürgen Link, hrsg. v. Maria Muhle, Berlin ²2008.

Ranum, Orest A.: *Paris in the Age of Absolutism*, Bloomington 1979.

Rasmussen, Detlef (Hrsg.): *Der Weltumsegler und seine Freunde. Georg Forster als gesellschaftlicher Schriftsteller der Goethezeit*, Tübingen 1988.

Rauchstein, Maike: *Fremde Vergangenheit. Zur Orientalistik des Göttinger Gelehrten Johann David Michaelis (1717–1791)*, Bielefeld 2017.

Rautenberg, Hans-Werner: „Kants Lebensführung bis zum Erhalt der Professur", in: Eberhard G. Schulz (Hrsg.): *Kant in seiner Zeit*, Hildesheim, Zürich und New York 2005, S. 11–38.

Ray, Krishnendu: *The Ethnic Restaurateur*, London 2016.

Raynal, Guillaume und Denis Diderot: *Die Geschichte beider Indien*. Übers. v. Johann Martin Abele, ausgewählt und erläutert v. Hans-Jürgen Lüsebrink, Frankfurt am Main 2013.

Reckwitz, Andreas: „Sinne und Praktiken. Die sinnliche Organisation des Sozialen", in: Hanna Katharina Göbel und Sophia Prinz (Hrsg.): *Die Sinnlichkeit des Sozialen. Wahrnehmung und materielle Kultur*, Bielefeld 2015, S. 432–440.

Reeves, Maud Pember: *Round about a Pound a Week*, London 1979.

Reutti, Fridolin (Hrsg.): *Die römische Villa*, Darmstadt 1990.

Richards, Audrey I.: *Hunger and Work in a Savage Tribe. A Functional Study of Nutrition among the Southern Bantu*. With a Preface by Bronislaw Malinowski, London 1932.

Richards, Audrey I.: *Land, Labour and Diet in Northern Rhodesia. An Economic Study of the Bemba Tribe*, Münster und Hamburg 41995.

Richards, Audrey I. und Elsie M. Widdowson: „A Dietary Study in North-Eastern Rhodesia", in: *Africa* 9, 2 (1936), S. 166–196.

Ringleben, Joachim: „Göttinger Aufklärungstheologie – von Königsberg her gesehen", in: Bernd Moeller (Hrsg.): *Theologie in Göttingen. Eine Vorlesungsreihe*, Göttingen 1987, S. 82–110.

Rival, Ned: *Grimod de La Reynière Le Gourmand Gentilhomme*, Paris 1983.

Róheim, Géza: *Psychoanalysis and Anthropology. Culture, Personality and the Unconscious*, New York 1950.

Rohner, Ludwig: *Der deutsche Essay. Materialien zur Geschichte und Ästhetik einer literarischen Gattung*, Neuwied und Berlin 1966.

Rousseau, Jean-Jacques: *Bekenntnisse*. Übers. v. Ernst Hardt, mit einer Einführung v. Werner Krauss, Frankfurt am Main und Leipzig 10 2012.

Rousseau, Jean-Jacques: „Brief an Herrn D'Alembert. über seinen Artikel ‚Genf' im VII. Band der Enzyklopädie und insbesondere über den Plan, ein Schauspielhaus in dieser Stadt zu errichten (1758)", in: *Schriften Bd. 1*, hrsg. v. Henning Ritter, München und Wien 1978, S. 333–474.

Rousseau, Jean-Jacques: *Discours sur les sciences et les arts/Abhandlung über die Wissenschaften und die Künste. Französisch/Deutsch*. übers. von Doris Butz-Striebel und Marie-Line Petrequin, hrsg. v. Béatrice Durand, Stuttgart 2012.

Rousseau, Jean-Jacques: *Diskurs über die Ungleichheit/Discours sur l'inégalité. Kritische Ausgabe des integralen Textes*. Mit sämtlichen Fragmenten und ergänzenden Materialien nach den Originalausgaben und den Handschriften neu ed., übers. und komm. v. Heinrich Meier, Paderborn u. a. 41997.

Rousseau, Jean-Jacques: *Du contrat social ou Principes du droit politique / Vom Gesellschaftsvertrag oder Grundsätze des Staatsrechts. Fränzösisch/Deutsch*. In Zusammenarbeit m. Eva Pietzcker übers. und hrsg. v. Hans Brockard, Stuttgart 2010.

Rousseau, Jean-Jacques: *Emile. Oder Über die Erziehung*. Hrsg., eingel. und mit Anm. versehen v. Martin Rang, unter Mitarbeit des Hrsg. übers. v. Eleonore Sckommodau, Stuttgart 1976.

Rousseau, Jean-Jacques: *Ich sah eine andere Welt. Philosophische Briefe*. Hrsg. und übers.v. Henning Ritter, München 2012.

Rousseau, Jean-Jacques: *Julie oder Die Neue Héloise. Briefe zweier Liebenden aus einer kleinen Stadt am Fuße der Alpen, gesammelt und herausgegeben durch Jean-Jacques Rousseau*, München 1978.

Rousseau, Jean-Jacques: *Korrespondenzen. Eine Auswahl*. Übers. v. Gudrun Hohl, hrsg. V Winfried Schröder, Leipzig 1992.

Rousseau, Jean-Jacques: „Letzte Antwort. An Bordes", in: *Schriften Bd. 1*, hrsg. v. Henning Ritter, Frankfurt am Main 1988, S. 107–144.

Rousseau, Jean-Jacques: *Träumereien eines einsam Schweifenden. Les rêveries du Promeneur Solitaire (1776–1778)*. Nach dem Manuskript und den Spielkarten neu übers., komm. und mit einem Nachwort versehen v. Stefan Zweifel, Berlin 2012.

Rousseau, Jean-Jacques: „Versuch über den Ursprung der Sprachen, in dem von der Melodie und der musikalischen Nachahmung die Rede ist", in: *Sozialphilosophische und Politische Schriften*. Übers. v. Eckhart Koch u. a. 21996, S. 163–220.

Rudy, Gordon: *Mystical Language of Sensation in the Middle Ages*, New York 2002.

Rumohr, Carl Friedrich von: *Geist der Kochkunst*. Mit einem Vorwort v. Wolfgang Koeppen, Berlin 2010.

Rupp, Herbert: „Die Kunst des Rauchens", in: Roman Sandgruber und Harry Kühnel (Hrsg.): *Genuss & Kunst. Kaffee – Tee – Schokolade – Tabak – Cola*. Austellung Schloß Schallaburg 1994, Innsbruck 1994, S. 102–126.

Saint-Pierre, Jacques-Henri Bernardin de: *Voyage à l'isle de France. À l'isle de Bourbon, au cap de Bonne-Espérance etc. Avec des observations nouvelles sur la nature & sur les hommes*, Neuchâtel 1773.

Sala-Moulin, Louis: *Le Code noir, ou le calvaire de Canaan*, Paris 1987.

Sand, Karl: *Die moralische Anatomie des Menschen. Zur Körpermetaphorik im „Criticón" des B. Gracián*. Magisterarb. Berlin 1997.

Scheffner, Johann George: *Mein Leben. Wie ich, Johann George Scheffner es selbst beschrieben*. Bd. 1, Leipzig 1828.

Schivelbusch, Wolfgang: *Das Paradies, der Geschmack und die Vernunft. Eine Geschichte der Genussmittel*, Frankfurt am Main 1995.

Schlegel, Friedrich: „Georg Forster", in: *Schriften zur Literatur*, hrsg. v. Wolfdietrich Rasch, München 1970, S. 193–214.

Schmidt, Michael: „‚Spiele eines Dilletanten'. Der ‚gesellschaftliche Schriftsteller' Georg Forster im Kontext des Popularisierungsdiskurses", in: Jörn Garber und Tanja van Hoorn (Hrsg.): *Natur – Mensch – Kultur. Georg Forster im Wissenschaftsfeld seiner Zeit*, Hannover 2006, S. 219–240.

Schmidt, Otto E.: „Ciceros Villen", in: Fridolin Reutti (Hrsg.): *Die römische Villa*, Darmstadt 1990, S. 13–40.

Schmiz, Antonie: „Staging a ‚Chinatown' in Berlin. The Role of City Branding in the Urban Governance of Ethnic Diversity", in: *European Urban and Regional Studies* 24, 3 (2017), S. 290–303.

Schneider, Astrid: „‚Coffee-Schwelger' und ‚Kaffee-Schnüffler'. Zur Kaffeepolitik im Reich und in Bremen 1750 bis 1800", in: Christian Mahrzahn (Hrsg.): *Genuß und Mäßigkeit. Von Weinschlürfern, Coffee-Schwelgern und Toback-Schmauchern in Bremen*, Bremen 1994, S. 163–177.

Schneider, Katja: *Villa und Natur. Eine Studie zur römische Oberschichtkultur im letzten vor- und ersten nachchristlichen Jahrhundert*, München 1995.

Schöndörffer, Otto: „Der elegante Magister", in: Paul Feldkeller (Hrsg.): *Reichls Philosophischer Allmanach auf das Jahr 1924. Immanuel Kant zum Gedächtnis, 22. April 1924*, Darmstadt 1924, S. 65–86.

Schröder, Gerhart: *Baltasar Graciáns ‚Criticon'. Eine Untersuchung zur Beziehung zwischen Manierismus und Moralistik*, München 1966.

Schulte, Hansgerd: *El Desengaño. Wort und Thema in der spanischen Literatur des goldenen Zeitalters*, München 1969.

Schulz-Buschhaus, Ulrich: „Balthasar Gracián – El Criticón", in: Volker Roloff und Harald Wentzlaff-Eggebert (Hrsg.): *Der Spanische Roman. Vom Mittelalter bis zur Gegenwart*, Stuttgart und Weimar 21995, S. 135–156.

Schulz, Anne: *Essen und Trinken im Mittelalter (1000–1300). Literarische, kunsthistorische und archäologische Quellen*, Berlin 2011.

Schulz, Eberhard G. (Hrsg.): *Kant in seiner Zeit*, Hildesheim, Zürich und New York 2005.

Schümmer, Franz: „Die Entwicklung des Geschmacksbegriffs in der Philosophie des 17. Und 18. Jahrhunderts", in: Erich Rothacker (Hrsg.): *Archiv für Begriffsgeschichte. Bausteine zu einem historischen Wörterbuch der Philosophie*. Bd. 1, Bonn 1955, S. 120–141.

Semmler, Josef: „Karl der Große und das fränkische Mönchtum", in: Bernhard Bischoff (Hrsg.): *Karl der Große. Lebenswerk und Nachleben, Das geistige Leben, Bd. II*, Düsseldorf 1965, S. 255–289.

Seneca, L. Annaeus: *Philosophische Schriften. Lateinisch und Deutsch*. hrsg. v. Manfred Rosenbach, 5 Bde., Darmstadt 31989.

Senigaglia, Cristiana: „Die Projektdimension der Popularphilosophie bei Kant und Fichte", in: Christoph Binkelmann und Nele Schneidereit (Hrsg.): *Denken fürs Volk? Popularphilosophie vor und nach Kant*, Würzburg 2015, S. 79–96.

Serres, Michel: *Der Parasit*. Übers. v. Michael Bischoff, Frankfurt am Main 21984.

Serres, Michel: *Die fünf Sinne. Eine Philosophie der Gemenge und Gemische*, Frankfurt am Main 1998.

Shaw, Brent D.: „‚Eaters of Flesh, Drinkers of Milk'. The Ancient Mediterranean Ideology of the Pastoral Nomad", in: *Ancient society* 1982, S. 5–32.

Simmel, Georg: „Soziologie der Mahlzeit", in: *Aufsätze und Abhandlungen 1909–1918*. Bd. 1, hrsg. v. Rüdiger Kramme und Otthein Rammstedt (Georg Simmel Gesamtausgabe 12), Frankfurt am Main 2001, S. 140–147.

Skrbiš, Zlatko und Ian Woodward: *Cosmopolitanism. Uses of the Idea*, London 2013.

Smidt, Wolbert: *Afrika im Schatten der Aufklärung. Das Afrikabild bei Kant und Herder*, Bonn 1999.

Smith, Woodruff D.: „Complications of the Commonplace. Tea, Sugar, and Imperialism", in: Jeffrey M. Pilcher (Hrsg.): *Food History. Critical and Primary Sources*, Bd. 3: Global Contact and Early Industrialization, London u. a. 2014, S. 419–435.

Sombart, Werner: *Liebe, Luxus und Kapitalismus. Über die Entstehung der modernen Welt aus dem Geist der Verschwendung*, Berlin 1996.

Spang, Rebecca L.: „All the World's a Restaurant. On the Global Gastronomics of Tourism and Travel", in: Raymond Grew (Hrsg.): *Food in Global History*, Boulder und Oxford 1999, S. 79–91.

Spang, Rebecca L.: „Rousseau in the Restaurant", in: *Common Knowledge* 1996, S. 92–108.

Spang, Rebecca L.: *The Invention of the Restaurant. Paris and Modern Gastronomic Cul-ture.* Cambridge (Mass.) und London 2001.

Spary, Emma C.: *Eating the Enlightenment. Food and the Sciences in Paris*, Chicago und London 2012.

Spittler, Gerd: „Das einfache Mahl. Kost der Armen oder Ausdruck des feinen Geschmacks?", in: Kunst und Ausstellungshalle der Bundesrepublik Deutschland (Hrsg.): *Geschmacksache*, Göttingen 1996, S. 140–158.

Spittler, Gerd: „Lob des einfachen Mahles. Afrikanische und europäische Eßkultur im Vergleich", in: Alois Wierlacher, Gerhard Neumann und Hans Jürgen Teuteberg (Hrsg.): *Kulturthema Essen. Ansichten und Problemfelder*, Weinheim 1993, S. 193–210.

Stagl, Justin: *A History of Curiosity. The Theory of Travel 1550–1800*, London und New York 2004.

Stannek, Antje: *Telemachs Brüder. Die höfische Bildungsreise des 17. Jahrhunderts*, Frankfurt am Main und New York 2001.

Starobinski, Jean: *Rousseau. Eine Welt von Widerständen*. Übers. v. Ulrich Raulff, Frankfurt am Main 2012.

Stein-Hölkeskamp, Elke: *Das römische Gastmahl. Eine Kulturgeschichte*, München 22010.

Sterne, Laurence: „Sermon 20. The Prodigal Son", in: *The Sermons of Laurence Sterne. The Text*, hrsg. v. Melvyn New (The Florida Edition of the Works of Laurence Sterne. 8 Bde., hrsg. v. W. G. Day u. a. 4), Gainesville u. a. 1996, S. 186–194.

Stinglhamber, Louis: „Baltasar Gracián et la compagnie de Jésus", in: *Hispanic Review* 22, 3 (1954), S. 195–207.

Stock, Brian: „Experience, Praxis, Work and Planning in Bernard of Clairvaux. Observations on the ‚Sermones in Cantica'", in: John Emery Murdoch und Edith Dudley Scylla (Hrsg.): *The Cultural Context of Medieval Learning. Proceedings of the First International Colloquium on the Philosophy, Science and Theology of the Middle Ages*, Dordrecht 1976, S. 219–268.

Stoller, Paul: *Sensuous Scholarship*, Philadelphia 1997.

Stoller, Paul: *The Taste of Ethnographic Things. The Senses in Anthropology*, Philadelphia 1989.

Stoller, Paul und Cheryl Olkes: „Thick Sauce. Remarks on the Social Relations of the Songhay", in: Carolyn Korsmeyer (Hrsg.): *The Taste Culture Reader. Experiencing Food and Drink*, New York 2007, S. 131–141.

Strube, Werner: „Die Geschichte des Begriffs ‚schöne Wissenschaften'", in: *Archiv für Begriffsgeschichte* 33 (1990), S. 136–216.

Sturm, Thomas: *Kant und die Wissenschaften vom Menschen*, Paderborn 2009.

Sullivan, Oriel und Tally Katz-Gerro: „The Omnivore Thesis Revisited. Voracious Cultural Consumers", in: *European Sociological Review* 23, 2 (2007), S. 123–137.

Summa, Gerd: *Geistliche Unterscheidung bei Johannes Cassian*, Würzburg 1992.

Sundstrom, Kurt J.: *The Chiostro Grande of Monte Oliveto Maggiore and the Olivetan Reform Movement*, Ann Arbor 2000.

Szécsényi, Endre: „Gustus Spiritualis. Remarks on the Emergence of Modern Aesthetics", in: *Estetika. The Central European Journal of Aesthetics* LI/VII, 1 (2014), S. 62–85

Taussig, Michael: *Shamanism, Colonialism and the White Man. A Study in Terror and Healing*, Chicago 1987.

Terra, Ricardo: „Hat die kantische Vernunft eine Hautfarbe?", in: Margit Ruffing u. a. (Hrsg.): *Kant und die Philosophie in Weltbürgerlicher Absicht. Akten des XI. KantKongresses 2010*, Berlin 2013, S. 431–447.

Tertullian: *Private und katechetische Schriften*. Übers. von K. A. Heinrich Kellner (Bibliothek der Kirchenväter, 1. Reihe, Bd. 7), München 1912.

Thevet, André: *Les singularitez de la France antarctique, autrement nommée Amérique, & de plusieurs terres et isles découvertes de nostre temp tems*, Paris 1558.

Tietz, Werner: *Dilectus ciborum. Essen im Diskurs der römischen Antike*, Göttingen 2013.

Todorov, Tzvetan: „Die Kategorien der literarischen Erzählung", in: Heinz Blumensath (Hrsg.): *Strukturalismus in der Literaturwissenschaft*, Köln 1972, S. 263–294.

Trenk, Marin: *Döner Hawaii. Unser globalisiertes Essen*, Stuttgart 2015.

Turgeon, Laurien und Madeleine Patinelli: „„Eat the World". Postcolonial Encounters in Quebec Citxy's Ethnic Restaurants", in: *The Journal of American Folklore* 115, 456 (2002), S. 247–268.

Uhlig, Ludwig: *Georg Forster. Lebensabenteuer eines gelehrten Weltbürgers (1754–1794)*, Göttingen 2004.

Vaerst, Eugen von: *Gastrosophie oder Lehre von den Freuden der Tafel*. 2 Bd. München 1975.

van Hoorn, Tanja: *Dem Leibe abgelesen. Georg Forster im Kontext der physischen Anthropologie des 18. Jahrhunderts*, Tübingen 2004.

Veblen, Thorstein: *Theorie der feinen Leute. Eine ökonomische Untersuchung der Institutionen*. Übers. v. Suzanne Heintz u. Peter von Haselberg, Frankfurt am Main 22011.

Vercelloni, Luca: *The Invention of Taste. A Cultural Account of Desire, Delight and Disgust in Fashion, Food and Art*. Übers. v. Kate Singleton, London u. a. 2017.

Vergil: *Aeneis. Lateinisch-deutsch*. Übers. u. hrsg. v. Johannes Götte, Düsseldorf und Zürich 2007.

Vergil: *Georgica. Vom Landbau. Lateinisch/Deutsch*. Übers. und hrsg. v. Otto Schönberger, Stuttgart 2010.

Vermeulen, Han F.: *Before Boas. The Genesis of Ethnography and Ethnology in the German Enlightenment*, Lincoln und London 2015.

Vernant, Jean-Pierre: *Mythos und Gesellschaft im alten Griechenland*, Frankfurt am Main 1987.

Vernant, Jean-Pierre: *Mythos und Religion im alten Griechenland*, Frankfurt am Main und New York 1995.

Vernon, James: *Hunger. A Modern History*, Cambridge (Mass.) und London 2007.

Voigt, Johannes: *Das Leben des Professor Christian Jakob Kraus. öffentlichen Lehrers der praktischen Philosophie und der Cameralwissenschaften auf der Universität zu Königsberg, aus den Mitteilungen seiner Freunde und seinen Briefen*, Königsberg 1819.

Voltaire, François-Marie Arouet de: *Candide. oder Der Optimismus*. Übers. v. Jürgen von Stackelberg, Frankfurt am Main und Leipzig 2007.

Voltaire, François-Marie Arouet de: „Geschmack – Goût (Grammatik, Literatur & Philosophie)", in: Anette Selg und Rainer Wieland (Hrsg.): *Die Welt der Encyclopédie*. Übers. von Holger Fock u. a. Frankfurt am Main 2001, S. 145–146.

Vorländer, Karl: *Immanuel Kants Leben*. Neu hrsg. v. Rudolf Malter, Hamburg 41986.

Vössing, Konrad: *Mensa Regia. Das Bankett beim hellenistischen König und beim römischen Kaiser*, München und Leipzig 2004.

Waldenfels, Bernhard: *Sinne und Künste im Wechselspiel. Modi ästhetischer Erfahrung*, Berlin 2010.

Wallace-Hadrill, Andrew: *Rome's Cultural Revolution*, Cambridge 2008.

Walzer, Michael: *Thick and Thin. Moral Arguments at Home and Abroad*, Notre Dame 1994.

Warde, Alan, Lydia Martens und Wendy Olsen: „Consumption and the Problem of Variety. Cultural Omnivorousness, Social Distinction and Dining Out", in: *Sociology* 33, 1 (1999), S. 105–127.

Warde, Alan, David Wright und Modesto Gayo-Cal: „Understanding Cultural Omnivorousness. Or, the Myth of the Cultural Omnivore", in: *Cultural Sociology* 1, 3 (2007), S. 143–164.

Wasianski, Ehregott A. Ch.: „Immanuel Kant in seinen letzten Lebensjahren. Ein Beitrag zur Kenntniß seines Charakters und häuslichen Lebens aus dem täglichen Umgange mit ihm", in: Felix Groß (Hrsg.): *Immanuel Kant. Sein Leben in Darstellungen von Zeitgenossen: Die Biographien von Borowsli, Jachmann und Wasianski.* Neudruck der Ausgabe von 1912, mit einer Einleitung v. Rudolf Malter und einem Nachwort v. Volker Gerhard, Darmstadt 2012, S. 189–271.

Werbner, Pnima (Hrsg.): *Anthropology and the New Cosmopolitanism. Rooted, Feminist and Venacular Perspectives*, Oxford und New York 2008.

Wheaton, Barbara Ketcham: *Savouring the Past. The French Kitchen and Table from 1300 to 1789*, London 1983.

Wood, Marcus (Hrsg.): *The Poetry of Slavery. An Anglo-American Anthology 1764–1866*, Oxford 2003.

Worboys, Michael: „The Discovery of Colonial Malnutrition between the Wars", in: David Arnold (Hrsg.): *Imperial Medicine and Indigenous Societies*, Manchester und New York 1988, S. 208–225.

Worthington, Edgar B.: „On the Food and Nutrition of African Natives", in: *Africa* 9, 2 (1936), S. 150–165.

Worthington, Edgar B.: „Review of ‚First Report of the Economic Advisory Council Committee on Nutrition in the Colonial Empire' and ‚Land, Labour and Diet in Northern Rhodesia – An Economic Study of the Bemba Tribe' by Audrey Richards", in: *Africa* 13, 1 (1940), S. 77–82.

Zammito, John H.: *Kant, Herder and the Birth of Anthropology*, Chicago und London 2002.

Zandt, Stephan: „Neue Horizonte des Geschmacks. Exotische Genussmittel und sinnliche Aufklärung bei Georg Forster", in: Julian Drews u. a. (Hrsg.): *Forster – Humboldt – Chamisso. Weltreisende im Spannungsfeld der Kulturen*, Göttingen 2017, S. 125–135.

Zimmermann, Gerd: *Ordensleben und Lebensstandard. Die Cura corporis in den Ordensvorschriften des abendländischen Hochmittelalters*, Berlin 1999.

Zimmermann, Johann G.: *Ueber Friedrich den Grossen und meine Unterredungen mit ihm kurz vor seinem Tode*, Leipzig 1788.

Zumkeller, Adolar: *Das Mönchtum des Heiligen Augustinus*, Würzburg ²1968.

Abbildungsverzeichnis

https://doi.org/10.1515/9783110640342-014

Register

https://doi.org/10.1515/9783110640342-015

212, 216, 220, 225, 232, 234, 241, 244,
246, 247, 258, 269, 270, 272, 274, 280,
282, 286, 299, 314, 319, 325, 330, 331,
336, 347, 356, 360, 364, 365, 406, 469
Tafelkultur (Tischkultur, Bankettkultur) 32,
34, 37, 47, 82, 90, 123, 203, 212,
232, 284
Tahiti (Otaheite) 327–331, 336, 338, 341,
344, 347, 399, 400, 401, 405, 485
Tahitisch, siehe *Otaheiter*innen*
tasten (Tastsinn) 94, 95, 160, 177
Tastsinn, siehe *tasten*
Täuschung 75–77, 85, 122, 124–133,
148–151, 219, 298, 325, 334, 335, 356
Tee 2, 6, 9, 50, 76, 82, 189, 196–198,
252, 253, 258–260, 285, 317–321, 325,
331, 391, 419, 428, 430, 431, 434,
467, 482
Tertullian 241
Thackeray, William M. 424
Thales 223, 229, 233
Theopomp 97
Thévet, Andre 402
Thomasius, Christian 284
Thornton, Henry 406
Tier 54, 67, 92, 93, 98, 100, 111, 116–118,
120, 123, 128, 131, 134, 170, 204, 209,
220, 222–224, 235, 238, 239, 248, 313,
338, 346, 413, 448, 451, 453, 458,
459, 488
Tischbein, Johann Heinrich W. 416
Tischgesellschaft (Bankett, Banquet) V 6, 7,
9, 27, 31, 32, 37, 44, 59, 69, 78, 81, 83,
99, 128, 133, 152, 156, 157, 175, 176,
199–201, 212, 253, 271, 276–279,
282–285, 288, 296, 302, 304–308, 310,
315–318, 320–325, 329, 333, 336, 337,
339, 342, 346, 348, 350, 351, 353, 355,
358, 363, 366, 386–388, 391, 416, 419,
429, 455, 461, 469, 481, 485
Tischgespräch, siehe Konversation
Tischkultur, siehe *Tafelkultur*
Tissot, Samuel Auguste 193
Transformation 10, 20, 29, 47, 63, 75, 87,
88, 97, 100–103, 108, 114, 141, 142, 151,
171, 233, 335, 337, 394, 426, 429,

433–434, 442, 444, 445, 460, 461, 474,
476, 479, 483, 491
Tsonmontio 311, 329, 417
Tupí 402

Übung des Schmeckens 3–5, 7, 19, 46, 47,
79, 81–83, 112, 197, 200, 396, 418, 439,
442, 464, 470, 480–483
Ulloa, Francisco de 371
Unterhaltung, siehe *Konversation*

Vaerst, Eugen von 364, 365
Veblen, Thorstein 421
vegetarisch, siehe *frugivor*
Vergil 103, 104
Vernant, Jean-Pierre 98, 99
Voltaire, François Marie Arouet de 41,
191–195, 197, 202, 205, 207, 229, 232,
237, 257, 325, 420, 438

Wallis, Samuel 330
Wein (Champagner) 1, 2, 58, 63, 70, 72,
73, 120, 122, 124, 125, 154, 156, 172,
206, 207, 237, 245, 258, 260,
264, 308, 315–317, 320,
325–327, 331
Weisheit 8, 25, 48, 79, 81, 83, 88, 91, 100,
128, 145, 161, 164, 178, 184, 191, 230,
234, 239, 289, 303, 304, 308, 312–314,
329, 340, 420, 479
Weltbürgertum, siehe *Kosmopolitismus*
Welthandel 196, 214, 377
Weltkenntnis (Weltwissen) 5, 20, 21, 24, 37, 39,
59, 60, 64, 79, 80, 82, 200, 289, 292,
294–296, 298, 300, 303, 308, 311, 342,
348, 354, 364, 365, 390, 397, 420, 484
Weltwissen, siehe *Weltkenntnis*
Widdowson, Elsie 455, 465
Wilde („Primitive", Primitivismus,
Primitivität, primitiv) 9, 10, 193, 199,
202–266, 293, 327–331, 346–348, 367,
368, 393, 393, 394, 417, 426, 440, 442,
446, 447, 452, 461 –464, 469, 470,
480, 484
Wildnis 154, 224, 440
Wirt*in, siehe *Gastgeber*in*

www.ingramcontent.com/pod-product-compliance
Lightning Source LLC
Chambersburg PA
CBHW051946270326
41929CB00015B/2547